역사학의 새로운 가능성—미시사의 이론·방법·논쟁

{ 다시, 미시사란 무엇인가 }

다시, 미시사란 무엇인가

곽차섭
엮음

micro storia

확대개정판

푸른역사

확대개정판을 내면서

《미시사란 무엇인가》를 처음 펴낸 때가 2000년 여름이었느니, 벌써 17년 전이다. 당시 한국학계의 화두 중 하나는 포스트모더니즘이었다. 서양에서는 이미 1960~70년대에 운위되기 시작한 새로운 흐름이 우리에게는 무려 3, 40년의 시차를 두고 들어온 것이다. 그도 그럴 것이, 한국의 대다수 지식인들은 1990년대까지 거의 반군부독재 투쟁에 집중하고 있었기 때문에, 포스트모더니즘이라는 신조류가 틈입할 여지가 아주 적었다. '모던'도 이루지 못한 처지에 '포스트 – 모던'이라니! 당연한 일이지만, 현실이 학문을 규정하고 있던 셈이다. 미시사는 1990년대 말 포스트모던적 흐름과 함께 우리 앞에 나타났다(그래서 두 흐름이 종종 혼동되는 결과도 낳았다).

한국에서 미시사가 처음(공식적인 자리에서의 발표라는 단서를 단다면) 소개된 때는 1996년 11월 이화사학연구소 주최로 열린 심포지엄에서였다. 필자는 여기서 긴즈부르그와 '새로운' 문화사 간의 접점을 찾아보려 하였다. 이듬해 미시사를 포스트모던적 시각에서 바라본 김기봉 교수의 논문이 나왔고, 필자 역시 그 다음 해 좀더 콘텍스트를 중시하는 시각에서 긴즈부르그의 미시사를 세밀히 분석한 글을 쓰게 되었다

(본서 7장). 1999년 봄에 역사비평사에서 새로운 역사학을 주제로 집담회를 열었고, 그 결과물로 같은 해 《역사비평》에 실렸던 글이 뒤에 이 책의 서문이 되었다. 2000년 5월, 한국역사연구회 초청으로 숙명여대에서 열린 강연회에서 필자는 미시사에 대한 뜨거운 관심을 다시 한번 확인할 수 있었다(이때의 강연 원고인 "대화와 제언: 내일의 역사학을 위하여"는 2002년 약간 수정된 내용으로 김기봉 외, 《포스트모더니즘과 역사학》에 게재되었다). 이즈음에는 이미 본서의 원고가 출판사에 넘어가 있는 상태였다. 책은 8월 초에 나왔고, 당시 안식년으로 UCLA에 가 있었던 필자는 그곳에서 처음 책을 받아 펼쳐 보았던 기억이 난다.

그로부터 약 10여 년이 지난 2012년, 문화사학회에서 2000년을 전후한 역사학 및 역사인식론이 서로 어느 정도로 연속과 단절을 가지고 있는지를 모색하는 심포지엄을 개최하였고, 그 일환으로 쓴 것이 "2세대 미시사: '사회'에서 '문화'로"이다(본서 11장). 필자는 여기서 미시사가 1세대를 주도한 이탈리아 좌파 역사가들의 사회사적 미시사에서 신문화사 및 포스트모던적 조류와 접목된 2세대의 문화사적 미시사로 변화하고 있다는 것, 그리고 이런 변화 과정에 긴즈부르그가 기여한—본인이 의식했든 아니든, 혹은 인정하든 아니든 간에—측면이 있다는 것을 강조하였다. 어쨌든 그 결과 미시사의 경계는 더 넓어졌고 그 함의는 더 다양해졌다. 사실 2000년대 이후 미시사적 범주에 속하는 것으로 간주되는 저술들은 얼핏 보아도 수백 권을 상회한다. 거의 중세와 근대 초의 이탈리아(혹은 독일)에 국한되었던 1세대 미시사는 시대적 제약을 벗어던졌고, 저술 방식 역시 좀더 느슨하면서도 동시에 더 유연해졌다. 미시사는 초기의 도전에서 벗어나 이제는 역사서술과 전망의 한 부분으로 자리 잡은 것으로 보인다. 비유하자면 '정상과학'에 도달한 셈이다.

이 책의 확대개정판을 내게 된 것도 2000년대 이후의 이러한 진전과 변화를 독자들에게 알리고 싶은 생각에서다. 더불어 한국학계에서 미시사가 어떻게 전유되어 왔는지도 개정판 발간의 주요 동기 중 하나다. 미시사적 전망과 방법을 문화 연구라는 틀 속에서 처음 접목한 것은 대체로 한국사학자보다는 한국문학 연구자들이었고, 이는 특히 식민주의적 시각의 문제로 인해 그 동안 도외시되어 온 측면이 있는 일제강점기 문화에 적용되어 흥미로운 결과들을 산출하였다. 이런 점들을 두루 일별한 것이 11장이다.

한국적 전유의 문제는 지방사와 미시사의 접목에도 활용되었다. 2000년에는 역사학회와 국사편찬위원회가 공동으로 "지역사의 이념과 실제: 미시적 접근"이란 주제로 심포지엄을 열어 최근에 소개된 미시사와 지방사 연구의 접점을 찾아보고자 하였다. 이듬해에는 부산경남사학회가 학회 창립기념으로 "지역사회와 지역학회 문제를 다시 생각한다"는 학술대회로 지역 기반이란 주제를 통해 지방사에 접근하였다. 그리고 2003년 11월, 필자는 "동아시아 지방사학의 이론과 실제"라는 주제로 목원대학교에서 열린 호서사학회 국제학술대회에서 서양의 경우에 대한 발표를 의뢰받고 "미시사적 지방사"의 실제적 예로서, 최근 간행된 베어리 레이의 《미시사들: 영국 농촌의 인구통계학, 사회, 문화, 1800~1930》를 간략히 소개하였다. 이 글이 12장이다.

한국사에서의 미시사적 전환은 1990년 후반부터 새로운 관심의 대상이 된 생활사와도 조우하였다. 2002년 11월, 한국사학회 및 부산경남사학회 공동기획으로 부산대학교에서 개최한 "지역사와 생활사 연구" 심포지엄을 통해 필자는 지방사, 향토사, 지역사 등의 개념과, 그것이 미시사, 문화사, 일상사 등과 어떻게 만날 수 있는지를 검토한 글을 발표할 기회를 갖게 되었다. 나는 여기서 생활사의 주체가 종래와는 달리 물건이 아니라 그 소비자가 되어야 한다는 것, 연구 주제를 주변부에 속하는 모든 대상으로 넓혀야 한다는 것, 사료 역시 관찬자료뿐만 아니라 일기류 및 구술자료 등 모든 문화적 텍스트로 확대해야 한다는 것, 생활사를 단순한 부문사로서보다는 통사와 연결 짓는 방식이 필요하다는 것 등을 강조하였다. 이 글은 13장에서 만날 수 있다.

말미에는 미시사와 관련하여 그 동안 한국학계에서 쓰인 글들을 참고문헌으로 제시하였다. 미시사적 전망이나 방법을 염두에 둔 정도로 범위를 정했기 때문에, 내용에서 직접적 관련성이 적은 경우도 있다. 물론 미처 살피지 못해 누락된 바도 없지 않을 것이다. 어쨌든 상당히 다양한 학문 분야에서 미시사가 관심의 대상이 되고 있다는 점만은 확인할 수 있다. 최근 영어권에서 본서와 거의 동일한 제목 및 주제를 가진 책이 간행되어 약간 놀란 적이 있다(Sigurður Gylfi Magnússon & István M. Szijártó, *What is Microhistory? Theory and Practice* [London, Routledge, 2013]). 여기에는 최근까지 나온 약 400개의 논문과 저작들이 참고문헌으로 실려 있으니 현재의 동향을 어느 정도 파악하는 데 도움이 될 것이다.

끝으로, 이미 낡은 책에 새로운 생기를 불어넣어 준 푸른역사의 박혜숙 사장께 감사의 마음을 전한다.

2017년 2월 16일 겨울 끝자락에

곽차섭

엮은이 서문

유럽의 1970년대는 회의주의가 팽배했던 시기였다. 경제적 풍요와 무한한 진보를 약속했던 자유주의와 과학기술은 사회적 불평등과 생태적 재난을 가속화시켰고, 비판적 지식인의 대안 중 하나였던 사회주의도 교조화의 길을 감으로써 본래의 방향성을 잃어가고 있었다. 이러한 때 이른바 68혁명은 사회적 불만이 점증하던 당시의 지적 풍향이 어느 쪽으로 바뀔 것인가를 예고하는 하나의 '징후적' 사건이었다.

　1970년대의 지적 위기가 역사학에 던진 가장 큰 충격은 사회의 규칙적 진보라는 오랜 가정이 무너져 내렸다는 점이다. 16세기 말 과학 혁명에서 시작되어 18세기의 계몽사상기에 확고한 기반을 닦은 이러한 믿음은, 이후 서양 문명에는 자신감을 동양 문명에는 열패감을 안겨 준 그야말로 거대 신념 체계였다. 이 체계의 포용력은 막강해서, 자유주의 편향의 기능주의는 물론, 그에 대한 강력한 비판 세력인 맑스주의까지도 그로부터 결코 자유롭지 못했다.

　역사가 규칙적으로(물론 때로는 '이성의 간계'에 의해 우회로를 택하기도 하겠지만) 진보한다는 믿음에 대한 대안으로 나타난 것이 바로 불연속의 역사관이다. 역사란 과연 어떤 '법칙'이나 '필연'에 의해 움직이는 것인가? 아니면 설명하기 쉽지는 않겠지만 어떤 '우연'과 '불연속'의 층위들을 가지는 것인가? 만일 역사에 본질적으로 불연속의 측면이 존재한다면, 과거를 거슬러올라가 현재의 모습을 인과적으로 일관되게 설명하려는 노력은 근본적인 한계에 부딪치지 않을 수 없다. 적어도 거대 체계와 이론으로는 도저히 포괄하기 어려운 리얼리티의 복잡다단한 단층들이 존재하리라는 것이다.

우리는 비록 윤곽은 뚜렷해 보이지만 세부는 여전히 모호한 채로 남아 있는 역사와, 전체상을 잡기는 쉽지 않지만 틈새가 벌어지고 구멍이 숭숭 뚫린 삶의 구체적인 모습을 다룬 역사 중 어느 쪽을 리얼리티로 받아들일 것인가? 비유하자면, 금정산의 풍광을 롱샷으로 찍을 것인가 아니면 줌으로 끌어당겨 클로즈업으로 볼 것인가?

이 두 가지 방법 중에서 '줌인Zoom-In'의 리얼리티를 택한 것이 바로 미시사이다. 두 접근 방법 중 어느 편이 더 옳은 것일까? 나는 '옳다'는 것이 사실의 문제라기보다는 오히려 선택의 문제에 더 가깝다고 생각한다.

물론 어느 쪽이 더 '진정한' 리얼리티를 구현하고 있는지 계속 모색해야겠지만, 적어도 1970년대 이후의 지적 풍토가 미시사의 발아와 생육을 위한 토양을 제공하고 있다는 것은 명확해 보인다. 분명 미시사가들과는 뿌리가 다름에도 불구하고, 푸꼬와 같은 포스트구조주의자들 역시 본질적으로 같은 역사관을 제시하고 있다는 점도 이러한 토양의 존재를 입증한다.

지난 30년 동안 미시사는 이론과 실제 두 측면에서 다양한 방식으로 인접 분야들과 영향을 주고받으며 발전해 왔다. 이른바 '문화적 전환'의 분위기 속에서 영·미 문화사와 일정 부분을 공유하기도 하고,

독일의 일상사를 위한 인식의 지침을 제공하기도 하였다. 브로델류의 거시적·계량적 접근 방법에는 반기를 들었지만 인류학적 망딸리떼사와는 차이점보다 공통점을 더 많이 가지고 있다. 미시사가 항상 여성사에 관심을 보이는 것은 아니지만, 역사적으로 여성들에게 주어진 주변부적 혹은 '종속적' 상황에 대한 자각 덕분에, 미시사와 여성사는 앞으로도 서로간에 더 많은 것을 주고받을 가능성이 높다. 어느 사회에서나 존재하는 범죄, 제의 민속 등 실제의 삶과 직접 관계된(특히 하층계급의 경우) 측면들 역시 미시사의 좋은 연구 대상이 된다.

이 책은 미시사의 이러한 발전 과정을 염두에 두고, 1970년대 말에서 1990년대 말까지 약 20년 동안 미시사의 이론과 방법, 그리고 그것을 둘러싼 대표적 논쟁에 대해 국내외에서 씌어진 글들을 엮은 것이다. 먼저 서설에서는 최근 30년간 미시사의 전개 양상과 특징을 대표적 저작들을 중심으로 개관하고 있다. 민중문화의 뿌리 찾기를 시도한 긴즈부르그, 근대 초 평범한 농촌 여인의 선택을 보여준 데이비스, 근대 국가와 시장 경제라는 거대 조류에 맞서 그들만의 삶을 꾸려간 농민들의 일상적 생존 전략을 그린 레비, 대담하게도 갈릴레오 재판의 '진실'을 전복하려 한 레돈디 등의 저작을 동해, 미시사의 특징이 잘 경계지워진 소집단의 개개인을 추적하는 '실명적 역사', 실증에 매몰되지 않으면서도 합리의 길을 벗어나지는 않는 '가능성의 역사', 사건의 전말을 말로 풀어 나가는 듯한 '이야기로서의 역사'임을 보여주고 있다.

제1부의 4개 장章은 미시사의 개념과 방법을 다룬 글들로 구성되어 있다. 여기서 제시하고자 하는 주요 논점은 두 가지이다. 첫째, 미시사는 결코 역사적 상대주의에 동조하지 않는다는 점이다. 이는 무엇보다도 미시사가 좌파적 이념이 확고한 이탈리아 역사가들로부터 세

력을 얻고 있다는 사실을 잘 보여주고 있는데, 특히 레비는 데리다의 해체주의는 물론이고, 데이비스와 같은 미시문화사가들이 기대고 있는 기어츠의 문화인류학적 상대주의조차 비판한다. 이러한 태도는 언뜻 보면 리얼리티의 복원을 과신하던 전통적 역사와 유사한 듯하지만, 과도한 실증과 상대주의의 위험을 모두 지양하는 제3의 길을 모색한다는 특징을 지니고 있다.

과연 이러한 길이 가능한가? 실증과 해체 어느 쪽에도 치우치지 않는 새로운 사료 입증 방법이 두 번째 논점이다. 긴즈부르그는 이를 '실마리 찾기' 혹은 '추론적 패러다임'이라 부른다. 말 그대로 사소한 것처럼 보이는 작은 증거 조각을 실마리 삼아 마치 사냥감을 쫓는 사냥꾼처럼, 환자를 진찰하는 의사처럼, 범인을 추적하는 탐정처럼, 숨겨진 리얼리티의 진면목에 도달하고자 하는 것이 이러한 접근 방법의 특징이다. 한 마디로 역사학은 질적·경험적 합리주의의 영역이지 자연과학과 같은 계량적 합리주의의 영역이 아니라는 것이다.

제2부와 제3부에서는 각각 까를로 긴즈부르그와 내털리 제이먼 데이비스의 저작을 둘러싼 논쟁들을 소개하고 있다. 긴즈부르그는 풍농제의 흔적인 베난단띠 의식과 프리울리의 '박식한' 이단자 메노키오에 대한 미시사적 연구를 통해 민중문화와 고대 샤머니즘 간의 관련성을 시사한 뒤, 이를 거시적 차원의 방대한 시공간적 궤적 속에서 확인하고자 하는 독특한 탐구 방법을 사용하고 있다. 이 경우 논쟁의 초점은 당연히 예외적으로 보이는 사례를 어떻게 일반화할 수 있는가의 문제로 집중된다. 데이비스는 남프랑스에서 두 명의 마르땡 게르를 두고 아내인 베르뜨랑드가 벌인 이중게임을 통해, 16세기의 한 평범한 여인이 생존을 위해 어떤 선택을 할 수 있는지를 실감나게 보여주

고 있다. 과연 가짜 남편을 진짜로 받아들인 것은 그녀의 의도적인 선택이었는가? 아니면 그녀는 단지 사기꾼에 속아 넘어간 어리숙한 시골뜨기에 불과했던가? 이러한 의문은 결국 근대 초 농민이 어느 정도로 자신의 인생 행로를 결정할 수 있었는가에 대한 역사적 진실의 문제로 귀착된다.

미시사에 관한 글들을 모아 책으로 펴낼 생각을 한 것은 1996년이었다. 앞서 몇 년간 대학원에서 이른바 '새로운 역사학'의 동향들을 가르쳐오던 중, 이해 가을 학기의 서양사학사특강을 통해 미시사의 주요 논문들을 모아 편역·소개하기로 하고 지금 이 책에 실린 글들을 다시 꼼꼼히 읽게 되었다. 학기가 끝난 뒤 세미나에 참여한 최재호·김동원·강문형·최승훈이 각각 일정 분량을 맡아 번역하고 워크샵을 통해 이를 교정하였으며, 나는 이 글들을 작년 가을부터 약 8개월에 걸쳐 완전히 다시 수정하였다. 원래 이탈리아어로 발표된 글들은 가능한 한 원문과 대조하려 했으나, 역부족으로 미처 손이 미치지 못한 곳도 있으리라 생각된다. 독자들의 질정을 바란다. 글 속에 나오는 일부 라틴어구의 번역에 도움을 주신 오흥식 교수께 감사드린다. 교정은 박사 과정의 배혜정, 김인선이 맡아 수고해 주었다.

봉건적 유산과 근대화의 폐해, 그리고 포스트모던적 조류가 혼재·중첩되어 있는 이 시대에, 부디 이 책이 우리의 삶을 새롭게 조명하는 조그만 등불의 역할이라도 한다면 엮은이로서는 더 바랄 것이 없겠다.

새즈믄해 5월 23일
푸르름이 넘치는 금정산 기슭에서 곽차섭

서설
미시사란 무엇인가

1——

21세기의 역사학은 어떤 모습일까? 우리는 최근의 관련 연구 동향을 살펴봄으로써 앞으로의 발전 방향을 어느 정도 가늠할 수 있을 것이다. 서양 사학계의 경우, 대체로 1970년대를 기점으로 앞서와는 확연히 다른 일련의 새로운 흐름이 나타나고 있는 것으로 보인다. 이 중에서도 각별히 주목되는 것이 '미시사microstoria'와 '(신)문화사new cultural history'(이 둘은 여러 측면에서 중첩되는 경우가 많기 때문에 한데 묶어서 '미시문화사'로 불러도 좋을 때가 종종 있다)의 출현이다.[1]

이 두 접근 방식의 키워드는 용어 자체에서 그대로 드러나고 있는 것처럼, '미시'와 '문화'이다. 이는 그 동안 20세기의 역사학적 흐름을 주도해 왔던 '거시'와 '경제·사회'라는 키워드에 대한 도전으로 읽힌다. 기왕의 역사 연구 경향을 단순화시키자면, 개념적으로는 역사적 거대 구조의 탐색에 초점을 맞추면서 사회과학적 분석과 계량을 중시하는 방법이라고 할 수 있겠다. 맑스주의 역사학, 독일의 사회구조사, 프랑스 아날학파의 전체사 등이 이데올로기나 이론의 편차에도 불구하고 대체로 이러한 흐름을 대표하는 세력들이었다. 이에 반해, 미시문화사는 사회적·경제적 행위들을 넓은 의미에서의 문화적 텍스트로 간주하면서, 구체적 개인이란 창을 통해 역사적 리얼리티의 복잡 미묘한 관계망을 이해하고자 하는 시도라고 할 수 있겠다.

미시사 혹은 미시문화사는 무엇보다 역사란 추상적이지 않고 구체적이어야 한다는 생각에서 출발한다. 여기서 구체적이라는 말을 단지 사소하고 희귀한 재밋거리라는 뜻쯤으로 여겨서는 안 된다. 전체사적 흐름이라는 이름 아래 정작 그 주역인 인간 개개인의 모습이 사라져 버리는 거대 역사보다는, 경계가 잘 지워진 지역 내에서 어떤 위기나 사건에 대처하는 그곳 사람들의 전략이나 가치관 등을 면밀히 탐색하는 미시적 접근을 통해 역사 속의 복잡 다단한 리얼리티가 더 잘 드러날 수 있다는 것이다. 미시사의 중요한 특징이 익명의 거대 집단과 평균적 개인의 존재 형태보다는 어떤 소규모 집단에 속하는 개개인의 이름과 그들간의 관계를 추적하는 '실명적·집단전기학적 역사', 종래의 지나치게 좁고 엄격한 실증 방식보다는 보다 더 넓은 의미의 입증 방식을 포용하는 '가능성의 역사', 딱딱하고 분석적인 문체가 아니라 구체적인 사건의 전말을 말로 풀어나가는 듯한 '이야기로서의 역사'인 이유도 여기에 있다.

이 글에서는 비교적 최근의 몇 가지 대표적인 저작들을 통해 이러한 미시사의 다양한 모습을 살펴보고자 한다. 먼저 긴즈부르그의《치즈와 구더기》, 데이비스의《마르땡 게르의 귀향》, 레비의《무형의 유산》, 레돈디의《이단자 갈릴레오》의 내용과 그에 따른 논쟁을 소개하고, 이어 그 공통점과 차이점을 바탕으로 미시사의 이론과 방법이 어떤 것인지 한번 생각해 보기로 하겠다.

2—

까를로 긴즈부르그의 《치즈와 구더기》는 이미 이 방면에서 고전이 된 저작이다.[2] 이는 16세기에 메노키오란 별명으로 불렸던 한 방앗간 주인의 세계관을 주제로 삼고 있다. 이탈리아 동북부 프리울리 지방의 한 조그만 마을에서 방앗간을 하면서 마을 촌장 격 지위에다 글을 읽고 쓸 줄 알았던 그는, 51세가 되던 1583년 이단 혐의로 피소되고, 이후 여러 번 투옥과 방면의 과정을 거듭하다가 결국은 1599년 말 화형에 처해지고 만다.

교회 당국이 이단이라 판단했던 그의 주장들은 크게 두 가지로 나뉜다. 그 하나는 자연발생적 우주생성론이라 이름 붙일 만한 것이고, 다른 하나는 종교적 교리와 신앙 생활에 대한 매우 개방적인 태도이다. 그는 우선, 태초에 모든 생명체들은 마치 치즈가 숙성하는 과정에서 구더기가 나타나듯이 우유처럼 뒤엉킨 물질 덩어리로부터 생성되었다고 주장한다. 심지어는 신과 천사까지도 이렇게 만들어졌다는 것이다. 이와 함께 그는, 예수의 신성과 부활을 부정하면서 그가 단지 위대한 예언자일 뿐이라고 말했으며, 자신이 기독교인이고 투르크인이 아닌 것은 원래 그렇게 태어났기 때문이지 다른 종교가 잘못된 것이기 때문은 아니라든지, 대부분의 성사는 사제들의 사사로운 이익을 위해 만들어진 것일 따름이라는, 그 당시로는 매우 과격한 주장들을 내놓았다.

이렇게 극히 자연주의적이고 범신론적인 것처럼 보이는 메노키오의 시원론始原論과 유토피아적으로까지 보이는 사회개혁에 대한 열망들은 무엇을 의미하는 것일까? 긴즈부르그는 재판기록을 면밀히 검토하고 메노키오가 읽은 책들의 내용을 그의 주장과 하나하나 대조한 끝에, 그의 이야기가 엘리트적 문헌 문화의 압력 아래 서서히 사라져가던 민중문화의 흔적을 상징적으로 보여주고 있다고 해석한다. 빠올라 잠벨리[3]를 비롯한 비판자들은 메노키오의 주장들이 빠도바학파를 중심으로 한 당시의 개혁적 지식층에게서 배운 것이라고 말하지만, 긴즈부르그에 따르면 그것은 엘리트 문화로부터 그냥 배운 것이 아니라, 분명히 그 나름의 고유한 기반 위에서 스스로의 필요에 따라 변형시켜온 특색을 가지고 있다는 것이다. 그는 특히 물질주의적 우주생성론의 뿌리를 멀리 고대 인도의 베다 전통으로까지 거슬러올라가 찾고 있다.

긴즈부르그가 메노키오 이야기를 통해 말하고자 하는 것은 결국 다음의 두 가지이다. 첫째는 근대 초 유럽의 농민들에게서 나타나는 민중문화는 당시의 엘리트 문화에 의해 단순히 '부과'된 것이 아니라 오랜 세월 속에서 나름의 가치를 '생산'해 왔다는 것이고, 둘째는 그러한 유럽 민중문화가 멀리 고대의 우랄 알타이계 샤머니즘에 뿌리를 두고 있다는 것이다. 이러한 주장은 근대 초 농촌의 이단 신앙을 다룬 그의 처녀작 《베난단띠》(1966)에 이미 그 단초가 있는데, 최근의 파노라마적 저작 《밤의 이야기: 사바의 해독》(1989)에서는 시베리아에서 남유럽까지 그리고 수천 년 전의 아득한 고대로부터 근대 초에 이르기까지의 방대한 시공간적 궤적을 통해 샤머니즘과 농촌 제의들간의 관계망을 추적한 바 있다.[4]

3—

내털리 제이먼 데이비스의 《마르땡 게르의 귀향》은 16세기 중엽 프랑스 남부 지방에서 실제로 일어났던 기상천외한 재판사건을 토대로 지극히 평범한 한 여성의 가치관과 행동 방식들을 복원하고자 한 연구이다.[5] 혼인 후 3년 만에 아무 말도 없이 집을 나가 8년 만에 홀연히 새사람이 되어 돌아온 남편 마르땡 게르, 그리고 어느 날 그가 가짜라는 혐의를 받아 여러 번의 재판을 겪는 우여곡절 끝에 막 무죄가 선고되려는 찰나 재판정에 나타난 진짜 남편 마르땡 게르. 데이비스는 도저히 있을 법 하지 않은 이 재판에 대한 당대의 기록들을 미시적으로 면밀히 검토하고 그 주변 정황들을 보충하여 이 사건을 둘러싼 이야기의 전말을 (영화 〈마르땡 게르의 귀향〉보다 더) 생생히 그려내고 있다.

이 저작의 초점은 남편으로 가장한 아르노 뒤 띨과 게르의 아내 베르뜨랑드 드 롤의 미묘하고도 아슬아슬한 행동과, 그들이 그러한 행동을 선택한 심리적·문화적 동기에 맞추어져 있다. 데이비스는 이를 통해 근대 초 프랑스 농촌의 한 평범한 여성이 과연 어떠한 가치관을 가지고 있었는지, 그리고 그녀에게 부과된 사회적 한계 내에서 어느 정도로 스스로의 행동을 선택할 자유가 있었는지를 살피려 하였다.

로버트 핀레이는 이 책이 사료적 사실보다는 상상력에 기반하고 있기 때문에, 역사라기보다는 일종의 로망스에 가깝다고 비판한다. 데이비스는 여성의 정체성에 대한 자신의 페미니스트적 신념으로 인해 독자들로 하여금 남편으로 가장한 사기꾼 아르노와 이미 그의 정체를 알아차리고 있었던(이는 데이비스의 주장이다) 베르뜨랑드 편에 서서, 마지막 순간에 돌아와 모든 것을 반전시켜 놓았던 절름발이 사내 진

짜 마르땡에게 혐오의 눈길을 보내도록 만들었다는 것이다.[6]

이에 대해 데이비스는 핀레이가 역사적 리얼리티의 복잡성과 미묘함을 이해하지 못하고 진실을 지나치게 단선적으로 판단하려 한다고 역비판한다. 그녀에 의하면, 아르노는 분명히 거짓말쟁이지만 베르뜨랑드를 만난 후 그녀를 진정으로 사랑하고 마을 사람들과도 융합하게 되었으며, 스티븐 그린블랫의 용어를 빌리자면 이러한 '자기 만들기 self-fashioning'의 과정이 있었기 때문에 그는 베르뜨랑드와 마을사람들에 의해 받아들여질 수 있었다는 것이다. 베르뜨랑드 역시 마르땡이 없는 동안 정숙하고 바람직한 생활을 하면서 이혼에 결코 응하지 않았고, 뒤에는 아르노와의 사랑을 지켜내기 위해 갖은 어려움을 꿋꿋이 이겨냈던, 명예를 중시하면서도 현실의 상황에 대해 과감히 자신의 길을 택한 인물이었다는 것이다.[7]

이 논쟁의 핵심은 결국 '역사적 진실이란 무엇인가?'라는 근본적인 의문에 있다. 핀레이는 사료적 명증성을 원하고 데이비스는 가능성의 역사를 지향한다. 다시 핀레이는 과연 근대 초 프랑스 농촌의 한 평범한 여성에게 마치 현대의 커리어우먼처럼 그 같은 자기 선택의 자유가 있었는지 회의의 눈길을 보내고 있고, 반면 데이비스는 전통적 역사학이 엄격한 사료 입증이라는 스스로의(아니 엘리트주의적인) 덫에 걸려 베르뜨랑드와 같은 여인이 비록 그 한계는 명확하지만 그래도 자신이 선택한 길을 갈 수 있었다는 점을 무시해 왔다고 항변한다.

이처럼 근대 초 유럽 여성의 역사적 정체성과 선택의 자유를 강조하는 데이비스의 미시문화사적·여성사적 경향은 자신의 논문 모음집 《근대 초 프랑스의 사회와 문화》(1975)나 최근작 《주변부에 선 여성》(1995)에서도 잘 나타나고 있다.[8]

4—

조반니 레비의 《무형의 유산》(1985)에는 "17세기 삐에몬떼의 한 엑소
시스트의 이력"이라는 부제가 붙어 있다.[9] 언뜻 독자들은 제목만 보
고 이 저작이 긴즈부르그나 데이비스의 경우처럼, 어떤 특이한 한 인
물이나 사건을 주제로 삼고 있다고 지레 짐작할지도 모르겠다. 그러
나, 여기서 엑소시즘, 우리 식으로 말하자면 액풀이 의식을 행하는 신
부 조반 바띠스따 키에자는 메노키오와는 달리 지극히 평범한 한 시
골 사제에 불과한 인물이었으며, 그가 한 일도 마르땡 게르 사건과는
달리 당시의 교구 신부로서 전혀 이례적인 것이 아니었다. 게다가, 이
책의 내용은 제목이 시사하는 바와는 달리, 키에자의 이력에만 초점
을 맞추고 있지도 않다. 글은 연대기순으로 배열되어 있지 않으며, 문
체는 이야기식이라기보다는 대체로 분석적 경향이 강하다. 또한 사료
도 종종 계량적 방법으로 처리되어 있다. 그럼에도 불구하고, 기본적
으로 실명적 역사를 고수하고 있으며 정태적 구조보다는 역동적 변화
에 초점을 맞추고 있다는 점에서 역시 미시사이다.

　묘사와 분석을 오가는 이 책의 내용을 이야기로 재구성해 보면 대
강 다음의 두 갈래로 나뉜다. 그 하나는 키에자를 중심 축으로 하는
것으로서, 그에 대한 이단재판 사건이다(하지만 그 과정에서나 결과에서
우리는 전혀 '사건성'을 발견할 수가 없다). 이탈리아 서북부 삐에몬떼 지
방의 조그만 마을 산떼나의 무명 신부 키에자는 언젠가부터 그에게
귀신을 내쫓아 병자와 불구자를 낫게 하는 힘이 있다고 알려진 후, 그
를 따라다니는 수많은 사람들에게 액풀이 의식을 베풀며 돌아다니다
가 1697년 여름 이단 혐의로 체포되어 재판에 회부된다. 그러나 별다

른 중대 혐의를 발견치 못한 교회 당국이 그에게 신부로서의 직분과 엑소시스트로서의 역할을 금지하면서 사건이 종결된 것으로 보인다. 하지만 어디에도 최종 판결이 무엇이었는지를 말해 주는 자료는 없으며, 그 뒤 키에자의 행적 자체도 묘연한 상태이다. 레비는 이 빈약하고 평범한 이야기에서 키에자가 인기 있었던 까닭은 의술보다 사회적인 이유 때문이라고 해석함으로써 근대 초 위기에 빠진 농민들이 매일 매일을 살아가는 일상 전략들을 이끌어내고 있다.

이야기의 다른 한 갈래는 훨씬 더 분석적인 내용이다. 레비는 산떼나 주민들의 가족사와 토지매매 내역을 지금까지와는 전혀 다른 방식으로 면밀히 검토하여 그것이 지닌 질적 의미를 캐내려 하고 있다. 예를 들어보자. 그는 공증문서를 분석해 냄으로써 1669년부터 1702년 사이 거래된 마을 농토의 매매 가격들을 알아낸다. 그리고 그 매매 당사자들과 관련자들의 이름을 하나하나 힘들여 추적하여 그들이 서로 어떤 관계에 있는지를 살핀다. 그리고는 거래 관계를 인척, 이웃, 외부인의 세 가지로 구분한 뒤, 각각의 매매 가격을 비교한다. 그 결과는 예상과 매우 달랐다. 인척간의 매매 가격이 대체로 평균치를 기록한 이웃간의 경우보다 높고 외부인과의 경우가 제일 낮은 현상을 보인 것이다. 이는 당시의 토지 매매 가격이 결코 수요와 공급의 시장법칙에 의해 결정되지 않았음을 의미한다. 이는 비유하자면 에드워드 톰슨식 '도덕 경제moral economy'[10] 속에서 살아가는 개개인들이 위기 상황에서 어떤 전략을 쓰는지 잘 보여주는 미시사적 사례 같은 것이라고나 할까.

레비는 이 책을 통해, 당시 일어난 프랑스와 삐에몬떼와의 전쟁과 확산 일로에 있던 시장경제라는 근대국가 차원의 거시적 흐름이 그와 중에 휩쓸린 한 조그만 지역 주민들에게 어떻게 작용했는지에 대해 묻고 있다. 키에자와 그 친척들이 사는 마을의 유지들은 외부인과 주민간에 나타나는 갈등을 다양한 방식으로 중재하여 스스로의 위신을 유지하고(키에자의 엑소시즘도 그 일환이었다), 소작농들은 그들대로 얼마 안 되는 땅뙈기를 사사로운 인적 관계를 이용해서 최대로 활용함으로써 그들이 처한 위기에서 벗어나고자 몸부림쳤던 것이다. 레비의 비유를 빌리자면, 그들은 이른바 '무형의 유산'을 위기에 대처하는 하나의 일상적 생존 전략으로 사용하였던 셈이다. 결국 레비의 목표는 전前 산업기에 유럽 농촌이 부여받아 온 종래의 '목가적' 이미지를 불식하고, 농민들 역시 그들의 한계 내에서 나름대로 역동적인 삶을 살고 있었음을 보여주는 것이었다.

우리는 보통 최종 결과만을 보는 나머지, 근대국가의 규칙들이 위로부터 부과되었으며, 지역 주민들은 별다른 저항도 하지 못한 채 그것을 받아들일 수밖에 없었다는, 거시적이긴 하나 매우 수동적이고 정태적인 역사상을 받아들이는 경향이 있다. 그러나 레비는 미시적 접근을 통해 외부의 위기에 대처하는 이들의 다양한 생존 전략들을 구체적으로 드러내 보임으로써, 그러한 전략이 비록 거시적 흐름 자체를 완전히 막지는 못하지만 최소한 그것을 조건 지우고 수정케 하는 계기들을 이룬다고 주장한다. 아울러 그는 우리에게 역사란 결과의 수용만이 아니라 과정의 탐색이라는 평범한 진리를 재확인시켜 주고 있는 것이다.

5—

삐에뜨로 레돈디의 《이단자 갈릴레오》(1983)는 앞서의 책들에서 보는
것처럼 평범한 사람들과 민중문화에 대해서만이 아니고, 엘리트 문화
와 대사상가에게도 미시사적 접근 방식을 똑같이 적용할 수 있음을
보여주는 흥미로운 저작이다.[11] 저자는 과학사에서는 보기 드문 역사
적 상상력과 움베르또 에꼬 못지 않는 추리소설적 플롯, 그리고 유려
한 문학적 필치로 지금까지 우리가 알고 있던 갈릴레오 재판사건의
모습을 완전히 바꿔놓는다.

　알려진 바대로, 마리오 귀두치는 1625년 갈릴레오에게 보낸 편지에
서, 1623년에 간행된 그의 《분석자*Il saggiatore*》가 코페르니쿠스설을 옹
호하고 있다는 이유로 갈릴레오를 탄핵한 사람에 관해 언급하고 있
다. 성청은 천문학에 조예가 있는 신학자 조반니 디 궤바라에게 이 문
제에 대해 자문을 구했고, 그는 그 이론이 하등 문제되지 않는다고 답
변한다. 그러나 여기에는 의문스러운 점이 있다. 우선 《분석자》는 전
혀 코페르니쿠스설을 언급치 않고 있는 데다가, 그 이론은 불과 얼마
전인 1616년 교황청에 의해 금지된 상태였으므로, 일개 신학자가 감
히 면책할 수 없는 것이었다. 레돈디가 이러한 의문을 풀기 위해 디
궤바라의 보고서를 직접 구해 보고자 한 것은 당연한 일이었다.

　1982년 6월 11일, 레돈디는 로마의 성청 고문서보관소에서 우연히
갈릴레오를 탄핵하는 미서명 문서 하나를 찾아낸다. 그 내용은 갈릴
레오의 《분석자》가 원자론을 주장하고 있다는 것이다. 그 문서의 작
성자에 따르면, 원자론은 가톨릭 교리의 핵심인 화체설을 부정하는
극히 이단적인 학설이었다. 화체설이란 성체의 외양은 빵과 포도주의

모습이지만 그 실체는 그리스도의 몸과 피라는 것으로서 일찍이 뜨렌또 공의회에서 확고히 정의된 바 있는 핵심 교리인데, 원자론에 의하면 이는 불가능한 일이었다. 레돈디는 이 문서를 면밀히 분석한 끝에, 그 작성자가 오라찌오 그라씨, 즉 갈릴레오가 《분석자》에서 심하게 조롱한 저명한 예수회 대학 교수임을 알아낸다(하지만 다른 대부분의 과학사가들은 이를 의심한다).

1632년 초, 갈릴레오는 《세계의 두 체계에 관한 대화Dialoghi》를 출간한다. 하지만 이는 당시 교회의 적법 절차를 모두 거쳤음에도 불구하고, 즉각 예수회 측의 신랄한 비난에 직면한다. 레돈디는 《대화》의 어디에도 원자론에 대한 언급은 없지만, 그럼에도 불구하고 이러한 비난이 나온 것은 《분석자》 간행부터 내재된 예수회의 불만에서 기인한 것으로 추정한다. 갈릴레오의 오랜 친구였던 교황 우르바노 8세는 그를 보호하고자 했으나, 그 역시 30년전쟁에서 황제를 지지하지 않았다는 이유로 에스빠냐 출신 추기경들의 공격을 받고 있는 상황이었기 때문에 운신의 폭이 좁을 수밖에 없었다. 그는 자신에게도 정치적 부담이 될 이 문제를 어떻게든 무마하기 위해 중대한 죄목인 원자론의 유포 대신 경미한 사안인 코페르니쿠스설의 추종을 혐의로 내세워 갈릴레오를 재판정에 세웠다. 그리고 실제로 갈릴레오는 최소한의 처벌을 받고 방면되었다.

이렇듯 파격적인 레돈디의 해석에 전문 과학사가들은 대체로 회의적인 반응을 보이고 있다. 사실 그의 추론 과정에는 의문의 여지가 많다. 무엇보다도 그의 모든 추론의 출발점이 되는 미서명 문서, 이른바 'G3'의 실제 작성자가 오라찌오 그라씨라고 믿을 만한 증거가 없다는 반론이 가장 강력하다. 필적을 통한 감정은 확신키 어렵다는 것이다.

또한 갈릴레오가 정말로 원자론자였는지에 대해서도 역시 더욱 면밀한 연구가 필요하다. 특히 페로네와 피르뽀는 그가 사료보다는 상상력에 의존하고 있다고 강력히 비판하면서, 긴즈부르그나 데이비스류의 미시사적 접근 자체를 공격하는 데까지 나아가고 있다.[12]

　하지만 대부분의 비평가들은 그럼에도 불구하고 이 저작의 중요성을 인정하고 있다. 그것은 무엇보다 천문학, 역학, 동력학 등 과학사의 내적 논리로만 바라보던 갈릴레오의 저작과 행적들을 반종교개혁과 30년전쟁에 휩쓸렸던 이탈리아의 복잡 미묘한 정치적·문화적 관계망 속에 위치시키는 새로운 시각을 유감없이 드러내 주고 있다는 것이다. 비록 갈릴레오가 원자론자였고 그 유명한 재판이 사실은 일종의 음모의 결과였다는 레돈디의 파격적 주장은 재고의 여지가 있다 하더라도, 그의 연구는 지금까지 아무런 의심 없이 받아들여져 왔던 역사적 이미지를 가장 미세한 곳에서부터 바꿀 수 있음을 보여준다는 점에서 미시사의 잠재력을 그야말로 한 편의 드라마처럼 극적으로 예증하고 있는 것이다. 미시사는 결코 거시사적 틀 속의 한낱 모자이크 조각만은 아닌 것이다.

6—

지금까지 간략하게나마 살펴본 저작들이 물론 미시사 전체를 완전히 대표한다고 말하기는 어렵다. 그리고 독일의 '일상사Alltagsgeschichte' 처럼 조금 다른 종류의 미시사적 접근 방법도 있다. 하지만 여기에 소개된 연구들이 적어도 현재까지의 미시사 서술 중에서 가장 주목할 만한 것들이라는 점 역시 누구도 부인하기 어렵다.[13] 따라서 우리는 다소 미흡한 대로 이들 사례를 중심으로 미시사의 이론과 방법에 대한 개략적인 윤곽을 그려볼 수도 있을 것이다.

첫째, 미시사는 이름 그대로 역사의 리얼리티를 작은 규모 또는 척도를 통해 보고자 한다. 영화적 기법에 비유할 때, 거시사가 롱샷으로 본 것이라면 미시사는 줌으로 사물을 당겨보는 것이다. 하지만 규모가 작다고 해서 모두 미시사적 접근에 적합한 것은 아니다. 무엇보다 그 대상이 '잘 경계지워진' 것이어야 한다. 역사가가 어떤 공동체나 개인을 선택해서 그곳의 특정 제의나 특이한 행동들을 기어츠의 표현을 빌리자면 '촘촘하게' 기술함으로써[14] 그 스스로가 자신의 정체성을 말해 주도록 하거나, 혹은 그러한 행위에 대한 면밀한 분석을 창으로 삼아 일반적 해석의 길로 나아갈 수 있다는 뜻이다. 《마르땡 게르의 귀향》이나 《이단자 갈릴레오》를 읽어 보면 그 서술의 세세함과 미묘함에 놀랄 정도이다. 또한 긴즈부르그와 레비에서 보듯이, 미시사가들은 제의의 상징성에 담긴 민중문화적 의미나 거대 흐름에 직면한 주변부 주민의 역동적인 삶이라는 새로운 일반화의 길로 나아간다.

둘째, 연구의 초점이 개인에게 있든 공동체 전체에 있든 간에, 미시사가는 거의 언제나 실제의 이름들을 추적한다. 이는 종래의 사례 연구와 미시사의 근본적인 차이가 될 수도 있다. 이를테면 같은 호적 문서나 토지 매매 문서를 보더라도, 식구의 수나 매매 가격 같은 계량적 측면만을 추출해 내는 것이 아니라, 실명을 통해 한 가계와 다른 가계와의 관계나 매매 쌍방의 관계 등을 면밀히 살펴서 그 마을의 인적 관계망을 복원하려 하는 일종의 '집단전기학적 접근prosopography'이 미시사의 특징 중 하나이다. 레비의 연구는 계량적 방법을 많이 활용하고 있지만, 궁극적으로 다수의 실명과 그들간의 인적 관계를 쫓고 있다는 점에 유의해야 한다. '일상생활의 구조'를 지향한 브로델류의 역사가 삶의 물질적 조건을 평균적이고 익명적 층위에서 제시한 데 반해,[15] 미시사가들은 이러한 조건들이 개개인 혹은 공동체의 층위에서 구체적으로 어떻게 경험되었는가를 중시한다. 또 미시사가들은 어떤 특정 시기에 유통되었던 책들의 수량과 제목에 초점을 두는 망딸리떼 역사가들보다는 한 인물이 읽었던 책의 실제 내용과 그의 주장 사이에 나타나는 괴리에 주목하여 이러한 틈새를 통해 리얼리티를 복원하려 한다. 이 점에서 레비는 브로델과 다르고 긴즈부르그는 프랑스 망딸리떼 역사가들과 다르다.

셋째, 미시사는 대체로 사회를 문화적 텍스트로 취급하는 경향이 있다. 이것이 미시사와 문화사가 접목하여 미시문화사가 되는 이유이다. 여기서 문화란 종래의 구분처럼 사회나 경제와는 다른 한 부문이라는 뜻이 아니고, 개인 또는 공동체의 행동이나 전략(경제적인 것조차도) 모두를 문화로 간주한다는 뜻이다. 모든 역사는 궁극적으로 문화적 역사인 셈이다. 사실 수와 양을 중시하는 계량적 방법보다는 개개인과 공동체 간의 내적 관계에 주목하는 질적 방법을 쓴다는 것 자체가 인간 행위에 문화적 정체성을 부여한다고 말할 수 있겠다. 이는 실명적 역사라는 측면과 깊이 연관되어 있다. 대체로 문화사는 미시사적 접근을 지향하고, 미시사는 문화사적 접근을 선호한다고 말할 수도 있겠다. 긴즈부르그나 레비처럼 좌파 이데올로기에 근거하면서 사회사적 역사 인식을 버리지 않는 경우에조차 문화를 중시한다는 점에서 종래의 사회사가들과는 확연히 다르다.

넷째, 소규모 공동체의 개개인들을 추적하여 그들의 행적과 관계망을 구체적으로 밝히다 보니, 미시사가들은 자연스럽게 이야기 식으로서술한다. 물론 사례의 성격에 따라 미시사가들 역시 분석과 설명을 곁들이지 않는 것은 아니지만, 대체로 그 귀결은 이야기체이다. 로렌스 스톤이 말한 '이야기의 부활'[16]은 결코 미시문화사의 다른 요소들과 동떨어져 있는 것이 아니다. 이는 그들이 택하는 척도, 이론, 방법과 불가분의 관계에 있다. 역사를 이야기체로 쓴다는 것은 곧 역사서술의 문학성을 의미하고, 이러한 점이야말로 미시사 저작들이 종종 베스트셀러 목록에 오르는 이유 중 하나이다. 긴즈부르그의 《치즈와 구더기》(독자 중에는 노동자도 있다), 레돈디의 《이단자 갈릴레오》가 그러하며, 데이비스의 《마르땡 게르의 귀향》에서 다루어지고 있는 이야기는 책이 출간되기에 앞서 두 종류의 영화로까지 만들어졌다(프랑스판 〈마르땡 게르의 귀향〉과 헐리우드판 리메이크 〈썸머스비〉).

끝으로, 미시사는 거의 예외 없이 '가능성의 역사'를 지향한다. 여기서 '가능성possibilità'이란 엄격한 실증적 의미에서의 '증거prove'와 대비되는 말로서, 증거의 단편성이 문제될 때에는 증거와 증거를 잇는 최선의 가능성을 받아들여야 한다는 뜻을 함축하고 있다. 긴즈부르그의 이른바 '추론적 패러다임' 혹은 '실마리 찾기paradigma indiziario'의 방법이 그 좋은 예이다.[17] 이는 간단히 말해 다각도의 면밀한 관찰에 근거한 합리적 추론의 방법이라고 할 수 있다. 전통적 입장을 취하는 역사가들은 이것이 단지 상상력일 뿐이라고 비판하지만, 긴즈부르그나 데이비스를 직접 읽어 본 사람이라면 그들이 결코 무책임하게 '상상력'을 남용하고 있지 않음을 알게 된다. 또한 그들은 데리다에 기댄 헤이든 화이트나 도미닉 라카프라처럼 모든 역사적 리얼리티를 텍스트로 환원시키는 입장도 거부한다. 결국 그들의 새로운 입증 방법은 종래의 지나치게 엄격한 실증주의를 비판하면서도 문학과 역사의 경계를 무너뜨리려는 해체주의적 시각에도 동조하지 않는 제3의 길을 가고 있는 셈이다. 미시사가들이 이러한 입장을 주장하는 이유 중 하나는 기왕의 실증 방식이 문헌기록을 남기는 엘리트 문화 연구에는 유용할지 모르지만, 주로 구전에 의존해 온 전前 산업기 민중문화를 이해하는 데는 커다란 결함을 지니고 있다는 인식 때문이다. 에도아르도 그렌디가 '이례적 정상eccezionalmente normale'이라는 개념을 제시하게 된 것도 바로 이러한 맥락에서이다.[18] 오직 문헌기록만을, 그것도 다수의 유사 사례가 나타나는 경우(계량적 전형성)만을 제대로 된 실증적 증거로 본다면, 역사 속에서 인류의 대부분을 차지해 온 경제적·정치적·성적 하층/종속계급의 구성원들이 자신의 목소리를 전할 수 있는 통로들은 끊기고 말 것이다. 지배자의 입장에서는 비정상적으로 보이고, 사료의 양적 측면에서는 이례적으로 보이는 이들의 목소리가 '얼핏 보기에는 이례적이지만 행위자의 입장에서는 오히려 정상'이라는 것이 바로 그렌디의 생각이다. 이 미시사가들(특히 좌파 경향의 이탈리아 역사가들)은 사료의 입증 방식 역시 권력의 관계망에서 벗어나지 못한다고 생각하는 것이다.

7—

미시사에 대한 일반적인 오해들 가운데 하나는 단지 작은 것에만 관심을 쏟는다는 것이다. 이 속에는 무릇 역사란 도도한 흐름에서 보아야 하며, 세부적인 것은 호고가antiquario의 일일 뿐이라는 간접적 비난이 숨어 있다. 하지만 이는 명백한 오해이다. 작은 것에서 큰 것으로 나아가지 않는 역사가가 어디에 있겠는가? 미시사가들은 작은 사례를 창으로 삼아 넓은 바깥을 바라보려 하는 것이다. 하지만 미시사는 이미 테두리지워진 거대 이론이나 인식틀을 정당화하는 또 하나의 사례를 제공하는 역할보다는 종종 그것을 뒤집기도 하는 잠재적 반발력을 그 미덕으로 삼는다.

그렇다면 미시사와 거시사는 결국 상호보완적이 아닌지, 그리고 거시사든 미시사든 그 성공 여부는 역사가 개인의 능력에 달린 것이 아닌지 반문하는 사람들이 있다. 틀린 말은 아니다. 하지만 그리 적절한 주장으로 보이지는 않는다. 왜냐하면, 미시사와 거시사는 역사를 바라보는 근본적인 인식에서 서로 다른 점이 너무 많기 때문이다. 금정산은 비행기나 케이블카를 타고 내려다볼 수도 있고, 부지런한 등산객처럼 구석구석 돌아볼 수도 있다. 누가 본 금정산이 진짜 금정산인가? 각각이 본 금정산을 조합한 것이 진짜인가? 역사도 이처럼 조합과 합성으로 전체를 볼 수 있는 것인가? 여기에는 복잡한 인식론적 문제가 따른다. 바꾸어 말하자면, 미시사의 등장은 단순히 지금까지의 역사학적 성과를 좀더 세밀히 다듬고 더욱 정교화 시키는 정도에서 머물기보다는, 무엇이 역사인가에 대한 인식론적 의문을 새로이 던지는 데까지 나아가고 있다는 것이다. 물론 미시사의 잠재력이 어느 정도로 가시화될지는 좀더 시간을 두고 지켜볼 필요가 있으며, 필자 역시 미시사가 모든 것을 해결할 수 있으리라는 장밋빛 환상에 젖어 있지도 않다. 하지만 지금까지의 연구 성과로 미루어볼 때, 앞서 계량사와 구조사가 그랬듯이, 미시사적 접근이 모든 것을 무로 돌리기보다는 또 한번 역사학의 지평을 넓히는 새로운 출발점이 되리라는 기대 정도는 가져도 무방할 것으로 본다.

최근 들어 한국사 연구자들 가운데서도 이러한 미시사 또는 미시문화사적 흐름에 관심을 보이는 경우가 늘고 있다(아직은 주로 개인적 접촉에 의한 경우들이라 여기서 일일이 명시하지는 않겠다). 학문하는 사람이 새로운 방법론에 흥미를 느끼는 것은 어쩌면 당연한 일이지만, 특히 전문 역사학자들이 미시사에 관심을 두는 이유 중 하나는 그것이 기왕의 사례 연구와 비슷한 데가 있어서 다른 방법론(이를테면 아날학파의 사회과학적·계열사적 접근)에 비해 거리감이 덜하기 때문이 아닐까 생각된다. 사실 기왕의 사례 연구와 새로운 미시사적 접근은 서로 유사성이 많다. 무엇보다 그 연구 대상이 일정한 경계를 지닌 비교적 소규모의 지역이라는 공통점이 있다. 하지만 자세히 들여다보면 차이점이 더 커보인다. 앞서 말한 대로 미시사는 어떤 거시적 구조를 더 세밀화하는 모자이크 조각이라기보다는, 그것을 통해 계량적 방법으로는 거의 접근 불가능한 개개인 혹은 공동체의 인적 관계망과 가치관, 일상적 생존 전략 등을 조망해 보고자 하는 일종의 창문이라고나 할까. 미시사를 문화인류학에서의 현장조사에 비유하는 것도 이 때문이다.

　최근 한국사에서의 한 논쟁에서 이 미시사 방법론이 문제로 제기된 경우가 있었다. 백승종과 이해준이 주고받은 설전이 그것이다.[19] 백승종은 자신의 저서가 '미시적 연구 방법'의 도움을 받았다고 주장하는 데 반해, 이해준은 지금까지 흔히 보아 왔던 사례 연구 정도로 평가하려는 경향을 보인다. 물론 이 논쟁의 핵심은 미시사적 방법의 적용 여부에 있다기보다는 학계에서 해묵은 안정론 대 변동론의 대립, 혹은 백승종의 말대로 새로운 해석의 여부에 있기 때문에, 미시사 방법론 문제는 더 이상 심화되지 못하고 있다.

필자 입장에서 이 문제를 평가하자면 이렇다. 백승종이 책 서장序章과 본문 여기저기에서 미시사에 대해 언명하면서, 참고문헌 속에 현대 미시사가들을 다양하게 포함시키고 있는 것으로 보아, 적어도 미시사적 접근에 대한 그의 자각은 분명한 것으로 생각된다. 또한 기존 사료를 좀더 전기적 방법으로 읽으려 했다든지, 곳곳에서 실명을 추적하고 그들간의 인적 관계망을 복원시키려 했다든지, 나아가 특정 지역에 대한 연구를 통하여 인간 활동의 상호 유기적 측면을 부각시키려 했다든지 하는 부분은 미시사적 특징에 가깝다고 생각된다. 하지만 필자의 견해로는 그러한 관계망의 밀도가 상대적으로 느슨해 보인다. 특히 이 책의 핵심은 17세기 후반부터 서류庶類를 비롯한 새로운 사회 세력이 성장하여 기성의 양반계층과 다방면에서 치열한 각축을 벌이게 되었다는 주장인데, 그러한 각축의 과정에서 벌어졌을 법한 갈등과 협상의 전략들이 그야말로 '촘촘하게' 묘사되었더라면 저자의 미시사에 대한 언명이 좀더 확고해지지 않았을까 하는 아쉬움도 남는다.

저자가 서장에서 밝힌 '역사적 사회과학'과 '미시적 역사 연구'의 종합이라는 말도 좀더 재고해야 한다고 본다. 독일 역사학계의 논쟁에서도 나타나듯이, 양자가 아직까지 그리 쉽사리 종합될 정도로 간격을 좁히지는 못하고 있는 형편이다. 하지만 미시사에 관한 이 모든 평가는 본래의 논쟁에서는 부차적인 것일 뿐이므로, 논쟁자들의 최종 결론이 어느 정도 유효한가와는 직접적 관련이 없다. 또한 필자는 이 논쟁의 주제와 사료에 대해서는 문외한이므로, 필자의 평가 역시 피상적 수준을 면하지 못했으리라는 우려가 앞선다.

미시사적 접근이 대체로 하층계급을 그 주요 연구 대상으로 삼기 때문에, 기존의 역사에 비해 구전사/구술사oral history의 경향을 띠는 경우가 종종 있다. 구전자료는 시간적으로 기원이 모호하거나 그 실증성이 미약하기 때문에, 통상 역사가들이 신뢰할 만한 사료로 간주하지 않는 경향이 있다. 하지만 구전/구술자료를 인정치 않으면 전혀 역사를 쓰지 못하는 경우가 당연히 생기기 마련인데, 이를 테면 최근 많이 논의되는 위안부 문제가 그것이다. 물론 이 문제와 관련된 한일 양국의 문헌자료를 면밀히 검색해서 그 주변 정황들을 복원해야 하는 것은 당연한 일이겠지만, 우리는 무엇보다도 위안부로 끌려갔던 당사자들의 증언을 최대한 수집하여 그 실상을 밝히는 데 활용하지 않으면 안 된다. 피해자들의 증언이야말로 다른 어떤 문헌자료보다도 당시 위안부들이 겪었을 비인간적인 측면들을 생생히 전해줄 것이기 때문이다. 이런 의미에서, 최근에 간행된 수기와 증언집 등 일련의 관련 구술자료들은 우리가 지금까지 '잃어버렸던 사람들'을 역사의 무대로 불러내는 단초를 마련했다는 점에서 매우 귀중하다.[20]

미시사의 자료로 활용될 가능성이 큰 또 다른 경우가 범죄 관련 기록들이다. 범죄란 한 문화가 스스로의 조정에 실패할 때, 권력과 가치들의 거대 체계에 미소微小 체계가 도전할 때 생겨나는 법이다. 따라서 그것은 이른바 사회적 '정상'과 '비정상' 간의 괴리와 갈등을 극적으로 표출한다는 점에서 미시사의 중요한 대상이 된다. 긴즈부르그나 데이비스가 베난단띠나 메노키오, 혹은 두 명의 마르땡 게르 등 굳이 특이하게 보이는 사례들을 연구한 이유도 바로 여기에 있다. 틈새 사이로 드러나는 작은 것으로부터 그것을 둘러싼 더 넓고 심층적인 것을 보는 것이야말로 미시사의 특징이라고 하겠다.

한국사의 경우에도 규장각을 중심으로 비교적 풍부한 범죄 조사 기록들이 남아 있다.[21] 이 역시 잘 활용한다면 과거의 사회상들이 새롭게 부각되지 않을까 싶다. 이 경우, 그 사료들을 범죄사라는 부문사의 차원에서 보기보다는 당시의 사회상을 넓게 조명해 줄 수 있는 하나의 출발점으로서, 하나의 창으로서 보는 것이 중요하다는 점에 유의할 필요가 있다. 또한 신문 기록들을 피의자나 관련자와 심문관 사이에 이루어지는 일종의 '대화'로 생각하되, 서로간에 이견이나 오해가 노출되는 부분을 눈여겨보아야 한다. 바로 이때야말로 우리가 틈새를 통하여 새로운 사회상을 일견할 수 있는 순간이기 때문이다.[22]

최근 우리 나라에서 많이 출간되고 있는 '~는 어떻게 살았을까'류의 생활사 저술들을 미시사와 혼동하는 경우도 종종 있는 것 같다. 그 동안 우리 학계가 주로 정치사와 사회경제사에 경도되어 온 측면이 있다고 할 때, 이러한 생활사에 대한 관심이 높아지는 현상은 매우 소중하며 전문 역사학자들도 앞으로 이러한 주제에 더 많은 노력을 기울여야 할 것으로 생각된다. 하지만 '당시 사람들은 이렇게 살았다'는 식의 서술은 미시사적 접근과는 거리가 멀다. 사람들의 생활과 풍속을 다루면서도 그것을 개개인의 구체성에서가 아니라 평균적이고 추상적인 층위에서 서술하는 방식은 이미 브로델류의 일상사에서 제시된 바 있다. 현재 우리가 서점에서 흔히 보는 생활사/풍속사들은 하나의 부문사는 될 망정 사회 전체를 바라보는 창의 구실을 한다고 보기는 힘들다.

9—

1970년대에 이탈리아를 중심으로 미시사가 새로이 등장했을 때, 그 주창자들은 이탈리아의 개인주의적 역사 연구 전통과 환경이 국가 차원에서 사료를 수집·조사해 주는 프랑스의 집단주의적 연구 환경과 달라서 아날적 접근방법이 이탈리아에 제대로 접목될 수 없다는 것을 이유 중의 하나로 들었다.[23] 이러한 항변은 우리에게 역사 방법론에 내재된 특수성과 변용의 문제를 다시금 일깨워 준다. 한 나라 혹은 지역의 역사를 연구하는 데 적절한 방법론은 그곳의 특수성, 즉 사료적 특수성, 연구 전통의 특수성, 역사 전개의 특수성 등을 충분히 감안할 때 비로소 가시화될 수 있다. 물론 우리는 인간 행위에 내재된 보편성을 무시해서는 안 된다. 하지만 어떤 종류의 보편성도 원래는 어떤 특수한 역사 현상을 설명하는 것으로부터 확대되어 나왔다는 평범한 진리 역시 무시해서는 안 된다. 아날학파나 미시사학파의 방법론이 아무리 그럴 듯해 보여도, 그것을 우리의 경우에 적용하자면 스스로의 특수성을 감안한, 무언가 체화體化의 과정을 거치지 않으면 안 되는 것이다(곽차섭).

{1}

microstor

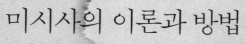

{ 미시사의 이론과 방법 }

—징후의 실마리로 풀어 가는 질적 역사

이름과 시합: 불평등 교환과 역사책 시장 / 미시사에 대하여 /
미시사에 대하여 내가 알고 있는 두세 가지 것들 / 징후들: 실마리 찾기의 뿌리

a

01

이름과 시합
: 불평등 교환과 역사책 시장

1—

다소 뻔한 관찰로부터 논의를 시작해 보자. 지난 반세기 동안 이탈리아와 프랑스는 역사학의 교류에서 뚜렷한 불균형 상태를 보이고 있었다. 이탈리아는 프랑스에 주었던 이상의 것을 프랑스에서 받아왔다. 우리는 이제 그 이유에 대한 물음을 더 이상 미루어서는 안 된다. 이러한 질문은 현 학술회의* 과정에서 이미 다른 학자들이 제기한 적이 있다. 우리는 이 같은 경우에서조차도 역사서술의 역사는 그 용어의 전통적인 의미에서 스스로의 한계를 보여주고 있음을 상기할 필요가 있다(뽀미앙이 수 년 전에 개괄적으로 지적한 것처럼).[1] 우리는 다름 아닌 '역사서술의 사회적 효용성'이라는 측면을 세밀히 분석함으로써, 개

---

* 1979년 1월 로마에서 "아날학파와 이탈리아 역사서술"이라는 논제로 열린 학술회의.

인 및 연구·교육 기관들의 연구를 뛰어넘어 기초적인 정치 선택은 물론, 궁극적으로는 서로 상이한 개개의 사회들 전체를 포괄하는 관계망을 적절히 재구성할 수가 있는 것이다.

2 —

물론 기본적으로 불균형 상태가 지속되었다고 해서, 이것이 이탈리아와 프랑스의 역사가들(보다 구체적으로 말하자면 아날학파에 속하는 프랑스 역사가들) 간의 관계가 지난 50여 년 동안 아무런 변화도 겪지 않았다는 말은 아니다. 우리 앞의 역사가들은 이러한 관계가 점차적으로 어떻게 변해 왔는지를 보여주었다. 확신컨대, 오늘날 우리는 새로운 연구 방향의 출현(일부는 아직 초기 단계에 머물고 있기는 하지만)을 알리는 새로운 국면으로 진입하고 있다. 여기서의 관심사가 바로 이 같은 새로운 연구 방향에 있으므로, 우리의 논의는 어떤 것을 진단하기보다는 다가올 일을 미리 그려보는 쪽이 될 것이다.

3 —

앞서 우리는 불평등한 교환과 역사책 시장에 관해 이야기했다. 그러나 종속국이라고 해서 반드시 가난한 나라로 남아야 된다는 법은 없다. 왜냐하면, 비록 이탈리아 역사학이 종속 상태에 놓여 있기는 하지만, 동시에 이탈리아에는 역사가의 연구에 필수불가결한 바로 그 문서 사료들이 매우 풍부하게 보존되어 있기 때문이다(우리는 여기서 문서보관소와 도서관에 보관 중인 문서들뿐만 아니라 농촌, 도시들이 처한 상황, 민중들의 행동 방식까지도 모두 염두에 두고 있다. 이탈리아 전체가 하나의 거대한 문서보관소로 생각될 여지가 있으며, 또한 사실이 그러하였다). 수 년 전, 프랑꼬 벤뚜리는 이탈리아의 도서관과 문서보관소들이 요모조모 쓸모 있게 이용되지 못하고 겉핥기로 얕게 이용되고 있을 뿐이라고 씁쓸한 어조로 지적한 바 있다.[2] 비유를 약간 달리한다면, 이탈리아의 문서보관소들은 아직도 대부분 채굴되지 않은 채 방치되어 있는 귀중한 원사료 광맥이라고 말할 수 있을 것이다.

문서보관소의 자료와 같은 원사료와 그것들을 발굴할 가능성 사이에 놓인 간격은 각별히 계량적 역사가 거의 전 세계에서 승리를 구가했던 바로 그 시기 동안 분명하게 인식되었다. 계량적 역사의 승리에 이탈리아가 주체적으로 대응했다는 것이 오늘날에도 여전히 관념론이 팽배한 문화적 전통 때문이라는 주장이 있는데, 사실 이는 그냥 무시하고 넘어갈 만한 말은 아니다. 그러나, 우리 스스로의 행동을 단지 그러한 관념론적 저항에만 한정짓는다는 것은 흔히 그렇듯이 일방적인 생각일 뿐 아니라 그 자체가 관념론의 소산일 따름이다. 대규모의 계량적 연구는 상당한 재정 투자와 연구원 집단, 즉 선진적인 연구 조직을 전제로 한다. 시작은 용감했지만 아직도 끝을 보지 못한 엘리오 꼰띠의 연구가 그 대표적인 사례인데, 이는 크리스티안 클라피쉬와 데이빗 헐리가 불과 몇 달 전, 1427년의 피렌쩨 부세 명부에 관한 연구를 마무리하여 출판하였다는 사실과 비교할 때, 더욱 그러하다.[3] 잘 이용하기만 하면, 프랑스 및 미국의 자본과 컴퓨터는 한 개인으로서는 도저히 감당할 수 없을 작업도 가능하게 만든다(여기서 우리의 흥미를 끄는 것은 연구 결과의 비교 분석이 아니라 두 연구 간의 규모 차이이다).

재산과 인구의 역사에 대한 연구는 계량적인 역사 쪽이 활발하고 효과적임을 보여준다. 계열사 역시 매우 활발한 상태이다. 현재, 광범위한 시기에 대한 계량적 연구는 물가(과거의 출발점)에 대한 연구로부터 생산량 변화에 대한 연구로 옮겨가고 있는데, 이는 십일조와 회계장부들을 통해 분석되고 있다. 우리가 알게 된 중요한 결과들이 계열사의 강력한 연구 수단 덕분임은 의심의 여지가 없는 명백한 사실이다. 참혹한 17세기의 파국적인 사망률 위기로부터 이보다는 덜하지만 18세기의 멜서스주의적 발병률 위기에 이르기까지, 인구학적 위기의 구조 변화를 발견한 것이 그 한 예이다.

하지만 장기적인 시기에 대한 계량적 연구가 사실을 모호하게 만들고 왜곡시킬 수 있다는 지적 역시 결코 지나치지는 않다. 물가, 식량, 사망률은 단기적인 시기를 훨씬 넘어서는 문제인데, 특히 우리가 물가통제, 물자비축, 징발, 또는 외국시장에서의 곡물수입 등과 같이 정치권력이 경제변동과 식량위기에 대응하는 방식을 연구하고자 할 때 더욱 그러하다. 스티븐 카플란이 최근에 지적한 바와 같이, 장기적인 시기에 대한 연구로 하루하루를 살아가는 생존의 문제를 이해하기란 어렵다. 우리는 흔히 10년 단위로 균분된 반4로그적 그래프 상에서 움직이는 평균치라는 관점으로 사고하기 쉬우며, 정작 삶의 체험(물론 모호한 표현이긴 하지만)은 주변부로 밀려나 버리는 경우가 흔하다. 앞서 말한 "장기적인 접근방식은 살과 피가 보이지 않고 그 과학적 특징에도 불구하고 설득력이 부족한, 추상적이고도 동질화된 사회사를 만들어낼 가능성이 있는" 것이다.[4]

그래도 우리는 계열적이고 계량적인 역사가 이제는 토마스 쿤적인 의미에서[5] '정상 과학'이 되었다는 사실을 의심치 않으며, 이탈리아의 문서보관소에 보존되어 있는 엄청난 양의 사료들이 계열사의 패러다임과 그 규칙들을 확인하기 위하여, 그리고 그것을 명료화하고 증명하고 한정하고 조정하기 위하여 반드시 검토되어야 한다고 믿는다(여기서 패러다임이란 용어는 쿤이 규정한 것보다는 그 의미가 좀더 약하고 비유적이라는 점을 명확히 해 두자. 역사서술은 어떤 시도에도 불구하고 여전히 패러다임적 접근이 쉽지 않은 학문 분야로 남아 있다). 학자 집단의 일각은 전체적으로든 부분적으로든 이러한 종류의 연구에 전념할 필요가 있다.

4—

하지만 이제 이와는 다른 주제와 다른 종류의 연구들이 우리 앞에 모습을 드러내고 있다. 각별히 우리는 한 마을공동체, 일군의 가계들, 심지어 한 개인까지도 아주 가까운 거리에서 분석하려는 경향의 몇 가지 역사 연구 방식이 나타났음을 알고 있다. 이러한 현상의 출현은 학문 외적인 이유와 학문 내적인 이유로 설명될 수 있다. 먼저 역사학 외적인 이유부터 살펴보자.

최근 동남아시아에서의 전쟁들, 그리고 세베소 및 아모코-카디스에서의 생태학적 재난과 같은 몇 가지의 매우 이례적인 현상들로 인해, 그 동안 무시되어 아예 분석 대상에서 멀어졌던 전략적인 문제들(그것이 사회주의든 혹은 기술의 무제한적인 발전이든 간에)에 대한 토론이 재개되었다. 리얼리티를 미시적으로 재구성하려는 접근 방식이 점점 더 득세하는 이유가 단지 기존의 거시적 방법에 대한 의문이 커져서만은 아니다. 그 정도의 인식으로는 게임에서 이길 승산이 없다. 근본적으로 게임의 규칙 자체를 다시 생각해 보지 않으면 안 되는 것이다. 우리는 개혁에 대한 것이건 혁명에 대한 것이건 1950~1960년대의 낙관주의를 1970년대 말의 급진적 회의주의(다가오는 1980년대에는 아마 더욱 격렬해질 것이 분명한)와 비교하고 싶어한다. 미시사적 연구가 흔히 그 분석의 대상으로 삼는 주제는 사적이고 개인적이며 생생하게 느껴지는 삶의 체험에 관한 것들인데, 이러한 주제들이 그 동안 여성운동에서 강력히 주창해 온 것이라는 사실은 결코 우연이 아니다. 왜냐하면, 여성들이야말로 인류의 역사 발전 과정에서 가장 큰 희생을 치렀던 집단의 구성원임에 틀림없기 때문이다.

역사학과 인류학의 관계가 점점 더 가까워지고 있는 것은 이러한 인식의 징후이자 그것을 심화시키는 수단이기도 하다(잭 구디의 예[6]에서 보듯이, 일부 인류학자들의 역사학에 대한 관심이 점차 커지고 있기는 하지만, 양자의 관계는 여전히 불균형한 상태로 남아 있다). 인류학은 친족 관계에서 물질문화에 이르기까지, 그리고 상징적인 의식에서 마법에 이르기까지, 역사가들이 과거에는 지나치고 넘어 갔던 일련의 주제들을 제공했을 뿐 아니라, 그보다 훨씬 더 중요한 개념적 준거틀에까지도 눈뜨게 해 주었다. 이러한 준거틀은 이제야 겨우 그 윤곽을 드러내기 시작하는 정도이다. 민족중심주의적 환상이 사라져감에 따라(역설적이게도 이는 세계시장의 통합과 시기상으로 일치하고 있다), 보편사의 이념은 더 이상 지탱될 수 없게 되었다. 오직 역사에 젖어든 인류학과 인류학에 젖어든 역사학만이 수천 년에 걸친 호모 사피엔스 종種의 지속력을 되새겨 보는 과제에 적합할 뿐이다.

삼십 년 전, 나중에 《구조 인류학Anthropologie structuale》 선집의 서문으로 실리게 될 한 논문에서, 끌로드 레비-스트로스는 다음과 같이 썼다. "'인간은 자기 자신의 역사를 만든다. 그러나 그들은 스스로가 역사를 만들고 있다는 것을 알지 못한다.' 맑스가 한 유명한 이 말은 무엇보다 역사학, 그 다음에는 인류학을 정당화하고 있다. 이는 동시에 두 학문이 불가분의 관계에 있다는 것을 보여준다."[7]

　역사학과 인류학의 수렴이 바람직하기는 하지만, 그것이 가야 할 길에는 여전히 수많은 장애물들이 가로놓여 있다. 그 첫째는 두 학문 분야에서 사용되는 사료 입증의 방법이 다르다는 점이다. 인류학자가 현장 조사를 통해서 재구성할 수 있는 사회적 관계들의 복잡성은, 역사가에게 일종의 현장 자료 역할을 하는 고문서 자료의 일면성과는 아주 대조적이다. 이들 각각의 자료들은 대개가 제도화된 특정 사회 관계의 산물이기 때문에, 연구자도 당연히 전문화되는 경향을 보이게 된다. 교회사가, 기술사가, 상업 혹은 산업사가, 인구사가, 토지사가, 노동계급 또는 이탈리아 공산당을 연구하는 역사가 등이 그 보기이다. 이런 류의 역사학이 내거는 모토는 아마도 "네 오른손이 하는 일을 왼손이 모르게 하라"는 것이리라. 이렇게 파편화된 경향은 곧 자료의 파편화를 반영하고 있다. 교회 기록은 태어나거나 죽을 때의 개인, 또는 부모나 아이로서의 개인을 보여준다. 토지대장은 지주 혹은 차지농으로서의 개인을, 범죄 기록은 재판 과정에서 원고 혹은 증인으로서의 개인을 보여준다.

　하지만 이러한 방식에는 어떤 개인이 특정한 사회와 맺고 있는 복잡한 관계망을 놓쳐 버릴 위험이 내재되어 있다. 범죄자나 이단자를 신문하는 과정과 같이, 예측 불가능한 자료들을 풍부히 담고 있는 사료들의 경우 역시 마찬가지이다. 특히 이단재판 기록은 우리 역사가들이 현대 인류학의 현장 조사에서 보았던 것과 가장 가까운 경우이다. 그러나 만약 연구 영역이 잘 경계지워진다면, 한 개인에 대한 일련의 문서들은 시간과 공간을 뛰어넘어 사회적 맥락이 다름에도 불구하고 성격이 동일한 개인 또는 개인들의 집단을 발견할 수 있도록 해

줄 것이다. 문서의 미로 속에서 연구자를 인도하는 아리아드네의 실타래는 어떤 특정한 개인을 우리가 아는 모든 사회의 다른 개인들과 구별하게 해 주는 '이름'이란 실마리이다.

5 ——

역사 연구의 새로운 장을 열기 위해 이름에 주목하는 것은 새로운 일이 아니다. 실명 인구통계학(이를테면 앙리의 크룰라이 연구)[8]은 역사인구학의 영역에서 주목할 만한 관점의 전환을 가져왔을 뿐 아니라, 가계들의 재구성이라는 새로운 연구 분야까지 만들어 냈다. 그러나 실명 지향적 방법론은 전형적인 인구통계학적 자료들이 아니어도 충분히 적용할 수 있다. 분익 소작을 하는 농촌 교구(볼로냐 인근 지역이 곧바로 떠오른다)의 교회 기록에는, '지주 대리인'과 그 가족들의 이름이나 별명들이 나오고, 그 옆에는 이와 나란히 부속 농가나 경작지 이름들(붉은 집, 흰 집, 궁전)이 적혀 있다. 이러한 장소명을 따라가다 보면 토지대장에서(그리고 다른 문서철에서) 농토의 넓이라는 중요한 정보를 얻어 내기가 그리 어렵지 않다. 토지대장에 기재된 이름과 땅의 크기에 이어, 우리는 거기서 지주의 이름도 찾아 낼 수 있다. 여기서부터, 즉 지주의 이름으로부터 그 토지에 관한 사적인 문서로 되짚어올라갈 수 있는데, 운이 좋으면 행정 등본에서 농장의 연간 출납 장부를 찾아 낼 수 있을 것이고, 차지농의 이름 및 그가 경작하는 땅의 이름과 함께, 연간 곡물생산 기록도 알아 낼 수 있을 것이다. 이 기록은 아마 총 생산량을 반으로 나누고 그것을 작물 유형(곡물, 대마, 옥수수, 포도, 목재)에 따라 나눈 형태로 되어 있을 것이다. 아울러 농토를 보유한 가계와 차지농 가계 각각이 진 농가 부채의 명세도 보일 것이다. 달리 말하자면, 우리는 다양한 접촉점들 사이의 상호 연관을 재구성할 수 있게 하는 일련의 사실들(언제나 그렇지는 않지만 통상 짧은 시기를 포괄하는)을 발견하게 되는 것이다.

탐구의 여정은 분명 그러한 과정의 어느 지점에서나 시작될 수 있다. 가장 좋은 출발점은 아마도 교구 문서가 아니라 대지주와 관련된 문서일 것이다. 후자는 농민들의 이름과 관련 지명들을 담고 있는데, 교구와 토지 등기대장 같은 다른 문서철을 통해 다시 이러한 이름들을 추적하여 더 많은 정보를 얻을 수 있다. 이들 문서에는 원래 모든 차지농과 지주들의 이름이 열거되어 있다. 유사한 절차를 공증 기록에 적용하면, 결속되어 있거나 연계되어 있는 가계들 사이의 혼인 전략을 재구성할 수 있다. 이러한 연구 과정을 더욱 확장하여 주교좌 교회의 문서에서 혈족간의 혼인을 허락하는 특면特免의 사례들을 찾아낼 수도 있다. 다시 한번, 이름이 우리를 인도하는 실마리가 된다.

이미 지적한 바 있지만, 이러한 좌절과 만회의 게임에서 유용하기만 하다면 계열사적 연구라고 굳이 외면할 이유가 없다. 계열사적 연구는 자료가 각별히 조작된 경우가 아니라면 언제나 쓰임새 있는 도구이다. 그러나 여기서 제시된 종류의 미시 실명적 연구가 지닌 무게중심은 다른 데 있다. 이름을 가운데에 두고 수렴·분산되는 계열들은 일종의 촘촘한 망을 이루고 관찰자에게 개인을 둘러싼 사회적 관계들 간의 연관성을 생생한 모습으로 보여준다.

이러한 종류의 연구는 또한 지리적으로 더 유동적인 사회계층의 개인들에게도 적용 가능하다. 여기서 우리는 분명 가까이에서 찾을 수 있는 특정한 사례를 가지고 좀더 시험적으로 연구를 진행해 나가야만

한다. 그러나 여기서 다시 한번 이름이 쓸모 있는 나침반의 역할을 한다. 양조업자이자 직업 광대인 꼬스딴띠노 사까르디노를 예로 들어보자. 그는 볼로냐의 이단재판소에서 이단 판결을 받고는 1622년 3명의 추종자와 함께 화형을 당했다.[9] 유감스럽게도 재판 기록은 유실되었지만, 재판 진행 과정은 당시 큰 반향을 일으켰다. 인쇄된 이야기책들뿐 아니라 필사본 형태의 도시 연대기들까지도 이 사건과 주인공에 관해 매우 자세히 기록하고 있다. 사까르디노는 베네찌아에 살고 있었다는 사실이 드러났으며, 이어 베네찌아 이단재판소의 고문서고를 뒤져 보면 그를 고발한 죄목들이 고스란히 드러나게 된다. 한 짤막한 기록에는 사까르디노가 피렌쩨에서 광대짓을 하면서 메디치 가를 섬겼다는 사실이 적혀 있는데, 실제로 그는 17세기의 첫 10년 동안 피렌쩨 궁정이 지급한 급료 수령자 명단에 이름이 올라 있다. 문헌 검토 과정에서 그가 출판한 의술에 관한 소책자를 찾아 냈는데, 그 말미에는 그에게 치료받은 고객의 명단이 붙어 있었다. 이는 이들 고객의 이름을 언급하고 있는 볼로냐 공증인이 작성한 다른 문서의 경우와 유사하다. 이 명단은 볼로냐 국가문서보관소에 소장되어 있는 공증 서류들을 검토함으로써 확인된다. 하지만 그 중 한 문서에는 그보다 몇 년 전 페라라의 한 공증인이 작성한 관련 기록이 언급되어 있다. 이런 식으로 조금씩 조금씩, 비록 단편적이기는 하지만 하나의 전기적 이야기가 그것을 둘러싼 관계망으로부터 모습을 드러내는 것이다.

6—

앞에서 대략적으로 제시한 두 연구는 차이가 있음에도 불구하고 두

가지 공통 요소를 가지고 있는데, 둘 다 사회의 하위계층과 관련되어 있다는 점과 실마리로서 이름을 사용하고 있다는 점이다. 수년 전 로렌스 스톤은 집단전기학적 연구의 양상을 기술하면서 그것을 두 흐름으로 구분하였다. 그 하나는 엘리트(문화적, 정치적 등)에 집중하는 질적 연구이고, 다른 하나는 보다 광범위한 사회 집단들에 대한 양적 연구이다.[10] 우리가 지금 제안하고자 하는 것은 아래로부터의 집단전기학(에드워드 톰슨이 제안했던 것과 비슷한)을 성취하기 위해, 두 번째 흐름의 비엘리트적 전망을 첫 번째 흐름의 특화된 분석 방법과 결합시키는 것이다. 즉 일련의 사례 연구로 나아가되, 앞서 언급한 대로 계열사적 연구를 결코 배제하지는 않는 접근 방법인 것이다.

아래로부터의 집단전기학이 일련의 사례 연구들을 그 대상으로 삼는 것은 분명하다. 어떤 연구가 질적인 면을 유지하면서도 철저하게 수행되려면, 연구 대상이 되는 실체들이 수적으로 제한된 경우, 즉 엘리트 계층과 같은 것이라야만 할 것이다. 결국 문제는 이용 가능한 자료의 덩어리로부터 적절하고도 의미 있는 사례들을 어떻게 골라 낼 것인가 하는 점이다.

그러한 자료들은 과연 통계학적 빈도의 측면에서 중요한 의미가 있을까? 항상 그렇지는 않을 것이다. 왜냐하면, 에도아르도 그렌디가 형용모순적 용어로 재치 있게 표현한 것처럼 '이례적 정상eccezional-mente normale'의 경우 역시 존재하기 때문이다.[11] 우리는 이러한 표현에 적어도 두 가지 의미를 부여할 수 있다. 첫째, 그것은 단지 겉으로만 이례적으로 보이는 사료의 입증 방식을 뜻한다. 스톤의 지적에 따르면, 하층 집단들 중 역사가들이 때로 상당량의 정보를 수집할 가능성이 있는 경우는 특이하게도 모두가 "여러 관습과 믿음에 반기를 들었다는 바로 그 점 때문에 이례적이라 규정된 소수집단"[12]이었다. 그러나 1800년(즉 용어의 현대적 의미에서 전문 범죄자의 상이 확립되기 전) 이전의 범죄 재판 기록들을 검토해 보면, 우리가 처한 상황이 그렇게 비관적이지만은 않다는 결론을 얻게 된다. 이러한 재판들의 압도적인 다수는 고성방가나 좀도둑질 등 지극히 평범한 사람들이 저지른 매우 흔하고 대부분 전혀 대단할 것이 없는 범죄들에 대한 것이다. 산업화 이전의 어떤 유형의 범죄가 비록 불법이기는 하지만 정상 상태의 일부라고 주장하는 것은 결코 역설이 아니다.

그러나 '이례적 정상'이 또 다른 의미를 지닐 수도 있다. 만약 사료들이 하층계급의 사회적 실재에 대해 침묵하거나 그것을 조직적으로 왜곡한다면, 진정으로 이례적인(따라서 빈도상으로는 희박한) 사료 하나가 천 개의 천편일률적인 사료들보다 더 많은 것을 밝혀 줄 수 있다는 것이다. 쿤이 밝혔듯이, 낡은 패러다임을 다시 토론의 영역으로 불러내어, 더욱 풍부하고 정교한 새로운 패러다임을 창조하도록 도와주는 것은 다름이 아니라 그 성격상 주변적인 사례들이다. 즉, 이러한 주변적 사례들은 사료 입증의 과정에서 보통은 잘 나타나지 않는 숨겨진 실재의 실마리 또는 흔적들인 것이다.

이 글을 쓴 우리 두 사람은 서로 매우 다른 배경을 가지고 있는데다가 매우 다른 주제를 연구해 왔음에도 불구하고, 이전에는 무시되었던 그러한 흔적들, 실마리들, 세부 사실들이 결정적으로 중요하다는 점을 인식하게 되었다. 그것은 기존의 사료 입증 방법이 지닌 피상적 측면을 일시에 뒤집고 내던져 버릴 정도의 문제였다.[13] 바로 이러한 피상성을 넘어설 때, 더욱 심층적이고 비가시적인 층위의 역사, 역사학이라는 게임의 규칙까지도 포함하는 역사, 그리고 '인간 스스로가 만들어 가고 있다는 것을 알지 못하는 역사'에 도달할 수가 있는 것이다. 여기서 우리는 맑스와 프로이트가 가르쳤던 서로 다르면서도 서로 연관된 교훈들의 메아리를 듣게 된다.

7—

따라서 미시사적 분석은 두 가지 이점을 지니고 있다. 먼저 그것은 축소된 규모 위에서 움직임으로써, 많은 경우들에 있어 다른 종류의 역사서술에서는 포착하기 어려운 '실제의 삶'을 재구성하도록 해 준다. 다음으로, 미시사적 분석은 그처럼 생생한 경험들을 담고있는 비가시적인 구조들을 탐색하도록 이끌어 준다. 이러한 함의를 지닌 이 모형은 페르낭 드 소쉬르가 정식화한 랑그langue와 빠롤parole 간의 관계에 대응된다. 사회적 관계망을 통제하는 구조들은 랑그의 구조와 같이 무의식적이다. 형식과 내용 사이에는 과학이 채워야 할 간극이 존재한다(실재가 투명한 것이라면, 그래서 즉각적으로 인식 가능한 것이라면, 비판적 분석은 필요치 않을 것이라고 맑스는 말한 바 있다). 따라서 미시사와 일반적 의미의 역사를 '실제의 삶에 대한 학문scienza del vissuto'으로 정의할 것을 제안한다. 이는 역사와 사회과학의 통합에 찬성하는 쪽과 반대하는 쪽 모두를 포괄하려는 정의인데, 물론 이 때문에 양쪽 모두가 받아들이기를 달가워하지 않을 수도 있다.

'구조'라는 용어는 모호하다. 역사가들은 이 말을 주로 확장된 지속 기간쯤으로 생각해 왔지만, 로만 야콥슨이 밝혔듯이 이제는 오히려 구조의 관념 안에서 통시성만큼이나 공시성 역시도 포함하는 체계적 특징을 강조하게 되었다.

8 —

미시사는 결코, 다른 방식을 통해 정교화의 과정을 밟아 온 거시사적 (혹은 거시인류학적) 규칙들을 단지 미시적 규모에서 확인하는 것으로 스스로를 한정할 수는 없다. 미시사 연구자들이 최초로 발견했던 것들 중 하나가 바로 거시사적 분석(연대기적 분석으로 시작하는)의 결과들이 적실성 면에서 크게 떨어지거나 때로는 아예 적실성이 없다는 점이었다. 다름 아닌 비교의 방법이 결정적으로 중요한 이유도 바로 이 때문이다. 이와 관련하여 우리는, 비교사가 이탈리아에서는 우리 모두가 알고 있는 이유로 인해 인기가 없지만, 프랑스에서는 그럼에도 불구하고 융성하고 있다는 점을 지적할 수 있다.

9 —

이탈리아의 역사는 무엇보다 반도 내의 문서보관소들에서 소장하고 있는 일련의 문서들이 말해 주듯이 다중심적 역사이다. 오늘날 우리는 미시사적 연구야말로 이같이 유별날 정도로 많이 축적되어 있는 일차 사료들을 발굴해 내는 데 가장 적합한 길일 뿐만 아니라, 장인匠 人 식의 사료 수집에도 더 적절하고 더 접근 가능한 방법이라는 믿음을 갖고 있다.

　이러한 의미에서, 앞으로는 이탈리아와 프랑스의 역사서술이 과거보다 더욱 평등하고 상호 더욱 강화된 협력 관계가 될 수 있을 것으로 기대하고 있다(까를로 긴즈부르그·까를로 뽀니 / 최승훈 역).

02
미시사에 대하여

1—

미시사에 대한 논쟁이 이론적인 텍스트나 선언을 토대로 이루어지지 않았다는 사실은 우연이 아니다. 미시사는 본질적으로 역사서술상의 실천인 반면, 미시사의 이론적인 준거들은 다양하며 어떤 의미로는 절충적이다. 방법이란 사실 무엇보다도 역사가의 작업을 구성하는 실제상의 세세한 절차들과 연관된 것이기에, 미시사는 그 주제의 미시적 차원과 관련하여 정의될 수 없다. 따라서 독자는 아마도 이 논문이 꽤 이론적임에 놀랄 수도 있을 것이다. 사실, 미시사를 지지하는 많은 역사가들은 사회과학과의 지속적인 상호 교류에 열중해 왔고 또 역사 서술의 이론을 세워 왔지만, 그들 자신의 개념이나 원리들을 정연하게 체계화할 필요는 전혀 느끼지 않았다. 미시사는 실험적 작업이 으레 그러하듯이 근거로 삼을 만한 정통적 기반을 전혀 갖고 있지 않다. 미시사적 서술들간에 나타나는 폭넓은 다양성은 공통요소들의 범위가 얼마나 제한적인가를 분명하게 보여준다. 그렇지만 미시사의 경우 오히려 확인하기 힘든 그러한 공통요소들이 결정적이라고 여겨지며, 여기서 검토하고자 하는 것도 바로 이러한 공통요소들이다.

2—

미시사에는 1970년대부터 나타난 어떤 뚜렷한 특징들이 있는데, 이 시기는 미시사가 보다 일반적인 정치적·문화적 논쟁 속에서 등장한 때였다. 1970년대와 1980년대는 세계가 혁명적 노선을 따라 급속하고도 급진적으로 바뀔 것이라던 당시의 낙관적인 믿음이 거의 보편적으로 위기를 맞은 시기였기 때문에, 그 논쟁에 특별히 유별난 점은 없다. 그 시기는 맑스주의적 혹은 기능주의적인 거대 체계에 의해 제시된 낙관적인 모형에 전혀 부합하지 않는 정치적 사건과 사회적 현실에서의 예측 불가능한 결과에 직면해서 이전에 역사서술의 영역을 비롯한 대부분의 문화적 논쟁을 인도했던 희망과 신화들 중 많은 것들이 근거가 없다기보다는 차라리 부적절하다고 판명되고 있는 상태였다. 우리는 아직도 이 과정의 극적인 초기 국면을 겪고 있으며, 따라서 역사가들은 그들 자신의 방법론과 해석들에 대해 새로운 질문을 던지지 않을 수 없게 되었다. 무엇보다도, 저절로 변화가 일어날 것이라는 가정이 무너져 버렸다. 특히 획일적이고 예측 가능한 일련의 단계들을 통한 규칙적인 진보라는 생각에 대한 의문이 제기되었는데,

이 진보관에 의하면 그러한 단계들 속에서 사회의 행위자들이 어떤 의미로는 이미 주어진, 자연적이며 필연적인 연대감과 갈등에 따라 스스로의 힘을 결집한다고 여겨졌다.

온갖 분파의 사회과학자들이 현재나 과거의 변화를 해석하기 위해 사용한 개념적 장치는 실증주의의 유산이라는 짐에 짓눌려 있었다. 사회적 행위의 예측들은 그 오류가 확연히 입증되고 있었으며, 기존의 체계 및 패러다임의 이러한 실패는 새로운 일반적 사회이론의 수립보다는 오히려 기존 연구 수단의 완전한 개편을 요구했다. 진부하고 단순한 주장으로 보일지도 모르겠지만, 이러한 위기의식은 현재 매우 일반적이기 때문에 한두 마디만으로도 간단히 느낄 수 있을 정도이다.

그렇지만 위기에 대한 반응은 여러 가지였고, 미시사는 개념을 재정의하고 기존의 도구와 방법들을 깊이 분석하는 데 강조점을 두는 가능한 대응들 중 한 영역일 뿐이다. 동시에 극단적 상대주의, 신관념론으로의 방향 전환, 심지어는 비합리성으로 점철된 철학으로의 복귀를 제안하는 훨씬 더 과감한 다른 해결책들도 있어 왔다.

미시사 노선을 지향하는 역사가들[1]은 대개 맑스주의, 즉 정치적으로는 좌파를 지향하며 형이상학에는 거의 무관심한 급진적 세속주의 radical secularism에 뿌리를 두고 있었다. 이러한 특징들이 폭넓게 다양한 방식으로 드러났음에도 불구하고, 나는 바로 그러한 특징들 덕분에 이 역사가들이 역사 연구란 단지 수사적이고 미학적인 활동만은 아니라는 확고한 신념을 가질 수 있었다고 믿는다.

그들의 작업은 언제나 인간의 행위를 보다 사실적으로 기술하는 데 집중하면서, 지시적이고 억압적인 규범 체계의 구속들에서 완전히 벗어나지는 못하지만 적어도 그 너머에 있는 스스로의 상대적인 자유를 인식하고는 있는 세상사 속의 인간 행위에 대한 행동·갈등 모형을 채택해 왔다. 따라서 모든 사회적 행동은, 비록 속박되어 있긴 하지만 그럼에도 불구하고 개인의 해석과 자유에 많은 가능성을 부여하는 규범적인 현실에 접했을 때 개개인이 취하는 끊임없는 타협, 조작, 선택 그리고 결단의 결과로 나타나게 된다. 따라서 개인을 지배하는 규범 체계들의 틈새와 모순이 한 개인에게 허용하는 자유의 경계를(그것이 아무리 협소할지라도) 어떻게 정의하는가가 문제이다. 다시 말해, 그것은 인간 사회의 일반 구조 내에서 자유의지의 범위와 성격이 어떠한지에 대한 탐구인 것이다. 이러한 탐구 유형 속에서 역사가는 단순히 의미의 해석에만 관심을 갖는 것이 아니라, 오히려 상징 세계의 다의성들, 그것에 대해 가능한 해석들의 복수성, 그리고 물질적인 자원만큼이나 상징적인 자원을 놓고 일어나는 투쟁에 대한 정의에 관심을 갖는다.

따라서 미시사는 이른바 새로운 역사학 내에서 아주 특별한 위치를 차지하고 있다. 미시사는 이제 더 이상 아무런 역할도 하지 못하는 것처럼 보이는 학문적인 역사서술의 상황을 교정하는 차원에 그치지 않는다. 더 중요한 문제는 상대주의와 비합리주의, 그리고 역사가의 작업을 사건 자체가 아니라 텍스트의 해석이라는 순수하게 수사적인 활동으로 환원하려는 시도에 대한 논박이다.

비트겐슈타인의 말에 따르면 "끝없는 회의는 회의가 아니다."[2] 문제는 지식과 이성의 한계들을 인정하는 한편, 그와 동시에 과거의 세계를 조직하고 설명할 수 있는 어떤 역사서술 방법을 찾아내는 데 있다. 따라서 새로운 역사학과 전통적인 역사학 사이의 갈등이 아니라

오히려 해석적 실천으로서의 역사학이 가진 의미에 대한 갈등이 중요한 것이다.[3]

3—

하나의 실천으로서의 미시사는 본질적으로 관찰 '규모scale'의 축소, 문헌자료에 관한 현미경적 분석과 집중적인 연구에 토대를 둔다. 물론 이 정의 자체가 모호하게 여겨질 수도 있다. 미시사의 문제란 단지 모든 사회 체계 내에는 다양한 차원들이 공존한다는 사실을 인과관계의 측면에서 따지는 것, 바꾸어 말해서 각 개인이 처한 사회적 공간의 규모, 나아가서는 사람들과 그들의 생활 상태를 시야에서 놓치지 않으면서 거대하고 복잡한 사회의 구조들을 기술하는 것만은 아니다. 그러므로 그것은 또한 규모의 관념을 모든 사회 체계들 속에 내재하는 하나의 요소로서 그리고 서로 다른 양적·공간적 차원들을 포함하는 사회적 상호 작용의 맥락이 가진 중요한 특징으로서 개념화하는 문제가 아니다. 이 문제는 바로 이러한 관점에서 본 규모의 개념, 즉 관계망 내의 여러 차원들을 측정하는 데 이용되는 분석 대상으로서의 규모의 개념을 제시했던 인류학자들 사이에서 상세하게 논의되어 왔다. 예컨대, 이 주제를 다루는 주요 세미나를 조직했던 프레드릭 바르트에 의하면, 이는 "다양한 경험적 사회조직들에 존재하는 규모의 다양한 결합들을 기술하고, 그러한 결합들이 만들어 가는 여러 삶의 영역들 속에서 그것이 차지하는 역할을 측정할 수 있는 능력"[4]의 문제이다. 반면 미시사에서 규모의 축소는 분석의 한 절차일 뿐, 이는 분석 대상의 차원들과는 별개로 어디든지 적용될 수 있다.

이 문제는 조금 더 자세하게 살펴볼 필요가 있는데, 그것은 규모가 하나의 연구 대상이라는 생각이야말로 미시사를 논하는 많은 사람들에게 오해의 근원이 되고 있기 때문이다. 예를 들어 지역 공동체들은 규모가 작은 체계들의 대상으로 적절하게 연구될 수 있지만, 보다 큰 규모들은 한 지역 내에 있는 공동체들간의 관련성, 한 국가 내에 있는 지역들간의 관련성 등등을 밝히기 위해 이용된다고 생각하는 경우가 많이 있다. 물론, 현실에서 극히 사소하게 보이는 행동, 예를 들어 빵 한 덩어리를 사려고 하는 어떤 사람의 행동조차도 사실상 전 세계의 곡물시장이라는 훨씬 더 넓은 체계를 아우르는 것은 분명하다. 그리고 한 마을의 상업 활동이 지역적 규모에서 갖는 의미 이상으로는 관심의 대상이 되지 못한다는 주장은 그러한 관점이 모순되며 매우 심각하게 왜곡되어 있음을 보여줄 뿐이다. 이런 관점의 한 가지 예는 공동체 연구, 특히 미시사에 대한 프랑꼬 벤투리의 재미있는 비판에서 어렴풋이 감지할 수 있다.[5]

요즘에는 한 마을의 연대기에 대한 연구가 너무나도 자주 이루어지고 있지만 사실 전혀 무의미한 작업이다. 역사가의 책무는 우리의 삶을 형성하고 있는 관념들의 기원을 연구하는 것이지 소설을 쓰는 것이 아니다. 한 가지 예만 들어보겠다. 오늘날 시장에 대해 다시 연구해야 할 필요가 있다고 아주 많이 이야기되고 있다. 누가 시장을 만들어 냈을까? 18세기의 사람들이었다. 그러면 이탈리아에서는 누가 시장에 관심을 가졌을까? 계몽사상가인 제노베시와 베리였다. 중요한 점은 우리의 근대적 생활의 근원을 확고하게 연구의 중심으로 삼아야 한다는 것이다.

우리는 기어츠의 말을 약간 바꾸어 "역사가들은 마을에 관해서 연구하는 것이 아니라 마을 안에서 연구한다"[6]는 말로 이에 답할 수 있을 것이다.

　단지 내적 차원들을 분석 대상으로 삼기 위한 수단이라면, 사회 현상들 속에서 조합 방식이 상이하면서도 그 결과는 동일한 규모의 결합들에 대해 기술하는 것도 물론 중요하다. 그렇지만 분석 대상의 특수한 차원들이 반드시 제기된 문제의 특징적 규모까지도 반영해 주지는 않는다는 것은 자명하고도 뻔한 이야기이다. 규모가 현실 속에서 자신만의 실체를 갖고 있다는 생각은 미시 분석이 순수하게 실례를 가지고 작업하는 것, 말하자면 일반화를 향해 보다 폭넓게 이동하기 위한 출발점이라기보다는 차라리 단순화된 분석 과정, 즉 일반적인 개념을 예증하는, 실제 생활 속의 특정 지점의 선택이라고 생각하는 사람들에 의해서까지도 받아들여지고 있다. 각기 다른 범주의 사람들과 상이하게 구조화된 관계들의 장으로 이루어진 사회적 세계에 내재된 차원들이 보여주는 것은 현실 속에서 작동하는 규모의 정확한 성격이다. 그러므로 이러한 의미에서 복잡한 사회들의 분화는 선험적인 가정 및 틀에 의지하지 않고서도 그 윤곽이 그려지지만, 이 접근법으로 구성 가능한 일반화란 단지 정도 이상으로 은유적이거나 유추적 근거를 가지고 있을 뿐이다. 바꾸어 말해, 규모의 문제를 단지 관찰된 현실의 규모라는 문제로서 뿐만이 아니라 실험적인 목적을 위한 가변적 관찰 규모라는 문제로서 논의해야 할 것으로 보인다. 개별 인간을 대규모 체계의 규칙들로 환원시킬 수 없기 때문에 규모의 문제가 논쟁의 중심에 서게 되었다는 것은 자연스럽고도 올바른 귀결이다. 지나치게 단순한 기능주의에 대항하여, 사회적 모순이 사회 변동을 일으키는 데 중요한 역할을 한다는 점을 강조해야만 한다. 다시 말해 다양한 규범 체계들(말하자면 국가 규범과 가족 규범)로부터 생겨나는 구속들간의 불일치와, 덧붙여 모든 개인은 규범 구조에 대한 자신의 반응과 그와 관련된 선택을 결정하는 저마다 다른 일련의 관계들을 갖고 있다는 사실이 지닌 설명적 가치를 강조하는 것이 중요하다.

현실의 고유한 특징으로서의 규모는 미시사 논쟁에서 분명히 외적 요소가 아니지만, 그렇다고 내적 요소로 보기도 어려우며, 차라리 경계에 위치한다고 말할 수 있겠다.[7] 왜냐하면 진짜 문제는 실험적인 목적을 위해 관찰 규모를 축소하겠다는 결정에 있기 때문이다. 모든 미시사적 연구를 통합하는 원리는 현미경적 관찰이 예전에는 미처 관찰하지 못했던 요소들을 드러내 줄 것이라는 믿음이다. 이러한 집중 관찰의 몇 가지 예는 다음과 같다. 갈릴레오 재판의 본질을, 포도주와 빵을 피와 살로 변형할 수 없게 만드는 원자론에 반대하여 아리스토텔레스적 실체 관념과 성체성사를 옹호하고자 하는 것으로서 재해석하는 것,[8] 삐에로 델라 프란체스까의 문화적 세계를 연구하는 수단으로 그림 하나와 그 그림 속의 인물 확인에 집중하는 것,[9] 17세기 농민들의 정신 세계를 드러내기 위해 꼬모 지역의 어느 조그만 마을에서 있었던 족내혼 방식들에 대해 연구하는 것,[10] 기술 혁신 및 그것의 흐름과 결과라는 일반적인 주제를 설명하기 위해 직물업에 종사하는 어느 조그만 마을의 기계식 직기 도입 과정을 관찰하는 것,[11] 아직까지 비인격화의 단계에 이르지 않은 시장에서 작동하는 사회적 상거래 규칙을 발견하고자 한 마을의 토지 매매 내역을 연구하는 것.[12]

마지막 예를 간략하게 검토해 보자. 토지의 상업화와 관련해서 그동안 아주 많은 논의가 있었는데, 서유럽 여러 나라들과 식민지 아메리카에서 토지 거래가 일찍부터 빈번했다는 사실이 곧 자본주의와 개인주의가 일찍이 존재했음을 보여주는 증거라는 믿음이 널리 퍼져 있다. 이 현상을 보다 적절하게 평가할 수 없도록 만든 데는 두 요소가 작용하였다. 첫째, 많은 해석들은 총계자료에 기초하고 있었는데, 이러한 접근으로는 구체적인 거래 사실 자체를 검토할 수가 없었다. 둘째, 역사가들은 자신들의 근대적인 상업적 가치관에 속아서, 당시의 공증증서들에서 나타나듯이 화폐를 주고받는 대량의 토지 거래가 자동 조절되는 시장이 존재하는 증거라고 해석하기에 이르렀다. 흥미로운 것은 어느 누구도 토지의 다른 특징들은 참작하면서도 관련 토지 가격이 지극히 유동적이었다는 사실에 주목하거나 비중을 두지는 않았다는 점이다. 따라서 토지 가격과 일반 시장은 공통적으로 시장의 힘이 비인격적이라는 의심할 나위 없는 가정 아래서 생각되었다. 토지 가격이 계약 당사자들 사이의 친족 관계에 따라 유동적이었음을 알 수 있게 된 것은 관찰의 규모를 아주 제한된 지역으로 축소시켰을 때뿐이었다. 크기와 비옥도가 똑같은 토지에 매겨진 가격이 유동적이었던 이유 역시 밝혀질 수 있었다. 그리하여 당시의 시장은 사회적·개인적 관계들이 토지 매매상의 가격 수준, 거래 시기 그리고 소유권 이전 형태의 확정에 결정적인 역할을 한 복잡한 성격이었음을 입증할 수 있게 되었다. 이 예는 특히 미시사가 일반적으로 밟아 가는 길을 보여주고 있다. 이전에는 충분히 기술했고 이해했다고 생각되었던 현상들이 관찰의 규모를 바꾸자 완전히 새로운 의미를 드러내게 된 것이다. 그렇다면 비록 앞서의 고찰들이 상대적으로 좁은 차원 내에서 그리고 실례라기보다는 하나의 실험으로서 이루어지기는 했지만, 이러한 결과들을 이용해서 훨씬 더 넓은 일반화를 꾀할 수도 있을 것이다.

4—

역사적 연구의 테두리 안에 그 뿌리를 두고 있음에도 불구하고, 미시사의 여러 특징들은 역사학이 인류학, 특히 클리포드 기어츠가 인류학 작업의 적절한 관점이라고 보는 '촘촘한 묘사thick description'의 방식과 밀접한 관계가 있음을 보여준다.[13] 이 관점은 일련의 관찰로 시작해서 그 관찰에 법칙과도 가까운 이론을 부여하려고 시도하기보다는, 일단의 의미 있는 기호들에서 시작해서 그 기호들을 이해 가능한 어떤 구조 속에 위치시키려고 한다. 따라서 촘촘한 묘사는, 그렇지 않았더라면 사라졌을 것이지만 사회적 담론의 흐름이라는 맥락에 놓임으로써 해석될 수 있는 일단의 의미 있는 사건들이나 사실들을 문자 형태로 기록하는 데 쓰인다. 이 접근법을 통하여 가장 범위가 넓은 결론에 도달하는 수단으로 매우 미세한 사건들에 대한 현미경적 분석을 이용할 수 있다.

기어츠에 따르면, 이것은 매우 야심차면서도 동시에 아주 신중하기도 한 목표를 가진 민족학자들이 채택한 절차이다. 야심차다는 것은 자료를 해석하는 민족학자의 권위가 실제로는 무한할 뿐만 아니라, 해석이 민족지학적 작업의 본질이라는 의미에서 그러하다. 인류학의 글쓰기는 상상력을 요하는 작업으로서, 우리를 외국인들의 생활에 접하게 해 주고 우리가 분명히 알아볼 수 있도록 사건이나 사회적 담론을 확정할 수 있는 역량에 따라 저자의 능력이 평가된다. 따라서 해석자의 권한은 무한해지고, 광대해지며, 또 반증의 여지가 없게 된다.[14] 일종의 냉담한 감정 이입으로부터 문학적인 의사소통 기술에 이르기까지, 합리적으로 평가하기 힘든 요소들이 도입될 수밖에 없는 것이다.

상대주의의 위험은 협소한 공간을 가진 이론으로 인해 최소화되기 보다는 오히려 두드러진다. 기어츠에게는 법칙과 일반 개념을 찾는 것이 헛된 일인데, 왜냐하면 문화란 기의記意의 그물망으로 이루어진 것이어서 그것에 대한 분석은 보편 법칙을 모색하는 실험 과학이 아니라 의미를 추구하는 해석적 학문이기 때문이다.

그렇다면 이론의 역할은 무엇일까? 기어츠는 해석적인 접근방식을 취한다고 해서 공식화된 이론들을 반드시 버려야만 하는 것은 아니라고 말한다. 그렇지만 그는 곧바로 이어서 다음과 같이 얘기한다. "그러한 공식화가 가능할 만한 조건은 물론 완전히 무망無望한 것은 아니지만 거의 존재하지 않는다. …… 문화적 해석에는 그것의 이론적 발전을 보통 이상으로 어렵게 만드는 많은 특징들이 있다"(p. 24). 우선 "이론은 상상에 의한 추상화를 더 강조할 수 있는 과학적 사례가 되기보다는 그 토대에 더 가까이 머물러 있을 필요"가 있다(p. 24). "공식화된 이론들은 자신들이 좌우하는 해석들과 아주 밀접하게 연관되어 있어서 그것들과 따로 떼어 놓아서는 의미가 잘 통하지 않거나 그리 관심을 끌지 못한다"(p. 25). 그러므로 "여기서 내세우고 있는 이론의 본질적인 과제는 추상적인 규칙들을 설정하는 것이 아니라 '촘촘한 묘사'를 가능케 하는 것이며, 여러 사례들을 포괄해서 일반화하는 것이 아니라 그 각각의 사례들 안에서 일반화하는 것이기 때문에"(p. 26) 이론의 정당성은 인정되지만 사실 그것은 거의 무용한 것이다.

이러한 방식은 임상의학적 추론과 유사한 측면이 있다. 즉 그것은 관찰 사례들을 기존 법칙에 끼워맞추는 문제가 아니라, 오히려 "이해 가능한 틀 속에서" 조직된 의미 있는 징후들, 민족학의 경우에는 상징적인 행동들에서 작업을 시작하여 사회적 담론 분석으로 "불분명한 사물들의 의미를 찾아 내는" 문제이다. 따라서 그것은 예측을 가능케 하는 이론적인 도구들을 고안해 내는 문제가 아니라 "새로운 사회적 현상들이 출현함에 따라 그것을 설명할 수 있는 해석들을 계속해서 산출해 낼 수 있는" 이론적인 구조를 만들어 내는 문제이다. …… "이론적인 개념들은 각 연구마다 완전히 새롭게 창조되는 것이 아니다. …… 그것들은 연관된 다른 연구들에서 차용되고, 그 과정 속에서 정교해져 다시 새로운 해석적 문제들에 적용된다"(pp. 26~27).

"우리의 이중 과제는 첫째 우리 주체들의 행동, 즉 사회적 담론이 '말한 것'을 알려주는 개념 구조를 밝혀내고, 둘째 그러한 구조들에 포괄되는 것, 즉 그 구조들이 지금 있는 그대로이기 때문에 그 구조에 속하는 것이 인간 행위의 다른 결정 요소들에 비해 어떠한 조건에서 더 부각될 것인지 분석하는 어떤 체계를 세우는 것이다. 민족지학에서 이론의 임무는 상징적 행동이 그 자체에 대해, 즉 인간의 생활에서 문화가 차지하는 역할에 대해 말해야 할 때 표현할 수 있는 어휘를 제공하는 것이다." 따라서 이론이란 "단순한 사건들을 설득력 있는 과학으로 만들어 줄 것이라는 기대에서 촘촘한 묘사의 민족지학 체계로 짜여진, 학계에서 통용되는 아주 일반적인 개념들과 개념 체계들의 레퍼터리이다"(p. 28). 따라서 개념들은 강단 학문의 꾸러미에서 가져온 냉철한 도구들인 셈이다. 즉 개념들은 해석에는 유용하지만, 그것들이 구체적인 현실성과 개별성을 획득하는 것은 단지 그러한 기능 속에서일 뿐이다.

이론은 해석으로부터 생겨나지 않는다. 이론은 훨씬 더 큰 역할을 하는 해석자에게 단지 하인처럼 조그만 도움을 줄 수 있는 역할을 할 뿐이다. 학술 언어에나 적합한 일반 개념 체계가 촘촘한 묘사의 살아 있는 체계 속에 끼여들어 가는 것은 새로운 개념들과 추상적인 이론 체계를 만들어 내기 위해서가 아니라, 단순한 사건들을 과학적으로 표현하겠다는 희망에서이다. 그렇다면 일반이론이 가진 유일한 중요성은 그것이 맥락화함으로써 이해가 가능한, 촘촘히 묘사된 자료를 끊임없이 늘려 가는 과정의 일부라는 의미에서이며, 이는 결국 인간적 담론의 세계를 넓히는 데 도움이 될 것이다.

5—

해석적 인류학과 미시사는 역사학과 인류학이 일반적으로 그런 것만큼이나 서로 많은 공통점을 가지고 있는 것 같다. 그럼에도 불구하고 나는 여기서 두 가지 중요한 차이를 강조하고 싶은데, 그 하나는 인류학이 집약적이고 규모가 작은 연구에 전통적 강세를 띤다는 점에서 비롯되며, 다른 하나는 아래에서 설명하려 하고, 또 기어츠의 사고 속에 존재하는 일종의 자기 부과적 한계라고 정의할 수 있는 어떤 측면에서 비롯된 것이다. 이 두 가지 차이는 인간 합리성의 실제적 작동 및 사회과학에서 행하는 일반화의 정당성과 관계가 있다.

우선 합리성을 바라보는 상이한 방식을 검토해 보자. 인식 과정에 대한 특정한 분석의 가능성을 부인하는 까닭에, 해석적 인류학은 합리성이 하나의 자료, 다시 말해 인간 행동, 특히 의미 있고 상징적인 행동으로 보이는 인간의 행위를 벗어나거나 혹은 해석을 벗어나서는 기술할 수 없는 어떤 것이라고 간주한다. 이 점까지는 우리도 동의할 수 있을 것이다. 그렇지만, 기어츠는 이러한 고찰로부터 극단적인 결론을 끌어낸다. 우리가 할 수 있는 유일한 일은 촘촘한 묘사를 통해 먼저 행동들의 있음직한 의미들을 파악하고, 이어서 그것을 분명하게 밝히는 것이다. 이러한 접근법을 지지하는 사람들은 합리성 자체의 한계, 가능성, 그리고 계측 가능성을 문제삼을 필요가 없다고 생각한다. 즉 그러한 내재적 한계나 경계는 인간의 합리성에 대한 어떤 분명한 개념의 기준에 의해 평가되기보다는 오히려 관념론과 상대주의 사이를 오가는, 본질적으로 평가가 불가능한 해석들간의 끝없는 게임에 의해 설정된다는 것이다.

더 나아가서 기어츠의 개념은 그가 하이데거[15]로부터 이끌어낸 몇 가지 특징에서 잘 드러난다고 말할 수 있다. 특히 총체적인 명시성이란 불가능하다고 보고, 귀기울임의 해석학, 즉 시적인 언어, 다시 말해 새로운 의미를 만들어 내려고 노력하는 가운데 간파된 언어에 대한 귀기울임의 해석학을 구성하려는 시도가 그것이다.[16] 기어츠에 따르면, 사실 인간은 공공의 상징적 감정 모형에 따르지 않고서는 정신 체계를 공식화할 수 없기 때문에, 이 모형들은 인간이 세상을 이해하는 데 필요한 본질적 요소이다. 더욱이 담화란 대개 단순한 의사소통의 수단 정도로 낮게 취급되기 마련이므로 모든 인간의 담화 속에서 이러한 상징 모형들을 발견할 수는 없다. 기어츠는 하이데거처럼 이러한 상징 모형들을 시적 언어의 정수에서 찾아내는데, 이는 인간의 현실 경험에 대한 최상의 표현이다. 기어츠는 특히 신화, 제의 그리고 예술의 언어에 주목한다. "결단을 내리기 위해서는 우리가 사물에 대해 어떻게 느끼는지를 알아야만 하며, 우리가 사물에 대해 어떻게 느끼는지 알기 위해서는 감정의 공공적인 이미지가 필요한데, 그것은 오직 제의, 신화, 예술만이 제공할 수 있다."[17]

기어츠의 분명하고도 명쾌한 입장은, 인간 정신에 담긴 상징적 가능성의 무한함 덕분에, 우리가 무한히 작은 발걸음으로 현실에 접근 할 수 있긴 하지만 그곳에 결코 도달할 수는 없다는 것이다. 이러한 시각은 인식 주체가 타자의 존재를 자신 속으로 용해시켜야 한다는 것이 아니라, '해석학적 분류자hermeneutic classifier'로서 사고의 적절한 기능이란 다른 사람들이 타자로 남을 수 있도록 하는 것이라는 하이데거의 반헤겔론과 일치한다. 나는 이러한 하이데거적 연결고리가 기어츠의 해석적 인류학이 지닌 강점과 약점을 이해하는 데 본질적인 것이라고 생각한다. 즉 그의 접근 방법은 다양한 세계들을 예민하게 해석할 수 있다는 강점을 가지고 있지만, 반면 그것을 설명하기에는 상대적으로 취약하다는 것이다.

이런 식으로 기어츠는 합리성과 그것의 한계라는 쟁점을 그럭저럭 피해 가고 있다. 하지만 이러한 한계가 단순히 정보에 대한 차별적인 접근 이상의 훨씬 더 많은 요소들에 의해 규정되고 있음을 알아야만 한다. 그 차이는 '해석되는 타자가 생각했을 법한 사고'와 '충분한 이성'의 원리에 의해 좌우되는 사고간의 차이다. 이러한 시각에서 보면, 민족학자는 아마도 의미를 기술하는 수준에서 자신의 탐구를 멈추는 것으로 만족해야 할 것이다.

생물학적 관점에서 보면 모든 인간은 실제로 같은 지력을 갖고 있지만, 이러한 능력이 기능하기 위해서는 전적으로 문화적인 자원에 의존해야 한다는 것을 우리는 분명하게 받아들이지 않으면 안 된다. 문화에 대한 이러한 강조는 문명인이 원시인보다 우월하다는 모든 이론들을 피할 수 있게 해 준다. 그것은 또한 문화란 진화의 국면 속에 배열된 일정한 지점들에서 생겨난다는 관념 역시 피하도록 해 준다. 상징적 사고를 가능케 하는 능력으로서 정의되는 문화는 다름 아닌 인간 본성의 일부이다. 문화는 인간의 사고를 보완하는 것이 아니라 그 내재적 구성 요소이다. 그럼에도 불구하고, 기어츠의 말에 따르면, '절대적' 문화상대주의를 회피함으로써 여러 문화들을 비교하려고 하는 시도는 절대 불가능하며 또 가능하다고 주장해서도 안 된다. 그는 지력의 기능을 '정보의 탐색'에 국한해서 규정한다. 즉 그것의 기능은 어느 특정 문화의 구성원들이 자신들에게 공통적인 자료들을 이용하는 정교한 정서 활동이라는 것이다. "간단히 말해서 인간의 사고 작용은 지시적 추론이라는 특정 의미에서 규정될 때, 어떤 목적에서든 유기체가 필요로 하는 환경적 자극을 만들어 내는(발견하고 선별하는) 그러한 방식으로 어떤 종류의 문화적 자원을 조작하는 데 의존한다. 즉 그것은 정보의 탐색이며"(p. 79) 따라서 정보의 선별적인 수집인 것이다.

사실 인간은 언제나 감정적이거나 지적인 자극을 필요로 하지만, 동시에 이 동일한 자극은 그것을 의미 있고 인지 가능한 질서로 조직해 주는 지속적인 문화 통제를 요구한다. 따라서 인간의 사고 작용은 정보의 수집일 뿐만 아니라 사고 과정에 수반된 감정의 조직화이기도 하다. 그렇지만 그 과정은 개인적인 차원에서 이루어지는 것이 아니다. 왜냐하면 상징이 의미를 갖는 것은 그것이 크든 작든 어떤 집단의 구성원들 사이에서 공유되고, 따라서 전달될 수 있다는 사실을 바탕으로 하고 있기 때문이다. 우선 사고는 공공의 상징 구조에 따라 조직되어 전달되고 그 이후에야 개인적인 것이 된다. 그러나 이성의 기능에 대해 보다 세세하게 탐구할수록 우리는 어쩔 수 없이 문화간의 위계화라는 위험한 함의에 이르기 때문에 기어츠로서는 더 이상의 고찰을 계속할 수가 없었던 것이다.

기어츠는 민족중심성을 파괴하는 데 문화상대주의가 맡은 역할을 옹호한다. 이 점에서는 우리가 그나마 동의할 수 있다. 그렇지만 그는 문화상대주의를 상대주의와 동일시할 뿐만 아니라 반상대주의라면 모두가 어떤 문화를 다른 문화보다 위계상 우월하다고 보는 위험한 경향이라고 본다. 1984년의 도발적인 논문 〈반상대주의에 대한 반론〉[18]에서 그는 모든 반상대주의를 "문화적 다양성은 시공의 틀을 가로질러 생각해 볼 때, 결국에는 확고하면서도 명백히 드러나지는 않는 실재, 즉 인간의 본질적 성격에 대한 …… 일련의 표현들로 귀착된다는 입장"과 동일시한다.

기어츠가 보기에, 표피적인 다양성이 깊이 잠재되어 있는 동질성을 감싸고 있다는 시각에는 인간 정신 및 인간 본성 이론들에 대한 신뢰가 자리 잡고 있다. 하지만 그는 그러한 이론들을 거부한다. 왜냐하면 그 이론들은 결국 '원시적 사고'와 '사회적 병리'라는 잘못된 개념의 재확립, 다시 말해 상이한 수준의 합리성에 따라 분류된 행동 양식과 신념의 위계라는 가정에 이를 수밖에 없기 때문이다. 따라서 형식적 항구성(인식의 보편자들), 발전적 항구성(인식의 단계들) 그리고 작동적 항구성(인식의 과정들)을 어떤 형태로든지 확인할 수 있다는 신합리주의적 주장은 문화의 다양성과 타자성을 올바로 강조하는 개념들의 힘을 떨어뜨리게 할 뿐이라는 것이 그의 생각이다.

"우리가 확정해 놓은 거리가 역시 우리가 그 위치를 비정批正한 다른 어떤 곳의 경우와 맞지 않기 때문에 감각에 대한 우리의 감각과 지각에 대한 우리의 지각을 바꾸기 위하여 다시금 무가치한 것으로 되돌아가야 한다면 이는 매우 안타까운 일일 것이다"(p. 276). 기어츠는 우리가 오직 촘촘한 묘사와 의미들의 정교화만이 가능한, 아마도 이행기라고 보아야 할 어떤 단계에 속해 있다는 의미에서 자신이 상대주의자가 아니라 오히려 반상대주의자를 다시 반대하는 사람이라고 주장하고 있는 것이다.

그렇지만 모든 합리주의 이론들 속에 위계적인 문화 개념이 부활할 가능성이 잠재하고 있는 것처럼 몰아붙이는 그의 말은 별로 타당하지 않아 보인다. 그리고 사실 기어츠가 언급하는 겔르너, 레비-스트로스, 니드햄 윈치, 호튼 그리고 스퍼버 등을 모두 문화위계론자로 간주하기는 어렵다. 인식 과정cognitive processes이나 인식의 보편자들 cognitive universals이 오직 민족중심적인 결론으로만 이어져야 하는 이유는 무엇일까? 형식 측면에서의 합리적 과정에 대한 기술, 혹은 합리성의 한계라는 개념이 문화에 대한 비위계적인 기술에 반드시 장애가 되어야 할 이유가 있을까? 여러 문화들간의 비교를 가능하게 하는 형식화와 일반화가 반드시 타자성의 파괴를 의미해야 하는 이유는 무엇일까? 당연히 위험은 존재하지만, 민족중심주의를 벗어나는 대가로 상대주의라는 무기력하고 비합리주의적인 위협, 즉 어쨌든 이미 거의 쫓겨나다시피 한 유령을 다시 받아들이는 것이 진정한 해결책일까? 오히려 해석을 다시 해석하는 끝도 없고 까닭도 없는 놀이에 휩쓸리게 함으로써 현실 파악의 가능성을 제한하는 사람들의 절대적 상대주의는 거부하는 반면, 문화적 상대성은 받아들일 수 있도록 해 주는 통일된 인식 과정들을 찾아내는 것이야 말로 우리가 택해야 할 길이라고 믿는다.

6—

미시사와 해석적 인류학은 서로의 전망에서 차이를 보이고 있는데,

그 중 중요한 것 하나는 후자가 공적인 기호와 상징 속에서 동질적인 의미를 보는 반면, 미시사는 그러한 기호와 상징들이 생산해 내는 사회적 표상들의 복수성과 관련해서 그것들을 규정하고 평가하려 한다는 점이다. 따라서 문제는 단순히 지력의 작용에 있지 않다. 사회적으로 분화된 상징적 의미들의 성격을 시야에서 놓쳐 버리고, 그 결과 그러한 의미들 속에 내포된 일부 모호한 성질을 간과해 버릴 위험까지도 존재한다. 또 이는 특정 상황의 맥락에서 인간의 합리성이 기능하는 각기 다른 형태들을 정의하는 문제로 이어진다. 한 문화를 조직하고 규정하는 데 필요한 정보의 양과 행동에 필요한 정보의 양은 모두 역사적으로 가변적일 뿐만 아니라 사회적으로도 변하기 쉽다. 사실 이는 공적·상징적 구조들의 틀이 하나의 추상이기 때문에 나타나는 문제이다. 왜냐하면, 사회적 조건을 달리하는 맥락 속에서 이들 상징적 구조들은 파편화되고 분화된 다양한 표상들을 산출해 내기 때문이다. 우리가 연구 대상으로 삼아야 하는 것은 바로 이러한 것들이다.

이용 가능한 정보의 양과 경험적 관찰을 위한 기회는 아마도 단순한 사회나 과거 사회에서보다 현대 사회에서 훨씬 더 넓고 복잡할 것이다. 그럼에도 불구하고 언제나 주된 문제는 미셸 푸꼬가 잘 표현하고 있듯이,[19] 지배적인 분류 체계가 필연적으로 부과하는 대안적이고 가능한 의미의 범위 내에서 정보를 선택해야만 한다는 것이다. 그리고 우리가 자기 방어라고 부를 수 있는 정보의 선별도 물론 그 문제에 포함되는데, 이는 우리로 하여금 세계에 의미를 부여하고 효과적으로 기능할 수 있도록 해 준다. 그렇지만 그러한 정보의 양과 질은 모든 사회에서 한결같지 않으며, 따라서 관찰 중의 특수한 현실에서 작동하는 제한된 합리성의 여러 가지 형태들을 검토할 필요가 있다. 이러한 복수성은 특히 과잉 정보에 접했을 때 펼쳐지는 보호기제, 즉 엄청난 양의 정보에서 벗어나 어떤 결정에 도달할 수 있도록 해 주는 메커니즘의 한 결과이다. 우리가 생각하는 것은 예를 들어 인과적 단순화의 과정이나 정치적 선택에서의 단순화된 슬로건의 사용, 또는 민간 의학에서 사용되는 병인학적 체계나 광고 산업에서 채택하는 설득 기법 등이다.

따라서 문화란 끝없는 정보의 탐색이라는 기어츠적인 정의를 토대로 상징 작용의 문제를 일반적으로 논의하는 것은 충분하지 못한 처사인 듯하다. 다양한 시공간에 속해 있는 여러 개인·집단·사회의 문화들 속에 존재하는 차이들을 이해할 수 있도록 하기 위해서는 제한된 합리성, 즉 그 경계들의 위치가 정보에 접근하는 방식의 다양성에 따라 달라지는 합리성의 기제들을 평가하고 형식화하는 시도가 필요하다고 믿는다. 그러나 기어츠의 중요하긴 하지만 불완전한 체계가 지닌 약간은 회피적인 성질로 인해 이러한 목표는 간과되고 있다.

기어츠적 체계의 부적절성에 대한 이러한 증거는 해석적 인류학의 모습 아래 최근 과학의 무대 위에 등장한 풍부한 자전적 상대주의에서 잘 나타난다(레비노의 《모로코 현장조사에 대한 고찰》[20]이 최상의 예일 것이다). 촘촘한 묘사가 비교 연구적인 목적을 갖기보다는 단지 특별히 규정되지도 않은 규칙들에 의거한 설명 사례를 골라 낼 뿐이라는 사실은 더욱 확실한 증거가 된다. 결과적으로 해석들은 종종 열려진 채로, 측정할 수 없고 제한된 상태로 남게 되었다. 이러한 측정 불가능성의 예는 기어츠 자신보다 기어츠의 추종자들에게서 더 많이 나타난다. 그 고전적인 예가 로버트 단턴이 쓴 《고양이 대학살》이다.[21]

7—

앞서 언급한 두 번째 측면은 해석적, 의사소통적 놀이에 대한 모형을 세우고 놀이의 형식적 규칙을 정하려는 어떤 시도도 거부하고 있다. 기어츠는 단지 촘촘한 묘사의 구체적인 예들에서 나오는 개념들을 되살려내기 위해 일반적이고 학문적인 개념화를 잠정적으로 이용할 수 있을 것이라고 제안하면서 글을 마무리하고 있을 뿐이다. 이런 식으로 일련의 개념들이 해석된 사건들 속에 직조되어 들어가는 것은, 그것들이 함께 작용하여 단순한 사건들에 과학적 설득력을 부여하고 거꾸로 단순한 사실들의 조밀성으로부터 더욱 일반적인 결론을 끌어낼 수 있도록 해 주리라는 희망 때문이다.

이러한 방법은 종종 사회적 분석을 결여한 문화사, 혹은 집약적으로 연구된 문화사에서 끌어낸 지극히 상투적인 사회적 분석으로 귀착된다. 행동은 깊이 있게 검토되지만 정작 그와 연관된 복잡다단한 사회적 메커니즘들의 형태를 다시 개념화하지는 못하며, 따라서 분석은 마치 겁먹은 듯이 사회사로 들어가는 바로 그 문턱에서 갑자기 끝나고 만다. 예를 들어, 대관식에서 표출되는 권력의 카리스마와 상징성은 사회적으로 분화되지 않은 사회 내의 모든 사람들에게 똑같은 말을 하는 것처럼 보인다.[22] 다른 예를 들자면, 닭싸움의 경우 내기의 형태가 사회적으로 다양함에도 불구하고 사회 전체에 대해 단일하고 보편적인 의미를 띠고 있는 것처럼 제시되고 있는 것이다.[23]

반면, 미시사는 해석적 인류학과는 달리 사회적 분화에 대한 고찰을 거부하지 않을 뿐 아니라, 오히려 행동, 행위, 사회적 구조, 역할과 관계 등을 될 수 있는 한 제대로 읽어나가는 것이 본질적이라고 간주한다. 바꾸어 말해, 관습과 마찬가지로 상징의 사용 역시 언제나 다의적이지만, 그럼에도 불구하고 유동적이며 역동적인 사회적 분화 과정에서 좀더 정확한 함의들을 취한다는 것이다. 각 개인은 항상 자신들의 정체성을 만들어 내고 각 집단 역시 갈등을 겪거나 결속하면서 스스로를 규정한다. 하지만 이 행위들은 결코 선험적 가정에 의거한 것이 아니라 그들간의 역학 관계에서 비롯되는 것으로서, 우리의 분석 대상도 바로 이러한 것이 된다.

8—

이제 미시사가들의 작업에 공통된 또 다른 특징을 살펴보고자 하는데, 그것은 독자와의 의사소통의 문제, 즉 이야기narrative의 문제이다. 이야기의 부활은 단순히 질적이고 개별화된 역사학을 법칙, 규칙성, 형식적인 집단 행위를 확정하려는 포부를 가진 양적인 역사학과 구별하여 선택한다는 측면에서만 보면 안 된다. 미시사는 특히 의사소통의 문제를 대상으로 삼으며, 역사 연구란 단지 결과를 책으로 써 내는 일에 국한되지 않는다는 점을 잘 인식하고 있다. 이것이야말로 로렌스 스톤의 유명한 논문에서도 놓치고 있는 중요한 논점이다.[24] 구체적인 사례들을 열거하는 방식을 취한 입증과 논증이라는 역사학의 문제들은 일반적으로 해설의 기법과 밀접하게 연관되어 있다. 이는 단순히 수사修辭의 문제가 아니다. 왜냐하면 역사 작업의 의미는 결코 수사로 환원될 수 없을 뿐 아니라, 백지 상태가 아닌 까닭에 언제나 수용의 문제를 제기하는 독자와의 의사소통이라는 각별한 문제를 안고 있기 때문이다.[25]

이야기의 특별한 기능은 다음 두 가지 특징으로 요약될 수 있을 것 같다. 첫째는 확고한 사실들에 대한 설명을 통해 사실과는 동떨어져 사용되는 일반화와 계량적 형식화로 인해 왜곡될 수도 있는 사회의 일정한 측면들이 지닌 진정한 기능을 증명해 보이려는 시도이다. 왜냐하면, 이러한 작용들은 사회적 변화의 규칙 체계 및 기계적 과정들의 역할을 기능주의적 방식으로 강조해 줄 것이기 때문이다. 바꾸어 말하면, 이렇게 함으로써 규범적 체계들과 개인들에게 허용된 행동의 자유 사이의 관계가 드러나는 것이다. 이때 개인의 자유란 어떤 종류의 규범 및 규범 체계들의 경우에도 언제나 존재하기 마련인 내부의 틈새나 내적 불일치에 의해 생겨나는 그러한 자유를 말한다. 두 번째 특징은 이야기의 주요 몸체 속에다 연구 절차 그 자체, 사료의 한계점, 설득 기법 그리고 해석적 구성물들을 통합시키는 것이다. 이 방법은 현실을 객관적으로 제시하려는 역사가들이 채택한 단정적이고 권위주의적인 전통 담론 형태와 분명하게 단절된다.

미시사에서는 반대로 연구자의 관점이 설명의 본질을 구성한다. 연구 과정이 명시적으로 기술되며, 사료상 증거의 한계, 가설의 공식화 그리고 그에 따른 사고의 방향은 더 이상 역사가가 아닌 사람들, 즉 독자의 시야에서 감춰지지 않는다. 독자는 일종의 대화에 연루되며, 역사적 논증을 구성해 나가는 전 과정에 참여한다(이러한 과정을 잘 보여주는 하나의 예가 긴즈부르그와 쁘로스뻬리가 함께 쓴 책이다).[26] 헨리 제임스는 《새장 속에서》[27]라는 소설에서 이와 비슷한 접근법을 사용했는데, 이는 역사가의 작업에 대한 색다른 은유로 이용된다. 그 이야기에서 제임스는 런던 어느 구역의 좁은 일터에서 일하는 한 여자 전신 교환원이 현실을 해석해 나가는 과정을 일일이 묘사하였다. 그녀는 그녀의 귀족 고객들이 매일 주고받는 전보문의 내용을 원자료로 삼고 있는데, 그것은 불충분하고 단편적이며 믿을 수 없는 것들이다. 세상을 이해해 가는 이 분명한 과정에 대한 이야기는 역사가의 작업에 대한 은유이지만, 동시에 그러한 작업에서 이야기가 수행할 수 있는 역할의 한 예를 잘 보여주고 있다.

9—

미시사적 접근은 다양한 실마리, 기호, 징후들을 수단으로 삼아 우리가 어떻게 과거에 대한 지식에 접근할 수 있는지에 대한 문제를 다룬다. 이는 특수한 것(종종 아주 특이하고 개별적이어서, 도저히 전형적인 사례로 볼 수 없을 특수한 사건)을 출발점으로 삼아, 그것만의 특수한 맥락에 비추어 의미를 확인해 가는 절차이다.

그렇지만 맥락화contextualization는 많은 것들을 의미할 수 있다. 맥락에 대한 가장 정연한 이론은 아마도 사회적 행위를 설명하기 위해 맥락에 집중하는 것을 가장 큰 특징으로 삼는 기능주의 이론일 것이다. 기능주의에서 맥락은 분석의 대상인 행위의 원인들 그 자체라기보다는 차라리 그 행위와 행위의 기능, 행위가 작동하는 방식을 설명하는 정연한 체계 속에 있는 어떤 행위 형태의 표준화이다. 뒤르껨적인 맥락화 모형은 우리의 몇 가지 일반적인 개념들이 갖고 있는 결속의 성격을 강조하지만, 맥락화는 그것이 설사 어떤 제도나 어떤 행위 형태 혹은 어떤 개념과 그것을 포함하는 체계 간의 정합성을 강조하는 데 국한된다 할지라도 여전히 기능주의의 한 요소이다. 겔르너가 지적하듯이,[28] 비트겐슈타인조차도 "범주들은 '생활방식'의 일부가 됨으로써 인정받는다고 가정했다"는 점에서 뒤르껨의 '추종자이자 계승자'였다.

사회의 일관성을 강조하는 기능주의적 태도와는 반대로, 미시사가들은 규범 체계의 모순에 관심을 모아 왔으므로 관점들의 파편화, 모순, 복수성에 파고듦으로써 모든 체계를 유동적이고 열려 있는 것으로 보고 있음을 지적하지 않을 수 없다. 변화는 모순적인 규범 체계들의 틈새에서 작동하는 미세하고 끝없는 전략과 선택들에 의해 발생한다. 이는 모든 체계들의 복합적인 불일치가 열어 놓은 간극과 공간들을 보여주는 가장 미세하고 국지적인 행동들을 강조한다는 점에서 진정코 관점의 뒤집기라 말할 수 있다. 앞에서 언급했던 예로 돌아가 보면, 발리섬 문화 일반을 그것이 지닌 모든 부정합성과 더불어 해석하는 한 수단으로서 닭싸움 자체가 갖고 있는 사회적으로 파편화된 복수적 의미들을 고찰하는 것보다, 닭싸움의 의미를 발리섬 문화의 정연한 체계라는 맥락 속에서 고찰하는 것이 결국에는 더 기능주의적이다.[29]

사실 우리가 생각하고 있는 것이 서로 비교하기 힘들 뿐 아니라, 일반적이며 다소 추상적인 규칙들을 순수하게 자의적인 방식으로밖에 연역해 낼 수 없는 국지적인 문화이긴 하다. 그러나 국지적인 문화를 정연하고 동질적이며 체계적인 하나의 전체로 간주한다면 이러한 접근이 극히 기능주의적인 해석으로 귀결될 가능성은 여전히 존재한다. 따라서 사회적 맥락을 읽어내는 방식으로는 두 가지가 있을 수 있다. 즉 숨은 의미를 드러내고 그리하여 그것이 체계와 정합성을 가진다는 사실을 밝힘으로써, 외견상 '이상'하거나 '이례적'으로 보이는 특수한 사건에 의미를 부여하는 장소로서 의미들을 읽어내는 방법이 그 하나이다. 또한 표면상 통합적으로 보이는 사회 체계 속에 숨겨진 정합성이 드러날 때, 겉으로는 이례적이거나 무의미한 사실에 의미를 갖도록 해 주는 것으로 사회적 맥락을 발견해 내는 방법이 있다. 바로 이러한 사실, 곧 맥락의 윤곽과 그것의 일관성은 분명하며 단지 준거의 규모가 바뀔 때라야 맥락 속의 모순들이 겨우 드러난다고 가정되기 때문에, 규모의 축소는 하나의 실험이라 할 수 있다. 이러한 명료화 과정은 또한 자끄 르벨[30]이 올바로 보았듯이 규모를 확대함으로써 발생할 수도 있다. 미시적 차원의 선택은 직접적으로 거시 맥락적 해석이 점한 전통적인 우위성으로 인해 비롯되었기 때문에, 이러한 시각에서 보면 그것은 유일하게 취할 수있는 실험 방향이다.

맥락화의 또 다른 개념은 이용 가능한 언어에 의해 규정된 경계들 내에 어떤 관념을 배치하는 과정으로서 문화적 맥락을 이해하는 것이다. 여기서 영국 맥락주의자들의 지성사를 한 예로 들 수 있다.[31] 이 이론은 맥락이란 예를 들어 자신들의 권력 투쟁을 조직하기 위해 어떤 특정한 집단이 특정한 상황에서 사용할 수 있고 또 사용하고 있는 언어와 관용어에 의해 지시되고 있는 것이라고 본다. 이 사상학파는 사회 이론 자체에 커다란 영향을 끼쳤으며, 그 주장들은 다시 언급할 필요가 없을 정도로 많은 논의들을 주도해 왔다. 그렇지만 미시사의 관점은 역시 이와 다르다. 그 이유는 미시사에서 가장 중요한 것이 실제의 활동들과 행위 형태들, 제도들이기 때문인데, 이러한 것들은 관용어를 적절히 이해할 수 있도록 해 주는 틀을 제공할 뿐 아니라, 어떤 개념이나 신념들에 사회에 관한 적절한 준거틀을 마련하여 해석학적으로 열려 있도록 만듦으로써 그것에 대한 의미 있는 논의를 가능하게 해 준다. 물론 여기서 담론이 반영이 아닌 행위로서 개념화되기는 하지만 말이다.

맥락화에는 세 번째 의미가 있을 수 있다. 이는 시공간적으로 분리되어 있다 해도 그와 비슷한 일련의 다른 사건, 행위, 개념들 속에 어떤 사건, 어떤 형태의 행위 혹은 개념을, 형식적·비교 연구적으로 설정함으로써 이루어진다. 이러한 맥락화는 물론 정형화되고 명시적인 구조들의 경우 서로 비교 가능하다는 것을 전제로 하지만, 하나 이상의 공통적인 측면들로 특징지워진 개별 항목들의 분류만이 아니라 유추analogy를 통한 '간접적인' 유사성에 토대를 둔 분류와도 연관되어 있다. 여기서 맥락은 일정한 특징들을 공유하는 일단의 사물들의 확인을 수반할 뿐만 아니라 유추의 수준에서, 즉 아주 다양할 수도 있는 사물들 그 자체 사이에서가 아니라 사물들을 연결시키는 관계들 사이에 완벽한 유사성이 존재하는 영역 속에서 작용할 수도 있다. 유사성은 각기 다른 요소들을 포함하는 관계들의 여러 체계 사이에 존재한다. 말하자면 그것은 다양한 가족 유사성의 확인이다(나는 여기서 특히 니드햄의 입장을 언급하고 있다).[32]

미시사는 사회적 맥락이 상투적으로 규정될 때 오류에 빠지기 쉬우며 일관성을 잃을 수 있음을 보여주었다. 예컨대 노동계급의 경계를 사회적으로 설정하는 문제에 대한 그리바우디[33]의 비판을 보자. 그리바우디는 연대감이 사회적 위치의 유사성보다는 오히려 관계 체계들 내에서 차지하는 위치의 유사성에 근거할 수 있음을 보여준다. 또 다른 예는 17세기 꼬모 지역의 혼인 규칙과 친족 관계의 영향에 대한 분석이다.[34] 이 분석에서 강력한 사회적 맥락화와 규모의 축소는 사회적 범주화를 위한 하나의 토대로서 형식적이고 추상적 혼인 규칙의 중요성을 보여준다. 또 다른 예로는 아고의 가문간 불화에 대한 연구가 있다.[35]

10—

이러한 관찰들로부터 또 다른 문제들이 생기는데, 이에 대해서도 간단히 언급할 필요가 있다. 첫째로 지식의 개별화와 지식의 일반화를 대비시키는 문제, 즉 사회사가들 사이에서 반복되는 논쟁이다. 이에 관해서는 질적 혹은 양적 가족사에 대한 논쟁이나, 보다 넓은 맥락에서 사회적 사건들을 계량화하고 사회적 행위에 대한 엄밀한 법칙을 공식화할 수 있다는 1960년대식 믿음을 뒤흔든 위기를 상기하는 것으로 충분하다. 여기서, 아마 그 자체로도 독특하겠지만 그보다는 어떤 중요한 문제를 푸는 데 도움이 될 한 가지 측면만 집중해서 살펴보겠다. 계량적 역사학이 의미하는 것, 아니 차라리 사회적 현실에 대한 기계적 개념 속에 함축된 계량화의 특징들을 검토해 보고자 하는 것이다.

　미시사는 보다 넓은 일반화를 위해 개별적인 요소들에 대한 지식을 희생시키려 하지 않으며, 오히려 개별적인 삶과 사건들을 강조한다. 그러나 동시에 미시사는 최소한의 사실과 개별적인 사례들이 보다 일반적인 현상들을 드러내는 데 필요함을 알기 때문에, 추상화된 형태라고 해서 덮어놓고 거부하려 하지는 않는다. 비록 실험 자체가 불가능하지는 않겠지만 어쨌든 어떤 사건의 원인을 실험적으로 재구성해 낼 수 없는 취약한 과학 분야에서는, 가장 사소한 불일치조차도 그 의미가 일반적인 차원으로 확대될 수 있는 잠재력을 가지고 있다는 것이다. 에도아르도 그렌디는 이러한 관점을 '이례적 정상'에 주어지는 관심이라고 정의했다.[36] 따라서 일반성을 위해 특수성을 희생하는 것이나, 단지 특수한 것의 독특함에만 관심을 집중하는 식의 양자택일은 모두 적절치 못한 구분인 셈이다. 문제는 오히려 우리가 특수성에 대한 지식에 의거하면서도, 특수성 자체에 대한 형식적 기술과 과학적 지식을 거부하지 않는 패러다임을 어떻게 고안해 낼 것인가 하는 점이다.[37]

그럼에도 불구하고 양적인 것과 질적인 것, 사건과 계열, 특수한 것과 일반적인 것의 비교는 형식화를 위한 적절한 도구가 무엇인가에 대해 잘못된 시각으로 귀착되어 왔다. 전통적으로 사회사는 역사에 엄격한 모형을 적용할 수 있으며 계량적인 유형의 형식화를 이용할 수 있다고 생각해 왔다. 그런데 이러한 관점에서 볼 때, 개인적 선택, 불확실한 측면, 개인 및 집단의 전략 등 덜 기계론적인 전망에 속하는 요소들 때문에 인과성 개념이 약화될 수는 없는 것이었다. 형식화를 계량화와 동일시하는 이러한 경향이 오랫동안 만연했기 때문에, 역설적이게도 역사학은 다른 사회과학에 비해 뒤떨어져 있었다.

미시사는 더 사실주의적이면서도 덜 기계론적인 표현력을 갖추기 위해 수학의 비계량적인 분과 쪽으로 더욱 확고하게 나아감으로써 정교한 형식화의 방향을 반드시 거부하지 않고서도 불확정성의 영역을 확장시키고 있는 듯하다. 상관 네트워크의 그래프, 불확실한 상황에서의 결정, 개연성의 계산, 그리고 놀이 및 전략에 관계된 문제들 모두가 이른바 계량적 역사학에 관한 논쟁에서 믿을 수 없을 정도로 간과되어 왔다. 만약 누군가가 사회적 행위자들의 합리성에 대해 이전과 다른, 더욱 복잡하고 사실적인 상을 염두에 두고 작업하려 한다면, 그리고 사회적 현상이 근본적으로 뒤얽힌 상태를 그 본질로 한다는 점을 인식한다면, 즉시 추상화의 새로운 형식 도구를 개발해서 이용할 필요가 있다. 이러한 영역은 훤하게 열린 채, 역사가들이 탐구해 주기를 기다리고 있다.

11—

그래서 다음과 같은 점들이 미시사를 특징짓는 공통적인 질문이자 입장이 된다. 즉 규모의 축소, 합리성에 대한 논쟁, 과학적 패러다임으로서의 작은 실마리, 특수자의 역할(그렇지만 사회적인 것과 대립하지 않는 특수자), 수용의 문제와 이야기에 대한 관심, 맥락에 대한 특별한 정의, 그리고 상대주의의 거부 등이 그것이다. 이러한 특징적인 요소들은 미시사에 대한 최근의 논문에서 자끄 르벨이 윤곽을 그려낸 것과 여러 모로 유사한데, 이 글은 아마도 지금까지 이러한 실험적 작업을 해석하려 한 시도 중에서 가장 정연한 경우일 것이다.[38]

르벨[39]은 미시사가 사회적인 것을 '내재적인 특성이 부여된 하나의 대상으로서가 아니라 항상 적응을 지향하는 지형들 사이에 존재하는 일단의 유동적인 상호관계들로서 연구하려는 시도'라고 정의한다. 그는 미시사가 규칙성을 추구하면서 지나치게 단순한 지표들을 부각시키는 여러 사회사 해석들이 지닌 분명한 한계에 대한 응답이라고 본다. 미시사는 사회와 문화의 구성물을 더욱 유연하게 개념화하고 편견이 덜한 방식으로 분류함과 동시에, 단순화·이분법적 가설·분극화·엄격한 유형학 그리고 전형성이라는 특징 찾기를 거부하는 분석틀을 세우려고 노력해 왔다. "복잡하게 만들 수 있는 사물들을 왜 단순화시키는가?"(p. xxiv)라는 말은 르벨이 미시사에 대해 제안하는 슬로건이다. 이 말의 뜻은 비록 이전에 사용된 어떤 것보다도 내적으로 더욱 자기 성찰적이고 덜 독단적인 묘사 기법과 추론 형식이 수반될지라도, 역사가들의 진정한 문제는 현실의 복잡성을 제대로 표현하는 것이라는 점이다. 이 문제는 또한 중요한 고찰 영역들을 선별하는 문제이기도 하다. 즉 전통 역사학의 주제들을 그것들의 국지화된 형태들 중 하나에서 보는 입장은, 이전에는 설명할 수 없었던 의미나 단지 주변 상황 혹은 어떤 불가피성에서 비롯된 것처럼 보였던 것의 중요성, 또는 이전에는 수동적이거나 무관심하게만 보였던 개인의 능동적인 역할을 식별해 내기 위해서 어떤 특정 문서의 행간을 읽거나 어떤 그림의 인물들 속에 내재된 관계를 읽어낸다는 생각과 비슷하다.

자끄 르벨의 정의와 관련하여, 나는 미시사의 반상대주의적 취지와 형식화를 향한 포부를 한층 분명하게 강조하고자 했다. 이러한 점들은 미시사가의 작업을 특징짓는, 아니 그렇게 특징지워야만 하는 요소들이다. 이러한 지적이 중요한 이유는 우리가 역사학과 사회과학에서 사용하는 개념들이 엄밀하지 못할 뿐 아니라 은유적인 경우가 종종 있기 때문이다. 지형configuration이라는 바로 그 개념, 예컨대 엘리아스의 적절하고도 직관적인 공식은 아직까지도 전형성의 한계를 벗어나지 못한 것으로 보이는데, 여기서 전형성이란, 표현력은 아주 풍부하지만 여전히 암시적일 뿐만 아니라, 이 글에서 보여주려 했듯이 내가 한층 형식적인 측면에서 표현할 수 있으리라고 믿는 어떤 것을 향해 나아가지 않는다는 의미이다.

12—

미시사에 대한 이러한 소개가 과연 믿을 만한 것인지는 모르겠다. 이 글에서는 실제로 1970년대와 1980년대에 이탈리아 사회사에서 제기되었던 여러 가지 다양한 논쟁들에 연루되었던 일단의 역사가들을 비교적 굵은 선으로 소개하고자 했다. 어쩌면 이와 연관된 다양한 견해들과 이탈리아의 틀을 훨씬 넘어서는 역사 논쟁들에 대해 더 충분히 설명했어야 했는지 모르겠다. 따라서 독자들에게 나의 안내 원칙들이 지극히 개인적인 것들이었음을 알리는 것으로 문제를 분명히 해야 할 것 같다. 이 글은 한 집단에 대한 초상화라기보다는 한 개인의 자화상이다. 그렇지 않았더라면 이 글을 쓸 수 없었을 것이기에 독자들에게 상황이 이러함을 알린다(조반니 레비/강문형 역).

03
미시사에 대하여 내가 알고 있는 두세 가지 것들[*]

1—

내가 조반니 레비로부터 '미시사microstoria'에 대해 처음 들었던 때가 1977년인가 1978년이었는데, 이전에는 들어보지 못한 이 용어가 무엇을 의미하는지 물어보지 않고 말 그대로 그냥 받아들였던 것으로 생각된다. 당시 나는 '미시micro'라는 접두어에서 풍겨 나오는 척도의 축소라는 뉘앙스에 스스로 만족했던 것 같다. 또한 처음에 우리는 이런저런 말을 나누다가 미시사가 마치 채워지기를 기다리는 빈 통에 붙은 꼬리표인양 그것에 대해 얘기를 나누었던 기억이 생생하다.[1]

얼마 뒤 레비, 시모나 체루띠, 그리고 나는 또리노의 에이나우디 출판사가 간행하는, 정확히 미시사라고 이름붙은 시리즈물을 주관하게

---

* 나는 패트릭 프리덴슨에게 고맙게 생각한다. 그와의 토론은 이 글을 쓰는 데 큰 도움이 되었다. 페리 앤더슨은 이 글이 완전한 형태를 갖추기 이전에 읽고 비판해 주었다. 따라서 나는 한 번 더 그로부터 큰 도움을 받은 셈이다.

되었다. 이후 그 일환으로 이탈리아인과 다른 외국인들을 포함하는 저자들이 20권이 넘는 책을 간행해 왔다. 그 중 이탈리아어로 된 저작 몇 권은 다른 나라 말로 번역되었다. 그러자 어디에선가 이탈리아 미시사학파가 존재한다는 얘기가 들리기 시작하였다. 나는 최근에 이 용어의 용례를 간단히 소급해 조사한 바 있는데, 원래 우리가 아무런 의미도 내포되어 있지 않다고 생각했던 이 말이 이미 다른 사람들에 의해 사용되고 있음을 알게 되었다.[2]

2——

내가 알고 있는 한에서, 미시사라는 말에 명확한 의미를 부여한 최초의 예는 1959년 미국인 학자 조지 스튜어트(1895~1980)였다. 오랫동안 버클리 소재 캘리포니아대학 교수였던 그는 분명 비범한 사람이었을 것이다. 이 자유분방한 박식가가 쓴 방대한 양의 책들 중에는, 갖가지의 소설들(하지만 나는 이를 읽어보지 못했다) 외에도 선구적인 생태주의 선언문과 인류의 역사를 자서전 형태로 쓴 보편사 개요, 그리고 맥카시 시대 스튜어트와 에른스트 칸토로위치를 비롯한 다른 교수들이 충성 서약서를 강요하는 캘리포니아대학에 맞서 저항한 행적에 대해 다른 사람들과 공동으로 기록한 연대기가 들어 있다.[3]

스튜어트의 저작들 중에서 가장 잘 알려진 것으로는, 미국의 지명을 연구한 《지명》과 《미국의 지명》이 있다.[4] 호라티우스의 시에 나오는 지명을 출발점으로 삼은 한 강좌에서, 그는 문학 텍스트를 제대로 해석하기 위해서는 무엇보다도 거기에 나오는 장소, 식물, 기상 상태와 같이 배경을 설명해 주는 말들을 해독할 필요가 있다고 역설하였다.[5] 아울러 미세한 사실에 남다른 열정을 보였던 스튜어트는 여기서 나의 관심사인 《피켓 장군의 돌격명령: 1863년 7월 3일, 게티즈버그 전투에서 있었던 마지막 돌격에 대한 미시사》라는 제목의 책을 썼다. 이 책에서 스튜어트는 무려 300쪽 이상을 할애하면서 남북전쟁에서 결정적이었던 이 전투를 자세하게 분석하고 있다. 제목은 단지 약 20분 정도 걸렸을 뿐인 한 사건을 가리키고 있다. 내용은 조지 에드워드 피켓 장군이 지휘하는 남부 연맹군 일개 대대가 시도한, 필사적이었으나 결국은 실패로 끝난 공격 과정을 다루고 있다. 이야기는 15시간이라는 짧은 시간 내에 펼쳐진다. 그 책에 담겨 있는 지도와 그림에는 '포격(오후 1.10~2.55)'과 같은 설명 문구들이 달려 있다. 게티즈버그 전투의 결과는 숲과 돌담 사이에서 불과 수초 만에 결판난다.[6] 이렇게 짧은 시공간 내에서 스튜어트는 자신이 "절정 중 절정, 우리 역사의 가장 중요한 순간," 그리고 그 자체가 보편사의 일부분이라고 스스로 규정한 것을 집요할 정도로 상세히 분석하고 있다. 만약 피켓 장군의 돌격 작전이 반대로 성공했더라면, 게티즈버그 전투는 아마도 다른 결과로 나타났을 것이며, 따라서 "서로 경쟁하는 두 공화국의 존재로 말미암아 미국은 양차 대전에서 힘의 균형을 바꾸지 못함으로써 세계 강대국이 되기도 힘들었으리라"는 것이 스튜어트의 주장이다.[7] 스튜어트류의 이러한 미시사는 결국 '클레오파트라의 코'에 대한 논의로 귀착되고 말 가능성이 있다.

3—

몇 년 뒤 스튜어트와는 별도로 멕시코 학자 루이스 곤잘레스가 한 연구서의 부제에서 '미시사'라는 용어를 사용하였다. 이 책은 "잊혀진" 작은 마을에서 약 4세기에 걸쳐 일어난 변화들을 다루고 있다. 물론 그 연구 범위가 매우 협소하다는 데서 문제가 생길 수 있으나, 이는 미시사의 대표적인 특징들로 인해 상쇄된다. 곤잘레스 자신이 거기서 태어나 살았다는 사실말고도, 바로 이 점이야말로 그 마을과 다를 것이 없어 보이는 천 개 이상의 마을들 가운데 군이 산 호세 데 그라시아 마을을 선택했다는 점을 정당화해 주는 요소이다. 여기서 미시사란 곤잘레스가 뽈 뢰이요를 인용하면서 강조하고 있는 것처럼, 계량적이기보다는 질적인 시각을 통해 쓰여진 지역사local history와 같은 뜻으로 쓰이고 있다.[8] 《변화 속의 마을》(프랑스어로 번역·재간되었다)이 거둔 성공에 고무되어 곤잘레스는 방법론을 이론화하려고 마음먹게 되었다.[9] 곤잘레스는 미시사를 일화적이고 신빙성이 없는 '작은 역사petite histoire'와 구별짓는다. 아울러 그는 계속 미시사가 영국, 프랑스, 미국에서 지역사라 불리는 것, 그리고 니체가 '호고적 또는 고고학적 역사antiquarian or anthropological history'라고 규정한 것과 동일하다고 되풀이하여 말하고 있다. 끝으로 그는 미시사라는 용어에 대한 반감을 잠재우기 위해 다음 두 가지 대안을 제시하고 있다. 그 하나는 가족과 마을을 포용하는 작고, 약하고, 여성적이고 감성적인 어머니의 세계에 적합한 '모성적 역사matria history'이고, 다른 하나는 "여성적이고 보수적이며, 대지에 뿌리내리고, 달콤하고 모호하며, 동시에 고통스런" 모든 것을 연상케 하는 도교 용어인 '음陰의 역사yin history'이다.[10]

4——

루이스 곤잘레스는 자신이야말로 미시사라는 용어를 처음 사용한 장본인이라고 주장한다. 조르쥬 귀르비치가 편집한《사회학 논고*Trait de sociologie*》(1958~60)에 실린 브로델의 글에 이미 그 용어가 나타나고 있기는 하지만, "누구나 인정할 만큼 구체적인 의미를 지니고 있지는 못하다"는 것이다.[11] 사실 브로델은 미시사라는 말을 정확하지만 부정적인 뜻으로 사용하였다. 그것은 '사건사histoire événementielle'와 동일한 뜻이었고, 오케스트라 지휘자와도 같은 주인공들이 "이른바 세계의 역사"를 지배한다고 보는 '전통적 역사'와 동의어였다.[12] 짧고 분출적인 시간의 한계에 갇힌 이러한 전통적 역사에 비하면 오히려 미시사회학이나 계량경제학이 더 흥미롭다는 것이 브로델의 입장이었다.

브로델은 1949년 자신의《필립 2세 시대의 지중해와 지중해 세계》가 나온 때부터 이미 '사건사'를 정치사와 동일시하면서 그에 대한 거부감을 분명히 나타내었다. 10년 뒤 그는 같은 불쾌감을 다시 한 번 강하게 내비쳤다. 그러나 그는 지나치게 총명하고 그래서 지나치게 조급했던 나머지, 이제 자신의 권위 덕분에 많은 사람들이 기성의 진리로 받아들이고 있는 것을 그냥 반복하는 데 만족할 수가 없었다. 브로델은 사건사에서 "과거의 오해"로 보이는 사실들은 접어 두면서 갑자기 이렇게 말하였다. "사건(비록 사건이 아닌 사회 드라마이기는 하지만)은 반복적으로, 규칙적으로, 복수적으로 존재하며, 그 층위가 무용한지 혹은 과학적 가치가 없는지 어떤지의 여부를 절대적으로 판단할 방도는 없다. 그것은 더욱 면밀히 검토되어야 할 필요가 있다."[13] 하지만 이 같은 제안이 실제로 행동에 옮겨지기까지는 25년이라는 세월

이 더 흘러야만 하였다.[14]

브로델은 특이한 현상들을 학문적으로 이해할 수 있는 가능성은 없다고 생각하였다. 사건이 그래도 어느 정도나마 받아들여질 여지가 있는 것은 그것이 반복적(곤잘레스의 용어로는 '전형적')이라고 간주될 때뿐이었다. 그러나 미시사에 대해서는 여전히 거부하는 태도를 보였다.[15] 미시경제학과 미시사회학에서 따온 것이 분명한 이 말은, 레이몽 께노의 걸작으로 여겨지는 소설《푸른 꽃*I fiori blu*》의 다음과 같은 구절에서 보듯이 기교적인 어감으로 채색되어 있다. 이야기를 나누는 두 사람은 오쥬 공과 그의 고해신부이다.

공께서 알고 싶은 것은 정확히 무엇입니까?

보편사 일반에 대해, 그리고 일반사 개별에 대한 당신의 생각이오. 말씀해 보시오.

몸이 매우 피곤하군요. 신부가 말했다.

조금 후엔 쉴 수 있을 겁니다. 말씀해 보시오. 이를테면 바젤공의회가 보편 삽니까?

물론 보편사 일반이지요.

그러면 내 작은 대포는 어떻소?

일반사 개별이지요.

그러면 내 딸의 혼인은 어떻소?

'사건사'라고 보기는 힘들지요. 기껏해야 미시사라고나 할까요.

무슨 역사라고요? 오쥬 공은 버럭 고함을 질렀다. 그것은 악마들이 사용하는 언어가 아니오? 오늘이 도대체 무슨 날이오? 성령강림절이라도 된다는 말이오?

죄송합니다. 너무 피곤해서 말이 헛나왔나 봅니다.[16]

오쥬 공도 1965년의 수많은 께노 독자들과 마찬가지로 미시사라는 용어를 한번도 들어본 적이 없었다. 곤잘레스의 《변화 속의 마을》을 프랑스어로 번역해 낸 출판사가 신부의 정확한 분류를 무시하고 주저 없이 책의 부제와 본문에서 미시사라는 말을 보편사라는 말로 바꾸어 놓음으로써, 비록 의도한 바는 아니겠지만 우스꽝스러운 결과를 빚게 된 것도 어쩌면 이러한 이유 때문일 것이다.[17]

5——

미시사microhistory, microhistoria, microhistoire: 이탈리아어 '미끄로스또리야'는 이들 각각의 전통들 중 어디에서 연유한 것일까? 우리가 지금까지 살펴본 용어학이라는 측면에서만 따져 보자면 그것은 분명 프랑스어 '미끄로이스뚜아르'에서 유래한 듯하다. 내가 첫 번째로 염두에 두고 있는 것은 이딸로 깔비노가 번역해서 1967년에 나온《푸른 꽃》의 뛰어난 번역본이다. 두 번째로 염두에 두고 있는 것은 쁘리모 레비가 쓴 한 구절의 글인데, 내가 아는 한에서는 바로 이것이 미끄로스또리아라는 용어가 나름대로의 독자적인 의미를 가지고 이탈리아어로 표현된 첫 경우이다.[18] 이는 그의 저작《주기표*Il sistema periodico*》의 결론부에 해당하는 "탄소"라는 장章 서두에 나온다.

이제 독자들은 이 책이 화학을 다루고 있지 않다는 점을 깨닫게 될 것이다. 물론 이러한 추측이 "내 말은 신심으로 가득해서 추호도 불경스러운 데가 없다"고 할 정도는 아니지만 말이다. 모든 글, 사실상 인간의 모든 소산이 적어도 부분적으로는, 그리고 상징적으로는 자전적 성격을 지닌다는 점은 일단 접어둘 때, 이 책은 어쨌든 자서전은 아니다. 그것은 어떤 의미에서 하나의 역사이다. 이는 이제 인생의 궤적을 마무리할 때가 되었고 자신의 기예가 더 이상 지속되지 않는다고 느낄 때 모든 사람이 말하고 싶어하는 것과 같은, 어떤 교역의 역사이자 그것의 실패와 성공, 그리고 역경의 역사를 다룬 하나의 미시사이다. 아니 미시사이고자 했을 그러한 것이다.[19]

이렇듯 우울하게 가라앉은 분위기에서 12년 뒤 저자가 스스로 자신의 목숨을 끊으리라는 사실을 암시하는 대목은 어디에도 없다. 미시사라는 단어가 시사하는 규모의 축소는 존재의 한계를 인정하는 것, 즉 위의 인용된 구절을 지배하고 있는 인간 스스로의 능력에 대한 감각과 잘 들어맞는다. 쁘리모 레비는 아마도 깔비노의 이탈리아어 번역본에서 그 용어를 접했을 것이며, 틀림없이 이를 께노의 원본과도 대조했을 것이다. 레비와 깔비노를 묶어 주고 있는 긴밀한 관계를 감안한다면, 그는 확실히《푸른 꽃》번역본이 있음을 알고 있었던 것 같다. 게다가《주기표》"탄소"의 마지막 쪽은 깔비노의《격노의 남작 Barone rampante》마지막 쪽과 매우 긴밀한 조응 관계에 있다.[20] 께노를 매개로 한 깔비노와 레비의 새로운 만남은 몇 년 뒤 께노의 작품《포켓판 소우주 진화론Petite cosmogonie portative》의 이탈리아어 번역본 덕분에 이루어졌다.[21]

미시사라는 말은《주기표》에 등장하면서 곧 역사적 용례 속으로 편입되어, 종종 그러하듯이 원래의 부정적인 함의가 없어졌다. 이러한 의미 전환이 이루어진 이면에 조반니 레비(쁘리모 레비의 먼 사촌)가 있었음은 의심할 여지가 없다.[22] 미시사라는 말은 에도아르도 그렌디가 근래에 거의 같은 의미로 썼던 '미시 분석micro-analisi'이라는 용어를 급속히 대체하여 사용되기에 이르렀다.[23]

6—

미시사의 의미에는 여전히 설명되어야 할 부분이 남아 있다. 물론 어떤 말의 역사가 그 말이 어느 정도로 적용 가능한가를 완전히 결정짓지는 못한다. 이는 리차드 콥이 께노에 대해 얘기한 1976년의 사하로프 강연에서 간접적으로나마 입증되었다. 그 강연은 일종의 역사서술 방식에 관한 선언으로서 지금까지 논의되어 오던 경향과는 전혀 맞지 않는다. 콥은 께노가 자신의 소설에 나오는 소심하고, 품격이 낮고, 촌스러운 등장인물들에 대해 냉소적이면서도 일면 공감하는 태도를 보이고 있다는 데서 이야기의 실마리를 푼다. 콥은 작품의 유일한 관심사인 지역 사건 뉴스를 정치적 사건과 균형 맞추기 위해 등장인물들의 말을 그대로 빌려쓰는 방법을 택했다. 그리하여 그는 자시가 나폴레옹에게 퍼부은 갖가지 원색적인 저주의 말을 마치 자신의 슬로건인 양, 강연의 결론으로 삼았다.[24] 이는 기본적으로 위인과 권력자에 초점을 맞추는 역사서술에 반대하여 작은 것에 집중하는 미세 역사서술(콥은 미시사라는 용어를 사용하지 않았다)을 찬양하는 태도이다. 물론 이 같은 해석이 순진하다는 것은 분명하다.

께노는 결코 작품 속의 어떤 등장인물과도 동일시되지 않는다. 께노의 마음 속에는 르 아브르의 촌스러운 삶에서 느끼는 어떤 불안감과 함께, 전혀 예측 불가능한 지식에 대해 이것저것 뭐든지 알고자 하는 백과사전식 열정이 공존하고 있었다. 께노는 이른바 '잡다한 사건'에 대해 우스꽝스러울 정도로 호기심을 가졌던 반면, 역사서술이 과학성을 획득하는 방향으로 철저히 수정되어야 한다고 주장했을 뿐 아니라, 나아가서는 엄밀한 수학적 모델에다 인간 행위의 무질서한 과정을 가두어놓으려고까지 하였다.[25] 그러나 《역사 모형Une Histoire modele》의 저자든 헤겔 현상학에 대한 알렉산드르 코제프의 강의 청강생이자 뒷날 그 강의 내용을 편집한 사람이든, 적어도 콥이 왜곡한 정도까지 단순한 모습으로 등장하지는 않는다. 콥은 화자의 친근한 시선에서 느껴지는 따뜻함과 과학자의 냉정한 관찰에서 풍겨나는 차가움 사이에서 께노의 저작에 일관되게 나타나는 긴장감을 전혀 포착하지 못하고 있다.[26]

이것이 그렇게 이상하지는 않을 수도 있다. 콥은 이론적 문제에는 개의치 않는 경험론자인 것이다. 그러므로 결국 콥이 께노를 이용한 것은 핑계에 불과하다.[27] 그러나 께노의 이름으로 제안된 미세 역사서술은 괴짜였던 콥이 오히려 앞장서 거부할 만한, 징후적 측면의 중요성을 가지고 있다. 대문자로 시작되는 역사서술Historiography과 자시의 "나폴레옹 바보Napol on mon cul"를 대비한 것은, 그 어조에서 나타나는 분명한 차이점은 일단 접어두고라도, 곤잘레스가 제시한 부성적 역사와 모성적 역사간의 대비를 시사하는 것으로 생각될 수 있다. 확실히 곤잘레스의 미시사는 전형적인 현상들에 초점을 맞춘 반면, 콥의 작은 역사는 예측할 수 없고 반복 불가능한 '잡다한 사건fait divers'에 초점을 맞추고 있다. 그러나 양자 모두, 잘 경계지워진 범위 내에서 클로즈업된 시각으로 역사를 파악하려 했다는 것은, 1950년 대 중반과 1970년대 중반 사이 주로 브로델과 아날학파 역사가들을 중심으로 한 국제 역사서술의 무대를 지배했던 거시적·계량적 모형에 대한 불만(콥의 경우는 명시적이고도 공격적이었으며, 곤잘레스의 경우는 분방한 재치 때문에 불만의 정도를 거의 감지할 수 없을 정도였다)[28]의 표현인 것이다.

7—

비교적 이질적인 집단인 이탈리아 미시사학자들 중 어느 누구도 클로즈업 기법을 사용한 조지 스튜어트의 '사건사'나 곤잘레스의 지역사, 또는 리차드 콥의 작은 역사에서 피력된 생각들을 알고 있지 못했다. 그러나 비록 그 맥락이 매우 상이하기는 하지만(이론적인 목표를 가지고 시작했다는 면에서) 이탈리아 미시사조차도 방금 언급한 거시적·계량적 역사서술에 반대하면서 시작되었다는 사실은 결코 부정할 수 없다. 그것이 등장한 때는 브로델의 후원 아래 구조 기능주의적 접근 방식이 절정에 달한 1970년대 중반쯤이었는데, 이러한 접근법은 헤로도토스 이래 2천 년 이상의 역사 속에서 세 번째 단계로 나타난 최고의 역사서술 패러다임이었다.[29]

그러나 이미 수년 전, 브로델 기념논총의 발간이라는 의식이 치러지던 바로 그 승리의 순간에, 그 동안 내밀히 숨겨져 왔던 긴장과 불안의 실체가 그만 드러나고 말았다. 그때 간행된 두 편의 글, 즉 삐에르 쇼뉘의 글과 프랑수아 퓌레 및 자끄 르 고프가 공동 집필한 글을 20년이 지난 지금에 와서 한번 나란히 읽어 보는 것도 무언가 교시받을 만한 일이 될 것 같다. 두 글 모두 어떤 역사서술의 프로그램을 제시하고, 그것을 역사 일반에 대한 고찰을 통해 정당화하는 형식을 따랐다.[30] 쇼뉘는 반식민지 전쟁의 종식(프랑스에만 해당된다)과 (미국과 유럽에서의) 학생운동의 종식, 제2차 바티칸 공의회에 따른 로마 교회의 혼란상, 진보 개념 자체에 의문을 던지게 만들었던 최선진국들의 경제 위기, 그리고 그 자신이 일관되게 종말론적 이상의 세속화된 모습으로 해석했던 계몽주의의 이상에 대한 도전 등에 관하여 이야기하였다. 퓌레는 르 고프와 함께, 전 세계적인 탈식민지화 현상으로 말미암아 맨체스터학파와 맑스주의 시각에 입각한 19세기식의 위대한 역사서술은 급기야 역사 상실의 상황과 직면하게 되었으며, 진보와 변화는 타성과 정체 속으로 빠져들고 말았다는 의견을 피력하였다. 두 글에서 공통적인 것은 근대화 이론(이를테면 당시 유행 중이었고 퓌레와 르 고프도 언급하고 있는 로스토우의 근대화 이론과 같은 것)을 분명히 거부했다는 것인데, 쇼뉘는 이와 더불어 근대성 전체를 거부하기까지 이르렀다.

이 두 글에서 제시된 연구 계획들은 매우 다양하였다. 쇼뉘는 구체제하의 전통 사회들이 새롭게 분석되어야만 한다고 말하면서 "어느새 서유럽으로 변해 버린 라틴·기독교 세계의 거대한 연속성"이 "남비콰라족이나 도곤족보다 훨씬 더 매력적"이라고 주장하였다. 이는 그 동안 매우 상이한 지적 세계의 입장에서 민족학자들(끌로드 레비-스트로스와 마르셀 그리올)이 연구해 오고 있었던 여러 대륙의 다양한 민족들을 모두 뭉뚱그려 경멸적으로 거부하는 말이었다.[31] 대신 퓌레와 르 고프는 오랫동안 소원한 상태에 있었던 역사학과 민족학간의 유대 관계를 다시 복원하자고 제안하면서, 유럽중심적 접근 방식을 명시적으로 거부(르 고프)하는 보편 비교의 시각을 채택하였다. 그러나 바로 여기서 양자의 입장이 서로 수렴되기에 이른다. 즉 쇼뉘와 퓌레 모두

"반복적 특징의" 현상을 분석하는 '계열사'에 관심을 쏟고 있었던 것이다("H," p. 231). 르 고프는 "반복되거나 예상 가능한 사건들"에 초점을 맞추는 민족학자들의 입장에서 단일 사건에 대해 거부감을 나타내었다. 반면, 비록 찬사를 받긴 했지만, 로망의 카니발에 대한 르 로아 라뒤리의 분석은 분명히 하나의 예외로 간주되었다. 쇼뉘는 경제와 사회를 연구한 이후, 역시 유사한 방법을 통해 세 번째 층위, 즉 문명의 층위를 다루어야 할 시기가 도래했다고 주장하였다. 그리고 그는 프로방스 지방의 유언장을 검토한 미셸 보벨의 작업을 적극 지지한다고 말하였다. 르 고프는 일상인에 대한 민족학의 관심이 "역사적 진화 속에서 '최소한의 변화만을 겪을' 따름인 망딸리떼사histoire des mentalités로 귀착되는 것은 당연한 일"임을 강조하였다("H," p. 237). 두 글 모두가, 비록 패러다임의 적용 범위를 확대하기는 했지만, 결국에는 브로델류의 패러다임이 여전히 유효하다는 점을 인정하는 것으로 끝맺고 있다.

8—

이처럼 '비록 ~했지만'이란 말에 담긴 함의를 평가하는 것은 결코 간단한 문제가 아니다. 제도상의 혁신이란 사실 과거와의 단절을 의미하지만, 동시에 이미 사라져버린 것과의 어떤 연속성을 재확인함으로써 이룩되기도 하는 법이다. 뒤이은 수년간에 걸쳐 브로델의 저작이 (영어를 포함한) 여러 나라 말로 번역되어 전문가 세계를 훨씬 벗어나 대중들에게까지 이르고 있던 바로 그 동안, 내가 편의상 브로델류라고 부른 패러다임은 급속히 쇠퇴하고 있었다. 마르끄 블로끄와 페브르가 초석을 닦은 프랑스 역사학이 미국의 도전을 받아들여 컴퓨터 이용 방식을 수용해야 한다고 선언한 인물은 르 로아 라뒤리였지만, 대성공을 거둔 《몽따이유*Montaillou*》를 출간한 것도 바로 그였다. 이는 200명이 거주하는 중세의 한 마을을 그야말로 장인의 방식으로 연구한 것이다.[32] 퓌레조차도 이전에는 본질상 계열사와 상충되는 것으로 판단했던 정치사와 사상사의 주제들을 연구하였다("H," p. 232). 주변적이라고 생각되어 왔던 문제들이 갑작스레 학문의 중심으로 부각되고 있었고, 거꾸로 중심이라 생각되었던 것이 주변으로 밀려나기에 이르렀다. 《아날》(그리고 전 세계 잡지의 절반)의 지면은 급기야 1973년 르 고프가 제안한, 가족, 인간의 육체, 남성과 여성의 관계, 군집단, 다양한 파당들, 카리스마 같은 주제들로 가득차게 되었다. 이렇게 되자, 가격 변동의 역사는 자연히 퇴조하지 않을 수 없었다.[33]

프랑스에서는 1945년 이래 장기간에 걸쳐 계속되어 온 경제 발전이 종말을 고한 상황과 딱 맞아떨어진 이러한 지적 풍토상의 변화를 '새로운 역사nouvelle histoire'라고 지칭해 왔다.[34] '새로운 역사'라는 용어 자체는 논쟁의 여지가 있겠지만, 이러한 현상의 기본적인 특징은 분명하다. 1970~1980년대를 거치면서 브로델에게는 주변적인 의미밖에 지니지 못했던 망딸리떼사가 종종 '역사인류학historical anthropology'이라는 이름으로 점차 더 중요한 위치를 차지하게 되었다.[35] 1973년에 르 고프가 강조한 이데올로기적 '모호성'이 이러한 성공에 기여했다는 것은 의심의 여지가 없다.[36] 필립 아리에스는 망딸리떼사에 대해 주목할 만한 말을 한 적이 있다. 진보에 대한 비판은 "진보를 아예 포기하였던 반동적인 우파로부터 좌파, 아니 경계가 분명치 않고, 다듬어지지는 않았지만 그래도 활력이 넘치는 좌파 진영의 손으로 넘어갔다.

나는 실제로 발전, 진보, 근대성에 관한 1960년대의 새로운 침묵과, 산업화 이전의 사회 및 그 망딸리떼 연구를 향한 젊은 역사가들의 열정 사이에 어떤 관련이 있다고 믿고 있다(이는 물론 하나의 가설일 뿐이다)."[37]

이러한 말들에는 자전적인 함의가 담겨 있었다. 젊은 시절, 아리에스는 모라스의 추종자로 악숑 프랑세즈의 대열에서 활약하였다. 그러다가 1970년대에 들어오면서 아리에스 자신이 이름 붙인 것처럼 이 '일요일의 역사가histoiren du dimanche[역주: 아마추어 역사가라는 뜻]'는 서서히 아날학파에 통합되었으며, 나아가서는 '고등과학연구원'의 교수로 선임되기에 이르렀다.[38] 이러한 예는 단지 프랑스적인 것만도 아니고 강단적인 것만도 아닌, 훨씬 더 거대한 변화의 여러 징후 중하나로 볼 수도 있겠다. 좌파적 생태운동의 입장에서 자본주의를 낭만적으로 반대하는 흐름이 종종 알게 모르게 재개되곤 하는 것도 그징후의 일부이다.[39]

아리에스가 언급한 '새로운 침묵'은 다양한 의미로 생각될 수 있다. 퓌레가 민족학을 통해 근대화 이론에 내재된 추상적인 인종중심주의와 싸움을 벌였던 일이 생각날 수도 있다.[40] 쇼뉘는 근대화의 이상과 더불어 계몽주의와 밀접한 관련이 있는 근대성의 이상까지도 포기하자고 제안하였다. 이데올로기적 관점에서 볼 때 더욱 급진적인 후자의 대안은 역사가의 연구 도구들을 논의의 대상에서 제외했다. 전자역시 같은 방향으로 움직이고 있었으나, 곧 중도하차해 버렸다. 주로나의 개인적 경험에 비추어볼 때, 이탈리아에서의 미시사 연구는 문제 제기의 측면에서는 퓌레와 일부 입장을 같이하면서 시작되었으나, 그 처방에서는 완전히 다른 결과로 귀착된 것이 아닌가 생각한다.

9—

서로가 의견을 같이 하는 면이 있다면, 그것은 퓌레가 19세기 역사서술의 유산으로 규정했던 민족중심주의와 목적론을 거부한다는 것이다. 민족이라는 실체의 확인, 부르주아의 출현, 백인의 문명화에 대한 사명, 그리고 경제 발전은 역사가들로 하여금 그들이 채택한 관점과 관찰 규모에 근거하여 어떤 통합적 원리 아래 개념과 이야기의 질서를 정할 수 있도록 해 주었다. 일련의 계열이 있는 것으로 개념화된 민족지적 역사는 다름 아닌 이러한 전통과의 단절을 의미하는 것이었다. 바로 이 지점에서 계열사와 미시사의 흐름이 갈라진다. 그리고 이러한 상이성은 지적인 동시에 정치적인 함의를 함께 내포하고 있다.

반복적이어서 계열화될 수 있는 것만을 인식 대상으로 삼는다는 것은 곧 인식 여부의 측면에 큰 비중을 둔다는 뜻이다. 우선 시간적 측면에서 볼 때, 퓌레 스스로가 인정했듯이, 고대사는 아예 처음부터 그러한 수준의 인식에서 배제되고 만다("H," p. 233). 그리고 중세사의 경우 역시도 그 정도의 인식 수준을 획득키가 매우 어렵다(르 고프가 제시한 많은 주제들에서 사료 고증은 단편적인 정도에 그치고 있을 뿐이다). 둘째로 연구 주제의 측면에서 사상사나 정치사 같은 분야들은 그 기본 성격상 이 같은 방식의 연구에는 전혀 적합치 않다. 그러나 계열사의 가장 심각한 한계는 바로 그것이 기본적인 목표로 삼는 것, 즉 "각 개인의 경제적 혹은 사회·문화적 역할이 천편일률적"이라는 것이다. 행위자 개개인의 동등화에 대한 이 같은 생각은 이중기만의 의미를 갖는다. 먼저 그것은 명명백백한 사실을 왜곡시키는 측면이 있다. 어떤 사회라도 문서의 생산에 참여하려면 권력이 필요한 법이므로, 이로부터 개인간의 본질적인 불균형이 배태될 수밖에 없는 것이다. 또한 개인의 동등화 관념은 동질적이고 비교 가능한 것은 부각시키는 반면, 기존의 문서에 담긴 수많은 특수 사항들은 지워 버리는 결과를 초래한다. 퓌레의 다음과 같은 언명에는 스스로가 과학적이라는 자긍심이 배여 있다. "사료, 즉 '사실'은 더 이상 그 자체로는 존재하지 않으며, 그것에 앞서고 뒤서는 계열들과의 관련 속에서만 존재할 뿐이다. 객관화되는 것은 그 사실들이 지닌 상대적 가치이지 파악 불가능한 '진정한' 실재와 사실들간의 관계가 아니다"("H," p. 231). 방금 언급한 사료를 두 번쯤 걸러낸 뒤라면, 설사 계열화된 사료와 실재간의 관계가 "파악 불가능하게" 된다 해도 별반 놀라운 일이 아닌 것이다.

역사적 지식에는 분명히 사료의 계열을 구성하는 행위가 포함된다. 사료의 고증 과정에서 불쑥 튀어나오는 이례적인 사실에 대해 역사가가 어떤 태도를 취해야만 하는지에는 모호한 측면이 있다.[41] 퓌레는 '하팍스 레고메논hapax legomenon', 즉 사료상 독특한 사례는 계열사적 시각으로 사용될 수 없다는 점에 주목하면서, 이러한 경우를 무시하라고 말한 바 있다. 그러나 엄밀히 말해 '하팍스 레고메논'이라는 것은 존재하지 않는다. 설사 극히 이례적인 경우라 하더라도 어떤 계열 속에 포함할 수 없는 사료는 있을 수 없다. 게다가 적절히 분석되기만 한다면, 그것은 더 넓은 사료의 계열화에 기여할 수가 있는 것이다.

10—

1960년대 초에 나는 이단재판관의 태도와 함께 마녀사냥으로 기소된 사람들의 태도를 재구성해 보려는 생각으로 종교재판의 사례들을 연구하기 시작하였다. 그런데, 나는 곧 민족중심주의를 거부하는 이러한 접근이 끌로드 레비-스트로스가 이끄는 일단의 인류학자들의 작업과 비교될 필요가 있음을 깨닫게 되었다. 그러나 내가 그러한 선택에 담긴 역사서술적·개념적·서사적 의미들을 점차로 명확히 인식하게 된 것은, 1966년의 《베난단띠*I benandanti*》에서 1989년에 나온 《밤의 이야기*Storia notturna*》에 이르는 과정을 거치면서였다.[42] 그 길을 따라 나는 이단재판에 회부되어 사형을 선고받은 16세기 프리울리에 살았던 한 방앗간 주인의 관념과 태도를 재구성하려는 책을 썼다(《치즈와 구더기*Il formaggio e i vermi*》[1976]). 민족중심주의에 대한 거부는 나를 계열사가 아닌 그 반대 방향으로 가도록 만들었다. 즉 잘 경계지워진 사료들을 세밀히 분석하여 다른 방법으로는 그 존재가 드러나지 않는 사람들을 되살려 내는 작업이 그것이다. 퓌레는 일찍이 《아날》지에 실린 한 글에서 산업화 이전의 사회에서 종속 계급의 역사는 오직 통계학적 관점에서만 연구 가능하다고 주장한 바 있는데, 나는 《치즈와 구더기》 서문에서 이러한 주장을 논박하였다.[43]

최근 보벨은 개인의 전기와 계열사적 연구가 서로 상충되는 관계라는 주장은 허구로서 결코 받아들일 수 없다고 단언하였다.[44] 원칙적으로 나 역시 이에 동의한다. 그러나 문제는 실제의 경우 둘 중 하나를 선택해야 하는 상황이 분명히 벌어진다는 데 있다. 이는 실제적인 측면에서나 그보다 더 지적인 측면에서나 역사가의 작업에 소요되는 비용과 그에 따른 산출 이익의 관계를 한번 따져 보면 금방 드러난다. 로제 샤르띠에는 《치즈와 구더기》에 대해 다음과 같이 말한 바 있다. "우리가 환원론적 결정론에 치우치지 않고도 신념과 가치와 표상의 체계를 그것과 관련된 사회적 조건들과 연결지워 이해할 수 있는 것은 바로 이처럼 축소된 규모를 통해서, '아니 오직 이러한 크기의 규모를 통해서만' 가능할 수 있을 것이다."[45] 설사 이렇게 비타협적인 결론을 받아들일 마음이 없는 사람이라 해도, 적어도 결과 분석의 측면만을 본다면 이러한 실험적 작업이 타당하고도 유용하다는 점을 인정치 않을 수 없을 것이다.

다른 학자들의 경우, 프리울리 종교개혁에 관한 가설적 연구에서 단지 하나의 각주에 지나지 않았을 수도 있었던 것이 이렇게 관찰의 규모를 축소시킴으로써 한 권의 책으로 바뀌었다. 당시 나로 하여금 이 같은 선택을 하도록 만든 동기가 무엇이었는지는 분명치 않다. 나는 오늘날 마음에 두고 있는 것들이 어떻게 모습을 갖추게 되었는지에 대해서는 차라리 말을 아끼고 싶다. 왜냐하면 나는 이렇게 많은 시간을 통해 성숙되어 온 의도들을 그냥 과거의 한 시점으로 내던져 버리고 싶지 않기 때문이다. 나는 점차로, 수많은 사건과 단계들이 내가 명백히 인식치 못하는 사이에 나로서는 독자적이었다고 생각한 결정에 지대한 영향을 끼쳤음을 깨닫게 되었다. 이러한 깨달음 자체는 진부한 사실에 불과하겠지만, 그것이 우리의 자기도취적인 환상을 깨뜨리기 때문에 언제나 놀라운 일이 된다. 과연 나의 책은 1970년대 초 이탈리아의 정치적 분위기로부터 얼마나 많은 영향을 받았을까? 아마 큰 영향을 받았으리라. 그러나 내가 나의 길을 선택한 동기는 이와는 다른 곳에서 찾아야만 하지 않을까 하는 생각이 든다.

적어도 일부나마 그러한 동기들을 발견하고자 나는 자명하지 않을 수도 있는 가정에서 시작하여 나의 주장을 펼쳐 나갈 것이다. 《치즈와 구더기》의 내용은 한 특수한 사건을 재구성하는 데만 한정되어 있지 않다. 즉 그것은 그 사건을 이야기하고 있는 것이다. 퓌레는 이야기를 거부하였다. 더 구체적으로 말하자면, 그는 문학적 이야기를 '사건사'의 전형적인 목적론적 표현으로 규정하면서 이를 받아들이려 하지 않았다. 사건사의 시간은 "연속적인 방식으로 기술된 일련의 비연속성으로 구성되며, 이야말로 이야기[récit]의 고전적인 취지라는 것이다("H," p. 231). 퓌레는 이같이 '문학적'인 이야기 방식을 문제별로 계열적·민족학적 역사 방식과 대비하였다. 따라서 그는 19세기 후반의 사실주의 소설을 모델로 한 특정한 형태의 이야기와 역사적 이야기를 암묵적으로 동일시하고 있는 셈이며, 사실 이는 오늘날에도 여전히 광범위하게 퍼져 있는 편견이다.[46] 알다시피, 이야기꾼으로서의 역사가는 어떤 사건의 아주 세밀한 내용이나, 또는 어떤 개인이나 사회 집단이나 국가의 행위를 촉발케 한 숨겨진 동기들을 밝혀 내는, 그야말로 전지자로서의 위치를 점차 확립하게 되었다. 그러나 마르셀 프루스트, 버지니아 울프, 그리고 로베르뜨 무질의 독자들이라면 알고 있거나 또는 당연히 잘 알고 있어야만 하듯이, 그것은 단지 수많은 가능성들 중의 하나일 뿐이다.[47]

《치즈와 구더기》를 시작하기에 앞서, 나는 연구 가설과 이야기 방식의 관계를 충분히 숙고하였다(나는 최근 레이몽 꼐노의 《문체연습 Exercices de style》을 읽고 난 후 실험 작업에 대해 강렬한 욕구를 가지게 되었다).[48] 나는 방앗간 주인 메노키오를 화형주로 보낸 사람들이 만들어 낸 사료에 근거해서 그를 둘러싼 지적·도덕적·환상적 세계를 재구성하고자 하였다. 어떤 면에서는 역설적으로 보이는 이 계획의 외양을 좀더 세련되게 갖추기 위하여 사료 고증상의 빈틈을 메우는 방식으로 진행될 수도 있었다.[49] 물론 분명 그렇게 되어서는 안 되지만 그렇게 될 수도 있었던 데는 인식적·윤리적·미적인 이유들이 있었다. 연구를 방해하는 장애물은 사료 고증상의 요소들로서, 그 자체가 이야기의 일부가 되어야만 하는 것이었다. 즉 주인공이 스스로를 박해한 사람들의 질문들(혹은 나의 질문) 앞에서 망설이고 침묵하는 경우 역시 마찬가지이다.[50] 따라서 가설, 의문, 그리고 불확실한 점들 모두가 이야기의 일부가 되었다. 즉 진실의 추구 그 자체가 획득된 진실(불완전한 것은 어쩔 수가 없지만)을 표현하는 한 구성 요소가 되었던 것이다. 그 결과가 여전히 '이야기식 역사narrative history'로 규정될 수 있을까? 20세기 소설에 대해 아는 바가 거의 없는 독자들이라면 분명히 '그렇다'고 대답했을 것이다.

11—

그러나 내가 이러한 형태의 이야기 방식으로 가게 된(그리고 더 일반적 견지에서 나를 역사에 빠지도록 한) 동인은 훨씬 더 먼 곳에 있었다. 그것은 《전쟁과 평화》에서, 어떤 역사적 현상은 오직 그에 관여한 '모든' 사람들의 활동상을 재구성함으로써만 이해될 수 있다고 한 똘스또이의 확신으로부터 비롯된 것이다.[51] 이러한 생각과 함께, 그것을 배태시킨 정서(역사가들의 공허하고도 케케묵은 역사를 맹렬히 경멸했던 인민주의)는 내가 그 책을 처음 읽는 순간부터 나에게는 지울 수 없는 인상으로 남았다. 바로 직전까지도 이름 한번 들어보지 못했던 한 인물(교황)의 명령으로 죽임을 당한 어느 방앗간 주인의 이야기인 《치즈와 구더기》는 똘스또이의 웅대하고도 본질적으로 실현 불가능한 계획, 즉 보로디노 전투를 앞두고 나폴레옹이 걸린 코감기, 군대의 배치 상황, 그리고 가장 말단의 병사를 포함하여 모든 전투 참가자들의 삶을 잇는 수많은 관계들의 재구성이라는 계획의 보잘것없고 왜곡된 부산물로 간주될 수도 있는 것이다.

똘스또이의 소설에서 사적 세계(평화)와 공적 세계(전쟁)는 애초 평행선을 달리다가 이후 서로 교차하는 상황에 이른다. 앙드레 공은 아우스털리쯔 전투에, 삐에르는 보로디노 전투에 참가하고 있는 것이다. 일찍이 스땅달은 파브리찌오 델 동고의 눈을 통해 워털루 전투를 묘사한 바 있었고, 똘스또이는 그가 환히 비춰 주는 바로 그 길을 따라갔던 셈이다.[52] 낭만적으로 다루어진 등장인물들은 역사가들이 특히 역사적 사건을 다룰 때 직면하는 어려움과 미숙함을 잘 드러내 주고 있었다. 이는 '역사로서의 전투'와 그것에 대한 논쟁까지도 포함하여, 이제는 저물어 버린 과거에 대해 제기하는 진실하고도 적실한 지성의 도전이었다.[53] 그러나 전투를 역사서술의 한 주제로서 생각하는 것은 여전히 쓸모가 있을 수 있다. 비록 우회적인 길이기는 하지만, 바로 거기서부터 역사가에게 근본적인 어떤 문제들이 그 모습을 드러내는 것이다.

12—

〈알렉산드로스와 다리우스의 전투〉(1529)를 그리면서, 알브레히트 알트도르퍼는 비행 중인 독수리처럼 저멀리 높고 유리한 지점을 선택하였다. 마치 새의 예리한 시각을 가진 것처럼, 그는 갑옷, 말 장식, 마구에서 번쩍거리는 광채와 기수의 찬란한 깃발, 병사의 투구 위로 흔들리는 흰 깃털 장식, 흡사 거대한 고슴도치의 모습처럼 창을 곧추든 수많은 기사들의 무리, 그리고 서서히 배경 속으로 물러나는 전장 뒤

편의 산들, 야영지, 물줄기와 늪지, 지구의 형상을 암시하는 만곡형의 지평선, 지는 해와 뜨는 달이 함께 불타고 있는 광활한 하늘 등을 묘사하였다. 어떤 인간의 눈도 알트도르퍼가 그린 것처럼 전투의 역사적 현장성(그것이 진짜이거나 가상적인 것이거나 간에)을 그것과는 무관한 세계와 동시에 포착할 수는 없을 것이다.[54]

걸프전이 TV를 통해 방영된 이미지로 기억되는 것처럼(이는 단지 군사 검열 때문만은 아니다), 엄밀히 말해서 전투를 실제로 볼 수는 없다. 알트도르퍼의 경우처럼 단지 추상적인 도해나 또는 환상적인 상상만이 그것의 전체상을 전달해 줄 수 있을 뿐이다. 이 같은 결론을 모든 사건들로 확장할 만한 합당한 근거가 있으며, 나아가서는 더 큰 이유를 내세워 모든 역사적 전개 과정으로 이를 확대하는 것까지도 타당하다고 생각된다. 클로즈업으로 당겨 보는 접근 방식을 통해, 우리는 포괄적인 조망이 놓치는 것을 파악할 수 있고, 그 역도 마찬가지이다.

이러한 모순은 폴 오스카 크리스텔러가 서문을 달아 유고집으로 발간한 지그프리트 크라카우어의 마지막 저술《역사: 최후의 직전에 남은 최후의 것들》의 한 장에서 다루고 있는 중심 테제이다. 크리스텔러는 친구 크라카우어보다 이 점에서 더 낙관적이라고 자인하지만, 반면 "보편사와 특수사, '또는 그가 지칭하듯이' 거시사와 미시사간의 불일치로 인해 심각한 딜레마에 빠져 있음"을 인정치 않을 수 없었다.[55] 께노의《푸른 꽃》이 나온 것은 크라카우어가 죽기 얼마 전인 1965년의 일이었다. 우리는 이 경우 두 저작이 서로 독립적으로 쓰여진 것은 아닌지 생각할 수 있을 것이다. 그러나 정작 중요한 것은 미시사라는 용어가 아니라 그것이 크라카우어의 마음속에 서서히 자리잡게 되었다는 점이다.

크라카우어는 처음에 미시사를 '전문적 연구'와 동일한 것으로 생각하였다. 그러나 그는 미시사와 영화의 클로즈업(《칼리가리에서 히틀러까지From Caligari to Hitler》와 《영화의 이론Theory of Film》의 저자에게는 명백한 것)을 상호 비교함으로써, 미시사에 새로운 요소를 더하고 있다. 콘스탄쯔와 바젤 공의회에 관한 후버트 예딘의 저작과 같이 특수한 성격을 지닌 연구가 거시사에 의해 그려진 포괄적인 윤곽을 수정케 할 만한 가능성이 있다는 것이 크라카우어의 주장이다. 그렇다면 우리는 "신은 세세한 것 속에 존재한다"는 아비 바르부르크의 말을 따라야만 하는 것인가? 이는 《전쟁과 평화》를 쓴 똘스또이나 루이스 네이미어 경과 같은 "두 명의 위대한 역사가들"이 주장했던 명제이다 (크라카우어가 각별히 이 두 사람을 짝지운 것은 의미심장하다). 그러나 크라카우어는 스스로 이러한 입장에 공감을 보이면서도, 동시에 어떤 현상들은 오직 거시적 시각을 통해서만 파악 가능하다는 점을 인정하였다. 이는 거시사와 미시사의 조화가(토인비가 잘못 믿었던 것처럼) 결코 당연한 것만은 아니라는 사실을 시사하고 있다.

물론 우리는 둘 사이의 조화를 추구해야만 한다. 크라카우어에 따르면, 마르끄 블로끄는 그의 《봉건사회》에서 가장 좋은 해결책을 제시하였다. 즉 거시사와 미시사 사이, 혹은 클로즈업과 극단적인 롱샷 사이를 끊임없이 오가면서, 외관상 예외로 보이는 현상들과 짧게 지속되는 경우들을 통하여 역사 과정에 대한 포괄적인 시각을 줄곧 논의 대상으로 만들었던 것이다. 이 같은 방법론적 처방은 그로 하여금 확고한 존재론적 본질을 긍정하게끔 만들었다. 즉 실재는 근본적으로 불연속적이고 이질적이라는 것이다. 결국 한정된 영역에서 얻어진 어떠한 결론도 보다 더 일반적인 영역으로 자동 전환될 수는 없는 것이

다(크라카우어는 이를 '층위의 법칙law of levels'이라 부른다).[56]

　전문 역사가가 아닌 크라카우어가 사후에 남긴 이 책들은 오늘날에도 여전히 최고의 미시사 입문서로 보인다. 내가 아는 한, 이러한 역사서술의 조류가 등장하는 데 그의 글이 끼친 영향은 거의 없다.[57] 나역시 그로부터 영향받지 않았다는 점은 분명한데, 개탄스러운 일이지만 내가 이 글들에 대해 안 것은 불과 몇 년 전의 일이었기 때문이다. 그러나 나는 그 글들을 읽으면서 이상할 정도로 친근감을 느꼈는데, 여기에는 두 가지 이유가 있었다. 첫째는 그 저작들의 간접적인 반향이 이미 오래전에 나에게 전해졌기 때문인데, 그것은 아도르노의 걸작 《작은 윤리Minima Moralia》와의 결정적인 만남으로부터 비롯되었다. 이 책에서 저자는 총체성 관념에 대한 집착에도 불구하고(그는 그것을 결코 포기한 적이 없었다), 짐멜이 시작하고 그 친구인(어떤 의미에서는 스승인) 크라카우어가 수행해 나갔던 미시학적 전통에 스스로 빚지고 있음을 은연중에 보여주었다.[58] 둘째 이유는 실재의 불연속성이라는 중요한 개념으로 시작하는 크라카우어의 역사관은 프루스트에서 영화에 이르기까지 금세기 문화의 핵심적인 현상을 의식적으로 발전시킨 결과이기 때문이다. 어떤 관념들이 퍼지고 있다는 사실은, 같은 전제에서 시작하여 상호 독립적인 길을 통해 유사한 결론에 도달할 수 있음을 시사하고 있다.

13—

지적 합일점은 있는데도 직접적인 접촉은 없었다는 점을 증명하기란 사실 어렵다. 따라서 내가 틀리지 않았다면, 지금까지 재구성하고자 노력했던 지적 계보에 대한 관심(주제의 범위를 넘어서까지 나아가고 있는)이라는 것도 일부분 사실인 동시에 일부분은 허구이며, 또한 일부분은 의식적으로 그리고 일부분은 무의식적으로 이루어진 셈이다. 사물을 멀리서 바라봄으로써, 나는 비로소 우리의 연구가 한때 거의 인식치 못했던 당시의 보다 더 일반적인 경향의 한 부분이었음을 깨닫고 있다. 거의 광적일 정도로 자세하게 전투 상황을 기술한 한 저작의 제목으로 미시사라는 용어가 처음 사용되었다는 사실이 그저 우연만은 아닐지도 모른다(비록 게티즈버그 전투를 다룬 스튜어트의 책이 똘스또이보다는 오히려 콘라드를 환기시키는 결말을 담고 있는 것처럼 보이기는 하지만). 게다가 몇 년 후 크라카우어가 독자적으로 미시사를 똘스또이와 동일시했다는 점은 결코 우연으로 보기 힘들다. 고백컨대 나는 이를 읽었고, 약간의 실망이 섞인 즐거움을 느꼈다(결국 나의 접근 방식이 그리 변칙적이지는 않았던 셈이다).

나는 어려움을 알고 있다. 독자에게 실재의 확실성을 가시적으로 느낄 수 있도록 전달하는 똘스또이의 뛰어난 능력도 내가 미시사의 핵심에 두어온 지극히 20세기적인 관념, 즉 사료상의 빈틈과 오전誤傳으로 연구를 방해하는 요소들 역시 역사서술의 일부가 되어야 한다는 생각과는 양립되기 힘든 것으로 보인다. 《전쟁과 평화》에서는 정반대의 현상이 일어난다. 서술의 행위에 선행하는 모든 것(개인회고록에서부터 나폴레옹 시대의 관련 기록에 이르기까지)이 하나로 흡수·융합되어, 독자로 하여금 등장인물들과 특별히 친밀한 관계를 맺도록 함으로써 그들의 삶에 직접 참여토록 만들고 있는 것이다.[59] 똘스또이는 어떤 사건(이를테면, 전투와 같은)의 파편적이고 왜곡된 흔적들과 사건 그 자체 사이에 어쩔 수 없이 생겨나는 틈새를 뛰어넘고 있다. 그러나 이러한 도약, 실재와의 직접적인 접촉은 단지 창안의 영역에서만 일어날 수 있을 따름이다. 그것은 오직 사물과 사료의 단편만을 손에 쥐고 있을 뿐인 역사가에게는 아예 처음부터 가당치도 않은 일이다. 하지만 그저 평범한 방법을 통해 사라진 실재에 대한 사상을 독자에게 전달코자 애쓰는, 마치 프레스코화와도 같은 역사서술은 역사학에 내재된 이러한 한계를 암묵적으로 무시해 버린다. 미시사는 정반대의 접근 방식을 택한다. 미시사는 오히려 한계를 받아들이되, 그것이 지닌 인지론적 함의를 탐색하고 나아가서는 그것을 이야기 속의 한 요소로 변환시키는 것이다.

이러한 접근 방식은 어떤 측면에서 이탈리아의 비평가인 레나또 세라가 이미 예견했던 것이었다. 그것은 1912년에 쓰여져 사후 출간된 그의 짧지만 중요한 글 〈리비아로 출행하는 한 무리의 군인들〉(이하 〈출행〉)을 통해서였다.[60] 세라는 끄로체에게 쓴 편지에서 자신이 《전쟁과 평화》에서 피력된 똘스또이의 역사관을 출발점으로 하고 있다고 설명하였다.[61] 끄로체는 뒤에 《역사의 이론과 서술》에 실려 있는 한 논문에서 똘스또이의 입장이 불합리하고 회의적이라고 규정하면서 다음과 같이 반박하였다. "우리는 우리가 알 필요가 있는 모든 역사의 모든 순간을 알고 있다." 따라서 우리가 알지 못하는 역사는 곧 "물 자체라는 영원한 유령"과 같다.[62] 세라는 빈정대는 어투로 스스로를 물 자체의 노예로 규정하고는, 끄로체에게 자신은 똘스또이를 훨씬 더 가깝게 느낀다고 고백하였고, 이어서 "나의 어려움은 더욱 복잡하거나, 또는 그런 것처럼 보인다는 것이다"라는 말을 덧붙였다.[63]

실제로 〈출행〉이 이면에서 똘스또이의 사상을 경청하고 있기는 하지만(그를 거명하지는 않은 채), 그것을 취하는 방향은 완전히 다르다.

병사들이 가족에게 보낸 거친 어투의 편지들, 전쟁에서 멀리 떨어져 있는 대중들을 즐겁게 해주기 위해 쓰여진 신문기사, 한 지휘관이 화급한 상황에서 급히 갈겨쓴 군 작전 설명서, 그리고 이 문서들을 미신처럼 숭상하는 역사가들의 이차적 작업 등 모든 이야기가, 그것이 어느 정도로 직접적인 성격을 지니고 있는가와는 상관없이, (세라의 설명에 따르면) 실재와 맺는 관계는 매우 미심쩍다는 것이다. 세라는 거의 흥분 상태에서 점점 더 조급하게 글을 써 나간다. 그는 '물 자체'를 입증할 방도가 없다는 생각과 그 존재의 확실성이라는, 양극 사이에 놓인 풀리지 않는 모순, 그리고 그 주변을 맴도는 어떤 사고의 리듬을 다음과 같이 기록하고 있다.

사료가 실재를 표현할 수 있다고 굳게 믿는 사람들이 있다. …… 마치 어떤 사료가 실재 '그 자체와는' 다른 것들을 표현할 수도 있다는 것처럼 말이다. …… 사료는 하나의 사실이다. 그리고 전투 또한 다른 하나의 사실이다(이렇게 무한정한 사실들이 존재한다). 두 개의 사실을 하나로 만들 수는 없다. 행동하는 사람 역시 하나의 사실이다. 이야기하는 사람도 또 하나의 사실이다. …… 모든 증거 조각은 오직 그 자체에 대해서만 증언한다. 즉 모든 증거는 그것이 존재한 순간, 그것의 기원, 그것의 종말을 증언할 뿐, 그 외 다른 어떤 것도 증언치 못하는 것이다. 우리가 역사에 대해 내리는 모든 비판적 판단들 속에는 진정한 역사와 절대적인 실재의 개념이 내포되어 있다. 우리는 기억의 문제에 대담하게 맞설 필요가 있다. 그 본질은 망각이 아니라 기억인 한에 있어서 말이다. 사물들은 그 자체 안에 존재하는 것이다.[64]

14—

나는 1980년대 초에 와서야 겨우 세라의 저술을 읽었다. 그러나 그 요점은 이미 20년 전 삐사에서 배운 아르세니오 프루고니의 가르침을 통해 접하고 있었다. 그는 자신의 책《12세기 사료 속의 아르날도 다 브레쉬아》(1954)에서 이야기체로 된 사료들의 특정한 시각이 동일한 인물을 어떻게 번갈아가며 서로 다른 방식으로 표현하는지 보여주었다.[65] 오늘날 나는 사실 조각들을 끼워맞추려는 실증주의 박식가들의 순진한 노력을 두고 빈정거린 프루고니의 태도가 바로 세라의 반실증주의적 비판("모든 증거 조각은 오직 그 자체에 대해서만 증언한다. 즉 모든 증거는 그것이 존재한 순간, 그것의 기원, 그것의 종말을 증언할 뿐, 그 외 다른 어떤 것도 증언하지 못하는 것이다.")을 그 출발점으로 삼으면서, 동시에 그것에 내재된 회의론적 함의들을 뛰어넘으려 했음을 느낀다.

나는 프루고니가 세라의 〈출행〉에 대해 알고 있었는지 확실히 모르겠다. 그러나 이딸로 깔비노가 쓴 완전히 다른 종류의 글인 〈한 전투에 대한 회상〉(1974)을 통해 볼 때, 그는 분명 〈출행〉을 읽은 듯하다.[66] "우리는 기억의 문제에 대담하게 맞설 필요가 있다"고 세라는 썼다. 깔비노가 겪은 빨치산 전투는 거의 30년 전 이야기일 뿐이지만, 그래도 그는 이를 문제삼는다. 처음에는 쉽사리 기억이 떠오르면서 모든 것이 명확하게 생각되었다. "내가 더 이상 기억할 수 없다는 것은 사실이 아니다. 나의 기억들은 여전히 대뇌의 회백질 속에 숨겨진 채 그곳에 남아 있다"("R,"p. 75). 그러나 부정적인 형태의 진술("~은 사실이 아니다")로 미루어볼 때, 그는 이미 의심에 사로잡혀 있으며, 회상의 이미지는 그것을 되살려 내는 순간 오히려 깨지고 만다는 것을 알 수 있다.

그리고 지금 내가 두려워하는 것이 있다면, 그것은 어떤 기억이 떠오르자마자 곧 잘못된 모습으로 변질되어서, 언제나 그렇듯이 전쟁과 젊음을 다만 감상적으로밖에 느끼지 못할 것이라는 점, 그리하여 그것들이 당시의 이야깃속 단지 한 부분으로 녹아들어 버리고 말 것이라는 점이다. 하지만 그러한 이야기가 우리에게 말해 주는 것은 사물이 실제로 어떠했는가가 아니라, 다만 스스로 생각하기에 우리가 어떻게 그 사물을 보았으며 그것에 대해 말했는가 하는 점인 것이다("R," pp. 81~82).

과연 기억은 우리 자신의 과거에 대한 환상과 왜곡이 만들어 낸 매개물을 제거함으로써 '물 자체'를 획득할 수 있는 것인가? 이에 대해 깔비노는 극히 냉소적으로 말을 하고 있기는 하지만, 결국은 서두의 잘못된 자신감을 그냥 되풀이하고 있을 따름이다. 즉 지금까지 내가 썼던 모든 것이 나로 하여금 그날 아침의 일에 대해 사실은 거의 아무 것도 기억치 못한다는 점을 깨우쳐 주고 있다("R," p. 85).

〈한 전투에 대한 회상〉을 끝맺는 마지막 말("생성·소멸하는 모든 것들에 대한 감각"["R," p. 85])은 과거에 대한 우리의 관계가 불안정함을 강조하고 있다. 그러나 "거의 아무 것도"라는 말이 시사하는 것은 이 모든 것에도 불구하고 과거가 결코 획득 불가능하지만은 않다는 점이다. 깔비노로부터 많은 것을 배운 나로서는 이러한 결론이 포스트모더니스트 작가로 비치는 깔비노(후기 깔비노)의 현 이미지를 지우는 데 객관적으로나 주관적으로나 모두 중요해 보인다. 〈한 전투에 대한 회상〉에서 나타나는 힘들고도 고통스런 자전적 성찰은 우리에게 현재 유행 중인 회의론적 도취감과는 사뭇 다른 그의 이미지를 보여주고 있다.

15—

최근 학술지《역사와 이론》에 실린 한 논문에서 네덜란드의 역사이론가 앙커슈미트는 규모가 큰 실체들보다 오히려 작은 조각들에 관심을 집중하는 경향이야말로 가장 전형적인 "포스트모던적 역사서술"의 표현 방식이라고 주장하였다.[67] 이 점을 밝히기 위해 앙커슈미트는 식물의 비유를 사용하였다(이러한 비유는 사실상 네이미어, 아니 어쩌면 톨스토이에까지도 거슬러올라갈 수 있다).[68] 과거의 역사가들은 나무의 줄기나 가지에 정신을 쏟았다. 반면, 그들의 포스트모던적 계승자들은 단지 나뭇잎에만 신경을 집중한다. 즉 더 큰 맥락(가지, 줄기)은 놓아둔 채, 과거의 미세한 단편들만을 따로 떼어 연구하고 있다는 것이다. 1970년대 초 헤이든 화이트에 의해 공식화된 회의론적 개념들을 받아들인 앙커슈미트는 단편을 향한 이러한 변환에 매우 호감 어린 눈길을 던지고 있다. 그는 "근본적으로 포스트모던적인" 역사서술의 "본질"을 드러내는(앙커슈미트는 외형상의 모순들을 우려하지 않는다) 반본질주의적 또는 반근본주의적 태도를 지향한다. 즉 역사서술 작업을 그 자체 내에서 통약 불가능한 이야기들을 만들어 내는 예술가적 활동으로 파악하는 것이다. 과거를 알려는 야망은 준비되었다. 사료 단편들의 의미는 현재 속에서 찾아진다. 즉 그것은 "사료 단편들의 패턴이 현존하는 다른 문명에 적응될 수 있도록 하는 방식"이다. 앙커슈미트는 이러한 역사서술의 예로서 두 권의 프랑스 저작(엠마뉘엘 르 로아 라뒤리의《몽타이유》, 조르쥬 뒤비의《보뱅의 일요일》), 한 권의 미국 저작(내털리 제이먼 데이비스의《마르땡 게르의 귀향》), 그리고 실제로는 존재하지 않는 책(누군가가 쓴《미시사들》)을 들고 있다.

지난 10년 동안 조반니 레비와 나는 계속해서 앙커슈미트가 열렬히 지지한 입장을 포함하여, 역사서술을 텍스트적 차원으로 축소하여 그로부터 모든 인식론적 가치도 박탈해 버리는 상대주의적 입장들에 반대해 왔다.[69] 이 같은 비판은 내가 여기서 깔비노와 더 넓게는 19~20세기 소설에 대해 빚지고 있음을 인정한 것과 결코 모순되지 않는다. 1970년대 말에 이탈리아 미시사(프랑꼬 벤투리가 냉소적으로 붙인 이름에 따르자면 "앞머리에 무언가가 붙어 있는 역사") 그룹을 한데 묶어 준 실험적 태도는, 연구 과정상의 모든 단계들이 그냥 '주어지는 것'이 아니라 '구성된다'고 하는 명확한 인식에 기초하고 있었다. 즉 연구 대상과 그것이 지닌 중요성을 동일시하는 것, 분석 범주를 나누는 것, 증거의 규준을 만드는 것, 최종적으로 독자들에게 전달되는 글의 문체적·서술적 형태 등, 이 모든 것이 역사가들에 의해 '구성된' 결과라는 것이다. 그러나 미시사적 접근 방식은 연구 과정에 내재된 구성적 계기에 대해 이처럼 강조하면서도, 동시에 1980년대와 1990년대 초 유럽과 미국의 역사서술에서 강조된 바 있던 회의론적 함의들은 명확히 거부하였다. 이탈리아 미시사의 독특성은 바로 이러한 인식론적 가치의 강조에서 찾아야 할 것이다.[70] 아울러, 나는 나의 최근 저작들이, 비록 많은 부분 매우 거시사적 접근 방식을 취한 책《밤의 이야기》속으로 흡수되기는 했지만, 적어도 그 의도에서만은 이 두 방향의 길을 따라 진행되었다는 사실을 덧붙이고자 한다.

16—

삐에로 델라 프란체스까, 갈릴레오, 삐에몬떼 직조공 공동체, 16세기

리구리아 계곡 등 임의로 선택된 이 예들은 이탈리아 미시사가들이, 이전에는 무시되었거나 또는 지역사처럼 하찮은 분야라고 내몰린 주제뿐만 아니라 이미 중요하다고 인정되고 있는 주제까지도 연구 대상으로 삼고 있음을 보여준다.[71] 이들 모든 연구 프로그램의 공통점은 맥락을 강조하는 것인데, 이는 정확히 단편적인 것을 따로 떼어 생각하고자 하는 앙커슈미트의 주장과 반대된다. 그러나 미리 어떤 정당화를 상정하고 갈릴레오를 선택한 것은 아니라 하더라도, 우리는 "꼭 그 공동체라야 하고 꼭 그 계곡이어야 하는 이유가 무엇인지" 스스로에게 묻지 않을 수 없다. 이 경우, 명시적이든 아니든 간에 비교의 준거를 반드시 밝힐 필요가 있다. 프랑꼬 라멜라(《땅과 베틀》[1984])와 오스발도 라찌오(《복수와 혈족 관계》[1990])는 발 디모쏘와 폰따나부오나에 관한 면밀한 연구가 우리로 하여금 원原산업사회와 근대국가의 탄생과 같은 문제들을 이제까지와는 상이한 시각으로 바라보지 않을 수 없게 만들 수 있음을 보여주었다. 그러나 그 결과의 풍성함을 인정하기에는 아직 충분치 않다. 우리가 이미 살펴본 바와 같이, 연구 대상은 그것이 전형적이기 때문에(곤잘레스), 또는 그것이 반복적이고 따라서 계열화될 수 있기 때문에('잡다한 사건'들에 대한 브로델의 경우) 선택될 수도 있다.

이탈리아 미시사는 유사성이 아니라 변이성을 통한, 정반대의 접근 방식을 가지고 비교의 문제를 다루어 왔다. 첫째, 그것은 '이례적 정상'이라는 에도아르도 그렌디의 유명한 문구에 의거하여 지금까지 입증하기가 어렵다고 생각한 사료에 오히려 입증의 잠재력이 풍부하게 있다고 가정한다.[72] 둘째, 이탈리아 미시사는 조반니 레비(《무형의 유산》)와 시모나 체루띠(《마을과 베틀》)의 성과에서 보는 바와 같이, 어떤 사회 구조도 상호 작용과 개개인의 전략들이 얽힌 결과로서, 오직 근접 관찰을 통해서만 재구성될 수 있음을 입증하고 있다.[73] 둘 모두의 경우에서(비록 그 성격은 다르지만), 이 같은 미시적 차원과 그것을 둘러싼 대규모의 역사적 맥락 사이의 관계가 이야기를 구성하는 원리라는 점은 의미심장하다.[74] 이미 크라카우어가 예견했듯이, 미시적 차원에서 얻어진 결과들은 결코 거시적 차원으로 자동 변환될 수 없으며 그 반대도 마찬가지이다. 우리가 이제 막 그 함의를 인지하기 시작한 이러한 이질성이야말로 미시사의 가장 큰 난점이기도 하고 동시에 가장 큰 잠재력이기도 하다.[75]

17—

조반니 레비는 미시사에 관한 최근의 글에서 다음과 같이 결론지었다. "이것은 어떤 집단에 대한 묘사가 아닌 나의 자화상일 뿐이다."[76] 나 역시 같은 시도를 해 보려 했지만, 성공하지 못했다. 돌이켜볼 때, 내가 속해 있는 집단의 경계와 내 자신의 경계 둘 다 불확실한 상태로 변화를 겪고 있었던 것 같다. 놀랍게도 내가 읽은 적이 없는 책들과 내가 몰랐던 사건이나 사람들이 내게 얼마나 중요한지 나도 모르는 사이에 깨닫게 되었다. 만약 이것이 자화상이라면 그 모델은 움베르또 보초니의 그림들이다.* 그 속에서는 거리가 집 안으로, 풍경이 얼굴 속으로 이어지고 있으며, 실외와 실내가 서로를 침범하고, '나'라는 존재는 구멍 투성이로 표현되고 있다(까를로 긴즈부르그 / 김동원 역).

---

* Umberto Boccioni, *The Street Enters into the House*, 1911 (Kunstmuseum Hannover mit Sammlung Sprengal, Hannover); *Simultaneous Visions*, 1911 (Van der Heydt – Museum, Wuppertal). 원문의 그림은 생략.

04

징후들
: 실마리 찾기의 뿌리

신은 세세한 것 속에 존재한다. _아비 바르부르크

상실과 파괴와 소멸에 대해 말하는 사물. 그것은 스스로에 대해서는 말하지 않는다. 다른 사물들에 관하여 말할 뿐이다. 그것은 또한 그러한 사물들을 포함할 것인가?

J. 존즈

이 글의 의도는 인문학에서 19세기 말경에 조용히 출현했던 한 인식론적 모형(패러다임이라고 해도 무방함)[1]을 보여주고자 하는 것이다. 이 패러다임은 그 동안 제대로 주목받지 못했다. 그러나 그것은 결코 명확히 이론화된 적이 없음에도 불구하고 매우 유용하게 쓰이고 있다. 이와 같은 연구는 '합리주의'와 '비합리주의' 사이의 무익한 대립에서 벗어나는 데 도움이 되리라 믿는다.

1—

이탈리아 회화에 대한 일련의 논문들이 1874년에서 1876년 사이에 《조형 예술 연보Zeitschrift für bildende Kunst》에 실렸다. 여기에 무명의 러시아 학자 이반 러몰리에프라는 서명이 붙어 있었고, 역시 무명의 인물인 요한네스 슈바르체가 독역했다고 되어 있다. 이 논문들은 옛 대가들의 작품을 감정하는 새로운 방법을 제시하고 있는데, 이는 예술사가들 사이에서 상반된 반응과 활기찬 논쟁들을 불러일으켰다. 그 뒤, 이 글들의 저자는 자신이 이탈리아인 조반니 모렐리(모렐리라는 이름은 슈바르체와 동의어이고 러몰리에프는 모렐리의 철자를 바꾸어 배열한 것에 다름 아니다)라고 밝힘으로써 쌍둥이의 가면을 벗었다. '모렐리식 방법'이란 말은 오늘날에도 예술사가들 사이에 회자되고 있다.[2]

그의 방법이란 도대체 어떤 것이었는가? 모렐리에 따르면, 박물관에는 작가 감정이 잘못된 작품들이 가득하다는 것이다. 그러나 작품들의 진짜 제작자를 모두 밝혀 내기는 어려운 일이다. 우리가 다루는 작품들이라는 것이 대개는 덧칠되었을 가능성이 있거나 아니면 훼손된 상태인 경우가 대부분이기 때문이다. 이러한 조건에서는 진품을 모조품과 구별할 수 있는 능력이 매우 중요하다. 하지만 모렐리는 흔히 그러하듯이 그림의 가장 뚜렷한 특징을 진위 감정의 잣대로 삼아서는 안 된다고 주장하였다. 왜냐하면 그러한 특징이야말로 사실은 가장 모방하기가 쉽기 때문이다. 이를테면, 뻬루지노가 그린 천상을 응시하는 인물들의 눈, 레오나르도의 미소 등등이 그러한 것이다. 대신에 귓불, 손톱, 손가락과 발가락 모양같이 예술학교의 상투적인 기법들의 영향을 거의 받지 않았을 법한 가장 사소한 세부 묘사들을 눈

여겨보아야만 한다는 것이다. 모렐리는 이러한 방법을 통해 보띠첼리, 꼬스메 뚜라를 비롯한 여러 화가들의 인물상에 그려진 귀의 모양을 확인하여 어렵게 목록을 작성하였고, 진품에는 있지만 모조품에는 없는 이 같은 특징들을 추적하였다. 그는 유럽의 주요 박물관에 걸려 있는 많은 작품들이 사실은 제작자가 다른 사람이라는 새로운 감정 내용을 제시하였다. 그 중 일부는 실제로 센세이션을 일으킬 만한 것이었다. 원래는 띠찌아노 작으로서 원본은 유실되고 사쏘페라또의 모조본으로만 전해져 오고 있다고 생각되었던, 드레스덴 박물관의 누워 있는 누드의 경우, 모렐리는 그 작품이 조르조네의 몇 안 되는 진품들 중 하나라고 감정하였던 것이다.

이러한 결과에도 불구하고, 모렐리의 방법은 거센 비판을 받았는데, 이는 아마 거의 오만하리만치 확신을 가지고 그러한 방법을 적용하려 했던 그의 태도에도 일부 이유가 있었던 듯하다. 머지않아 그것은 기계적일 뿐 아니라 거친 실증주의적 방법이라고 낙인찍혀 악평의 대상이 되었다.[3] 하지만 모렐리의 방법에 반대했던 많은 학자들 역시도 여전히 자신들의 감정 작업에 은근히 그의 방법을 계속 사용해 왔을 법하다.

우리가 모렐리의 저술들에 다시 관심을 가지게 된 것은 에드가 윈드 덕분이다. 윈드는 모렐리의 저술들을 예술에 대한 근대적 태도, 즉 그 작품 전체보다는 세부 묘사에 대한 감상을 지향하는 태도의 전형으로 보았다. 모렐리는 청년 시절 베를린의 낭만주의 서클과 접촉하면서 빠져들었던, 예술적 자발성이라는 이상에 열광하는 컬트의 극단에까지 이르렀다는 것이다.[4] 윈드의 해석은 그다지 설득력 있는 것이 못 된다. 왜냐하면 모렐리는 미학적 문제가 아니라(이는 뒤에 가서 밝혀

진 사실이다) 기초적인 문헌학적 위계의 문제에 관심을 가지고 있었기 때문이다.[5] 실제로 모렐리의 방법에 담긴 함의는 이와는 다른 종류의 것으로서 그 성격이 훨씬 더 복잡하다. 우리는 윈드 자신이 어떻게 해서 그것을 발견하기 직전까지 갔는지 알게 될 것이다.

2—

윈드는 다음과 같이 썼다. "모렐리의 저서들은 예술에 대한 여느 작가들의 경우와는 달라 보인다. 그것들은 손가락과 귀를 그린 그림들을 포함하여, 범인들이 지문을 남기듯이 어떤 예술가가 자기도 모르게 스스로를 드러내는 사소하지만 특징적인 세필細筆에 관한 면밀한 기록들로 가득하다. 모렐리가 탐색하는 화랑은 범인의 사진첩을 닮아가기 시작한다."[6] 작품 감정과 범인 색출이 이렇게 유사하다는 점을 포착하여 훌륭히 발전시킨 인물은 엔리꼬 까스뗄누오보인데, 그는 모렐리의 추론적 방법을 거의 비슷한 시기에 글을 쓴 아서 코난 도일의 작중인물, 셜록 홈즈의 방법과 비교하였다.[7]

예술품 감정가는 대부분의 사람들이 알아차릴 수 없는 증거를 토대로 범인(또는 그림의 배후에 있는 화가)을 찾아내는 탐정과 비슷하다. 지문, 담뱃재 따위의 수단을 통해 실마리를 찾아내는 동안에 홈즈가 발휘하는 통찰력의 예는 수없이 많다. 그러나 까스뗄누오보가 지적한 유사성이 얼마나 정확한지를 알려면 〈판지 상자〉(1892)라는 작품을 한번 읽어 보기만 하면 되는데, 여기서 셜록 홈즈는 문자 그대로 '모렐리적'이다. 사건은 한 순진한 미혼의 숙녀에게 잘린 귀 두 개가 담긴 소포가 도착하면서 시작된다. 그리고 우리의 전문가는 다음과 같이 사건을 풀어 나간다. "홈즈는 침묵했고, 내[왓슨]는 주위를 둘러보다가 홈즈가 그 숙녀의 옆얼굴을 빤히 쳐다보고 있는 것을 알고 깜짝 놀랐다. 순간 열성적인 그의 얼굴에 경악과 만족감이 동시에 교차하였다. 하지만 그가 왜 침묵하고 있는지 궁금했던 그녀가 그의 눈치를 살피자, 그는 곧 여느 때처럼 침착한 태도를 되찾았다."[8] 나중에 홈즈는 왓슨에게(그리고 독자들에게) 당시 순간적으로 마음속을 스치고 지나갔던 생각에 대해 설명해 주었다.

왓슨, 자네는 의사니까, 인체에서 귀만큼 모양이 다양한 부분도 없다는 것을 잘 알 걸세. 대개 개개인의 귀는 아주 독특해서 다른 사람들의 것과는 다른 모양을 하고 있지. 자네는 작년에 나온 《인류학 잡지》에 내가 그 주제에 대해 쓴 두 개의 소논문을 알고 있을 거야. 그래서, 나는 전문가의 눈으로 그 상자에서 나온 귀들을 보면서, 그것들의 해부학적 특징을 면밀히 살폈지. 그러다가 미스 쿠싱을 보면서 그녀의 귀가 바로 내가 막 살폈던 그 여성의 귀와 모양이 정확히 일치한다는 사실을 알아차리고는 얼마나 놀랐는지 상상해 보게. 문제는 두 귀 모양이 비슷하다는 사실에 그치지 않았네. 귓바퀴가 작달막하고 귓불 위가 넓게 굽어 있다든지, 귓속 연골 조직의 주름잡힌 모양까지도 모두 똑같았다는 말일세. 이 모든 특징들을 볼 때, 그것은 똑같은 귀였어. 물론, 나는 곧 그러한 관찰 결과가 매우 중요하다는 점을 알아차렸지. 그것은 희생자가 그녀와 혈연 관계이며, 그것도 아마 아주 가까운 관계임이 분명하다는 증거였네.[9]

3—

잠시 후, 우리는 이러한 유사성에 내재된 함의들이 무엇인지를 알게 될 것이다.[10] 그러나 우선은 다음과 같은 윈드의 여타 가치 있는 통찰들에 주목하는 편이 좋을 것이다. "모렐리를 비판하는 일부 사람들에게는 퍼스낼리티가 오히려 개인적 노력이 가장 약한 곳에서 발견된다는 점이 이상해 보일지도 모르겠다. 그러나 현대의 심리학은 이 점에서 모렐리를 지지할 것이 분명하다. 우리가 무심코 행한 사소한 몸짓이 남에게 보이기 위해 세심하게 준비한 다른 어떤 몸가짐보다 우리의 성격을 훨씬 더 확실하게 드러내리라는" 것이다.[11]

"우리가 무심코 행한 몸짓"이라니. 우리는 '현대 심리학'이라는 말을 프로이트라는 이름으로 대체할 수도 있다. 실제로 윈드가 모렐리에 대해 쓴 글은 프로이트의 유명한 논문 〈미켈란젤로의 모세〉(1914)에 나오는, 오랫동안 무시되어 왔던 한 구절을 학자들에게 새삼 일깨워주었다.[12] 프로이트는 두 번째 절을 다음과 같이 시작했다.

나는 정신분석에 관해 들을 기회가 있기 오래전에, 러시아의 예술품 감정가인 이반 러몰리에프가 사본을 진본과 확실하게 구별하는 방법을 보여주어 많은 그림들의 출처에 의문을 제기하고, 이전에 제시되었던 출처가 미심쩍게 된 작품들의 제작자를 새로이 제시함으로써, 유럽의 미술관들에 일대 소동을 일으켰다는 사실을 알고 있었다. 그는 감정가가 그림의 전체적인 인상이나 주요한 특징들만을 살펴서는 안 된다고 주장함으로써 그러한 결론을 얻었으며, 부차적인 세부 묘사, 즉 손톱과 귓불, 후광과 그리 중요하지 않은 사소한 것들의 중요성을 강조하였다. 이같이 사소하고 세세한 사항들의 경우, 모사가들은 그것을 무시하고 넘어가지만 사실은 모든 화가들이 그 자신만의 독특한 방식으로 그려내고 있는 부분들인 것이다. 그 후 나는 러시아식 필명 뒤에 모렐리라는 이탈리아 의사가 숨어 있다는 사실을 알고 매우 흥미를 느꼈는데, 그는 이탈리아 왕국의 상원의원이라는 신분으로 1891년에 사망한 인물이다. 그의 감정 방법은 정신분석의 기술과 밀접한 관련이 있어 보인다. 그의 방법 역시도 고려되거나 주목받지 못하는 세세한 사항들, 말하자면 관찰의 쓰레기 더미로부터 신성한 비밀과 감추어진 어떤 것들을 찾아내는 데 익숙하기 때문이다.[13]

〈미켈란젤로의 모세〉라는 논문은 원래 익명으로 실렸다. 프로이트는 자신의 선집에 이 글을 포함시키면서 비로소 그것이 자신의 작품임을 밝혔다. 자신의 이름을 필명으로 감추면서 작가로서의 자기 자신을 드러내고 싶어하지 않았던 모렐리의 태도는 결국 프로이트에게도 영향을 미치지 않았나 생각된다. 그리고 이러한 사실이 어떤 의미를 가지고 있는가에 대해서는 여러 이론들이 그럴 듯하게 제시되어 왔다.[14] 분명한 것은 프로이트가, 비록 익명성의 베일을 쓰고 있기는 하지만, 정신분석학의 방법을 발견하기 훨씬 이전부터 자신에 대한 모렐리의 영향력이 상당하다는 것을 알게 모르게 인정하고 있었다는 사실이다.

일부의 주장과는 달리, 이러한 영향력을 미켈란젤로의 모세에 관한 글이나 혹은 일반적 견지에서 예술사를 다루고 있는 글들[15]에만 한정하려 하는 것은, "모렐리의 감정 방법이 정신분석학의 기술과 밀접하게 관련되어 있다"고 한 프로이트 말의 이해 범위를 지나치게 축소시키는 셈이다. 오히려 방금 인용한 구절을 담은 전체 글의 맥락으로 볼 때, 조반니 모렐리가 정신분석학의 초기 발전 과정에서 특별한 위치를 차지하고 있었음이 확실하다. 그것은 프로이트의 '선행자들'과 '선구자들'의 경우에서 흔히 보는 바와 같이, 가설상의 관계가 아니라 실제의 문서로 입증되는 관계이다. 더욱이 모렐리의 저술들과의 접촉은 이미 말했듯이 프로이트의 '정신분석학 이전' 단계에 발생하였다. 그리고 우리는 정신분석학의 발견이 이루어진 이후 우연히 동시다발로 일어난 일들(《꿈의 해석Traumdeutung》 재판본에서 언급된 '린케우스' J. 포퍼의 꿈에 대한 한 소론에서와 같이)[16]이 아니라 정신분석학의 완성에 직접적으로 기여했던 요소를 다루고 있는 것이다.

4—

프로이트가 모렐리 읽기를 통해 무엇을 얻었을지 묻기 전에, 우리는 언제 이러한 일이 일어났던가를 정확히 알아야만 한다. 아니, 프로이트가 모렐리와 접촉했다고 다음과 같이 두 차례에 걸쳐 따로 얘기하고 있는 것으로 보아, 언제 그러한 일들이 일어났느냐고 물어야 할 것도 같다. "나는 정신분석에 관해 들을 기회가 생기기 오래전에, 러시아의 예술품 감정가인 이반 러몰리에프가 …… (했음을) 알고 있었다." "그 후 나는 러시아식 필명 뒤에 모렐리라는 이탈리아 의사의 존재가 숨어 있다는 사실을 알고 매우 흥미를 느꼈는데, ……."

이 중 처음 진술한 날짜에 대해서는 추측만 할 수 있을 뿐이다. 그것은 아무리 늦어도 1895년(프로이트와 브로이어의 《히스테리아 연구 Studies on Hysteria》가 출판된 해) 또는 1896년(프로이트가 '정신분석학'이라는 용어를 처음으로 사용한 해)을 넘지 않는다.[17] 그리고 그 상한선은

1883년이다. 그 해 12월, 프로이트는 약혼녀에게 보낸 장문의 편지에서 드레스덴 박물관에 갔을 때 자신이 경험한 "예술의 발견"에 대해 얘기하고 있다. 예전에는 예술에 통 무관심했던 그가 이제는 이렇게 쓰고 있다. "나는 나의 야만성을 버리고 (예술을) 예찬하기 시작했다오."[18] 프로이트가 이미 이 시기 이전, 이름 없는 한 예술사가의 저술에 관심을 가지고 있었으리라고 생각하기는 어렵다. 대신 약혼녀에게 드레스덴 박물관에 대해 언급한 편지를 보낸 후 오래지 않아 그것들을 읽기 시작했음이 분명하다고 봐야 할 것이다. 왜냐하면 모렐리 선집의 첫 권(라이프찌히, 1880)은 뮌헨, 드레스덴, 그리고 베를린 박물관에 있는 이탈리아 대가들의 작품을 다루고 있기 때문이다.[19]

프로이트가 모렐리의 저술을 두 번째로 만난 시점은 좀더 정확히 비정할 수 있을 것이다. 이반 러몰리에프의 실명은 위에서 언급한 선집의 영역본 표지에서 처음 공개되었는데, 이는 1883년에 출판되었다. 이후의 판본들과 (모렐리가 사망했던) 1891년 이후의 번역본들에서는 그의 이름과 필명이 항상 같이 나타난다.[20] 이 선집 중 하나가 언젠가 프로이트의 손에 들어갔을 가능성도 배제할 수는 없다. 그러나 그는 아마도 1898년 9월에 밀라노의 책방들을 뒤지다가 이반 러몰리에프의 정체를 순전히 우연하게 알았을 수도 있다.

현재 런던에 있는 프로이트 도서관에는 조반니 모렐리(이반 러몰리에프)의 《이탈리아 회화론: 역사·비판적 연구 *Della Pittura italiana: Studii storico critici — Le gallerie Borghese e Doria Pamphili in Roma*》(밀라노, 1897)의 사본 한 권이 소장되어 있다. 표지에 적힌 책의 구입 날짜와 장소는 9월 14일, 밀라노로 되어 있다.[21] 프로이트는 1898년 가을에 단 한 번 밀라노를 방문한 적이 있었다.[22] 더욱이 그 특별한 시점에 모렐리의 책이 프로이트의 관심을 끌었던 이유는 전혀 다른 데 있었다. 몇 달 동안 프로이트는 기억력 감퇴에 시달려 왔었는데, 그 얼마 전 달마띠아에서는 오르비에또의 프레스꼬화를 그렸던 한 화가의 이름을 생각해 내려 애썼지만 결국 실패하고 말았던 일이 있었다(이는 후일 그가 《일상생활의 정신병리학*Psychopathology of Everyday Life*》에서 연구 사례로 든 일화 중 하나이다). 모렐리의 책은 프로이트의 머리에 이게 아닐까 하고 문득 떠올랐던 화가들(보띠첼리, 볼뜨라피오)뿐만 아니라 바로 그 제작자(루까 시뇨렐리)에 대해서도 실제로 언급하고 있었던 것이다.[23]

그러나 정신분석학자가 되기 이전 청년 프로이트에게 모렐리 읽기가 무엇을 의미할 수 있었을까? 프로이트 자신은 다음과 같이 말하고 있다. 그것은 폐기된 정보와 주변적인 자료에 근거하지만 어떤 측면에서는 의미 있게 생각되는 한 해석 방법에 관한 아이디어였다. 이 방법에 따르면, 보통 중요하지 않다고 여겨지거나 심지어는 사소하고 '부차적'이라고까지 생각되는 세부 사항들이 우리로 하여금 인간 정신의 보다 높은 차원에 도달하도록 해 주는 열쇠를 제공했다는 것이다.

모렐리는 아이러니컬한 어조로(프로이트를 기쁘게 했을 법한 그러한 류의 아이러니) 다음과 같이 썼다. "나를 비판하는 사람들은 나를 두고 예술작품의 정신적 의미를 이해하지 못하며, 그 때문에 손이나 귀의 모양과 같은 외적인 문제나, 심지어는 손톱과 같이 불쾌한 주제들에 특별한 중요성을 부여하는 사람으로 보고싶어 한다."[24] 프로이트가 《꿈의 해석》의 제사題辭로 사용할 정도로 익숙했던 베르길리우스의 모토("천국을 바꿔 놓지 못하면 지옥이 나타날지니")[25] 역시 모렐리로서는 그것이 자신의 말이라고 주장할 수도 있었을 것이다. 더욱이 모렐리에게 이러한 주변적인 사실들은 깊은 의미가 있다. 왜냐하면, 그러한 사실들은 문화적 전통에 속박되어 있던 예술가들이 언제쯤 "부지불식간에 그러한 속박에서 벗어나"[26] 순수히 개인적인 필치로 돌아가는가에 대한 예증을 제공하기 때문이다. 그 당시로서는 그리 특별한 생각도 아니었던 무의식에 대한 암시[27]보다 한층 더 주목할 가치가 있는 것은 예술가적 개별성의 본질과 의식의 통제 밖에 존재하는 요소들을 동일시한다는 점이다.

5—

나는 지금까지 모렐리와 홈즈 그리고 프로이트의 방법들간의 유사성을 추적하였다. 나는 이미 모렐리와 홈즈, 모렐리와 프로이트간의 연관성에 대해 언급한 바 있다. 홈즈와 프로이트의 방법들 사이에서 나타나는 두드러진 유사성은 스티븐 마커스에 의해 논의되었다.[28] 프로이트는 '셜록 홈즈의 모험들' 중에서도 환자인 '늑대인간'에 관심을 보였다. 그러나, 1913년 봄, 프로이트는 정신분석학적 방법을 홈즈의 방법과 비교한 바 있는 동료 학자 테오도르 라익에게 모렐리의 기법에 대해 찬사의 말을 전했다. 모든 경우에서, 미세한 흔적들을 살펴보면 보다 더 심층적이고, 보통의 방법으로는 알기 어려운 리얼리티를 이해할 수 있게 된다. 그러한 흔적들이란, 더 정확하게 말하자면, 징후/증상(프로이트의 경우), 실마리(셜록 홈즈의 경우), 그림의 특징(모렐리의 경우) 등을 말한다.[29]

이러한 삼중의 유사성은 어떻게 설명되는가? 언뜻 보기에 해결책은 매우 간단해 보인다. 프로이트는 의사이고, 모렐리는 의학 학위를 갖고 있었다. 그리고 코난 도일은 문학으로 전향하기 전에 의사였다.

이러한 사례들 모두가 의학적 징후학을 그 모형으로 삼고 있다는 점은 분명하다. 그것은 외관상의 징후에 기초한 직접적인 관찰로는 알기 어려운 병을 진단하게 해 주는, 때론 왓슨같이 평범한 사람의 눈으로는 부적절하게 보일 수도 있는 학문 분야이다. 그런데, 통찰력 있는 탐정 홈즈와 둔감한 의사 왓슨이라는 듀엣이, 젊은 시절 코난 도일을 가르쳤던 교수들 중 특출한 진단 능력으로 명성을 날렸던 한 실존인물의 두 분신을 보여주고 있다는 사실은 우연이지만 주목할 만한 가치가 있다.[30] 그러나 이러한 일치는 단순히 몇몇 인물에게만 국한되지 않는다. 19세기 말에 접어들면서, 보다 정확하게 말하자면 1870 ~1880년 사이에, 추론적 패러다임은 특히 징후학에 기초를 두었던 인간과학의 각 분야에서 그 정당성을 주장하기 시작하였다. 하지만 그것의 뿌리는 훨씬 더 오랜 연원을 가지고 있었다.

6—

인간은 몇 천 년이라는 오랜 세월 동안 사냥꾼으로 살아왔다. 수많은 추적의 과정 속에서 인간은 땅 위의 발자국과 부러진 가지들과 배설물과 털 뭉치와 뒤엉켜 붙어 있는 깃털들과 배어 있는 체취 등을 통해 눈에 보이지 않는 먹잇감들의 형태와 움직임을 재구성하는 법을 배웠다. 인간은 타액의 흔적과 같은 미세한 자취들을 냄새 맡고 기록하고 해석하고 구분하는 법을 배웠다. 인간은 위험이 숨어 있는 울창한 숲 속이나 초원에서 엄청나게 빠른 속도로 복잡한 정신작용을 수행하는 방법을 배웠다.

이렇듯 풍요로운 지식의 저장고는 세대를 거쳐 사냥꾼들에 의해 이어져 내려왔다. 암벽화와 공예품을 보완할 구전자료가 없는 경우, 우리는 민속자료로 눈을 돌리게 되는데, 그것은 비록 그 모습이 희미하고 왜곡되어 있기는 하지만 그 옛날의 사냥꾼들이 축적해 온 지식을 흡사 메아리처럼 전달해 주고 있는 것이다. 키르기즈인, 타타르인, 유대인, 투르크인 등의 종족들 사이에 퍼져 있던 동양적인 신화들은 낙타를 잃은, 혹은 다른 판본들에서는 말을 잃은 한 남자와 만나는 세 형제의 이야기를 전해 주고 있다.[31] 그들은 주저하지 않고 낙타(또는 말)의 모습을 다음과 같이 묘사하고 있다. 그것은 흰 색에다 한쪽 눈이 멀었고 등에는 양가죽 두 장을 지고 있는데, 하나에는 포도주가 다른 하나에는 기름이 가득차 있다는 것이다. 그렇다면 그들은 그 짐승을 보았단 말인가? 아니다. 그들은 그것을 보지 못했다. 그래서 그들은 도둑이라는 의심을 받아 법정에 서게 되었다. 하지만 법정에서 형제들은 승리의 순간을 맞이한다. 그들은 사소하지만 수많은 실마리를 통해 자신들이 본 적이 없는 어떤 짐승의 생김새를 어떻게 그리도 빨리 추론해 낼 수 있었는지 입증하였던 것이다.

이 세 형제가 반드시 사냥꾼일 필요는 없을지 모르지만, 그들이 사냥에 관련된 어떤 지식을 얘기할 수 있는 사람들이었음은 분명하다. 이러한 지식의 특징은 외관상으로는 중요해 보이지 않는 실험적인 자료들로부터 직접 경험할 수 없는 복잡한 리얼리티를 구성하는 능력이다. 또한 그러한 자료는 항상 관찰자가 이야기의 순서를 만들어 내는 특정한 방식으로 배열되는데, 이는 아주 단순하게 말하자면 '어떤 사람이 이 길을 지나갔다'는 식으로 표현될 수 있다. 아마도 이야기의 실제 내용(부적, 주문, 기도 등과는 구별되는)[32]은 수렵사회에서 동물의 흔적을 판독하던 경험에 그 기원이 있을 것이다. 이러한 가설은 그 성격상 명료하게 입증되기는 힘들지 모르겠다. 그럼에도 불구하고 사냥에 기원을 둔 언어가 오늘날에도 여전히 의존하고 있는 수사학상의 형태들(전체와 연관된 부분, 원인과 연관된 결과)을 살펴볼 때, 그것이 환유적인 이야기의 틀을 유지하면서 메타포를 철저히 배제하고 있다는 사실로써 우리는 앞의 가설을 확인할 수 있다.[33]

그 사냥꾼이라는 사람은 "이야기를 했던" 최초의 인물이었을 것이다. 왜냐하면 오직 그 혼자만이 먹잇감이 남긴 침묵과 거의 알아차릴 수 없을 정도의 흔적들 속에서 사건들의 일관된 순서를 읽을 수 있었기 때문이다.

짐승들이 남긴 흔적을 '판독하고' '읽어 낸다'는 것은 일종의 메타포이다. 하지만, 우리는 그러한 흔적들이 오랜 시간을 거치면서 문자의 발명에 이르게 되는 역사 과정을 마치 언어적으로 응축된 것인 양, 문자 그대로 믿으려는 경향이 있었다. 중국의 전통 역시, 병인학적病因學的 신화의 모습 아래, 어느 고관이 강의 모랫둑 위에 찍힌 새 발자국을 보고 문자를 만든 것이라 전하고 있는데, 이 또한 마찬가지의 맥락을 가지고 있다.[34] 설사 우리가 기록된 역사의 영역을 위해 신화와 가설의 영역을 포기한다고 해도, 우리는 방금 언급했던 수렵의 모형과, 기원전 세 번째 천 년 사이에 쓰여지기 시작한 메소포타미아 점술서占術書에 내재된 패러다임간의 부정할 수 없는 유사성에 압도되고 말 것이다.[35]

이 두 경우 모두, 관찰자가 경험할 수 없는 사건의 흔적을 발견하기 위해서는 사소한 문제들조차 면밀하게 조사해야 한다는 점을 전제로 삼고 있다. 전자의 경우에는 배설물, 발자국, 머리카락, 깃털, 후자의 경우에는 짐승의 내장과 기름이 물 위에서 퍼져 나가는 모양과 천체의 형상, 신체의 본능적인 움직임 등이 조사의 대상이 된다. 물론 첫 번째와는 달리 두 번째 경우의 요소들은, 실제 모든 것이 메소포타미아 점술가들의 작업을 위한 재료라는 의미에서 볼 때, 그 종류가 거의 무한하다고 할 수 있다. 그러나 둘 사이에는 큰 차이가 있다. 즉 점술은 미래를 내다보는 것인 반면, 사냥에 관계된 실마리를 해석하는 것은 과거(비록 바로 앞의 과거일 뿐이기는 하지만)를 보는 것이라는 점이다. 하지만 학습 과정이라는 측면에서 볼 때, 그 둘 사이에는 커다란 유사성이 존재하고 있다. 즉 무엇을 분석하고 비교하고 분류하는 지적 작용의 형식은 사실상 동일한 것이었다. 물론, 그러한 동일성은 단지 형식 면에서만 그러할 뿐, 양자가 몸담은 사회적 맥락은 전혀 달랐다. 특히 학자들은 문자의 발명이 메소포타미아의 점술에 얼마나 깊은 영향을 미쳤는지 주목해 왔다.[36] 사실, 왕의 특권 중에서도 메시지(천체나 인체 등 어느 곳에나 씌어 있는)를 통해 자신의 신민들과 교통하는 권능은 신에게서 유래한 것으로서, 성직자들이 그것을 판독하는 역할을 하였다(이러한 관념은 뒤에 '자연의 책'이라는 이미지를 통해 시대를 초월해서 전해져 오게 된다). 점술이란 다름이 아니라 현 세상에 각인된 신의 기록을 판독하는 것이라는 생각은 쐐기문자의 그림 형태에 의해 더욱 확고해졌다. 점술의 경우와 마찬가지로, 쐐기문자 역시 또 다른 형식을 빌려 어떤 메시지를 전달하고 있는 것이다.[37]

발자국조차도 어떤 짐승이 지나갔음을 보여주는 자료이다. 발자국, 즉 물질적으로 이해된 표지를 구체화했다는 점에서, 그림문자는 이미 지적 추상을 향한 길 위로 매우 중요한 한걸음을 내딛었음을 보여준다. 그러나 그림문자의 도입에 전제가 되는 추상 능력이 이번에는 소리문자로 변천하기 위해 필요한 것들로 이어지는 작은 결과를 낳는다.[38] 실제로 그림문자와 소리문자의 요소들은 쐐기문자 내에서 계속 공존하고 있었는데, 이는 메소포타미아 점술서의 경우 점점 더 증대되는 연역의 경향에도 불구하고 결과로부터 원인을 추론해 내는 근본 능력이 전부 쇠퇴하지는 않았던 것과 같다.[39]

이리하여 우리는 오랜 여행 후에 다시 징후학으로 돌아왔다. 우리는 징후학이 공통적인 특징을 지닌 학문 분야들의 성좌(비록 이 용어가 시대착오적임은 분명하지만) 속에 포함되어 있다는 것을 안다. 그러한 비교 속에 존재하는 차이를 논의의 대상이 되는 사회들간의 공간적·시간적 거리의 탓으로 본다면, 점술과 관상학이라는 두 유사과학을 법학이나 의학과 같은 과학 분야와 나란히 견주고 싶은 유혹이 생길지도 모르겠다. 그러나 이는 피상적인 결론에 불과하다. 고대 메소포타미아에서 지식을 구하는 이 다양한 방식들과 실제로 관련된 무언가가 있었다면(만약 우리가 점술에서 엑스타시 경험을 토대로 한, 영감에 근거하는 경우를 배제한다고 할 때),[40] 그것은 오직 흔적과 징후와 실마리를 통해서만 재구성될 수 있는 특수 사례들의 분석을 지향하는 태도였을 것이다. 메소포타미아의 법전들 자체가 법률이나 법령들이 아니라 구체적인 사례들에 대한 해설로 구성된 것이었다.[41] 결과적으로, 우리는 지식의 형태에 입각하여 과거, 현재, 혹은 미래를 지향하는 '추론적·점술적 패러다임paradigma indiziario odivinatorio'에 대해 얘기할 수 있다. 미래를 위해서는 좁은 의미의 점술이 있었다. 그리고 과거와 현재와 미래를 위해서는 진단적·예후적이라는 두 측면에서의 의학적 징후학이 존재하였다. 과거를 위해서는 법학이 있었다. 그러나 이러한 추론적·점술적 패러다임의 이면에서 우리는 인류의 지성사 가운데 그 연원이 가장 오래되었을 법한 행위가 무엇이었는지를 깨닫게 된다. 그것은 바로, 사냥감이 남긴 흔적을 살피면서, 땅 위에 웅크리고 앉아 있는 사냥꾼의 모습이다.

7—

이제까지 내가 논해 왔던 바는 양쪽 사시 현상을 근거로 두개골 외상에 대해 내리는 진단이 어떻게 메소포타미아의 점술서에 나타날 수 있었는지를 설명해 준다.[42] 보다 일반적 견지에서 말하자면, 그것은 다양한 종류의 기호들을 판독하는 학문 분야들이 어떻게 출현했는지, 즉 징후로부터 문자가 어떻게 나타났는지를 설명하고 있는 것이다. 메소포타미아에서 그리스에 이르기까지 이러한 학문 분야들은 커다란 변화를 겪으면서 역사와 문헌학 같은 새로운 학문을 탄생시켰고, 의학과 여타의 옛 학문 분야들 역시도 그 내용을 일신하여 새로운 사회적·인식론적 자율성을 가지게 되었다. 신체와 언어, 그리고 인간의 역사는 처음으로 신의 개입을 배제한 채 객관적 분석의 대상이 되었다. 우리는 오늘날에도 여전히 고대 폴리스 문화에서 일어났던 이러한 결정적 전환점의 유산을 이어받고 있다. 이러한 이행의 과정에서, '징후적·추론적semeiotico o indiziario'이라는 말로 규정될 수 있는 패러다임이 과연 어느 정도로 중요한 역할을 수행했는지 의문이 들 수도 있겠다.[43] 하지만 그러한 패러다임의 존재는 히포크라테스의 의술에서 특히 분명한데, 그것은 그가 자신의 방법을 명시적인 '징후' 혹은 '증상semeion' 개념에 근거하여 정의하고 있기 때문이다. 히포크라테스학파의 주장에 따르면, 우리가 질병 그 자체에 접근하기는 불가능하기 때문에, 오직 모든 증상들을 자세하고도 주의 깊게 관찰하고 기록함으로써 각 질병의 정밀한 '역사들'을 밝혀 낼 수 있다는 것이다.

이처럼 의학의 추론적 성격을 강조하는 것은, 피타고라스학파의 의사 알크메온이 지적한 것처럼, 즉각적으로 앎에 이르는 신지神智와 사유의 과정을 요구하는 인간의 인식을 서로 비교하는 데서 연유했을 수도 있다.[44] 다양한 층위에서 작동하는 추론적 패러다임은 암묵적으로 리얼리티의 투명성을 부인함으로써 스스로의 정당성을 찾는다. 의사, 역사가, 정치가, 도공, 목수, 선원, 사냥꾼, 어부, 혹은 여성이란 그리스인들에게 광활한 추론적 지식의 세계와 관련된 여러 집단들 중 일부로 여겨질 뿐이었다. 세계의 경계는 '추론' 또는 '사유tekmor, tekmairesthai'와 같은 용어들로 표시되었는데, 그러한 세계의 주인이 제우스의 첫 번째 아내이자 물을 매개로 하는 점술의 화신인 메티스 여신이라는 사실은 의미심장하다. 그러나, 앞서 언급한 것처럼, 이러한 패러다임은 여전히 암묵적인 형태로만 존재함으로써, 명망 있는(사회적으로도 더 고귀한) 플라톤적 지식 모형의 위세에 눌려 버렸던 것이다.[45]

8—

히포크라테스의 저작[46]에 나오는 어떤 구절들이 자기변호적 어조를 띠고 있는 것으로 보아, 오늘날까지도 지속되고 있는 의학의 불확실성에 대한 논쟁은 기원전 5세기경에 이미 시작되었던 것으로 보인다. 이러한 연속성은 의사와 환자의 관계를 보면 알 수 있는데, 환자에게 의사의 지식과 권위를 판별할 만한 능력이 없다는 점은 사실 히포크라테스 시대 이래 별로 바뀌지 않았다. 그러나 '엄격성'과 '과학'의 관념이 심대한 변화를 겪은 것과 마찬가지로, 논쟁의 방식 역시 거의 2,500년에 걸친 시간의 흐름 속에서 그 모습이 달라져 왔다. 그 결정적인 순간이 갈릴레오 물리학에 기반한 과학적 패러다임의 출현임은 분명한 사실이지만, 그것은 갈릴레오 시대를 뛰어넘어 보다 더 지속적인 생명력을 가지게 되었다. 근대 물리학을 '갈릴레오적'이라 부르기는 힘들겠지만(물론 갈릴레오를 부정하는 것은 아니다), 과학 전반에 대하여 갈릴레오적 패러다임이 던지는 인식론적·상징적 의미는 여전히 살아 있는 것이다.[47]

(의학을 포함하여) 우리가 추론적이라 불러 온 일군의 학문 분야들이 갈릴레오적 패러다임에 의해 요구될 수 있는 과학적 기준과 전혀 무관하다는 점은 명확하다. 사실, 그러한 분야들은 고도로 질적인 성격의 것으로서, 개별 사례와 상황과 문서들에 대한 연구를 목적으로 한다. 이는 정확히 그 "학문 분야들 자체가 개별성을 띠고 있기 때문"인데, 바로 이러한 이유로 인해 사유의 여백이 필수불가결하게 되는 것이다. 의학이나 문헌학, 또는 점술에서 '추정congetture(이 용어 자체가 원래 점술에서 나온 것이다)'[48]이 차지하는 중요성을 생각해 보면 된다. '개별적인 것에 관해 말할 수 없다'는 스콜라주의적 금언을 스스로의 모토로 여길 법도 한 갈릴레오적 과학은 이와는 전혀 다른 특징을 지니고 있다. 수학과 경험적 방법은 각각 필연적으로 계량화를 수반하고 반복적 현상을 그 탐구 대상으로 삼는 반면, 개별화의 관점은 그 정의상 반복성을 배제할 뿐 아니라 계량화의 경우도 다만 하나의 단순한 도구로서 받아들일 따름이다. 이 모두는 역사학이 왜 갈릴레오적 과학이 될 수 없는지 설명해 준다. 역사서술에 호고적 방법이 도입

됨으로써 수세기 동안 감추어져 왔던 역사학의 오랜 추론적 연원이 간접적으로나마 드러나게 된 것은 17세기에 들어와서였다.

이런 원래의 모습은 더욱 더 밀접해져 가는 역사학과 사회과학의 관계에도 불구하고 바뀌지 않았다. 역사학은 언제나 구체적인 것을 지향하는 사회과학의 한 분야로 머물러 왔다. 물론 역사가들이, 때로는 명시적으로 또 때로는 묵시적으로, 비교 가능한 일련의 현상들이나 인식 전략, 또는 스스로를 설명하는 다양한 코드들에 의존하지 않을 수 없는 것은 사실이지만, 그들이 추구하는 본질은 어디까지나 개별적인 것에 있었다(그 개별적인 사례라는 것이 때로는 한 사회 집단이나 한 사회 전체가 될지라도). 이러한 점에서, 역사가는 환자의 특정한 병을 분석하기 위해 질병기술학적 도표를 이용하는 의사와 비슷하다. 의사의 경우가 그렇듯이, 역사 지식 또한 간접적이며, 추론적이고, 추정적이다.[49]

그러나 둘을 이렇게 대비시키는 것은 지나치게 도식적일 수 있다. 추론적 성격의 학문 분야 중에서도, 문헌학 특히 문헌비평은 바로 그 시작부터 비전형적인 특징들을 보이고 있었던 것이다. 실제로, 문헌비평의 탐구 대상은 그것에 적절하다고 생각되는 특징들을 과감히 선택하는 과정을 통해 형성되었는데, 시간이 흐를수록 그 범위가 훨씬 더 축소되었다. 이러한 내적 성격의 변화는 문자와 인쇄술의 발명이라는 두 가지 결정적인 역사적 사건을 통해 이루어졌다. 문헌비평은 문자의 발명에(호메로스의 시들을 글로 옮기게 됨으로써) 기인하였고, 인쇄술의 출현 이후(종종 서둘러 제작되었던 가장 초기의 고전 판본들이 좀 더 신뢰할 만한 판본으로 교체되었을 때) 그 확실한 기반을 다지기에 이르렀다.[50] 처음에는 구술적인 것과 몸짓에 관련된 요소들이, 뒤에는 글쓰기의 물리적 특징들과 관련 있는 요소들까지도, 텍스트에 속하지 않는 것으로 간주되었다. 이러한 이중적 과정은 점점 더 텍스트의 비물질화로 귀착되었고, 이로써 감각과 관련된 모든 요소들이 서서히 사라져 갔다. 텍스트가 존재하기 위해서 물질적인 요소가 반드시 필요한 것은 사실이지만, 그렇다고 텍스트 그 자체가 그러한 요소에 의해 식별되지는 않는다.[51]

오늘날에는 이 모두가 명백해 보이겠지만, 실제로는 전혀 그렇지 않다. 내가 지금까지 논했던 텍스트의 개념이 지극히 의미 있는 어떤 문화적 선택과 밀접한 관계가 있다는 것을 인식하기 위해서는, 단지 구술문학에서 억양의 역할이나 중국시에서 서예가 차지하는 역할을 한번 생각해 보기만 하면 된다. 이러한 선택의 내용이 단순히 문헌의 생산 수단을 손에서 기계로 바꾸었다고 해서 결정되지는 않았다는 사실이 중국의 유명한 사례에서 잘 나타나고 있다. 그곳에서는 인쇄술이 발명되었어도 결코 문자 텍스트와 서예의 연결고리가 끊어지지 않았던 것이다. 하지만 그림이라는 '텍스트'의 경우는 역사적으로 매우 다른 측면들을 가지고 있었는데, 잠시 이에 대하여 살펴보기로 하자.

추상적 텍스트 개념은, 문헌비평이 비록 전체적으로는 원래의 점술적 특징들을 여전히 유지하고 있음에도 불구하고, 실제로 19세기에 그랬던 것처럼, 지극히 과학적인 방향으로 발전할 잠재력을 지니고 있었던 이유를 설명해 준다.[52] 어떤 텍스트에서 되살릴 수 있는(처음에는 손으로, 구텐베르크 이후에는 기계로) 부분만을 고려하는 급진적인 개념 속에는, 개별 사례를 다루는 경우에조차도,[53] 질적 문제라는 인간 과학의 주요한 장애물을 피할 수 있다는 의미가 함축되어 있다. 갈릴레오가 마찬가지로 철저한 환원의 방법을 통해 근대 자연과학의 기초를 마련하고 있던 바로 그 순간에 문헌학으로 관심을 돌렸다는 사실은 의미심장한 면이 있다. 세계를 하나의 책으로 보는 전통적인 중세의 관점은 그 둘이 즉각적으로 판독 가능하다는 확신을 배경으로 하고 있었으나, 이와는 달리 갈릴레오는, "우리 눈앞에 항상 펼쳐져 있는 위대한 책(나는 그것을 우주라 부르겠다)에 쓰여 있는 …… 철학은 …… 만약 우리가 그 언어와 문자들(즉 삼각형이나 원, 혹은 그 밖의 다른 기하학적 모양들)을 먼저 배우지 않는다면, 결코 이해할 수 없다"고 주장하였다.[54] 문헌학자의 경우와 마찬가지로, 자연철학자들에게도 텍스트는 물질적인 자료들과는 무관하게 재구성되는 심오하고도 비가시적인 존재이다. 즉 "냄새도, 맛도, 소리도 없는 도형과 수와 운동들, 나는 그러한 것들이 생명체 바깥에 존재하는 이름 이상의 어떤 의미를 지닌다고는 생각지 않는다."[55]

이러한 말을 하면서 갈릴레오는 자연과학을 인간중심주의와 신인동형설에 반하는 흐름 속에다 위치시킴으로써, 돌이킬 수 없는 길을 가도록 만들어 놓았다. 지식의 세계에 일정한 간극이 생겨났고, 그것은 시간이 흐르면서 더 커질 것이었다. 그리고, 작업 중 소리를 듣지 못하고 맛과 냄새에도 무감각한 갈릴레오 같은 물리학자들과, 환자를 보면서 두근거리는 가슴에다 귀를 갖다대거나 배설물의 냄새를 맡거나 오줌까지 맛보면서 병을 진단하고자 했던 의사들 사이에는 비교할 수 없을 정도로 커다란 간격이 분명히 가로놓여 있었던 것이다.

9—

우르바노 8세의 주치의였던 시에나 사람 줄리오 만치니가 바로 이러한 인물들 중 하나였다. 그가 개인적으로 갈릴레오와 알고 지냈다는 증거는 없다. 하지만, 그들이 같은 로마 서클(교황청에서부터 린체이 학회에 이르기까지)의 일원이었고 서로가 알고 있는 사람들(페데리꼬 체시에서부터 조반니 참뽈리와 조반니 파베르에 이르기까지)이 많았기 때문에, 둘이 만났을 가능성은 꽤 높다고 할 수 있다.[56] 만치니의 무신론과 그의 비상한 진단 능력(이는 점술의 언어에서 차용한 용어들로 기술되고 있다)과 그의 환자들로부터 자신이 "탐닉하던" 그림들을 빼앗으려는 시도 등은 니초 에리뜨레오(잔 비또리오 로씨)에 의해 매우 생동감 있는 필치로 그려진 바 있다.[57] 실제로 만치니는 《고귀한 신사 분들께 즐거움을 선사하고 또한 그들이 꼭 알아야 할 내용을 담은, 미술에 관한 몇 가지 고찰*Alcune considerationi appartenenti alla pittura*》이라는 제목의 책을 하나 썼는데, 이는 당시 필사본 형태로 광범위하게 유통되었으나, 정작 그것이 간행된 것은 지금으로부터 30여 년 전의 일이었다.[58]

제목이 말해 주듯이, 그 책은 화가들을 위해서가 아니라 딜레탕트 귀족들(매년 3월 19일, 판테온에서 개최되었던 고대 및 현대 회화 전시회에 구름처럼 모여들었던 바로 그 미술애호가들)을 위해 쓰여졌다.[59] 이러한 미술품 시장이 없었다면, 아마도 만치니는 그의 책《고찰》속의 한 장에서 제시했던 극히 새로운 발견들, 바꾸어 말해서 위작들을 식별해 내고 모사품을 진품과 구별하는 등, '미술품 감정'을 위한 방법론을 기술하지 못했을 수도 있다.[60] 그런데, '감식안(한 세기 후의 용어를 빌려서 말하자면)'을 확립하고자 하는 첫 시도는, 번개처럼 빠른 진단으로 유명한 한 의사, 즉 환자를 대면하는 즉시 "병 때문이라고 생각되는 것"[61]을 재빨리 알아맞출 수 있었던 한 사람에게로 거슬러올라간다. 바로 이러한 점에서, 우리는 의사의 눈과 감정가의 눈이 합쳐진다는 것이 우연한 일치 이상의 어떤 것을 의미한다는 사실을 알 수 있다.

만치니의 주장에 대해 좀더 자세히 검토하기 전에, 그와 《고찰》의 독자인 "고귀한 신사 분"과 우리 자신이 함께 공유하고 있는 전제에 대해 먼저 생각해 보기로 하자. 그것은 지금까지 자명한 것으로(잘못) 받아들여져 왔기 때문에, 하나의 명제로서 진술된 적이 없었다. 즉, 라파엘로가 그린 그림과 복제본(그것이 그림이든, 판화든, 아니면 오늘날의 사진이든 간에) 사이에는 결코 무시할 수 없는 차이점이 존재한다는 것이다. 어떤 그림이 정의상 유일무이하며 따라서 복제 불가능하다는 이러한 가정 속에 어떤 상업적 의미가 함축되어 있는지는 명명백백하다.[62] 예술품 감정가가 사회적 인물로서 등장한 것도 이러한 함의들과 관련이 있다. 그러나 그러한 가정은, 그것이 문자로 기술된 텍스트에 적용될 수 없다는 사실에서 입증되고 있듯이, 결코 예상할 수 없는 일종의 문화적 선택에서 연유한다. 그림과 문학에 담겨 있다고 가정되는 영속적 특징들은 여기에 속하지 않는다. 우리는 이미 문자로 기술된 텍스트의 개념이, 적절치 않다고 생각되는 특징들을 제거해 나가는 역사적 발전 과정에 대해 언급한 바 있다. 하지만 그림의 경우, (적어도 아직은) 이러한 정화 단계를 경험하지 못했다. 이 때문에, 《광란의 오를란도Orlando Furioso》를 필사하거나 인쇄한 판본들은 아리오스또가 원했던 그대로의 텍스트를 다시 만들어 낸 것처럼 보이는 반면, 라파엘로가 그린 초상화의 복제본은 도무지 그래 보이지 않는 것이다.[63]

그림과 문헌의 복사본들이 각기 다른 지위를 부여받는다는 사실은, 감정가로서의 만치니가 그림 그리기와 글쓰기 사이에 존재하는 일반적인 유사성에도 불구하고, 문헌비평의 방법들을 사용할 수 없었던 이유를 설명해 준다.[64] 그리고 그는 이러한 유사성을 출발점으로 하여, 아직도 초기 단계에 있는 다른 학문 분과들의 도움을 기대할 수밖에 없었다.

만치니 스스로가 설정해 놓았던 첫 번째 목표는 그림의 연대 비정 문제였다. 그에 따르면, "호고가와 사서들이 필적을 근거로 그 저작 연대를 추론해 내는 것처럼, 그림의 경우도 시기에 따른 변천을 말해 주는 제작상의 어떤 관습들을 아는 것이 무엇보다도 필수적"이라는 것이다.[65] 필적을 식별해 낸다고 말하면, 바로 그 당시에 바티칸의 사서로 있던 레오네 알라치가 그리스어와 라틴어 필사본들의 제작 연대를 알아내기 위해 사용했던 방법들이 떠오르게 되는데, 이는 반세기 후 고문서학의 시조 마비용에 의해 발전을 거듭하게 된다.[66]

계속 만치니의 말을 들어보자. "그 세기가 공유한 속성들과 더불어" "작가 개개인에게 남과 구별되는 특징들이 있는 것"처럼, "화가 개개인에게도 그만의 속성이 존재하는 것"이다. 이를 보면, 처음에는 거시적인 규모('시대'와 '세기')에서 제시되었던 그림과 문헌간의 유사성이 이제는 미시적이고 개별적인 수준으로 바뀌어 진술되고 있음을 알 수 있다. 이러한 영역에서는 알라치의 선구적인 고문서학적 방법들이 효력을 발휘하지 못했다. 그러나, 바로 그 당시에 범상치 않은 통찰력으로 개개의 문서들을 분석하고자 하는 외로운 노력이 있었다. 의사였던 만치니는 히포크라테스를 인용하면서, 육체 각각의 '속성들'에 근거한 영혼의 '기능'으로부터 그것이 남긴 '흔적들'로 옮겨갈 수 있다고 주장하였다. 그리하여, "믿건대, 바로 이러한 가정들을 통하여, 우리 시대의 재능 있는 인물들은 다양한 사람들의 필적에서 각기 다른 사람들의 지성과 재능을 이해하는 규칙들을 확립하려고 노력하였던"것이다.

볼로냐의 의사였던 까밀로 발디야말로 이렇듯 "재능 있는 인물들" 중 하나였음이 분명하다. 그의 저작《한 통의 편지에서 어떻게 필자의 성격과 습관을 알아 내는가에 대한 논고*Trattato come da una lettera missi va si conoscano la natura e qualità dello scrittore*》제6장은 필적에 대해 논한 글로서는 유럽에서 가장 오래된 문헌이라 할 수 있다. 이 장의 제목은 "필적에서 어떤 의미를 읽을 수 있는가" 하는 것이었는데, 여기서 '필적carattere'이란 "종이 위에 펜으로 쓰여진 글자의 모양과 획"[67]을 말하는 것이었다. 그러나, 처음의 열성에도 불구하고, 만치니는 새로운 필적학에 대해 스스로가 제시했던 목적, 바꾸어 말해서 종이 위에 쓰여진 '필적(즉 글자들)'으로부터 심리적 '필적(우리를 아득한 옛날의 단일한 학문적 모체로 되돌려주는 바로 그것)'으로 이행함으로써 작자의 개인적인 특성들을 재구성하겠다는 생각이 없어지고 말았다. 그는 개인의 필적이 매우 다양해서 모방하기가 불가능하다는 첫 번째 가정에서 멈춰 버렸던 것이다. 그림에서도 마찬가지로 모방할 수 없는 요소들을 식별해 냄으로써, 위작과 진품을 구별하고, 대가의 작품을 복제본이나 제자들의 작품과 구별해 낸다는 그의 원래의 목적을 달성할 수도 있었을 것이다. 이 모두는 다음과 같은 그의 노력을 설명해 준다.

그림 속에서 특히 머리카락, 수염, 눈과 같이 꼼꼼하게 그려져 쉽게 모방할 수 없는 부분들을 살펴보면, 대가들의 활달한 필치를 느낄 수 있다. 곱

슬머리는 아주 공을 들여도 모사하기 어려운데, 이 점은 특히 모사본에서 분명하게 나타난다. 그렇다고 그것을 모사하지 않는다면, 결과적으로 그림에 담긴 대가의 완결성이 떨어질 것이다. 그리고 그림의 이러한 특징들은, 글쓰기의 운필에서도 그러하듯이, 대가의 필치로 모사가 불가능하게 그려낸, 활달하고도 빼어난 화필의 경우에서 두드러진다. 옷에 잡힌 주름과 겉면에서 반사되는 빛의 음영 같은 것이 잘 모사되지 못하는 이유는, 그려지는 대상물의 모습이 실제로 그러해서라기 보다는 그리는 사람에게 그렇게 보일 뿐이기 때문이다.[68]

따라서 우리는 앞서 만치니 자신에 의해 다양한 맥락 속에서 논의되었던 글쓰기와 그림 그리기의 유사성이, 위 인용구에서 보자면, 전례 없이 새로운 관점(만치니가 알지 못했을 수도 있는 필라레떼의 글은 예외로 한다면)[69]에서 재검토되고 있음을 알 수가 있다. 이러한 유사성은, '활달함franchezza', '긋기tratti', '휘돌리기gruppi' 등과 같이, 당시에 쓰여진 필적 관련 논고들에서 반복해 나타나는 전문용어를 통해 강조되고 있다.[70] 만치니의 이 글은 또한 '속도'를 강조한 것으로는 거의 원조 격에 해당된다. 관료화가 가속화되고 있던 시대에, 필사본 시장에서 서기국식의 흘림 글씨가 성공을 보장받는 길은 우아한 글씨체와 빠른 필사 속도뿐이었다.[71] 전체적으로 볼 때, 만치니가 장식적인 요소를 중요시했다는 사실은 16세기 후반에서 17세기 초반에 걸쳐 유행했던 이탈리아 필적 모형들의 각별한 특징에 그가 큰 관심을 보였으리라고 짐작할 수 있게 해 준다.[72] '필적'의 경우도 그러하지만, 어떤 미술작품의 진위를 판별하기 위해서는, 그림 속에서 일필휘지식으로 마무리되어 암암리에 대상물을 있는 그대로 그려내야 한다는 부담에서 벗어나 있는 부분(머리카락이 엉키고 옷이 주름져 있는 모양과 같이, "대상물의 모습이 실제로 그러해서라기보다는 그리는 사람에게 그런 것처럼 보이는" 부분)을 면밀히 조사해야 하는 것이다. 그러면 이제 이러한 주장이 얼마나 풍부한 함의들(만치니든 그의 동시대인들이든 그 누구도 명백히 밝힌 바 없었던)을 담고 있는지 살펴보기로 하자.

10—

'까라떼리caratteri[역주:어떤 것의 특징, 성격이란 뜻이다. 글씨의 경우는 필적, 사람의 경우는 인격, 그림의 경우는 화법 정도가 될 것이다. 여기서는 문맥에 따라 역어를 적절히 바꾸어 쓰기로 하겠다.]란 말은 본래의 의미 혹은 유사한 의미를 가지고 1620년경 다시 등장하게 되는데, 근대 물리학의 시조가 쓴 저작들에서 보이는가 하면 동시에 고문서학, 필적학, 감정술의 창시자들이 쓴 저작들에서도 나타난다. 갈릴레오가 두뇌의 눈을 통해[73] 자연의 책으로부터 읽어 냈던 탈육체적 '특징들'과 알라치, 발디, 만치니가 종이, 양피지, 캔버스 혹은 석판들의 물질적 측면에서 판독해 낸 특징들간의 관계가 비유적인 성격 이상의 것이 아니라는 점은 사실이다. 하지만 용어가 동일한 만큼 여기서 나란히 예를 들었던 두 학문 분야 사이의 이질성이 다시 한번 두드러진다. 갈릴레오적 의미에서 볼 때, 기하학의 보편적인 '성질들'로부터 "그 시대에 공통적인" 필적상의 '성질들'로, 이어서 그림 각각의 "개별적 성질들"로 맥락이 옮겨짐에 따라, 그러한 용어들은 점점 더 과학적 가치를 잃어 가는 셈이다.

이렇게 관찰 규모를 축소시켜 보면, 어떤 학문 분야에서 개별성이 강조되면 될수록 갈릴레오적 패러다임의 적용에는 오히려 장애물이 될 뿐임을 알 수가 있다. 즉 그러한 개별적 특징들이 적절하다고 생각될수록 엄밀하고도 과학적인 지식을 획득할 가능성은 줄어든다는 것이다. 물론, 개별적 특징들을 무시해 버린다고 해서 그것만으로 물리·수학적 방법들이 자동적으로 적용되는 것은 아니며, 또한 그러한 방법들이 없다면 엄밀한 의미에서 갈릴레오적 패러다임을 채택했다고 볼 수도 없음은 분명하지만, 그러한 경우 적어도 개별성이 배제되는 것만은 확실한 사실이다.

11—

이 문제를 해결하는 데는 두 가지 길이 열려 있었다. 즉, 일반화(어느 정도는 과학적이며 또 어느 정도는 수학적으로 공식화가 가능한 것)를 위해 개별적인 요소에 대한 지식을 포기하든지, 아니면 비록 잠정적이긴 하지만 개별성에 대한 과학적 지식에 기초하는 상이한 패러다임, 즉 아직까지 정의된 바 없는 새로운 지식 체계 같은 것을 발전시키려 하든지, 둘 중 하나이다. 첫 번째 과정은 자연과학이 걸었던 길로서, 훨씬 더 뒤에 가면 이른바 인간과학이라 불리는 분야들 역시도 이에 합류하였다. 그 이유는 명확하다. 어떤 대상의 개별적 특징을 제거하려는 경향은 관찰자의 감정적 거리와 정비례한다. 필라레떼는 그의 저서 《건축론Trattato di Architecttura》에서 완전히 동일한 두 개의 구조물을 만들어 낸다는 것은 불가능하다고 단언하였다. "타타르족의 '상판때기'는 모두가 똑같아 보인다든가, 에티오피아인들의 피부색은 모두 검게 보인다고 말할 수는 있겠지만, 자세히 들여다보면 비슷한 점만큼 차이점도 존재한다"는 것이다. 하지만 그는, "많은 동물들이 서로 닮아 있으며, 파리나 개미, 구더기, 개구리나 물고기 등 같은 종에 속하는 개체들끼리는 차이점을 발견하기가 힘들다"는 점을 인정하였다.[74] 유럽의 건축가에게는, (유럽의) 두 건축물이 비록 서로 미묘한 차이를 보이더라도 그것이 의미 있어 보이겠지만, 타타르와 에티오피아의 건축물들 사이에 존재하는 차이는 무시해도 좋을 만한 것이며, 더욱이 구더기 두 마리와 개미 두 마리 사이에 존재하는 차이는 실제 존재하지도 않을 정도로 미미하다. 타타르의 건축가나, 건축물에는 무지한 어떤 에티오피아인, 또는 개미의 입장이라면 아마도 이와는 상이한 위계를 제시했으리라. 개별화된 지식은 언제나 인간중심적, 종족중심적이라는 등등의 특징을 가진다. 물론, 동물이나 광물, 혹은 식물이라 할지라도, 특히 정상을 명백히 벗어나는 경우라면, 예컨대 점술에서 나타나는[75] 개별화된 시각에서 바라보는 것이 가능하다.

알다시피, 기형학畸形學은 점술에서 중요한 구성요소였다. 그러나 17세기 초반에는 갈릴레오식과 같은 한 모형의 간접적인 영향만으로도 점술과 같이 변칙적인 현상들에 대한 연구를 자연에 대한 일반 지식의 증진보다 경시케 하는 경향을 결과하였다. 1625년 7월 머리가 둘인 송아지가 로마 교외에서 태어났다. 린체이학회의 박물학자들은 이 사건에 관심을 가지게 되었다. 그것은 바띠까노궁의 벨베데레원園에서 학회의 비서였던 조반니 파베르와 참뽈리(이 둘은 알다시피 갈릴레오와 가까운 사이였다), 만치니, 추기경 아고스띠노 베조, 그리고 우르바노 8세 사이에서 벌어졌던 토론의 논제였다. 머리가 둘 달린 그 송아지는 하나의 개체인가 혹은 두 개체인가 하는 것이 그들이 제기한 첫 번째 의문이었다. 의사는 뇌의 유무로 개체의 여부를 결정한다.

아리스토텔레스주의는 심장이 그 지표이다.[76]

　파베르가 기술한 글을 보노라면, 우리는 그 속에서 만치니의 존재를 느낄 수 있을 것이다(그는 토론자들 중 유일한 의사였다). 그는 점성술에 대해 관심이 있었음에도 불구하고,[77] 미래를 예견하려는 목적에서가 아니라 오히려 정상적인 개체들, 즉 하나의 종을 대표하는 것으로서 반복 가능한 현상이라 간주될 만한 것들에 대해 보다 더 엄밀한 정의를 내리기 위하여 그 기형동물의 특수한 특징들을 분석하였다. 만치니는 자신이 그림에 쏟곤 했던 바로 그러한 관심을 가지고 머리 둘 달린 송아지를 해부했던 것이다. 그러나 감정가로서의 활동과 유사한 점은 여기서 끝난다. 어떤 의미에서 그는, 함께 묶여 있기는 하지만 기원은 서로 다른 점술적占術的 패러다임(진단자이자 감정가로서의 만치니)과 일반화 패러다임(해부학자이자 박물학자로서의 만치니)을 구현하고 있었던 셈이다. 겉보기와는 달리, 송아지 해부에 대한 상세한 기술(이는 파베르에 의해 기록되었다)과, 또한 그것과 함께 그려져 있는 송아지의 내부기관들에 대한 세밀한 그림은[78] 대상물 그 자체의 "개별적인 성질들"을 밝히는 데 그 목적이 있었던 것이 아니라, 그것을 넘어서서 한 종種의 "공통적인 성질들(이 경우에 있어서는 역사적이기보다는 자연적인)"에 도달하려는 의도를 가지고 있었던 것이다. 따라서 아리스토텔레스에게로 거슬러올라가는 자연주의적 전통이 더 첨예하게 되살아났다. 페데리꼬 체시의 아카데미는 날카로운 눈의 시라소니가 그려진 방패를 문장紋章으로 삼고 있었는데, 초감각의 수학적인 눈을 가지지 못한 이들 학문 분야가 내세우는 장점이 있다면, 그것은 바로 시라소니의 눈으로 상징되듯이 "보는 능력"이었다.[79]

12—

인간과학(오늘날이라면 이렇게 불렸을 것이다)이 적어도 겉으로나마 이러한 학문 분야들 속에 끼여 있었던 것은 주로 그것의 인간중심주의 덕분이었다. 필라레떼는 앞서의 인용문에서 보았듯이, 그러한 관념을 아주 소박하게 표현한 바 있었다. 하지만 일부에서는 가장 인간적인 것에 대한 연구에까지도 수학적 방법을 적용하려 하였다.[80] 이런 류의 것으로서 정치 산술가들이 행한 최초이자 가장 성공적인 시도가 탄생과 출산, 그리고 사망과 같이 인간사 중에서도 특히 생물학적인 사건들을 그 대상으로 한 것이었다는 점은 이해할 만하다. 이처럼 과격한 환원주의는 연구의 엄격성을 증진시켰고, 동시에 절대주의 국가들이 군대와 재정의 영역에서 필요로 하는 정보 제공에 이바지하였다. 국가의 작동 규모가 커짐에 따라 정보의 성격도 극히 계량적인 것으로 바뀌었던 것이다. 하지만 통계학이라는 새로운 과학을 사용했던 사람들이 질적인 문제에 무관심했다고 해서, 그것이 곧 우리가 추론적이라고 불러왔던 학문 분야들과의 연관성을 단절시키는 주원인이 되었던 것은 아니다. 베르누이의 고전적인 저작 《추론술Ars conjectandi》이라는 제목에서 알 수 있듯이, 확률의 계산이란 것도 점술의 경우에서 전혀 다른 형태로 나타났던 문제들을 수학적으로 엄밀히 공식화하려는 시도에 다름 아니었다.[81]

그러나 인간과학의 각 분야들은, 의학의 경우에서 각별한 것처럼 다소의 유동성은 있지만, 그래도 전체적으로 볼 때 여전히 질적 방법을 확고히 지키고 있었다. 의학을 계량화한다는 것은 그 방법론적 발전에도 불구하고 의심스러워 보였고, 그 결과 역시도 의문이었다. 18

세기 말에 간행되었던 까바니스의 《의학의 확실성》 같은 저작을 보면, 그것은 의학 자체의 과학적 특징을 인정하려고는 하고 있지만, 이때조차도 그러한 방법의 부정확함을 스스로 인식하고 있었음을 알 수 있다.[82] 이러한 '불확실성'에는 기본적으로 두 가지 이유가 있었던 것 같다. 첫째, 개개의 발병 사례들을 어떤 짜여진 틀에 맞도록 범주화하기가 힘들다. 즉, 각 환자에게서 나타나는 질병의 증상들은 서로 다른 특징을 지닐 것이기 때문이다. 둘째, 질병에 대한 지식은 여전히 간접적이며 추론적이다. 말 그대로 생체를 살아 있는 상태에서 그대로 들여다볼 수 없음은 물론이다. 인간의 시체를 해부할 수는 있다. 그러나 이미 죽어 손상된 시체에서 어떻게 살아 있는 개개인의 특징들을 추적할 수 있단 말인가?[83] 이러한 이중적 난점 앞에서는, 의학적 시술의 과정이 얼마나 유효한지 증명하기가 힘들다는 점을 인정치 않을 수 없었을 것이다.

결론적으로 볼 때, 의학이 자연과학의 엄밀성을 획득할 수 없는 이유는, 보조적인 기능에 국한되는 경우는 제외한다면, 전혀 계량화가 불가능하다는 사실에서 연유하는 것이었다. 그리고 계량화가 불가능한 이유는 질적 본성을 지닌 개개인이 엄연히 존재하기 때문이다. 또한 개개인의 존재는 인간의 눈이 바위나 나뭇잎 동종同種 사이의 차이보다 인간들간에 나타나는 차이(사소한 것일지라도)에 한층 더 민감하다는 사실과 관련이 깊다. 장차 인간과학이 가지게 될 인식론적 본질은 이미 의학의 '불확실성'에 대한 이러한 논의 속에서 그 모습을 갖추어 나가고 있었다.

까바니스의 저작 속에서 은연중 저자의 조바심이 느껴지는 것은 이러한 정황으로 보아 이해할 만하다. 비록 방법론적 측면에서 의학에 대해 제기되었던 비판들이 일면 어느 정도 타당한 것은 사실이지만, 그럼에도 불구하고 의학은 사회의 관점에서 볼 때 여전히 하나의 엄연한 과학으로 인정받고 있었다. 그러나 당시 모든 추론적 형태의 지식들이 모두 의학과 똑같이 대접받은 것은 아니었다. 감정술과 같이 비교적 최근에 생겨난 일부 분야들은 기존의 분야들 주변에서 어정쩡한 위치를 차지하고 있었다. 그리고 실제로 일상생활과 보다 밀접하게 연관된 다른 분야들은 학문의 경계 밖으로 아예 밀려나 있는 실정이었다. 말의 뒷무릎 관절이 어떤 상태인가를 통해 결함있는 말을 골라내는 능력, 바람의 변화를 통해 폭풍우의 전조를 감지하는 능력, 표정의 갑작스런 변화 속에서 상대방의 적대적인 감정을 읽어 내는 능력 등은 분명히 수의사의 지침서나 기상학 또는 심리학 논문에서 배울수 있는 것이 아니었다. 이러한 종류의 지식은, 그것을 아무리 글로옮겨 놓는다 하더라도, 각각의 실제 사례에서만큼 풍부히 발휘될 수가 없는 그런 것이었다. 그것은 책이 아니라 생생한 목소리와 몸짓과눈짓을 통해 배운 것이었다. 그것은 결코 공식 같은 것으로는 요약할수 없는 미묘한 어떤 것에 기초하고 있으며, 말로는 설명할 수 없는경우도 종종 있다. 그것은 단일한 면도 있고 동시에 다양한 면도 있는, 사회 각계 각층의 남녀가 물려받아 온 유산이었다. 이러한 통찰력들은 그 모두가 구체적인 경험에 기반하고 있다는, 미묘하지만 중요한 공통점이 있다. 이러한 지식의 이면에 존재하는 힘은 물론 이 같은 구체성을 바탕으로 하고 있지만, 그로 인해 추상이라는 강력하고도 무시무시한 무기를 사용할 수 없는 한계에 부딪치기도 하였다.[84]

문자문화는 상당 기간 동안 기원도 기억도 역사도 제대로 알려져 있지 않은 주변적인 지식의 형태를 언어로 정확히 표현하고자 노력해 왔다.[85] 하지만 대개의 결과는 형편없었다. 관상학 논문들의 도식적 경직성과, 어떤 것의 애호가나 말을 매매하는 상인들, 혹은 카드에 달 통한 사람들의 유연하면서도 정확한 통찰력 사이에 존재하는 커다란 간격에 대해 생각해 보라. 추측이지만, 추론적인 지식을 문자로 규정 하는 데 상당히 성공적이었던 경우는 아마도 의학이 유일한 예일 것 이다(물론 식자층의 의학과 민간의술간의 관계를 다룬 역사가 여전히 쓰여 지지 않은 상태이기는 하지만). 18세기가 지나는 동안 상황은 바뀌었다. 부르주아는 강력한 문화적 공세를 통해, 추론적인 것이든 아니든 그 성격을 막론하고 장인과 농민들의 지식을 규범화하여, 일찍이 반종교 개혁에 의해 시작되었던 (물론 그 형태는 상이하지만) 거대한 문화 접목 의 과정을 강화함으로써, 그 중 많은 부분을 스스로의 목적에 맞추어 자신의 것으로 만들었다. 《백과전서》야말로 이러한 공세의 상징이자 그 주요한 도구였다. 그러나, 안찌오 항港에서 발견된 조상의 손가락 사이에 끼여 있던 "조그맣고 납작한 돌"이 사실은 "암풀라의 마개"였 다는 점을 증명하여, 요한 요아힘 빙켈만을 깜짝 놀라게 만들었던(아 마 그랬으리라) 로마의 한 벽돌공의 경우처럼, 사소한 (그럼에도 무언가 를 말해 주는) 에피소드조차도 연구될 필요가 있는 것이다.[86]

18세기 말에서 19세기 초에 걸쳐 이러한 '작은 통찰력(빙켈만은 그렇 게 불렀다)'[87]들을 체계적으로 수집하기 시작함으로써, 요리법에서부 터 수문학水文學과 수의학에 이르기까지 고대적 전승들을 새롭게 구성할 수 있었다. 그리고 이렇듯 특수한 경험들은 인쇄술을 매개로 하여 점점 더 많은 독자들에게로 전파되어 나갔다. 실제로 소설은 부르주아로 하여금 통과의례, 즉 경험 일반에 대한 접근을 대체하면서 동시에 그것을 재구성하도록 만들어 주었다.[88] 그리고 바로 이러한 상상의 문학에 힘입어, 추론적 패러다임은 그 시대에 아무도 예상치 못했던 새로운 성공을 맛보았다.

14—

나는 앞서, 사냥이 추론적 패러다임의 기원일 수 있다는 점과 관련하여, 세 형제가 어떤 짐승이 남긴 일련의 실마리들을 판독함으로써 한 번도 직접 본 적이 없는 짐승의 모습을 그려냈다는 동양의 민담에 대해 언급한 바 있다. 서양의 경우, 이 이야기는 조반니 세르깜비의 민담집에 처음으로 나타난다.[89] 그것은 아르메니아인 끄리스또포로라는 인물에 의해 페르시아어에서 이탈리아어로 번역되어, 16세기 중반 베네찌아에서 《세렌디뽀 왕의 젊은 세 아들의 방랑 이야기*Peregrinaggio di tre giovani figliuoli del re Serendippo*》라는 제목으로 간행된 훨씬 더 많은 분량의 민담집 속에 주요 이야기로서 다시 나타났던 것이다. 이 판본은 판을 거듭했을 뿐 아니라 여러 차례에 걸쳐 번역되었다. 처음에는 독일어로 옮겨졌고, 이어서 18세기에 동양문물에 대한 관심이 고조됨에 따라 여타 주요 유럽 언어들로도 번역되었다.[90]

세렌디뽀 왕의 세 아들의 이야기는 대성공을 거두었고, 그리하여 1754년 호레이스 월폴은 "우연과 영리함을 통해 의외의 것들을 발견하는 것"이라는 뜻의 'serendipity'라는 신조어를 만들어 내기까지 하였다.[91] 그보다 몇 년 전 볼떼르는 《자딕Zadig》 제3장에서 자신이 불역본으로 읽었던 《방랑 이야기》 속의 첫 번째 이야기를 다시 고쳐쓴 적이 있었다. 볼떼르판에서는 원본의 낙타가 암캐와 말로 바뀌었는데, 《자딕》 역시 땅 위에 남아 있는 흔적들을 판독하여 그 짐승들의 모습을 상세히 묘사하는 데 성공하였다. 그는 도둑이라는 혐의를 받고 재판관들 앞에 섰으나, 자신이 한번도 본 적이 없는 두 마리 짐승들의 모습을 어떻게 그려낼 수 있었는지 그 추리 과정을 다음과 같이 힘주어 설명함으로써 무죄 방면되었다. "저는 모래 위에 찍힌 한 짐승의 발자국을 보고는 그것이 몸집이 작은 개 한 마리가 남긴 흔적임을 쉽게 알아차렸습니다. 그리고 발자국 사이사이로 모랫더미가 솟아오른 지점에 길고 얕은 고랑이 패어 있는 것을 보고, 저는 그 짐승이 밑으로 처진 젖통을 가진 암캐이며, 따라서 며칠 전까지만 해도 강아지를 데리고 있었다는 사실을 알 수 있었습니다."[92] 이러한 식으로 이어지는 이야기야말로 다름 아닌 추리소설의 효시라고 할 수 있다. 이 이야기는 포우, 가보리오, 코난 도일 등에게 영향을 주었다. 앞의 두 명에게는 직접적으로, 세 번째의 경우는 아마도 간접적으로.[93]

추리소설이 특별한 성공을 거둔 이유는 잘 알려져 있다. 나는 아래에서 그러한 몇몇 이유에 관해 논의할 작정이다. 하지만 나는 그 장르가 매우 고대적이면서도 동시에 근대적인 학문 모형에 기초하고 있다는 점을 직설적으로 주장할 수 있다. 그것이 고대라는 먼 연원을 가지고 있다는 사실은 이미 얘기한 바 있다. 그리고 그것의 근대성에 대해서라면, 조르쥬 뀌비에가 고생물학이라는 새로운 과학의 방법과 그 성공적 결과를 격찬했던 다음과 같은 말을 인용하는 것으로 충분하리라 생각한다.

오늘날이라면, 발굽의 갈라진 자국만 보아도 누구나 그 흔적을 남긴 짐승이 어떤 반추 동물이라고 결론 내릴 수 있을 것이고, 이러한 결론은 물리학이나 윤리학의 결론만큼이나 확실한 것이다. 그런데 관찰자는 이러한 발자국 하나만으로도 그것을 남기고 지나간 동물의 이빨과 턱뼈, 척추, 각 다리뼈, 대퇴부, 어깨 및 골반에 대해 알 수 있다. 그것은 자딕이 추적한 모든 흔적들보다도 한층 더 명백한 증거이다.[94]

[퀴비에의 말대로] 그것은 자딕의 경우보다 한층 더 정확한 흔적이겠지만, 동시에 자딕과 긴밀하게 연관된 흔적이기도 하였다. '자딕'이라는 이름은, 1880년 다윈이 발견한 사실들을 널리 알리기 위한 순회강연에서 토머스 헉슬리가 역사학, 고고학, 지질학, 천체물리학, 고생물학 등 과거를 소급하여 예측하는 기능을 지닌 학문 방식들을 묶어 '자딕의 방법'으로 정의했을 정도로 상징적인 가치를 지니고 있었다. 극히 통시적인 성격의 이러한 학문 분야들이 갈릴레오적 모형을 폐기하고 추론적 혹은 점술적인 패러다임으로 선회한 것은 필연적이었다(헉슬리는 점술이란 과거를 지향하는 것이라고 분명하게 밝힌 바 있다).[95] 원인이 재생산될 수 없을 때는, 그 결과로부터 그것을 추론해 내는 수밖에 다른 방도가 없다.

15—

이러한 연구 방법의 실마리들은 양탄자의 실마리들과 비교될 수 있다. 우리는 지금 올이 촘촘하고 균등하게 짜여진 것으로 보이는 지점에 서 있다. 디자인의 일관성은 양탄자 전체를 여러 방향에서 살펴봄으로써 확인할 수 있다. 종적으로는, 세렌디뽀 – 자딕 – 포우 – 가보리오 – 코난 도일로 이어지는 한 유형이 존재한다. 횡적으로는, 의학, 감정술, 문서 감정의 순으로 신뢰도가 점차 높아지는, 18세기 초의 J. B. 뒤보스 리스트라는 것이 있다.[96] 또한 하나의 역사적 맥락으로부터 다른 맥락을 향해 대각선으로 뛰어넘을 때, (가보리오의 비유를 따르자면) 레꼬끄 씨를 따라 범죄의 흔적들이 점점이 흩어져 있는 "눈 덮인 처녀지"를 가로지르며, 그것을 "우리가 찾고 있는 사람들이 그들의 이동과 왕래의 흔적뿐만 아니라 그들의 은밀한 생각들, 그들을 흔들리게 한 희망과 불안까지도 기록해 놓은 거대한 백지"[97]에다 비교할 때, 우리는 관상학 논문의 저자들, 바위 위 혹은 하늘에다 신들이 새겨 놓은 말씀들을 판독했던 바빌로니아의 점술가들, 그리고 신석기시대의 사냥꾼들과 만나게 될 것이다.

양탄자는 비유하자면 내가 전후 맥락에 따라 수렵적·점술적·추론적·징후적 등의 말로 표현한 바 있는 패러다임 같은 것이다. 이러한 형용사들은 분명 완전히 동일한 의미는 아니지만, 그럼에도 불구하고 차용된 방법 혹은 핵심 용어를 통해 긴밀히 연관된 다양한 학문 분야들의 공통된 인식론적 모형을 가리키고 있다. 그런데, 18세기와 19세기 사이에 '인간과학'이 등장함으로써, 추론적인 분야들의 성단星團에 대변혁이 일어났다. 관상학과 같은 새로운 별들이 명멸하거나, 혹은 고생물학과 같이 큰 성공을 거두기도 하였다.[98] 하지만 인식론적으로나 사회적으로나 그 명성에 힘입어 탁월한 지위를 인정받은 것은 다른 어떤 분야보다도 특히 의학이었다. 모든 '인간과학'들이 알게 모르게 스스로를 의학과 관련시키려고 노력하였다. 그러나 의학의 어떤 측면이 그러했는가? 19세기 중반에 이르면 우리는 새로운 선택의 기회를 맞게 된다. 해부적 모형과 징후적 모형이 바로 그것이다. 맑스까지도 중요한 한 대목에서 사용했던 '사회의 해부'라는 비유[99]는 최후의 거대 체계인 헤겔주의의 몰락을 지켜보았던 시대에 오히려 체계적 지식을 찬양하는 말이 되었다. 그러나 맑스주의가 크게 성공했음에도 불구하고, 인간과학은(이제 보게 될 한 경우만은 제외하고) 점차 징후학의 추론적 패러다임을 받아들이게 되었다. 그리고 이제 우리는 서두에서 다루었던 모렐리, 프로이트, 코난 도일이라는 삼총사에게로 다시 돌아간다.

16—

이제까지 나는 추론적 패러다임과 함께, 넓은 의미에서 그것과 동일한 의미를 지니는 인식틀에 대해 얘기하였다. 이제 그것들을 분리해서 검토하려 한다. 발자국, 별, 배설물, 타액, 각막, 맥박, 눈 덮인 들판 또는 담뱃재를 분석하는 것은 필적이나 그림 혹은 대화의 방식을 분석하는 것과는 별개의 사안이다. 생명이 있건 없건 자연에 속한 것과 인간이 만든 문화 사이에는 분명히 근본적인 차이점이 있다. 그리고 그러한 차이는 각각의 학문 분야들 사이에 존재하는 극히 피상적이고 가변적인 차이보다 훨씬 더 크다. 모렐리는 그림과 같이 문화적으로 조건지워진 기호 체계 안에서 징후(그리고 대부분의 실마리)의 경우와 같이 무의식적으로 나타나는 것들을 식별해 내고자 하였다. 이러한 무의식적 기호들, 즉 "대부분의 사람들이 종종 자기도 모르게 말과 글에서 의도성 없이 사용하곤" 하는 "애용 어구들"에 비교할 만한 "사소한 징후들(서예에서 '휘돌리기'의 경우처럼)" 속에서, 모렐리는 한 예술가의 정체성에 대한 가장 확실한 실마리를 찾아내었다.[100] 그리하여 그는 오래전에 선각자인 줄리오 만치니가(아마도 간접적으로) 정식화했던 방법론적 원리들을 되살려 냈을 뿐 아니라(간접적인 경로를 통해서이긴 하겠지만[101]) 그것을 더욱 발전시켰다. 이러한 원리들이 그렇게 오랜 뒤에 마침내 만개되었다는 것은 결코 우연이 아니다. 바로 이 시기에 들면서, 국가가 보다 더 면밀하게 사회를 통제하는 경향이 훨씬 더 가시화되었는데, 이는 개인의 정체성 역시 사소하면서도 무의식적인 특징들에 기초하고 있다는 관념을 이용하고 있는 것이다.

17—

모든 사회는 그것을 구성하는 본질적인 요소들을 구별해 낼 필요가 있음을 느낀다. 하지만 이러한 요구를 충족하는 방식은 시기와 장소에 따라 달라진다.[102] 가장 우선적인 방식 중에는 이름이 있다. 그러나 사회가 보다 복잡해질수록, 이름만으로는 개인의 신원을 명확히 규정하기가 힘들어진다. 예컨대, 그리스·로마 시대의 이집트에서는, 혼인신고나 매매계약상의 공증을 원하는 사람은 자신의 이름과 함께 몸에 있는 흉터나 혹은 다른 특별한 표시 등 스스로의 육체적 특징이 될 만한 사항을 간략히 기술해야만 했다.[103] 하지만 사람을 오인하거나 다른 사람으로 속여 바꿔치기 할 가능성은 여전히 높았다.

　반면, 계약서의 말미에 하는 서명은 많은 이점을 가지고 있었다. 18세기 말, 수도원장 란찌는 미술품 감정법을 다룬 자신의 저작《회화의 역사Storia pittorica》 어느 구절에서, 개인의 필적을 흉내 낼 수 없도록 한 것은 본질적으로 "시민(부르주아지) 사회"를 "보호하기 위한" 것이라고 주장하였다.[104] 서명은 분명히 위조될 여지가 있으며, 또한 문맹자들은 이러한 유형의 통제를 받지 않았다. 그러나 이러한 결점에도 불구하고, 세기가 바뀌어도, 유럽 사회는 보다 더 안전하고 실제적인 신원 확인 방법을 찾을 필요를 느끼지 않고 있었다. 심지어는 대규모 공장들이 나타나고, 그와 더불어 지리적·사회적 유동성이 심화되며 도시들이 빠르게 성장함으로써, 문제의 조건들이 급격히 바뀐 시점에 이르러서도 사정은 달라지지 않았다. 이 같은 조건이라면, 스스로의 특징을 감춘 뒤 새로운 신원을 지니고 다시 나타나는 것 정도는 어린 애 장난에 지나지 않았다. 그리고 이는 런던이나 파리처럼 대규모 도시들에서만 일어나는 일도 아니었다. 그러나 19세기 말이 되면 비로소 신원 확인을 위한 새로운 체계들이 사회의 다양한 부문들에서 다투어 나타나기 시작한다. 국제 노동자 단체의 탄생, 파리 코뮌 이후 강화된 노동계급운동에 대한 억압, 범죄에 대한 인식의 변화 등 계급 갈등과 관련된 당시의 사건들로 인해 새로운 신원 확인법이 필요함을 절감하게 되었던 것이다.

새로운 자본주의적 생산방식의 출현으로(영국에서는 대략 1720년경부터,[105] 나머지 유럽 국가들에서는 나폴레옹 법전의 제정과 더불어 거의 한 세기 정도 늦게 나타난다), 부르주아의 새로운 재산관을 그대로 반영한 법률들이 입안되었는데, 이에 따라 처벌 가능한 범죄의 수는 늘어나고 처벌의 강도 역시 심해졌다. 계급투쟁을 범법화하는 이러한 조치와 함께, 장기간의 구금을 기반으로 하는 형법 체계가 마련되었다.[106] 그러나 감옥은 오히려 범법자의 숫자를 증가시켰다. 프랑스의 경우, 상습범의 숫자는 1870년 이후 계속 증가하여 19세기 말에 이르면 기소된 범법자 수의 절반에까지 육박하였다.[107] 이러한 범법자들의 신원을 확인하는 문제는 그것에 대한 포괄적인 사회통제 프로그램을 마련하는 데 의식적인 차원에서 어느 정도 교두보 역할을 하였다.

상습범의 신원을 적절히 확인하기 위해서는 (a) 어떤 사람이 예전에 이미 범죄를 저지른 적이 있다는 점, (b) 그가 그 건으로 이미 유죄 판결을 받은 적이 있는 사람과 동일인물이라는 점을 입증할 필요가 있었다.[108] 첫 번째 사항은 경찰 자료 파일을 만들어서 해결하였다. 두 번째 사항은 더 큰 난점들을 안고 있었다. 낙인을 찍거나 불구로 만들어 어떤 사람이 범법자임을 영구히 표시하는 과거의 처벌 방식은 이미 폐지된 상태였다. 달따냥은 밀라디의 어깨에 찍힌 백합문신을 보고 그녀가 한때 죄수였음을 알아차렸다. 반면, 탈옥수인 에드몽 당떼스와 장 발장은 유명 인사의 이름을 빌려 세상에 다시 나타나는 데 성공하였다(이러한 예들은 재범자라는 사실이 19세기적 상상력에 얼마나 깊은 인상을 주었는지 잘 보여주고 있다).[109] 부르주아 명사들은, 비록 앙시앵 레짐하에서와 비교해서 덜 잔인하고 덜 저급하기는 하지만, 그래도 그에 못지않게 확실한 신원 인식 방법을 요구하였다.

거대한 범법자 사진보관소를 세운다는 발상은 처음부터 받아들여지지 않았다. 그것은 해결되기 힘든 분류상의 문제들 때문이었다. 즉 다양한 이미지를 보여주는 한 사람의 사진들 속에서 어떻게 그만의 명확한 특징들을 추출해 낼 수 있는가 하는 것이었다.[110] 계량화의 방법이 보다 더 간단하고 정확해 보였다. 1879년, 파리 경시청 직원이었던 알퐁스 베르띠용은 개인 파일에다 신체 부위별로 측정된 상세한 기록을 보관하는 인체측정학적 방법을 사용하기 시작하였다(그는 그러한 방법을 여러 논문과 회보 등을 통해 설명하였다).[111] 여기에는 단 몇 밀리미터만 잘못 측정해도 그것이 재판상의 실수로 이어질 가능성이 분명히 있다. 그러나 베르띠용의 인체측정학적 방법이 지닌 근본적인 결함은 그것의 극히 소극적인 성격에 있었다. 그것은 신원 확인 시 자료와 일치하지 않는 사람을 걸러 내는 역할만 했지, 두 가지 자료가 동일할 경우 그것은 곧 하나의 인물을 의미한다는 적극적인 의미로 활용되지 못했던 것이다.[112] 결국, 개인의 어쩔 수 없는 특질들이 계량화의 방법 때문에 잠시 문 밖으로 쫓겨났다가 이제 다시 창문을 통해 들어오는 형국이 되었다. 그리하여 베르띠용은 소위 '구어식 초상화ritratto parlato', 즉 코, 눈, 귀 등 각 신체 부위에 대해 말로 표현된 분석적 기술을 가하고, 그것을 종합하여 한 사람의 전체 이미지를 되살리는 신원 확인법을 앞서 사용한 인체측정학적 방법과 함께 적용하자고 제안하였다. 귀 그림으로 가득찬 베르띠용의 기록들을 보면, 모렐리가 바로 그 당시에 간행한 저작 속의 그림들이 연상되지 않을 수 없다.[113] 물론 둘은 서로 직접적인 영향 관계에 있지 않았을 가능성이 높다. 하지만, 베르띠용이 전문 필적감정가로 활동하는 과정에서, 위조범이 자신을 숨기려 하더라도 본질적으로 위조가 거의 불가능한 진품의 독특한 특징들, 달리 표현하자면 '관용화법들idiotismi'을 위조품 식별의 실마리로 이용했다는 사실은 놀랍다.[114]

아마도 베르띠용의 방법은 너무 복잡해서 신뢰하기가 힘들었을 것이다. 나는 이미 측정의 방법을 썼을 때 생기는 문제들을 언급한 바 있다. 여기에다 '구어식 초상화'는 문제를 한층 더 복잡하게 만들었다. 기술의 내용에서, 혹같이 휘어진 코와 휘어진 혹 같은 코를 어떻게 구별할 수 있단 말인가? 수많은 청록색 눈들에서 느껴지는 미묘한 뉘앙스의 차이는 또 어떻게 분류할 수 있었을까?

1888년에 간행된 논문(이는 계속해서 수정되고 개선되었다)에서 자료의 수집과 분류를 모두 간소화한 새로운 신원 확인법을 제시한 인물은 갈턴이었다.[115] 이 새로운 기법의 기반은 지문에 있었다. 그러나 갈턴은 이론과 실제 양면에서 이미 자신보다 앞서간 사람들이 있었음을 솔직히 시인하였다.

지문에 대한 과학적인 분석은 생체조직학의 창시자인 푸르키녜가 1823년에 간행한《시각기관과 피부조직의 생리학적 검사에 대한 논고 *Commentatio de examine physiologico organi visus et systematis cutanei*》에서 시작되었다.[116] 그는 유두선乳頭線의 경우 그 기본유형을 아홉 개로 나눌 수 있다고 기술하면서도, 지문의 경우는 두 사람이 동일한 지문을 가질 수 없다고 주장하였다. 하지만, 이러한 발견 속에 담긴 철학적 함의들은 "개인의 인체 일반에 대한 고찰"이라는 제목이 달린 장에서 다루어졌으나, 정작 그 실제 적용의 문제는 간과되었다.[117] 푸르키녜의 주장에 따르면, 개별적인 것에 대한 지식은 진단으로 시작되는 의학의 시술 과정에서 결정적인 것이었다. 즉 질병의 증상이 개인에 따라 각각 다르게 나타나므로, 그에 대한 처치 방법도 달라야 했던 것이다. 따라서 근대의 몇몇 학자들(푸르키녜는 이들의 이름을 밝히지 않고 있다)은 의학을 가리켜 '개별화의 기술artem individualisandi'이라고 정의하였다. 그러나 정작 이러한 기술의 토대는 생리학에 바탕을 두고 있었다. 청년기에 프라하대학에서 철학을 공부했던 푸르키녜가 라이프니쯔 사상의 가장 심층적인 흐름을 재발견한 것은 바로 이 부분에서였다.

'온전히 그 자체가 목적인' 인간 개인은 가장 미미하고 가장 미소한 특징들에서조차 인식 가능한 개별성을 지니고 있다. 특수한 사례에서 나온 사실들이나 외부적 영향 중 어느 것을 동원하더라도 이러한 개별성을 설명하기에는 충분치 않다. 각 종種의 경계 내에서 유기체의 다양성을 유지하게 만드는 어떤 내적인 표준 혹은 '전형typus'의 존재를 설정할 필요가 있다. 푸르키녜가 예언적으로 천명한 바에 따르면, 이러한 '표준norma'에 대한 인식이야말로 "개별자의 본질에 대한 숨겨진 지식을 밝혀 줄" 것이었다. 관상학의 오류는 편향된 견해와 성급한 추측으로 말미암아 항상 개개인의 다양성이란 측면을 무시해 왔다는 점에 있었다. 따라서, 이런 식으로는 관상학을 과학적이면서도 기술적記述的인 토대 위에 세우는 것은 불가능에 가깝다. 푸르키녜는 수상술手相術이라는 '공허한 과학'에 기대어 손을 해석하려는 작업을 포기하고 훨씬 덜 가시적인 사실에 주의를 기울였으며, 그 결과 손가락 끝에 찍혀 있는 선들 속에서 개별성의 비밀스러운 표식을 발견하기에 이르렀다.

잠시 동안 유럽을 떠나 아시아로 가 보자. 중국과 일본의 점술가들은 유럽의 경우와는 반대로, 그리고 그들과는 완전히 별개로, 손가락 끝의 알 수 없는 표식에 관심을 가져 왔다. 중국, 특히 벵갈에서 확인되는 바와 같이, 손가락 끝에다 역청이나 잉크를 묻혀서 편지나 문서 위에 찍는 관습은[118] 아마도 그 이면에 일련의 점술적 요소가 깔려 있을 것이다. 나뭇결이나 바위의 결, 혹은 새 발자국이나 거북이 등껍질의 무늬 등에 쓰여진 신비로운 문자를 판독하는 데 익숙한 사람이라면,[119] 어떤 곳에든 손가락 끝에 잉크나 진흙을 묻혀 찍어 놓은 자국들을 어떤 뜻이 담긴 문자로 받아들일 수 있었을 것이다.

1860년에 벵갈의 후글리구區 지사였던 윌리엄 허셸 경은 이러한 관습이 지역 주민들 사이에 널리 퍼져 있다는 사실을 알게 되었다. 그것이 영국 정부의 이익을 위해 이용가치가 있음을 안 그는 이를 활용할 방법을 찾아보기로 작정하였다(그는 그 문제의 이론적 측면에는 관심이 없었다. 그는 푸르키녜의 라틴어 논문에 대해서는 몰랐는데, 사실 그 논문은 반세기 동안 아무에게도 읽히지 않은 채 방치되어 있었다). 갈턴의 회고에 따르면, 인도만이 아니라 당시 영국의 식민지라면 예외 없이, 효과적인 신원 확인법이 절실히 필요한 상태였다. 영국의 지배자들에게 원주민들은 문맹에다, 소란스럽고 교활하며, 속이기를 잘할 뿐 아니라, 무엇보다도 유럽인들의 눈에는 모두가 똑같은 얼굴로 보였다. 허셸은 1880년에 간행된 잡지 《네이처》의 한 호에서, 7년간의 시험을 거친 후 드디어 지문 식별법이 공식적으로 후글리구에 도입된 바 있으며, 이는 3년간의 시행 기간 동안 매우 우수한 결과를 낳았다고 주장하였다.[120] 영국 정부 당국은 벵갈인들의 추론적 지식을 가져다가 오히려 벵갈인들을 겨냥하여 도용한 셈이었다.

갈턴은 허셸의 논문을 출발점으로 삼아 문제 전체를 체계적으로 다시 생각하고 검토하였다. 그의 연구는 세 가지 매우 다른 요소들이 합쳐져서 가능해졌다. 순수히 과학자적 입장을 견지했던 푸르키녜의 발견, 벵갈 사람들의 일상 관습에서 나온 구체적인 지식, 그리고 대영제국 여왕의 충실한 신하인 윌리엄 허셸 경이 가지고 있었던 정치·행정상의 훌륭한 감각이 바로 그것이다. 갈턴은 푸르키녜와 허셸에게 경의를 표했다. 또한 그는 지문의 인종적인 특수성을 식별해 내고자 했으나 성공하지 못했다. 하지만 그는 자신이 "보다 더 원숭이에 가까운 유형"을 발견하리라는 희망을 가지고 인도의 부족들에 대한 연구를 계속해 나가겠다고 천명하였다.[121]

갈턴은 지문 분석에 결정적인 기여를 했을 뿐만 아니라, 그것에 담긴 실제적 의미까지도 예견하였다. 그 방법은 아주 짧은 시간 안에 영국에 도입되었고, 이어서 점차 세계로 퍼져 나갔다(프랑스는 그것을 받아들인 가장 마지막 나라 중 하나였다). 이리하여, 일찍이 프랑스 내무부의 한 관리가 베르띠용을 두고 한 찬사의 말을 스스로에게 적용하여 갈턴이 자랑스레 언명한 바와 같이, 모든 인간은 영속적 확실성에 근거하는 개별성이라는, 자기만의 신원을 가지게 되었던 것이다.[122]

이렇게 해서, 당시까지만 해도 영국 관리들의 눈으로는 도저히 구별할 수 없었던 '상판때기들(필라레떼가 썼던 경멸투의 말을 빌리자면)'에 불과했던 벵갈인의 무리가 단번에, 각각 특정한 생물학적 표시에 의해 구분되는 개개인의 집단이 되었다. 사실, 개별성의 개념이 이렇듯 엄청나게 확장된 데는 국가와 국가의 관료제 및 경찰이라는 매개체가 큰 역할을 하고 있었다. 지문 식별법에 힘입어, 이제는 아시아나 유럽의 극빈촌에 사는 정말로 보잘것없는 주민들에 대해서조차도 신원 확인과 통제를 할 수 있게 되었다.

18—

그러나, 매우 교묘하고도 철저한 형태의 통제를 위해 이용되어 왔던 바로 그 추론적 패러다임이, 만개 상태의 자본주의와 같이 복잡한 사회구조의 실체를 더욱 모호하게 만드는 이데올로기의 어두운 그림자들을 걷어 내는 하나의 도구로 쓰일 가능성 역시 존재한다. 체계적인 지식이라는 것이 점점 더 가망 없어 보이겠지만, 그렇다고 해서 전체성의 관념을 완전히 포기할 필요는 없다. 오히려, 표면적인 현상의 저변에 존재하는 심층적인 연관 관계를 직접 파악하기란 불가능하다고 언명하는 바로 그 순간, 그러한 관계의 존재성은 더욱 확고해진다. 설사 실체가 불투명해 보인다 하더라도, 징후나 실마리처럼 그것을 꿰뚫어볼 수 있게 하는 특별한 영역들이 존재하는 것이다.

추론적 혹은 징후적 패러다임의 난점에 해당하는 이러한 관념은 매우 다양한 인식 영역들을 통해 나름의 진전을 이루어 왔으며, 인간과학의 여러 분야에 깊은 영향을 미쳤다. 고문서상의 세세한 세부 사항들은 문화적 교환과 변용의 과정을 재구성할 수 있도록 해 주는 하나의 특징으로 받아들여졌다(여기서 우리는, 3세기 전 알라치와 만치니에게 졌던 빚이 모렐리에 의해 비로소 청산되었다는 명시적인 비유를 읽을 수 있다). 15세기 피렌쩨 화가들의 흘러내리는 옷 주름 묘사, 라블레의 신어新語들, 프랑스 및 영국 왕들의 연주창 치료 능력을 둘러싼 전언 등은, 때때로 빈약한 실마리들이 어떻게 보다 더 일반적인 현상들(한 사회 계급, 한 사람의 작가, 혹은 사회 전체의 세계관)에 대한 지표로서 채택되었는가를 보여 주는 몇 가지 예에 불과하다.[123] 앞서 보았다시피, 정신분석학과 같은 학문 분야는 언뜻 보아 무시해도 좋을 세세한 사항들이 커다란 중요성을 지닌 심층적 현상의 저변을 드러낼 수 있다는 가설을 중심으로 형성된 것이었다. 체계적인 사고의 쇠퇴에 뒤이어, 니체에서 아도르노에 이르는 금언적 추론이 힘을 얻었다. '금언적金言的 aforistico'이라는 말 그 자체가 무언가를 말해 주고 있다(그것은 일종의 실마리이자 징후이며 단서 같은 것으로서, 본래의 패러다임으로부터 결코 멀리 벗어나 있지 않다).

《금언집Aforismi》은 실제로 히포크라테스가 쓴 유명한 저작의 제목이다. 17세기가 되면, 《정치 금언집Aforismi politici》이라는 제목을 단 책들이 나타나기 시작한다.[124] 정의하자면, 금언 문학은 징후와 실마리를 토대로 인간과 사회를 평가하고자 하는 시도이다. 바꾸어 말하면, 병들어 '위기 상태에 놓인' 인간과 사회를 진단하는 것이다. 사실 '위기crisi'라는 말조차도 의학적인, 다시 말해 히포크라테스적인 용어이다.[125] 우리는 20세기의 가장 위대한 소설 중의 하나인 프루스트의

《시간을 찾아서*Recherche*》역시 과학적·추론적 패러다임에 따라 구성되었음을 쉽사리 입증할 수 있다.[126]

19—

그러나 우리는 정말로 추론적 패러다임의 정확성을 신뢰할 수 있는가? 갈릴레오 이래로 자연과학이 밟아 온 계량적·반인간중심적 방향은 인간과학에 결코 유쾌할 리 없는 딜레마를 안겨 주었다. 즉 주목할 만한 결과를 얻기 위해 다소 엄밀성이 떨어지는 과학 체계를 받아들이든지, 아니면 엄밀한 과학 체계를 받아들이되 별로 중요하지도 않은 결과에 만족하든지, 둘 중 하나인 것이다. 20세기를 거치는 동안, 이러한 곤경에서 벗어나 다른 학문 분야들에 어느 정도 완결된 모형을 제시하는 데 성공한 경우는 오직 언어학뿐이다.

　하지만, 일상적인 경험처럼 자료의 유일하고도 필수불가결한 성질이 관련자 개개인에게 결정적인 것이 되는, 그러한 상황들을 다루는 지식의 경우에도 과연 이러한 유형의 엄밀성을 획득할 수 있는지, 나아가서는 과연 바람직하기는 한 것인지 의문이 생긴다. 언젠가 들은 얘기지만, 사랑에 빠진다는 것은 한 여자와 다른 여자 사이에(혹은 한 남자와 다른 남자 사이에) 존재하는 주변적 차이점들을 과대 평가하는 행위라는 말이 있다. 그러나 이 말은 예술작품이나 말의 경우에도 그대로 적용될 수 있다.[127] 이러한 상황에서 추론적 패러다임의 유연한 엄밀성(모순 어법을 양해하시길)은 억누르기가 힘들어 보인다. 추론적 패러다임에 속한 지식은 그 주의주장을 정식화하거나 말로 옮길 수 없다는 의미에서 본질적으로 침묵하는 지식이다. 단지 기존의 규칙을 실행하는 것만으로는 감정가나 진찰전문의가 되기 힘든 법이다. 이러한 유형의 지식 속에는 본능, 통찰력, 직관과 같이 불가량不可量의 요소들이 작용하고 있다. 나는 지금까지 '직관intuizione'이라는 이 위험한 용어를 일부러 쓰지 않았다. 그러나 만약 우리가 합리적 추론 과정을 전광석화처럼 포착한다는 의미로 이 용어를 꼭 쓰고자 한다면, 반드시 '낮은' 형태의 직관과 '높은' 형태의 직관으로 구분해야만 할 것이다.

고대 아라비아의 관상학은 '피라사firasa'란 것에 뿌리를 두고 있는데, 이는 대체로 실마리에 근거하여 기지旣知의 것에서 미지未知의 것으로 바로 넘어서는 능력을 의미하는 복잡한 개념이다.[128] 이 용어는 수피파 어휘에서 파생된 것으로, 세렌디뽀 왕의 아들들이 지니고 있었던 통찰력과 지혜뿐 아니라 나아가서는 신비적인 직관까지도 포괄하는 것이었다.[129] 이 두 번째 의미에서 보자면, 피라사란 추론적 지식의 도구에 다름 아니었다.[130]

이러한 '낮은 직관intuizione bassa'은 감각에 기반하고 있으며(비록 그러한 장애물을 뛰어넘기는 하지만), 그 자체로는 19세기와 20세기의 다양한 비합리주의들이 지향한 초감각적 직관과는 아무 관계도 없다. 그것은 지리적, 역사적, 인종적, 성적, 혹은 계급적 경계에 구애받지 않고 전 세계를 통해 발견될 수 있으며, 그렇기 때문에 소수 엘리트의 특권적 재산인 보다 더 높은 형태의 지식과는 동떨어져 있다. 비록 벵

---

* 이 글이 나온 이후, 수많은 학자들이 이에 대한 논평과 토론에 참여하였다(그 중에는 깔비노 같은 인물도 들어 있다. I. Calvino, in *La Repubblica*, 21 gennaio 1980). 그 일부만을 소개하자면 이렇다. *Quaderni di storia* VI, 11(1980): 3~18(esp. A. Carandini & M. Vegetti); *Quaderni di storia* VI, 12(1980): 3~54(여러 사람들의 논평과 그에 대한 나의 응답); *Freibeuter* 5(1980). 마리사 달라이는 만치니와 관련하여 내가 슐로써의 지각 있는 주장들을 언급했어야 했다고 나에게 말하였다. J. von Schlosser, "Die Wiener Schule der Kunstgeschichte," *Mitteilungen des Oesterreichischen Instituts für Geschichtsforschung*, Ergänzungs-Band 13, no. 2(1934): 165ff.

갈인들의 지식이 윌리엄 허셜에 의해 도용되었다고 해도, 그것은 어디까지나 그들의 재산이었다. 아울러 그것은 사냥꾼과 선원과 여성의 재산이기도 하다. 인간이라는 동물을 다른 종의 동물들과 긴밀히 연결시켜 주는 것도 다름 아닌 바로 이러한 형태의 지식인 것이다(까를로 긴즈부르그/최승훈 역).

{2}

microsto

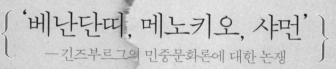

{ '베난단띠, 메노키오, 샤먼' }
—긴즈부르그의 민중문화론에 대한 논쟁

마녀연회: 민중적 제의인가, 이단신앙의 전형인가 / 메노키오에서 뻬에로 델라 프란체스까까지:
까를로 긴즈부르그의 글들에 대하여 / 까를로 긴즈부르그와 미시사의 도전

05

마녀연회

: 민중적 제의인가, 이단신앙의 전형인가

1—

지난 15년간 마법 연구는 학계에서 성황을 이룬 분야였다. 그렇지만 유럽 여러 지역에서 나타나는 이단재판관의 태도와 박해의 다양한 양상에 대해 알려져 있는 것에 비하면, 마녀와 마법에 대해 우리가 아는 것은 훨씬 적다. 이러한 상황의 저변에는 편향된 이데올로기가 깔려 있는데, 이는 휴 트레버 로퍼가 마녀 이야기를 두고 "뭐든지 쉽게 믿어 버리는 어리석은 농민들과 히스테리 증세가 있는 여성들이 만들어 낸 엉터리 같은 생각"[1]이라고 경멸한 데서 그 한 예를 찾을 수 있다. 물론 이러한 류의 견해는 대개 암묵적인 채 묻혀 있기 마련이지만, 때로는 공공연히 표현되는 경우도 없지 않다. 그럼에도 불구하고, 악마학자demonologists가 묘사하고 이단재판관(관원이든 사제이든 간에)이 육체적·심리적인 압력을 행사해 만들어 낸 식자층 전형의 이미지를 불식하고, 민중들이 생각하는 마법의 관념들을 재구성하기란 여전히 어려운 작업임에 틀림없다. 과연 방법론적 난관은 어떻게 해소할 것이며, 이미 편향된 이데올로기에 물든 적실성의 규준은 또 어떻게 극복할 것인가 하는 점들은 항상 그렇지만 결코 단언하기가 쉽지 않다.

특히 마녀연회의 경우는 더욱 역사적 진실을 규명할 필요가 있다. 60년 전, 마가렛 머레이는 마녀연회(사바)가 그리스도교 도래 이전의 다산숭배와 관련해서 제의를 행하던 회합이었다는 견해를 밝힌 바 있다.[2] 오늘날 이 방면의 전문 역사가들은 이러한 해석을 받아들이지 않는다. 노만 콘은 1975년에 쓴 《유럽 내부의 악마들 *Europe's Inner Demons*》에서 권위 있는 어조로 이제 새롭게 통설이 된 주장을 다음과 같이 제시하고 있다. 즉 마녀연회란 예로부터 사람들의 눈에 부정적으로 비쳐 온 유대인, 초기 그리스도 교인, 중세 이단들의 전형적 이미지가 남긴 마지막 흔적이라는 것이다. 이들 분파 또는 집단들은 모두가 대개 밤에 이루어지는 비밀회합을 통해(근친상간을 포함한) 난교와 식인의식을 행한다는 혐의를 받아 왔다. 그런데 이러한 마녀연회의 이미지(콘의 시각에서 보면 그리스도교 시대가 도래하면서 시작된 연결고리의 마지막일 뿐인)는 이단재판관이나 악마학자들이 꾸며 낸 것이었다. 그러나 이러한 사실들이 곧 마녀연회가 민중문화와는 전혀 무관함을 의미하는 것일까?

사바에 관한 마녀들의 자백이 '모두' 실제 사건의 묘사라고 본 머레이의 해석이 사료의 오독으로 인한 터무니없는 것이라는 점은 확실하다(예컨대, 콘이 결정적으로 입증했다시피, 머레이는 마녀의 자백을 인용할 경우, 야간비행이나 동물로의 변신 등에 대한 언급을 깡그리 무시해 버렸는

데, 이는 그러한 말들이 그녀의 해석을 오히려 뒤죽박죽으로 만들 소지가 있었기 때문이다).[3] 나는 마녀연회가 정말 실제로 열렸었는지에 대해서는 관심이 없기 때문에, 여기서는 단지 그 문화적 의미에만 국한해서 논의하고자 한다. 바꾸어 말해, 마녀연회의 이미지를 '제의적' 차원이 아닌 '신화적' 차원에서 살펴보겠다는 것이다. 아마 제의 그 자체는 오직 이단재판관의 마음속에만 있었을 법하다. 하지만, 설사 이것이 사실이라고 해도, 우리가 마녀연회의 신화 전체를 식자층이 만들어 낸 가공물이라 단정짓는 것은 잘못된 생각일 것이다. 그 동안 역사가들은 신화와 제의라는 두 개의 층위를 혼동함으로써 마녀연회에 대해 충분히 논의할 수가 없었으며, 이른바 '머레이 테제Murray thesis'를 반박하는 것만으로 자족해 왔다. 하지만 나의 생각은 반대이다. 설사 우리가 뚜렷한 모습을 갖춘 마녀 집단이란 결코 존재한 적이 없다는 주장에 일단은 수긍한다 하더라도, 마녀연회에 대해 제기되어야 할 의문들은 여전히 많이 남아 있는 것이다.

곧 출간될 책에서[역주: 현재 이 책은 다음의 제목으로 나와 있다. *Storia notturna. Una decifrazione del sabba* (Torino: Einaudi, 1989)] 나는 마녀연회가 식자층의 신화(콘이 주장하듯이)도 민중신화도 아닌 일종의 타협의 결과였으며, 그것도 심리적인 타협이 아니라 문화적인 타협이었음을 입증해 보이려 한다. 마녀연회의 전형에서, 우리는 식자층이 만들어 내 위로부터 아래로 퍼뜨린 요소들과 민중들 사이에서 생겨나 아래로부터 위로 전해진 확산된 요소들이 어떻게 다른지 구별할 수 있다. 이러한 타협의 산물은 산업혁명기 이전 사회에서 엘리트 문화와 민중문화가 상호 연관성을 유지하고 있었다는 좋은 보기가 된다.

2—

마녀연회의 전형이 어떤 것이었는지 모르는 학자는 없다. 연고軟膏, 동물로의 변신, 야간비행, 아주 먼 곳에서의 회합, 난교, 연회, 악마에 대한 서약, 십자가 모독 등등을 그 기본 요소로 열거할 수 있을 것이다. 또한 각각의 요소들이 문화적으로 어디에 기원이 있는지 밝혀 볼 수도 있겠지만, 이렇게 접근하면 문제가 너무 추상화되어 버릴 우려가 있다. 결국 마녀연회의 신화는 갑작스럽게 만들어진 것이 아니라 긴밀한 선후 관계 아래 오랜 시간을 두고 천천히 진행되어 온 과정의 산물이었다. 우리가 당면한 진짜 문제는 마녀연회의 전형에서 나타나는 여러 다양한 요소들이 과연 어떻게 그런 식으로 뒤섞이게 되었는지 재구성하는 일이 될 것이다.

　나는 우선 이단재판관의 눈에 비친 마녀연회의 이미지를 분석하고자 한다. 마녀연회가 오랜 전통에서 유래한 것이라는 콘의 주장은 지나치게 내재주의적일 뿐 아니라, 사실 여러 의문점들을 회피하는 결과까지도 낳고 있다. 첫째, 콘의 전형에서 나타나는 역사적 연관성이라는 것은 겉으로만 그럴 듯해 보일 뿐, 사실은 너무나 미약하다. 즉 각 발전 단계들 간에는 시간적으로 너무 큰 공백이 있을 뿐 아니라 내용 면에서도 연결이 잘 안 된다. 시간적 측면에서 볼 때, 난교와 식인 의식을 행했다고 비난받은 초기 그리스도 교인들의 시기와 동일한 비난을 받은 중세 이단분파들의 시기 사이에는 수세기라는 간격이 존재하고 있으며, 그 동안 콘의 전형은 모습이 드러나지 않은 채 가려져 있었던 셈이다. 유일한 예외라면, 8세기 초 당시 아르메니아 교회의 수장이던 오준의 얀이 바울파를 비난하며 쓴 설교문이 있다.[4] 그 전형은 훨씬 뒤 《악마 활동론On the Operations of the Demons》이란 제목을 단 대화집에서 다시 나타난다. 이는 불과 얼마전까지만 해도 비잔틴의 저술가 미카엘 프셀로스가 쓴 것으로 추측되고 있었는데, 당시 그곳에서는 트라키아의 보고밀파에 대한 비난이 고조되고 있었다.[5] 이 구절이 특히 중요한 이유는 그 속에 장차 서구의 전형이 될 일부 요소가 담겨 있기 때문이다. 구체적으로 말하자면, 이 구절에 나오는 것과 똑같은 말들이 카타르파를 비롯한 다양한 이단분파들을 비난하기 위해 쓰였던 것이다. 이들이 난교를 한다고 비난하는 말은 여전하지만, 한 가지 새로운 점은 그들이 야간회합에서 난교(흔히 근친상간적인)를 하여 낳은 아기들을 태워서, 그 재를 먹었다는 비난이 덧붙었다는 사실이다.[6]

이러한 류의 전형이 부정적 이미지를 가진 것은 분명하지만, 그렇다고 결코 공격적이지는 않다. 중세 이단들이 사회로부터 격리되어 근친상간을 일삼고 자기들이 낳은 아기를 잡아먹는 등, 인간생활의 기본 율법마저도 저버리는 무시무시한 사람들로 비쳐지긴 했지만, 뒷날의 마녀와는 달리, 전체적으로 볼 때 결코 사회를 물리적으로 위협할 만한 존재는 아니었다. 물론 나는 마녀연회의 전형에 담긴 어떤 요소들이 그 전의 이단들에게서 이미 나타나고 있다는 점을 부인하지 않는다. 악마에 대한 서약, 그리스도교 신앙의 포기, 십자가 모독 등의 행위가 바로 그런 것이다. 하지만, 그럼에도 불구하고, 사회를 위협하는 전능한 마녀 신앙의 관념이 어떻게 출현했는지를 이해하려면, 이와 다른 증거들을 살펴보지 않으면 안 된다.

그러므로 내가 제시하는 증거는 콘의 것과는 다르다. 나는 1321년 프랑스에서 있었던 유명한 나환자 음모사건에서 이야기의 실마리를 풀어 나가고자 한다.[7] 나환자들이 우물과 샘과 강에다 독을 풀려고 했다는 소문이 삽시간에 프랑스 전역에 퍼져 나갔다. 그러자 이에 격노한 사람들은 나환자들을 산 채로 화형시키려 하였다. 일련의 재판이 시작되었고, 투옥과 고문에 지친 나환자들은 자신들의 죄상을 자백하기에 이르렀다.

그러나 용의자는 나환자들만이 아니었다. 이 사건의 전모라고 하는 이야기들이 여러 종류 유포되었다. 나환자들은 음모의 하수인이었으나 그들은 유대인들의 사주를 받은 것이었다. 그리고 그 유대인들 뒤에는 모슬렘 왕들이 있었다. 나환자병원 원장들의 자백에 따르면, 그들은 모의를 위해 그 동안 여러 차례 회합을 가진 바 있으며, 두꺼비와 도마뱀 및 인간의 피 따위의 무시무시한 재료로 만들어진 독을 나환자들에게 나누어주었다는 것이다. 사회를 전복시키기 위해 나병을 퍼뜨려 성한 사람들을 죽이려는 것이 음모의 목적이었다. 나환자병원 원장들은 자기들이 각각 프랑스 왕이나 부르고뉴 공 등등이 되기를 꿈꾸고 있었다는 것이다.

또 다른 증거도 나타났다. 한 유대인이 예루살렘의 모슬렘 왕에게 파리와 프랑스 및 전 그리스도교 세계의 왕권을 성지(이는 유대인들에게 귀속될 것이었다)와 맞바꾸자고 제안한 편지 한 통이 앙주에서 발견되었다. 또한 그라나다와 튀니지의 모슬렘 왕들이 나환자와 유대인에게 음모를 부추기는 편지들이 마콩에서 발견되었고, 지방 공중인들은 이를 당연히 진짜라고 판시하였다.[8] 프랑스의 키다리 왕 필립은 나환자촌에서 소유하고 있던 모든 재산을 몰수하고는, 죄상이 발각된 모든 나환자들을 화형에 처하라고 지시하였다. 사실 아무 죄도 없는 나환자들은 그때부터 폐쇄된 시설 안에서 엄중하게 격리되어 살아야만 했다. 프랑스 다른 지역들에서는 대규모의 유대인 학살이 있었다. 유대인들은 왕실에 비싼 몸값을 지불하고 일 년 더 그곳에 거주하도록 허락받았다. 그러나 1323년 그들은 모두 프랑스에서 추방되었다.[9]

1321년에 어떤 음모가 있었음은 의심의 여지가 없다. 사실 음모는 두 종류였다. 첫째는 나환자, 둘째는 유대인에 대해서였다. 이 음모사건들의 증거는 날조된 편지들과 이단재판 과정에서 고문을 통해 만들어낸 억지 자백 등등이었다. 미슐레가 나환자들에게 과연 죄가 있는지 의심한 것은(그리고 유대인들의 혐의에 대해서도 그것이 날조라고 부인하였다) 기억해 둘 만한 사실이다. 드레퓌스사건이 진행되던 시기에, 귀욤 아가싸란 이름의 빠미에병원 원장에 대한 특별 재판사건을 알게 된 가톨릭 학자 비달은, 나환자 음모가 실제로 있었음을(그리고 그것이 제대로 성사되지 못했음도) 강조하면서 유대인들도 거기에 가담했을 가능성이 있다고 넌지시 말하였다. 또 몇 년 전에는, 아가싸 재판기록을 처음으로 편집한 뒤베르노아가, 재판관들이 피고에게 터무니없는 자백을 강요한 것은 그가 군중들로부터 린치당하지 못하도록 하기 위해서였다고 강변하면서, 그들을(그 중에는 빠미에의 주교 자끄 푸르니에도 있었다) 은근히 옹호하려고 한 일도 있었다.[10] 여러 가지 점에서 이 음모사건은 여전히 뜨거운 논쟁거리지만, 어쨌든 남아 있는 증거들을 세밀히 분석해 보면, 1321년 교회나 관청 할 것 없이 민중들의 적개심을 부추기기 위해 나환자와 유대인에 대해 고의로 증거를 날조했음을 알게 된다.

1321년의 음모사건은 많은 점에서 이단재판관의 눈에 비친 마녀연회의 이미지가 출현한 것과 깊이 연관되어 있다. 나환자와 유대인은 우물과 샘과 강물에다 독을 풀었을 뿐 아니라 나아가 사악한 주문까지도 걸어 놓았다는 혐의를 받았다. 나환자들은 유대인들이 그들로 하여금 그리스도교 신앙을 부인하고 십자가를 모독하도록 부추겼다고 자백했다. 나환자들이 가졌다는 모임은 여러 가지 점에서 마녀의 야간 회합을 미리 예시하는 측면이 있었다. 그러나 둘 사이의 연결고리는 주로 음모 그 자체 또는 그에 대한 신화에서 찾을 수 있다.[11] 위기(그것이 인구적·경제적이든 정치적·종교적이든 간에)가 닥치면, 으레 대중들은 앞서 다양한 방식으로 자신들의 의식 속에 각인해 놓고 있던 나환자나 유대인 같은 주변부 집단들을 물리적으로 격리하거나 추방하곤 했다.[12] 유럽사의 초기 단계에서, 이러한 음모신화(악마 – 모슬렘 왕 – 유대인 – 나환자)는 안팎의 적들을 한데 엮어 놓는 연결고리 역할을 했으며, 국가와 교회는 대규모의 사회 정화를 위해 이를 좋은 기회로 활용하였다. 아직 마녀에 대한 이야기는 없었으나, 그것이 등장하기까지는 그리 오랜 시간이 걸리지 않았다.

3—

내가 하고자 하는 두 번째 이야기 역시 유명한(아니 악명 높은) 사건들로 이루어진다. 1348년 흑사병이 돌기 시작하자, 또다시 누군가가 우물과 샘에 독을 풀었다는 풍문이 돌았다. 그러나 이번에도 여전히 고전적이기는 하지만 혐의자는 단 하나뿐이었다. 오직 유대인만이 죄를 뒤집어썼던 것이다. 나환자는 사라져 버렸다(당시 나병은 전 유럽에서 사라져 가고 있었다). 이 새로운 음모는 제네바 호수 주변의 소읍인 쉬용의 영주가 밝혀 냈다. 호수 주변의 소읍과 촌락(몽뜨뢰, 에비앙 및 빌뇌브)에 살던 남녀 유대인들을 고문한 결과, 그들이 사건의 전모를 털

어놓았다는 것이다. 그들의 자백은 으레 그렇듯이 똑같은 이야기였다. 즉 혐의자들이 똘레도와 같은 외국으로부터 음모를 사주하는 편지와 함께 독약을 받았다고 혐의를 시인했던 것이다. 이들은 모두 사형을 당했다. 쉬용의 영주는 바젤, 스트라스부르, 베른 등지의 관 당국에 재판 결과를 알리고는, 그곳에 수감된 혐의자들도 빨리 처벌하라고 촉구하였다.

하지만 이러한 유대인 음모설을 믿으려 하지 않은 사람들도 있었다. 예컨대 콘라트 폰 빈터투르는 유대인들에게 전혀 죄가 없음을 알리는 편지를 써서 스트라스부르에 보냈다. 그는, 유대인을 비난하는 대중의 압력에도 불구하고, 흑사병은 인간의 악의 때문이 아니라 신의 저주로 생기는 것이라고 주장하였다. 그러나 다른 지역에서 유대인에게 불리한 증거들이 줄줄이 발견되었다. 슐레트슈타트의 시의원들이 스트라스부르의 시의원들에게 쓴 한 통의 편지에 의하면, 한 유대인이 우물 몇 곳에 독을 뿌렸다고 자백했다는 것이다. 이리하여 유대인 박해는 계속되었다.[13]

이들 사건들에서 우리가 가장 주목해야 할 측면은 자백의 내용(하나도 새로울 것이 없었다)이 아니라 사건 관련 지역의 지리적 위치였다. 50년 후인 1409년, 제네바와 그 인접지 및 도삐네 등을 포괄하는 대규모 지역을 관할하는 이단재판 총감독 뽕스 푸제이롱은 교황 알레싼드로 5세로부터 한 통의 편지를 받았다. 교황은 편지에서, 푸제이롱 지역의 그리스도 교인과 유대인들이 공모하여 "그들 모두의 신앙에 반대되는 새로운 종교 분파와 새로운 제의"를 만든 데 대해 통탄을 금할 수 없다고 했다.[14] 그가 말한 '새로운' 분파와 '새로운' 제의란 과연 어떤 것이었을까? 그것은 분명 옛날부터 전해 내려오던 전통 마술은 아니었다. 왜냐하면, 같은 편지에서 교황은 또 "요술과 점복 및 악마 부르기" 등을 행한 그리스도 교인 및 유대인들을 비난하고 있기 때문이다. 유대인들이 독을 풀었다고 비난하는 것과 마녀를 위험한 종교 분파로 보는 새로운 인식 사이에 어떤 연결고리가 빠져 있다고 가정할 때, 나로서는 "새 분파와 새 제의"에 대한 언급이 다름 아닌 사바, 즉 마녀연회를 가리키는 것이라고 짐작된다.

마녀연회가 크게 부각된 첫 기록은 1428년에 있었던 발래 재판이라는 것이 역사가들의 통설이다. 이 해는 같은 지역에서 재판을 관할했던 이단재판관에게 교황이 편지를 보낸 지 거의 20년이 지난 때이다. 그러나, 1435년에서 1437년 사이, 바젤 공의회 기간 동안에 쓰여진 요하네스 니더의 대화집 《포르미카리우스*Formicarius*》에 보면 새로운 종류의 마법 신앙에 관한 장문의 구절이 나오는데, 니더는 이것이 "60년 전", 즉 1375년경에 시작되었다고 하였다.[15] 니더에게 이 사실을 얘기해 준 면면을 보면, 베른 출신의 시 재판관으로서 그 동안 수많은 마녀들을 화형주로 보낸 페터 폰 그라이어츠 및 (1348년 독을 풀었다는 유대인들의 자백이 있었던) 에비앙의 이단재판관 같은 인물들이 있었다. 니더가 기록한 증거에서 나타나는 마법의 이미지는 새로운 것이었다. 난교와 함께, 분파의 구성원끼리 낳은 어린애를 먹는 제의와 같이 오래전부터 이어온 전형의 경우, 과거에는 그 혐의가 여러 이단들(바울파, 유키티아파, 카타르파 등등)에게 돌아가곤 했으나, 이제는 마녀와 마법사들의 행위로 치부되었다. 게다가 이들은 자기 아이들뿐 아니라 요람 속의 남의 아기들까지도 해친다는 혐의를 받기에 이르렀다.[16] 혼자 떨어져 사는 요술사나 마술사보다 훨씬 더 무시무시한 마녀 신앙의 이미지는 알프스 산맥 곳곳에서 동시에 형성되고 있었다.

이단재판관 베르나르도 다 꼬모가 16세기 초에 쓴 글에 따르면, 지방 이단재판소 문서고에 수장된 재판기록에 마녀연회를 강조하는 새 유형의 마법 신앙이 시작된 때가 거의 150년 전인 1350년경이라 적혀 있다고 한다.[17]

　'새로운 마녀'에 관한 니더의 구절을 살펴보면, 난교, 식인의식, 그리스도교 신앙의 부인, 악마에 대한 서약 등 마녀연회의 이미지와 관련된 많은 요소들이 발견된다. 그러나 유독 동물로의 변신과 마법적 비행이라는 두 요소만 빠져 있다. 이들 두 요소가 처음으로 나타나는 때는 1428년의 발래 재판에서이다. 유감스럽게도 당시의 재판기록은 유실되고 없다. 단지 10년 후에 쓰여진 지방 연대기 하나만이 유일한 증거로 남아 있다. 재판은 18개월이나 계속되었으며 혐의자들은 고문을 당한 끝에야 자백하였다. 그들은 자신들의 분파가 700명의 신도와 50년의 역사를 가지고 있으며, 1년만 더 있었더라면 그 지방의 영주가 되었을 것이라고 말했다.[18] 이런 이야기는 언뜻 이상하게 보일지도 모르지만, 사실은 내가 제시한 사건의 흐름과 완벽하게 맞아떨어진다. 1321년 나환자들도 이와 똑같은 혐의를 받기 시작했던 것이다. 그로부터 한 세기 이상이 지난 뒤, 마침내 완전한 마녀연회의 이미지가 세상에 모습을 드러내게 된다.

4—

나는 앞서, 마녀연회의 최종적 이미지는 식자층(주로 이단재판관)과 민중계층의 요소들 각각이 서로 타협한 결과물이었다는 견해를 제시한 바 있다. 사실 마녀연회의 이미지가 그렇게 영속될 수 있었던 것은 유럽 여러 지역의 민속에 깊이 뿌리박은 고대 신화의 구조를 변형된 형태로 구현했기 때문이라는 주장이 가능하다.

발래의 마녀들은 회합에서 돌아와 지하실의 포도주를 마셨다고 말했다. 이와 똑같은 이야기를 프리울리의 베난단띠(1575) 및 오뜨아리에쥬 출신인 아르노 젤리스의 자백(1319)에서 발견할 수 있다.[19] 이처럼 절대 연대가 큰 폭으로 분산되어 있다고 해서, 이들 자료가 적절치 못하다는 뜻은 아니다. 관련 연도의 관점에서 볼 때, 세 가지 사료 모두가 동일한 민중문화의 층위에서 나오고 있다. 이런 층위를 다룰 때는, 앞서 이 글의 첫 부분에서 재구성하고자 했던, 사건 연도들이 빈틈없고 단선적으로 연속되며, 지리적으로도 인접해 있다는 측면은 일단 잊어야만 한다. 반대로, 우리는 광범위하게 분산된 공간 속에서 자료의 의미 있는 수렴 가능성뿐만 아니라, 과거와 현재를 쉴새없이 넘나드는 다원적이고도 탄력성 있는 시간의 존재를 상정하지 않으면 안 된다.[20] 마법을 연구하는 역사가들이 "뭐든지 쉽게 믿어 버리는 어리석은 농민들과 히스테리 증세가 있는 여성들이 만들어 낸 엉터리 같은 생각"이라고 멸시하며 무시해 버렸던 사바, 즉 마녀연회의 신화적 내용을 분석하기 위해서는, 상징인류학과 종교사의 지적 도구들을 활용할 필요가 있으며, 특히 광범위한 비교를 지향하는 접근 방식이 요구된다.

마녀들의 이야기 중에 지하실에서 포도주를 마셨다는 식의 세세한 부분들은 극히 신화적인 성격을 지니고 있다. 이는 죽은 자와 연관된 이야기이다. '아르미에armier'라 불린 아르노 젤리스는 "죽은 자와 함께 갔다." 프리울리 지방의 '베난단띠benandanti', 발칸 반도의 '께르스트니키kerstniki', 그리스의 '칼리칸차로이kallikantzaroi', 루마니아의 '칼루사리calusarii', 헝가리의 '탈토스táltos', 오쎄시아적 흔적을 지닌 코카서스의 '부르쿠자우타burkudzäutä', 라플란트와 시베리아의 '샤먼 shaman' 역시 그러하였다.[21]

여기서는 지면상 이들 문화 현상의 저변을 이루고 있는 깊은 구조적 통일성을 분석하거나 그것에 풍부하게 내재된 특수성과 상징성을 기술할 여유가 없다. 그래서 나는 몇 가지 기본적인 결론으로 이를 대신하고자 한다. 우리는 매우 광범위한 문화 영역 속에서 남자든 여자든 저승과 교통할 수 있는 어떤 특별한 사람들이 존재한다는 믿음이 널리 퍼져 있음을 본다. 그들은 자신들이 속한 공동체에서 그 역할을 충분히 인정받고 있었으며, 특정한 육체적 형상(베난단띠처럼 대망막을 쓰고 태어나든지 또는 탈토스처럼 이미 이빨이 난 상태로 태어난 경우)이나 탄생 일시(칼리칸차로이처럼 12일절에 태어난 경우), 혹은 특별한 심적 자세(라플란트나 시베리아 샤먼의 경우)를 통해 식별되었다. 그들은 보통 저승으로 여행하기 전에 엑스타시 상태에 빠지게 되는데, 이때 마치 영혼이 사자의 몸을 떠나가듯 육체를 빠져나오는 것이다. 이러한 엑스타시에 이르기 위해서 일종의 마취성 약재를 사용하기도 했는데, 라플란트나 시베리아 샤먼의 파리버섯과 (짐작이지만) 유럽의 많은 지역에서 썼던 맥각이 그 예들 중 일부이다. 그러나 약재만으로 저승으로의 여행에 담긴 신화적 내용을 온전히 설명할 수 없음은 분명하다. 선택받은 사람들에 의해 행해진, 사자死者와의 교통이나 풍년을 위한 악령과의 전투는 공동체의 삶에서 필요한 기본적 감정들을 신화적 형태로 표현한 것이었다.

이 신화가 얼마나 오래되었는지 한마디로 말하기는 어렵다. 우리는 그것의 알 수 없는 지리적 분포를 통해 그 해답을 찾을 수도 있을 것이다. 모르긴 해도 이 신화는 인도 – 유럽적 기원을 가지고 있는 듯하며, 그보다 더 오래되었을 가능성도 있다. 그것이 요정 이야기에서 중심적 역할을 하고 있다는 사실(프로프가 입증했다시피)[22]로 보아 그 연원이 아득히 오래되었음을 입증하는 하나의 실마리가 될 수도 있다. 만약 우리가 보다 예민하면서도 보다 확실한 연구 도구를 사용할 수 있다면, 이 깊은 문화적 층위가 어느 때쯤에 발원했는지 더 정밀하게 비정할 수 있을 것이다.

그러므로 나의 생각은 이렇다. 즉 동물로의 변신과 마법적 비행으로 대표되는 마녀연회의 이미지가 형성되는 데는 저승으로의 신화적 여행이라는 민중문화적 요소가 결정적인 영향을 미쳤다는 것이다.[23] 바꾸어 말해, 사회 전체를 위협한다고 알려졌던 어떤 집단의 전형이 저승과의 교통 가능성과 연결된 믿음들의 깊은 층위와 뒤섞이는 바로 그 시기 그 장소에서 마녀연회의 이미지가 완전한 형태로 모습을 갖추게 되는 것이다. 물론 이런 신화가 퍼졌던 지리적 영역이 마녀연회의 신앙이 확산되었던 영역과 일치하지 않는다는 반론이 제기될 수 있다. 그러나, 우리가 알다시피, 성속聖俗 양측의 재판관들은 고문을 무기 삼아 그야말로 무無의 상태, 즉 이러한 민중문화의 깊은 층위와는 전혀 무관한 사람들에게서도(1460년의 아라스보데리 사건이 그 좋은 예이다) 마녀연회에 대한 자백을 강제로 받아 낸 바 있었다. 마녀연회 이미지의 확산은 그것이 처음 결합되었을 때의 형태와는 구별되어야 한다. 앞서 살펴보았듯이, 최초의 결합은 1350년경 알프스 서부 지역에서 발생하였다. 이 지역의 민간전승에서는 '와일드 헌트Wild Hunt(죽은 영혼의 행렬)나 '늑대인간werewolves' 같은 이야기가 특히 두드러진다. 니더는 《포르미카리우스》에서 '새로운 종류의 마녀'를 늑대에 비유하였다. 1428년 보두아 지방의 마녀들은 악마의 도움으로 자신들이 늑대로 변신할 수 있었다고 자백하였다. 늑대인간 신앙에 대해서는 일찍이 헤로도토스도 기록한 적이 있는데, 이는 분명히 저승으로의 신화적 여행에 앞선 제의적 죽음과 관련되어 있는 것이다.[24]

5——

결론적으로 말해서, 우리는 마녀연회의 이미지로부터 민중문화의 깊은 뿌리를 탐지할 수가 있다. 그러나 그들 알프스 농민과 목자들은 자신들의 신화를 왜곡한 이단재판관에 대해 어떤 생각을 가졌을까? 선한 의도를 가졌던 그 인물들, 공동체를 지키려던 그 마법의 전사들은 어떻게 해서 거꾸로 마을의 남녀 주민들과 가축과 곡물의 다산을 방해하는 사악한 마녀로 전락해 버렸나? 여기에는 물리적·심리적 압력이 주된 요인으로 작용했음이 분명하다. 이는 쉽게 할 수 있는 추측이다. 하지만 마녀연회에 초점을 두었던 최초의 재판기록들은 현재 유실되고 남아 있지 않다. 좀더 분석적인(비록 유추적이긴 하지만) 대답은 내가 20년 전에 알프스 동부 지역에서 발견한 이례적인 증거에서 찾을 수 있다. 우리는 이 사례를 통해, 비록 그 이행의 속도가 1575년에서 1650년 사이로 더디기는 하지만, 베난단띠라 불리던 사람들이 이단재판관의 강요에 못 이겨 마녀에 맞선 풍농豊農의 보호자라는 원래의 특징을 잃어버리고 오히려 마녀연회를 즐기는 사악한 마녀로 전락해 가는 과정을 살펴볼 수 있다. 마녀연회의 이미지가 여타 유럽 지역에 확산되는 과정도 아마 이와 비슷했을 것이다. 이 경우, 문화적 폭력이 문제시되는 것은 당연하지만, 그럼에도 불구하고 그것은 앞서 말했듯이 문화적 타협을 전제하는 폭력이었다. 엘리트 문화와 민중문화의 관계는 결코 위에서 아래로 전달하는 일방적 과정만은 아닌 것이다(까를로 긴즈부르그 / 최재호 역).

06

메노키오에서 삐에로 델라 프란체스까까지
까를로 긴즈부르그의 글들에 대하여*

1—

까를로 긴즈부르그의 짤막한 책 《치즈와 구더기: 16세기 한 방앗간 주인의 세계관》[1]은 학계의 비상한 관심을 끌었다. 이 책의 제목은 지금까지 잊혀져 왔던 이탈리아인 이단자 메노키오가 사용한 비유에서 따온 것으로, 물질이 자연발생하는 과정을 묘사한 것이었다.[2] 이 책에는 많은 장점이 있다. 그것은 역사가로서의 비교적 짧은 경력에도 불구하고 긴즈부르그의 원숙함을 보여주는 짜임새 있고 매력적인 업적으로서, 최근 그에 마땅한 명성을 얻게 되었다. 그것은 탐날 만큼 매

* 이 글을 번역해 준 H. 보드만 플로어즈 여사에게 감사드린다(앞서 쓴 나의 글들을 볼것. " Uno, due, tre, mille Menocchio?," *Archivio Storico Italiano* 137[1979]: 51~90; "Topi o topoi?" in *Cultura popolare e cultura dotta nel Seicento* [Milano, 1983], pp. 137~143). 아울러 글을 읽어 준 친구들, 아가사 파크 휴즈, 수잔 레이놀즈, 앤서니 팍덴, 피터 게이, 앤서니 몰로, 퀸틴 스키너에게도 감사한다.

우 뛰어난 문학적 '필력(긴즈부르그 자신이 뤼시엥 페브르의 글을 특징지운 용어를 빌리자면)'으로 쓰여졌기 때문에, 독자들은 이 책을 읽는 데 들인 시간이 결코 아깝지 않을 것이다.

1984년, 내털리 제이먼 데이비스가 역사영화용 각본 집필에 협조하고 있을 당시, 긴즈부르그는 그녀의 저작을 소개하는 글 한 편을 썼는데,[3] 그는 여기서 성공적인 소설가이자 알레싼드로 만초니의 전기 작가로도 유명했던 어머니 나탈리아 긴즈부르그에게서 물려받은 지적 재능을 유감없이 발휘하였다. 그에 따르면 "과거 수십 년에 걸쳐 역사가들은 역사의 리듬에 대해서 많은 것을 이야기했지만, 정작 '역사 이야기historical narrative'의 리듬에 관해서는 거의 아무것도 이야기하지 않았다"(p. 139). 오히려 대니얼 디포와 필딩에서 조이스까지, 스땅달에서 똘스또이까지, 그리고 발작에서 만초니에 이르는(p. 140) 여러 소설가들이 이 문제에 관하여 "역사가들에게 도전하는" 실정이었다. 그들의 소설을 읽어 보면,

오로지 정치·군사적 업적들만을 대상으로 하는 역사학의 한계들을 반박하는 것에서부터 개인과 사회 집단의 망딸리떼사histoire des mentalités에 대한 주장과 나아가서는(만초니에서 보듯이) 미시사의 이론화와 새로운 문헌 사료의 체계적인 이용에 이르기까지, 과거 수십 년의 역사 연구에서 더욱 두드러진 특징들의 원형을 엿볼 수 있다(p.143).

로스또프쩨프와 블로끄 그리고 프루스트와 무질 덕택에 우리 독자들의 감수성은 변화를 겪어 왔다. 바뀐 것은 역사 이야기의 범주만이 아니며, 이야기 그 자체도 마찬가지이다. 이야기하는 사람narrator과 실재reality 사이의 관계는 더욱 더 불확실하며, 더욱 더 '의문스러운' 것처럼 보인다(p. 149).

따라서 우리는 긴즈부르그의 다음과 같은 글을 읽을 때, '의문스러운', 아니 차라리 불가지론적이고 미학적인 측면을 고려하지 않으면 안 된다.

최근까지 대부분의 역사가들은 역사서술의 과학적 성격(사회과학과 유사한 경향을 띠고 있다고 간주되는)을 강조하는 관점과 그것의 문학적 차원을 인정하는 관점이 서로 절대 양립할 수 없는 관계에 있다고 보았다. 그러나 요즘 들어 인류학과 사회학의 저작들에까지 문학적 차원을 인정하는 관점이 점점 더 확산되고 있으며, 이로 인해 텍스트를 부정적으로 판단하는 역작용도 나타나지 않고 있다(p. 143).

2——

긴즈부르그가 보여준 주목할 만하거나 혹은 좀 지나칠 정도로 혁신적인 방법론, 새로운 주제 및 기법들을 폭넓게 이용하는 태도, 역설을 좋아하는 취향은 접어두고서라도, 그는 첫 저작인 《베난단띠》[4]를 통하여 역사가로서 뿐만 아니라 작가로서도 천부적인 재능을 타고났음을 잘 보여주었다. 그는 재능을 충분히 발휘하여 점점 더 평이하고도 자신감에 찬 서술을 해 나갔고, 그리하여 프리올리 출신 이단자(메노키오)의 증언에 나오는 사투리를 명료하고 인상적인 방법으로 사용하였다. 실제로 《치즈와 구더기》가 성공을 거둘 수 있었던 이유 중의 하나는 저자가 메노키오의 언어들을 아주 독특한 방식으로 표현했을 뿐만 아니라(p. 56, 이를테면, "일상생활에서 따온 비유들로 …… 가득한", 그리고 메노키오의 증언을 그냥 '기록'한 것이 아닌 말투, p. 90 참조), 그 방앗간 주인이 샀거나 또는 빌렸던 매우 '이질적인' 책과 텍스트들에 대해 그가 "일방적이고 자의적으로" 해석한 내용을 재구성할 수 있었기 때문이었다.[5] 긴즈부르그는 이러한 해석틀을 매우 설득력 있게 묘사하였고, 딱히 메노키오 자신의 것은 아닐지 모르지만 적어도 그의 계급적 특징이라고는 생각되는 독특한 현상을 그 속에서 읽어 내고 있다. 영역본에는 빠져 있지만, 그는 다음과 같은 말을 하였다. "우리는 자기 계급의 문화와 자기 시대의 문화로부터 벗어날 수 없다." 그에 따르면 "언어가 그러하듯이, 문화도 개인에게 자신의 조건부적 자유를 행사할 수 있도록 해 주는 유연하고 보이지 않는 새장과 같은 잠재적 가능성의 지평을 제공한다. 보기 드문 명석함과 이해력이 있는 메노키오는 역사가 그로 하여금 마음대로 쓸 수 있게 해 준 언어를 명료하게 표현하였다"는 것이다(pp. xx~xxi).

'자기 시대의 문화'로부터 벗어날 수 없다는 말은 충분한 설득력이 있다. 그렇지만 동일한 기준이 '자기 계급의 문화'에도 필연적으로 적용될까? 무계급 이론에는 공감하지 않지만('집단적 망딸리떼'의 역사에서든 아니면 정치에서든 간에), 그렇다고 문화를 로마 제국 말기의 어떤 특정 집단의 입장에서 볼 수는 없지 않는가! 진정 내가 확실하게 말할 수 있는 것은, 메노키오뿐만 아니라 다른 모든 사람들도 "역사가 그로 하여금 마음대로 쓸 수 있게 해 준 언어를" 단순히 자신이 연구하고 있는 텍스트의 관점에서가 아니고 자신의 시각에서 "명료하게 표현했다"는 것이다. 게다가 메노키오한테서 "동시대 또는 그보다 조금 뒤의 유사한 사료 더미에서는 아예 사라졌거나 거의 언급되지 않는 일련의 수렴된 요소들을" 발견하기 위해서는 다음과 같은 연구를 진척시킬 필요가 있을 듯하다. 우선은 그러한 요소들과 그것들이 결합된 결과가 지배문화와는 별개라는 점을 분명히 하고, 둘째로는 보다 이전 시기의 민간사료들에서 일부나마 이들 요소의 흔적을 추적할 필요가 있다. 이러한 '탐색'을 통해 비로소 우리는 "농민문화의 공통 요소로 압축될 수 있는 특성들의 존재"를 확인하게 될 것이다(p. xxi). 그러나 긴즈부르그의 책에는 이전 시기에 대해 아무런 언급도 없으며, 아울러 내가 앞으로 얘기하겠지만 동시대의 상층문화가 메노키오와 어떤 관계에 있는지도 여전히 불확실하다.

긴즈부르그에 따르면, "메노키오가 읽은 책들과 그가 그것을 이해해서 이단재판관에게 진술한 방식 사이에 나타나는 뚜렷한 차이는 그의 생각이 어떤 특정한 책으로 환원되거나 소급될 수 없음을 보여준다"(p. xxii). 그러나 이는 단지 묻는 말에만 대답하거나 텍스트를 별 의미 없이 모방만 하는 사람이 아니라면 아무에게나 할 수 있는 말이다. 긴즈부르그는 메노키오의 관념들을 조심스럽게 집성하고 재구성하였다. 이를 위해 긴즈부르그는 메노키오의 증언은 물론, 그의 보다 대담한 주장들에 대해 그와 재판관들이 주고받은 생생한 이야기들을 인용하고 있다. 메노키오는 삼위일체와 그리스도의 신성, 마리아의 처녀성, 무로부터의 창조, 교황과 교회의 권위를 부정했을 뿐 아니라, 신 자신도 성령('아니마 문디'와 유사한), 그리스도, 천사들('오르나투스 문디'의 물질적 작업에서 신의 '일꾼'으로 있는), 그리고 마지막으로는 인간 자체와 더불어 혼돈 속에서 창조되었다는 일종의 복잡한 우주생성론을 주장하였다.

또한 메노키오는, 조직화된 종교들의 역할이란, 신적인 영감이나 보호에 있는 것이 아니라 실천적이고 교육적인 데 있음에도 불구하고 성직자들은 이 역할을 남용하여 종종 가난한 사람들을 '사취'하곤 했다고 확언하였다. 교회가 세속권력보다도 농민을 경제적으로 훨씬 더 착취했다고 한 메노키오의 민중주의적 비난에 긴즈부르그가 주목한 것 역시 당연한 일이다. 이를 위하여 저자는 16세기 프리울리의 생산관계와 사회적 상황을 폭넓게 개관하고 있다(pp. 13~15). 그는 또한 중세와 르네상스기 사이 방앗간 주인이 담당했던 사회적 역할에 대해서도 그 윤곽을 밝혀 주고 있다(pp. 96~97, 119~120). 이 부분을 강조하는 이유는 그것이 긴즈부르그의 풍부한 역사적·방법론적 관심사를 잘 보여주고 있기 때문이다. 이와는 달리 앞서 출간된 《베난단띠》의 경우는, 아득한 옛날 농경제의의 마지막 흔적이라 여겼던 일련의 흥미로운 사건들을 재구성하는 과정에서, 그가 당시 그 지역의 생산관계라는 틀 안에서 이러한 '농경제의'의 변천 과정(그리고 그러한 제의가 이단재판관들에 의해 민중의 의식 속에 각인되고 주입되면서 점차 마녀연회로 동화되어 가는 것)을 자리매김하려는 노력은 전혀 나타나지 않고 있었다.[6]

긴즈부르그의 연구가 망딸리떼사의 문제에서 촉발되었다는 것은 분명한 사실이다. 즉 《베난단띠》의 1972년 이탈리아어판 후기(이 부분은 유감스럽게도 영역본 《밤의 이야기》에서는 빠져 있다)에서, 긴즈부르그는 자신의 관심이 "민속과 종속 계급의 역사에 관한 그람시의 주석과 데 마르띠노의 저작들 및 중세 망딸리떼에 관한 블로끄의 연구들을 읽음으로써 분명해졌다"고 밝혔다(p. xi). 비록 긴즈부르그 스스로가 블로끄에 대해서는, 계급 관계가 실제의 생산관계보다는 오히려 주관적인 의식에 의해 결정된다는 그의 생각(맑스 대신에 드 망을 따르는)에 심리학적 한계가 있음을 지적하고 있기는 하지만,[7] 그람시와 마르띠노에 대한 긴즈부르그의 태도에는 더욱 복잡한 일면이 있다. 이 점에 대해서는 나중에 다시 다루겠지만, 당분간은 메노키오가 살았던 사회를 묘사한 이 네 페이지의 내용이, 이전 세대의 이탈리아 학자들 및 동시대의 다른 많은 학자들과는 달리, 역사가로서 이미 널리 유포된 사적유물론의 방법에는 무관심한 것처럼 보였던 긴즈부르그의 이미지를 바꾸어 놓았다는 점(또는 바꾸어 놓으리라는 점)을 강조하고 싶다.

신의 '대리인'인 교황에 반대하는 메노키오의 주장에 대한 해석에 주력한 이 부분에서, 그가 생산관계에 대해 관심을 보이고 있는 것은 아마도 《과거와 현재》지에서 표방하는 방법론에 의거한 듯 싶다(물론 긴즈부르그는 케이스 토머스가 제시한 새로운 거시적 개관보다는 내털리 데이비스류의 미시사 쪽으로 더 기울고 있기는 하지만). 이는 이탈리아의 경우, 현대사 연구에서 그람시의 영향력이 거의 절대적이라는 점을 감안한다면 이해할 만도 하다. 《베난단띠》의 1972년판 후기에서, 긴즈부르그는 자신이 메노키오의 '민중문화'라는 사례를 통해 발전시키고자 했던 방법의 일부를 다음과 같이 기술하였다.

어떤 시기의 망딸리떼를 규명함에 있어 '공통적·동질적' 요소만을 강조하게 되면, 자연히 다양한 계급과 사회 집단들간에 나타나는 차이점과 대조점들이 무시되지 않을 수 없으며, 그 결과 그것들 모두가 미분화·무계급성의 '집단적 망딸리떼' 속으로 가라앉아 버리게 된다. 이러한 점을 감안할 때, 우리는 어떤 사회의 문화적 동질성(하지만 언제나 부분적일 수밖에 없는)을, 내적 강제를 수반하며 그 자체로도 '폭력적'인(어떤 역사) 과정의 도착점이라기보다는 오히려 출발점으로 볼 수 있게 될 것이다. 베난단띠의 역사가 이러한 관점을 예증하고 있다.

3—

만약 내가 긴즈부르그를 제대로 이해하고 있다면, 베난단띠의 역사는 종종 모호한 측면이 있음에도 불구하고 보편적인 어떤 상황을 이해하도록 해 주는 '실마리'를 제공하기 때문에, 그의 말대로 하나의 예증이 될 수 있다. 긴즈부르그에 따르면, 어떤 사회의 문화적 동질성은 억압 행위에 따른 결과일 수 있는데, 그러한 억압은 이단재판관들의 유도 신문에 의한 것일 수도 있고, 또는 상층문화를 민중문화에 주입시킨 결과일 수도 있다. 이들 두 '문화'의 관계는 메노키오에 의해 표출된 방법론상의 근본 문제를 제기하고 있다. 앞으로 살펴보겠지만, 긴즈부르그는 두 문화가 어떤 때는 '놀라울 정도로 동시발생적'이라든가 혹은 서로가 서로의 전제조건일 수 있다는 측면들을 도외시한 채, 양자간의 어떠한 관계도 부정함으로써 자신의 문제를 해결하려 하고 있다.[8] 우리는 바로 이처럼 두 문화의 관계를 부정하는 입장에서 《치즈와 구더기》가 말하고자 하는 중심 주제를 찾을 수 있다. 다시 말해 자연발생론의 신화는 '진공 속에서' 갑자기 민중문화로부터 출현했다는 것이다.

긴즈부르그는 일찍이 에이나우디 출판사가 간행한 《이탈리아사 *Storia d'Italia*》 시리즈 중 제1권인 《원형론*Caratteri originali*》에다 "민속, 마법, 종교"라는 제목의 글을 기고한 바 있는데, 여기서 이미 그는, 프랑수아 라블레의 작품들에 나오는 중세 및 르네상스 민중문화를 해석하기 위해 미하일 바흐찐이 사용했던 방법론적 모형을 적극 차용하였다. 긴즈부르그는 바흐찐 모형을 처음으로 적용해 보려 했던 사람들 중 하나였다. 바흐찐의 영향은 "종교생활의 연속성", 즉 "여기저기 흩어져 존재하는 것을 자체 내로 흡수할 수 있는, 끈적거리면서도 매우 단조로운 연속성의 감각"에 대한 일반 테제를 통해 나타나거나,[9] 또는 15세기에 있었던 "일종의 종교적 분파라 할 만한" 마법 현상을 재고함으로써 드러난다. "역설적이지만 구전적 전통의 안정성 덕분에 수세기 동안이나 침묵 속에 가라앉아 있던 다양한 미신, 신앙, 마법적 제의들이 이제는 마치 갈라진 틈을 통해 솟아나는 마그마처럼 여기저기서 분출되고 있는 것이다"(pp. 627~628. 또한 pp. 649~650도 참조). 더욱이 그는 바흐찐의 저작에서 '카니발 문학'뿐 아니라 카니발의 '형이상학'이라는 보편 범주를 배워 왔는데, 후자는 이를테면 이미 르 로아 라뒤리가 로망의 카니발에 특유한 유혈적 '역할 바꾸기' 의식에다 역사적 의미를 부여하기 위해 사용했던 것이었다.[10] 긴즈부르그는 때때로 마녀연회에 대해 바흐찐류의 매력을 느끼고 있으며, 그리하여 그것을 "농경 민속적 성격을 지닌 또 하나의 종교적 신화(이 말은 고대부터 17세기에 이르기까지 은밀하게 지속된 다산신앙에 대한 머레이의 묘사보다 더 독창적이고 더 설득력이 있다)"로 규정한다. 아울러 그는 코케인의 제의나 카니발에서의 역할 바꾸기 제의에도 끌리고 있다("Folklore, magia, religione," pp. 649~650). 그러나 여기서 나는 이렇게 말하고 싶다. 긴즈부르그가 바흐찐의 토대 위에 각별히 한 단계 더 발전시킨 바가 있다면, 이는 다름이 아니라 농민문화가 절대적인 연속성과 자율성을 가졌다는 생각이라는 것이다.

한 학술회의 석상에서 누군가가 《치즈와 구더기》에서 다룬 농민문화에 대한 사료가 항상 하나뿐임을" 지적하면서, 좀더 풍부하고 다양한 사료들을 이용할 수는 없는지 물어오자, 긴즈부르그는 '억압의 문서보관소', 즉 접근 불가능한 이단재판소의 문서고에는 "하나, 둘,

셋, 아니 천 명의 메노키오들"이 있다고 답변하였다(이는 학생운동의 한 슬로건을 인용한 것이다).

비록 역사가들이 오랫동안 믿어 왔던 만큼 문맹률이 높지는 않다는 점이 점차 인식되고 있지만, 그래도 우리는 당시의 농민문화가 압도적으로 구전에 의존하고 있었다고 말한다. 농민문화는 항상 본질적으로 구전의 형태를 취하고 있었다. 심지어 메노키오가 자신이 읽은 텍스트에 부과했던 인식틀조차도 구전적이었다. 메노키오의 예를 통해 엿볼 수 있는 것은 농민문화의 경우 구전적 요소가 문자적 요소보다 더 중요하다는 사실이다. 물론 문자문화가 구전문화의 특성을 명확히 하는 데 도움을 주기는 하지만 말이다. 나는, 메노키오의 사례에서 보이는 매우 낯설고 충격적이기까지 한(지적 차원에서 하는 말이다) 특징들을 연구하고자 하는데, 그의 우주 생성론에서 어떤 요소들은 '문자문화'에서 찾을 길이 없고, 오히려 '아득한 고대의' 신화들과 놀랄 만큼 비슷한 측면이 있다.[11]

긴즈부르그는 〈민속, 마법, 종교〉라는 글에서 "공식 종교와 민중신앙이라는 양분법의 중요성"(p. 608)을 필요 이상으로 과장해서는 안 된다고 경고했다(한 예로서 그는 또 다른 종교적 하위문화인 다띠니와 루첼라이 및 꼴롬비니(p. 626)와 같은 사람들의 '상인' 신앙의 존재를 인정하였다). 하지만 그는 결코 민중적이라 생각할 수 없는 어떤 종류의 문화에서도 더 이상 그와 같은 구별을 하려 하지 않는 것처럼 보인다. 반대로, 긴즈부르그는 문화 이식이 항상 높은 곳에서 낮은 곳으로 일방적으로만 이루어진다고 생각하는 오랜 전통의 덫에 다시 빠져들지 않으려 한 나머지, 오히려 양자간의 어떠한 교환 관계도 인정치 않으려

하는 것 같다.

실제로, '민중문화'에 대한 현 연구 상황을 개관한 《치즈와 구더기》 서문을 출발점으로 해서 긴즈부르그는 망드루와 보엠 및 푸꼬의 견해 들을 비판한 후, 다음과 같이 자신의 주장을 펴고 있다.

하층계급과 지배문화간의 상호 영향을 주장한 바흐찐의 가설이 훨씬 더 효과적임은 확실하다. 그러나 이 상호 영향의 방법과 시기들을 일일이 적 시하는 것은 …… 사료 입증의 문제에 빠져드는 것을 의미하는데, 왜냐하 면 민중문화의 경우 사료란 …… 거의 언제나 간접적 성격을 지니고 있기 때문이다. 민중문화 속에서 지배문화의 영향을 받은 듯한 요소들이 발견 될 때, 만일 그것이 사료를 무의식적으로 왜곡하여 모르는 것을 이미 알고 있는 것과 익숙한 것으로 대체하려는 명백한 경향의 결과일 가능성을 배 제한다면, 이를 과연 의도적인 문화 이식이나 혹은 다소 자발적인 수렴의 결과라고 말할 수 있을까? 또 그 정도는 어떠할까?(p. xix).

위 인용문을 읽어 보면 긴즈부르그가 이 흥미있는 문제를 어떻게 풀어 나갈 것인지 분명해진다. 그는 자신의 베난단띠 연구를 떠올리 는데, 이 경우, "근본적으로 자율적인 민중신앙의 심층이 이단재판관 의 신문과 피고의 대답이 보여주는 불일치를 통해 드러나기 시작했 다"는 것이다(p. xix). 메노키오의 경우는 문제가 더욱 복잡해 보이지 만, 저자가 서문에서 명백히 밝힌 것처럼 결코 그 성격이 다르지는 않 다. 그에 따르면 "메노키오가 했던 많은 이야기들이 익히 알려진 주제 들로 환원될 수 없다는 사실이야말로, 우리로 하여금 이전에는 몰랐 던 민중신앙, 즉 모호한 농민신화의 층위를 인식할 수 있도록 해 준다"는 것이다. 그런데 그 농민신화는 카오스 상태에서 발효를 통해 영적이거나 동물적인 '구더기들'이 출현한다는 우주생성론에서 분명히 확인될 것이다. 앞으로 보겠지만, 이야말로 메노키오의 특별한 세계관과 긴즈부르그의 방법론적 과정 양자 모두가 축으로 삼는 이른바 '아르키메데스의 지점'인 것이다. 다음의 인용문을 통해 얼핏 보더라도, 우리는 긴즈부르그가 이미 《베난단띠》에서 이와 결코 다르지 않은 주제에 관심을 기울이고 있었음을 알 수가 있다.

> 이렇듯 모호한 민중적 요소들은 종교적 급진주의 사상에서부터, 과학적인 경향을 내세우는 자연주의적 입장과 나아가서는 사회개혁에 대한 유토피아적 열망에까지 이르는 지극히 분명하고 논리적인 일단의 관념들과 접목된다. 프리울리의 이름 없는 한 방앗간 주인의 생각과 그가 살았던 시기의 가장 세련되고 학식 있는 지식인 집단의 관념이 놀라울 정도로 일치하고 있다는 사실은, 바흐찐이 공식화한 문화 확산의 문제를 강력하게 제기하고 있다(pp. xix~xx).

여기에 이르러서야 비로소 긴즈부르그는 상층문화에서 '보다 진전된 부문들'이 있다는 점을 무심코 인정하고 있다. 즉 우리가 이 책에서 받는 전반적인 인상은, 이러한 상층문화가 전통과 억압의 단일한 방어벽이자 '문자문화의 요새'와 같은 존재로 비쳐지고 있으며, 이 요새는 오로지 공격적이고 치명적인 무기만을 사용할 뿐 다른 어떠한 내부 갈등과 다툼도 허용치 않는다는 것이다. 저자에 따르면, 방앗간 주인의 관념들은 아마 "구전으로부터 유래되었을 것이고" 어떤 측면에서는 비밀스런 전통으로 보이기도 한다는 것이다. 하지만 나로서는 전혀 그럴 성싶지도 않을 뿐 아니라, 아울러 그 연원이 "매우 고대적"이라는 주장 역시 전혀 입증되지 못하고 있다고 보인다. 게다가 메노키오의 관념을 동시대 학자들의 사상과 비교하는 데 있어, 그것을 한 방향(니꼬데모주의Nicodemismo[역주: p. 215를 볼 것]의 연구자라면 선호할 만한)으로만 한정할 수는 없다.

　저자는 가톨릭 개혁론(에라스무스나 마키아벨리류의)이나 프로테스탄트 개혁론(급진적 분파의 경우)에 대해 일부 언급하고 있지만, 뽐뽀나찌나 브루노 같은 비주류신앙의 철학에 대해서는 다루지 않았다. 왜냐하면, 상층문화를 형성하고 나아가서는 그 제도적 장치를 마련하는 데 참여했다고 해서, 모두가 원래 그런 운명을 지니고 태어난 것은 아닐 뿐 아니라, 그들이 반드시 주류신앙 출신일 필요는 없으며 또한 그들 자신의 계급적 이해 관계나 그들의 민중문화적 유산을 도외시하면서까지 그렇게 해야 하는 것도 아니기 때문이다. 《치즈와 구더기》가 조르다노 브루노의 예로 끝을 맺고 있기는 하지만, 이는 단지 브루노와 메노키오의 고문 날짜가 일치한다는 이유에서일 뿐이다. 하지만 여기서 긴즈부르그는 반드시 다음과 같은 의문을 제기했어야만 했다. 즉 브루노는 어디에 속한다는 말인가? 브루노가 《원리이자 일자인 원인에 관하여De la causa principio e uno》라는 제목의 책과 라틴어로 된 시들을 썼던 것은 민중문화의 일원으로서였던가? 만약 그 영원한 추방자이자 '학회 없는 학자'가 지배문화 속으로 동화되어 간다면 그의 문화란 도대체 어디에 속하는 것으로 보아야 할 것인가? 그것은 이탈리아 반종교개혁의 문화인가? 혹은 앙리 3세 시대의 '정치꾼' 문화인가? 아니면 엘리자벳 시대의 문화인가?

　자신의 견해라고 밝히면서 메노키오는 다음과 같이 말한다(pp. 5~6).

모든 것이 흙, 공기, 물, 불이 함께 섞여 있는 카오스 상태였습니다. 그리고 그곳으로부터 물질 덩어리가 형성되었습니다. 마치 우유에서 치즈가 만들어지는 것처럼 말입니다. 거기에서 구더기들이 나타났고, 이것이 바로 천사입니다. 가장 신성한 존엄자께서 명하시어 이들은 신과 천사가 되었습니다. 그 수많은 천사들 중에는 신도 있었는데, 그 역시 동시에 물질 덩어리로부터 창조된 것입니다. 그리하여 그는 루시퍼와 미카엘, 가브리엘과 라파엘이라는 네 명의 대장을 거느리는 우두머리가 되었습니다.

거만한 루시퍼를 '그의 모든 무리들'과 함께 추방한 뒤, "이 신은 후에 아담과 이브를 비롯한 수많은 인간들을 만들어 쫓겨난 천사들의 자리를 대신하게 하였다." 신문 도중 메노키오는《성서진화聖書眞華 Fioretto della Bibbia》에서 이 주제에 대해 무언가를 읽은 적이 있다고 자백하였다. 물론 "이에 대해 말한 다른 것들은 모두 제 머리에서 나온 것입니다"라고 조건을 달기는 했다(p. 52). 사실《성서진화》에는 우주가 카오스로부터 생성되었다는 이론이 그렇게 세세히 기술되고 있지 않으며, 특히 신의 존재가 자연과 더불어 카오스로부터 만들어졌다고 설명하지도 않는다. 대신 이렇게 적혀 있다. "태초에 신은 거대한 물질을 만들었지만 그것은 어떠한 형태도 스타일도 없었다(카오스에 대한 아리스토텔레스적 정의)." "그리고 신은 스스로 만든 엄청난 양의 물질을 가지고 자신이 원하는 대로 무엇이든 할 수가 있었다. 그는 그것을 쪼개고 분할하여 그것으로부터 네 가지 요소로 구성된 인간을 만들어 내었다"(p. 52).

4—

메노키오가 지니고 있던 중요한 책들(이에 대한 긴즈부르그의 설명이야 말로 그의 책에서 가장 설득력 있는 부분이다) 중에는 모두 중역본이기는 하지만, 오비디우스와 함께 에리게나주의자erigenian인 호노리우스 아우구스토두넨시스가 포함되어 있다. 그러나 13세기 이후 《변신Meta-morphosis》의 속어판들이 널리 확산되고 있었다는 점을 잊지 말아야 한다. 따라서 메노키오가 매일 저녁 직접 오비디우스의 시를 읽거나 또는 남이 낭송하는 것을 들었을 가능성이 충분히 있다. 긴즈부르그에 따르면 메노키오의 신화는 오로지 베다 성전의 내용하고만 일치하는 것으로 되어 있다(p. 58). 하지만 나로서는, "아마도 무의식의 소산이 겠지만, 이것이 고대 인도의 우주생성론에 대한 한 반향"으로서, "구전 전승이 세대를 이어 직접 전달된 결과라고 생각지 않을 이유가 없다"(p. 58)고 한 긴즈부르그의 주장에 동의하기 어렵다. 그에 따르면, (구더기를 만들어 낸 자연발생 현상에 따른) 이 우주 생성의 과정에서[12] 우리는 "마치 대지의 갈라진 틈으로부터 뿌리 깊은 한 문화적 층위가 솟아오르는 듯한, 대단히 이례적인 모습을 볼" 수 있게 된다(pp. 58~59). 메노키오와 알타이 산맥의 양치기들(이들은 메노키오 이전, 또는 아리스토텔레스는 물론 뽐뽀나찌 같은 여러 아리스토텔레스 주석가들 이전에, 발효나 응고의 비유에 대해 언급한 유일한 사람들이다. 물론 이들은 이러한 비유를 바다 거품이라는 또 다른 비유와 결합하여 쓰고 있기는 하다) 사이에는 "놀랄 만한 일치점"이 있는데, 긴즈부르그의 생각으로는 이러한 것이 결코 우연일 수는 없으며, 그렇다고 융학파의 집단의식이라는 측면에서도 설명되기 힘들다는 것이었다. 긴즈부르그로서는 이러한 가능성을 "받아들일 수 없기"때문에, 역시 선험적 성격을 다음과 같이 설명한다. 일종의 '급한 불끄기'인 셈이다. 즉 "이러한 일치점들을 숙고해 볼 때, 비록 그것이 단편적이고 일부 잊혀진 것이기는 하지만, 그럼에도 불구하고 언어의 차이를 뛰어넘어 과학과 신화를 결합시킨 천년왕국류의 우주론적 전통이 존재했다는 증거의 하나일 수도 있다는 점까지 배제할 수는 없는 것이다"(p. 58). 일찍이 긴즈부르그는 (동시대 상층문화와의 유사성을 인정하지 않은 채) 메노키오야말로 피기노 또는 스꼴리오와 같은 다른 민중적 이단들에게서 보이는 지적 경향들을 설명해 줄 하나의 실마리가 되리라고 가정한 바 있었다(그는 여기서 이러한 경향이 학자들의 책을 통해 전달되었을 가능성에 대해서는 전혀 언급치 않고 있다). 하지만 그가 자신의 가설을 위해 아르키메데스의 지점으로 이용하고 있는 것이라고는 기껏해야 아주 오랜 옛날 치즈 메타포에 대해 얘기한 사람들이 있었다는 사실뿐이다.

여기서는 비유의 기원을 스타일의 측면에서 연구하는 것이 문제가 아니기 때문에, 이제는 두 개의 문화 층위를 구별할 필요가 있을 듯하다. 우리 모두는 좋은 비유야말로 종종 복잡한 이론을 확산시키는 매개체이자 보증수표 같은 것임을 잘 알고 있다. 그러나 우리는 동시에, 오랫동안 확립되어 온 전통적 사상이라면 그로부터 뻗어 나간 가지들이 반드시 있다는 것도 알고 있다. 생명체를 만들어 내기 위한 발효물로서는, 치즈 외에도 베르길리우스가 언급한 소의 부패한 사체가 있는데, 바로 여기서 벌이 생성된다고 알려져 있다. 비록 긴즈부르그 자신은 디오도루스 시쿨루스의 《역사 문고Bibliotheca historica》 첫 문단에 나오는 우주생성론이 사람들에게 어떻게 받아들여졌는지 연구해 보겠다고 약속한 바 있었지만, 그럼에도 불구하고 그는 이 텍스트와 메노키오의 사례가 서로 어떤 관계인지에 관해서는 관심이 없는 듯하다. 디오도루스의 책에는 "부패 상태로부터 생물체가 창조된다는 말은 있지만, 정작 치즈에 대한 언급은 없다"는 것이다(p. 153). 긴즈부르그가 디오도루스 연구를 미룬 것은 유감스러운 일이다. 왜냐하면, 디오도루스의 책은 르네상스기를 통해, 이를테면 브루노 같은 인물에 의해 거듭 언급되었을 뿐만 아니라, 나아가서는 독창적이고도 다양한 방식으로 인용된 바 있기 때문이다.

자연발생론이라는 주제는 과학·철학·종교 사상간의 상호 작용이 어떻게 일어나는지 밝혀 주기 때문에, 분석 사례의 전범이 될 만하다. (1) 생물학의 견지에서 본다면, 부패한 물질로부터 하등생물이 '자연발생적으로' 창조된다는 것은 여기서 연구 대상이 되는 시기보다 훨씬 더 뒤에도 여전히 아무런 논란의 여지가 없었던 주장이었다. 이는 하비와 가쌍디뿐만 아니라 마띠올리, 롱들레, 파브리치 다꾸아벤덴떼 같은 저명한 과학자들에게 무조건 받아들여지고 있었다. (2) 철학적 관점에서 볼 때, 히포크라테스, 아리스토텔레스, 그리고 다른 초기 자연철학자들의 발상과 신플라톤주의 및 스토아학파의 생기론이 결합된 결과물인 이러한 개념은 그 확장 과정에서 여러 사상가들에 의한 다양한 변종을 낳았다. 하등동물의 예를 추정의 근거로 삼은 어떤 사상가들은, 세상이 창조될 때(또는 주기적인 '심판의 해'로 대파국이 일어난 뒤 '재창조'가 이루어질 때) 부패와 발효 상태에 있던 흙 속에서 거품과 구멍 및 다양한 생명체로부터 분출해 나온 자연발생물들이 생겼다고 주장하였다. 그리고 실제의 자궁 역할을 한 이들 속에서 고등동물과 인간이 만들어졌다는 것이다. (3) 종교적인 입장에서 볼 때, 이러한 개념은 분명하게 창조론을 대신하는 하나의 새로운 대안으로서 제기된 것이라 할 수도 있겠다. 일찍이 루크레티우스가 그랬고, 뒤에 브루노도 그렇게 주장한 것처럼, 만약 지구 생명체가 우연한 과정의 결과로 창조되었다고 가정한다면, 우리는 이를 결코 신의 지능적이고 의도적이며 전능한 개입에 의한 것이라 생각할 수가 없다. 오히려 그러한 과정은 행성의 대조우大遭遇로 초래되는 불, 물, 공기, 흙의 대파국 이후 주기적으로 반복되고 새로워질 수 있는 것이다. …… (중략)[13]

메노키오의 발효를 통한 우주생성론의 진원지는 매우 가까운 곳으로서, 아마 빠도바와 베네찌아 사이 어디쯤이었을 것이다. 메노키오는 이 지역을 자주 방문하였으며, 설사 긴즈부르그가 메노키오의 베네찌아 방문 날짜와 방문 이유를 알아 낼 수 없었다 해도, 우리는 그가 바로 그곳에서 책을 구했다는 사실을 알고 있다. 죽음 혹은 영혼의 수면이라 불릴 수도 있는 테마에 관해서, 긴즈부르그는 다음과 같은 하나의 관련성을 인정하고 있다. 즉 "빠도바대학 교수들로부터 프리울리의 한 방앗간 주인에 이르기까지, 그 상호 영향과 접촉의 연결고리는, 비록 역사적으로는 그럴 법도 하지만, 어쨌든 정말로 특이하다"는 것이다(p. 73).

내가 볼 때, 메노키오의 경우, 그가 보여준 독창성과 선택의 자유는 독자적이고 존경받을 만한 몇몇 학자들의 경우와 크게 다르지 않았다. 메노키오는 빠도바와 베네찌아학파로부터 그들의 영혼론뿐만 아니라 뽐뽀나찌의 계보를 따라 발전된 물질세계의 개념까지도 배워 자기 것으로 만들었다. 그러나 뽐뽀나찌는 이미 일부 논점에서 피렌쩨 플라톤주의자들의 관념을 받아들인 상태였다. 따라서 메노키오와 뽐뽀나찌 모두 자연주의를 그들의 관념적 기반으로 삼고 있으며, 그들의 종교역할론 역시 서로 관련이 있다. 조르조 스뻬니는 일찍이 메노키오의 불경한 언동과 이론을 가리켜, '모든 종교는 사기'라고 한 자유사상가를 닮았다고 말한 바 있다.[14] 여기서 나는 비록 직접적인 연관성은 제시하기 힘들지만, 메노키오가 아베로에스의 교의를 자유사상가의 계보에서가 아니라, 《반박의 반박Destructio destructionum》에 관한 니포의 주석서(1497년 빠도바에서 발간되어 그 후 여러 차례 재간됨)같이 원사료와 유사한 일부 간접적인 수단을 통해 알 수도 있었을 것이라 생각한다.[15] 메노키오는 "모든 사람들이 자신의 신념을 옳다고 생각한다면, 우리는 그 중 어느 쪽이 진정 옳은지 알 수가 없다"는 점을 인정하면서, 다음과 같이 말하고 있다. 즉 "저의 할아버지, 아버지, 그리고 가족들 모두가 그리스도 교도였기 때문에 저도 그리스도 교도로 남기를 바라며, 이야말로 옳은 행동이라 믿습니다"(pp. 49~50). 메노키오는 보까초가 말한 3개의 반지 이야기(I, 3)에서 중세의 관용론을 접했을 때는 그것을 뛰어넘었지만, 그래도 여전히 종교를 부정하는 자유사상가라는 테두리 안에 머물러 있었다. 메노키오는 "제가 만약 투르크인이었다면 그리스도 교인이 되기를 원하지 않았겠지만, 저는 그리스도 교인이기 때문에 결코 투르크인이 되기를 원하지 않습니다"(p. 98)라고 말했는데, 이는 아베로에스의 《반박의 반박》에 나오는 말과 매우 비슷하다. 그리스도의 인성에 대한 그의 해석은 재침례파들보다 아베로에스에 훨씬 더 가깝다. 그는 이렇게 주장한다. 그리스도는 "우리와 같은 인간이었고 우리처럼 남성과 여성에게서 태어났습니다. …… 신이 그를 예언자로 지목하여 그에게 위대한 지혜를 주셨고, 성령을 받음으로써 그는 기적을 행하게 되었다고 믿습니다"(p. 75).

아베로에스와 그를 따르는 뽐뽀나찌는 《마법론De incantationibus》에서 예언자에게, 철학자들이 설득해서는 도무지 길들일 수 없는 무지

한 인간들 내에 합의와 질서를 유지케 한다는, 종교 본래의 역할을 부여하였다. 이 역할은 대중의 마음을 움직이는 설교와 기적을 통해 수행되었다. 메노키오에 따르면, 이러한 목적을 위해 "지식으로 무장한 신부와 승려들은 복음서가 마치 성령으로부터 나온 양 꾸몄다"는 것이다(p. 104). 마키아벨리가 주장한 종교의 사회적 역할론 역시 아베로에스적 개념으로부터 시사받은 것이었으며, 그의 관념들은 끄리스뽈디가 쓴 복음서나 또는 이와 유사한 경로를 통하여 메노키오에게 전해졌을 가능성이 있다(p. 40). 그러나, 마키아벨리의 영향은 그에게 시사받은 빠도바의 아베로에스주의자들보다는 더 간접적인 길을 통해 프리울리의 방앗간 주인에게 전달되었을 법하다. 마키아벨리적인 경향이 지베르띠 계열에서 퍼져 나갔다는 가정은 메노키오의 당찬 주장을 훼손하는 것에 다름 아니다.

5—

민중문화에 대한 연구에서 제기된 방법론상의 문제들로 인해서, 긴즈부르그는 1973년을 기점으로 자신의 접근 방식을 바꾸었다. 바로 이 해에 긴즈부르그는, 메노키오가 죽고 한 세대쯤 뒤, 볼로냐의 한 약장수가 사형 언도를 받은 재판사건에 대한 글 한 편을 썼는데, 그 역시 메노키오와 마찬가지로 자연발생론과 종교의 정치적 역할에 대한 믿음을 가지고 있던 인물이었다. 그러나 독자들에게는 긴즈부르그의 접근 방식이 바뀌었다는 사실이 분명하게 감지되지 않는다. 이 논문에서 긴즈부르그는 민중문화에 대한 정의와 함께, 《치즈와 구더기》에서 "공식화된 여러 생각들"을 피력하고 있다.[16] 어떤 면에서 보면 책의 요점을 잘 정리하고 있는 듯하지만, 그럼에도 불구하고 긴즈부르그의 '여러 생각들'은 그 책의 내용을 그리 명확하게 보여주고 있는 것 같지는 않다. 예컨대 그는 이렇게 쓰고 있다. 즉 "종속계급의 문화와 지배계급의 문화는 …… 오로지 일방적인 억압만이 아니라 상호 교환에 기반한 복잡한 관계[에 있다]"는 것이다(p.311). 긴즈부르그는 "종속계급의 문화를 단순하게 파악하는 모든 견해에 반대한다는 점"에서는 확고한 입장을 표명하면서도(p. 319), 동시에 "위에서 밑으로" 뿐만 아니라 "밑에서 위로의 순환운동"을 주장하고 있다(p. 318). 돌팔이 의사 꼬스딴띠노 사까르디노의 '독특성'이 "자신의 자료를 수동적이지 않은 방식으로 사용하는" 데 있다(p. 316)는 그의 말은 '오기誤記'임이 분명하다. 그러나 긴즈부르그는, 메노키오의 독서 방식이 독창적임을 확신하였던 반면, 여기서는 모든 민중작가들(또는 돌팔이 의사의 실례에서처럼, "민중계급의 문화와 중·상층문화의 중재자들")을 통상 수동적인 독자 정도로만 생각하고 있는 것 같다.

그러나, 뽐뽀나찌, 니포, 루씰리아노, 끄레모니니, 그리고 체살삐노는 모두 교수들로서, 이들은 긴즈부르그가 몹시 싫어하는 범주의 사람들이다. 그는 나와는 달리, '입으로 떠드는' 그들의 강의, 논쟁, 그리고 토론 내용들을 결코 구전의 한 특수한 흐름으로 보지 않는다. 그리하여 긴즈부르그는 성질이 각기 매우 다르고 종종 신빙성이 떨어지는 자료들을 가지고 구전을 재구성하려 했다. 하지만 그보다는, 비록 희귀하기는 하지만, 미간행 강의록이나 비밀 전단들이 구전보다는 입증하기가 훨씬 더 쉽다. 그러한 자료들과 대학교수의 간행물들이 그 내용에서 서로 일치하지 않는 것은, 교수들의 강의가 특성상 더 자유로울 뿐 아니라 그 당시의 문제들을 더 잘 반영하고 있기 때문이다.

그러나 양자간에 차이가 나는 더 큰 이유는 무엇보다도 볼로냐나 빠도바에서 강의를 들었던 장래의 대학교수들, 수도승, 의사 등속의 여러 부류의 학생들 때문일 것이다. 왜냐하면 그들은 각자의 지역으로 돌아가 강의 내용을 옮기면서 아마도 그 내용을 다소 왜곡하거나 단순화시켰을 것이기 때문이다.

　여기서 나는 어떤 문서를 하나만 언급하고자 한다. 그것은 출처가 대학은 아니지만, (긴즈부르그의 주장과는 달리, '미시사가'를 단순한 '사상사가'와 구분짓는 서로 완전히 상이한 방법론이란 존재하지 않는다고 할 때) 비전秘傳의 저자인 사까르디노 같은 사람이 읽을 만한 것으로 생각할 수도 있는 그런 종류의 문서이다. 이는 다름 아닌 20권짜리로 된 《자연 마술Natural Magic》의 이탈리아어 번역본으로서, 1611년 잠바띠스따 델라 뽀르따가 조반니 데 로자라는 필명으로 나뽈리에서 간행한 것이다. 사까르디노는 1611년과 1621년 사이에 이 책을 온전한 이탈리아 말로 통독하고, 특히 자연발생론에 관한 2권의 1장을 읽었을 수도 있다. 긴즈부르그에게도 이 역본은 읽어 볼 만한 가치가 있을 것이다. 왜냐하면 그것이 비록 '문자문화의 요새' 속에 갇혀 있기는 하지만, 그래도 그로 하여금 자신이 민중적이라 단정하는 이 자연주의 관념의 오랜 역사와 광범위한 내용을 이해할 수 있도록 해 주는 일종의 실마리가 될 수 있을 것이기 때문이다. 델라 뽀르따는 이 문제의 관념들을 분명히 지지한 인물이었다. 그 역시 현미경과 프란체스꼬 레디의 등장까지는 전혀 논쟁의 여지가 없었던 가장 단순한 실례, 즉 생쥐, 개구리, 두꺼비, 구더기 심지어는 뱀과 같은 이른바 하등동물로부터 논의를 시작하고 있다.

6—

다시 《치즈와 구더기》로 돌아가 보자. 메노키오의 경우는 매우 대표적인 사례로 보이는데, 이는 바로 그를 16세기의 '평균적인 농민'으로 환원시킬 수 없다는 이유에서이다(pp. xix, 33). 메노키오는 결코 다른 사람들의 견해나 생각들을 흉내 내지 않았다(p. 50). 그러나 이 점에서는 전통적인 지식인들 역시 마찬가지였다. 메노키오는 스스로가 "철학자, 점성가, 예언자"라는 자부심을 가지고 있었다(p.117). 우리는 그가 어떻게 점성술을 행했는지 모른다. 하지만 '예언자'라는 그의 주장은 상상력을 통해 대중의 교화를 강조한 아베로에스주의Averroist의 관점에서 볼 때 그 의미가 분명하다. 그는 첫 유죄 판결을 받은 후 가난에 시달렸지만, 그럼에도 불구하고 "아이들에게 셈하기, 읽기, 쓰기를 가르치는 학교를 운영"하였다(p. 103). 그러나 무엇보다도 그는 항상 스스로가 마을에서 "이론에서든 행동에서든 선생"(p. 5)임을 자임하였고, 다른 농민들을 개종시켜(p. 80) 그들에게 자신의 사상을 주입시키려 하였다. 왜냐하면, 이탈리아의 경우, 도시와 농촌간의 격차가 이미 오래전부터 크게 벌어져 있었기 때문이다(p. 20).

만약 학자로서 필요한 모든 식견을 갖춘 라블레와 같이 세련된 에라스무스주의자가 민속이라는 유산을 이용해 근대소설의 터전을 마련한다는 의미 있는 선택이 인정된다면, 방앗간 주인 메노키오가 이와는 반대의 행로를 택했을 수도 있으리라는 점을 부인하는 것은 우스운 일이 아니겠는가?

긴즈부르그는 자신이 그람시로부터 역사적인 영감을 받았다고 말했다. 따라서 《문학과 민족의 삶Letteratura e vita nazionale》《옥중수고

Quaderni del carcere》pp. 679~680 참조)에 나오는 기초적 구절들을 새삼 들먹이는 것이 이상해 보일지도 모른다. 하지만 긴즈부르그는 자신의 방법론을 밝힌 서문에서, "민중계급에게 '부과된' 문화" 및 행상문학 colportage을 통해 이루어진 "성공적인 문화 이식의 과정"에 관한 망드루의 성급한 결론과, "민중의 창조성"에 관한 보엠의 저작들을 비난 (pp. xv−xvi)하기 바로 직전, 롬바르디 사쁘리아니가 쓴 책 한 권을 참고문헌으로 제시하고 있다. 산똘리에 따르면, 사쁘리아니는 민중문학의 문제에서 그람시가 확립한 기준을 채택하여, 그것을 자신의 것으로 만들었다는 것이다. 민요 및 루비에리가 구분한 민요의 세 범주에 관해, 그람시는 이 모두가 "민중에 의해서나 민중을 위해서 쓰여지지는 않았지만, 민중이 생각하고 느끼는 방식에 들어맞기 때문에 민중이 채택한 작품들"의 범주 속에 포함되어야 한다고 주장한 바 있다. "한 민족과 그 민족문화의 틀 속에서" 민중적인 형태를 두드러지게 만드는 것은 "예술적 공예물이나 그 역사적 기원이 아니라 공공사회가 인식하는 것과는 대조적으로 세계와 삶을 인식하는 방식이다. ……민중 그 자체는 결코 동질적인 문화집합체가 아니며, 오히려 다양하게 결합된 수많은 문화적 층위들을 그 속에 포괄하고 있는 것이다."[17]

긴즈부르그가 예리하게 분석했듯이, 메노키오가 "특별한 계시나 환상을 주장하고 있었던 것은 아니었다. 그가 믿고 있었던 것은 바로 자기 자신의 총명한 머리였다"(p. 28). 16세기 말에 이르면, 이미 일찍이 자끄 르 고프가 메로빙거와 카롤링거 시대를 사례로 삼아 그토록 열정적으로 연구한 바 있던, 민속적 전통과 성직문화의 합류 현상으로부터 아득히 멀어지게 된다. 에볼리의 양치기들과 프리울리 농민들 사이에는 "교리와 종교적 의식을 거부하고 자연의 순환을 중요시하는, 근본적으로 그리스도교 이전의 성격을 지닌 농민신앙이 굳건하게 존재했을지도" 모른다(p. 112). 그러나 내가 보기에, 메노키오가 피력한 관념들의 핵심에는 당대 상층문화의 일부 진보적인 경향들, 어쩌면 피렌쩨 아카데미와 빠도바학파까지도 포함하는 지적 조류들과의 생생하고도 비판적인, 그러면서도 결코 그 존재를 부정할 수 없는 연관성이 존재하고 있다. 메노키오가 그러한 흐름들을 인식하지 못한 것은 아니었다. 그는 이러한 지식층의 저작들에서 나타나는 갈등과 근친교배적인 문제점들을 직관적으로 알고 있었다. 메노키오가 그들의 기본적인 '관념들'을 되풀이한 것이 단순히 "놀랄 만한 우연의 일치" 때문만은 아니었다. "그는 단지 그러한 관념들을 자신의 경험과 열망과 환상에 들어맞는 이미지로 옮겨 놓았을 따름이다"(p. 112). 그런데 왜 그가 진정으로 "철학자이자 점성가이며 예언자"라는 사실을 부인하는가?

최근 한 극좌파 저널리스트와의 인터뷰에서, 긴즈부르그는 자신이 이제 16세기 이단에 관한 이전의 연구들로부터 매우 멀어져 있음을 느낀다고 말한 바 있다. 즉 같은 이단자 동료를 종교재판소에 고발한 돈 삐에뜨로 마넬피의 증언록 판본뿐만 아니라("미래의 역사가들에게 오늘날의 '벤띠띠'['회개한' 이탈리아 테러리스트들]는 하늘의 선물이 될 것이다. 역사가들이 시체를 먹고 산다는 것은 주지의 사실이다."),[18] 《인내의 시합Giochi di Pazienza》[19]과 이보다 더 야심찬 저작 《니꼬데모주의Nicodemismo》와도 그러하다는 것이다. 특히 《니꼬데모주의》의 경우, 오늘날 저자 자신은 이 책이 너무 전통적인 접근을 하고 있다고 생각할지도 모르지만, 그럼에도 불구하고 그것이 해당 분야에 기여한 것은 결코 부정될 수 없으며, 베르너 카에기에 따르자면 "우리의 16세기 상像에 새로운 차원을 제시한 작은 걸작품"이다.[20]

스승인 델리오 깐띠모리가 설정한 시기 구분과는 달리, 긴즈부르그는 니꼬데모주의[여주: 어떤 종교적 신앙이나 정치적 신념을 내심 받아들이면서도 그것을 공개적으로는 천명치 않는 태도를 가리킨다. 이 말은 원래, 성경에서 예수를 따르면서도 그것 때문에 자신이 해를 입을까 두려워한 나머지 그를 몰래 찾아오곤 했던 바리새인 니꼬데모의 이름에서 유래하였다]의 출현을 몇 십 년 더 앞으로 소급시키고 있을 뿐 아니라, 그러한 현상이 나타난 장소도 종래의 반종교개혁기 이탈리아로부터 스트라스부르와 같이 프로테스탄티즘의 초기 중심지 쪽으로 옮겨 놓고 있다. 그러나 우리는 종교개혁에 관한 긴즈부르그의 다른 어떤 저작들에서보다도 이 주목할 만한 연구에서 그의 민중주의적 태도를 더 잘 읽을 수 있다. 즉 그가 니꼬데모주의의 상한선을 독일 농민전쟁 및 그들의 패배 시기와 일치하는 1525년에 둔 것은 결론이 성급해서라기보다는 오히려 그가 지닌 참여적 입장 때문이었을 것이다. 긴즈부르그가 칼코프의 고전적 연구를 참고했더라면, 자신이 연구한 역사 인물들의 테두리를 벗어나지 않고도 볼프강 쾨펠(까삐또란 이름으로 알려진 휴머니스트. 브란덴부르크 선제후 알베르트의 비서이자 마인쯔의 대주교였고, 유명한 대사부大赦符 판매 청부인이었음)이 이미 농민들의 패배 이전에, 그리고 이 사건과는 전혀 무관한 상태에서, 니꼬데모주의의 한 형태를 가다듬고 실천한 바 있다는 점을 쉽사리 알 수 있었을 것이다. 쾨펠은 루터에게 1518년 9월 4일자와 1521년 12월 20일 및 21일자로 보낸 편지에서, '우회적인 방법을 통해 중요한 일이 안전하게 이루어지도록 한다'는 경구로 자신의 정치술을 요약하였다.[21] 그는 또 다른 편지를 통해, 루터가 교황의 추종자들 및 탁발 수도회로부터 자신을 보호할 수 있기만 하면, 자신의 일에 성공을 거두리라고 예견하면서,

모호하고도 더 이상 지탱하기 어려운 자신의 입장을 다음과 같이 피력하였다. "비록 저를 숨길 수 있다손 치더라도 두려움은 여전합니다. …… 하여튼 내키지는 않지만 싸움터로 나아가지 않을 수 없군요."[22]

긴즈부르그는 비록 의도적이진 않았겠지만, 여기저기서 자신의 방법론적 공식을 똑같이 되풀이하고 있다. 이를테면, "상층과 하층"이라는 제목의 논문[23]이 한 예이다. 그는 이 글에서, 성서의 '높은 마음을 품지 말라'(《로마서》 11. 20)란 경구와 르네상스 엠블렘에 대한 교부적·에라스무스적 해석학을 검토하고 있는데, 양극성이나 유추와 같은 철학적 논점들을 다루면서, 억압받는 민중문화와 미술사 양쪽에 대한 앞으로의 자기 입장을 피력하였다.[24] 이보다 더 의욕적이며 더 유명한 것이 바로 〈징후들: 실마리 찾기의 뿌리〉라는 제목의 글인데, 이는 이탈리아 국내는 물론 국외에서도 다수 번역·간행된 바 있다.[25] 긴즈부르그와의 인터뷰에 따르면, 이 글은 "도둑과 경찰관, 학생과 부모, 합리주의자와 비합리주의자를 가리지 않고 모든 사람들"이 읽었을 만큼 널리 퍼졌다고 한다. 긴즈부르그 스스로가, "명시적이든 아니든, 실마리 패러다임의 이론가로 전환하라는 압력을 모든 사람들에게 받았으나, 나는 이것을 좋아하지 않았다"고까지 말할 정도였다. 긴즈부르그가 미술사 연구로 전환한 것은 이에 대한 대안이었다. 그 이유는 그가 철학을 공부할 수 없어서라기 보다는 차라리 관심이 있던 미술사를 공부할 기회가 학창시절에는 없었기 때문이라고 해 두는 편이 낫겠다.

역설적인 논조의 탁월한 글 〈징후들: 실마리 찾기의 뿌리〉는 소설 《7퍼센트의 해결 *The Seven Percent Solution*》에 나오는 류와 같은, 프로이트와 셜록 홈즈의 관계에서부터 출발하여 전적으로 '실마리spie(예민하고 '직관적인' 사람에게는 중요한 의미를 갖는 '특별한' 실마리)'에 근거한

'미시사'의 연구방법론을 제시하고자 하고 있다. 이 글은 당혹감과 비판을 불러일으켰으며, 구세대 역사가들 중 디아스[26]나, 로마노[27] 같은 학자들은 이에 반대하였다. 긴즈부르그는 또한 자신이 편집하는 학술지《역사 잡지Quaderni storici》의 두 공동편집자에게도 비판받았는데, 이들은 베제띠의 다음과 같은 주장을 지지하였다. 즉 "해부학적 패러다임의 측면에서 본다면, 대가의 목소리 그 자체는 아무런 모순도 없어 보일 수 있지만, 과연 우리가 긴즈부르그가 분석한 추적이라는 환유적 합리성을 통해 해방의 소리를 들을 수 있을 것인지의 여부는 여전히 더 입증해야 할 필요가 있다."[28] 결론적으로 그들은 이렇게 말한다. "이러한 개념적 '전망'은 최상의 경우라 하더라도 여전히 무시될 위험이 있으며, 중간적인 경우라도 그저 고려해 볼 만한 정도이고, 최악의 경우에는 오히려 매우 나쁜 영향을 끼칠 위험까지 있다. 그러나 그는 언제나 이러한 가능성들을 모른 체한다."[29] 이러한 관측들은 당시 이탈리아의 정치 토론 내용과 관련이 있는데, 이 때문에 정치에 관심이 있는 독자라도 이탈리아인이 아니면 사실 그러한 논의들을 이해하기가 쉽지 않다. 그러나 그 맥락은 긴즈부르그의 문화적·정치적 선택과 그의 독자들(열광적인 지지자이든 비판자든 간에)의 선택 모두를 이해하는 데 긴요하다. 과거 삐사 고등사범학교에서 긴즈부르그의 동료 교수로 있었던 비또리오 살띠니는 더 전문적이면서도 객관적인 입장에서〈실마리〉를 다음과 같이 비판하였다.

그는 거의 속물적으로 보일 정도로 자신이 비의적秘儀的 주제(필적학, 지문학 등)에 정통하다는 것을 과시하면서도, 정작 그가 기술하고 있는 문제, 즉 보편 법칙과 개별적인 역사 사례들간의 인식적 간격에 관해 한 세기 이상이나 논의되어 온 모든 철학적 이론들을 말없이 무시하고 있다니! 자신이 제시한 '갈릴레오 패러다임'과 '실마리 패러다임' 간의 구분이, 알고 보면 19세기 '신비평'의 대표자인 빈델반트의 '법칙정립적 과학nomothetic science'과 '개별기술적 과학idiographic science' 간의 독창적 구분(빈델반트 역시 후자의 경우를 직관과 연결시켰다)과 어느 정도 유사하다는 것을 인식치 못하고 있다. 긴즈부르그는 또한 리케르트가 어떻게 빈델반트의 이론을 훌륭하게 수정했는지도 알지 못한다. 그는 심지어 이 문제가 이탈리아에서도 오랫동안 논의되었을 뿐만 아니라, 이를테면 젊은 시절 끄로체가, 비록 곧바로 자신의 마음을 바꾸는 현명한 태도를 취하긴 했지만, 개별자에 대한 역사적 지식을 직관과 연결시켰다는 사실조차도 알지 못하고 있다. 그리고 긴즈부르그는 …… 막스 베버와 (훗날) 칼 포퍼의 위대한 공헌인 직관주의적 장애의 극복이라는 …… 근본적인 쟁점을 무시함으로써, 여전히 그 속에서 헤어나지 못하고 있는 것이다.[30]

7—

비록 긴즈부르그에게 여러 긍정적인 점이 있기는 하지만, 그의 자기비판 수준이 그다지 높지 않다는 점을 감안한다면, 그가 역사방법론 연구를 계속하지 않은 것이 과연 이와 같은 부정적 논평들 때문이었는지 어떤지는 알 도리가 없다. 아울러 자기 주변에서 받았다고 주장하는 '압력'이 긍정적인 것이었는지, 또는 일부 다른 원인이 그의 관심을 돌리게 만들었는지의 여부도 나로서는 알 수가 없다. 그러나 최근 몇 년 사이에 그가 나보다도 더 전문적이고 더 유능한 비평가를 필요로 하는 분야에 관심을 보이고 있다는 사실은 부정할 수 없다. 두 개의 초기 논문, 즉 "바르부르크에서 곰브리치까지"[31]라는 표제의 방법론 서평과 함께, 바사리학파 및 마타이우스 메리안[32]이 그린 몇몇 엠블렘의 의미를 논한 글은 일단 제쳐 놓더라도, 그는 1976년에 열린 한 학술회의에서 처음으로 "띠찌아노, 오비디오, 그리고 16세기 성애性愛에 대한 사본들"이라는 미술사 논문을 발표하였다.[33] 또한 1979년에는 친구인 까스뗄누오보와 공동작업하여 에이나우디 출판사에서 간행한《미술사Storia dell'Arte》에다 흥미로운 글을 싣기도 하였다. 최근 들어, 1981년에 간행된 그의《삐에로 연구: 침례, 아레쬬의 전설, 우르비노 소재 '태형 받는 그리스도'Indagini su Piero. Il Battesimo, il ciclo di Arezzo, la 'Flagellazione' di Urbino》는 미술사가들 사이에서 '큰 논란'[34]을 불러일으켰다. 매우 권위 있는 일부 학자들이 이 논문의 가치를 인정하였고, 그 중 한 사람은 번역본에 서문을 써 주기도 하였다.[35] 또어떤 학자들은 소리 높여 그 논문을 비판하였다. 긴즈부르그의 글이 실린《미술사》의 두 편집자 중 하나인 페데리꼬 제리는 삐에로 델라 프란체스까의 그림〈태형 당하는 그리스도Flagellazione〉에 대한 긴즈부르그의 해석을 다음과 같이 비판하였다.

그는 해석의 한도를 넘어서고 있다. 저자가 주장하는 비판적·역사적 이해라는 것이 사실은 전혀 적절치 못하다는 사실이 여기서 역력하게 드러난다. 특정 오류들은 제쳐두더라도 p.70에서 볼 수 있듯이, 시스또 5세는 결코 성 요한의 바실리까를 신축하기 위해 라떼라노 궁을 훼손하지 않았다. '멘수라 크리스티'의 대리석 기둥 네 개가 도대체 어떻게 오늘날 라떼라노 궁 회랑에 있는 것이라고 믿을 수 있다는 말인가? [다시 만들어진 그기둥들은] 삐에로가 로마에 있을 때보다 훨씬 더 뒤의 것인 것 같은데! 아울러 〈태형 당하는 그리스도〉에서 오른쪽에 있는 건물들이 라떼라노 궁일 것이라고 주장하는 것은 마찬가지로 부당하다. 지붕과 받침나무의 형태로 봐서 그것이 어떻게 라떼라노 궁이라는 말인가?[36]

한스 벨팅 역시 책의 마지막 부분을 비판하였다. 비록 그도 제리처럼 후원자 조반니 바치와 그 주변에 관한 연구가 "긍정적일 뿐만 아니라 매우 계몽적이라는" 점은 인정하고 있지만 말이다. 물론 삐에로의 평화주의적 작품들을 후원한 인물과 연합교회 공의회 이후 그 작품들에 영감을 주었던 평화주의 이념에 관해 긴즈부르그가 수집한 자료들이 유용한 것은 사실이다. 그럼에도 불구하고 전문가들은 일찍이 베렌손이 '연금술적 스타일'을 가졌다고 평한 바 있는 한 화가에 대해 그가 내린 강력한 도상학적iconological 해석 자체는 선뜻 받아들이려 하지 않았다. 벨팅은 긴즈부르그가 주장하는 라떼라노 궁 및 스깔라 산따와 뽀르따 디 뻴라또의 존재를 의심하고 있을 뿐만 아니라, 그림 전면에 그려져 있는 세 인물의 신원 확인도 잘못 되었다고 보았다. 그는 세 명 중 한 명이 바치일 것이라는 점은 인정하면서도, 말을 하고 있는 인물의 경우는 나이로 보나 추기경 복장을 하고 있지 않은 모습으로 보나 결코 베싸리온일 수가 없다고 주장한다.

아울러 그의 견해로는, 그림 속의 젊은이 역시 긴즈부르그의 주장과는 달리 페데리꼬 다 몬떼펠뜨로의 상속인인 부오노꼰떼가 아니라는 것이다. 왜냐하면, 그는 열여섯 살에 죽었으므로 이미 죽은 사람을 산 사람으로 그리지 않을 뿐 아니라 아직 살아 있는 사람과 대화하는 것도 허락지 않았던 15세기 미술계의 관례에 어긋나기 때문이다. 벨팅은 특히 고문서를 토대로 자신의 도상학적 해석을 입증하려는 긴즈부르그의 노력은 인정하면서도, 여전히 "역사가라 해서 그림의 이러한 수수께끼를 풀어 내 그 안에 담긴 의미를 이해시키기란 쉬운 일이 아니"[37]라는, 위로조의 말로 글을 끝맺고 있다.

8—

우리가 분명히 인정해야 할 것은 긴즈부르그의 역사 연구가 계속해서 새로운 방향으로 발전하고 있다는 점이다. 비록 그의 《삐에로 연구》가 많은 비판을 불러일으키기는 했지만, 그럼에도 불구하고 그 책은 '평화주의적' 후원자 바치의 경우에서처럼, 통설들에 맞서 새롭게 풀어 나가야 할 문서와 문제점들을 확인시켜 주고 있다. 그러나, 연구 분야가 바뀐다 해도, 좌파 경향에다가 동시에 속물적 취향의 역설을 즐기는 그의 태도에 큰 변화가 올 것 같지는 않다. 즉 그는 "오늘날 삐에로의 작품 〈태형 당하는 그리스도〉를 보려면 반드시 푸르스름한 색깔의 두꺼운 방탄 안경을 껴야만 할 것(그래도 여전히 보기는 힘들 것이지만)"이라는 식의 불평을 토로하고 있는 것이다(p. 60, n. 1). 긴즈부르그가 이 책을 쓰고 있을 당시는, 바로 이 그림을 잃어버렸다가 되찾은 놀라운 사건이 일어난 때였다(모르긴 해도 이 사건은 어떤 사회이념에 의해서가 아니라 한 갑부 미술품 수집가가 사주해서 일어났던 것 같다). 우리는, 마가레테 폰 트로타의 영화 〈납빛 시대Bleierne Zeit〉에서 슈탐하임 감옥에 갇혀 있는 테러리스트 소녀와 그 여동생처럼, 고통스런 입장에 놓인 역사가와 그림을 보면서, 이 같은 종류의 역설이 너무 멀리 나아가고 있다는 느낌을 지울 수가 없다(빠올라 잠벨리[피렌쩨대학] / 김동원).

07

까를로 긴즈부르그와 미시사의 도전

1—

한 세기의 교체를 눈앞에 둔 시점에서 20세기 서양 사학계의 흐름을 되돌아볼 때, 가장 주요한 특징들 중 하나를 꼽으라면 역시 거대이론에 바탕을 둔 역사 인식과 서술이 아닐까 생각한다. 맑스주의 역사학이나 독일의 사회구조사, 프랑스 아날학파 등이 그러한 흐름을 주도해 온 가장 중요한 세력들이었다. 그들은 이데올로기의 좌우에 관계없이 대체로 역사 인식의 틀로서는 구조에 기반한 거시적 역사를, 연구 방법으로서는 계량화를 중시하는 사회과학적 역사를 지향하면서 인간의 물질적·제도적 측면이 어떻게 발전해 왔는가를 규명하고자 하는 공통점을 지니고 있었다.

하지만 1970년대 들어, 과연 이러한 관점이 역사적 리얼리티의 다양성과 복잡성을 이해하는 데 적절하고도 충분한 방법인지에 대한 의문이 제기되면서 이제까지의 거대 역사학은 강력한 도전을 받게 되었다. 즉 미시사(또는 미시문화사)[1]로 불릴 만한 새로운 역사서술과 인식 방법이 등장한 것이다. 이러한 관점에 따르면, 역사 속에는 거대한 해석틀과 그것을 뒷받침하는 방법론의 계량성으로는 도저히 담을 수 없는 리얼리티가 존재하며, 이러한 역사적 리얼리티는 잘 경계지워진 어떤 집단이나 인물의 삶을 주위의 문화적 관계망 속에서 '촘촘하게' 그려 나감으로써 제대로 잡아 낼 수 있다는 것이다.

거시적 해석과 미시적 실증간의 대립은 역사학의 발전 과정에서 늘상 있어 왔지만, 이러한 미시사적 접근 방법은 그 동안 꾸준히 넓어진 역사학의 지평을 인정하면서도 실제의 역사서술을 통해 리얼리티의 다양성과 복잡성을 포괄할 수 있는 새로운 가능성을 보여주었다는 점에서 이전의 접근 방법과 가장 뚜렷하게 구분된다. 즉 미시사는 20세기 역사학의 최대 성과 중 하나인 '밑으로부터의 역사'를 적극적으로 이어받아 역사적 주변부를 그 주요 연구 대상으로 삼으면서도, 동시에 사료와 문체에 대한 새로운 개념과 인식을 바탕으로 실명實名의 개인 및 집단의 구체적 삶을 이야기체로 풀어 냄으로써 그야말로 질적·문화적 역사를 지향한다는 뚜렷한 특징을 가지고 있는 것이다.[2]

이러한 '새로운 역사학'의 흐름은 아직 그 경계가 명확하지는 않지만 그래도 어느 정도는 서로 구별되는 몇 개의 갈래로 나뉠 수 있다고 생각된다. 첫째는 역사 잡지 《꽈데르니 스또리치Quaderni storici》와 에이나우디 출판사의 '미시사 시리즈' 등을 매개로 그 영역을 넓혀 나가고 있는 이탈리아 '미시사microstoria' 학파로서, 까를로 긴즈부르그나 조반니 레비가 그 중심 인물들 중 일부이다. 둘째는 영미권을 중심으로 각별히 문화인류학자 클리포드 기어츠의 상대주의적 입장과 화이트의 '언어적 전환'의 시각을 좀더 강조하는 '문화사cultural history' 그룹인데, 내털리 제이먼 데이비스나 린 헌트, 로버트 단턴 등이 대체로 이에 속한다. 셋째는 괴팅엔의 막스 플랑크 역사연구소를 거점으로 하는 독일의 '일상사Alltagsgeschichte'이다. 이 경향을 대표하는 사람으로는 한스 메딕이나 알프 뤼트케를 들 수 있는데, 그들은 기어츠나 화이트를 적극적으로 수용하는 점에서는 문화사 그룹과 닮았다. 반면 과거의 이질성과 역사의 불연속성을 강조하는 이탈리아나 영미권의 경우와는 달리 나찌즘과 아우슈비츠 같은 독일 현대사의 문제를 해결하는 데 더 큰 관심을 둔다는 차이점도 있다. 프랑스 망딸리떼사histoire des mentalités의 경우, 삐에르 쇼뉘의 계열사류보다는 엠마뉘엘 르 로아 라뒤리의 《몽따이유Montaillou》에서 보이는 인류학적 역사로 범위를 한정시킨다면 크게 보아 미시문화사적 흐름에 속한다고 볼 수도 있다. 물론 이들의 경계는 불확실하고 겹쳐 있으며, 현재로서는 서로간의 차이에 의해서보다 기존의 역사학과 구별되는 공통점에서 그 정체성을 찾고 있다.

이러한 흐름을 선도하는 역사가들 중에서도 가장 주목받을 만한 인물이 있다면 그는 바로 이탈리아 미시사학파의 까를로 긴즈부르그이다. 그는 볼로냐 세미나를 다리 삼아 미시사 연구자들간에 대화의 장을 마련하고 UCLA에서의 연구와 강의를 통하여 영어권으로 그 영향력을 확대해 나가면서, 거시사 특히 아날학파의 계량적 역사관에 정면으로 도전하고 있다. 각별히 그는 삼부작이라고 말할 수 있는 《베난단띠》, 《치즈와 구더기》, 《밤의 이야기》 같은 저작에서, 근대 초 유럽의 마녀신앙과 이단의 문제를 통해 지금까지 주변부적 주제로 소외되어 온 민중문화의 역동성과 연속성을 주장하고 이를 입증하기 위해 전통적 역사학의 실증 방법을 비판한 새로운 사료해석 방식을 제시함으로써 학계에 커다란 반향을 불러일으키고 있는 것이다.[3]

이 글에서는 긴즈부르그의 저술들을 중심으로 미시사의 주요 특징들을 검토하고, 그것이 앞으로의 역사 인식과 서술에 어떤 의미로 다가올 것인지 생각해 보는 데 초점을 두고자 한다.[4] 이 글의 일차적인 목적은 물론 긴즈부르그의 미시사적 관점이 지닌 실험성의 새로움과 한계를 살피는 일이 되겠지만, 필자의 바람으로는 이를 넘어서서 그러한 시도가 단지 서양이 아닌 우리의 역사학에 어떤 시사점을 던져주는지를 내심 되묻는 조그만 계기가 되었으면 좋겠다. 글의 방향은 먼저 위에서 언급한 긴즈부르그의 삼부작을 중심으로 그가 주장하는 마녀숭배와 이단신앙의 민중문화적 의미가 어떤 것인지를 살피고, 이어서 그러한 의미를 재구성해 낼 수 있도록 하는 그의 독특한(그래서 더 논쟁적인) 민중문화론과 역사방법론에 관해 검토한 뒤, 전체적으로 그의 미시사적 접근 방법이 기여한 점에 대해 생각해 보는 것으로 끝맺을까 한다.

2—

먼저 《베난단띠》(1966)부터 이야기를 시작해 보자. "16~17세기의 마법과 농경제의"라는 부제가 말해 주듯이, 이 책은 1570년대로부터 1640년대에 이르는 시기 동안 이탈리아 북동부의 프리울리 지방에서 수백 명의 주민이 마법을 행한 혐의로 피소된 이단재판 기록에 근거한 연구이다. 이러한 재판의 피의자들은 한결같이 자신들이 악마의 사주를 받아 마을을 위협하는 마녀/마법사[5]에 대항하여 마을을 지키는 '베난단떼/베난단띠'[6]라고 주장하였다.

"도대체 '베난단떼'란 무슨 말인가?" 1580년 6월의 한 재판에서 신문관인 펠리체 신부가 묻는다.[7] 이에 대한 대답에 따르면, 그들은 연중 네 번, 사계대제일주간四季大齋日週間(le quattro tempora)의 목요일 밤에 실신 상태(엑스타시)로 들어가는데, 그때 영이 몸에서 빠져나와 들고양이나 들토끼와 같은 짐승의 모습으로 변신해서 그들의 회합 장소로 날아가 마녀들과 일종의 제의적 전투를 치른다는 것이다. 이때 베난단떼는 회향풀이나 가막살나무 줄기를, 마녀는 사탕수수 줄기나 화덕을 청소하는 나무막대기를 무기로 삼는다. 이 전투에서 베난단떼가 이기면 풍년이 들고 지면 흉년을 맞게 된다는 것이다. 또 실신 상태에서 죽은 가족이나 친척들을 만나 이야기를 나누고 그들의 전언傳言을 이행하는 경우도 있다. 그들이 선택된 특별한 존재라는 징후는 탄생시 모래집의 일부인 대망막大網膜(camicia)을 머리에 쓰고 나온다는 점이다. 그들은 성년이 되면서 천사에게서 소명을 받게 되며, 대망막을 잃지만 않으면 대략 마흔 살까지 주어진 임무를 수행하게 된다.[8]

하지만 베난단떼에 대한 이러한 설명은 이미 정형화된 악마론으로 무장한 엘리트 문화의 신문관이 이해하기 힘든 것이었다. 그들에게는 들짐승으로의 변신, 야밤의 비행, 마녀와의 회합, 죽은 자와의 대화 등이 이단의 전형인 사바sabba, 즉 악마연회의 이미지[9]와 흡사하게만 여겨질 따름이었다. 사실 60~70년을 끈 재판의 내용은 스스로의 기독교적 소명을 설득하려는 피의자들과 그것을 사바로 연결하려는 신문관들 사이의 밀고당기는 과정에 다름 아니었다. 결국 첫 신문이 있은 지 약 40여 년 후, 베난단떼의 자백은 이단신문관이 원하던 내용과 거의 같아지기 시작하였다. 1623년에 열린 일련의 재판에서 조반니 시온이라는 피의자는 드디어 자신이, 머리에는 "염소의 뿔과 같은 것"을 달고 발에는 "노새의 발굽"이 달린 악마를 경배했으며, 그 모임에서 마녀들과 어울려 먹고 마시면서 난잡한 행위를 저질렀다고 '실토'하였다. 1570년대에는 천사의 부름을 받았다고 스스로 확신했던 베난단떼가 이제는 '말란단떼(나쁜 일을 하는 사람)'로서 사바의 한가운데에 서 있게 된 것이다.[10]

그러면 이처럼 이단신문관들에게 압력을 받아 사바로 규정되고 말았던 베난단떼의 모임은 원래 무엇을 의미했던 것인가? 긴즈부르그는 그것이 기독교의 도래 이전부터 있어 왔던 고대의 다산신앙 내지는 풍농제의 흔적이라고 생각한다. 이러한 인류학적 관점은 이미 40여 년 전, '마녀들'의 자백이 무지에서 비롯된 단순한 망상이나 환상이 아니라 홀다나 디아나 같은 밤의 여신을 섬기던 고대 다산숭배적 제의와 관련되어 있다고 주장했으나 곧 심한 비판을 받고 잊혀졌던 마가렛 머레이[11]를 되살려 낸 것이다. 긴즈부르그는 여기서 한걸음 더 나아가 베난단떼 신앙이 알사스에서 헤쎈까지, 그리고 바바리아에서 스위스까지, 더 멀리는 리보니아(리투아니아)에 이르는 중앙유럽의 광대한 지역에서 존재했던 고대 풍농제의 마지막 유제일 것이라는 대담한 주장을 내놓았다.[12] 그는 이러한 지역들을 잇는 끈으로서 16세기 말 17세기 초 헤쎈과 바바리아에서 발견된 야행인간 '나하트파르nachtfahr'와 리보니아의 늑대인간 '바르볼프wahrwolff'의 존재를 예로 들고 있다. 나하트파르의 경우는 베난단떼와 마찬가지로 사계대제일 밤에 실신 상태로 들어가 그 영혼이 홀레·베네레 여신이 지배하는 저승세계를 떠도는데, 이를 성공리에 마치게 되면 그는 그 해의 풍년을 보장할 수 있는 힘을 얻는다는 것이다.[13] 바르볼프에 대한 기록 역시

15세기 북독일과 발틱 지방에 떠돌던 난폭한 늑대인간 이야기와는 달리, 늑대로 변신하여 그 해의 풍년을 위해 마녀와 싸운다는 골격을 가지고 있다.[14] 긴즈부르그는 독일과 슬라브 전통이 만나는 곳에 위치한 프리울리의 베난단떼 이야기가 이 둘을 수렴한 경우라고 생각하는 것이다.[15]

이 책은 지금까지 알려지지 않았던 베난단떼에 대한 기록을 면밀히 분석하여[16] 신문관의 유도신문과는 분명히 구별되는 피의자의 목소리를 가려내고 그것을 광범위한 지역의 농촌 구전문화와 관련시킴으로써, 마녀신앙의 민중적 기원이라는 문제를 새롭게 조명하고 나아가서는 엘리트 문화와 구분되는 민중문화의 정체성을 확립하려고 했다는 점에 강점이 있다. 이 과정에서 긴즈부르그가 일관되게 추구한 연구의 지향점은 상징의 역사적 의미이다. 그는 마녀재판을, 무지렁이 농민의 환상과 그것을 악마론이라는 종교적 도식으로 재단하려는 중세 엘리트 계급의 무지가 만들어 낸 전대미문의 해프닝쯤으로 치부하는 계몽주의적 입장이나 혹은 왜 그러한 일들이 일어났는가를 사회적·심리적으로 해명하려는 사회사적 시각을 넘어서서, 베난단떼의 제의와 마녀들의 사바에 공통적으로 담긴 실신 상태, 변신, 영혼의 야행 등의 상징 요소들이 단순한 허상이 아니라 농민문화의 본질적 표현이며, 그 뿌리는 더 먼 과거로 거슬러올라갈 것이라는 점을 보여주려 했던 것이다.

3—

미시적 분석을 통해 민중문화의 뿌리를 찾아내려는 긴즈부르그의 방식이 좀더 극단적으로(그래서 더 흥미 있게) 나타난 예가 그의 저술들 중 가장 잘 알려진 《치즈와 구더기》(1976)[17]이다. 이 역시 프리울리의 이단재판 기록을 바탕으로 하고 있지만, 주제는 마법이 아니라 메노키오란 별명의 "16세기 한 방앗간 주인의 세계관"이다. 그는 프리울리의 조그만 농촌 마을 몬떼레알레에서 방앗간을 하는 결코 빈한하지는 않은 가계에다 촌장격에 해당하는 사회적 지위를 겸비하고 있었으며, 더욱이 당시 농촌에서는 보기 드물게 글을 읽고 쓸 수 있었던(물론 고급한 수준은 아니었다) 인물이었다. 그러나 쉰한 살 되던 해인 1583년에 그는 이단 혐의로 피소되었고, 이후 여러 차례의 투옥과 방면 그리고 다시 체포되는 과정을 거듭한 끝에 결국은 1599년 말 화형을 당한 이력을 가지고 있다.

이단 혐의를 받은 메노키오의 주장들에는 이른바 자연발생적 우주생성론에서부터 종교와 인간에 대한 개방적 태도에 이르기까지, 당시의 일개 촌부로서는 생각하기 힘들 것 같은 매우 독특한 특징들이 다수 나타나고 있다. 책의 제목이 말해 주듯이, 그는 마치 치즈가 숙성하는 과정에서 구더기가 생기는 것처럼 이 우주의 생명체들도 우유처럼 엉긴 태초의 물질덩어리에서 생성되었다는 확신을 지니고 있었다. 심지어 신과 천사까지도 이렇게 만들어졌다는 것이다. 아울러 그는 예수의 신성과 부활을 부정하면서, 예수가 우리에게 귀감을 보여준 위대한 예언자였을 뿐이라고 주장하였으며, 교황이나 주교의 종교적 권능도 보통의 인간들과 다를 바 없다고 단언하였다. 또한 자신이 기독교인이고 그러한 믿음에 확신을 가지고 있는 것은 단지 대대로 그것을 믿어 왔기 때문이지 결코 다른 종교가 틀렸다는 이유 때문이 아니며, 사실 신을 사랑하기보다는 이웃을 사랑하는 것이 더욱 큰 율법이라고까지 말하였다. 또 성찬식을 제외한 모든 성사들은 성직자들이 돈을 벌기 위해 만들어 낸 눈가림에 불과하다면서 성직자에 반하는 과격한 태도를 보이기도 하였다.[18]

베난단떼의 경우와 마찬가지로, 메노키오의 주장들 역시 여태까지 신문관들이 알고 있던 어떠한 이단교리와도 잘 들어맞지 않는 것이었다. 시기상으로나 교의의 내용으로나, 우리는 먼저 종교개혁이라는 사회 조류가 메노키오에게 어떤 영향을 미쳤으리라고 추측해 볼 수 있다. 메노키오 자신도 그가 '루터파'와 접촉한 적이 있다고 말한 바 있다. 그러나 그를 루터파로 보기는 힘들다. 왜냐하면, 그들을 가리켜 "사악한 가르침을 일삼고 다닌다"고 비난했을 뿐 아니라, 신앙 의인이나 예정설에 대해서는 전혀 무지한 상태에 있었기 때문이다. 오히려 이보다는 재침례파와 관련되어 있는지 생각해 보는 쪽이 더 나아 보인다. 긴즈부르그도 예수의 신성을 부정하고 성사를 거부하며 교회의 탐욕과 허식을 비난하는 따위의 교의들이 재침례파의 경우와 상당히 비슷하다는 점을 인정한다. 실제로 16세기경까지도 프리울리와 가까운 베네또 지방에 이 교파가 있었다는 증거가 있다. 그러나 대사부大赦符의 유익성을 부정하지 않는다든지, 성경과 복음서 외의 다른 책들에서도(심지어는 《데까메로네》나 《코란》에서까지도) "신의 감화"를 받는다든지 하는 메노키오의 다양한 면모는 재침례파의 편협한 종파성과는 거리가 먼 것이었다.[19]

그러면 그의 독특한 교의들은 도대체 어떻게 만들어진 것인가? 메노키오의 대답은 간명하다. 자신의 "주장들은 내 머리에서 나왔다"는 것이다.[20] 이 말은 그가 어떤 교파의 주장을 그대로 되풀이하고 있지 않음을 시사해 준다는 점에서 중요하다. 물론 그의 주장들은 단순한 상상의 소산이 아니라 나름의 상당한 "출처"가 있었는데, 그것은 다름이 아니라 자신이 읽었던 책이었다.[21] 여기에는 복음주의적 전통에서 성직자의 위선을 공격하는 내용을 담은《까라비아의 꿈》, 중세 연대기와 복음서 등을 뒤섞어 엮어 놓은《성서진화》, 아우구스티누스파 수도사 포레스띠의 연대기를 속어로 번역한《증보 연대기》, 존 맨더빌의 유명한 여행기를 이탈리아어로 번역한《기사 만다빌라》, 보까초의 무삭제판《데까메로네》등에다, 속어판《성경》과 심지어는《코란》으로 추정되는 책까지 들어 있었다.[22] 이들은 모두가 14~15세기경에 만들어져 16세기까지도 민간에 널리 유포되고 있었던 책이었다.

하지만 메노키오가 자신의 주장을 이 책에서 그대로 빌려 온 것은 결코 아니었다. 긴즈부르그는 이 책들의 내용이 메노키오의 말과 비슷한 면이 있기는 하지만, 각 이야기의 전체적 흐름이나 세부 맥락은 종종 그의 주장과 전혀 다르다는 사실을 확인하였다. 한두 가지 예를 들어보자. 우리는 예수가 인간이었다는 그의 주장을 기억한다. 그 근거를 묻는 신문관의 질문에 그는《성서진화》를 들고 있다. 그 책 166장에는 "예수는 어떻게 학교에 갔던가"에 관한 이야기가 나온다. 여기서 예수는 자신을 때린 선생을 저주하면서 그를 그 자리에서 죽게 만든다. 이를 목격한 사람들이 예수를 나무라자, 요셉은 말하기를 "내 아들아, 진정하거라. 네 눈에는 너를 욕하는 이 많은 사람들이 보이지 않느냐?"라고 하였다. 바로 이 대목에서 메노키오는 요셉의 "내 아들"이라는 말을 받아들였던 것이다. 그러나 이와 같은 쪽에 실린 다른 이야기 속에는 어떤 여인이 마리아에게 예수가 그녀의 아들이냐고 묻자, "그럼요. 그는 내 아들입니다. 그의 아버지는 하나님 아버지 한 분이고요"라고 대답하는 장면이 나온다. 메노키오가 이 이야기만 빼고 읽었을 리는 없다. 긴즈부르그의 말처럼 그의 독해 방식은 이처럼 "일방적이고 자의적인" 데가 있었다.[23]

이와 유사하지만 또 다른 의미를 갖는 예로서, 메노키오의 우주생성론을 들 수 있다. 신과 천사를 포함한 모든 것이 태초의 카오스 상태에서 만들어졌다는 주장에 놀란 신문관이 도대체 어디서 그런 말을 들었느냐고 묻자, 그는 《성서진화》에서 그런 내용을 읽었으나, 카오스에 대한 그 밖의 사실들은 모두가 제 머리에서 나온 것입니다"라고 대답하였다. 하지만 그의 기억은 정확한 것이 아니었던 듯하다. 긴즈부르그에 의하면, 《성서진화》는 태초의 창조에 관해 두서없이 이런저런 이야기를 하고 있을 뿐이며, '카오스'란 말은 메노키오의 독서 목록에 들어 있던 《증보 연대기》에 나온다는 것이다. 성서의 창조론과 오비디우스의 시원론을 뒤섞어 놓은 이 책에서 언급되는 "거대하고도 혼돈적인 물질"로 가득찬 태초의 카오스 상은 메노키오에게 깊은 인상을 주었음에 틀림없으며, 그는 이후 오랜 생각 끝에 자신만의 '자연발생적' 우주생성론을 마을사람들에게 이야기하게 되었을 것이다. 뽀뽈레도라는 이름의 마을사람은 메노키오가 다음과 같이 주장했다고 증언한다. "태초에 이 세상은 아무것도 아니었다. 그러다가 바닷물이 거품을 일으키며 세상을 덮쳤고, 이후 치즈처럼 굳어졌다. 이로부터 수많은 구더기들이 나타났고 또 사람으로 변하였다. 이 중 가장 힘세고 똑똑한 것이 하나님이었으며, 다른 것들은 그에 복종하였다."[24] 메노키오의 '창세기 상像'이 만들어지기까지의 이러한 일련의 과정을 통해, 책에서 본 기독교적 창조 상과 이교적 카오스 상의 단편들이 그가 일상적으로 겪었던 농경적 "물질주의"[25]의 경험과 '창조적'으로 결합되었음을 보여주고 있다고 한다면 지나친 생각일까? 긴즈부르그는 이를 종교개혁과 인쇄술의 시대에 민중적 구전문화가 엘리트적 문헌 문화와 만나면서 일어난 일종의 "창조적 오독"이라 부른다.[26]

메노키오가 읽었던 텍스트와 그가 그것을 이해하고 이단신문관에게 진술한 내용에 나타나는 이러한 차이는 무엇을 의미할까? 긴즈부르그에 따르면, 이는 메노키오의 관념들이 결코 어떤 특정한 책의 내용으로 환원될 수 없는 "아득히 오랜 구전 전통"에서 연유하고 있음을 뜻한다. 그는 단순히 《성서진화》를 읽고 예수의 인간됨이나 자연발생적 우주생성론을 '배운' 것이 아니었다. 물론 그의 생각들이 당시의 개혁적 지식층과 유사한 데가 있는 것은 사실이지만, 종교적 관용과 급진적 사회 혁신에 대한 옹호나 치즈와 구더기 메타포를 통한 물질주의적 우주생성론 등은 분명히 "그 나름의 고유한 특색"을 지니며 결코 외부의 영향을 "수동적으로만" 받아들였다고 생각되지는 않는다는 것이다.[27] 예컨대 긴즈부르그는 메노키오의 자연발생론을 그와 유사한 주장을 한 동시대의 빠도바학파보다는 고대 인도의 베다(그리고 알타이의 신화)와 연결짓는다. 거기에는, 창조자 신들이 원시의 바닷물을 휘젓고 두들김으로써 우주가 만들어졌다고 되어 있다. 그리하여 태초의 바닷물은 마치 우유가 응고되어 치즈 모양으로 변하듯이 굳은 층들로 둘러싸이게 되었고, 이로부터 초목과 짐승과 사람과 신들이 나타났다는 것이다. 이는 앞서 말한 메노키오의 이야기와 매우 흡사하다. 긴즈부르그는 이것이 결코 단순한 우연이 아니라, 몇 천 년의 시간 속에서 언어의 차이를 뛰어넘어 이어온 우주론적 전통의 흔적이라고 생각한다.[28] 마치 베난단떼 이야기가 고대 풍농제의 모습을 간직하고 있듯이. 결국 메노키오의 이야기는 민중문화가 엘리트 문화에 의해 단순히 '부과된' 것이 아니라 유구한 세월 속에서 스스로의 가치들을 '생산해' 왔음을 보임으로써,[29] 문화의 관계망과 전달이라는 중요한 문제를 민중적 층위에서 새롭게 제기하고 있는 셈이다.

4—

긴즈부르그가 해석한 베난단떼와 메노키오의 이야기는 전자가 마녀로 간주된 한 집단을 다루고 있는 반면 후자는 이단의 혐의를 받은 한 인물을 주제로 삼고 있다는 차이점에도 불구하고, 다음과 같은 두 가지 일관된 공통점을 보인다. 그 하나는 풍년을 기원하는 베난단떼의 제의적 전투, 그리고 자연발생적 우주생성론 및 사회개혁에 대한 유토피아적 열망을 담은 메노키오의 이단신앙이 엘리트적 문헌문화의 압력을 받아 서서히 변형되어 가던 민중문화의 흔적을 상징적으로 보여주고 있다는 점이며, 다른 하나는 그러한 민중문화의 뿌리가 역사적으로 아득한 고대 우랄 알타이 지역의 샤머니즘으로까지 소급된다는 점이다. 첫 번째 논점은 이단재판 기록의 특징인 양의 방대함과 내용의 세세함에다 긴즈부르그의 탁월한 문헌학적 해독 능력 덕분으로 학계에서 대체로 긍정적 평가를 받았으나, 두 번째 논점의 경우는 그에 대한 구체적 증거가 부족해서 저자 자신부터 단지 그렇게 '추정'한 정도였을 뿐이었다. 하지만 그는 내심 베난단떼와 메노키오가 결코 우연이나 예외에 속하는 예가 아니라 시공간적으로 더 오래고 더 넓은 리얼리티의 틈새를 보여주는 일종의 '실마리' 혹은 '징후'와 같은 것이라고 '확신'하였다.[30]

　이단신앙, 특히 "마녀연회의 민속적 뿌리"[31]를 추적해 감으로써 유럽 민중문화와 고대 아시아 샤머니즘이 실제로 연관되어 있음을 입증해 보겠다는 야심찬 시도의 결과가 바로 《밤의 이야기: 사바의 해독》 (1989)이다. 이 책의 주요 내용은 모두 3부로 나뉘어 있다. 1부는 이단 재판에서 나타나는 사바의 이미지가 언제 어디서 출현했는지 따져 올라간다. 2부는 뒤에 사바로 이어지는 민속신앙을 담고 있는 신화와 제의의 심층을 비교 분석한다. 3부는 이러한 신화와 제의들이 어떻게 변형·확산되었는지를 고찰한다. 또 이 각각은 다루는 주제에 따라 이야기하는 방식이 서로 다르다. 1부에서는 비교적 꼼꼼한 문서 입증과 평이한 이야기식 서술 방법을 통하여 사건들의 시간적·지리적 관련성을 이리저리 따져 가는 형식을 취하고 있다. 하지만 2부와 3부에서는 수천 년간의 시간대에다 서로 수천 킬로미터 이상 떨어진 지역들을 다룸으로써, 불가피하게 종종 이야기의 실마리를 잃게 되고 그리하여 시공간적 연속성보다는 신화와 제의들의 형태적 유사성에 기대게 된다.[32]

책의 내용을 간략하게 살펴보자. 1부에서 긴즈부르그는 근대 초에 나타나는 사바의 기원을 주로 나환자, 유대인, 이슬람교도를 희생양으로 한 유럽인들의 음모설에서 찾는다. 1321년 프랑스의 연대기들은 나환자들이 일제히 검거되어 여러 사람이 처형당했다는 사실을 전하고 있다. 우물에 독을 타려 했다는 죄목이었다. 연대기에 따라서는 유대인들이 그들을 뒤에서 사주했다거나, 심지어는 그라나다의 이슬람 군주가 다시 그 뒤에 있다고 주장되었다. 특히 프랑스 서부 지역에서 심했던 이 같은 박해는 1338년에 가서야 적어도 공식적으로는 끝이 났다. 하지만 1348년 흑사병이 돌자 이제는 유대인들이 표적이 되었다. 그들이 고의로 전염병을 퍼뜨렸다는 것이다. 프랑스 동부와 중부, 스위스, 이탈리아 북서부 지역을 중심으로 게토가 습격을 받고 수

많은 유대인들이 죽임을 당하였다. 이어서 1409년, 교황 알레싼드로 5세는 악마를 숭배하고 마법을 쓰는 "새롭고도 …… 낯선" 종파를 금지하는 칙령을 발포하였다. 이러한 종파와 관련된 것으로 알려진 제의의 내용들은 1435~1437년에 독일의 요하네스 니더가 쓴 《포르미카리우스Formicarius》와 스위스인 유스팅어 폰 쾨닉스호펜의 연대기(1438) 속에 잘 나타나 있다. 특히 후자의 경우, 들짐승으로의 변신이나 야음을 탄 비행 등 그 뒤 약 250년 동안 모양새를 갖추게 되는 사바의 주요 요소들이 거의 그 모습을 나타내고 있다는 점에서, 백여 년에 걸쳐 나환자, 유대인, 마녀로 변형되어 온 음모의 마지막 완결 단계를 이루고 있는 셈이었다.[33]

그렇다면 실신 상태나 변신, 야간비행 등 '마녀들'의 자백에서 공통적으로 나타나는 요소들은 도대체 어디서 연유한 것인가? 긴즈부르그는 이러한 요소들이 고대의 민중문화적 뿌리에서 갈라져 나온 것이라고 생각하였다.[34] 그 실마리는 앞서 베난단떼와 바르볼프 등의 경우에서 본 '선한 일을 하는 사람들'이나 메노키오와 베다·알타이 신화의 치즈 메타포 등이 보여주는 형태학적 가족 유사성이었다. 2부는 바로 이러한 형태적 유사성의 역사적 사례들을 수집하고 분류하여[35] 그 공통 특징들이 고대 샤머니즘의 경우와 매우 유사함을 보이는 데 초점을 맞추고 있다.

긴즈부르그가 멀리는 카롤링거 시대의 연대기로부터 15~16세기 이탈리아 역사서를 거쳐 가까이는 18~19세기 민속 연구에 이르기까지 다양하고도 방대한 사료들을 바탕으로 분석해 낸, 샤머니즘에 그 기원을 두고 있다고 생각되는 유럽의 신화와 제의들은 대체로 다음과 같은 여섯 개의 범주로 나누어진다. 첫째, 실신 상태에서 주로 여신이 이끄는 제의에 참가했다고 알려진 경우(스코틀랜드의 fairies, 프랑스, 이탈리아 중부와 북부, 라인란트의 Matres, benandanti, Diana, Habonde, 시칠리아의 Donni di fuora). 둘째, 실신 상태에서의 풍년을 위한 전투(프리울리의 benandanti, 꼬르시까의 mazzeri, 이스트리아, 슬로베니아, 달마티아, 보스니아－헤르체고비나, 몬테니그로의 kresniki, 헝가리의 táltos, 오세시아의 burkudzäutä, 리보니아의 wahrwolff, 라플란드의 no'aidi). 셋째, 크리스마스와 주현主顯 축제일 사이의 십이야에 나타난다는 반인반수로의 변신 설화(그리스의 kallikantzaroi). 넷째, 역시 같은 십이야에 동물 모양의 가면을 쓰고 마을을 돌며 행하는 젊은이들의 의식(헝가리의 regös, 불가리아 마케도니아 지역의 eskari, 불가리아 동부의 surovaskari, 세르비아의 coledari, 루마니아의 câluşari, 우크라이나의 koljadanti). 다섯째, 귀신을 내쫓아 풍년을 기원하는 축제 의식(스위스 그리종의 punchiadurs). 여섯째, 사자死者의 영과 접촉하는 의식(프리울리의 benandanti, 아리에쥐의 armiers, 그루지아의 mesulane).[36] 긴즈부르그는 이러한 의식과 제의들 속에서 공통되게 나타나는 실신 상태, 동물로의 변신, 마법비행, 풍년을 기원하는 전투, 사자와의 교통, 밤의 여신에 대한 숭상 등의 요소들이 일찍이 샤머니즘의 특징[37]으로 알려진 것들과 매우 유사하다는 점을 보여주려고 하였다.

그러나, 이러한 형태학적 '증거'에도 불구하고, 아득한 고대 시베리아 샤먼의 의식과 근대 초 유럽 지역의 민속 사이에 놓인 엄청난 시간적·지리적 간격을 어떻게 설명해야 하는지에 대한 어려운 문제가 여전히 남아 있다. 《밤의 이야기》 3부는 쉽사리 풀릴 것 같지 않은 이러한 의문에 대한 대담한 도전이다. 긴즈부르그는 기원전의 스키타이 유물, 헤로도토스의 스키타이인에 대한 기술, 스키타이 문화에 연원이 닿는 이란어계 민족들의 전승 등 고고학적, 문헌학적, 민속학적 증거들을 실마리로 삼고 이들에 대한 방대한 연구를 길잡이로 해서 양자간의 접촉 지점들을 찾아 나선다. 그리하여 그가 잠정적으로 수립한 접촉의 경로는, 퉁구스의 샤먼, 라플란드의 노아이디, 헝가리의 탈토스를 따라오다가 종국에는 몬테니그로의 크레스니키나 프리울리의 베난단떼 같은 인도·유럽문화로 이어지는 끈, 단순하게 설명하자면 시베리아 유목민들로부터 스키타이인과 트라키아인을 거쳐 켈트인으로 연결되는 길이었다.[38]

민중문화의 접촉 경로를 재구성함에 있어 긴즈부르그가 채택한 방법틀은 확산·구조 모형이라 불릴 만한 것이다. 이는 우리가 광대한 시공간에 걸친 민속적 특성의 형태적 유사성이라는 문제, 즉 "어떤 믿음, 어떤 의식, 어떤 조형적 공식이 어떻게 해서 그토록 오랜 시간(몇천 년) 동안 보존될 수 있었으며 또 그렇게 이질적인 환경(수렵, 유목, 농경) 속에서 퍼져 나갈 수 있었던가?"[39] 하는 의문에 답하고자 하는 것이다. 예컨대 신데렐라 모티프는 왜 그토록 다양한 지역에서 나타나는 것인가?[40] 긴즈부르그에 의하면, 이는 "인간의 마음속에 깃든 어떤 구조적 특성들"[41]에서 연유한다. 하지만 그는 이러한 구조적 특성을 종래의 '원형原型;archetipo'과 동일시하기를 거부한다. 이 말은 곧 신화나 민속에서 되풀이하여 나타나는 요소들을 인간이 지닌 집단무의식의 유산으로 보는 융의 관점에 따르지 않는다는 뜻이다.[42] 대신 그는 좀더 유물론적 입장에서 이러한 구조적 특성을 인간의 육체적 경험이 "보편적 상징 형태"를 통해 "자기 표현화"된 것으로 본다. 그는 자신의 이러한 관점이, 특정한 상징들을 일종의 '문화적 보편자'로 상정함으로써 그것을 삶의 구체성으로부터 멀어지게 만드는 원형론의 문제점을 바로잡을 수 있다고 믿는다. 왜냐하면 보편 요소란 구체적 상징(절름발이, 반인반수, 한쪽 신발만 신은 사람 등) 그 자체보다는 오히려 육체의 구체적 경험을 재현해 내는 범주적 행위(이를테면 죽음)에 의해 표현되기 때문이다.[43]

　이와 같은 시각에서 긴즈부르그의 다양한 이야기들을 함께 묶어 보자. 그가 다룬 민중민속들 속에서 끊임없이 반복되는 요소가 있다면 그것은 아마 동물과 죽음일 것이다. 그는 이 두 요소가 이승과 저승을 이어주는 연결고리라고 본다.[44] 그래서 베난단떼의 영혼은 엑스타시 상태에서 들토끼나 들고양이로 변해 몸에서 빠져나왔으며, 탈토스는 황소의 모습으로 바르볼프는 늑대의 형상으로 나타났고, 사바의 마녀들은 염소의 잔등에 올라타거나 고양이, 늑대, 토끼로 변신하는 것이다. 이는 마치 샤먼이 엑스타시의 여행을 떠나기 전에 깃털로 몸을 치장하는 것과 같다. 변신과 엑스타시를 통한 영혼의 저승여행이야말로 몇 천 년이라는 긴 시간과 몇 천 킬로미터가 넘는 드넓은 지역에서 되풀이되어 온 민중문화의 원초적 '경험 구조(물론 융류의 무의식적 소산이 아닌, 구체적 삶에 뿌리박은 육체적 경험의 결과로서)'인 것이다. 이로써, 베난단떼와 사바를 실마리로 삼고 징후로 보아 민중문화의 근원과 그 확산 과정을 캐고자 했던 긴즈부르그의 긴 여정도 일단 그 막을 내린 셈이다.

5—

긴즈부르그가 자신의 중요 저술들을 통하여 일관되게 보여주는 요소가 있다면, 종속계급의 문화에 대한 남다른 애정과 관심이 그중 하나일 것이다. 앞서 살핀 것처럼, 베난단떼나 마녀신앙, 메노키오의 이단 관념 등을 모두 종속계급의 문화 혹은 그 구체물인 민속과 연결시키고 있는 것도 바로 그의 이러한 '인민주의적' 경향에서 연유한다. 하지만 여기에는 이른바 '민중문화cultura popolare'의 성격을 두고 오랫동안 반복해서 제기되어 온 논점들이 개입되어 있다. 즉 '민중문화의 경계는 어디까지인가? 그것은 어느 정도로 독자성을 가지는가? 엘리트 문화와 민중문화간에 과연 상호 작용이라는 것이 존재할 수 있는가?' 등의 의문들이 바로 그것이다.

긴즈부르그에 따르면, 민중문화(특히 산업화 이전의 근대 초 유럽의 경우)에 대한 지금까지의 관점들은 대체로 다음의 네 가지 정도로 나뉜다. 첫째는 민중문화를 지배계급이 제공한 하급의 문화 생산물에 종속계급이 수동적으로 적응한 결과로 보는 것이다. 이는 오직 엘리트 문화만이 독창성을 가질 수 있다고 믿는 전통적 귀족주의적 문화 개념에 가깝다. 이런 의미에서 그는, 로베르 망드루가 17~18세기 프랑스 '행상문학'의 성격을 현실도피적인 것으로 규정하고 이를 당시 민중계급의 세계관과 동일시함으로써, 민중에 '부과된' 문화를 곧 민중계급의 문화로 오인하는 실수를 범했다고 비판하였다. 둘째는 지배계급의 문화에 대응하여 민중문화가 적어도 일부나마 자율성을 지니고 있음을 시사하는 시각이다. 주느비에브 보옘이 한 예인데, 그는 망드루와는 달리 행상문학을 전적으로 문화 이식의 과정으로 보지는 않으나 여전히 지배계급이 생산한 문화 속에서 민중문화의 독창성을 찾으려 하는 아이러니를 드러내고 있다는 것이다. 셋째는 미셸 푸꼬처럼 문화가 미치지 않는 곳, 혹은 문화 이전의 상태 속에 종속계급을 설정함으로써 민중의 삶이 지닌 절대적 이질성만을 강조하는 입장이다. 넷째는 미하일 바흐찐의 경우에서 잘 나타나듯이, 민중문화는 엘리트 문화에 의해 부과되는 것이 아니라 스스로 생산하면서 서로 영향을 주고받는다는 관점이다.[45]

　민중문화를 바라보는 이 네 가지 방식 중, 긴즈부르그가 따르고 있는 것은 바흐찐의 상호 순환적 문화 모형이다. 바흐찐은 라블레의《가르강뛰아》와《빵따그뤼엘》이, 농민들은 전혀 읽지 않는 엘리트 문화의 산물이지만, 그것을 관통하고 있는 사육제적 분위기는 오히려 농민들이 접한 행상문학류보다 훨씬 더 민중문화의 본질을 담고 있다고 주장한다. 즉 사육제의 특징인 풍농제 성격의 신화와 제의들, 기성 가치의 익살스러운 전도와 그에 대한 풍자, 파괴와 재생의 반복을 성찰하는 우주적 시간관 등은 보수적이고 교조적인 지배계급의 문화와는 분명히 구별되는 민중문화의 요소라는 것이다.[46] 우리는 이미 메노키오가 ‘창조적 오독’을 통해 민중적 구전문화의 전통 위에서 엘리트적 문헌문화를 어떻게 변용하는지에 대해 살핀 바 있다. 또 17세기 초 거리의 약장수였던 사까르디노에 대한 이단재판 기록을 분석하면서, 문헌문화와 구전문화가 종종 같은 재료의 동일한 처방전을 보이는 현상을 두고 적어도 근대 초까지 두 개의 의술 전통이 공존하면서 각 시기 각 상황에서 서로 영향을 주고받았음을 뜻하는 것으로 해석한 것도[47] 그가 두 문화의 상호 영향을 강조하는 바흐찐 모형을 따르고 있음을 보여주는 좋은 예가 된다.

　긴즈부르그는 프랑스 망딸리떼사에 대한 강력한 비판을 통해서 민중문화론의 성격을 좀더 분명히 드러낸다. 메노키오의 이야기 속에 나타나는 오랜 풍습의 흔적들, 감정적이고 비합리적인 요소들, 이 모든 것이 사실은 ‘망딸리떼(혹은 ‘집단적’ 망딸리떼)’의 개념 안에도 들어 있다. 그러나 긴즈부르그가 보기에 그것은 '계급간의 차이를 무시하는interclassista' 큰 결함을 안고 있다. 망딸리떼사는 "카이사르와 그의 말단 병사들, 성왕 루이와 그의 땅을 부치는 농민들, 콜럼버스와 그의 선원들 사이에 공통적으로 존재하는 것"을 탐색한다. 이런 의미에서 망딸리떼란 말은 원래 '집단적'이라는 함의를 내포하고 있다. 예컨대, 뤼시엥 페브르가 '16세기 무신앙의 문제'를 논했을 때의 '16세기 사람들'이란 과연 누구란 말인가? 긴즈부르그에 따르면, 페브르는 그 선구적 업적에도 불구하고 16세기 프랑스의 한 교양인 계층이 그 세기 사람들 전체를 포괄하는 것으로 확대 해석하는 오류를 범한 셈이었다. 그 시대 주민의 절대 다수를 차지했던 농민들은 페브르의 책에 거의 등장치 못한 채, 단지 '야만적인 민중' 정도로만 처리되고 있을 뿐이었다.[48]

　하지만 망딸리떼사의 '전일적 모형holistic model'[49]에 대한 긴즈부르그의 비판이 나름대로 상당한 정당성을 가지는 반면, 그의 '2계급 모형' 역시 유사한 비판을 받을 소지가 있다. 왜 문화는 반드시 둘로 나뉘어야 하는가? 그것은 종속계급과 지배계급 각각이 뚜렷한 문화적 동질성을 가진다고 가정하는 도식적 맑스주의의 반영이 아닌가? 이보다는 오히려 어떤 공통된 문화 기반 위에서 각 집단들이 자기 위치에 따라 그것을 끌어쓰고 변형시키는 것으로 생각할 수는 없을까? 이에 대한 긴즈부르그의 대답은 다소 양면적이다. 즉 계급 구분이 포괄적 성격을 가지고 있음은 인정하지만 그래도 계급성을 무시하는 것보다는 낫다는 것이다. 동시에 그는 산업화 이전의 유럽에서 농민이나 도시 장인들 같은 주변부 계층 모두에게 공통된 동질적 문화가 존재했다고는 생각지 않는다는, 어떤 면에서는 유연한 듯 하면서도 또 어

떤 면에서는 모순되어 보이는 입장을 밝히고 있다.[50]

민중문화에 대한 긴즈부르그의 관점이 이러한 것은 아마도 그가 안 또니오 그람시에 대한 수용과 비판[51]이라는 양면을 동시에 가지고 있는 데서 주로 연유하는 것 같다. 그는 그람시가 민중문화에도 창의성이 있을 수 있음을 일깨워 준 점에서는 좋은 출발점이 되는 반면, 그의 헤게모니 개념은 지나치게 억눌림과 지배의 양극성만을 강조하는 단점이 있다고 보았다. 민중문화는 일방적으로 억압을 당하기보다 때로는 타협하고 때로는 투쟁하면서 그 존재를 지켜 왔으며, 또 설사 헤게모니를 쥔 엘리트 문화의 생산물들이 위로부터 부과된다고 해도 민중계급은 그들만의 상이한 목적과 방식으로 그러한 부과물들을 변형시켜 자기들의 문화로 다시 만들어 낸다는 것이다. 이런 시각에서 볼 때, 민중문화와 엘리트 문화는 일방통행 관계가 아니라 다양한 가능성 앞에 열려 있는 셈이다. 그러나 긴즈부르그에게 비록 그람시적 헤게모니의 '부과적' 측면을 완화하려는 경향이 있다고는 하지만, 권력 관계의 관점에서 문화를 파악하려는 그람시의 기본 입장은 고수하고 있기 때문에, 그의 '열린' 문화 모형도 어디까지나 문화적 권력이라는 틀 속에 놓여 있는 것이다. 열려 있는 듯하면서도 닫혀 있는 그의 '모순'은 바로 이러한 점에서 비롯된다고 보인다.[52]

긴즈부르그가 그람시적 헤게모니 모형보다는 바흐찐적 순환 모형에 기대고 있다고는 하지만, 그것 역시 민중·엘리트 이분법에 근거하고 있는 한, 결국은 민중문화의 독자적 '자율성'과 '연속성'을 주장하고 있는 것이 아닌가? 그것은 과연 입증 가능한가? 사실 이는 비평가들에 의해 가장 빈번히 제기되어 온 문제이기도 하다. 강력한 비판자들 중 하나인 빠올라 잠벨리는 긴즈부르그가 "농민문화의 절대적 자율성과 연속성 개념"에 집착하고 있다고 꼬집으면서, 예컨대 메노키오의 우주생성론은 근본적으로 자연발생론이라는 15~16세기 빠도바 학파 계열의 급진적 철학 서클에서 연유했다고 주장하였다.[53] 이어서 엘리어트는 메노키오가 종종 베네찌아에 다녀온 것으로 볼 때 그곳에서 이러한 류의 이야기를 주워들었을 가능성은 충분하다고 거들면서, 메노키오 같은 치즈 이야기가 퍼져 있는 피레네의 한 마을에 대한 인류학 연구를 인용하여 이러한 메타포가 사실은 이미 아리스토텔레스의 저술에 언급되어 있으며 중세를 통해 통용되던 것이라는 반론을 제기하였다.[54]

이들 비판의 지향점은 결국 메노키오의 우주생성론이 민중문화의 소산도 아니고 먼 고대에 연원을 갖지도 않으며, 엘리트 문화를 약간 변형시킨 정도에 불과하거나 설사 그것과 관계없다 해도 그 출처를 입증하기 힘들다는 것으로 귀착된다. 이에 대해 긴즈부르그는 자연발생설의 진원지인 피치노나 세스또의 저술들이 라틴어로 쓰여 있거나 공개적으로 세상에 나오지 못하고 비밀리에 돌려보던 것이어서, 라틴어를 모르는 메노키오에게 전달되었을 리가 없다고 반박하고, 자신은 민중문화가 자기충족적이자 배타적인 자율성을 가지고 있다는 뜻의 주장을 한 적이 없다고 말하면서, 다시 한번 순환 모형을 주장하였다. 하지만 민중문화가 아득한 고대로부터 어떤 연속성을 가지고 지속되어 왔다는 주장에 대해서는 '적어도 지금은' 입증하지 못한 상태에 있음을 인정하였다[55](그는 1989년에 쓴 《밤의 이야기》가 바로 이를 '입증'한 보기라고 생각한다).

긴즈부르그의 저술들을 통해 전체적으로 파악해 볼 때, 그가 생각하는 민중문화의 상은 지배계급의 도그마적이고 보수적인 문화와는 분명히 구별되지만 내부적으로는 상당히 느슨한 어떤 정체성을 가지면서, 엘리트 문화와 다양한 방식으로 서로 영향을 주고받는 그러한 모습을 띠고 있다. 그는 이러한 구분에서 여전히 계급간의 권력 관계를 상정하고는 있으나, 그것이 결코 지배계급에 의한 종속계급의 착취라는 기계적 도식의 반영이 아니며 복잡하고 다양한 접촉 방식과 통로를 가지고 있음을 깊이 인식하고 있다. 또 민중문화는 본질적으로 구전을 바탕으로 하는 신화, 민속, 설화, 제의, 민담 등을 통해 그 정체성을 전달하고 있으므로, 이러한 상징에 담긴 역사적 의미를 캐내는 작업이야말로 미시사의 주요한 과제 중 하나이며, 이를 적절히 탐색하기 위해서는 기록과 문헌을 근간으로 하는 엘리트 문화와는 달리 민중문화가 구전되는 성질이 있음을 감안한 새로운 연구 방법과 시각이 요구된다는 것이다. 바로 이 지점에서 긴즈부르그의 민중문화론은 자연스럽게 다음에서 이야기할 그의 독특한 연구방법론과 만나게 되는 것이다.

6—

긴즈부르그의 접근 방법에서 상당한 비판을 받아 온 또 다른 문제는 미시사적 연구 대상이 된 어떤 인물이나 집단이 얼마나 대표성을 띠느냐 하는 점이다. 예컨대, 글을 읽고 쓸 줄 알았으며 종종 베네찌아까지 가서 책을 사 읽곤 했던 메노끼오가 과연 16세기 농촌 사회를 대표하는 인물이라 할 수 있는가? 그는 엘리트 계급에 속하지는 않았지만 동시에 보통의 농민들과는 분명히 구별되는 방앗간 주인이 아니었던가? 당시 이탈리아 농촌 마을에는 '수많은 메노끼오들'이 존재하고 있었던가? 아니면 그는 매우 유별나고 이례적인 인물이었는가? 하는 등의 의문이 제기될 수 있을 것이다.[56]

이에 대해 긴즈부르그는 메노키오가 물론 그 시대의 전형적인 농민은 아니었다고 인정한다. 여기서 '전형적'이라 함은 '평균'이나 '통계적 다수'에 속한다는 의미를 지니고 있다. 그가 마을사람들에게조차 조금 유별난 사람으로 보였던 것은 사실이다. 그러나, 긴즈부르그의 생각으로는 그의 이러한 유별난 점은 농민계급이라는 "매우 뚜렷한 경계"를 가지고 있었다. 무릇 인간은 누구든지 자신의 시대와 계급의 문화를 벗어나기 힘든 법이기 때문이다. 하지만 언어가 그렇듯이 문화의 경우도 개개인이 조건부적인 자유를 행사할 수 있는 정도의 잠재적인 가능성의 지평은 열려 있으므로, 메노키오가 "농민문화의 공통 요소"에 기반하면서도 그것을 농민으로서는 보기드물게 명료한 언어로 엮어 내는 것이 불가능하지만은 않다. 이러한 의미에서, 메노키오처럼 제한된 사례조차도 대표성을 띨 수가 있다는 것이다.[57]

전형성과 반복성을 대표성의 기준으로 보는 통상적인 관점과는 달리, 특이하거나 이례적으로 보이는 사례들도 종종 리얼리티의 어떤 측면을 잘 보여주는 대표성을 갖는 것으로 생각할 수 있다는 이러한 입장은, 에도아르도 그렌디가 쓴 '이례적 정상eccezionalmente normale'[58]의 개념으로 설명될 수 있다. 이 말에는 두 가지 층위의 의미가 담겨 있다.[59]

첫째는 사료가 단지 외형상으로만 이례적으로 보일 뿐이라는 것이다. 일찍이 로렌스 스톤이 지적한 것처럼,[60] 종속계급 가운데 비교적 그 기록이 많이 남아 있는 것은 오직 다수의 관습이나 믿음에 반기를 든 소수 집단들의 경우뿐인데, 이들은 그들의 행위 그 자체 때문에 이미 정의상 예외적이거나 이례적으로 간주된다는 것이다. 예컨대 로빈 홋이나 재침례파의 경우, 엘리트 지배계급은 자신들의 관점에서 그들을 각각 무법자나 이단이라는 비정상적이고 예외적인 존재로 규정하겠지만, 주변부계급에 속하는 그들 자신의 눈으로 볼 때 이들은 스스로가 처한 사회 환경을 잘 대변하고 있다는 의미에서 지극히 정상으로 보일 수 있는 것이다.

둘째는 사료가 하층계급의 사회 현실에 침묵하거나 또는 그것을 조직적으로 왜곡하고 있는 경우, 정말 이례적으로 보이는(즉 통계적으로는 빈도가 낮은) 사료가 사실은 수천 개의 엇비슷한 사료들보다 훨씬 더 많은 내용을 담고 있을 수 있다는 것이다. 예를 들어 보자. 흑사병이 돌기 시작한 직후인 1348년 5월 16일 프로방스 라봄의 조그만 유대인 마을 하나가 습격을 당했다. 우물에 독을 탔다는 근거 없는 소문이 그 이유였다. 당시 마을 주민은 모두 살해되었으나, 이 사건이 나기 열흘 전 일을 보러 아비뇽으로 떠난 오직 한 사람만이 운좋게 살아남았다. 그는 죽기 전에 이 사건에 대한 이야기를 자신의 토라에다 적어 넣었는데, 이 기록은 현재 그 사건에 대한 증언으로서 그야말로 유일무이한 사료로 남아 있다.[61] 이 경우, '오직 한 명의 증인'뿐이지만 그의 기록은 다른 어떤 '전형적' 사료보다 더 역사적 진실을 보여준다는 것이다. 앞서 언급한 베난단떼의 사례 역시 그들을 마녀로 규정하려는 조직적 왜곡의 과정과 함께, 그 속에 담긴 진실의 중요한 측면을 드러내는 예가 될 수 있다.

사료의 전형성이란 곧 수적으로 유사한 사례가 많이 발견된다는 뜻이므로, 전형적일 때에만 대표적일 수 있다고 주장하는 것은 역사적 리얼리티가 본질적으로 계량적 모형에 의거한다는 말에 다름 아니다.

이러한 모형은 일찍부터 아날학파의 역사가들이 제시해 오던 것이었다. 프랑수아 퓌레에 따르면, 문서사료는 결코 사실 그 자체로서가 아니라 그것을 앞서거나 뒤서거나 하는 계열과의 관련성 속에서만 존재할 뿐이며, 역사가는 이러한 상관적 가치를 목표로 하지 포착 불가능한 '실재적' 형상과의 관련성을 목표로 하지 않는다고 말함으로써, 계량적 연구야말로 과학적 역사학으로 가는 지름길임을 천명하였다.[62] 특히 종속계급의 역사를 보편적 역사에 통합하는 작업은 오직 "수와 익명성", 즉 인구통계학과 사회학을 수단으로 한 "계량적 연구"를 통해서만 이루어질 수 있을 뿐이라고 주장하였다.[63]

이러한 계량적 모형이 지닌 문제점은 무엇인가? 긴즈부르그가 보기에, 우선 시기적인 면에서 자료가 계열화될 수 없는 고대사나 중세사의 상당 부분은 연구가 불가능한 상태에 빠질 수 있으며, 연구 분야 면에서도 사상사나 정치사에는 계열사적 방법이 전혀 적합하지 않다. 그러나 가장 큰 난점은 경제적 또는 사회 문화적 행위자로서의 역할에 있어 각 개인을 '균등화'하려는 계량적 접근의 기본 목표에 있다. 이러한 균등화는 두 가지 점에서 문제시된다. 첫째, 그것은 문서를 통해 동질적이고 비교 가능한 것만을 얻기 위해 그 속에 담긴 수많은 개별 사실들을 무시해 버린다는 점이다. 둘째가 더 중요한 점인데, 어떤 사회에서건 문서사료의 생산은 언제나 권력 관계를 반영하고 있기 때문에, 자기들의 기록을 거의 남길 수 없었던 종속계급의 역사를 계량적 기준에서만 입증하고자 하는 것은 곧 지배문화의 중요성을 과장하는 결과를 초래할 수 있다는 것이다. 긴즈부르그의 이러한 비판은 계량적 접근의 유용성을 완전히 부정하자는 것이 아니라, 적어도 종속계급의 역사에 관한 한, 계량적 연구의 엄밀성보다는 질적 연구의 '인상주의'가 더 적절함을 지적하는 데 그 목적이 있다. 그는 아날학파가 표명하고 있는 하층계급에 대한 관심에도 불구하고, 계량적 방법만을 고수할 경우 정작 개개인의 실존 자체가 침묵과 망각 속으로 가라앉아 버릴지도 모른다고 우려하고 있는 것이다.[64]

긴즈부르그가 다른 미시사가들과 차별되는 점 중 하나는 계량적 모형에 대한 자신의 비판을 인식론적 차원으로까지 끌어올려 이른바 질적 접근을 정당화할 수 있는 새로운 역사 연구방법론을 제시하고자 했다는 점이다. 이러한 측면에서 각별히 주목되는 것이 그가 1979년에 쓴 〈징후들: 실마리 찾기의 뿌리〉이다.[65] 여기서 그는 인문학이 본질상 계량적 방법에 근거한 자연과학적 모형(양적 합리주의)과는 맞지 않기 때문에, 경험의 질적 측면을 중시하되 결코 비합리주의로 흐르지는 않는 새로운 형태의 인식 모형(질적 합리주의)이 필요하다고 주장하였다. 그는 이를 '추론적 패러다임'이라 부르는데, 여기서 '추론적indiziario'이라 하면 말 그대로 어떤 '실마리spie'를 통해 그 뒤에 숨겨진 리얼리티에 접근한다는 뜻을 가지고 있다. 한마디로 '실마리 찾기'의 방법이라고 불릴 수 있을 것이다.

긴즈부르그에 따르면, 본질적으로 역사가는 계량적 엄밀성을 중시하는 물리학자나 수학자보다 몸에 나타나는 징후를 통해 병을 알아내는 의사나 짐승의 발자국과 체취를 따라가 결국 사냥감을 찾아내는 사냥꾼의 모습을 더 닮았다. 역사학은 갈릴레오가 수학을 자연의 보편 언어로 규정한 이후 점점 더 자연과학적 모형에 의존하게 되었고, 과학의 이름 아래 계량적 방식만을 거의 유일한 실증 방식으로 받아들이기에 이르렀다. 하지만 인간의 삶은 깊이 들여다볼수록 계량화를 거부한다. 역사적 리얼리티는 오히려 겉보기에는 별 의미 없어 보이는 사소한 사실이 실마리가 되어 모습을 드러내게 되는 법이다. 그는 그림 속 인물들의 귀 모양을 면밀히 조사하여 그림의 진위를 가려 낸 모렐리의 미술품 감식법, 눈에 잘 띄지 않는 조그만 사실을 단서로 범인을 찾아내는 셜록 홈즈(코난 도일)의 추론술, 사소한 행동에서 그 이면의 깊숙한 본심을 읽어 내는 프로이트의 정신분석학 등이 이러한 실마리 찾기의 방법에 공통적으로 기초하고 있다고 주장한다. 이는 간단히 말해 다각도의 면밀한 관찰에 근거한 합리적 추론의 방법으로서, 계량적 분석이 거의 불가능한 하층계급의 구체적인 삶을 읽어 내기 위해서는 사료의 해석과 입증 방식도 그에 맞추어 달라져야 마땅하다는 함의를 지니고 있는 것이다.

최근의 이른바 포스트모던적 역사 인식이라는 흐름에서 볼 때, 이러한 실마리 찾기 방법이 보여주는 독특성은 랑케 이래 전통적인 접근 방법인 실증주의를 정면으로 비판하면서도 동시에 기어츠나 화이트류의 포스트모던적 상대주의[66]에 매몰되지 않으려는 노력에 있다. 긴즈부르그는 역사적 증거에 대한 지금까지의 관점을 다음 두 가지로 정리한다. 하나는 실증주의적 관점으로서, 이에 따르면 어떤 자료의 출처가 분명하고 내용이 신뢰할 만하면 증거로 채택된다. 이 경우의 문제점은 그러한 증거 자체를 곧 리얼리티와 동일시한다는 것이다. 하지만 다양한 입장을 반영하는 상이한 증거 조각들을 모아 마치 확정적인 이야기인 양 꾸미는 것은 오류이므로 역사서술의 본질은 추론적(그래서 이야기체가 된다)[67]인 것일 수밖에 없다. 다른 하나는 최근의 상대주의적 관점인데, 이는 거꾸로 증거를 리얼리티로 다가가지 못하게 만드는 하나의 장벽이라고 간주한다. 이들은 리얼리티 자체를 상정하는 모든 인식틀이란 이론적으로 순진한 탓에 생긴다고 치부하지만, 이 역시 정작 증거와 리얼리티 사이의 관계에 대해서는 의문을 던지지 않는다는 점에서 본질상 실증주의적 증거관을 뒤집어 놓은 데 지나지 않는다. 리얼리티를 하나의 텍스트 또는 담론으로 보는 이러한 관점 역시 어떤 텍스트도 그것 바깥에 존재하는 리얼리티에 대한 인식 없이는 이해되기 힘들다는 점에서 비판의 여지가 있다. 간단히 말해서, 긴즈부르그는 추론적 역사를, 한쪽으로는 객관적 역사, 다른 쪽으로는 문학적 허구와 구별짓는 입장을 견지하고 있는 것이다.[68]

7—

긴즈부르그가 자신의 미시적 역사서술과 이론을 통해 기여한 점은 무엇인가?

첫째, 상징의 역사적 의미에 주목함으로써 민중문화의 실체에 다가가는 중요한 길을 터놓았다는 점이다. 베난단떼 이야기에서 보는 것처럼, 이전에는 다만 미신이나 환각의 소산 정도로만 치부되던 마녀신앙이 사실은 민중문화의 오랜 흔적을 담고 있다는 사실을 인식케 했다는 것이다. 이제는 아무도 마녀재판을 특정한 한 시대의 특수한 사건이라고만 여길 수 없게 되었다.

둘째, 민속, 민담, 신화, 제의, 특이한 사건 등 종전까지 역사학에서 배제해 왔던 영역들을 역사학의 연구 대상으로 받아들임으로써 역사학의 지평을 넓히는 데 일조했다는 점이다. 특히 근대 초 유럽의 사바신앙과 고대 시베리아의 샤머니즘 사이에 놓인 시공간적 연관성을 추적한 파노라마적 저술 《밤의 이야기》가 좋은 예이다. 물론 긴즈부르그가 빌려 온 민속학과 신화학의 방법들이 역사학에 얼마나 잘 접목

될 수 있는지, 그리고 그가 제시한 확산·구조 모형이 어느 정도로 적실성이 있는지는[69] 여전히 더 많은 논의를 필요로 할 것이다. 하지만 이러한 시도가 긴즈부르그를 대부분의 다른 미시사가들과 확연히 구별케 하는 독창적인 면임은 부인하기 어렵다.

셋째, 민중문화의 정체성을 강조함으로써, 문화의 층위가 다양할 수 있으며, 상호간에 영향을 주고받을 수 있다는 사실을 재인식케 한 점이다. 특히 메노키오에 대한 해석에서 잘 나타나는 그의 두 계급 문화 모형이 결코 만족스럽지는 않지만, 망딸리떼사가 간과해 온 무계급적 전일성을 비판함으로써 다시 한번 민중문화의 능동성을 부각시키고, 두 문화간의 다양한 접촉 경로를 강조함으로써 종래의 계급 모형을 좀더 유연하게 변용하려 한 노력은 인정해야 할 것이다.

넷째, 새로운 역사 인식 모형을 제안한 점이다. 쉽게 '실마리 찾기'로 불릴 수 있는 이 모형은 합리주의와 비합리주의라는 종래의 단순한 이분법을 거부하고 합리성을 유지하면서도 직관을 배제하지 않는 제3의 길을 보여주려는 의도를 가지고 있다. 사실 이는 우리에게 전혀 새로운 문제가 아니다. 그것은 역사학계에서 역사학이 과학과 예술(또는 문학) 중 어느 범주에 속하는지에 대한 해묵은 논쟁의 연장선상에 있다. 또 빌헬름 딜타이의 정신과학이나 하인리히 리케르트의 자연과학/문화과학 구분에서 이미 그 답을 찾을 수도 있다. 하지만 긴즈부르그는 미시사라는 전혀 새로운 방식으로 진부한 문제를 제기하였고 역사서술이라는 실제적 측면을 통해 나름의 답을 내놓음으로써, 해묵은 논쟁을 새로운 각도에서 바라보게 하고 있는 것이다.

전체적으로 볼 때, 긴즈부르그의 가장 큰 특징은 무엇보다도 하층계급의 삶과 문화를 역사의 망각 속에서 건져올리려 애썼다는 사실이다. 객관적 실증이라는 종래의 개념을 권력의 문제로 바라보며 민중적 구전성을 엘리트적 문헌성과 마찬가지의 입증 수단으로 간주함으로써, 평범한 사람들의 하루하루 삶을 구체적인 역사서술의 연구 대상으로 삼을 수 있도록 하는 기반을 마련한 것이다. '지금 왜 미시사인가?'라는 의문에 무언가 답하게 만드는 힘도 바로 이러한 시도가 지닌 어떤 당위성에서 비롯된다고 할 수 있다. 물론 미시사가 모든 것을 이룰 수는 없다. 역사는 언제나 앞선 노력들을 무로 돌리기보다는 그 위에서 한걸음 내딛는 법이다. 거시사가 위로부터 인간의 삶을 조망했다면, 미시사는 삶 속으로 파고들어가 그 내면을 보려는 시도가 아닐까?[70] 긴즈부르그는 바로 그러한 시도의 선두에 서 있는 것이다(곽차섭).

{3}
microsto

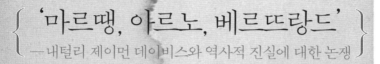

{ '마르땡, 아르노, 베르뜨랑드' }

—내털리 제이먼 데이비스와 역사적 진실에 대한 논쟁

마르땡 게르 다시 만들기 / '절름발이에 대하여' /

증거와 가능성: 내털리 제이먼 데이비스 작 《마르땡 게르의 귀향》에 부쳐

08
마르땡 게르 다시 만들기[*]

1—

전문 역사가 외에는 대부분의 르네상스 교황과 군주들을 아무도 기억
하지 못하고 있는 반면, 16세기 피레네 기슭 뚤루즈 부근 마을의 한
농민은 우리 모두가 잘 알고 있다. 마르땡 게르, 아니 남의 아내와 생
득권을 가로챘던 사기꾼 하나가 역사의 무대 위로 그 모습을 드러내
었다. 과거 유럽에서는 일반적으로 엘리트가 중요시된 반면, 농민의
세계는 관심 밖이었기 때문에, 이는 매우 주목할 만한 사실이다. 종래
농민이란 기껏해야 속담 속의 지혜, 목가적 익살에서나 위안을 얻는
존재로만 비쳐졌다.[1] 농촌 사람들의 성격과 입장이 기록으로 남을 때
라고는 통상 그들이 법적 문제에 연루되었을 경우뿐이었다. 엠마뉘엘
르 로아 라뒤리가 14세기 남프랑스의 농촌생활을 재구성한 것이나,

---

* 나는 이 글을 읽고 격려와 비평을 해 준 엘리자벳 앤 페인과 도널드 퀼러에게 감사한다……

까를로 긴즈부르그가 16세기 프리울리 농민의 종교적 믿음에 대해 고찰한 것 모두가 법 관련 기록에 바탕을 두고 있다.[2] 이들의 저작은 지금까지 무지와 미천한 신분 때문에 잊혀져 왔던 과거 일반 민중들의 행위 동기와 가치관을 드러냄으로써 큰 갈채를 받았다.

그러나, 이 선택된 저작들과 비교해 보아도, 내털리 제이먼 데이비스의 《마르땡 게르의 귀향The Return of Martin Guerre》은 정말 보기 드문 저술이다. 그녀가 연구한 일련의 사건들은 결코 망각 속으로 사라지지 않았고, 오히려 그 즉시 널리 알려져 급기야는 한 편의 희극과 두 편의 소설, 그리고 한 편의 오페레타의 탄생으로 이어졌다. 사람들은 이 이야기에 끌리지 않을 수 없었다. 3년 이상이나 베르뜨랑 드 롤의 남편 마르땡 게르 노릇을 한 사기꾼 아르노 뒤 띨은 아내와 재산을 취하고 한 아이의 아버지가 되었다. 그는 자신을 가짜라고 고발한 사람들에 맞서 스스로를 변호하는 데 성공하게 된 바로 그 순간 나타난 진짜 남편 때문에 신원이 발각되고 만다. 데이비스의 책이 영어권 독자들에게 이 극적인 이야기를 전달하고 있는 동안, 그녀가 영화 제작자들과 협력하여 공동 제작한 영화 〈마르땡 게르의 귀향Le Retour de Martin Guerre〉은 청중을 국제적인 범위로 넓혀 놓게 되었다. 영화의 수준이 뛰어난데다 그것이 널리 배급된 덕분에, 데이비스의 책은 통상적인 역사서의 경우보다 더 많은 청중에게 다가갈 수 있었음에 틀림없다. 이 저작을 두고, 대중언론에서는 영화의 이미지를 더욱 생생하게 만들어 준 수작으로, 학술잡지에서는 "사실적이고 빼어난 전문학술서", "상상력이 넘치면서도 튼튼한 기초와 명석한 논증을 겸비한 역사서" 또는 "아무런 이념적 편향 없이 …… 역사를 재구성한 중요한 업적"으로 대단한 찬사를 보냈다.[3] 결국, 《마르땡 게르의 귀향》이야말로 대중의 호응과 학문적 정교함을 두루 갖춘 저작일 뿐 아니라 한 유명한 이야기에 담긴 모든 색깔과 드라마를 온전히 전달하면서도 동시에 학문적 기준에 충실한 연구서로서, 정녕 보기 드문 업적이라는 것이 학계의 공통된 의견이다.

2—

데이비스가 마르땡 게르의 이야기를 두고, 그것이 "최초이자 전면적인 역사적 검토"를 거쳐야 한다고 생각하게 된 이유는, 영화가 "16세기 민중의 행위동기들"을 적절히 전달치 못한다고 느꼈기 때문이다. 그녀는 특히 "아내의 이중전략과 재판관의 내적 갈등이 약화"됨으로써 "영화가 역사기록과 동떨어지고 있다"는 점을 고민하였다. 그녀는 역사가가 부적절하고 당혹스런 증거에 대해 설명할 때 사용하는 '아마도' '그랬을 법하다'와 같은 말들이 들어갈 여지를 만들고자 하였다. 그녀는 독자들에게, "내가 여기서 여러분에게 말하는 것이 일부분 나의 창안이기는 하지만, 그럼에도 불구하고 그것은 과거의 목소리를 통해 엄격히 제한되고 있다"고 말한다.[4] 데이비스는 주로, 인류학, 민족지학, 문학비평의 최신 경향에서 빌려 온 개념 및 방법을 이용함으로써 창의성을 발휘하고 있는데, 당대 최고의 역사서로 널리 인정받는 저작들 모두가 이러한 분야의 영향을 크게 받아 왔던 것도 사실이다.[5] 데이비스는 엄청난 노력 끝에 상상력과 우아한 논증과 심금을 울리는 호소를 통해 마르땡 게르의 이야기를 재해석해 내었다. 그것은 또한 16세기 이래 받아들여져 온 이야기 줄거리와는 크게 다르다.

16세기에 나온 마르땡 게르 이야기의 전통적 판본들 중에서도,

1560년에 가짜 남편이 처형된 뒤 그 재판의 수명受命 판사이자 뚤루즈 고등법원의 법관이었던 장 드 꼬라스가 쓴《잊을 수 없는 판결Arrest Memorable》이 특히 중요하다.[6] 꼬라스의 작품에 등장하는 주요 인물은 빵세뜨, 즉 '욕심쟁이'라는 별명으로도 불리는 아르노 뒤 띨로서, 그는 자신의 교활함과 야심 때문에 결국은 불행을 자초한 협잡꾼이었다. "이 훌륭한 농사꾼에게 그 사건은 그야말로 비극이었다." 재판관은 이렇게 썼다. "결과가 비참했을 뿐만 아니라 그것이 특히 그에게는 치명적이었기 때문에 더욱 그러하였다."[7] 꼬라스는 법정에서나 자신의 글에서나 일관되게 아르노의 죄상을 비난하면서도, 동시에 데이비스와 같이 그 사기꾼의 능력에 내심 감탄하고 있었다. 꼬라스는 아르노가 저지른 놀라운 속임수에 이야기의 초점을 모으고 있으며, 이 이야기의 후속 판본들 역시 대단한 야바위꾼이자 여인과 재산을 훔친 이 간교한 인물에다 강조점을 두고 있다.

데이비스의 해석이 영 딴판으로 보이는 것은, 베르뜨랑드 드 롤, 아니 그보다는 그녀와 그 사기꾼의 관계에 초점이 맞추어져 있기 때문이다. 데이비스에 따르면, 베르뜨랑드는 자기 남편이라고 주장하는 그 남자가 가짜임을 이미 알고 있었기 때문에, 사실상 아르노와 공범이었다. 그녀는 아르노를 받아들였으며 곧 사랑에 빠졌다. 그들은 자신들이 "꾸며낸invented" 혼인을 한 셈이었다. 그들은 의도적으로 거짓말을 지어냈고, 법정에 서서는 기만과 조작의 전략을 짜냈다. 즉 "베르뜨랑드는 법정을 놀라게 할 만한 부부생활상의 일화(사실은 진짜 남편과의 사이에 있었던)를 기억해 내고자 애썼고, 때로는 이야기를 꾸며내기까지 했으리라"는 것이다.[8] 그러나 마르땡 게르가 돌아옴으로써 베르뜨랑드의 "이중행각"이 드러나 버렸고, 그녀는 자신의 행위에 대해 "준비된 변명"을 늘어놓았다. 아르노는 연인이자 공범에 대한 신의를 지키면서, 베르뜨랑드는 어디까지나 아르띠가의 다른 마을 주민들처럼 자신에게 철저히 속았을 뿐이라고 주장하였다. 이 사기꾼은, 교수대로 향하는 길에서 마지막 고백을 하면서도, 주도면밀한 공모 행위 중에서 베르뜨랑드가 한 역할에 대해서는 "시종일관 아무 말도 하지 않았던"것이다.[9]

마르땡 게르 이야기를 다룬 이들 두 판본은 서로 매우 다른 내용을 담고 있다. 전통적인 판본은 탐욕과 사기, 그릇된 재능의 소유자와 사기를 당한 여인, 그리고 사기와 절도에 대단한 능력이 있는 인물에 관한 이야기이다. 데이비스의 책은 헌신과 협력, 사랑과 정체성, 그리고 목발을 짚은 한 강퍅한 남자에 의해 거짓 결혼생활이 어떻게 허물어지는지를 이야기하고 있다. 꼬라스가 보기에, 아르노는 자신의 재빠른 혀와 뛰어난 기억력 때문에 오히려 한 훌륭한 농사꾼의 위치에서 타인을 사칭한 희비극적 사기꾼으로 전락해 버린 셈이었다. 반면, 데이비스는 이 사건이 베르뜨랑드 드 롤의 매정한 남편보다는 "더욱 마르땡 게르 같고 그래서 영웅 같은 인물"인 아르노의 정체가 드러난 데 비극성이 있다고 본다.[10]

두 판본은 베르뜨랑드의 성격 묘사에서 가장 날카롭게 대비된다. 꼬라스의 눈에 그녀는 "여성 본래의 유약함으로 말미암아 교활하고 간교한 남자에게 쉽사리 속아넘어가는" 어리숙한 인물로 비친다.[11] 꼬라스는 베르뜨랑드가 아르노의 정체를 알지 못했으므로 그녀에게 죄를 물을 수는 없다고 생각하였다. 뚤루즈 고등법원의 형사재판부는 그녀와 아르노 사이에서 난 아이를 적자로 인정하고 이를 판시하였다. 자백 과정에서 아르노는 베르뜨랑드를 철저하게 속인 데 대해 용서를 구했다. 아르띠가에서든 법정이 청취한 180명의 증언에서든, 심리 과정에서 벌어진 온갖 언쟁들에도 불구하고, 베르뜨랑드가 아르노와 공범이라고 언명한 사람은 한 명도 없었다.

사실, 데이비스와 그녀의 책《마르땡 게르의 귀향》이 나타나기 전에는 아무도 그렇게 말한 사람이 없었다.[12] 데이비스에 따르면, 베르뜨랑드는 이중행각을 하면서, 마르땡 게르와의 사이에서 난 아들과 친척, 친구, 이웃들을 속였다. 동시에 데이비스는 이야기의 전통적 판본에 담긴 도덕적 판단까지도 뒤엎어 버린다. 만약 베르뜨랑드의 동시대인들이 그녀가 유죄라고 믿었다면, 그들은 틀림없이 그녀를 비열한 사기꾼 정도로 생각했을 것이다. 그러나 데이비스의 관점에서 보면, 베르뜨랑드는 영웅적 인물이자 자립심이 강하고 명석하며, 열정적일 뿐 아니라 변함없이 나름의 "지조를 지키는" 여성이다. 꼬라스가 아내로서의 그녀를 결백한 희생자로 본 반면, 데이비스는 그녀를 영리한 인물로 보며, 비록 간음과 기만의 죄가 있음에도 불구하고, 특히 그녀의 영웅적인 일탈에서 구체화되어 나타나는 가치들의 측면을 감안할 때 그야말로 찬탄을 금할 수 없다고 생각한다.

3—

마르땡 게르 이야기를 다룬 이들 두 판본의 관계는 꽤 복잡하다. 데이비스의 20세기적 해석은 꼬라스의 16세기적 해석에 단순히 반대하려는 시도가 아니다. 오히려 재판기록이 유실된 경우, 그녀는 분석을 위해 꼬라스의 설명에 의존하지 않으면 안 된다. 아마도 꼬라스의 매우 다른 해석 속에 담긴 증거들을 재평가하는 데 20세기적 재해석의 의미가 있다 할 것이다. "법률 텍스트와 문학 이야기의 특징들을 결합한"[13] 꼬라스의《잊을 수 없는 판결》은, 많은 결점에도 불구하고, 마르땡 게르의 이야기에 관한 최상의 자료로 남아 있으며, 데이비스가 자신의 방식으로 이야기를 이끌어 가기 위해서는 반드시 이 작품을 재해석해야만 한다. 물론 꼬라스의 텍스트라고 해서, 우리가 과거의 리얼리티에 접근할 때 생기는 모든 문제를 해결해 주지는 못한다. 재판관이 베르뜨랑드의 결백을 인정했다고 하더라도, 그 자체가 그녀의 결백을 완전히 증명하지는 못한다. 사실 꼬라스가 베르뜨랑드의 결백을 인정한 것이 여성의 이해력과 판단력을 낮추어 본 결과일 수도 있음을 감안할 때, 우리는 베르뜨랑드의 공모 선언이 여성을 폄하하는 재판관의 견해에 반대하는 입장과 동일하다고 생각할 수도 있다. 그러나 데이비스는 그러한 유혹에 넘어가지 않는다. 그녀의 책이 갖는 강점 중 하나는 장 드 꼬라스를 사려 깊고 인간적이며, 여성의 지력을 인정하고 엘리트 의식과 가부장적 편견을 뛰어넘어 진실을 추구하는 데 부족함이 없는 학자로서 묘사한 것이다.

데이비스는 16세기 농민사회에 관한 자신의 관점에 입각해 베르뜨랑드의 공모 가능성을 찾고 있다. 이런 시각에서 볼 때, 베르뜨랑드의 행동은 가부장제 내에서 처신해야만 하는 농촌여성들이 보통 갖고 있는 것으로 보이는 재간과 타산의 일례로 생각된다. 남성 지배사회는 "남자를 따라 행동하면서 자신에게 유리한 쪽을 가늠할 수 있는 여성의 능력"을 장려하는데, 이는 여성이 "어머니이자 딸로서 서로 깊은 유대감과 내밀한 연관성을 가지고" 세파를 헤쳐 나가는 그러한 능력을 가리킨다. 마르땡 게르의 네 누이들은 가짜 남편을 고발한 숙부에 대항하여 오히려 아르노 편을 드는, 전형적인 여성의 타산 방식을 분명히 보여주었다. 즉 "그녀들은 숙부보다도 그가 그녀들 가족과 재산의 우두머리로 남는 쪽을 더 좋아했던 것 같다." 아르띠가에서 베르뜨랑드는 "자신이 여성으로서 지닌 여지와 상상력을 총동원하여 가능한 한 최선의 인생을 살고자 애썼다." 사기꾼에 대한 재판이 진행되는 동안, "그녀는 여성이란 쉽게 속는다는 이미지를 교묘히 조종하지 않으면 안 되었는데, 이는 자기가 여성인 것이 유리하다고 생각될 때면 종종 재판관 앞에서 연출하던 하나의 기술"이었다.[14] 데이비스의 책에 대한 한 서평에서 잘 요약해 놓은 것처럼, 베르뜨랑드는 "까다로운 남성 지배사회의 한계 내에서 영악하고도 끈질긴 케이크 먹기의 이중 게임"에 거의 성공할 뻔하였다."[15] 마르땡 게르 이야기를 두고 그 동안 되풀이되어 온 여러 판본들의 경우, 베르뜨랑드가 "이야기 속의 재간꾼"인 아르노 밑에서 단역 노릇을 하며 침묵하고 있었던 것으로만 치부되어 온 까닭에, 지금까지는 이러한 해석이 전혀 끼여들 여지가 없었다. 베르뜨랑드의 진정한 역할은 간과되거나 억눌려 왔다. 이는 우리가 "20세기에 이르기까지 그 이야기에 대한 여성의 견해를 갖지 못했다"는 불운한 상황 때문이다.[16]

아무리 그렇더라도, 농민사회의 여성에 관한 데이비스의 관점이 그녀의 연구 사례에 적절하다고 보기는 힘들다. 사실 그녀는 베르뜨랑드라는 인물에다가 농촌여성에 대한 자신의 견해를 덧붙이고 있을 따름이다. 베르뜨랑드의 행동과 성격으로 볼 때, 그녀는 마치 당시 평범한 농촌여성이면 그러했으리라 여겨지는, 타산적이고 이기적인 눈으로 가짜 마르땡을 대했다고 보는 것이다. 바꾸어 말해서, 데이비스는 시골뜨기 여인들이 은밀하면서도 일관되게 자기 이익을 좇아 수완을 부렸다고 생각하기 때문에, 베르뜨랑드의 타산적 행동에 대한 자신의 주장을 굳이 정당화해야 할 아무런 필요도 느끼지 않는다. 그러나, 데이비스가 농민사회를 정확히 어떤 관점에서 보든 간에, 마르땡 게르 이야기에 적용한 그 같은 관점으로는 베르뜨랑드의 모습이 별로 그럴 듯하거나 설득력 있게 그려지지 않는다.

4—

데이비스는 자신의 이야기에다 역사적 맥락을 부여하려고 애쓴다. 이는 그녀가 고문서 자료를 이용해서 혈연 관계, 상속법, 농민 이주, 혼인계약, 군역, 마을의 관습, 사법절차 등의 문제들을 조명하려 할 때, 이를 둘러싼 이야기들을 이해할 수 있도록 도와준다. 그러나 이야기의 핵심인 베르뜨랑드와 아르노의 관계에 이르게 되면, 데이비스는 중대한 난관에 부딪친다. 즉 역사기록에서는 언제나 베르뜨랑드가 그 사기꾼의 공범이 아니고 희생자로 간주되었음을 확인할 수 있다. 사실, 베르뜨랑드가 공모했는지에 대해서는 당시 아무도 문제삼지 않았다. 뚤루즈의 재판관들이 베르뜨랑드에 관해서 "토의를 거듭한 후에" "그녀의 굳건한 신앙을 인정"하여 그녀를 "사기, 중혼, 또는 간통죄"로 기소하지 않기로 합의했다고 한 자신의 주장[17]에 데이비스 역시 뒷받침할 아무런 증거도 제시하지 못하고 있다. 베르뜨랑드의 굳건한 신앙은 항상 당연한 것으로 여겨졌을 뿐, 한번도 논쟁거리가 된 적이 없었다. 그리고 그녀가 기소되지 않은 것은, 그 같은 혐의에 대해 그녀가 감히 거짓을 말하리라고는 도저히 생각할 수 없었기 때문이다. 베르뜨랑드가 공모했다는 데이비스의 논증은 새롭게 발견된 자료나 남아 있는 기록을 재검토해서 근거를 찾아낸 것이 아니었다. 그것은 단지 아르띠가의 마을 주민들과 뚤루즈의 재판관들 모두가 확실히 눈치채지 못했던 어떤 진실을 데이비스가 깨닫게 되었다는, 다음과 같은 주장에 기초하고 있을 뿐이다.

> 베르뜨랑드 드 롤은 어떠했던가? 과연 그녀는 새로운 마르땡이 8년 전 자기를 버렸던 그 남자가 아님을 알고 있었나? 아마 그녀는 그가 마르땡의 '모습'과 증거를 갖춰 마을에 처음 도착했을 때만 해도 이를 알지 못했으리라. 그러나 굳세고 나름대로 지조가 있는 베르뜨랑드 같은 여성이라면, 아무리 빵세뜨 같은 유혹자라고 해도 그렇게 쉽사리 속아 넘어가지는 않았을 것이다. 그녀가 무언가 다르다는 것을 알아차린 때는 틀림없이 이미 그를 침대로 맞아들인 다음이었을 것이다. 아르띠가 마을의 아내 된 어떤 여인이라도 마찬가지였겠지만, 여자란 "자신의 몸에 남자의 손길이 닿을 때" 그가 누구인지 모를 수가 없는 법이다. 알게 모르게 그녀는 그가 자신의 남편 행세를 하도록 도와주기로 작정했던 것이다.[18]

이것이 바로 아내가 사기꾼과 공모하였다고 주장하는 데이비스의 근거이다. 성관계를 가진 이상, 상대방이 진짜 남편이 아님을 베르뜨랑드가 깨닫지 못했을 리가 없다는 것이다. 하지만, 사료에는 이에 대한 어떤 암시도 없을 뿐 아니라, 베르뜨랑드의 성생활이 만족스럽지 못했다는 데이비스의 설명과도 맞지 않는다. 즉 베르뜨랑드는 혼인 후 약 9년 동안 성관계 없이 지내 오다가, 마법의 주문에서 벗어난 다음에야 관계를 가질 수 있었고 바로 임신이 되었다. 그리고 마르땡은 아이가 태어난 지 불과 몇 달 만에 집을 나가 무려 8년 동안이나 돌아오지 않았던 것이다.[19] 그렇다면 마르땡과 베르뜨랑드는 17년간의 결혼생활에서 기껏해야 몇 개 월 동안 성관계를 했을 뿐일 텐데, 이 정도의 부부생활로 자기 남편만의 "남자의 손길"을 느끼기에는 충분하지 못했을 것이다.

만약 베르뜨랑드가 원래의 배우자와 스스로 남편이라 주장하는 남자 사이에서 성생활의 어떤 차이점을 감지했다면, 그녀는 자기 자신에게 그것을 합리적으로 설명할 수 있었을 것이다. 왜냐하면, 원래 불안정했던 남편의 성이 집을 나갔다가 돌아온 후에는 남성적인 자신감으로 바뀌어 있었기 때문이다(아마도 그가 복무했던 에스빠냐와 삐까르디의 고기 냄비로 보신했기 때문이겠지만). 마찬가지로 설사 마을사람들 모두가 돌아온 가짜 남편을 환영해 맞아들였다 하더라도, 베르뜨랑드만큼은 그의 달라진 성생활로 미루어볼 때 충분히 그를 의심했을 법하다는 사실이 중요하다. 시댁 식구와 이웃들도 그랬던 것처럼, 베르뜨랑드 역시 애초부터 아르노에게 속고 있었다.[20] 그는 마을에 나타나기 전 이미 게르의 결혼생활에 대한 정보를 수집한 바 있었다. 그리고 베르뜨랑드와 잠자리에 들기 전 여러 날을 그녀와 함께 보내면서, 서로 친숙하게 되었고 둘 사이의 훨씬 더 내밀한 사실들까지도 알게 되었을 것이다.[21] 맨 처음 마르땡 게르를 알아보고 받아들인 사람은 바로 그의 누이들이었으며, 나중에 베르뜨랑드가 누이들 때문에 자신이 잘못 판단하게 된 것이라고 비난한 사실을 기억할 필요가 있다. 꼬라스는 누이들의 반응을 매우 중요시하면서, 여기에다 남편이 다시 돌아왔으면 하는 아내의 바람과 자신이 마르땡 게르임을 입증하는 아르노의 증거들이 합쳐져, 베르뜨랑드가 사기꾼의 거짓말에 넘어가지 않을 수 없었으리라고 생각했을 것이다.[22]

데이비스는 베르뜨랑드가 아무것도 몰랐다는 장 드 꼬라스의 생각을 반박할 만한 아무런 증거도 제시하지 않고 있다. 그녀는 다만 "남자의 손길"이라는 속담조의 말로 아내란 침대에서 상대방을 틀림없이 알아차릴 수 있다고 주장할 뿐이다. 하지만 그 속담조의 말조차 딱히 적절하다고 보기 어렵다. 산업혁명기 이전의 유럽 농촌가정에서 성생활이 어떤 상황에서 이루어졌을지 생각해 보라. 부부는 옷을 입은 채, 닭, 오리 따위나 친척들에 둘러싸여, 춥고 더러운데다 어두컴컴한 집안에서 서로 관계를 가졌던 것이다. "밤중에 보는 고양이는 모두가 회색빛이다"라는, 남성들의 악명 높은 비아냥거림에서 나타나듯이, 아르띠가의 여인이라면 누구나 잠자리에서 자기 남편을 대할 때 지긋지긋하다는 감정을 느끼고 있었을 것이다.[23]

어쨌든 데이비스조차도 베르뜨랑드가 아르노를 자신의 배우자라고 확신했기 때문에 그를 침대로 받아들였다는 데 의견을 같이한다. 그 사기꾼이 나중에 보여준 성생활 습관은 그를 신뢰하며 행복해하는 아내로 하여금 무언가 이상하다는 느낌을 갖게 만들었고, 결국에는 자신이 실수를 저질렀다고 결론짓게 했을 것이 틀림없다. 그녀든 다른 누구든, 당시에는 모두가 그런 결론에 이를 수밖에 없었을 것이다. 그러므로 베르뜨랑드가 성관계를 통해 남편이 가짜임을 알게 되었다는 가정은 사료에 근거한 해석이 아니다. 그것은 입증될 수 없는 통찰력마저도 사료로 채택할 수 있다고 믿고 있는 한 현대 역사가의 견해일 따름이다. 이것이야말로 남아 있는 증거와 상치되는 방향으로 마르땡 게르 이야기를 해석하게 만드는, 연약하기 짝이 없는 근거인 것이다.

5—

데이비스는 사기꾼을 향한 베르뜨랑드의 반응에 대해서도 그렇지만, 그녀의 성격에 대해서도 똑같이 근거 없는 평가를 내리고 있다. 데이비스는, 악마가 아내 된 여인으로 하여금 "남편이 너무나 지긋지긋해서 무슨 일이 있더라도 그녀와 잠자리를 하지 않겠다"고 생각하게끔 만든다는《마녀의 망치*Malleus Maleficarum*》라는 15세기 후반의 저술을 인용한 뒤에, "베르뜨랑드가 물론 이런 말을 하지는 않았겠지만, 그녀는 분명히(마르땡과 혼인한 후) 당분간 성관계를 하지 말라는 말을 듣고 마음이 놓였을 것이다"라고 했다. 사실, 데이비스는 베르뜨랑드가 그같은 생각을 했는지에 대해 아무런 증거도 제시하지 않는다. 그러나 성관계에 대한 이러한 주장은 베르뜨랑드를 "매우 자립심이 강한" 여성으로 그린 데이비스의 초상화의 일부일 뿐이다. 즉 결혼생활을 방해하던 마법이 그녀가 "성관계를 받아들일 준비가 되었을" 때에만 풀린다고 생각하는 것이다. 그녀는 성 불능의 남편과 이혼하라는 채근을 당했을 때도 "한 여성으로서 자신을 둘러싸고 있는 제약 안에서나마 어떻게든 세파를 헤쳐 나가야 한다는 기민한 현실감각"으로 이를 거절하였다."[24] 꼬라스가 이를 베르뜨랑드의 성실함을 판단하는 시금석으로 보았던 반면, 데이비스는 베르뜨랑드가 기민한 현실감각이 있었기 때문에 의도적으로 가짜 남편을 받아들이고, 그와 공모해서 친족을 속이고, 진짜 마르땡 게르가 다시 나타나자 결국은 그를 포기하게끔 했다고 보고 있는 것이다.[25]

데이비스에 따르면, 베르뜨랑드의 현실감각과 자립심이, 그녀가 아르노를 사기죄로 투옥시키는 과정에서 불법적으로 그녀의 대리인 역할을 한 마르땡의 숙부 삐에르 게르를 도와서 남편이라 생각되는 사람을 고소했는지 설명해 주는 열쇠가 된다. 베르뜨랑드가 왜 원고가 되어 아르노를 사기죄로 고소하게 되었는지를 설명하는 것은 데이비스에게 중요한 문제이다. 왜냐하면 같은 사건의 한 공범이 다른 공범의 죄를 주장한다는 게 상식적으로 납득이 가지 않기 때문이다. 이 난관을 해결하는 방법으로 데이비스는 틀림없이 베르뜨랑드를 괴롭혔으리라고 생각되는 몇 가지 의문거리를 제시한다. 즉 "신은 그들의 거짓말을 벌하실까? …… 그녀는 새로운 마르땡을 사랑했다. 그러나 그는 한때 그녀를 속였다. 이후 그가 다시금 그녀를 속이지는 않았을까? 그리고 만약 또 다른 마르땡 게르가 돌아온다면 어떻게 될까?" 등등이 그것이다. 그녀의 어머니와 삐에르 게르(그는 그녀의 의붓아버지이기도 했다)의 등쌀에 못 이겨 "그 완강한 여인은 깊이 생각한 뒤에 계획을 세웠다. 그녀는 소송에 협조는 하겠지만 내심 패소하리라 믿었다. 그녀는 새로운 마르땡과 함께 법정 증언에 대해 짜 놓았던 전략을 따랐을 것이며, 그리하여 재판관이 그를 그녀의 남편이라고 선고할 줄 알았다. …… 그녀는 또한 승소할 경우에도 대비했을 것이다. 물론 새로운 마르땡에게는 끔찍한 결과겠지만 말이다."[26]

철저히 계산적인 인물임에 분명한 베르뜨랑드는 그리하여 그녀의 공범자와 고소자 양측 모두로부터 비밀을 지킨다는 기민한 법정전략을 가지고 있었던 셈이다. 피고와 대립하여 원고가 된 이상한 입장에 놓인 그녀는 가짜 남편이 책잡히지 않도록 하면서, 동시에 재판관에게는 철저하게 결백해 보이도록 만사를 조심해야만 했다. 그녀는 자신이 쉽게 속아 넘어갔던 것으로 보여야만 했지만, 그렇다고 법정으로 하여금 스스로가 사실상 사기를 당한 희생자였다고 확신케 만들지는 말아야만 했다.[27] 그녀는 자신이 진실이라 알고 있었던 내용대로 고소장을 작성하면서, 동시에 공모자와 함께 스스로의 고소 내용이 잘못임을 드러내도록 꾸며야만 했다. 데이비스의 견해에 따르자면, 아르띠가의 이 농촌여성은 어지러울 정도로 교묘하고 복잡한 계획을 실행에 옮겼던 것이다. 그녀는 친척과 재판관, 심지어는 연인조차도 자기 뜻대로 조종한 셈이었다.

꼬라스는 법정에서 베르뜨랑드가 신경질적이고 불확실하고 떨리는 목소리로 말했으며, 눈은 바닥에 고정시킨 모습이었다고 적고 있다. 데이비스의 주장으로는, 여기에 깜빡 속은 재판관은 이것이 얼마나 영리한 행동이었는지, 또 그녀가 자신의 공모자와 "이미 한 달 전에 입을 맞추어 놓았던" "계획"대로 일을 얼마나 착착 진행 중이었는지 깨닫지 못하고 있었다는 것이다.[28] 꼬라스는 베르뜨랑드가 떨며 울기 시작했던 것이 바로 마르땡 게르와 대면했을 때였음을 알아차리지 못했다. 즉 "그녀는 설사 상황이 달리 변하더라도 그것에 충분히 대비할 만큼 마음을 굳게 먹고 있었으므로, 법정에 도착했을 때에도 그녀는 자신의 역할을 너무나 잘 수행할 수 있었던 것이다."[29]

6—

데이비스의 해석으로는 사기꾼 빵세뜨의 역할 또한 겁날 정도로 복잡하게 얽혀 있다. 그는 베르뜨랑드가 제기한 혐의로부터 스스로를 방어하기 위해, 공범의 위증 사실을 지적하여 그녀가 무고죄를 범했음을 보여주어야만 했다. 그는 이 책략에 성공하였고, 이에 법정은 재판이 진행되는 동안 베르뜨랑드를 (삐에르 게르와 함께) 감옥에 가두라고 명령하였다.[30] 그러므로, 이 사기꾼이 성공을 거둔다는 것은 곧 그의 공범이 중대한 범죄 혐의를 뒤집어쓰게 됨을 의미하였다. 물론, 데이비스의 공모 시나리오를 인정한다고 해도, 베르뜨랑드가 그러한 운명을 피하기 위해서는 가짜 남편을 고소한 원고의 역할을 포기했어야만 했으며, 이는 연인이 처형의 위협에서 벗어나는 데 도움을 주는 부수적인 효과도 아울러 가지고 있었다. 데이비스는 안팎으로 생각이 달랐던 이 두 사람이 왜 이처럼 분명하고도 안전한 길을 택하지 않았는지를 전혀 설명치 않고 있다.

데이비스의 시나리오는 마르땡 게르의 귀향이라는 사실과도 당혹스러울 정도로 복잡하게 연관되어 있다. 사기죄로 고소한 자신의 공범을 포기함으로써 부득이하게 승소하게 된 베르뜨랑드는 "준비된 변명들"을 늘어놓는다. 아르노는 여전히 자신이 진짜 남편이라고 주장하지만, 재판관들은 이 완강한 거짓말쟁이를 고문하지는 않는다. 왜냐하면 "분명히 그들은 마지막 순간에 그가 공모자로 베르뜨랑드 롤을 거명하는 상황을 원치 않았기 때문이다."[31]

데이비스는 왜 재판관들이 이 농촌여성의 죄를 의심하다가 그냥 덮어 버렸는지 아무런 설명도 하지 않고 있다. 게다가 데이비스의 주장은 우리로 하여금 무고한 혐의자로 원고를 투옥했던 재판관들이 동시에 그녀가 바로 그 죄목으로 고소했던 남자의 사기죄에 연루되어 있음을 의심하고 있었다고 믿도록 강요하고 있다. 바꾸어 말해 법정은 베르뜨랑드를 무고 및 피고와의 공모라는 두 가지 측면 모두에서 어느 정도 의심하고 있었던 셈이다. 데이비스에 따르면, 베르뜨랑드가 아르노에게 속지 않았다고 생각한 사람이 딱 한 명 있었다. "진실로 여성의 나약함이란 게 부부간의 사랑과 간통을 구별치 못할 정도로 그렇게 심하다는 말인가?" 오쟁이진 남편 마르땡 게르는 결코 그렇게 생각지 않았다. 그것은 장 드 꼬라스와 귀욤 르 쉬외 둘 다 법정에서 마르땡이 했다고 전하는 말에서 잘 드러난다.[32] 하지만 그가 했다는 말로 미루어볼 때, 그가 아내를 비난한 것은 그녀가 부부간의 정절을 깨뜨리고 간통을 저질러서가 아니라 단순히 그녀의 경솔함 때문이었음이(물론 매우 심하게 질타하긴 했지만) 확실하다.[33] '오쟁이진 남편'이란 간통한 아내를 둔 남자를 말하며, 재판정의 어느 누구도 귀향한 남편을 그런 식으로 보지는 않았음이 분명하다. 재판관들은, 만약 자신들이 혐의를 둔 바로 그 죄로 마르땡이 아내를 비난했다고 생각했다면, 결코 그로 하여금 베르뜨랑드를 동정하도록 권고하지는 않았을 것이다.[34] 요약하자면, 데이비스는 재판의 주요 인물들(원고, 피고, 재판관)이 은밀한 계획과 동기들을 마음에 품고 있었다는 시나리오를 제시하고 있는데, 이러한 것들은 바로 그 성격상 사료를 통해 검증될 수 없는 것들이다.

7—

마르땡 게르 이야기에 관해 남아 있는 증거들을 감안해 볼 때, 베르뜨랑드가 아르노와 공모했다는 가정에는 필연적으로 두루뭉실한 추론과 입증하기 힘든 주장들이 담기지 않을 수 없다. 꼬라스가 감지하였듯이, 베르뜨랑드가 사기 혐의에 연루된 것과 법정에서 겁먹은 행동을 한 것으로 보아, 그녀는 아마 협박을 당하고 있었을 것이다. 이는, 피고가 진짜 남편이 아님을 그녀 스스로 맹세하지 않으려 함으로써 그녀의 증언이 사실은 가족들의 강제에 의해 이루어지지 않았나 하는 법정의 의심을 확인케 한 것과 동일선상에 있다. 우리가 말할 수 있는 사실이 있다면, 그것은 그녀가 부부간의 정절을 가장 우위에 두었다는 점일 것이다. 어쨌든 부부간의 충실성에 대한 그녀의 믿음이야말로("기민한 현실감각"보다) 그녀의 행동을 시종일관 잘 설명해 주고 있다. 즉 그녀의 이혼 거부, "남편이 돌아오기를 …… 손꼽아 기다리는 것," 아르노가 남편이라는 증거들을 받아들이고자 하는 것, 가족의 압력에 대항하여 그와 함께하는 태도, 자기 잘못을 깨달았을 때 진짜 남편에 대해 보인 눈물어린 복종 등이 그것이다.[35] 마르땡 게르 이야기에서, 여성이라는 속박을 어떻게든 헤쳐 나가 보려고 했다든가, 여성적 행위가 지닌 변함없는 독특성이라든가, 먹는 자와 먹히는 자 사이의 은밀한 약속과 같은, 근거 없는 가설들은 아무 필요가 없다.

그러나, 데이비스의 경우는 그러한 가설로 시작했기 때문에, 결과적으로 두 가지 의문에 빠지게 되었다. 첫째, 베르뜨랑드를 아르노의 공범으로 간주한다면, 어떻게 그녀를 '명예롭다'고 할 수 있겠는가? 둘째, 데이비스의 해석에 주요 근거를 제공한 꼬라스의 《잊을 수 없는 판결》에서는 베르뜨랑드와 아르노에 대해 무어라 얘기하고 있는가?

데이비스가 "베르뜨랑드 드 롤의 명예"[36]를 회복시키려고 결심했다는 것은 아내와 사기꾼의 관계에 대해 그녀가 내세우고 있는 세 가지 맥락에서 명백히 드러난다. 첫째, 베르뜨랑드와 가짜 마르땡은 사랑에 빠졌다. 그러므로 그들의 사기 행각은 서로에 대한 애정이라는 밝은 빛 뒤로 희미해져 버린다. 데이비스에 따르면 베르뜨랑드는 마르땡의 귀향을 간절히 바랐을 뿐만 아니라 "남편이자 연인인 그가 다른 사람이 되어 돌아오리라는 꿈을 꾸기"까지 했다는 것이다. 그녀가 그 사기꾼을 받아들인 이유는 더불어 "열정적으로" 살아갈 수 있을 남자인 "새로운 마르땡으로 인해 그녀의 꿈이 실현"되었기 때문이었다.[37] 물론, 그 남자는 베르뜨랑드와 살면서 그녀에게 자신의 배경이 될 만한 일들에 대해 계속해서 정보를 얻어 내고 있었다. 데이비스는 그것을 배반과 조작이 있었다는 증거로서가 아니라 오히려 "남편과 아내 사이에 주고받는 친밀성"의 표현으로 보았다. 그것은 "농촌의 연인들이 나누는 말"에서 전형적으로 발견되는 "프로방스식 대화의 재미"를 표현한 것일 뿐 아니라, "그리스도교적 휴머니스트와 프로테스탄트적 도덕주의자의 이상"이기도 하였다.[38] 아르노를 두고 자기 남편이 아니라고 서약하는 베르뜨랑드의 위증 행위에 대해 아르노가 이의를 제기하는 상황을 기술하면서, 데이비스는 사기꾼의 기만을 낭만적으로 포장해 놓고 있다. "당시 그는 그녀의 사랑을 시험하면서 동시에 자신의 사랑을 표현하였다"는 것이다.[39]

모르긴 해도, 아르노가 신실한 이 농촌여인에게 애정을 갖게 되었음은 분명한 것 같다. 그러나, 당연한 일이지만, 사료들은 이 문제에 대해 침묵하고 있다. 그 사기꾼이 교수대로 오르는 계단 위에서 베르뜨랑드에게 용서를 구하기는 했지만, 그렇다고 해서 그의 행동이 그녀에 대한 사랑 때문이었다고 주장하며 자신의 기만을 정당화하려고는 하지 않았다는 점에 주목할 만하다. 데이비스가 제시하는 어떠한 증거도, 가령 베르뜨랑드가 아르노에 대한 태형을 막으려고 했다든지 또는 법정에서 그녀가 자신을 지지하리라고 그가 믿었다든지 하는 어떠한 사실도,[40] (부부간의 정에 대한) 베르뜨랑드의 충실성이나 그 사기꾼의 다급한 사정 이상을 입증하지는 못한다. 데이비스는 역사적 기록 "군데군데에서 그녀와 그가 이미 사랑에 빠져 있었으며, 그녀가 부지불식간에 자신을 사로잡았던 남편을 깊이 사모하게 되었다는 증거가 나타난다"[41]고 주장하지만 사실 그에 대한 근거는 어디에도 없다.

둘째, 데이비스는 서로를 사랑하는 이 두 사람이 아마도 당시 뚤루즈 지역에서 퍼져 나가고 있었던 프로테스탄티즘에서 자신들의 기만에 대한 종교적 정당성을 찾았을 것이라고 말한다. 그것은 특히, 이 간통자들로 하여금 "혼인이란 자신들이 하는 것이며, 사실 자기들끼리 해도 충분하다"고 생각케 하는 프로테스탄티즘의 비성사적 혼인관에서 비롯했으리라는 것이다. 데이비스는 베르뜨랑드를 간통이라는 끓는 냄비에서 구출해 내는 데 이런 생각이 오히려 불리하며, 거꾸로 그녀를 이중결혼의 불길로 던져 넣을 위험이 있음을 인식하고 있다. 그럼에도 불구하고, 데이비스는 가짜 마르땡과 베르뜨랑드가 개신교에서 위안을 구하고 "그들의 삶에 대한 또 다른 정당화"를 찾는 낭만적인 광경을 보여준다. 즉 "그들은 자신들의 이야기를 오직 신에게만 할 수 있었기에, 굳이 인간의 중재가 필요하지 않았다. 또 그들 스스로가 기꺼이 만들어 나갔던 그 삶은 신의 섭리의 일부였다"[42]는 것이다.

데이비스가 그들의 이러한 정서를 뒷받침하는 것으로 제시하고 있는 유일한 증거는, 비록 아르노가 처형된 지 8년 뒤에나 일어난 일이었지만, 일부 프로테스탄트 군인들과 그 지역의 개종자들이 아르띠가 교회의 제단을 부수었다는 것, 드 롤 가문이 프로테스탄트로 개종한 것(하지만 데이비스가 내놓은 문서는 단지 17세기 중엽 그 가족에 관한 것일 뿐이다), 그리고 어느 사제도 아르노의 재판에서 주요 역할을 한 적이 없었다는 것 등이다.[43] 데이비스는 아르노가 "이미 프로테스탄티즘에 매료된" 재판관들에게 "경의"를 표했다는 사실 또한 중요하다고 말한다. 하지만 이는 마치 그 매력적인 사기꾼이 재판관들의 종교적 견해가 어떤 것이었든 간에 자신의 생사를 손아귀에 쥐고 있는 그들에게 경멸을 표할 수도 있었다든지, 또는 마치 재판관들이 자신들의 위험한 프로테스탄트 신앙을 피의자 신분의 농사꾼에게 알리기 위하여 그에게 자신들의 마음을 내비치기라도 했다는 태도이다. 데이비스가 중요시한 또 한 가지 사실은, 아르노의 최후 참회 진술에 가톨릭의 관용 문구나 성자에 관한 언급이 하나도 없다는 것이다.[44]

그러나 이런 식의 소극적인 증거로는, 이 공모 추정범들이 새로운 신앙에서 자신들의 불법적인 사통私通을 정당화하려 했다는 주장을 하기가 어렵다. 아르노의 신앙심에 대해 남아 있는 사료가 보여주는 것이라고는, 젊은 시절의 그가 습관적으로 "우리 주님의 머리와 몸과 피와 상처에 대고" 함부로 맹세함으로써 "줄곧 신의 거부자요 불경 자"로 악명이 높았다는 사실뿐이다.[45] 이 증거는 아르노가 아르띠가 에 나타나기 훨씬 전의 것이긴 하지만, 그렇다고 해서 그것이 그의 개 신교 수용을 증명해 주지는 못한다. 데이비스는 "[아르띠가에서] 프로 테스탄티즘에 공감하는 사람들은 새로운 마르땡을 믿는 경향이 있었 고, 반면 가톨릭 교도들은 삐에르 게르를 믿는 경향이 있었다"고 말하 지만,[46] 마르땡 게르의 이야기를 종교적 차원에서 볼 수 있게 할 만한 사료는 전혀 없는 형편이다.

8——

베르뜨랑드와 아르노의 공모를 적극적으로 평가하기 위해 로망스와 종교를 끌어들인 데이비스는, 통탄할 만한 사기 행각에서 영웅적인 행위로 이야기의 초점을 바꾸어 내기 위해 심리학적 재구성과 자기성찰이라는 개념까지 차용하고 있다. 이런 관점에서 보면, 아내와 사기꾼 남편은 결코 사기도 간통도 저지른 적이 없었다. 거꾸로 그들은 '자기 만들기self-fashioning', '꾸며낸inventing' 혼인, 새로운 '정체성identities'의 창조에 뛰어든 셈이 된다. 데이비스는 르네상스 문학에 관한 최근의 저술에서 '자기 만들기'라는 용어를 차용하고 있으며, 그것이 엘리트 집단에서 신분상승하는 데 도움이 되는 "연설, 예법, 제스처, 대화 등을 가다듬는 것"을 뜻한다고 말한다.[47] 그러나 데이비스는, 엘리트의 운명과 농민의 운명이 때로는 유사하다는 것, 보통사람도 역시 새롭고 자기의식적인 방식으로 자신의 삶을 만들어 나갈 수 있었으리라는 것, 더 나아가 "한 사기꾼의 거짓말이 개인의 정체성을 형성하는 보다 통상적인 방식들과 연계되어 있다"는 것을 보여주는 데 관심이 있다. 유감스럽게도 데이비스는 이 둘 중 어느 것도 입증하지 못한다. 대신 그녀는, 짐짓 다른 사람인 체하는 경우 어떤 종류의 정체성을 형성할 수도 있다는 말에 이어, 아르띠가에 나타날 준비를 하는 아르노를 두고 "[그 사기꾼]은 사육제 놀이꾼의 가면과 단순히 유산을 노린 자의 술책에 그치지 않고 스스로 새로운 정체성과 새로운 삶을 만들어 내기 위해 움직이고 있었던 것 …… 분명하다"고 주장한다.[48]

아르노 뒤 띨의 사기 행각에 대해 이처럼 고상하고도 결백하다고 변명하는 관점은 어디에서도 설득력이 있다는 흔적을 찾을 수가 없다. 데이비스는 자신이 차용한 '자기 만들기'를 입증할 만한 어떤 역사기록도 제시하지 않고 있다. 즉 그 사기꾼이 스스로 반성하는 기색을 보였다든가, 그가 어떤 도발적인 말을 한 것이 사료에 나타난다든가, 무언가 다른 행동 양식을 내비친다든가, 그의 언행에서 일관되지 못하거나 모순되는 점들이 보인다든가 다른 사기꾼의 경우와 대비되는 어떤 모습들이 보인다든가 하는 등의 흔적을 찾아내려는 어떠한 노력도 하지 않고 있는 것이다. 16세기 농민을 바라보는 한 현대풍의 관점으로서 학자들 사이에 널리 퍼지고는 있지만 어떤 목적성을 가진 그 개념은, 이 경우 단지 한 기발한 주장으로 역사기록에 더해지고 있을 뿐이다. 자기 만들기라는 렌즈를 통해 볼 때, 아르노는 단순히 영리한 사기꾼이 아니라 대담하게 자기를 만들어 가는 인물이 된다. 그리고 베르뜨랑드 역시 불운하고 어리숙하기보다는 오히려 적극적으로 자기 정체성을 형성하려는 경우에 해당된다. 그리하여, 이 기발한 시골뜨기들은 함께 결혼생활을 꾸려나갔던 것이다.

　마르땡 게르의 이야기를 자기 만들기라는 측면에서 보기는 쉽겠지만, 갈망하던 "동기들과 가치들"[49]에 대한 설득력 있는 설명을 제시하기는 어렵다. 데이비스에 따르면, 아르노가 삐에르 게르에게 진짜 남편의 재산이 어느 정도냐고 물었을 때(이는 결국 아르노에 대한 재판을 유발케 하지만), "그는 단순히 마르땡 게르의 돈을 빼앗아 도망가려는 사기꾼이 아니라" 오히려 "자기 역할을 얼마나 편안하게 느끼고 있는지 보여주고" 있었을 따름이라는 것이다. 마르땡 게르가 아르띠가로 돌아온 것은, 다른 사람이 자기 아내와 땅을 빼앗으려 한다는 소식에 놀라서가 아니라, "너무 늦기 전에 자신의 정체성과 자신의 역할을 되찾기 위해서인 것"으로 생각될 수 있다는 것이다.[50]

　아르노는 오랫동안 잃어버렸던 남편의 역할에 너무나 잘 어울리는 인물이었다. 즉 "(법정에서 보인) 그의 행동을 단지 살기 위한 몸부림 정도로만 해석하는 것은 잘못일 것이다. 그는 생사를 떠나 이방인으로서의 자신에 대항하여 스스로 만들어 놓았던 자기 정체성을 옹호하고 있었던" 셈이다. 진짜 마르땡 게르가 나타난 뒤에도 계속 자신이 가짜임을 부인한 아르노의 태도로 볼 때, 그가 닥쳐올 결과에 대한 공포 때문에 완강했던 게 아니라 오히려 그가 얼마나 진지하게 자기 자신을 "질투심 많은 남편"으로 바꾸어 놓았는지를 증명해 주고 있다.[51]

데이비스는 정말로 한 사기꾼이 스스로를 마르땡 게르로 만들어 갔다는 생각에 깊이 매료되어 있다. 그녀는 책의 중심이 되는 장들에서 (5~6장), 그 사기꾼을 '아르노' 혹은 '빵세뜨'로 부르지 않으려고 조심하고 있으며, 그렇다고 연대기 작가들을 따라 '가짜 마르땡'이나 '자칭 마르땡 게르'와 같은 호칭을 쓰지도 않는다. 데이비스는 진짜보다 "더 진짜 같은 마르땡 게르"[52]로 다시 만들어진 이 시골뜨기를 보통 '새로운 마르땡'이라 부른다. 공범으로 추정되는 두 사람의 관계를 다루면서, 데이비스는 그 사기꾼의 이름을 단 한 번밖에 사용하지 않았는데, 그것은 사기꾼과 마르땡 게르의 아내가 법정을 속이기 위해 부부생활에 얽힌 일화들을 얘기하는 상황을 두고 "빵세뜨의 예행연습이 다시 한번 시작되었다"고 말할 때이다. 때때로 그 사기꾼의 진짜 이름이 거명되는 때가 있기는 하지만, 그것 또한 "아르노 뒤 띨이 마르땡 게르로 다시 태어났다"라는 말에서와 같이, 그의 변모한 모습을 강조하기 위해서일 뿐이다. 때로는 아르노가 그냥 '마르땡'으로 불리기도 한다. 아르노 뒤 띨에게나 현대의 역사가에게나, 다시 만들어진 인물과 진짜 인물의 구별이 철저히 없어져 버린다[53]는 것은 매우 유감스러운 일이다. 왜냐하면, 누가 베르뜨랑드의 남편이었으며, 그 혼인은 어떤 것이었는지, 그리고 누가 진짜 마르땡 게르였는지를 명백히 밝히는 것이야말로 이 유명한 사기꾼 이야기를 검토하는 데 반드시 필요하기 때문이다.

자기 만들기라는 개념은 베르뜨랑드와 가짜 마르땡의 공모설을 사기와 간통이라는 추잡한 현실로부터 삶과 문학이 만나는 그 알 수 없는 영역으로 고양시켜 주는 한 방법으로 기능한다. 자기 만들기는 상상력, 총명함, 미묘함의 분위기를 불러일으키며, 데이비스로 하여금 아르노와 베르뜨랑드가 제후의 궁정과 문학 서클들에서나 나타남직한 교활한 정체성 구축에 뛰어든 것으로 생각하게 만든다. 마르땡 게르 이야기의 구 판본에서 보는 것 같은 단순한 사기극 이야기는 그냥 호기심만 불러일으킬 뿐, 그 이상의 관심이나 분석을 이끌어내지는 못한다. 반면, 자기 만들기의 담론은 음모론과 심리학적인 고찰에 빠져 있고 역할 놀이와 정체성 개념에 몰입하는 현대적 정서에 맞는 호소력이 있다. 요컨대, 자기 만들기는 로망스 및 종교에 기대어 간통을 범한 남녀의 행위를 그럴듯하게 포장하도록 도와줄 뿐이다. "자기를 만들어 간 베르뜨랑드"는 "자기의 꿈이 실현되었음"을 깨닫고 새로운 결혼생활을 창조해 내었다. 다른 사람이 되어 나타난 새로운 '마르땡'은 새로운 사랑, 새로운 신앙을 찾았고, 그리하여 새로운 자아를 형성하였다. 즉 "그가 스스로 만들어 가고 있었던 삶은 마치 개종의 경험처럼 작용하여 비록 사기꾼의 오명을 완전히 벗게 하지는 못했지만 적어도 신성모독자라는 불명예는 씻어 내고 있었다."[54] 그가 사기꾼이란 증거는 얼마든지 있으며, 스스로 자백까지 한 바 있었다. 하지만 그 나머지의 주장들에 대한 증거는 하나도 없다.

9—

로망스, 종교, 자기 만들기의 측면에서 볼 때, 공모자인 베르뜨랑드가 어떻게 해서 "명예롭다"고 말할 수 있는지를 나름대로 논증한 데이비스는 이제 중요한 두 번째 질문과 마주하게 된다. 즉 베르뜨랑드와 아르노를 보는 그녀의 관점은 장 드 꼬라스의 견해와 어느 정도로 조화될 수 있는가 하는 문제이다. 특히《잊을 수 없는 판결》은 데이비스로 하여금 꼬라스와는 매우 다른 해석을 내리도록 한 주요 사료이지 않은가?

이에 대한 대답은 전적으로 꼬라스와 그의 텍스트를 읽어 나가는 데이비스의 복잡하게 얽힌 심리학적 독법에 달려 있다. 그녀가 보기에 꼬라스는 자기 만들기를 감행한 농민 남녀에 대하여 양면적 가치관을 피력한 인물이었다. 동시에 그녀는《잊을 수 없는 판결》을 "그 자체의 진실성에 대해서도 의심할 여지가 있는 역사적 설명"으로 간주한다. 그것은 형사재판부의 재판관들이 그 현란한 사기꾼을 단죄하고 나서도 여전히 "혼란스런 느낌"을 가지고 있었다는 그녀의 입장과 동일선상에 있다.[55] 데이비스의 주장으로는, 꼬라스가 아르노를 아마도 자신과 같은 프로테스탄트로서, 자신과 같은 침착하고 유창한 언변을 가진 인물로서, 자신의 아내와 마찬가지로 아름다운 아내와 살고 있는 사람으로서 자기 자신과 동일시하게 되었을 뿐 아니라, 비록 그가 거짓말쟁이기는 하지만 그 거짓말이란 게 너무나 기발해서 그의 사기가 법률가나 왕실 관리라면 "숙지하고 있는" "자기 만들기"라는 행위에 버금갈 정도라고까지 생각하게 되었다는 것이다.[56] 그러므로, 데이비스는 프로테스탄티즘과 자기 만들기에 관한 자신의 근거 없는 가설을 교묘하게 차용하여, 재판관과 피의자를 마찬가지로 근거 없이 동일하게 보고 있는 것이다.

데이비스에 의하면 꼬라스는 자신의 법률적 주석을 "도덕적인 이야기"로 강화시키기 위해 "약간의 거짓말을 보탰는데", 이렇게 본다면 그녀는 꼬라스가 법률 주석서상의 빵세뜨에 슬쩍 물을 탔다고 주장함으로써 또 다른 동일시의 논점을 제시하고 있는 셈이다. 그러나 데이비스는 꼬라스의 텍스트에서 그녀가 감지한 도덕이 과연 어떤 것인지 자세히 설명하거나, 그 법률이론가가 만들어 냈다는 얼토당토않은 증거가 무엇인지 지적하지 않는다.[57] 《잊을 수 없는 판결》의 과장과 누락"에 대해 데이비스가 열거하고 있는 항목들은 설득력이 없다. 꼬라스가 아르노의 기억이 틀렸던 사실을 기록하지 않은 적이 한 번 있다는 그녀의 비난은 사소한 것에 불과하다. 그리고 "자신과 법정은 실제로 아르노의 무죄를 어느 정도 확신했으나" 꼬라스가 이를 "제대로 전달하지 못했다"는 주장 역시 과장된 것이다.[58] 아르노의 무죄 가능성에 대한 형사재판부의 견해는, 거의 기적과도 같은 마르땡 게르의 귀향에서 나타나듯이, 오직 신이 개입해야만 "이 무시무시하고 기괴한 사기 행각"을 처벌케 할 수 있다는 꼬라스의 진술에서 분명히 표현되고 있다.[59]

아르노가 실제 저지르지도 않은 유괴와 신성모독 같은 범죄에 대해 논한 꼬라스의 태도는 과장된 측면이 있다고 데이비스는 주장한다. 데이비스가 볼 때, 그런 논의는 "베르뜨랑드의 행동이 강요된 것이므로 그에 대한 사형 언도는 정당하다고 주장할 기회를 그에게 제공한" 셈이었다.[60] 그러나 꼬라스는 마치 자신이 베르뜨랑드의 무법 행위를 눈치채고도 모른 체할 수밖에 없었던 양, 그녀를 희생자라 주장해야 할 필요가 없었다. 설령 피고인이 어떤 특정한 범죄로 법정에 의해 기소되지 않았다 하더라도, 꼬라스는 내심 그 불행한 여성을 희생자로 만든 다양한 상황들을 자세히 기술할 생각을 가지고 있었던 것이다.[61]

데이비스는, 꼬라스가 "아르노 뒤 띨의 경이적인 자질은 성서, 고전 및 더 최근의 사기 행각들과 비교해 보아도 결코 뒤떨어지지 않는다."고 말한 점 역시 과장이라고 주장한다.[62] 그러나 꼬라스의 관심은 분명히 아르노를 영웅의 신전에 모셔 두려는 데 있지 않고, 그 사건에 앞서 일어난 사건들을 논의해 보고자 하는 데 있었다. 그는 아르노를 유피테르나 카이사르처럼 "경이적인" 사람으로 보이게 하려는 의도가 없었다. 그는 독자들이 베르뜨랑드를 클레오파트라, 카토, 브루투스, 한니발 및 엠페도클레스 같은 빛나는 인물로 자리매김해 주기를 바랐을 뿐이다. 왜냐하면 베르뜨랑드는 불명예보다는 차라리 죽음을 택하겠다고 말했기 때문이다. 사실, 꼬라스는 독자들이 자신의 의도를 오해할 소지가 있음을 알고 있었다. 따라서 그는, 키루스, 세네카, 카이사르의 기억력에 대한 얘기를 하며 아르노의 기억력을 함께 거론한 뒤, 그렇다고 자신이 "그런 뻔뻔스러운 사기꾼을 그처럼 고귀하고 위대하고 저명한 인물들과" 동등하게 볼 의도는 없다고 조심스럽게 경고조로 말을 했던 것이다.[63]

데이비스는 자신이 주장하는 이 모든 과장과 누락이야말로 《잊을 수 없는 판결》이 갖고 있는 '허점'과 같은 것으로서, 꼬라스의 불확실성을 드러내고 있으며 그의 설명을 비극적 드라마로 개작할 여지를 제공하고 있다고 말한다.[64] 그녀는 꼬라스의 초판본(1561) 중 아르노의 자백과 처형 장면에서 가장 "이상한 누락" 부분을 발견한다. 이러한 결점은 꼬라스의 독자들에게 "형사재판부가 정말 제대로 사람을 찾았는가의 여부에 대해 무언가 의심의 여지"를 남기고 있다. 하지만, 재판관과 재판에 관련된 사람들 중 문제의 진실을 발견했다는 데 대해 의심의 눈길을 던질 독자는 하나도 없다.[65] 어쨌든 꼬라스는 《잊을 수 없는 판결》 제2판(1565)에서 아르노의 자백과 처형을 다룬 한 구절을 삽입함으로써, 이 "이상한 누락"의 부분을 보완하였다. 그러나, 데이비스에 따르면, 재판관 스스로 이 당혹스런 범죄에 대해 "갈등의 감정"을 드러내지 않을 수 없었다. 왜냐하면, 아르노의 운명을 일단 '비극'으로 묘사하게 되면, "사건의 모호한 성격이 즉각 드러나기" 때문인데, 이는 아르노의 비뚤어진 재능에 당황하기보다는 그 사기꾼의 죄상에서 무언가 알 수 없고 상충되는 측면을 찾고자 하는 데이비스의 입장에서 비롯된다.[66]

이러한 해석은 물론 잘못된 것이지만, 그럼에도 불구하고 그녀가 "경이적인" 열정으로 꼬라스의 논평을 다른 작가들의 비극에 대한 논평과 연관시켜 계속 언급하고 있는 사실로 보아, 이러한 해석이 그녀의 논증에서 매우 중요한 위치를 차지하고 있음을 알 수가 있다(데이비스는 이러한 "관련성"이 "아르노와 베르뜨랑에게서도 암시된 바 있다"면서 슬쩍 독자의 관심을 자극하고 있다). 이렇게 함으로써 데이비스는 꼬라스가 느낀 실제의 비극적 상황이란 한 "괜찮은 농민"이 자초한 파멸이 아니라 남편이 있는 한 여인과 한 사기꾼의 불운한 로망스라는 것을 말하고자 하는 것이다. 그녀의 '자기 만들기'는 또다시 근거 없는 가정에 기대고 있다. 즉 "꼬라스가 '하층민들 사이의 비극'에 대해 생각할 수 있었던 것은 자기 만들기를 했던 시골뜨기를 어느 정도 자신과 비슷한 존재로 보았다는 데서 기인한다"는 것이다.[67]

데이비스는 마르땡 게르 이야기를 해석하면서, 재판관이 베르뜨랑드를 결백하다고 생각했던 것은 분명하지만, 그가 쓴 책이 무언가 의미 있는 과장과 누락과 비교의 부분들을 담고 있는 것으로 보아 그가 아르노에 대해서(그러므로 베르뜨랑에 대해서도) 스스로 해결치 못한 또 다른 견해를 가지고 있었으리라 주장함으로써, 꼬라스의 《잊을 수 없는 판결》과 자신의 관점을 조화시키려고 한다. 즉 아르노를 자신과 심리적으로 동일시함으로써 마음이 흔들린 꼬라스는 무의식적으로 자신의 이야기에서 모호함과 긴장의 요소들을 허용하였다는 것이다. 그의 책에 나타나는 "다면가치적 표현"은 바로 그의 이러한 불확실성을 드러내고 있는 셈이다.[68]

데이비스에 따르면, 꼬라스는 한편으로 아르노를 도저히 믿을 수 없는 협잡꾼, 즉 사실상 악마 같은 사기꾼이자 도둑으로 보았다. 하지만 동시에 그를 당혹스러울 정도로 자기 만들기에 성공한 인물이자 신교도 형제로 자신과 동일시하였다. 이와 마찬가지로, 꼬라스는 베르뜨랑드를 아무것도 모르는 어리숙한 인물이라 생각하면서도, 명확하지는 않지만, 그녀가 그 사기꾼과 공모했다는 사실 또한 인식하고 있었다. 즉 죄인 베르뜨랑드의 모습이 "꼬라스의 텍스트에 나타나고 있기는 하되, 어리숙한 아내로서의 모습보다 더 두드러지지는 못하다"는 것이다. 꼬라스는 그 무도한 사기꾼의 심각한 악행을 명백히 인정치 않을 수 없었으나, 그럼에도 불구하고 내심 "새로운 마르땡과 베르뜨랑드 드 롤의 이 꾸며낸 혼인에는 무언가 매우 정당한" 어떤 것이 있음을 스스로 부인할 수가 없었다.[69] 데이비스는 꼬라스가 갈등을 느끼며 혼란스러워하는 이면에는 심리학적 곤혹감이 깔려 있었다고 말한다. 가부장적 사회의 한 엘리트 구성원이었던 이 학식 있는 재판관은 "자기를 다시 만든 시골뜨기" 가짜 남편과는 동일시할 수 있었지만, 베르뜨랑드에게서 발산되는 심적 위협에는 감히 맞설 수가 없었다. 즉 "자신의 몸을 자신이 원하는 대로 맡기고자 했던 한 명예로운 여성에 대한 가능성은 그에게 빵세뜨의 자기 만들기에서보다 훨씬

더 혼란스러움을 느끼게 했던" 것이다.[70]

10—

이러한 주장들을 뒷받침하기 위해 꼬라스의 텍스트에서 인용된 사항
은 아무것도 없다. 데이비스 주장의 전반적인 성격으로 볼 때, 이러한
현상은 충분히 이해할 만하다. 유죄이지만 명예롭다 할 만한 베르뜨
랑드의 존재가 설사 "꼬라스의 글에 내재되어" 있다고 하더라도, 그
것이 인용이나 참조가 가능한 통상적인 방식으로 표현되기는 힘들 것
이기 때문이다. 설사 꼬라스가 성적 속박으로부터 자유롭고자 한 베
르뜨랑드의 과감성에 놀라 그녀의 유죄 인정에 주저했다 해도, 그 증
거는 꼬라스가 아르노 뒤 띨을 다룬 부분에 나타나는 이상한 누락 현
상과 미묘한 과장의 표현들에서 찾을 수밖에 없다. 설사 꼬라스가 "새
로운 마르땡"의 정체를 벗기는 것이 비극이라 믿었다고 하더라도, 학
문이 요구하는 전통적 형태의 증거를 통해 그의 혼란스러운 마음을
표현할 수는 없다. 설사 베르뜨랑드가 아르노 같은 건달에게 침대에
서 "쉽게 농락당할 여성이 아니었다고 해도" 그 뒤에 그녀가 보인 기
만 행위들을 문서로 입증하기란 어려운 일일 것이다. 베르뜨랑드가
정말로 그 사기꾼과 공모했다면, 그녀는 분명히 그 일을 매우 은밀하
고 조심스럽게 행했을 것이기 때문에, "과거가 …… 남겨 놓은 어떤
종이 조각들에도 그 흔적이 사라지고 없을" 뿐만 아니라 당시 사람들
중 누구도 그것을 눈치채지 못했을 것임에 틀림없다. 그런 주장을 두
고 마치 사료에 근거한 것처럼 각주를 단다면 전혀 엉뚱한 인상을 줄
수도 있다. 만약 역사적 기록을 그토록 철저히 무시해 버리고 직관과

자기 주장만을 재치 있게 섞어 놓기만 한다면, 도대체 역사 쓰기가 소설 쓰기와 무엇이 다르단 말인가? 실재를 둘러싼 논쟁들을 두고 몽떼뉴가 갈파했듯이, "이런 식으로 한다면 우리는 무엇인들 추론해 낼 수 없겠는가?"[71]

데이비스는 뚤루즈의 재판관들이 아르노 뒤 띨의 "꾸며낸 혼인"을 감안했다면, 그의 "자기 만들기는 어디서 그치고, 거짓은 어디서 시작되는가?"[72]를 물었어야만 했다고 주장한다. 그러나 그녀가 재판관의 몫으로 돌리는 이러한 의문은 사실상 그녀의 책을 읽는 독자들이 더 적절한 형태로 바꾸어 제기해야 할 것이다. 즉 역사서술에서 재구성은 어디서 그치고 창안은 어디서 시작되는가의 문제가 그것이다.

《마르땡 게르의 귀향》의 미덕은 분명하다. 그것은 농민생활에 대한 솜씨 있는 묘사, 공동체적 가치와 편견의 포착, 엘리트 계급 주변에 있는 민중에 대한 공감, 여성의 중심적 역할에 대한 강조, 흥미를 불러일으키는 세세한 사항들과 유연한 문체 등의 풍부한 장점을 가지고 있다. 하지만, 유감스럽게도, 책의 핵심이라 할 수 있는 논점들, 즉 일의 전모를 알고 있는 베르뜨랑, 간교한 법정전략, 비극적 로망스, 프로테스탄티즘의 정당화, 자기 만들기를 감행하는 농민들, 갈등하는 재판관, '다면가치적' 텍스트 등 어떤 것들도 문서기록에 근거한 바가 전혀 없다. 그 결과, 이 유명한 이야기는 결국 "과거의 목소리를 통해 엄격히 입증되는" 설명이라기보다는 역사소설에 더 가까운 해석으로 귀착되고 마는 것이다.[73]

장 드 꼬라스가 《잊을 수 없는 판결》을 쓴 것은, 악당 나부랭이에게 자기 소송을 논증하거나 청중들을 매료시킬 "또 한번의 기회"를 주기 위해서가 아니라, 실제로 일어났던 흥미로운 이야기를 후세에 전하기 위해서였다.[74] 꼬라스 이야기의 교훈은 로망스와 자기 만들기의 비극과는 아무런 관계도 없다. 그것은 당시의 식별 능력이 얼마나 취약했는지, 그리고 기만이 인간의 가장 내밀한 관계에까지 침투하여 인간의 운명을 어느 정도로 바꾸어 놓을 수 있는지를 얘기하고 있을 따름이다. 재판관은 오로지 한 하찮고 불운한 여성에게만 동정심을 보이고 있다. 그가 마르땡 게르 이야기를 글로 쓴 주된 목적 중의 하나는, 베르뜨랑드 자신의 욕심과 당시의 상황이 얼마나 절묘하게 맞물려 그녀가 한 교활한 사기꾼의 이상적인 희생자가 되기에 이르렀는지 다른 사람들에게 이해시키기 위한 것이었다.[75]

하지만 결과적으로 보면, 장 드 꼬라스의 그런 야심은 결코 성공했다고 할 수가 없다. 아르띠가에서 일어난 사건들이 다시금 세세하게 분석될 기회는 거의 없을 테고, 그렇게 되면 베르뜨랑드의 역사적 이미지는 데이비스의 해석으로 확립된, 전혀 진짜 같지 않은 모습으로 영원히 고정될 것이다. 성 불능의 남편 때문에 창피를 당하고, 여러 해 동안 남편에게 버림받고, 사기꾼에 의해 기만당하고 유혹을 받았으며, 친족에게까지 괴롭힘을 당하면서, 자신이 몸담고 있는 공동체 안에서 수치스런 꼴을 당한 베르뜨랑드 드 롤은, 사후 명확한 자기 주장과 절조를 지닌 인물로, 그녀를 위해 스스로를 탈바꿈한 한 남자의 영리하고도 열렬한 동반자로 다시 만들어지는 운명에 놓이게 되었다. 그녀는 이제 더 이상 어리숙한 인물도 희생자도 아니며, 농민문화 속의 선구적 페미니스트라 할 만한, 영웅으로 거듭 태어나고 있는 것이다.

이러한 베르뜨랑드 드 롤의 모습은 역사적 재구성이 아니라 창안의 산물에 훨씬 더 가까워 보인다. 이는 자신의 신원을 위조한 아르노 뒤 띨이나 가치가 상충되어 고민한 이단재판관 장 드 꼬라스의 경우에도 마찬가지이다. 이들의 인물됨은 흥미 있고 미묘하며 복잡다단하게 그려지고 있기 때문에, 과연 그들이 마르땡 게르의 실제 이야기와 어떤 관련성을 가지고 있기나 한지, 그 자체가 의심스러운 지경이다. 자기 만들기를 한 시골뜨기와 내심 갈등하는 학자의 모습은 《잊을 수 없는 판결》 어디에서도 찾아볼 수가 없다. 사실 데이비스는 사건의 다면적 복잡성에도 불구하고, 꼬라스의 글이 자신의 재해석이 요구하는 인물 상을 제시하고 있지 못하고 있다는 바로 그 이유 때문에, 그것을 믿지 못한다는 암시를 하고 있다.

11—

데이비스가 '창안invention'이라 부르는 것, 즉 '아마도perhapses'와 '그랬을 법하다may-have-beens'는 말은 물론 종종 적절치가 못하고 이리저리 뒤엉킨 증거들을 만나곤 하는 역사가에게는 일종의 재산과 같은 것이다. 역사적 재구성의 깊이, 인간성 및 색깔은 상상력의 산물이며 결코 자료에 대한 통속적인 추론에서 나오지 않는다.[76] 그러나, 직관에 기반하든 인류학과 문학비평에서 끌어온 개념들에 바탕을 두든 간에, 추론이란 으레 사료의 주권과 문서의 법정 앞에서는 길을 비켜주게 되어 있다. 역사가는 결코 과거의 인간으로 하여금 사료로써 철저하게 뒷받침되는 사실에 반하는 사실을 말하게 하거나 행하게끔 만들어서는 안 된다. 산업혁명기 이전의 유럽 민중문화에 대해 논하면서, 데이비스는 이 방면의 역사가들이 민중에 큰 관심을 기울이고는 있지만, "그럼에도 불구하고, 나로서는 우리가 정녕 그들이 살아간 방식을 정말로 존중하고 있는지 확신키 어려우며, 이 때문에 우리는 그들의 삶을 이해하기가 쉽지 않다"는 점을 힘주어 강조하고 있다.[77] 유감스럽게도 《마르땡 게르의 귀향》에서 데이비스는 지나칠 정도로 창안을 허용함으로써 자신의 공감과 상상력을 사로잡았던 민중들의 삶을 오히려 모호한 것으로 만들고 말았다.

만약 그녀의 책을 읽는 독자들이 베르뜨랑드에게 친근감을 느끼고, 목발 짚은 남자의 귀향을 탄식한다면, 만약 독자들이 오래전에 죽은 그 농민들의 삶을 진정으로 이해한다고 느낀다면, 그것은 모르는 사이에 그들의 역사적 실체와 그들의 전혀 다른 동기 및 가치들이 깡그리 무시된 결과이다. 내털리 제이먼 데이비스가 자기 책의 맺음말에서 그러한 가능성까지도 열어두고 있다는 사실은, 너그럽고 상상력이 풍부한 그녀의 역사 연구 방식이 지닌 매력 중의 하나이다. 그녀는 이렇게 말한다. "나는 과거의 진면목을 드러냈다고 생각한다. 아니면 빵세뜨가 다시 한번 그 일을 했던 것일까?"[78] (로버트 핀레이 / 최재호 역).

09
'절름발이에 대하여'

1—

마르땡 게르의 이야기는 수없이 되풀이되어 왔으며,[1] 그에 대한 평가들도 매우 호의적이기 때문에, 로버트 핀레이가 이에 대한 자신만의 다른 견해를 새삼 밝혔다고 해서 그를 탓할 수는 없다. 나 역시, 마르땡 게르 이야기의 경이로움과 풀리지 않는 문제들에 대해 다시 한번 살필 기회를 갖게 되어 기쁠 따름이다. 핀레이는 자신의 글을 마치면서 《마르땡 게르의 귀향》 마지막 대목에 주목하고 있는데, 나는 이 이야기에 대한 내 견해가 옳은지 그른지 약간은 궁금해하는 말을 한 적이 있다.[2] 사실, "진짜 남편[역주: 마르땡 게르의 아내 베르뜨랑드가 가짜 남편과 살았던 사실을 패러디한 표현]"에게 바친 책 서두의 헌정사에서 기만의 화신인 빵세뜨의 최후를 다룬 마지막 장면에 이르기까지, 내가 이 책에서 전체적으로 다루고자 했던 것은 다름 아닌 진실과 의심의 문제였다. 즉 16세기 사회에서 진정한 정체성이란 무엇인가를 결정하기가 얼마나 어려운 일인지, 그리고 20세기를 살면서 역사가가 진실을 추구하는 것 또한 좀체로 쉽지 않은 일임을 성찰하는 것 등이 바로 그것이다. "역사서술에서, 재구성이 멈추고 창안이 시작되는 지점은 과연 어디쯤인가?"라는 질문이야말로 바라건대 독자들이 해 주고, 생각해 봐주었으면 했던 문제이다. 비유하자면, 나의 이야기가 설정한 '자기 만들기self-fashioning'와 거짓말 사이에 놓인 모호한 경계와도 같은 것이라고나 할까?

  나는 내 저서와 장 드 꼬라스의 《잊을 수 없는 판결》에 대한 보다 더 정중한 비평, 핀레이 스스로가 반드시 따르기를 요구하는 바로 그 '사료의 주권'에 더욱 충실한 비평을 원함에도 불구하고 나의 도전에 대한 로버트 핀레이의 응답을 환영하는 바이다. 그의 글은 역사 방법과 해석에 대해, 어떤 역사적 문제에 영향을 미칠 수 있는 증거의 범위와 텍스트를 읽는 방식에 대해, 그리고 역사적 지식에서 심사숙고와 불확실성이 어떤 역할을 할 수 있는가에 대한 중요한 문제들을 제기하고 있다. 그는 또한 마르땡 게르 사건에 대해 자신만의 주장을 펼치고 있는데, 이는 나의 주장은 물론이고, 꼬라스 및 《마르땡 게르의 귀향》이 간행된 이후 제시되었던 다른 몇몇 사람들의 주장과도 다르다. 이러한 상이점들은 꼬라스의 '경이로운 이야기'에 내재된 복합적인 가능성들과 함께, 우리의 역사 연구에서 나타나는 학문적 접근 방법과 20세기적 가정 사이의 상호 작용을 보여주는 등, 흥미로운 비교를 할 수 있게 해 준다.

  내 글의 틀을 잡기 위해, 핀레이와 나의 접근 방식이 어떻게 다른지 먼저 밝히고자 한다. 우리는 둘 다, 아르노 뒤 띨이 아르띠가의 마을에 도착하여 이후 3년여 동안 마르땡 게르 행세를 하며 사는 동안 "어떤 일이 벌어졌나" 알고 싶어한다. 내 결론은 이러하다. 마을 전체의 측면에서 보더라도, 당시의 분위기는 서로 속고 속이거나, 때로는 알면서도 모르는 척하는 등 다양한 감정들이 뒤섞여 있는 상태였으며 ("사람들이 무얼 의심하든지 간에, 그들은 침묵하거나 당분간은 그것을 묻어두려고까지 하였다."[3]) 특히 주목할 것은, 비록 마지막에 가서 진심이 다소 빛을 잃기는 했지만, 베르뜨랑드가 아르노와 공모했다는 점이다. 반면, 핀레이는 게르 가족 모두와 이웃들이 처음부터 완전히 속아 넘어갔으며, 베르뜨랑드 역시 어리숙하게 속아 넘어가다가 법정에 나타난 (진짜) 마르땡 게르를 보고서야 비로소 자신의 실수를 알아차렸다는 결론에 도달하고 있다.

내 책은 또 하나의 중요한 목표를 가지고 있다. 그것은 16세기 프랑스 농촌생활 및 법의 가치와 관습 속에 이 이야기를 위치시키는 것인데, 이를 통해 이야기의 중심적인 요소들을 이해하는 데 도움을 얻을 수 있을 뿐 아니라, 거꾸로 그 이야기를 통해 그러한 가치와 관습에 접근할 수도 있다. 즉 전설을 역사로 바꾸는 작업인 셈이다. 핀레이는 바스끄 지방의 풍습, 이주, 재산 및 토지 매매, 상속, 여성 노동, 법률 관행 등에 대한 나의 설명을 단지 "역사적 재구성을 위한 맥락"이자 "색채" 정도로만 치부하고 있다. 또한 내가 종교 및 혼인을 아르노와 베르뜨랑드의 정신세계에 내재하는 요소들로 간주하는 경우에서와 같이, 나의 설명이 그 자신의 도덕적 관심사와 상충될 때는 그것을 단지 그들에 대한 나의 "무죄 변명"쯤으로 무시해 버린다. 하지만 그는 (15세기 베네찌아 귀족들에 대한 자신의 유익한 연구에서 보여주고 있는 것과는 달리) 이 두 사람을 둘러싼 문화적·사회적 맥락이 빈칸으로 남게 되는 데는 별로 개의치 않고 있다. 그는 근대 초의 전설문학이나 교훈담에서와 같이 어느 시대에나 존재하는 한 쌍의 '약탈자'와 '희생자', '영악한 사기꾼'과 '불행한 얼간이'의 이미지를 제시하고자 했다.[4]

다음으로, 나는 계급적 경계를 가로지르는 문화 교류의 사례에 대한 연구가 중요하다고 생각한다. 농민과 판사가 법정에서 서로 만나는 경우나, 농촌 마을을 떠도는 이야기가 식자층 문학의 매력적인 주제가 되는 경우 등이 그 예이다. 내가 '타자'의 인생사는 물론, 의외의 예기치 않은 장소에서 만나는 핵심적인 용어 및 개념들('비극'이란 말에서 보는 것처럼) 속에 존재하는 유사성과 차이와 위험을 이해하는 데 유용한 실마리들을 발견하는 것도 바로 여기에서이다. 또한 텍스트들은 그 전체 구성과 생성 규칙에 대한 생생한 증거를 제공해 준다. 즉 텍스트의 문학적·서사적 구조는 16세기의 어떠한 주장을 이해하기 위해 "거친 추론"을 가능케 해 주는 '자료'의 일부인 것이다.[5] 핀레이의 경우, 15세기 베네찌아의 귀족계급과 뽀뽈로 간의 정치적 교류 사례에서는 계급을 넘나드는 관계에 흥미를 보이고 있지만, 사회·문화적 교류에 대해서는 그것을 중요한 역사적 사건으로 인식하지 않고 있다.[6] 핀레이 자신은 베네찌아 관련 주제들에서 "과장된 (자기) 존대" "독선" "비통함" 혹은 "충동" 등의 말을 별 거부감 없이 쓰고 있으면서도, 유독 다른 주제상의 심리적 반응들을 고찰하고자 하는 경우에서만은, 사람들의 삶이 잘 기록되어 있고 그러한 반응들이 16세기적 관심사와 밀접하게 연결되어 있는 경우에조차도, 적절치 못한 것이라 치부하고 있다.[7] 그는 《잊을 수 없는 판결》의 다면적인 구조와, 그것의 언어적 의미, 그 자신이 제시한 몇 개의 인용문이 꼬라스의 논증 과정에서 차지하는 위치 등에 대해서는 전혀 무관심하다. 핀레이는 마리노 사누또의 일기까지도 주저 없이 언급할 수 있으면서도, 《경이로운 이야기*Histoire prodigieuse*》와 같이 이상한 텍스트에까지 관심을 보이려 하지는 않을 것이다.[8]

　마지막으로 얘기할 것은, 핀레이와 내가 정신적 기질과 인식 스타일, 그리고 도덕적 성향에서 서로 대비되는 면이 있다는 사실이다. 나는 어디에서든 복잡성과 양면성을 인정한다. 나는 뭔가 더 나은 것을 얻을 수 있을 때까지는 추론에 의한 지식과 가능성 있는 진실을 기꺼이 인정하려 한다. 나는 찬반 양론과 일상생활 및 영웅적 이상주의에 대한 분석과 같은 윤리적 판단을 한다. 하지만 로버트 핀레이는 사물들을 명료하고 단선적으로 파악한다. 그는 문자 그대로 명확한 뜻이 있는 단어들에 의해 전혀 모호하지 않고 명증하게 확립되는 절대적인 진실을 원한다. 그는 명확하게 옳고 그름이 판별된다는 의미에서 도덕적 판단을 한다. 나는, 모든 것이 결핍되어 있는 상태에서 가짜 남편을 받아들이겠다고 결심하고, 그렇게 하더라도 이웃 사람들에 이해되고 용서받을 수 있을 한 농촌여성, 16세기 기준으로 볼 때 그 자신과 다른 이웃 여인들의 입장에서는 여전히 "명예로운" 그러한 여성을 머릿속에 그릴 수가 있다. 핀레이는 이 점에서 관점상의 모순이 있다고 보고 다음과 같이 주장한다. "만일 베르뜨랑의 동시대인들이 그녀가 유죄라고 믿었다면, 그들의 눈에 그녀 역시 그 사기꾼만큼이나 비열하게 비쳤을 것임은 의심의 여지가 없다."[9] 핀레이는 베네찌아 정부에 관한 자신의 책에서는 훨씬 더 누그러진 어조로 일관하고 있음에도 불구하고, "마르땡 게르 다시 만들기"라는 제목의 글에서는 내가 몽떼뉴 역을 하고 있는 데 반해 그는 사보나롤라 역을 맡고 있다. 역사서술이 어떤 입장을 취하느냐에 따라 다른 이득을 얻을 수 있다는 것이 다행이라면 다행일 뿐이다.

2—

먼저, 독자들을 위해서 내 연구 방법을 자세히 설명하고자 한다. 내가 다루었던 핵심적인 사료는, 특별재판관이자 뚤루즈 고등법원의 게르 사건 보고자였던 재판관 장 드 꼬라스의《잊을 수 없는 판결》과, 귀욤 르 쉬외의《경이로운 이야기*Historia Admiranda/Histoire Admirable*》[10] (이 텍스트는 내가 발굴했는데, 저자는 법정의 다른 판사 밑에 있던 법률 서기로 밝혀졌다. 핀레이는 그 텍스트를 보지 못했고 각주 한 곳에서만 언급하고 있을 뿐이다), 그리고 뚤루즈 고등법원 등기부에 수록된 사건 관련 판결문들이다. 이 사료들을 중심으로 하되, 여기에다 문제의 마을(게르 가와 롤 가가 살았던 아르띠가와, 다게르 가의 바스끄 지역, 아르노가 살았던 가스꽁 사자와 그 인근 지역들) 문서보관소와, 뚤루즈의 범죄 기록부, 그리고 그 지역들에 대해 설명한 것으로서 16세기에 간행된 여러 인쇄물에서 얻어 낸 농민들의 언행에 관한 증거를 끌어모았다. 재판 과정에서 나온 완전한 형태의 조서와 증언이 부족한데다 농민들이 쓴 일기류나 편지들도 제대로 확보할 수 없는 상태에서, 이러한 증거들은 문맹이 대부분이었던 16세기 농촌사회를 연구하는 데 최상의 것이라고 할 수 있다. 나는 게르 사건을 담당했던 판사들의 책과 편지, 그들이 맡았던 사건 등등에서 얻어 낸 증거에서 시작해서, 다른 형사법정의 관행과 16세기 판사들이 간행한 형사사건 진행 규약집으로 그 범위를 넓혀 나가는 식으로 마치 동심원을 그리듯이 동일한 연구의 영역을 확장함으로써, 사건 당시의 판사들과 그들이 구성하는 법정이라는 세계를 재구성하였다. 나는 연구의 전 과정을 통하여, 사료와 그것을 구성하는 규칙들을 평가하고, 많은 곳에서 얻어 낸 실마리들을 한데 모으고, 16세기의 증거들이 가장 적합하고도 그럴듯한 의미를 지니도록 추론적 논증을 확립하는 등, 마치 탐정처럼 작업을 진행시켜 나갔다.[11]

게다가, 나는 《마르땡 게르의 귀향》에다 독자가 원한다면 탐정소설과 같이(혹은 꼬라스의 《잊을 수 없는 판결》과 같이) 앉은 자리에서 단숨에 읽힐 수 있는 문학적 구성을 적용해 보기로 작정하였다. 또한 나는 주제 분석 못지 않게 이야기의 순서, 세부묘사의 선택, 문학적 색채, 메타포 등에도 세심하게 주의를 기울임으로써 문제의 사건과 농촌사회, 정체성의 문제와 관련 의혹에 대한 나의 논증들을 진일보시키고자 노력하였다. 내가 이렇게 한 것은, 면담을 했던 아르띠가 지역 마을 주민들부터 나의 새로운 발견들을 알아 주었으면 하는 16세기 농촌·법제·문학사의 전문학자들에 이르기까지 다양한 독자층이 그 책을 읽어 주기를 바라는 마음에도 일부 이유가 있었다. 하지만 플래시백flashbacks보다는 플래시포워드flash-forwards의 기법을 이용해서 그책의 첫 부분을 영화 장면처럼 보이게 하는 해설 방식을 만들어 내는 것이 훨씬 더 중요했다.

이러한 수사적·서사적 방식에도 나름의 약점이 있음은 분명한데, 특히 평상시 학자들이 하듯이 사료와 주제 사이를 여유 있게 오가기가 힘들다는 문제가 있었다. 물론 리외와 똘루즈의 재판에 관한 장章들은 재판 과정에서의 찬반 양론에 대해 많은 정보를 제공하고 있으며, 마지막 세 장도 꼬라스와 르 쉬외 및 그 외 다른 사람들이 쓴 텍스트의 문학적 결과와 내용에 집중하고 있는 것이 사실이다. 그러나 사기 행각의 줄거리를 밝혀 주는 증거는 모두 주註에 빼곡이 모여 있어 참을성 있는 연구자나 보게 되어 있으며, 법률·고문서 관계 자료와는 다소 거리가 먼 사실들을 뒷받침하는 오직 한 경우에만 분명한 무게를 실어 논의하고 있을 따름이다.[12] 더욱이, 마음내키는 대로 책을 읽을 수 있는 독자들의 경우는, 아이러니를 놓치거나 은유적인 표현과 단서들을 무시할 여지가 있으며, 나아가서는 어떤 논증이 "여기에는 네 가지 이유가 있다"라는 식으로 시작되지 않을 때면 그 내용마저도 이해하지 못할 가능성이 있다. 반면, 《마르땡 게르의 귀향》이 택한 이야기 방식이 두드러진 성과를 거둔 면도 있다고 생각된다. 즉 역사적 경험(마을 주민들의 경우가 이에 해당된다)의 복잡성을 다시 살려 내었으며, 사회적으로 결정된 것과 (자유의지로) 선택된 것 사이의 상호 작용을 다시 포착하였고, 혹은 독자들로 하여금 역사적 재현을 위한 문학적 구성의 함의들에 대해 숙고하도록 만들었던 점을 성과로 볼 수 있다.[13]

3—

이제 베르뜨랑드 드 롤이라는 인물과 함께, 그녀가 아르노 뒤 띨과 부부생활을 하는 동안 아르노에 대해 "알았던" 것에서부터 논의를 시작해 보자. 여기서 내가 "알았던"이라고 따옴표를 붙인 것은, "그녀는 그가 자신의 남편이 되는 데 일조하였다"고 했던 말을 상기시키기 위해서이다. 또한 베르뜨랑드를 비롯하여 그녀의 친지들과 마을사람들은, 비록 그들이 집 나간 게르가 돌아오기를 그토록 학수고대했기 때문이기는 하지만, 그렇다 하더라도 도대체 어떻게 해서 한 모르는 남자에 대한 의심을 접고 그의 신원을 인정하며 나아가서는 그에 불리한 증거까지도 무시해 버리는 상황에까지 휘말리게 됐는지, 이에 대해 내가 제시했던 주장들을 다시 떠올리게 하려는 의도도 깔려 있다.[14] 베르뜨랑드가 버림받은 상태였다는 점을 감안하면 그녀야말로 속임수에 빠져들 위험이 가장 컸겠지만, 또한 그렇기 때문에 그녀는 일찍부터 그리고 가장 가까이서 무언가 의심이 가는 단서들을 찾아낼 수가 있었을 것이다. 우리로서는 그녀가 얼마나 의식적으로 이러한 단서들에 순응하려 했는지 잘 모른다. 보는 사람에 따라서는, 그녀가 마르땡 게르임을 인정했던 그 남자뿐만 아니라 그녀 스스로에 대해서도 애초부터 무언가 다른 생각을 했을지 모른다는 상상도 할 수 있을 것이다. 그러나 시점의 선후는 분명치 않지만, 사건의 어느 순간부터 그들이 함께 노골적으로 공모하기 시작했다는 것은 틀림없는 사실이다.

베르뜨랑드가 아르노 뒤 띨과 공모했다는 증거는 핀레이가 단언하듯이 단 한 가지 주장에 근거하고 있는 것이 아니라, 모두 법률문서에서 나온 다음과 같은 네 가지 주장에 근거하고 있다. 첫째, 증인 모두가 확인한 바대로, 아르노가 아르띠가에서 처음으로 사람들을 만날 때마다 일일이 그들의 이름을 부르면서 인사를 했고, 더불어 그들 모두의 과거에 대해서도 무언가 알고 있었다는 사실. 둘째, 많은 증인들이 증언하고 장 드 꼬라스가 재확인한 대로, 아르노와 마르땡 게르는 신체 치수가 서로 상당히 달랐다는 사실. 셋째, 아르노가 삐에르 게르 및 다른 주민들에 의해 사기꾼으로 고발당했던 시점부터 베르뜨랑드가 원고 자격으로 그를 고소한 시점까지 그녀가 취한 행동의 성격. 넷째, 똘루즈에서 열린 재판 과정에서, 법정으로 하여금 아르노가 진짜 마르땡 게르라고 믿도록 하는 데 일조한 베르뜨랑드의 증언 내용. 이러한 요소들 중 어느 것이 베르뜨랑드의 속내와 의도를 더 잘 말해 주는지는 확정키 어렵겠지만, 전체적으로 볼 때 이 모두는 그녀의 공모설이 타당하고도 매우 그럴듯하다는 것을 잘 보여주고 있다. …… (중략) ……[15]

4—

그러면, 베르뜨랑드 드 롤은 어떤 여인이었는가? 핀레이는 내가 본 베르뜨랑드를 "대단히 계산적인 인물"이라 묘사하면서, 성품상의 이러한 특징이 16세기의 농촌여성에게는 어울리지도 않을 뿐 아니라 시대착오적인 것으로 간주하고 있으며, 그녀의 "현실주의"와 "완강한 독립심"을 주장한 나의 견해 또한 근거 없고 받아들일 수 없는 것으로 보았다. 그는 내가 그린 초상화 속에서 그녀의 "대단히 계산적인" 성품과는 별로 부합되지 않을 법한 '정열적' '낭만적' '영웅적'인 다른 특징들을 찾아내고 있으며, 심지어는 "페미니스트의 선구자 격"이라는 말까지도 서슴지 않고 있다.[16] 하지만 이는 나의 취지를 제대로 전달한 것이 못 된다. 이러한 평가는 법률 관련 자료들 속의 베르뜨랑드에 대한 다양한 실마리들에 부주의할 뿐 아니라, 16세기의 농촌사회 및 페미니스트적·낭만적·영웅적 등의 용어가 지닌 뜻을 잘못 알고 있는 데서 비롯된 결과이다.

레즈 계곡이라는 무대로 돌아가 보자. 여성들은 경제와 가사에서 중요한 역할을 맡고 있었던 반면, 재산권에 대해서는 권한과 접근 가능성이 상대적으로 작았고, 사법적 인격이라는 측면에서는 남성에 비해 더욱 불안정한 상태에 놓여 있었다. 베르뜨랑드는 아직 어린 나이에 혼인하여 수년간 아무런 결실도 없는 결혼생활을 하다가, 결국은 재혼의 가능성도 능력도 상실한 채 남편에게 버림을 받았으나, 그럼에도 불구하고 여전히 마을의 가치관에는 충실했던 것으로 보인다. 즉 그녀는 게르 가와 롤 가의 적지 않은 보유지에서 쫓겨나지 않기 위해 어떻게 해서든지 혼인한 여자로서의 품위를 지키려 하였고, 마을의 다른 여인들처럼 품행이 좋다는 평판을 얻고자 갈망하였다. 그녀는 마르땡이 없는 동안 "정숙하고 명예로운" 삶을 살았고 법정에 서서도 자신의 "명예"에 대해 얘기하였다.[17] 하지만 그녀가 이처럼 전통적인 가치들에만 충실했던 것은 아니었다. 또한 그녀는 때때로 자신이 처한 곤경에서 빠져나가기 위해 어느 정도의 위험은 감수하는 뚜렷한 독립심과 의지를 보여주었던 것이다.

그녀의 그러한 독립심과 여성으로서의 명예와, "자신이 처한 여성이라는 굴레 속에서나마 세파를 헤쳐 나갈 수 있을 만큼의 약삭빠른 현실주의"[18]가 나에게 처음 느껴진 것은, 마르땡의 성 불능에 대한 그녀의 반응과 친족들의 이혼 제의를 거부한 사실을 접했을 때였다. 여기서 나는 이 부분에 대한 원래의 추론 과정을 내가 쓴 방법의 일례로서 되풀이 얘기하고자 한다. 베르뜨랑드가 리외에서 증언한 바에 따르면, 그녀와 마르땡 둘 다 8년 동안 "마법에 걸려서" 동침하지 못하다가, 겨우 9년이 지날 무렵에야 "주술에서 풀려나" 네 번 동침할 수 있게 되었다. 르 쉬외 역시 이와 비슷한 말을 하고 있다. "베르뜨랑드는 아내로서의 의무를 다할 수 없는 처지였으며" 8년이 지난 후에야 비로소 "마르땡은 남편 노릇을 하기 시작했다"는 것이다.[19] 이 점에 대한 꼬라스의 주석은 주로 남자의 성 불능과 마법에 대한 것에 국한되어 있기 때문에, 나는 단지 당시의 사료가 여성에 대한 주술의 경우

를 어떻게 설명하고 있는지 밝히고자 《마법의 망치*Malleus Maleficarum*》
를 인용하였다. 그리고 나서 나는, 비록 베르뜨랑드가 다른 식으로 말
했을지는 모르지만, 어쨌든 그녀는 당분간 성관계를 하지 말라는 말
을 듣고 마음이 놓였을 것이라고 추측하였다.[20]

왜일까? 베르뜨랑드가 혼인했을 당시, 그녀는 사춘기 소녀에 불과
했다. 그녀는 나중에 자신이 겨우 9살이나 10살쯤이었고, 마르땡은
그보다 약간 더 많은 나이였다고 말했는데, 어쨌든 그들은 둘 다 매우
어린 나이였다. 16세기 프랑스 인구학자들에 의하면, 이때 이른 혼인
은 특히 당시의 농민층에서는 매우 특이한 경우였다.[21] 당시 베르뜨
랑드는 아직까지 그렇게 일찍 성적 교합을 나눌 만큼 문화적 준비 기
간을 갖지 못했을 것이다. 꼬라스 스스로가, 그런 어린 나이에는 소년
이나 소녀나 "그 욕망이라는 것이 진짜로 솟구치기는 힘든 법"이라
말하고 있다. 베르뜨랑드가 "마법에 걸렸던" 기간을 이러한 상황에
대한 응답으로 간주하는 것은 매우 그럴 듯해 보인다. 마찬가지로 그
녀가 불완전한 혼인을 무효화하는 데 반대한 것 역시, 어린 나이에도
불구하고 다시 혼인생활을 해야만 한다는 두려움에서 비롯된 것이었
다. 이는 물론 어린 마르땡에 대한 그녀의 태도와는 또 다른 문제이
다.[22] 이것이 바로 내가 가능성에 대한 현실주의적 고려라 부르는 것
이다.

나는 농민들의 '교활함'에 대해 써 놓은 16세기 이야기들로부터, "농
민들의 마음속에는 예외 없이 장사꾼이 한 사람씩 들어앉아 있다"고
한 삐에르 구베르의 묘사와, 힐튼 루트의 최근 저작 《부르고뉴의 농민
과 왕》이 상정하고 있는 합리적 선택의 이론에 이르기까지,[23] 특히 자
신의 선택을 더 고려하는 농민상에서 내 해석에 대한 근거를 발견한

다. 더욱이, 이 신중한 고려와 타산이라는 측면은 다양한 계급으로 이루어진 근대 초 여성 연구에서도 중요한 역할을 하고 있다. 이러한 특징들은 재산의 규모가 보잘것없거나 건달남편을 둔 가정에서 여성이 지니고 있거나 또는 여성에게 필요한 '사려분별'의 한 측면이다("어리숙한 남편"을 둔 아내에 대한 끄리스띤 드 삐장의 말이나, 부지런한 농부의 아내에 대한 샤를 에스띠엔의 말을 볼 것). 이러한 특징들은 또한, 법적으로 남편에게 종속되어 달리 어찌할 방도가 거의 없었던 아내에게는 저항의 한 방편이 되었다. 흔히 속담에 이르기를, "여자들은 스스로의 처지를 처량해한다. …… 그리고 뭔가를 원할 때는 앓는 소리를 한다." 혹은, 17세기 초반의 한 법률가가 혼인을 앞둔 딸에게 보낸 편지 속에는 다음과 같은 말이 들어 있다.

집안에서든 밖에서든 (남편의) 조언 없이는 어떤 일도 해서는 안 된다. 너는 그에게 복종함으로써 오히려 그를 잘 다룰 수 있다는 것을 배우게 될 것이다. 말인즉, 일단 네가 겸손하게 복종한다고 그가 생각하면, 그는 더 이상 네가 원하지 않는 일은 하지 않을 것이고 집안일을 너에게 모두 맡기려 할 것이다. …… 네 죽은 어머니와 나는 이러한 식으로 함께 살아오면서, 서로에게 자신의 목소리를 높인 적이 없었다.[24]

레즈 계곡 주민들이 남긴 수많은 유언장에서 보듯이, 과부로서 겪었던 수많은 제약은 여성들이 왜 약삭빠른 책략에 끌렸는지에 대한 이유를 잘 설명해 주고 있다.[25] 가정생활 역시 베네찌아의 정치가 꼭 그러했던 것처럼 그 나름의 정치 행위로 이루어지는 것이다.

더욱 특이한 것은 베르뜨랑드가 부모들의 압력을 '계속' 거부할 수 있었다는 점이다. 자신의 첫 혼인을 성사시키기 위해 단호하게 처신했던 잔 달브레, 모친인 까뜨린 드 메디치의 강요에도 불구하고 앙리드 나바르와의 이혼을 거부했던 마르게리뜨 드 발루아 같은 예에서 보듯이, 왕녀의 경우라면 베르뜨랑드보다는 처신하기가 더 쉬웠을 것이다.[26] 가부장적 가정의 일원인 한 시골처녀에게, 그 같은 거부의 행위는 "완강한 독립심"의 표징이었다. 베르뜨랑드의 이러한 성품은 그녀가 삐에르 및 자신의 어머니에게 맞서 사기꾼 남편을 지켜 내려고 노력했던 그 몇 달 동안 반복해서 나타나고 있다. 사실, 베르뜨랑드가 시종일관 속아 넘어갈 만큼 어리숙한 인물이었다고 가정하더라도, 우리는 그녀가 그저 수동적이었다거나 단지 희생양에 불과했다고 생각할 수는 없다. 왜냐하면 그녀의 독립심에 대한 증거가 너무도 뚜렷하기 때문이다.

결론적으로, 나는 이혼을 거부한 베르뜨랑드의 태도를 "그녀의 지조 혹은 명예의 …… 표징"이라 본 꼬라스의 말을 인용하면서, 그리고 당시의 마을 여성들은 자신들의 평판이 나빠질 때 서로를 비난하며 소송까지 걸곤 했다는 사실을 떠올리면서, 이 일화를 베르뜨랑드가 여성으로서의 자신의 명예가 더럽혀질까 염려한 첫 번째의 예로 보고자 하는 것이다.[27] 그녀는 이혼을 거부함으로써 자신이 혼인생활에 충실하다는 것을 보여주고 있으며, 아울러 스스로가 성적으로 성숙해져서 언젠가는 어엿한 어머니가 될 수 있음을 마을사람들에게 증명할 시간을 벌고 있었던 셈이다.

자신과 함께 사는 남자가 마르땡 게르가 아니라고 말하는 사람은 모두 죽여 버리겠다고 그녀가 협박했을 때, 그 이면에 존재했던 강렬한 감정(이야말로 '열정'이라는 말의 정확한 의미이다)을 한마디로 표현하자면 무엇보다 '열정적'이라는 형용사가 잘 어울리겠지만, 그럼에도 불구하고 나는 베르뜨랑드 드 롤을 두고 그렇게 말하지 않았다. "새로운 마르땡을 통하여 그녀는 자신이 평화롭고 우애 있게(이는 16세기적 가치를 표현하고 있다), 또한 열정을 가지고 더불어 살 수 있을 만한 한 남성을 경험하였다"는 표현을 썼다.[28] 이러한 표현이, "그는 4년 동안 그녀와 함께 매우 평화로운 삶을 살았다"(르 쉬외), "그들은 진짜 부부처럼 함께 먹고, 마시고, 남들처럼 한 이불 밑에서 잠이 들었다"(베르뜨랑드), 혹은 "그들은 밤낮으로 같이 얘기를 나누었다"(아르노) 등의 문구들과는 너무나 터무니없이 거리가 먼 추측이란 말인가? 그들 사이에는 아이가 둘이나 있었고, 그가 뚤루즈 감옥에서 그녀의 침대로 돌아왔을 때 베르뜨랑드가 아르노를 친절하게 맞이했다는 것(그의 발을 씻겨 주고, 그에게 흰 셔츠를 입히고, 그와 동침했다는 사실)[29]은 3년 전에는 낯선 사이였던 두 남녀 사이에 어떤 애정 어린 관계가 싹텄음을 시사하고 있지 않는가?

그러나 베르뜨랑드는 또한 양심 있는 여인이었다. 그녀는 재판 과정에서 격리 수감되어 있었던 외로운 몇 달 동안 너무나 많은 압력과 위험에 직면하자, 과연 자신의 행동이 옳았는지 의심했을 가능성이 있다. 이것이 뚤루즈 재판 과정에서의 그녀의 태도, 즉 증언을 하면서 그녀가 눈을 아래로 떨군 채 두려움에 가득찬 목소리로 대답하던 모습(이는 자신의 이중게임이 어느 쪽으로 결말이 나더라도 불안감을 떨칠 수 없는 당시 그녀의 심정을 보여주고 있다)하며, 법정에 나타난 마르땡 게르 앞에서 "사시나무 떨 듯이 떨며" 흐느껴 울었던 사실에 근거하여 내가 내린 해석들 중 하나이다. 그렇다. 핀레이는 내가 그 흐느낌을 계획된 것으로 보고 있다고 말하지만, 사실은 정반대이다. 나는 그것을 공포와 죄책감 때문에 흘린 아주 진실한 눈물이라고 보았다.[30] 계획된 변명으로 여겨지는 것은 예컨대 그녀가 그에게 했던 바로 다음과 같은 말이다.

> '[제가] 그 사기꾼의 정체를 알아차리기 시작한 순간부터', 죽고 싶었던 순간이 한두 번이 아닙니다. …… 그리고 이 거짓말쟁이가 [제] 명예와 순결에 대한 평판을 도둑질했음을 깨닫자, [제가] '그 즉시' 그를 고소했습니다[31] (강조를 위한 따옴표는 필자).

이러한 모습은 결코 '낭만적'인 것이 못 된다. 베르뜨랑드의 사랑은 현실과 자신의 이익과 자식들을 염려하는 마음이 한데 어우러져 나타난 것이었다. 이러한 모습을 두고 '영웅적'이라 할 수도 없다. 왜냐하면 베르뜨랑드는 삐에르 게르의 비위를 맞추기 위해 사랑하는 사기꾼 남편을 제 손으로 고소하였고, 자신을 버렸던 남편이 돌아오자 그에게 몸을 맡겼기 때문이다. 이는 또한 '페미니스트적'인 행동도 아니다. 그녀의 책략이나 대담한 언행 속에는 근본적으로 농촌여성의 운명 혹은 이미지를 바꿔 보겠다는 의지가 나타나지 않고 있으며, 끄리스띤 드 삐장, 꼬르넬리우스 아그립빠, 루이즈 라베, 루끄레찌아 마리넬리 같은 초기 페미니스트들과 연결시킬 수 있는 여성의 교육이나 여성의 도덕적 잠재력에 대한 어떤 징표도 발견되지 않는다(르 쉬외는 베르뜨랑드가 눈물을 흘리며 마르땡에게 자신이 "여자로서 무분별하고 변덕스럽기 때문에" 아르노를 받아들였던 것이라 했다고까지 말한다).[32] 내 책 《마르땡 게르의 귀향》에서 베르뜨랑드는 자신들의 개인적인 숙명을 받아들이면서 때로는 그것에 저항하였던 평범한 농촌여성의 모습 중 하나로 위치지워질 수 있다. 베르뜨랑드의 인생에서 유일하게 문화적으로 새로운 것일 가능성이 있는 점은 그녀가 잠시 동안 경험한 프로테스탄티즘뿐일 것이다.

5—

나는 아르노 뒤 띨을 이중적인 인물로 묘사했다. 그는 방탕한 생활을 했으며 군대에서 젊은 시절을 보낸, 뛰어난 기억력과 언변의 소유자이자 타고난 사기꾼이라는 면모와, 베르뜨랑드 드 롤의 남편이자 상시 게르의 상속자로서 자신의 역할을 다했던 인물이라는 또 다른 면모를 동시에 가지고 있는 것이다. 핀레이는 이 중 첫 번째 모습은 받아들이지만, 두 번째 부분은 "미화와 변명을 위한" 일종의 각색에 불과하다고 주장한다.[33] 사기꾼은 사기꾼이고 간부姦夫는 간부일 따름이지 그 이상도 그 이하도 아니라는 것이다.

　아르노 뒤 띨이 마르땡 게르라는 인물로 스스로를 다시 만들어 갔다는 주장에는 다음과 같은 세 가지 증거가 있다. 첫 번째는 가스꽁 사자에서 "방탕하고" "행실이 나쁜" 젊은이로 알려졌던 그의 모습이 변했다는 사실이다. 꼬라스는 이에 대해 "그 죄수는 그렇게 보이지 않기 때문에"라고 말한 바 있다. 르 쉬외는 그가 아르띠가에서 결코 "무례하게" 행동하지 않았으며 "만사에 처신을 잘했다"고 말한다.[34] 두 번째 증거는 아르노가 돈을 챙겨서 달아나지 않았을 뿐 아니라, 오히려 레즈 계곡에서의 경제적인 삶과 게르 가계의 생활 리듬이나 다툼들에 빠져 있었다는 사실이다. 세 번째이자 각별히 주목할 만한 증거는 베르뜨랑드와 삐에르, 그리고 그 이전까지만 하더라도 자신에 대한 확고한 지지자였던 누이들이 목발 짚고 나타난 남자가 마르땡 게르라고 증언한 이후 아르노가 법정에서 보인 행동이다. 아르노는 자신이 마르땡 게르라는 주장을 결코 굽히지 않았다. 그는 법정에서 "뻔뻔스러운" 행동을 계속했으며, 재판장 망상깔의 판결문 낭독을 방해하기도 하였고,[35] 불과 나흘 뒤 아르띠가에서 사형이 집행되던 날 아침에야 비로소 자신이 출생 시 얻었던 본래의 이름을 인정하였던 것이다. 모든 희망이 완전히 사라졌을 때조차 법정에서 이러한 행동을 했다는 것은, 그가 베르뜨랑드의 진짜 남편으로서의 자기 정체성이 매우 강했다는 사실을 입증해 주고 있다.

나는 바로 이러한 틀 속에서, 예컨대 아르띠가에 산재해 있는 게르 가의 토지 일부를 처분하고 바스끄 앙다이 땅의 일부는 임대하는 것과 같은, 아르노의 경제적 행위들을 이해하려고 하였다. 삐에르는 이에 대해 세습 재산을 낭비하는 짓이라고 생각했지만, 아르띠가 주민들 중 그 사기꾼을 지지했던 사람들은 그가 게르 가의 재산을 무모하게 양도했다고는 보지 않았음이 분명하다. 아르노의 행동은 세습 재산에 대한 바스끄식 관습에 어긋날 뿐 아니라, 아르노가 마르땡의 자리를 차지하기 전까지 그 세습 재산의 법적 후견인이었던 바스끄 출신의 늙은 숙부를 무시했다는 점에서 뻔뻔스러운 짓이 아닐 수 없었다. 그러나 그것은 레즈 계곡의 문서보관소를 통해 드러난 활발한 토지 매매 및 상업적 발달이라는 상황에 부합되는 행동이었으며, 이 시기의 랑그독 전체를 통해 보더라도 일반적인 관행이었음을 알 수가 있다.[36] 꼬라스에 따르면, 이는 '도둑질'과 다름없었다.[37] 왜냐하면 아르노 뒤 띨에게는 법적으로 마르땡 게르의 땅을 팔아넘길 아무런 권리가 없었기 때문이다. 그러나 그것은 재산을 집어삼켜 뒤 띨 가에 넘기자는 것이 아니라, 오히려 그곳에 눌러앉아 게르 가의 재산을 불리려 했던, 이중의 삶을 산 한 남자의 도둑질이었다. 물론 도둑질은 도둑질이지만, 판결을 내리면서 판사들은 바로 이 점을 구별하고 있다. 그리고, 만일 역사가가 이에 대해 제대로 된 이야기를 하고자 한다면 의당 판사들보다 훨씬 더 명민한 구별을 해야만 할 것이다.

또한 재판이 열리는 동안 아르노가 베르뜨랑드에게 보인 행동에는 그녀를 진정으로 사랑하는 그의 마음이 묻어나고 있다. "그는 자신감과 기쁨이 가득한 얼굴을 하고서 다정스럽게 아내를 불러, 그녀에게는 어떠한 해도 끼치고 싶지 않다고 말했다"(르 쉬외). 그는 "만약 그녀가 맹세코 자신이 남편이 아니라고 말한다면", 자신은 "수천 번의 끔찍한 죽음도 달게 받겠다"고 맹세하기도 했다(꼬라스). 아르노가 "그녀와 함께 평온한 삶을 살았을" 뿐 아니라, 그가 교수대에 서서까지도 베르뜨랑드는 "경우 바르고 덕성과 지조를 두루 갖춘" 여자이니 그녀에게 가혹하게 대하지 말라고 마르땡에게 간청했던 사실을 감안할 때,[38] 그는 자신이 베르뜨랑드의 남편 노릇을 하며 보냈던 시절을 진정 마음속에 받아들이고 있었던 것 같다.

마르땡 게르가 겪었던 우여곡절과 베르뜨랑드의 생존을 위한 노력, 그리고 사기꾼에서 남편으로 바뀐 아르노 뒤 띨의 변신을 적절히 묘사하기 위하여 내가 사용했던 용어 중에 '자기 만들기'란 말이 있다. 나는 스티븐 그린블랫이 그러한 용어를 훌륭하게 발전시켰고 노베르트 엘리아스도 자신의 저서 《몸의 문명Civilization of the Body》에서 비슷한 개념을 사용하고 있다고 언급한 바 있는데, 양자는 행동과 자의식의 변화를 국가 체제의 정교화 현상과 연결시키고 있다는 점에서 유용하다.[39] 핀레이는 이를 단순히 20세기 문학의 한 경향 정도로만 생각하고 있으나, 사실은 그렇지 않다. 야콥 부르크하르트 시대 이래로 르네상스 학자들에게는 상용 문구가 되어 버린 "예술작품으로서의 개인"이란 표현뿐 아니라, '자기 만들기'라는 용어 역시 몽떼뉴의 에세이 중 다음과 같은 구절에서 연유하고 있다. "인간은 자기 자신을 이루고 만들어 간다. …… 본심의 가장은 우리 시대의 가장 잘 알려진 특질 가운데 하나이다."[40] 또한 핀레이는 이탈리아사를 전공한 학자 이므로, 까스띨리오네의 《정신론廷臣論 Il cortegiano》이나 또는 수없이 재간을 부린, 베네찌아인 조반니 델라 까사의 예법서 《갈라떼오 Galateo》 등을 통해 자기 '만들기'의 문제를 되짚어보았음직도 하다.[41] '자기 만들기'는 거의 '베네찌아의 신화'만큼이나 오랜 역사를 가지고 있는 것이다.

내가 그 용어를 도입한 것은 두 가지 이유에서였다. 첫째, 나는 마르땡 게르 사건이 꼬라스 자신을 위시해서 여러 학인들로 하여금 그것에 관한 글을 쓰거나 주석을 달도록 할 만큼 그들을 매료시킨 이유를 설명하고자 했다. 학식 있는 사람들은 가짜 얼굴과 언어로 자신을 숨기는 데 몰두하였다. 뚤루즈 출신 귀욤 드 라 뻬리에르는, 로마 시대 사람들은 특별한 날에만 가면을 썼지만, 오늘날에는 매일 가면을 쓴다고 말했다. 법률가인 필리베르 드 비엔은 자신의 풍자서 《궁정 철학자Philosophe de Court》에서 다음과 같이 말했다. "본심의 가장은 나쁜 것도 잘못된 것도 속임수도 아니다. …… 왜냐하면 그것은 다른 사람들을 즐겁게 하기 위한 것이기 때문이다. …… 그것은 자비와 명예와 명성을 얻는 손쉬운 길인 것이다."[42] 바로 여기에 농부 아르노 뒤 띨의 "어쩔 수 없었던 수많은 거짓말" 및 총애와 입신의 상층세계에서 끊임없이 생성되는 언행들 사이의 연계가 존재한다.[43]

둘째, 나는 자기 자신을 이루고 만들어 간다는 개념을 '르네상스적' 문제로서만이 아니라 16세기적 문제로 만들기 위해, 그것을 더욱 넓은 범위의 상황과 사회 집단으로 확장하고자 하였다. 따라서 나의 책은 농민들이 겪었던 수많은 이동의 과정들을 추적하고 있다. 다게르가가 바스끄 지방을 떠나 레즈 계곡으로 옮겨온 것을 위시해서 마르땡 게르가 에스빠냐로 가고, 아르노 뒤 띨이 그의 고향 가스꽁 사자에서 랑그독 말을 쓰는 아르띠가로 오는 등의 일이 그 예인데, 이러한 과정에서 농민들은 새로운 환경에 맞추어 자신들의 언어와 관습을 바꿔야만 하였다. 나는 이들 지역의 별명 부르기와 사육제 가면놀이 풍습을 연구한 뒤, 이를 문서 위조사건이나 전승되어 오는 이야기, 그리고 최종적으로는 아르노 뒤 띨의 경우에서 나타나는 불법적인 사칭 행위와 연결시키려 하였다. 놀이 혹은 이득을 목적으로 하거나 "타인의 자비를 이끌어내기" 위해서 인격을 변화시킨다는 16세기적 관점에서 보자면, '사기imposture'란 결코 이례적인 행위도 또한 전혀 엉뚱한 '기행'이나 '경이로움'도 아니었다.[44] 그것은 단지 당시로 보아도 좀 극단적이고 복잡한 상황이 얽힌 경우였을 따름이다.

'사기'란 행위를 16세기적 삶의 문화적 관습 속에서 파악한 것과 같이, 나는 내가 '꾸며낸 혼인invented marriage'이라 부르는 것(처음에는 상대방을 오인한 채 시작했으나 진실을 알고 난 뒤에는 서로 공모해서 유지되었던 관계) 역시도 16세기 농민들에게 가능했을 법한 일종의 문화적 이해라는 관계망 속에서 생각해 보고자 하였다. 나는 다음과 같은 의문을 던졌다. 마르땡 게르가 오랫동안 실종 상태에 있었다는 점을 감안할 때, 그들 간의 꾸며낸 혼인을 기정 사실로 만들고 나아가서는 그것을 정당화시키기까지 할 만한 전통이나 사고 방식은 과연 어떤 것이었을까? 나는 두 가지 대답을 제시하였다. 첫째, 1563년 뜨렌또 공의회에 가서야 비로소 정죄되었을 뿐, 수세기에 걸쳐 관행처럼 내려온 비밀혼약의 풍습으로서, 이에 따르면 혼배성사는 남녀가 단지 "혼약의 말"과 그 정표들을 주고받는 것만으로 완결되었다.[45] 둘째는 보다 새로운 프로테스탄트 교리인데, 이에 따르면 남편에게 버림받은 여자의 경우, 일 년이 지난 뒤에는 자유롭게 재혼할 수 있었다. 여기다가 제3의 사회적 관행이라고 할 수 있는 중혼을 당연히 덧붙여야 할 것이다.

프로테스탄티즘의 경우, 1550년대는 아르띠가의 주민들이 교회를 장악하여 그 지역 문서에서 '위그노'라는 이름으로 불리기 딱 10년 전으로서, 나는 이 시기 말 개종자들과 목사들 및 개신교적 행위가 존재했다고 일말의 의심도 없이 확신한다. 문제는 우리가 베르뜨랑드와 아르노에게서 프로테스탄트적 정서의 흔적을 찾아낼 수 있는가 하는 것이다. 가장 근접한 증거는 아르노와 관련이 있다(핀레이는 아르노가 젊은 시절을 불경한 행실로 보냈다는 사실이 곧 "그의 개신교 수용을 말해 주지는 않는다"고 주장하지만, 이는 단지 그가 16세기 프로테스탄티즘의 개종 방식에 얼마나 무지한지를 보여줄 따름이다).[46] 왕년에 도박꾼, 불신자, 신성모독자, 그리고 간음을 일삼았던 자들의 개종은 장 *끄레스빵*의 《*순교의 역사Histoire des martyrs*》와 같은 개신교 순교사의 단골 소재이자 수많은 프로테스탄트의 삶이 보여주는 엄연한 사실이었다. 물론, 그것은 가톨릭의 개종담에서도 흔한 일이었다. 먼저, 프로테스탄트인 장 드 꼬라스가 재판이 진행되던 오랜 기간 동안 아르노를 배려해 주었다는 엄연한 사실이 있다. 1560년경, 꼬라스에게는 이미 프로테스탄티즘에 대한 공감대가 형성되어 있었다. 알도 스뗄라가 쓴 최근의 한 논문은 그가 빠도바대학에서 수학했던 1534년에 이미 "이단 혐의로 뚤루즈 시에서 추방된 인물"이라고 비난받았다는 사실을 보여주고 있다.[47] 꼬라스는 순전히 그가 줄곧 칭찬해 마지않았던 그 죄수의 완벽한 기억력 때문에 가짜 마르땡에게 믿음을 가지고 있었을까? 그뿐만 아니라 숱한 신문 과정에서 판사가 심각하게 들을 만큼 개신교적인 냄새를 풍긴 데도 그 이유가 있지 않았을까?

경우야 어떻든 간에, 종교적 논쟁이 절정에 달해 있던 1565년판[48]에 덧붙여진 아르노의 최후에 대한 꼬라스의 묘사에는 가톨릭 신앙에서 특징적인 마리아와 천국 낙원의 모든 성인들에 대한 서원이 빠져 있다는 점에서 당시 사람들에게 프로테스탄트적으로 들렸을 가능성이 있다. 꼬라스는 이렇게 쓰고 있다. 그는 사형이 집행되기 직전에, "성자이신 예수 그리스도에게 하나님의 영원한 자비를 구한다고 절규하면서, 자신의 행동을 크게 뉘우치고 참회하는 태도로 용서를 빌었다." 르 쉬외의 다음과 같은 말은 프로테스탄트적 신조들에 훨씬 더 가까우며, 그 또한 개신교의 지지자였다. "자신과 함께했던 모든 일들이 자신을 더럽혀 몸과 마음을 극히 불경스럽게 만들었기에, 그는 죄인들이 하나님의 섭리를 받아들이고 그리스도의 피에 자신들의 소원을 빈다면, 설사 죄인일지라도 결코 외면하지 않으시며 모든 이에게 구원을 행하시는 하나님께 당신의 은총을 빌었다."[49] 만약 이 두 프로테스탄트에게 아르노로 하여금 최후의 순간에 자신을 회개하게끔 만든 개신교적 정서를 시사할 의도가 없었다면, 그들은 왜 이 정죄받은 죄수의 기도를 그런 식으로 표현하려 했던 것일까?

내 책 전체에서, 아르노와 베르뜨랑드의 프로테스탄티즘은 어떤 확신이 아니라 단지 하나의 가능성으로 남겨져 있을 뿐이지만, 그래도 그것은 문서로 입증키 어려운 농민 개개인의 태도와 당시의 주요한 문화운동들간의 관련성(그리고 그러한 관련성에 대해 생각하는 방식들)을 시사해 주는 그런 종류의 가능성인 것이다. 핀레이는 "마르땡 게르 이야기를 종교적인 차원에서 볼 수 있게 할 만한 사료는 전혀 없는 형편"이라 주장하는데,[50] 그는 이와 관련하여 몇 가지 오류를 범하고 있다. 그는 꼬라스와 르 쉬외에게 어떤 실마리가 있는지를 파악하지 못했을 뿐 아니라, 관련자 모두의 삶을 뒤흔들어 놓았던 지역 종교운동에 대한 사실들도 하나의 '사료'가 됨을 깨닫지 못했다(당시는 다름 아닌 프랑스 종교전쟁의 전야가 아니었던가!). 그가 범한 보다 중요한 오류(프로테스탄트에 대한 나의 시각과는 매우 다른)는 농민들이 내심 무슨 생각을 하고 있었는지 묻는 것에 전혀 흥미를 보이지 않고 있다는 점이다. 16세기에서 성, 거짓말, 혼인 그리고 자기에 대한 규정과 연관된 사건에 어찌 종교적인 차원이 없을 수 있겠는가? 핀레이는 "신의 섭리라는 맥락 속에서 베네찌아를 찬양하는" 도제의 행렬에 대해서는 말할 수 있겠지만,[51] 아르노와 베르뜨랑드가 신의 섭리 속에서 자신들 스스로를 어떻게 바라보고 있었던가에 대해서는 되물어볼 필요가 있다고 생각지 않는다. 이 때문에 그는 마르땡 게르 이야기의 초점을 하층민의 특징이나 사기꾼의 협잡, 혹은 그 아내의 충절에 맞추는 편을 택했을 법하다.

6—

아르노 뒤 띨은 "사기를 쳤으며 이름을 사칭하여 남의 행세를 하고 간통을 저질렀다는 죄목으로" 똘루즈 고등법원에서 교수형을 언도받고 그 시체는 불살라졌다. 베르뜨랑드 드 롤은 마르땡 게르 및 삐에르 게르와 함께 기소와 처벌을 면했다.[52] 핀레이가 주장하듯이, 이러한 결과가 곧, 법정이 베르뜨랑드가 간통죄를 범했다는 것, 그리고/혹은 그녀가 어느 시점에서 아르노의 공범자가 되었다는 것 등을 결코 의심치 않았음을 의미하는가? 이것이 바로 고등법원이 "베르뜨랑드가 무엇을 알고 있었던가?"에 대해 추호의 의심도 없이 판결을 내렸음을 의미하는가? 꼬라스의 텍스트를 면밀히 검토하고 고등법원의 판결 내용을 16세기 프랑스의 사법관행이라는 틀 속에서 평가해 볼 때, 그 대답은 부정적이다. 이제, 우리 역사가의 논증을 베르뜨랑드가 무엇을 알고 있었던가의 문제로부터 "판사들은 무엇을 알고 있었던가"의 문제로 옮겨 보자.

꼬라스에 따르면, 베르뜨랑드에 대한 기소 여부를 결정하는 것이야말로 법정이 최후판결을 내리는 과정에서 해결해야 할 가장 어려운 문제였다. 먼저, 그는 마르땡과 베르뜨랑드 두 사람에 대한 법정의 관심사를 다음과 같이 요약하고 있다. "이번 재판을 판결하는 과정에서 법정은 마르땡 게르와 베르뜨랑드 드 롤의 처벌 여부를 두고 가장 큰 어려움을 겪었다." 마르땡의 처벌에 대한 찬반 양론(그가 자기 가족을 버린 점, 그들에게 연락하지 않은 점, 그가 프랑스의 반대편에 서서 에스빠냐 군에 복무한 점)을 검토한 후에, 그는 계속해서 다음과 같이 말하고 있다. "확실히 말하건대, 훨씬 더 어려운 것은 베르뜨랑드 드 롤에 대한 문제였다."[53]

그는 그러한 어려움에 대해 몇 가지 이유를 들고 있다. 베르뜨랑드는 "너무나 쉽게" 그리고 "너무나 경솔하게" 그 사기꾼을 남편으로 받아들였다. 그러나 이것이 내용의 전부였을까? 그녀는 왜 3년 동안 스스럼없이 그와 함께 살았으며, 심지어 자신이 신뢰할 만한 사람들이 아르노를 부인한 '이후에까지도' 그가 자신의 남편이라며 변호한 것일까?[54] 꼬라스는 그의 주석 다른 곳에서, "속임수를 알아차릴 때는 종종 여자가 남자보다 더 예리하고 빠르며 총명한 법이다"라고 썼다.[55] 베르뜨랑드가 진짜와 가짜를 구별할 수 없었을 리는 만무해 보였기 때문에, 법정은 피고가 진짜 마르땡이며 베르뜨랑드는 삐에르 게르가 억지로 시켜 위증한 것이라고 믿게 되었다. "만약 그가 진짜 마르땡 게르가 아니었다면 그녀가 그렇게도 오랫동안 그가 낯선 사람임을 알아차리지 못했을 리가 있겠는가?"[56] 진짜 마르땡 게르가 나타나기 이전에 법정이 그 아내에 대해 이런 식으로 생각하고 있었다면, 이러한 사실은 법정이 그가 돌아온 후에도 여전히 그녀의 처벌 여부를 심의하고 있었다는 것에 대해 무엇을 말해 주고 있는 것인가? 그러한 사실 속에는 그녀에 관한 적어도 두 가지의 그럴 듯한 가설이 내포되어 있으며, 법정은 그 둘 모두에 대해 논의한 바 있었다. 즉 그녀는 3년 동안 속아 왔거나 아니면 진실을 알고도 간통을 저질렀다는 것이다.

'간통'이란 말은 그렇게도 오랫동안 자기 아내를 버리고, 죽었는지 살아 있는지 소식조차 전하지 않은 마르땡 게르를 처벌해야 할지 어떨지 숙고하던 꼬라스에게서 나온 말이다.

남편의 오랜 부재가 곧 이후의 불행과 재앙의 원인이 되었기 때문에, 그것은 더할 나위없이 큰 죄이며 어떠한 변명의 여지도 없다 할 만하다. 아우구스티누스 성인께서도, "만약 네가 아내와 상의 없이 오랫동안 그녀의 곁을 떠나 있게 된다면, 너는 그녀에게 해서는 안 될 성관계를 하도록 허용한

섬이 된다. 또한 그 동안 그녀의 행실이 바르지 못했다면, 그녀가 지은 죄에 대해서 네가 성관계를 등한시한 데 그 죄과를 물어야 할 것"이라고 말씀하셨다. 이러한 견해를 볼진대, 감히 다음과 같이 말할 수 있을 것이다. 어느 아내가 자기 남편에게 오랫동안 버림받은 후에 결국 자신과 자신의 명예를 저버린 경우라면, 설사 그녀의 유죄가 인정된다 하더라도 판사는 그 남편이 간통죄로 기소한 아내의 죄를 사함이 정당하다. 이는 그 남편이 원인을 제공한 장본인이므로 그에게 아내의 잘못된 행위에 대한 책임이 있기 때문이다.[57]

꼬라스는 15세기 후반의 교회 학자로부터 취해 온 유추된 이 마지막의 유권 해석이 마음에 들지 않았는데, 그것은 그러한 견해가 "남편이 없다는 미명하에" 이루어진 아내의 나쁜 행실에 정당성을 부여할 수도 있기 때문이었다. 어쨌든 이러한 논의 과정을 통해 우리는 꼬라스와 그의 동료 판사들이 베르뜨랑드의 공모 가능성에 대해 오래 고심했었음을 분명히 알 수가 있다(이와는 달리, 핀레이는 "베르뜨랑드의 신실함은 …… 전혀 논쟁의 대상이 아니었다"고 주장한다[58]).

판사들이 내린 최후선고가 곧 그들이 가졌던 모든 의문의 해소를 의미하는가? 그들은, 이번 일을 빼놓고는 매사에 정숙하기로 평판이 자자했던(바로 이 점이 판사들로 하여금 그녀의 말을 믿도록 해 준 중요한 기준이었다) 여인의 주장대로, 아르노가 3년여 동안 자신을 속여 왔다는 말을 받아들이기로 결정하였다. 마르땡을 제외하면, 게르 가의 그 누구도 그녀 혹은 그들이 서로 공모했다고 생각하지 않았다. 비록 그녀가 아르노의 농간에 너무나 쉽게 넘어갔다 하더라도, 이는 다른 사람들 역시 마찬가지였다. 마르땡은 오랫동안 돌아오지 않았고, 그녀는 자기 남편이 돌아오기를 바라고 있었다. 즉 그녀가 저지른 잘못은 결코 어떤 악의에서 나온 것이 아니었던 것이다.[59]

그러나 꼬라스의 텍스트 속에 그 공모자와 나란히 나타나는 베르뜨랑드는 단순한 희생자의 모습이 아니다. 베르뜨랑드가 속아 넘어간 경위를 설명하기 위해 판사가 사용하고 있는 다음과 같은 첫 구절은 법률상 표준적인 상용문구로서, 남녀에 대한 오랜 문화적 정의에 근거하고 있으며, 또한 법정이 여성의 책임을 덜어주고 싶을 때면 언제든 편리하게 이용할 수 있는 그런 종류의 것이었다. "우리는 무엇보다 남자의 속임수와 교묘한 술책에 쉽게 넘어가는 여성의 취약성을 숙고하여 앞서 말한 드 롤을 용서하고자 하는데, 법은 그녀에게 잘못을 저지르고자 하는 의도가 있었다고 생각지 않는다."[60] 우리는 이러한 종류의 상용문구가 삐까르디 지방 왈레 출신으로 생 깡땡에 살았던 잔 도메꾸르에 대한 왕의 사면장에서 사용되고 있음을 알고 있는데, 그녀는 여러 해 동안 자신이 에스머리 마을의 소규모 봉토와 기타 재산의 상속인이었던 다무아 샬롯 르벨이라 사칭하며 살았던 것이다. 잔은 자신이 샬롯으로 오인된 순간부터 시작해서 어떻게 샬롯의 홀어머니를 속였는지(그러나 그녀는 어머니와 함께 산 적이 없으며, 단 한 번 그녀를 만났을 따름이다), 그리고 어떻게 그녀의 봉토를 빼앗아 팔아넘기게 되었는지 자초지종을 상세하게 털어놓았다. 그녀는 전적으로 생 깡땡 성당의 참사 회원인 메씨르 삐에르 드보의 머리에서 나온 각본대로 사기 행각을 저질렀으며, 그녀는 그의 하녀이자 그와 내연관계에 있었으므로 그에게 "복종하지 않을 수 없었던" 것이다. 사면장은 그녀가 프랑스 왕국에서 영구 추방되는 처벌을 받지 않도록 명하고 있는데, 그 이유인즉 "탄원자의 잘못은 여성의 취약함에서 연유한 것으로,

그녀는 주인의 …… 손아귀에 있었을 뿐 아니라 (당시) 22세가 안 된 미성년자였기" 때문이다.[61]

여성에 대한 비슷한 면책이 중혼사건들에 대한 빠리고등법원의 판결들에서 나타난다. 일례로, 알프렛 소망은 1572년에서 1585년 사이에 중혼판결을 받은 70명 남짓의 남자들 중 3분의 1 내지 절반이 사형을 언도받았고 나머지 대부분은 갤리선에서 노예형이나 태형과 같은 체벌을 받았던 반면, 1564년에서 1588년 사이에 중혼판결을 받은 12명의 여자들 중 한 명만이 교수형을 당했고, 네 명이 석방되었으며 나머지는 태형을 당하고 동시에/혹은 추방당했다는 사실을 밝혀 내었다. 1610년의 한 사건을 보면, 중혼죄를 범한 남녀가 함께 처벌을 받았는데, 남편은 교수형을 당한 반면 아내는 태형에다 9년간 추방되는 정도로 그쳤다.[62]

따라서 베르뜨랑드가 법정에 의해 기소되지 않고 처벌을 면한 것은 사칭죄와 중혼죄(유아 살해와 마법을 행한 죄를 제외하면 다른 모든 범죄도 마찬가지로)에 연루된 여성이 남성 공범에 비해 중하게 처벌받지 않는 재판관행을 바탕으로 이해해야 한다. 또한 그러한 판결은 가족의 결속을 도우려는 법정의 의지, 즉 고향으로 돌아온 마르땡이 처자식들과 함께 살 수 있도록 도움을 주는 차원이기도 했다. "의심스러운 정황들이 있었지만, 법정은 결혼생활을 유지케 하는 것이 무엇보다 중요하다고 판결한다"[63]라고 꼬라스는 적고 있다. 마을사람들이 화해하는 것 역시 사면장의 승인에서 중요한 대목이었다.

실제로, 어떤 점에서 베르뜨랑드의 방면은 일종의 사면처럼 보인다. 꼬라스는 베르뜨랑드가 "사려분별이 없고 (아르노) 뒤 띨의 유혹과 술책에 넘어가 저지른 자신의 잘못을 용서해 달라"고 한 뒤, 이러한 범죄의 사면 가능성에 대해 주석을 달고 있다. 그녀의 잘못은 고의가 아니었기 때문에 용서받을 수 있는 것이었지만, 재판장인 망상깔은 꼬라스가 베르뜨랑드에 대해 생각한 그녀의 사면 가능성("확실한 근거가 없는 과오"로부터 충분히 이해할 만한 과오에 이르기까지의 모든 가능성)을 대체로 인정하면서도, 베르뜨랑드가 "너무나 쉽게 믿어 버렸다는 사실"[64]에 대해 중립적인 입장을 추론해 내고 있다. 망상깔은 마르땡과 베르뜨랑드를 법정 화해시키는 과정에서, 젊은 아내를 그렇게도 오랫동안 홀로 내버려둔 데 대해 마르땡을 나무란 뒤, "사실 베르뜨랑드 역시도 그러한 술책에 너무나 쉽게 넘어갔으며, 또한 너무나도 오랫동안 그러한 상태를 지속했다는 점에서 죄가 전혀 없다 할 수는 없다"고 말했다고 르 쉬외는 전하고 있다. "그리고 그는 그녀더러 남편에게 용서를 빌라고 명하였다. 이에 따라 그들은 자신의 상처를 잊고 하나님 안에서 서로 화해하기로 동의하였다."[65]

7—

독자들은 이제 꼬라스의 《잊을 수 없는 판결》이 왜 두 가지 이야기를 동시에 하고 있다고 하는지 그 이유를 알아차릴 수 있을 것이다. 그것은 법률적 이야기인 동시에 또한 '텍스트와 주석(이는 꼬라스의 용어이다)' 사이의 문학적 상호 작용을 보여주는 예이기도 하다. 법률적인 측면에서 볼 때, 책의 내용은 베르뜨랑드와 아르노에 관한 사항을 차례로 요약하면서 시작하여, 각각 쌍방의 주장들을 제시하고 그에 대해 주석을 달면서 사건 전체를 살피는 쪽으로 흘러가고 있다. 책의 중간 부분은 꼬라스와 그의 동료 판관들이 보고서를 준비하면서 고심해야 했던 찬반 양론, 즉 죄수가 아르노 뒤 띨인가 아니면 마르땡 게르인가에 대한 논증들을 다루고 있다. 법정이 "엄청난 당혹감 속"에서도 "그 죄수에게 유리한 쪽으로 기울고 있었던(초판에 있는 100개의 주석들 중에서 주석 68번)" 바로 그 시점에, 진짜 마르땡 게르가 등장한다. 재판관끼리의 토론은 계속된다. 예컨대 베르뜨랑드의 유죄 가능성에 대한 모든 찬반 양론이 다시 한번 심사숙고되는데, 이는 주석 98에 나온다. 책의 결론 부분은, 말하자면 그 논증들 중에서 어떤 것이 채택되었고 사형 당할 사람과 방면될 사람들은 누구인지를 보여주는 판결로 이루어져 있다. 그러나 독자들이 추론과 입증을 통하여 다른 견해를 제시할 수 있는 여지는 여전히 남아 있다.

또한 《잊을 수 없는 판결》의 다른 특징들은 핀레이에게는 언제나 일관되고 객관적이며 투명하게 보였던 텍스트가 사실은 이중적 측면을 지니고 있음을 보여준다. 16세기 작가가 '경이로운prodigious' 비극tragedy' '희비극tragicomedy' 등과 같은 말들을 사용했다면 역사가는 거기에 당연히 주의를 기울여야 하는데, 그 이유는 그러한 말들이 당시로서는 새로이 만들어져 막 그 쓰임새를 넓혀 가고 있던 용어들이기 때문이다. '경이로운'이란 형용사는 사기꾼 아르노와, 내 표현에 따르자면, 그의 "남을 속이는 현란한 능력"[66]에 초점을 맞춘 교훈담을 만들어 내는 데 일조하고 있다. '경이로운'이란 말은 베르뜨랑드가 어리숙하고 순진한 인물이기를 요구한다. '비극'이나 '희비극'과 같은 말들은 단순한 마을사람들과 아르노 뒤 띨 및 베르뜨랑드 드 롤의 행동에 적용되는 것으로서, 16세기 독자들로 하여금 이야기의 인물들이 처한 운명을 받아들이도록 요청하는 또 다른 이야기를 만들어 내는 데 도움을 준다. 신의 섭리는 재판관을 통해 인간 이성의 취약함이 입증되는 바로 그 순간에 마르땡 게르를 등장시키지만, 그의 귀향은 한편으로 볼 때 마법적 능력이 있는 간음자의 가면을 벗긴 것인 반면, 다른 한편에서는 운명적으로 거짓말의 굴레에 갇힌 두 연인 사이를 갈라놓은 셈이었다. 여기서 삶은 예술이라는 프리즘을 통해 조명된다. 바꾸어 말해서, 그것은 아르띠가 주민의 눈이 아니라 《잊을 수 없는 판결》의 시각으로 포착되고 있는 것이다.

마찬가지로, 16세기의 한 판사가 자신이 사형을 언도했던 그 남자의 실제 죄목들을 허위로 진술하고 있을 때(고등법원 기록부의 판결문에는 아르노의 죄목이 사기와 간음으로 되어 있는데 반해, 꼬라스는 여기에다가 "유괴, 신성모독, 사칭, 절도" 등의 죄목을 덧붙이고 있다), 역사가라면 당연히 그 이유를 궁금하게 여길 것이다. 나는 그가 자신의 사형언도를 변호하려 하고 있다고 본다. '유괴(여기서는 강간을 목적으로 하는 유괴를 말함)'에 관한 그의 주석이, "바로 이로부터 상기의 드 롤에 대한 사면의 근거가 나타나는 바, 힘으로 제압당한 여자에게는 간음의 책임을 물을 수 없기 때문"[67]이라는 말로 끝을 맺고 있는 반면, 우리는 그러한 의견에 대한 반대가 있었다는 사실을 알고 있다(사실, 꼬라스 스스로도 그렇게 말하고 있다). 한 판사가, 아르노와 같이 "그렇게도 비루하고 가증스러운 인간에 대한 기억을 지우고 잊어버리게 하기 위해서라면" "그 같은 죄인의 몸뚱아리를 불에 태우는 것조차도 정당하다"[68]고 말하면서, 그러한 범죄자의 이야기를 《잊을 수 없는 판결》이라는 제목의 책으로 펴냈다면, 역사가들은 그 의미를 묻지 않을 수 없다. 나는 그것이 독자들로 하여금 아르노의 이야기를 듣고 논의할 수 있도록 또 다른 기회를 부여하는 것으로 본다.

또한 법률가이자 작가인 한 인물이 새로운 유형의 책(《잊을 수 없는 판결》은 범죄와 법률에 관한 새로운 종류의 저술이었다)을 창안해 냈다면, 역사가는 그 이유를 묻게 마련이다. 나는 이에 대해 꼬라스가 뒤늦게 프랑스어로 책을 출판하고자 한 사실을 포함해서 몇 가지 이유를 든 적이 있다. 그러나 그 중에서도 핀레이의 노여움을 가장 크게 산 것은, 어떤 측면에서 볼 때 꼬라스가 자기 자신을 아르노 뒤 띨과 동일시하고 있었다는 나의 주장이다. 나는 두 사람 사이에 어떤 유사점이 있다는 점을 강조했는데, 꼬라스 역시 그것을 인지하고 있었을 가능성이 있다. 놀랄 만큼 능란한 화법과 반골기질 등이 그 예인데, 꼬라스가 비판적 프로테스탄트이자 동시에 왕권의 옹호자였다는 점을 감안하면, 이는 사실 잘 이해하기 어려운 측면이기도 하다. 하지만 꼬라스의 학창시절을 추적한 알도 스텔라의 최근 연구는 또 다른 사실 하나를 밝혀 준다. 아르노가 젊은 시절 마법을 행한 혐의가 있었던 것처럼(이는 꼬라스의 전언이다), 빠도바의 꼬라스 서클 역시도 "마법서 및 다른 금서들"을 소장하고 있었다는 혐의를 받았다는 것이다.[69] 아르노의 재능이 선과 악 어느 쪽으로도 쓰일 수 있었듯이, 꼬라스 역시 마찬가지가 아니었을까?

그러므로, 나는 심리적 과정에 대한 가정에 기초하여 증거를 '추론해 내는conjecturing' 역사가의 공통된 관행에 따라 작업하고 있는 것이다. 여기서 가정하고 있는 심리적 과정(동일시와 양면가치성)이란 단순한 종류의 것으로서, 500년 서구 유럽의 역사를 가로질러 충분히 적용 가능한 것이다. 라블레는 동일한 문제를 동등한 입장에서 다양하게 얘기하는 방식들을 알고 있었다. 핀레이는 정작 증거나 가정들에 대해서는 논의하지 않고 단지 그 모두가 "근거 없다"고 코웃음만 치고 있다.

8—

로버트 핀레이는 마르땡 게르 사건의 진실이 무엇인지에 대해서 아무런 의심도 하고 있지 않다. 핀레이는 "꼬라스의 독자들 중 어느 누구도 법정과 사건 관련자 모두가 문제의 진실을 발견했다는 사실에 추호의 의심도 하고 있지 않을 것"이라 했지만, 내가 볼 때, 장 드 꼬라스 자신부터가 약간의 의심을 하고 있었고, 그의 책을 읽은 16세기 독자들 중에도 사건의 전모를 의심한 사람들이 있었다.[70] 그러한 독자들 중 가장 중요한 사람이 미셸 드 몽떼뉴인데, 그의 에세이 〈절름발이에 대하여〉는 내 글 마지막 장의 핵심을 이룬다. 핀레이의 편협한 시각에 반대하면서, 다시 한번 몽떼뉴를 인용하겠다. 그는 쉽사리 믿어 버리는 데 따르는 위험과 자신이 알지 못하는 것에 대해 유보하는 자세의 유용함에 대해 심사숙고한 뒤, 꼬라스의 판결을 이렇게 평하였다. "자신이 유죄로 판결했던 그 남자의 사기 행각이 우리의 지식과 당시 판사였던 그의 지식으로는 도저히 이해하기 어려울 정도로 놀라운 것이었기 때문에, 나에게는 그를 교수형에 처한 (꼬라스의) 판결이 너무나 경솔하다고 생각되었다."[71] 이에 대해서는 고대 그리스의 아레오파고스 회의를 예로 드는 편이 차라리 낫다. 즉, 회의에서 다룬 안건에 해결책이 보이지 않을 때, 회의는 관련 인물들에게 돌아가서 100년 뒤에나 다시 오라고 명했다는 것이다. 마르땡 게르 사건이 일어난 지 벌써 400년이 지났지만, 나는 그것이 여전히 역사적 진실을 향한 우리의 정당한 탐구에서 우리들에게 겸손을 가르치는 훌륭한 사례라고 생각한다.

핀레이에게 게르 사건의 진위는 또한 수정같이 투명한 것이었다.

게다가 그는 이러한 도덕주의(잘못된 낭만적 도덕주의)를 내 탓으로 돌린다. "만약 그녀의 독자들이 베르뜨랑드에게 동질감을 느끼고 목발 짚은 그 남자가 돌아온 것을 한탄한다면 ⋯⋯."[72] (나는 이 구절을 읽으면서 스스로에게 물었다. 그가 책을 영화와 혼동하고 있는 게 아닌지? 내 책에 대한 서평을 쓴 영국의 한 페미니스트는 베르뜨랑드가 마르땡과 다시 사는 쪽으로 이야기가 끝나는 것이 어쩐지 현실적으로 보이지 않는다고 말한 바 있는데, 나로서는 그러한 견해가 나의 주장에 내재되어 있는 실용주의를 무시하고 있다는 생각이 들기는 하지만, 그래도 핀레이보다는 오히려 그녀가 문제의 핵심에 더 근접해 있다고 본다).[73] 핀레이의 주장에 따르면, 내가 그를 '자기 만들기를 한 사람self-fashioner'으로서 용서받을 여지가 있는 인물이라 생각했기 때문에, 그의 배신적인 사기 행각에 면죄부를 부여하였고, 베르뜨랑드가 비록 사건의 공모자이자 간음을 저지른 당사자이긴 하지만, 그래도 그녀는 "명예를 아는 여자라는 것"을 믿고 있다는 것이다. 그리고 꼬라스가 "얼토당토않게 증거를 짜맞추었다"는 점을 "비난함"으로써 내가 그의 텍스트를 뒤집어 놓고 있다는 것이다.[74]

이러한 주장들은 핀레이의 도덕주의에 따른 이해의 결과이지 결코 내 생각은 아니다. 그가 이런 식으로 말하는 것은, 내 책 전체를 꼼꼼히 살피지 않고 저자로서의 목소리에 귀기울이지 않은 데에도 일부 그 원인이 있다. 내 그러한 견해들은 작중인물들(16세기에 살았던 베르뜨랑드의 명예심, 마르땡을 "목발 짚은 매정한 남자로 그렸던 꼬라스의 묘사"[75])에서 비롯된 것인데, 핀레이는 그것이 내 생각이라고 여긴다. 그의 말과는 반대로, 《마르땡 게르의 귀향》에서 나는 모든 등장인물들로 하여금 그들 스스로가 말하도록 하였다. 나는 그들이 당시의 가치

범위 내에서 이해될 수 있도록 그들의 세계관을 구성하려 하였다. 마르땡과 삐에르 게르에 대해 나는 꼬라스와 르 쉬외보다 훨씬 더 균형 있게 다루었다. 그들의 글에 따르면, 마르땡은 가족을 저버렸고 프랑스의 적군의 편에 서서 싸웠던 무책임한 남편일 뿐이었다. 그는 법정에서 베르뜨랑드에게 야박하게 굴었으며, 다행히도 법정은 그가 이미 아르노 뒤 띨 때문에 치욕을 겪은 이상, 따로 벌을 줄 필요까지는 없다고 선고하였다. 내 책은 이러한 판단들을 받아들일 뿐 아니라, 그것을 넘어서서 왜 바스끄의 남성적 이상에 취한 16세기의 한 시골남자가 땅과 가족이라는 농민적 가치들을 버리고 에스빠냐에서 행운을 노리려 했는지 그 이유를 찾아내려는 데까지 이르고 있다. 나는 마르땡 게르가 다리를 다치고 스스로의 사회적 정체성마저도 잃어버리기 직전까지 가면서 치른 대가와 함께, 아르띠가에 돌아온 이후 자신의 위치가 모호하게 된 결과를 강조하였다.

꼬라스와 르 쉬외의 텍스트를 보면, 삐에르 게르는 인정머리 없는 인물로 법을 어기고 위증까지 한 혐의가 있으며, 또한 다른 어떤 것보다 재산의 가치를 우선시한 야비한 사람으로 되어 있다. 하지만 결국 그의 행동이 옳았다고 밝혀지자 그는 동정의 대상이 되었고("이 불쌍한 삐에르 게르"), 뒤늦게야 그 사기꾼의 정체를 밝히기 위해 위험을 무릅쓰고 노력했다는 칭찬을 받았다.[76] 여기서 나는 다시 이러한 판단들을 적절히 활용하면서도, 그 이상의 의미를 드러내고자 하였다. 즉, 그 늙은 기와공은 또 다른 바스끄적 성향, 다시 말해 세습 재산과 땅에 대한 애착심을 드러내고 있을 뿐 아니라, 일단 그 사기꾼을 받아들인 이후에는 가족생활에 질서를 부여하기 위한 기초로서 적출 존중의 관례와 혈연의 신원 확인을 위한 노력에 충실한 자신의 면모를 잘 보여주고 있는 것이다.

　베르뜨랑드와 아르노에 대해 나는 그들을, 그들 스스로가 그랬을 법한 가치와 행동을 연기하는 사극배우로서 구체화하였는데, 여기에서 그치기보다는 서로 상이한 시각들(16세기 및 오늘날의 시각)을 도입함으로써 '창안invention'에 의해 제기되는 도덕적 딜레마와 위험들을 보여주고자 하였다. 내가 지적하는 바는, 비밀리에 만들어진 정체성이 은밀하게 이루어진 혼인과 같지 않다는 점이다. 개신교의 시각에서 볼 때, 프로테스탄트로서 다시 태어날 수 있다고 해서 그것이 곧 옳지 못한 방법으로 타인의 신원을 도용하면서 다시 태어나는 것까지 정당하게 인정하는 것은 아니다. 특히 분쟁에 대해 다룬 장의 마지막 부분에서, 즉, 아르노가 체포된 직후 베르뜨랑드가 형식적이나마 자신이 그 사건의 원고가 되어야 할지 생각하고 있는 장면에서, 나는 일체의 이야기를 멈추고 아르노 뒤 띨에게 무언가 "궁지에서 벗어날 수 있는" 기회가 있지 않았는지 질문을 던졌다.[77] 이는 현재의 아르띠가 주민들이 "그 교묘한 악당 녀석, 그는 거짓말쟁이야"라고 한 말에서 알 수 있는 거짓말의 문제이다(나의 모델은 간교한 아르노와 수동적인 마을 주민들이 아니라, 간교하지만 남의 도움을 받아 일을 꾸민 아르노와 "너무나 쉽게 믿어 버린" 마을 주민들임을 기억해 주기 바란다). 나의 결론은, 이렇듯 대규모의 거짓말, 어느 정도는 누이들, 삐에르(사건의 발단 부분에서), 그리고 좀더 넓게 보자면 다수의 마을 주민들이 묵시적으로나 공공연하게 아르노를 마르땡으로 인정한 데 근거하고 있는, '부지불식간에' 이루어진 그러한 거짓말이 궁극적으로는 불신과 배신의 감정을 낳았으리라는 것이다. 아르노가 느낀 배신감(이들은 진짜로 내 편이었나?), 아르노에 대한 베르뜨랑드의 불신(우리의 관계는 처음부터 사기로 시작된 게 아닐까?), 그에 대한 마을사람들의 불신(그는 혹시 마법사가 아닐까?) 등이 그것이다. 《마르땡 게르의 귀향》은 언어와 문화의 모든 곳에 실재하는 창안의 문제를 논하고 있으며, 동시에 몽떼뉴가 그랬듯이 "우리는 인간이며, 또한 오직 우리의 말에 의해서만 하나가 되는 존재"라는 사실 역시 재확인하고 있다.[78]

하지만 나는 몽떼뉴가 이렇게 말했다고 해서 그것이 곧 꼬라스와 대립하는 결정적인 말이라고 생각지는 않는다. 몽떼뉴는 다른 사람들의 격정을 "갈팡질팡하며 동요하는 마음"에 대한 의문을 던짐으로써 견제하며, "관으로서가 아니라 …… 대화라는 방법을 통해서" 사건으로부터 멀찌감치 떨어져 있는 여유를 누리면서 그의 판결을 비판하고 있는 것이다.[79] 그러나 꼬라스는 완전히 양편으로 갈라선 가족과 마을사람들을 눈앞에 두고 무언가 결정을 내려야만 했고, 그의 책 《잊을 수 없는 판결》은 "갈팡질팡하는 마음"에서 비롯된 자신의 당혹감을 모든 사람에게 겸허하게 밝히고 있다. 나는 《경이로운 이야기》에 대한 분석에서, 그 텍스트를 불신하기보다는 오히려 그것에 "약간의 거짓말(이는 그 책의 저자가 자신의 창안물 속에 함축하고 있는 것으로, 진실한 보고서가 되기를 갈망하면서도 저자 자신이 의도한 이상의 것을 보여주고 있다)"이 만들어 낸 인간적인 가치를 부여했던 것이다.[80]

《마르땡 게르의 귀향》에 담긴 의미, 그리고 과거에 관해 말하는 다양한 방식들(시각적·문학적)과 도덕적 입장들에 따른 영향력을 생각한다면, 나 역시 이러한 곤경에서 자유롭지 못하다. 책의 서문에서, 나는 내가 이루고자 하는 바와 사료들이 절대적인 확실성을 가지고 보여줄 수 있는 것 사이에는 분명한 간격이 존재한다는 점을 솔직하게 밝혔다. 책을 읽는 동안, 독자들은 증거를 이해하는 다른 방법들에 대해 충분히 생각할 수 있었을 것이다.

9—

수많은 독자들이 그렇게 하였다. 그들의 견해는 핀레이가 고정된 의미를 지니고 있다고 생각했던 사료들을 해석하는 여러 가능성을 보여준다. 로버트 핀레이의 가설은 게르 가의 모든 사람들과 아르띠가의 마을 주민 전체가 사기꾼 아르노 뒤 띨에게 완전히 속아 넘어갔다는 것이다. 베르뜨랑드는 삐에르 게르의 강압에 못 이겨 법정에서 아르노에게 불리한 진술을 했지만, 재판정에서 진짜 마르땡 게르를 대면하기 전까지는 여전히 그에게 속았다는 것이다. 이러한 시각은 흥미로울 정도의 단호함과 단순성을 보여준다는 강점을 지니고 있으며, 각각의 구절들은 꼬라스의 텍스트로부터 그러한 시각을 일부 뒷받침해 주는 인용을 하고 있다(핀레이는 베르뜨랑드가 마지막 순간에야 진실을 깨달았다는 그의 주장을 지지할 만한 구절을 꼬라스의 텍스트에서 정확히 찾아내지 못하였다. 이는 베르뜨랑드의 신실함에 대한 꼬라스의 논증이 아르노가 사기꾼이라는 사실을 깨닫게 되자 그녀가 곧 그에 대한 재판에서 원고로 나섰다는 생각에 일부 근거하고 있기 때문이다. 르 쉬외 역시 그녀가 재판에 응했을 때 마음이 바뀌었다고 확신하였다.[81] 핀레이는 이러한 측면이 사실의 문제가 아니라 해석의 문제임을 인정해야만 할 것이다). 이러한 견해가 설득력을 갖추려면, 베르뜨랑드가 알고 있던 것과 아르노의 행동 변화, 삐에르의 심경 변화, 그리고 법정에서의 논의사항 등에 대한 모든 반대 증거들을 제시해야만 할 것이다. 보다 중요한 것은, 그가 사기꾼과 거짓에 속아 넘어간 어리숙한 여자를 16세기 농촌 세계라는 맥락 속에 위치시키고자 한다는 점이다. 하지만 이렇게 하기에 핀레이의 주장은 특히 베르뜨랑드와 관련해서 설명하기 힘든 부분이 많다. 그가 베르뜨랑드에게서 인지한 유일한 특징은 아내로서의 정절이며, 그녀는 그 덕분에 꼬리를 물고 일어나는 애처로운 불행들을 말없이 감내할 수 있었다는 것이다. 물론 '인내하는 여인상'이 불가능하지는 않겠지만, 내가 아르띠가의 문서보관소에서 만났던 여성들은 대개 어떤 문제에 부딪쳤을 때 그것을 자신의 힘으로 해결하려 했던 것으로 보였다.

몇 년 전 랠프 기시 교수가 지도한 아이오아대학의 대학원 세미나에서 게르 사건에 대한 반대 견해 하나가 나왔는데, 그것은 특히 로마법의 틀을 바탕으로 《잊을 수 없는 판결》과 《마르땡 게르의 귀향》을 검토한 것이었다.[82] 그 〈예리한 제안들〉은 "아르띠가의 모든 사람들이 (적어도 알 만한 사람들은 모두) 처음부터 아르노의 사기 행각을 알고 있었다"고 주장한다. 그의 사기 행각은 우연히 시작되었지만, "그것을 완벽하게 만들어 준 것은 친지들과 친구들"이었다는 것이다. 그 예리한 추론은 상속인이 제자리로 돌아감으로써 그 가족과 마을사람들이 이득을 얻는다는 내 의견에 합치되는데, 여기에서 그치지 않고 세습 재산에 대한 삐에르의 후견권이 호주에게 부여된 좀더 자유로운 선택권으로 바뀜으로써 게르 가 사람들이 얻게 되는 경제적·법적 이익까지도 고려하고 있다. 하지만 이러한 묵시적 동의는 아르노가 마르땡이 없는 동안 그 땅에서 나온 소출을 돌려 달라고 요구하면서 깨져 버렸다. 삐에르는 아르노를 살해하려 했고("폭력을 쓴 것은 그가 처음부터 그 사기 행각을 알고 있었다는 사실을 알려 준다."), 그 일이 실패로 돌아가자, 그는 베르뜨랑드를 윽박질러 아르노를 고소하도록 하였다는 것이다. 그렇다면, 그 〈예리한 제안들〉은 "베르뜨랑드가 실패할지도 모르는 상황을 염두에 두면서 행동하고 있었다"는 나의 견해를 지지하고 있는 셈이다.[83]

의도적인 공모에 대한 그 〈예리한 제안들〉은 가족과 마을 주민들이 완전히 속아 넘어갔다는 가설보다는 그럴 듯해 보이는데, 이는 사실 16세기 프랑스의 상속법 및 상속 방식들에 대한 풍부한 이해를 바탕으로 얻은 결과이다. 이러한 견해는, 베르뜨랑드와 마르땡을 어린 나이에 혼인시키고, 이후 마르땡이 가출하자 가톨릭법의 금지조항에도 불구하고 베르뜨랑드의 어머니와 삐에르의 혼인을 성사케 할 만큼, 가족 구성원들로서는 재산상의 결속이 중요했다는 사실에 비추어볼 때, 매우 타당성이 있다.[84] 사기 행각이 이루어지기까지 우연성과 가족의 개입이라는 요소들이 서로 뒤얽혀 있다는 사실은 또한 샬롯 르벨 사건에 대한 잔 도메꾸르의 자백에서도 잘 나타난다. 처음에 에스머리의 어느 마을사람이 잔을 보고 샬롯으로 오인하는데, 그는 생 깡땡에서 일하고 있던 그녀를 보고 "에스머리에서 그녀의 것이었던 물건들을 지니고 있다"고 말했다. 사정을 더 자세히 알아볼 양으로 잔의 후견인을 자처한 참사회 신부가 그 마을사람을 부르자, 그는 샬롯의 이복오빠를 데리고 왔는데, 그는 샬롯의 재산권을 그 참사회 신부에게 넘겨주고는 잔을 "나의 여동생"이라 불렀다는 것이다.[85]

그러나 그 이복오빠가 사건의 진실을 어느 정도로 알고 있었는지 우리로서는 알 도리가 없다. 그는 그 신부에게 매수되었던 것일까? 혹은 진짜로 여동생을 만났다고 생각한 것일까? 아니면, 이도 저도 아닌 어중간한 상태였을까? 〈예리한 제안들〉에 대해서도 역시 똑같은 의문이 생긴다. 만약 마을의 주요 인물들 모두가 사건의 진행 과정을 낱낱이 알고 있었다면, 특히 아르띠가의 증인들이 완전히 양분되어 있었다는 사실을 감안할 때, 재판 과정에서 공모 혐의가 조금이라도 표면화되는 것이 당연하지 않았을까? 설사 노골적인 공모 혐의를 단지 게르 가에만 한정시킨다 하더라도,[86] 나는 저 첫 대면(우리가 그 사건에 관해 알고 있는 모든 사실로 미루어볼 때)을, 아르노에 대해 확인할 길 없는 얘기를 한 뷔쫄과 꾀에가 게르 가 사람들과 짜고서 꾸민 계획의 일부라고 생각하는 것보다는, 오히려 게르 가 사람들과 베르뜨랑드가 애타게 기다리던 혈육의 귀향을 기정사실화하고 싶은 마음에서, 우연히 만난 아르노가 진짜가 아니라는 증거를 그들이 일부러 무시했다고 보는 편이 더 그럴 듯하다고 생각한다. 나는 사람들이 진실을 거의 알지 못하고 있었다는 주장에서부터 분명한 묵계 상태로 "너무나 쉽게 넘어갔다"는 주장에 이르기까지, 당시 사람들이 "알고 있었던 것"의 범위를 성급히 확정지으려 들지 말고 각자의 선택에 맡기는 편이 더 낫다고 생각한다.[87]

더욱이, 이 〈예리한 제안들〉은 그것을 지방문화라는 관계망 속에 놓고 볼 때, 농민들이 지나치게 재산이나 상속 문제에만 집착했던 것으로 상상함으로써, 명예, 자손, 적통, 지역풍습(여기서는 바스끄 지방의 가치들), 평화로운 가정, 단란한 가정생활, 죄의식 등과 같이 당시의 농민들에게는 역시 중요한 관심사였던 다른 문제들을 포착하는 데 실패하고 있다고 생각된다. 또한 그들의 주장은 삐에르와 아르노를 각각 세습 재산의 후견인이자 가장家長의 대역으로서 무대 전면에 내세우는 반면, 마르땡의 누이들 및 베르뜨랑드에게는 별 발언권을 주지 않는 경향이 있다. 그러나 이웃 마을에서 그 사기꾼을 만나고 돌아와 베르뜨랑드에게 그 소식을 알리고, 더 이상 어린 시절에 썼던 바스끄 말을 하지 못하는 그 남자를 마을 생활에 잘 적응하도록 도와주었으며, 가족들 중 가장 마지막까지 그가 자기들 오빠라고 변호했던 사람은 다름 아닌 누이들이었다. 그리고 뜰루즈 고등법원이 공모 혐의를 두었던 인물은 바로 베르뜨랑드였다.

핀레이의 해석은, 개인의 정체성이란 고정적이고 명확한 것이지만, 어쨌든 정체성과 관련하여 속고 속일 가능성은 거의 무한정에 가깝다는 가설에 의존하고 있다. 〈예리한 제안들〉은 사람들이란 자신이 누구인지를 알고 있지만 중요한 것은 사회적 정체성이며, 둘 사이의 간격은 사회적 동의로 메워질 수 있다는 가설에 근거한다. 스티븐 그린블랫은 자신의 중요한 논문 〈정신분석과 르네상스 문화〉에서, 《마르땡 게르의 귀향》과 문학적 과정에 대한 탁월한 이해를 바탕으로 다음과 같은 견해를 제시하고 있다. 즉, 16세기 사람들에게는 페르소나 persona의 가면 뒤에 무엇이 존재하고 있는지 분명치가 않았으며, 정체성은 유아기로까지 소급하는 과거에 대한 내적인 감각에 의해 확립되는 것이 아니라는 것, 그리고 문제의 사건에서 쟁점이 되었던 것은 "주체로서의 마르땡 게르가 아니라 객체로서의 마르땡 게르, 바꾸어 말해서 재산, 혈연 관계, 계약 관계, 관습적 권리 및 윤리적 의무들의 복잡한 체계에 속하고 있는 그러한 사람"이라는 것이다. 마르땡 게르의 이야기는 "자아에 대한 소유권 개념이 확고해지고" 정신분석이 그 연구 대상을 획득하는 기나긴 역사 과정 속에서 한 단계를 차지하고 있는 것이다.[88]

나는 16세기, 특히 마르땡 게르 이야기에서 정체성을 결정하는 데 외적 속성, 사회적 역할 및 계약상의 위치가 지니는 중요성에 대한 스티븐 그린블랫의 의견에 공감한다. 그의 글은 우리로 하여금 성공적인 사기 행각을 극적으로 펼치면서 즐거움을 느끼는 르네상스적 분위기를 새롭게 이해하도록 해 준다. 하지만 나는 그의 주장이 조금 지나쳐서, 우리들이나 프로이트와는 다른 경계(재산상·육체상) 감각을 지니고 있었던 사람들이 개인사를 이해하고 어느 정도 자아에 대한 안정감을 느끼는 방식들을 과소평가하고 있다고 생각한다.[89]

마르땡 게르 사건의 경우, 사적인 기억은 개인의 소유물로 생각되었다. 망각은 별 문제가 되지 않았다. 피고가 바스끄 말을 하지 못했다는 사실이 그가 누구인지를 밝히는 증거는 되지 못한다. 왜냐하면, 마르땡이 앙다이를 떠났을 때, 그의 나이는 대략 두 살 정도밖에 되지 않았기 때문이다. 그러나 법정은, 만약 그가 진짜 마르땡 게르가 아니라면, 마르땡 게르와 베르뜨랑드 드 롤 사이에서만 있었던 사사로운 일들을 어떻게 기억할 수 있는지 이해할 수가 없었다. 더욱이, 이러한 기억은, 가톨릭의 고해성사에서는 신과 개인과의 관계 사이에서 성직자를 통해 중재되고 또한 프로테스탄트의 기도에서는 개인으로부터 신에게로 직접 전해지는 일종의 특권적 관계 속에 있었다. 악마가 사람들을 속였을 수도 있다. 그러나 거기에는 속아 넘어가도록 신에 의해 부여된 무엇인가가 있었으며, 부활의 시간이 오면, 그는 직접 나타나 자기 자신의 이름으로 재판을 받을 것이었다. 과거의 기억을 둘러싼 베르뜨랑드와 아르노의 공모는 자아의 내적 규정에 대한 어떤 인식을 보여주는데, 이 사건의 경우 그것은 마르땡이 오랫동안 포기하는 어리석음을 범했던 남편이라는 자리의 유지에 이용되었다. 법정에서 보인 베르뜨랑드의 유죄 인정과 아르노의 마지막 참회 장면을 통해, 우리는 16세기 사회에 살면서 새로이 정체성을 창안해 낸다는 것이 어떤 한계를 지니는지를 알 수가 있다.

만약 그렇지 않다면 집으로 돌아온 그 남자는 진짜 마르땡 게르가 아니었을 것이다. 일부 독자들은 나의 각주[90]를 읽고 우리의 마르땡 게르가 살고 있었던 뷔르고스에서 이르권과 베이욘을 거쳐 루앙의 에스빠냐 상인들에게로 "적의 편지"를 가지고 가다가 1555년에 처형당한 정체 모를 마르땡 게르라는 인물[91]이 있었다는 사실에 놀라움을 금치 못했을 것이다. 1557년 생 깡땡 전투에 참전했던 마르땡 게르에 관한 증거는 물론 믿을 만하지만, 그가 누구든 간에, 그 목발 짚은 남자는 베르뜨랑드와 게르 가 사람들에 의해 마르땡 게르로 인정받았고 약 30년 후 아르띠가에서 마르땡 게르로서 죽었다(내털리 제이먼 데이비스/최승훈 역).

10
증거와 가능성
: 내털리 제이먼 데이비스 작 《마르땡 게르의 귀향》에 부쳐

1——

사건 당시 살았던 사람들은, 내털리 제이먼 데이비스가 우리에게 전해
주는 일련의 사건들이 매우 이상할 뿐 아니라 심지어는 경이롭기까지
하다고 생각했던 것 같다. 사실 그러한 시각에서 이 사건들을 처음으
로 조사하고 거론한 사람은 재판관인 장 드 꼬라스였다. 몽떼뉴는 자
신의 글 〈절름발이에 대하여〉에서 그를 다음과 같이 짤막하게 상기하
고 있다. "기억컨대, …… 그(꼬라스)는 그(아르노)의 사기 행각을 유죄로
판결하기는 했지만, 그것이 우리와 당시 재판관이었던 사람의 지식으
로는 도저히 이해하기 어려울 정도로 놀라운 일이었기 때문에, 나로서
는 교수형이라는 판결이 너무 성급했던 게 아닌가 생각되었다."[1] 제법
날카로운 판단이다. 몽떼뉴는 이어서 "내 이웃의 마녀들"에 대한 유명

한 구절을 전하고 있는데, 그 마녀들이란 몽떼뉴의 생각으로는 훨씬 더 믿기 어렵고 또 입증되지도 않은 죄목으로 기소된 사람들이었다. 그들에게 사형선고를 내린 재판관들의 무모함을 은연중에 꼬라스의 무모함과 연결짓고 있다. 즉 "결국, 사람들의 억측만으로 사람을 산 채로 화형시키는 것은 그러한 억측에 대한 과대망상적 행동이다."[2]

몽떼뉴에게는, 가장 친밀한 주제인 절제, 즉 한계에 대한 감각이야 말로 글을 풀어 나가는 실마리이다. 이러한 감각 덕분에 몽떼뉴는 자신이 꼬라스에 대해 예기치 않은 말을 했던 곳 바로 앞부분에서 다음과 같은 멋진 말을 남겼다. "나는 사람들이 단지 있음직한 정도의 일을 두고는 틀림없이 확실하다고 주장할 때 혐오감을 느낀다. 나는 '아마도' '어느 정도까지는' '약간' '사람들이 말하기를' '내 생각으로는' 등의 경우처럼, 우리의 성급하고 경솔한 주장들을 부드럽게 완화시키는 그러한 말들을 좋아한다."[3]

내털리 제이먼 데이비스는, 자신의 자문을 받아 마르땡 게르 이야기를 다룬 영화의 경우, "증거가 부적절하거나 혼란스러울 때 역사가가 의지하는 '아마도'와 '그랬을 법하다'라는 생각이 모두 빠져 있다"는 느낌을 받았다고 말하면서,[4] 몽떼뉴와 비슷하게 불편한 심기를 내비치고 있다. 만일 우리가 이러한 언명에서 문서보관소와 도서관에서 한 작업을 바탕으로 축적된 데이비스의 학문적 분별이라는 열매를 보려 한다면, 이는 그녀의 말을 오해하는 셈이다. 반대로, 데이비스는 영화를 찍고 있는 바로 그 과정에서 "로제 쁠랑숑이 재판관(꼬라스)의 응답에 어울리는 억양을 이리저리 열심히 연습하는 장면을 보면서 …… 나는 내가 진정한 역사 실험실, 다시 말해 실험으로 반박할 수 없는 증거가 아니라 역사적 가능성을 만들어 내는 실험실을 너무 내

마음대로 했다는 생각이 들었다"고 얘기했다(p. x).

'역사서술의 실험실'이라는 표현은 당연히 은유이다. 사람들이 과학적인 실험을 하는 장소가 실험실이라면, 역사가는 원래 역사의 본질이 그러하기 때문에 진짜 말 그대로의 '실험'이라는 것을 할 수 없는 연구자이다. 본질상 시간을 거꾸로 돌려 되돌아갈 수 없는 현상을 연구하는 학문으로서는 혁명이나 선구적인 사건, 혹은 종교적인 운동을 재현하기란 실제적으로나 원리적으로나 불가능하다. 이러한 특징이 단지 역사서술에만 해당되는 것은 아니다. 천체물리학이나 고생물학 역시 이러한 경우에 해당된다는 것은 쉽게 알 수 있다. 하지만 실제로 실험을 해 볼 수 없기 때문에, 이들 학문 분야가 보편적 증거의 관념에 대한 나름의 독특한 규준을 고안해 내지 못했던 것은 결코 아니다.[5]

현대의 역사가들은 이러한 관념이 법리학 분야에서 처음으로 만들어졌다는 사실을 의도적으로 외면한다. 얼마전까지만 해도 경제, 사회, 문화와 같은 대규모 현상을 재구성한다는 명목 아래 '사건사'를 반대하는 논쟁 때문에, 역사 연구와 법학 연구 사이에는 외견상 도저히 건널 수 없을 것 같은 깊은 골이 패여 있었다. 사실 법학 연구라는 것은 구식의 정치사 따위에서나 애용되었던 최종변론식의 유해한 역사서술 모형으로 간주되어 왔다. 그러나 지난 몇 년 동안 심층적 역사 조류의 상호 연관성을 분석하는 하나의 수단으로서 '사건(이는 뒤비가 연구한 부빈의 전장과 같이 가장 핵심적인 전장임에 분명하다)'[6]을 (그토록 신성한 기반 위에서) 재발견함으로써, 은연중 역사가들이 이미 획득한 것처럼 보이는 확실성의 문제를 다시 제기하게끔 만들었다. 게다가 더 가깝게는, 비특권계층에 속하는 보통사람들의 삶을 재구성함으로써 사회적 과정들의 구체성을 포착하려는 시도(데이비스의 책에서 더욱 더 증명된)로 인해, 역사가의 관점과 재판관의 관점 사이에 일부나마 서로 유사한 부분이 있다는 사실이 새롭게 확인되었다. 물론 이러한 유형의 연구에서 가장 풍부한 자료가 종교적이건 아니건 사정을 이렇게 변하게 만든 유일한 이유는 그것 모두가 다름 아닌 재판기록들로 이루어져 있기 때문이긴 하다. 역사가는 그러한 상황에서 어떤 매개자, 이를테면 이단신문관이나 재판관과 같은 사람들을 통해 연구를 수행한다는 인상을 갖게 된다.

직접적이거나 (데이비스의 경우처럼) 간접적으로 접할 수 있는 재판기록들은 인류학자가 현지조사에서 수집하여 후세의 역사가들에게 남긴 일차적인 이야기에 비유할 수 있다. 이는 매우 귀중한 사료로서, 그것이 충분치 못한 점은 어쩔 도리가 없다. 과거의 재판관들과 이단신문관들은 역사가가 스스로에게 묻거나, 혹은 그가 타임머신을 타고 과거와 현재를 마음대로 오갈 수 있다면 피고와 증인들에게 물어볼 만한 무수한 질문들을 명확히 던진 적이 전혀 없었다. 아니 그렇게 할 수도 없었으리라. 우리는 문화적 거리만이 아니라 대상의 다양성도 고려해야만 한다. 역사가 및 오늘날의 인류학자들, 그리고 과거의 재판관이나 이단신문관들이 서로 가까운 사이라면 좀 당황스럽겠지만, 이것도 일정한 지점에 이르면 방법 및 목적상의 차이를 드러내게 된다. 물론 이러한 것이 양자의 관점에 서로 공통된 부분이 있다는 점을 아주 부인하려는 뜻은 아니다. 즉 역사가와 재판관이 서로 가깝게 접촉하며, 같은 사회에서 같은 현상을 마주하고 작업하고 있음을 스스로 깨닫는 바로 그러한 순간들이 갑자기 머리에 떠오르는 상황이 벌어지고 있는 것이다.[7] 따라서 분명히 해결된 것처럼 보였을지도 모르는 고전적인 문제, 즉 역사 연구와 법학 연구간의 관계에 대한 문제는 예기치 않게 이론적이고도 정치적인 함의를 드러내게 된 셈이다.

2—

너무나 유감스럽게도 중혼자이자 사기꾼이었던 아르노 뒤 띨에 대한 (뚤루즈에서의) 그 유명한 재판의 기록들은 유실되어 버렸다. 데이비스는 재판관 장 드 꼬라스의 《잊을 수 없는 판결》과 귀욤 르 쉬외가 쓴 《경이로운 이야기》처럼 문학적으로 재구성된 자료에 자족할 수밖에 없었다. 데이비스는 이렇게 풍부한 사료들을 꼼꼼히 읽어 나가면서도, 재판기록이 유실된 것을 여전히 안타까워했다(독자들도 이러한 기분을 충분히 느낄 수 있을 것이다). 만약 재판기록이 유실되지만 않았다면, 그로부터 데이비스 같은 연구자가 아무런 의도성 없이 만들어진 자료들(다시 말해 재판관이 의식적으로 조사하지 않았던 자료들)을 얼마나 많이 발견할 수 있었을지 대강 짐작이 간다. 하지만 그녀 역시 뚤루즈 고등법원에서 장 드 꼬라스와 그의 동료들이 4세기 전에 그 해답을 찾아내려 했던 일련의 의문들을 자신에게 되물어 보았다. 아르노 뒤 띨은 어떻게 진짜 남편 마르땡 게르의 역할을 그리도 잘해 낼 수 있었을까? 두 사람은 미리 어떤 약속을 했을까? 그리고 아내인 베르뜨랑드는 어느 정도까지 그 사기꾼과 공모했을까?

물론 데이비스가 단지 그런 정도의 질문을 하는 데 그쳤다면, 그녀의 글은 그냥 지나가는 이야기에서 크게 벗어날 수 없었을 것이다. 그러나 의미 있는 것은 이어지는 질문들에 대해 일련의 대답이 나온다는 사실이다. 데이비스는 16세기 법관들이 재구성한 사실들을 대체로 받아들였지만, 한 가지 특기할 만한 점만은 예외로 하였다. 뚤루즈 고등법원은 베르뜨랑드가 무죄이며, 두 번째 결합으로 태어난 자손 역시 적법하다는 판결을 내렸는데, 왜냐하면 베르뜨랑드는 아르노를 진짜 남편이라 굳게 믿고 임신한 것이기 때문이다(이는 법리상 극히 미묘한 문제인데, 꼬라스는 《잊을 수 없는 판결》에서 이에 대해 상당한 부분을 할애하며 박식한 논증을 제시하고 있다). 반면 데이비스에 따르면, 베르뜨랑드는 마르땡 게르를 가장한 사람이 실은 모르는 사람이고 자신의 남편이 아님을 즉시 또는 얼마 안 가 알아챘다는 것이다. 따라서 만약 그녀가 그를 자신의 배우자로 받아들였다면, 그것은 그녀가 선택한 것이지 순진하게도 속임수에 희생된 것은 아니었다는 것이다.

비록 추정적 결론으로 다루어지고는 있지만(안타깝게도 우리로서는 베르뜨랑드의 실제 생각과 감정들을 알 수가 없다), 데이비스가 제시하는 증거로 볼 때, 그것은 거의 명백한 사실로 보인다. 데이비스가 논쟁적인 어조로 우리에게 상기시키고 있는 사실이 있다면, 그것은 그녀의 입장에 반대하는 역사가들이 이 시대의 농촌남성들(농촌여성의 경우는 더 말할 것도 없고)을 선택의 자유가 거의 없는 개인으로 묘사하는 경향이 있다는 점이다. 그런데 그들이 반대하는 이유는 데이비스의 주장이 대표성이 없는 한 이례적인 경우에 근거하고 있기 때문이라는 것이다. 여기서 그들은 통계학적으로 대표적인 것(사실이거나 가정된)과 역사적으로 대표적인 것 사이에서 모호한 태도를 보이고 있다. 하지만 실제로는 논증이 뒤집혀야만 한다. 즉 마르땡 게르의 사례가 지닌 바로 그 이례적인 성격 때문에, 사료 고증이 어려운 어떤 정상성正常性이 다소나마 밝혀지게 되는 것이다. 역으로, 비슷한 상황들을 탐색하면 다양한 수단을 통해 데이비스가 재구성의 과제로 삼은 사건들 속의 빈틈들을 메울 수 있다. "나는 내가 연구하는 남녀 개개인을 앙다이, 아르띠가, 사자 혹은 뷔르고스에서 찾을 수 없는 경우, 그 당시 그 지역에서 나온 다른 사료들을 통해 그들이 대면했을 세상과 그들이 취했을 수도 있는 반응들을 최선을 다해 찾아내려 하였다. 내가 여기서 여러분에게 제시하는 것의 일부는 물론 나의 창안이지만, 그렇다 하더라도 그것은 과거의 목소리들에 비추어 면밀하게 점검한 것이다"(데이비스의 영문판 p. 5에서 인용).

'창안invenzione'이라는 도발적인 용어는 의도적인 것이지만, 오해를 살 소지가 충분히 있다. 데이비스의 연구(그리고 그녀가 해 나가는 이야기)는 '진실'과 '창안'의 대립이 아니라 언제나 조목조목 그 관계를 제시하는 '실재'와 '가능성'의 통합에 기대고 있다. 그녀의 책 속에 '아마도' '하지 않을 수 없다' '가정할 수 있다' '확실히(역사가의 언어에서는 대개 '아주 그럴 것 같은'이란 뜻으로 쓰인다)' 등과 같은 표현이 수없이 나오는 것도 바로 이 때문이다. 이 지점에서 재판관의 관점과 역사가의 관점이 확연히 갈라진다. 첫째, 재판관에게 불확실성이란 부정적인 의미만 있을 뿐이며, '재판 연기', 현대식으로 말하면 증거불충분으로 인한 안건 기각으로 갈 수도 있다. 둘째, 사실 관계가 불확실하면 더욱 자세한 조사를 요구해야 하는데, 이 와중에서 특수한 사례는 여기서 역사적으로 결정된 가능성의 영역으로 이해되는 맥락과 정황 속에 묻혀 버리고 만다. 데이비스가 그린 등장인물들의 살아가는 모습은, 때때로 공증·사법·문학 분야의 사료를 통해 영민하고도 끈기 있게 재구성된, "같은 시간과 공간 속의" 여타 "보통사람들"이 살아가는 모습이기도 하다. '진짜'와 '아마도', '증거'와 '가능성'은 바로 그 말들이 엄격하게 구별되고 있을 때조차도 서로 뒤엉키게 된다.

우리는 데이비스의 책을 논의하면서 '이야기하기narrazione'에 대하여 언급해 왔다. 많은 사람들은 통계, 그래프, 지도를 토대로 한 것들까지 포함해서 모든 역사책들이 본질적으로 이야기체의 요소를 가지고 있다는 입장을 거부한다(내가 보기에는 잘못이다). 하지만 어떤 역사 저작들(《마르땡 게르의 귀향》이 여기에 속한다)이 다른 것들보다 구조상 더 이야기식이라는 점은 모두가 기꺼이 인정한다. 극적 효과와 극적 책략이 아주 풍부한 마르땡 게르의 재판사건이 그러한 표현 방식을 택하게 했다는 것은 분명하다. 법률가, 소설가, 역사가, 그리고 영화 감독들이 계속해서 이 사건을 이야기했다는 사실은, 오늘날 진지하게 논의되고 있는 문제들 중의 하나, 즉 일반적인 이야기와 역사적 이야기 간의 관계를 고찰하기에 유용한 소재를 우리에게 제공해 준다.

르 쉬외의 《경이로운 이야기》와 장 드 꼬라스의 《잊을 수 없는 판결》과 같이, 이 재판사건을 가장 초기에 다룬 글들은 데이비스가 말하듯이 둘 다 직업적인 법률가가 썼음에도 불구하고 한 가지 상이한 측면을 가지고 있다. 양자의 공통점은 그 가짜 남편의 재판이 이전에 전혀 들어본 적이 없을 정도로 신기한 사건이라는 것이다. 그러나 《경이로운 이야기》가 당시 널리 퍼져 있던 경이로운 이야기들이라는 장르에 속하는 반면, 《잊을 수 없는 판결》은 법학 논문의 구성을 따라 재판에 대한 설명과 학문적 해설을 번갈아 하는 보기 드문 종류의 텍스트였다. 꼬라스는 발랑스의 주교 장 드 몽뢰에게 바치는 초판 머리말의 헌사에서, 자신의 보잘것없는 작품이 문학성 면에서는 많이 부족하다고 겸손하게 강조하고는("이 책은 보잘것이 없습니다. 고백하건대, 글은 엉성한 데다 문장이 천박하고 촌스럽습니다.") 대신 작품의 주제를 이렇게 치켜올렸다. "훌륭하고, 유쾌하며, 또 엄청나게 기묘한 이야깁니다."[8] 이와 거의 비슷한 시기에 나온 르 쉬외의 《경이로운 이야기》

불역판에 서문 격으로 실린 소네트에는 이 이야기가 기독교와 이교도 저자들의 '경이로운 이야기들'과 위대한 시인들의 '우화 이야기들(바로 이어 오비디우스의《변신 이야기*Metamorphoses*》를 언급하고 있다)', '기괴한 그림들', 플라우투스, 테렌티우스, 혹은 '신희극'의 지혜들, 그리고 '비극적인 내용의 가장 이상한 사례들'을 능가할 정도라고 힘주어 강조하는 내용이 담겨 있다.[9]

고대 희극의 등장인물을 자기 작품의 주인공과 뒤바꿔 생각하는 것은 당시로서는 당연한 일이었다. 꼬라스 자신은 가짜 마르땡 게르의 이야기를 플라우투스의《암피트리온*Amphitrion*》과 비교하였다. 반면 르 쉬외는 두 차례에 걸쳐 '비극'이라는 말을 썼다. 꼬라스는 100개가 아니라 111개의 주석이 달린《판결》의 신판(1565)에 추가된 장에서, 르 쉬외의 예를 따랐다. '비극'에 대한 소개 뒤에는 다음과 같은 말이 나온다. "이 고귀한 시골뜨기cegentil rustre에게 그것은 참으로 비극이었다. 왜냐하면 결과가 그에겐 매우 치명적이고 비참했기 때문이다. 왜 비극과 희극의 차이가 전혀 나지 않는 것일까?("저속하고 비천한 문체로 처녀의 사랑이나 강탈과 같은 인간의 내밀한 인생 행로들을 묘사하고 표현하는")" 희극을 "고귀하고 장중한 문체로 왕후장상들의 풍속과 고난과 불행을 표현하는" 비극에다 대비시키는 키케로의 공식을 따르자면, 꼬라스의 이러한 독백은 분명히 공식에서 벗어나는 것이었다.[10] 꼬라스는 이러한 전통적인 대립을 조장하는 문체상의 위계와 사회적 위계 사이의 완전한 대응 관계를 암암리에 거부하고는, 희극을 행복한 결말, 비극을 슬픈 결말과 동일시하는 익숙한 관념을 받아들이는 데 그친다.

그로 하여금 (스스로 모른다고 변명하고는 있지만, 사실은 매우 잘 알고 있었던) 전통적인 주장을 거부하도록 유도한 것은 사건의 이례적 성격, 그리고 무엇보다도 주인공인 아르노 뒤 띨, 즉 빵세뜨라고 불린 '고귀한 시골뜨기'가 보여준 예외적인 모습이었다. 데이비스는 꼬라스가 자신의 영웅(꼬라스가 재판관으로서 교수형에 처했던 바로 그 영웅)에게서 매력을 느낀다는 감정의 양면성을 아주 세밀하게 분석한다. 이러한 감정의 양면성이 꼬라스가 되풀이하고 있는 '고귀한 시골뜨기'라는 매우 모순적인 어법에서 극명하게 드러난다고 말할 수도 있다.[11] 어떻게 농민이 '고귀함'이라는, 정의상 사회적 특권과 결합된 미덕을 지닐 수 있을까? 그토록 엄청나게 모순되는 일련의 사건들을 도대체 어떤 방식으로 기술해야 한단 말인가? 그것은 '고귀한'이라는 형용사가 시사하듯이 장중하고 고상한 비극의 문체로 기술되어야 하는가? 아니면 '시골뜨기'라는 명사에 가장 적절한 저속하고 비천한 희극의 문체로 기술되어야 하는가? 르 쉬외 역시 어느 시점에서(마르땡 게르와 열한 살 소녀 베르뜨랑드의 조혼과 관련하여), 자손에 대한 욕구란 "대영주에게나 하층의 사람들에게나"[12] 공통적이라고 하면서, 자신의 역사책에 등장하는 인물들의 위신을 좀더 세워 줄 필요가 있다고 느꼈다. 꼬라스는 이어, 재판 과정에서 "만족스러운 기억에 대해 매우 행복해하는" 아르노 뒤 띨의 얼굴을 본 재판관들이 바야흐로 그를 "스키피오나 키로스, 테오텍테스, 미트리다테스, 테미스토클레스, 키네아스, 메트로도루스, 혹은 루쿨루스", 심지어는 비극의 영웅들인 "왕후장상들"과 비교하려고까지 했다며 한껏 목소리를 높인다. 그러나 꼬라스는 마치 꿈에서 깨어난 듯한 아르노의 "비참한 결말"이 그러한 인물들의 광휘를 무색하게 했을 것이라고 평한다.[13]

아르노 뒤 띨은 비천한 삶과 치욕스러운 죽음 때문에, 전통적인 의미의 비극적인 인물로는 볼 수가 없다. 하지만 다른 의미에서 보면,

즉 꼬라스가 그렇게 가정했고 이후 우리에게 전해진 의미에 따르자면, 그의 이야기가 비극적이라고 규정될 수 있었던 것은 바로 이 죽음 덕분이기도 하다. 다른 문체를 구사해 희극과 비극을 분리하는 고전적인 공식의 틀을 깨뜨리지 않을 수 없었던 꼬라스는, 첫눈에도 악마의 후광을 쓴 것처럼 보였던 이 농민 출신의 사기꾼 아르노에게 인간이라는 공통조건(그와 동시대의 비평가인 몽떼뉴의 성찰에서 중심을 이룬 화두)에 뿌리를 둔 어떤 존엄성이 존재함을 암묵적으로 인정하였다.

내털리 제이먼 데이비스는 재판관이 여러모로 자신의 희생자와 자신을 동일시하는 경향이 있음을 아주 잘 간파하고 있었다. 그들이 지녔음직한 프로테스탄티즘이 그러한 상황에 어느 정도로 영향을 미쳤는지는 밝히기 어렵다. 그러나 꼬라스는《잊을 수 없는 판결》을 쓰면서, 자신도 역시 '비참한 결말', 즉 그가 아르노에게 지운 것과 똑같은 결말에 도달할 운명임을 알지 못했다(그는 가톨릭 폭도들에 의해 교수형에 처해졌다).

문체의 분리라는 고전적인 공식과 그리스도교 문학작품들에 나타나는 공식의 위반은 서유럽의 문학에 나타나는 리얼리티의 재현에 관한 에리히 아우어바하의 기념비적인 저작《미메시스*Mimesis*》의 길잡이가 되었다. 고전기 및 고대 후기(타키투스, 암미아누스 마르켈리누스), 그리고 중세(게오르기우스 플로렌티우스) 역사가들의 저작을 시인, 극작가, 소설가들의 작품 구절들과 더불어 분석한 아우어바하는 지금까지 아무도 가지 않았던 길을 제시하였다. 다소 색다른 역사적 사실들, 그리고 멀리 떨어져 있는 나라를 다룬 여행안내서들에 대한 설명이 소설의 탄생에 얼마나 기여했는지, 또한 이 결정적인 통로를 통해 근대 역사서술의 탄생에 얼마나 기여했는지를 보여준다면, 그런 노력은 할 만한 가치가 있을 것이다. 아르노 뒤 띨 이야기의 비극적인 차원을 인정한 장 드 꼬라스의 관점은 그때서야 다양성(이는 경우에 따라 사회적, 문화적, 자연적 다양성 중 어느 하나일 수도 있다)의 충격으로 위계중심적 시각이 무너졌음을 알리는 증언으로서 적절히 자리매김될 것이다.[14]

3—

이미 언급한 바 있지만, 과거 수년 동안 철학자들과 방법론자들에 의해, 그리고 보다 최근에는 저명한 역사가들에 의해 역사서술의 이야기적 차원에 관한 활발한 논의들이 있었다.[15] 그러나, 서로 대화가 전혀 없었기 때문에 지금까지도 만족스러운 결과에 이르지는 못했다. 철학자들은 일반적으로 맥락과 동떨어져 고립된 명제들을 분석하면서, 그러한 명제들을 가능하게 만드는 준비작업은 무시해 왔다.[16] 역사가들은 최근 들어 이야기식 역사서술로의 회귀가 정말로 있었는지 여부를 자문하면서도 다양한 유형의 이야기체 서술이 지닌 인식론적 함의는 경시해 왔다.[17] 문체상의 규준을 택한다는 것은 다름이 아니라 현실의 일정한 양상들을 선택하고, 일정한 연관성들을 돋보이게 하고, 또 일정한 위계 질서를 세우면서, 동시에 다른 것은 배제하는 것임을 우리에게 일깨워 준 꼬라스의 말이 생각난다. 이 모든 사실들이 지난 2,500년 동안 발전해 온 역사서술상의 이야기와 다른 유형의 이야기(서사시, 소설, 영화의 이야기 방식) 사이의 가변적인 관계들과 얽혀 있음은 분명한 것 같다. 이러한 관계들(교체, 혼합, 대비, 일방적 영향 등이 몇 번이고 되풀이되면서 이루는 관계들)에 대한 역사적 분석을 제시하는 것이 알게 모르게 종종 규범적인 성격의 추상적·이론적 공식들을 제시하는 것보다는 훨씬 더 유용할 것이다.

이는 한 가지 예만으로도 충분히 알 수 있다. 부르주아 소설의 첫 번째 걸작은 《뱃사람 로빈슨 크루소의 삶과 놀라운 모험》이라는 제목의 소설이었다. 머리말에서 디포는 그 이야기가 사실이라고 주장하면서, 다음과 같이 '역사'를 '허구'와 대비시켰다. "이야기는 조심스럽고 진지하게 진행된다.…… 편집자는 그것이 어떤 사실들의 근거 있는 역사라고 믿는다. 이야기 속에는 어떠한 허구성의 외양도 보이지 않는다."[18] 반면, 필딩은 역사가들의 본보기에 고무되어 의심의 여지가 없는 자신의 걸작에다 《버려진 아이 톰 존스의 역사》라는 제목을 붙이고는, 그것이 '삶'이나 '삶을 위한 변명'이기보다는 '역사'에 더 가깝다고 주장하였다. 그러나 그가 본뜬 역사가가 누구란 말인가? "우리가 그 제목에서 의도한 것은, 혁명을 공언하는 각국 작가들의 방법을 따르는 것이지 고통에 찬 작업 끝에 두꺼운 책을 써 내는 역사가를 모방하자는 것이 아니다. 역사가들이란 자신이 계속해 온 작업들의 일정한 모양새를 유지하기 위하여, 인간사라는 무대에서 가장 훌륭한 장면들이 공연된 특기할 만한 시대들에 지면을 할애해 놓고는, 중요 사건도 일어나지 않은 몇 달 몇 해 동안의 세부적인 일들도 함께 채워 넣지 않으면 안 된다고 생각하는 사람들인 것이다."[19]

필딩은 분명 자신의 모델인 《반란과 내전의 역사The History of Rebellions and Civil Wars》의 저자 클라런던을 반어적으로 이용하고 있다. 필딩은 그에게서 이야기 시간을 줄이거나 늘리는 법을 배움으로써, 연대기나 서사시의 (눈에 보이지 않는 어떤 메트로놈 같은 것으로 조절되는) 획일적인 시간주기에서 벗어났다.[20] 이러한 문체의 획득은 여러 권으로 된 《톰 존스》의 각 권 제목에 시간을 나타내는 표시를 할 정도로 그에게는 아주 중요한데, 그 시간 간격들은 제4권부터 시작해서 제10권에 이르기까지 1년, 반년, 3주, 3일, 이틀, 11시간, 거의 11시간 ……등의 방식으로 점차 눈에 띄게 짧아진다. 뒤에 두 명의 또 다른 아일랜드인인 스턴[21]과 조이스는 달력의 시간과 이야기의 시간 사이의 관계를 논리의 극한에까지 옮겨놓게 된다. 그리고 우리는 단 하루지만 그 끝을 알 수 없는 더블린의 하루를 묘사하는 데 한 작품 전체를 바친 소설의 경우를 보게 될 것이다. 따라서 이 잊을 수 없는 이야기식 서술의 혁명이 시작되는 곳에서 우리는 근대의 첫 대혁명의 역사와 만나게 되는 것이다.

지난 10년 동안 역사가들은 역사의 리듬에 대해 수많은 논의를 거듭해 왔다. 하지만 역사적 이야기의 리듬에 대해서는 거의 아무런 중요성도 부여하지 않았다. 필딩이 막을 연 19세기 역사서술의 이야기식 서술 모형의 최종적인 반향에 대한 연구는, 내가 잘못 알고 있는 것이 아니라면, 아직도 이루어지지 않고 있다. 대신 아주 분명한 것은 (고딕 사조에 대한 반발로 등장한) 영국 소설이 이전 혹은 당대의 역사서술에 종속되어 있었다는 것이다(시간의 흐름이란 주제에만 한정되지 않는다). 디포와 필딩 같은 작가들은 당시의 역사서술이 지니고 있던 위신 속에서, 그 사회가 애초에는 탐탁치 않게 여겼던 한 문학장르를 정당화할 근거를 찾았다.

여러분은 디포가 《로빈슨 크루소의 모험》을 가리켜 "어떠한 허구성의 외양"도 없는 "사실들의 근거 있는 역사"라고 간결하게 기술한 것을 기억할 것이다. 필딩은 좀더 정교한 방식으로 "기록에 근거하지 않은 모든 역사 작가들"을 싸잡아 비난하는 나쁜 평판을 듣지 않기 위해 정확성을 기하여 '소설romance'(《톰 존스》)를 규정하는 데는 분명 이 말이 더 적당한데도)이라는 용어는 피하고 싶었다고 힘주어 말한다. 대신에 필딩은 《톰 존스》가 정말로(제목에 나오는 대로) '역사'라는 이름을 얻을 만하다고 결론짓는다. 모든 등장인물들은 고증이 잘 되어 있는데, 왜 냐하면 그는 그들을 "자연이라는 거대하고도 진정한 둠즈데이북"에서 찾아냈기 때문이다.[22] 정복왕 윌리엄의 토지대장(《둠즈데이북》)에 대한 암시와 '자연의 책'이라는 전통적인 이미지를 훌륭히 융합시킨 필딩은 자신의 작품을 고문서보관소의 한 저작에 비교함으로써 다시 한번 그것의 역사적 진실성을 입증하였다. 역사가들이란 필딩처럼 '사적인 삶의 무대'로 스스로의 작업을 제한하는 만큼이나 '공적인 거래'에도 연구열을 쏟는 사람들이었다.[23] 하지만 기번이 보기에 (비록 그가 "인간의 풍속에 대한 절묘한 묘사는 에스쿠리알 궁전과 오스트리아 의사당의 제국 독수리보다 더 오래 남아 있을 것"이라며 과장 섞인 칭찬을 하고는 있지만) 《톰 존스》는 그 제목에도 불구하고 여전히 '소설'일 뿐이었다.[24]

그러나 소설의 위상이 높아지면서 상황은 바뀐다. 소설가들은 여전히 자신들을 역사가에 비유하고는 있지만, 조금씩 자신들의 열등한 지위를 떨쳐버리고 있었다. 발작이 《인간 희극》의 서문에서 짐짓 겸손을 떨면서 했던 선언("프랑스 사회가 진짜 저자일 것이다. 나는 단지 그 것을 받아 쓴 사람일 뿐이다.")은 바로 다음에 나오는 문장들에서 비로소 온전한 풍미를 얻는다. "나는 어쩌면 그토록 많은 역사가들이 간과해 왔던 역사, 즉 풍속의 역사를 서술하는 데 성공했을지도 모른다. 내가 끈기와 인내를 가지고, 로마, 아테네, 티루스, 멤피스, 페르시아, 그리고 인도가 그들의 문명을 우리에게 전해 주지 않았다고 한탄하는 그런 책을 쓴 것은 19세기 프랑스를 위한 것인지도 모른다."[25] 그는 역사가들이 거의 방치하다시피 해 온 연구 분야에 파고들면서 그들에게 다음과 같이 당당한 도전장을 던졌다. "역사가들은 지금까지 공적인 국가사에 중요성을 부여해 왔지만, 겉으로 분명하게 드러나든 않든 간에 일상의 평범한 사실들, 개개인의 행동들, 그리고 그것들의 원인과 원리들을 중요하게 다루려고 한다."[26]

발작은 1842년에 이 글을 썼다. 이보다 대략 10년쯤 전, 잠바띠스따 바쪼니 역시 그의 책 《절벽 위의 매, 또는 무쏘의 전쟁 *Falco della Rupe, o la guerra di Musso*》 서문에서 비슷한 어조로 이러한 생각을 밝힌 적이 있었다. 그는 다음과 같이 말했다. "역사소설이란", 역사가들이 그곳에다 그림을 그리는, 그리고 중요 인물들이 살아가는 "거대한 캔버스의 한 지점에 초점을 맞춘 커다란 렌즈와 같은 것이다." 그렇게 함으로써, "거의 눈에 보이지 않던 사물들이 자연스럽게 그 모습을 드러내게 된다. 가볍게 스케치한 윤곽선은 이제 규칙적이고 완벽한 모양이 되고 나아가서는 모든 사물이 고유의 진짜 색깔을 갖게 된다. 이제는 왕과 공후와 장관들뿐만 아니라 평범한 사람들, 여자들, 아이들까지도 그곳을 자신들의 터전으로 삼게 된다. 가정의 악덕과 미덕이 줄거리의 일부이며, 사생활의 관습들, 삶의 애환들에 가해지는 공적 제도의 영향력이 백일하에 드러난다. 결국 이러한 것들이야말로 인류의 총체성을 포괄하기 위해 묘사해 내지 않으면 안 되는 측면들인 것이다."[27]

이러한 고찰을 위한 바쪼니의 출발점은 당연히 《약혼자 *I promessi sposi*》였다. 그러나 알레싼드로 만쪼니가 이 모든 문제들을 분석적으로 검토한 《역사소설론, 그리고 일반적으로 역사와 허구가 뒤섞인 작품에 대한 논고 *Del romanzo storico e, in genere, de' componimenti misti de storia e d'invenzione*》라는 제목의 책을 출간한 것은 더 나중의 일이었다. 그는 한 가상의 대담자를 내세워, 역사소설에다 그것이 당시의 역사서술과는 매우 다를 뿐 아니라 그보다 더 뛰어난 형식이라는 이미지를 부여하였다.

　보통 역사소설이라는 환유적 별칭으로 불리는 저술들이 있습니다만, 당신의 작업 목표는 이보다 더 풍부하고 더 다양하고 더 완전한 역사를 새롭고도 특별한 형식으로 제 앞에 내놓는 것이었습니다. 우리가 당신에게서 기대하는 역사는 단순한 정치적·군사적 사건이나, 때로는 다른 종류의 색다른 사건에 대한 연대기적 설명이 아닙니다. 우리가 기대하는 것은 보다 통상적인 의미에서의 역사 저작들이 흔히 펼쳐 놓게 마련인 것보다는 당연히 더욱 제한된 시간과 장소 속에서 인간의 조건을 한층 더 일반적으로 묘사하는 것입니다. 이는 비유하자면, 단지 산맥, 강, 도시, 소읍, 그리고 어느 광활한 지역에 놓인 주요 도로의 위치만 표시되어 있는 지도와, 이 모든 것(그리고 보다 더 제한된 지역에서 나타날 수 있는 그 밖의 모든 것)을 한층 더 상세히 나타내고, 사실상 소규모 고지와 물길, 수로, 마을, 외딴 가옥, 오솔길 등 별로 특기할 만하지 않은 세세한 사항들까지도 분명하게 표시되어 있는 지형도 간의 차이와 같다고 말할 수 있습니다. 일반적으로 받아들여지는 것이든 아니면 일정한 사회계급들에게만 특유한 것이든 간에, 그들의 풍습과 여론, 그리고 보다 더 역사적 성격을 띤 공적 사건, 혹은 법이나 권세가들이 개입해서 빚어 내는 사적인 결과들, 하여튼 이러한 것들이 무어라 표현되든 간에, 간단히 말하자면 어떤 시기의 어떤 사회에서 가장 특징적이라 할 수 있는 생활방식들과, 그러한 것들 간의 상호 작용이야말로 당신이 밝혀 내고자 했던 바로 그것입니다. ……

이 경우, 허구적 요소의 존재란 가상의 대담자에게는 자기 모순에 다름 아니었다. 역사소설에 대한 이런저런 반론에 대해 만쪼니가 어떻게 대답했는지는 이 문제와 관계가 없다. 하지만, 그가 '가능성'의 역사를 역사소설과 대비시키는 말로 끝맺고 있다는 점에 주목해야 한다. 그러한 생각들이 이미 "어떤 특정 시기 한 사회의 정치적 추이보다는 여러 가지 관점에서 그 사회의 생활방식을 밝히는 것을 목적으로 하는 다수의 훌륭한 역사서술들"에 의해 표출되어 있기는 하다. 모호한 말들에 이어, 여전히 모호한 역사 인식이 이렇게 표현되고 있다. 역사학은 "여전히 그 목표에 도달하지 못하고 있을 뿐만 아니라, 보다 넓고 보다 철학적인 전망에서 연구되고 조망되는 그 나름의 주제가 제시해야 하는 것을 여전히 이용치 못하고 있다." 그리하여 그는 미래의 역사가들에게 다음과 같이 촉구한다. "온갖 종류의 사료들을 뒤져보도록 하라. 나아가서는 어떤 경우에도 자신들이 역사학을 옹호하며 글을 쓰고 있다는 생각을 해 본 일이 없는 그런 저자들의 작품마저도 사료로 볼 수 있어야만 한다."[28]

발작은 개인의 사생활이 중요하다고 극구 주장하면서 그것을 나라의 공적인 생활과 대비시킨 바 있는데, 이때 그가 생각한 것은 《골짜기의 백합*Le Lys dans la vallée*》이었다. "앵드르의 한 계곡에서 모드초프 양이 자신의 정념과 벌이고 있는 전투는, 비록 사람들에게 알려지지는 않고 있지만 누구에게나 유명한 그 어떤 전투 못지않게 위대한 것일 수 있다."[29] 그리고 만쪼니가 설정한 가상의 대담자가 "하여튼 이러한 것이 무엇이라 표현되든 간에, 보다 더 역사적 성격을 띤 공적 사건 혹은 법이나 권세가들이 개입해서 빚어 내는 사적인 결과들"이라고 이야기했을 때, 그는 당연히 《약혼자》를 염두에 두고 있었다.

그러나 발작과 만쪼니가 공식화한 역사의 일반 특성을 살펴볼 때(물론 지나고 보니까 하는 말이지만), 그것이 지난 10년간의 역사 연구에서 가장 두드러진 특징을 가지고 시대를 앞질러 얘기하고 있음을 인정치 않을 수 없다. 즉 그것은 역사를 전적으로 정치·군사적 경계 내에 한정시키는 것을 비판하는 데서부터 개인 및 사회 집단들의 정신적 태도(망딸리떼)의 역사에 대한 주장과, 나아가서는 (특히 만쪼니의 경우) 미시사의 이론화와 새로운 문서사료들의 체계적인 이용이라는 주장으로까지 이어지고 있는 것이다. 이미 말했지만, 이는 물론 시간이 흐른 뒤 일의 결과를 보고 나서 재해석해 본, 말하자면 일종의 시대착오적인 해석일 뿐이다. 그렇다고 마냥 자의적인 해석이라고만은 할 수 없다. 역사가들이 뛰어난 19세기 소설가들(발작에서 만쪼니까지, 그리고 스땅달에서 똘스또이까지)의 도전에 응하여, 전통적인 모형들에 비해 더욱 정교하고 치밀한 설명 모형들의 도움을 받아서 이전에는 경시되었던 연구 분야들과 대면하기 시작한 것은 한 세기 이후의 일이었다. 역사가들이 점점 더 이러한 주제를 선호하고, 일부지만 한때 소설가들의 몫이었던 설명 형식을 더욱 편애하는 현상, 즉 '이야기식 역사의 부활'이라고 적절치 못하게 규정된 현상은 사실 실재에 대한 앎을 추구하는 지식의 영역에서 벌어진 지리한 갈등의 새로운 한 장에 다름 아니다. 오늘날 추는 필딩의 시절과는 정반대 방향을 향해 치닫고 있다.

4—

얼마전까지만 해도 절대 다수의 역사가들은 역사서술의 과학적 성격(사회과학에 동화되는 경향을 보여 온)을 강조하는 입장과 그것의 문학적 차원을 인정하는 입장이 결코 양립될 수 없다고 생각하였다. 그러나 오늘날 문학적 차원에 대한 이러한 인식은 크게 증대되어 인류학과 사회학 저술들에까지 확장되고 있다. 반면, 그러한 경향을 주도하는 사람들에 대한 비판은 찾아보기가 쉽지 않다. 그렇지만 이들은 일반적으로 소설과 같은 허구적인 이야기에 담긴 식별 가능한 인식의 핵보다는 오히려 역사서술과 같이 과학적이라고 자처하는 이야기에 나타나는 추적 가능한 설화적 토대를 강조한다. 두 이야기 양식 간의 수렴은 간단히 말해서 과학의 차원이 아니라 예술의 차원에서 모색될 수 있다. 예컨대 헤이든 화이트는 미슐레, 랑케, 또끄빌, 부르크하르트의 저술들을 '역사적 상상력'의 본보기로 삼았다.[30] 그리고 프랑수아 아르또(화이트와는 별개로, 그는 오히려 미셸 드 세르또의 저술들로부터 영감을 얻었다)는 스키타이인들을 다룬 헤로도토스의 《역사》 제4권을 두고, 그것이 어떤 상상의 세계를 자족적인 입장에서 기술한, 하나의 자기만족적인 담론이라는 분석을 내놓았다.

두 사람의 분석은 모두 역사 이야기에서 '진실'이라 자처하는 주장을 완전히 배제하고 있다. 아르또는 사실 원칙적으로 헤로도토스의 기술을 이를테면 흑해 북부 지역에 대한 고고학적 발굴 결과나 스키타이인의 먼 후예인 오세티아인의 민속에 대한 연구 결과와 비교하는 것이 타당함을 결코 부정하지 않고 있다. 그러나 그것은 정확히 말해 헤로도토스와 오세티아인에 대한 19세기적 고증의 결과와 비교한 것일 따름이다. 왜냐하면 우리가 아는 오세티아인의 민속이란 러시아 민속학자들이 19세기 말경에 수집한 것으로서, 사람들로 하여금 그리스 역사가들이 스키타이 점성술의 '타자성'에 관한 쟁점의 본질을 "희석시키고 오해했다"고 믿게 만든 원인이기 때문이다.[31] 어째서 우리들은 "타자성의 표현에 대한 논고(알다시피 이는 아르또가 쓴 책의 부제이다)"에서 다루고 있는 헤로도토스의 텍스트와 다른 유형의 문서자료를 비교하게 되면 당연히 일화성이 떨어지리라는 생각을 하지 못하는 것일까? 이와 마찬가지로, 화이트는 아우어바하(《미메시스》)와 곰브리치(《예술과 환영》)로부터 추론해 낸 것이 분명한 리얼리즘의 관념을 이용하여, 자신의 연구를 19세기의 '사실주의' 역사서술(미슐레, 랑케, 또끄빌을 비롯한 여러 인물들)에 나타나는 '예술적' 요소들로 제한하고 싶다고 천명하였다.[32]

하지만 이 훌륭한 두 저작은 화이트 스스로가 적절히 지적하고 있는 바대로 서로 다른 점이 있음에도 불구하고 여전히 어떤 공통적인 확신에 근거하고 있다. 그것은 어떤 소설이나 그림이 재현이라는 관점에서 볼 때 다른 어떤 소설이나 그림보다 좀더 적절한지 아닌지를 결정할 수 있다는 것, 즉 역사적 실재나 자연에서 관찰한 실재를 토대로 어떤 통제력을 확립할 수 있다는 것이다. 하지만 대체로 상대론적인 입장에서 이 영역에 들어가기를 거부하는 사람들에게는 화이트의 '사실주의' 범주란 단지 알맹이 없는 공식에 불과할 뿐이다.[33] 역사 이야기 속에는 저자가 진실이라 생각하는 것이 내재되어 있는 법인데, 이를 입증하는 과정에는 역사가 개개인이 작업 중에 마주치는 구체적인 문제들(사료 및 연구 기법과 관계되는)에 대한 논의가 포함될 것이다. 만약 화이트처럼 이러한 요소들을 가볍게 여긴다면, 역사서술이란 것이 하나의 이데올로기적 문서와 다를 바 없어질 것이다.

바로 이러한 것이 아르날도 모밀리아노가 화이트의 최근 입장에 대해 던진 비판이다. 이는 물론, 화이트와 아르또 간의 차이를 적절히 고려하기만 하면 후자에게도 확장·적용할 수 있을 만한 주장이다. 모밀리아노는 몇 가지 기초적인 진실들을 되새기면서 화이트를 비판하였다. 첫째, 역사가는 이미 발견된 것이든 아니든 사료를 가지고 작업을 하며, 둘째, 이데올로기가 연구의 착수에 영향을 미칠 수는 있지만, 그 뒤로는 일정한 거리가 유지되어야만 한다는 것이다.[34]

그러나 두 번째 주장에는 문제를 지나치게 단순화할 위험이 내재되어 있다. 모밀리아노 자신이야말로, 실재와 이데올로기의 원리, 문헌학적 통제, 그리고 현재의 문제를 과거에 투사하는 행위 등 다양한 요인들이 연구 대상의 확인부터 문서자료의 선택과 연구 방법, 입증의 기준과 문학적 표현에 이르기까지, 역사서술 작업의 '매' 순간마다 서로가 서로를 조건지우고 있음을 누구보다도 잘 보여준 인물이 아니었던가? 이렇게 복잡한 관계망을 역사적 상상력의 갈등으로부터 벗어난 단선적 행위로 규정한다면 (화이트와 아르또가 그랬듯이) 결국 비생산적이지 않을까? 헤로도토스 이래로 역사가들이 자신의 연구를('타자'를 깡그리 전유하고자 하는 모든 요소들에도 불구하고) 때로는 순치된 형태로, 때로는 그들이 출발점으로 삼는 인식틀을 크게 수정한 형태로 끝맺어 왔던 이유는, 정확히 말해서 '실재'의 원리(이를 어떻게 부르든 간에)에 따라 나타나는 다양한 갈등 때문이다. 곰브리치의 말을 빌리자면 '재현의 병리학'에서 그러한 갈등이 일어날 가능성은 항상 존재한다. 외부 세계에 나타나는 (대체로 유쾌하지 않은) 징후에 따라 스스로의 상상력과 희망과 이데올로기를 바꾸지 못했다면, 아마도 호모 사피엔스라는 종은 이미 오래전에 사라졌을 것이다. 역사서술의 경우도 예외가 아니다. 그 역시 인간 스스로가 자연환경과 사회환경에 적응하고 오랜 시간에 걸쳐 그것들을 개조할 수 있도록 해 준 지적 도구들 중 하나인 것이다.

5—

역사서술이 지닌 이야기적 차원에 대한 오늘날의 주장들에는, 그 내
용이 각각 조금씩 다르다고 해도, 앞서 이미 살펴본 바와 같이 '허구'
와 '역사' 간의 구별을 사실상 깡그리 없애 버릴 만한 상대주의적 입
장이 내재되어 있다. 하지만 이러한 경향들에 맞서 다음과 같은 점이
강조되어야만 한다. 즉 이야기적 차원에 대한 인식이 증대됨으로써
역사서술의 인식 가능성이 약화되기보다는 오히려 강화되리라는 것
이다. 사실, 우리가 이제 겨우 눈을 뜨기 시작하고 있는 역사서술적
언어에 대한 급진적 비판이 그 출발점으로 삼아야 하는 지점도 바로
여기여야 할 것이다.

모밀리아노 덕분에, 우리는 호고가antiquari의 업적들이 근대 역사서
술의 탄생에 얼마나 크게 기여했는지 알게 되었다.[35] 모밀리아노는
호고가의 업적들과 철학적 역사서술 간의 융합을 상징하는 인물로서
에드워드 기번을 지목한 바 있으나, 그는 오히려 (6세기 전반기 브리튼
의 상황을 집중적으로 다룬 《로마제국 쇠망사 History of the Decline and Fall of
the Roman Empire》 제31장의 자기 비판적인 각주에서) 이야기 전략들이 연
구 결과의 구현을 어떤 식으로든 제한할 것이라는 입장에 대해 비판
적 태도를 취하게 된다. 기번은 이렇게 말하였다. "이 단락에서 제시
된 어떤 '상황'이 오로지 추정과 유추에 입각해 있다고 말하는 것은
나 자신과 역사적 진실에 대한 의무이다. 우리가 쓰는 언어의 완고함
때문에 나로서는 이따금씩 '조건법'에서 벗어나 '직설법'으로 나아갈
수밖에 없었다."[36] 반면 만쪼니는 《역사소설론》에서 자기만의 다른 해
결책을 제시하였다. 역사서술과 역사소설(그가 "새롭고 특별한 형태"의

역사서술로서, "더욱 풍부하고, 다양하며, 완전하다"고 생각한)을 각각 지도와 지형도라는 이미지로 대비시킨 만쪼니는, 그 속에서 확실한 부분과 추정에 의한 부분을 분명하게 구분하자고 제안함으로써 은유의 함의를 복잡하게 만들었다. 그의 제안이 본질적으로 새로운 것은 아니었다. 이미 오래전부터 문헌학자와 호고가들은 이와 비슷한 방법을 사용해 오고 있었지만, 기번의 말에서 보듯이 그것을 이야기식 역사의 영역으로 확장하는 일에는 전혀 관심을 두지 않았다.

만쪼니는 이렇게 말했다.

역사학 역시 이따금씩은 있을 법한 것을 받아들여 활용하지만, 그 사용법이 적절하고 그것을 진실과 구별하여 따로 제시해 주기만 한다면 별로 해가 되지는 않으리라고 주장한다 해도 틀린 말은 아닐 것이다. …… 인간은 자신이 몸담은 조그만 세상에서조차도 지난날에 대해 오직 그 일부만을 알 수 있을 뿐이라는 점이야말로 인간의 가련한 상태가 지닌 특징이다. 그리고 인간 스스로가 실제로 알 수 있는 것을 넘어 무언가를 추측할 수 있다는 것은 그의 고귀함과 그의 힘이 가진 한 측면이다. 역사학이 있을 법한 것으로 눈길을 돌릴 때, 그것은 이러한 경향을 선호하거나 증진시키는 것에 다름 아니다. 역사학은 이야기를 해 나가다가 순간순간 멈추고는 그 대신 귀납적 추론을 사용하곤 하는데, 그 이유는 평범한 이야기식 서술이 역사학을 위한 최선의 도구가 아니기 때문이며, 아울러 어떤 다른 상황에 적용될 때면 그에 맞는 새로운 목적이 설정되기 때문이다. 사실에 입각한 것들과 있을 법한 것들 간의 관계를 분명히 하기 위해 필요한 것이라고는 오직 그 두 가지가 서로 구별되도록 하는 일뿐이다. 역사학은 한 도시의 지도를 그릴 때, 미래를 위해 계획된 거리, 광장, 건물들을 각기 다른 색깔로 표현하는 사람, 지금 존재하는 것과 앞으로 들어설 것을 구분하면서 우리에게 도시 전체의 모습을 보여주는 사람과 거의 흡사하게 행동한다. 내가 말하고자 하는 것은, 역사학이 그러한 순간에 이야기하기를 포기하지만 이는 단지 보다 나은 이야기를 만들어 내기 위해서라는 점이다. 역사학은 이야기를 할 때만큼이나 추정을 할 때도 실재의 표현을 그 목표로 한다. 바로 여기에 역사학의 통일성이 존재하고 있다.[37]

에드워드 기번이 했던(곧 그것을 비난하기는 했지만) 틈새 메우기 작업은, 비유하자면 과감하게 다시 붓질을 가함으로써 그림을 복원하는 작업과 같은 것이다. 역사를 기술할 때 역사가가 추정한 부분을 일일이 밝혀야 한다는 만쪼니의 제안은 말하자면 그림에서 복원된 부분들은 가느다란 선으로 표시하자는 주장과 마찬가지라는 것이다. 하지만 이러한 해결책은 모든 의미에서 지나치게 시대를 앞서 있다. 만쪼니의 말에 응답하는 사람이 한 명도 없었던 것이다. 심지어는 베네데또 끄로체조차도 《상상력, 일화, 역사서술*Immaginazione, aneddotica e storiografia*》에서 깊은 통찰력으로 '짜맞추기식 상상력'에 따라 그릇된 이야기를 만들어 내는 몇 가지 예들을 논하면서도 만쪼니의 제안에 대해서는 아무런 언급도 하고 있지 않다.[38] 더욱이 끄로체는 그 예들을 단지 일화적 문헌(그가 역사소설과 밀접하게 관련되어 있다고 생각한)에만 한정시킴으로써 자기 의견의 무게를 크게 떨어뜨렸다. 그가 보기에, 정확하면서도 최상의 수준에 있는 역사서술이라면 그 장르에 내재된 위험에서 벗어나 있게 마련이었다. 그러나 우리가 알고 있듯이, 기번 같은 역사가는 그와는 다른 시각을 가지고 있었다.

아르세니오 프루고니는 끄로체의 저작을 훨씬 더 급진적인 의미로 이해한 사람이었다.[39] 《12세기 사료 속의 아르날도 다 브레쉬아*Arnaldo da Brescia*》에서 그는 '문헌 짜맞추기식 방법'에 격렬히 반대하였다. 달리 말하자면, 과거의 기록들에 대한 신의 가호를 믿는 학자들의 완고하고도 순진한 신념에 강렬히 반발했던 것이다. 이러한 신념은 작위적이고 신뢰할 수 없는 아르날도의 이미지를 만들어 냈고, 프루고니는 각각의 사료를 다른 사료들로부터의 후광이 차단된, 반복될 수 없는 고유성을 가진 자율적 실체로 읽어 냄으로써 이를 해체시켜 버렸다. 성 베르나르도, 오토 프라이징, 게르호 라이허스베르크를 비롯한 여타 사람들이 쓴 글들에는 다양한 관점에서 본 아르날도 다 브레쉬아의 이러저러한 모습들이 등장하고 있다. 그러나 프루고니의 '복원' 작업에는 가능한 한 '진짜' 아르날도의 인간됨을 재구성하려는 노력이 깃들어 있었다. "하지만(아니면 내가 스스로를 기만하고 있는 것일까?) 우리의 손에 전달된 이러한 모습들은, 적어도 후대에 덧씌워진 위조품이 아니라 영감으로 충만한 손놀림에 의해 만들어진 고대 조각의 파편들과도 같은 것이었다."[40]

1954년에 출간된 《12세기 사료 속의 아르날도 다 브레쉬아》는 전문가들만의 논의 대상이었다. 그러나 그 저작은 분명 13세기 이단론과 종교운동의 연구자들만을 겨냥하고 있지는 않았다. 30년이 지난 오늘날, 우리는 《12세기 사료 속의 아르날도 다 브레쉬아》를 하나의 선구적인 저작으로 평가할 수 있다. 비록 서두의 비판적인 생각을 끝까지 밀어부치지 못함으로써 논지가 약해져 버리긴 했지만 말이다. 돌이켜보면, 그의 목표는 문헌 짜맞추기식 방법에만 맞추어져 있었던 것이 아니었다. 그가, 흉상의 형태를 완전한 조상으로 바꾸어 놓기 위해, 사료상의 틈새들을 메워 통합된 이미지를 만들어 내려고 부단히 노력하는 전통적인 역사서술 방식까지도 목표로 삼았음은 분명하다(조건법이 아닌 직설법의 형태로, 부사, 전치사, 형용사, 동사를 써 가면서).

제르비처럼 예리한 비평가는 프루고니의 책이 "역사서술상의 불가지론"으로 나아가는 경향을 지적하면서, "먼지밖에는(비록 그 먼지가 황금이라 하더라도) 인식하지 못함을 굴욕스럽게 생각하는 진정한 역사적 정신 자세"가 그러한 경향보다 앞서야 한다는 점을 은연중 부각시키고 있다.[41] 그의 걱정이 근거가 없지는 않다. 프루고니에게서 잘 나타나는 이야기식 사료에 대한 과대 평가(오늘날 전혀 다른 문화적 가정들에도 불구하고 아르또에게서도 많이 나타나는)는 사학사에서 역사학을 관념론적 방향으로 몰고갈 만한 싹을 지니고 있다. 하지만 원칙상 프루고니가 솜씨 있게 제기한 역사기록에 대한 비판은 기존의 짜맞추기식 방법에서는 알려져 있지 않았던 자각을 동반하고 있기 때문에, 다양한 문서 가닥들의 통합을 배제하는 것이 아니라 오히려 쉽게 만들어 주기도 한다. 이 여행에서 우리가 가야 할 길은 멀다.

6——

만쪼니는 역사를 서술할 때 추측을 끼워 넣고 아울러 그렇게 했다고 밝히자고 제안한 바 있는데, 바로 그 과정에서 그는 조금 아이러니컬한 말투로 다음과 같은 점을 재확인할 필요를 느꼈다. "그렇다면 역사학 …… 이야기의 형태를 포기하게 된다. 하지만 이는 오직 가능한 방법으로 이야기의 목표가 되는 것에 접근하기 위해서일 뿐이다." 만쪼니는 역사 이야기를 분명한 진실의 표현으로 생각했고, 따라서 이를 추측과 동등하게 보는 것은 도저히 있을 수 없는 일로 여겼다. 하지만 지금 와서 보면 진실과 가능성의 뒤엉킴은 새삼 놀랄 일도 아니다. 역사적 사실을 불러 내는 것과 연구상의 가설을 세우는 것 양자를 대비시키는 논의에서 우리가 보고 있는 것처럼 말이다.

우리 독자들의 감수성은 로스또프체프와 블로끄, 프루스트와 무질 덕분에 더 나은 방향으로 개선되어 왔다. 바뀐 것은 단지 역사적 이야기의 범주만이 아니다. 이야기라는 범주 전체가 바뀌었다. 이야기하는 사람과 실재 간의 관계는 한층 더 불확실하고 미심쩍은 것으로 나타난다. 그렇지만 역사가는 이따금씩 이를 인정하기가 어려움을 깨닫는다. 그리고 바로 이 지점에서 우리는, 내털리 제이먼 데이비스가 마르땡 게르를 다룬 영화의 편집실을 왜 진정한 '역사서술의 실험실'이라고 규정해야만 했던가를 더 잘 이해하게 된다. 로제 쁠랑숑이 재판관 장 드 꼬라스의 같은 대사를 각기 다른 억양으로 말해 보고자 했던 여러 장면들을 보면, 그것이 역사 이야기를 직설법(기번이라면 그랬을 법한)에서 조건법으로 바꾸어 놓고 있다는 것을 알게 된다.

영화 〈8½〉의 관객들도(역사가와 그 밖의 사람들) 모두 여러모로 이와 비슷한 경험을 하였다. 그들은 제각기 다양한 면모를 가진 여러 배우들이 차례차례 무대 위로 올라와 감독 겸 주인공 앞에서 같은 등장인물을 연기하기 위해 때로는 지친 듯이 때로는 어색하게 같은 대사를 반복하는 장면을 보았던 것이다. 펠리니의 영화에서 등장인물의 비현실화 효과는 다양한 면모의 배우들이 앞다투어 흉내 내는 '실제' 인물(당연히 자기 차례가 되면 영화의 등장인물이 되는 '실제' 인물)의 연기를 관객들이 이미 보았다는 사실에 의해 두드러진다. 이 현기증 나는 거울놀이는 우리에게 익히 알려진 사실 하나를 다시금 생각나게 한다. 즉 실재와 허구, 진실과 가능성의 관계야말로 금세기의 예술적인 노력들에서 중심을 차지하고 있다는 것이다. 내털리 제이먼 데이비스는 역사가들이 그러한 수고를 통해 거두어들일 수 있는 열매가 어떤 것인지를 우리에게 일깨워 주었다.

'허구'나 '가능성' 같은 용어들이 기만을 뜻할 이유는 없다. 입증의 문제는 그 어느 때보다도 역사 연구의 중심에 위치하고 있다. 그러나 과거에 관한 주제들의 다양성에다, 마찬가지로 다양한 사료 입증 문제까지 겹쳐서 갈등이 일어나면, 그 즉시 입증의 문제에 부여된 지위는 어쩔 수 없이 바뀌게 된다.[42] 유실되었거나 결코 자료화된 적이 없는 것이 문제가 될 경우, 시공간적으로 인접한 고문서의 사료 입증을 통해 틈새를 피해 가려는 내털리 제이먼 데이비스의 시도는 유일하게 가능한 해결책이다. 그러한 해결책이 어느 정도까지 확장될 수 있을지 논의해 보는 일은 쉽지 않지만 그만한 가치가 있다.

그러한 해결책들 중에서도 분명히 배제되어야만 하는 것이 바로 '창안'이다. 창안은 지금까지 논의해 온 어떤 것과도 상충될 뿐 아니라, 본질적으로 어불성설이다. 왜냐하면, 무엇보다도 19세기의 가장 저명한 소설가들 중 일부는 창안에 의지하는 것을 경멸하면서, 아이러니이기는 하지만 그것을 다름 아닌 역사가의 소산으로 치부했기 때문이다. 만쪼니는 《쇼베 씨에게 보내는 서한Lettre à M. Chauvet》에서, "창안이란 정신의 활동에서 가장 손쉽고 평범한 활동인데, 그것은 성찰을 거의 필요로 하지 않는 반면, 상상력은 더더욱 필요로 하지 않기 때문이다"라고 말하면서,[43] 시詩야말로 역사(《약혼자》에 나오는 유명한 말과 같이 '다행히도' 추측에 익숙한 바로 그 역사)에서는 거부당한 다양한 감정들의 세계에 대해 연구해야 한다고 주장했다. "나는 종종 그게(역사) 그렇게 재미없어야 한다는 것이 이상하게 보여. 왜냐하면 그것의 상당한 부분은 분명히 창안이거든." 제인 오스틴의 한 작중인물이 한 말이다.[44] "과거, 즉 인간의 행동들을 재현하고 예증하는 것은 어떤 영역의 작가든(소설가든 역사가든 간에) 그 자신의 과제이지만, 내가 보기에 유일한 차이는 작가가 소설가로 성공하는 정도에 비례해서 그는 증거 수집에 더 많은 어려움을 겪게 된다는 점이다. 왜냐하면, 그 증거란 순수문학적인 것과는 매우 거리가 멀기 때문이다." 헨리 제임스는 19세기 후반에 들어 그렇게 말했다.[45] 그리고 우리는 이러한 방향을 따라 계속 나아갈 수도 있을 것이다.

반면, 백 년 전, 아니 50년 전까지만 해도, 소설가들은 역사의 위신이 조금이라도 추측이란 것은 허용치 않는 절대적 진실성에 있다고 생각하였다. 필딩은 '공적인 관계'를 연구하는 역사가들을 자신처럼 '사적 생활의 장면들'만을 다루는 사람들과 대비하면서, "동시대 많은 사람들의 증언을 담은 공적인 기록들", 달리 말하면 고문서 사료와 이야기식 사료의 일치된 증거에 기초한 역사가 쪽을 더 신뢰할 수 있다고 내키지 않은 어조로 말한 바 있다.[46] 이제 와서 보면, 역사가와 소설가의 이러한 대립은 이미 옛말이 된 것 같다. 오늘날 역사가들은 트라야누스, 안토니누스 피우스, 네로, 칼리굴라(필딩이 택한 예들이다)의 행적뿐만이 아니라 빵세뜨라고 불린 아르노 뒤 띨, 그리고 마르땡 게르와 그의 아내 베르뜨랑드의 사생활에서 비롯된 장면들도 연구할 수 있는 권리를 주장하고 있다. 내털리 제이먼 데이비스는 박학과 상상력, 증거와 가능성을 솜씨있게 버무림으로써, 우리 역시 그들과 같은 남녀의 역사를 쓸 수 있음을 보여주었다(까를로 긴즈부르그/강문형 역).

{4}
microsto

{ 2세대 미시사와 한국적 전유 }

2세대 미시사: '사회'에서 '문화'로 /
미시사와 지방사 / 생활사와 '새로운 역사학'

11
2세대 미시사: '사회'에서 '문화'로

미시사Microstoria란 이름 그대로 역사의 리얼리티를 작은 규모 혹은 척도를 통해 바라보는 접근 방법이다.[1] 그것은 비유하자면 줌인zoom-in의 역사학이다. 멀리 있는 것을 당겨서 자세히 들여다본다는 것이다. 하지만 어떤 한 부분을 당겨 본다고 해서 그 부분이 속한 더 큰 부분을 무시하거나 사상捨象한다는 말은 결코 아니다. 그보다는 오히려 당겨 본 세밀한 상을 통해 그것의 콘텍스트를 이루는 더 큰 부분의 보다 더 적절한 의미를 탐색하자는 것이다. 그래서 미시사의 탐색 대상은 단순히 작은 것이 아니라 '잘 경계지워진' 것이라야 한다.

　미시사가 줌인 하고자 하는 것은 무엇보다 실명實名의 인간 개인 혹은 소집단이 영위해 온 구체적인 삶의 세절細切이다. 인류학자들이 '마을을' 연구하는 것이 아니라 '마을 안에서' 연구하는 것처럼, 미시사가들 역시 과거를 멀리서 관찰하기보다는 과거 사람들의 삶 속으로 깊숙이 들어가 그들과 공감하며 그들의 생각과 행동을 이해하고자 애

쓴다. 종래의 역사에 비해 미시사가 종종 더 미묘하고도 다층적인 인간 감정과 정서와 욕망들을 분별해 내곤 하는 것도 바로 이런 접근법 덕분이다.

　인간의 구체적 삶에 대한 공감과 이해를 지향하는 미시사가 그들에 대해 '이야기'하게 되는 것은 당연한 귀결이다. 미시사가들은 단지 이야기만을 하는 데 그치지 않고, 그것의 근거가 무엇인지, 자신들은 이에 대해 어떻게 추론하는지를 가감 없이 보여주려 한다. 역사가가 셜록 홈즈라면 독자들은 왓슨인 셈이다. 역사를 이야기식으로 쓴다는 것은 곧 역사서술의 문학성을 의미하고, 미시사 저작들이 심심치 않게 베스트셀러 목록에 오르거나 퓰리처상을 받거나 영화로 만들어지는 것도 이러한 서사적 특징 때문이다.

　관찰 규모의 축소, 실명적 삶의 추적, 이야기식 묘사라는 미시사의 특징들은 '가능성의 역사'라는 인식론적 관점을 그 근저에 두고 있다. 여기서 가능성이란 엄격한 실증적 의미에서의 '증거'와 대비되는 말로서, 증거의 단편성이 문제될 때 증거와 증거를 잇는 최선의 가능성을 받아들여야 한다는 함의를 지니고 있다. 까를로 긴즈부르그의 '추론적 패러다임' 혹은 '실마리 찾기paradigma indiziario'가 대표적인 예이다. 하지만 여기에는 합리와 직관, 진실과 허구/상상, 역사의 과학성과 문학성/예술성, 모던과 포스트모던의 문제들이 겹겹이 얽혀 있다. 사실 이 문제야말로 미시사가 하나의 역사혁명인지 혹은 하나의 사학사적 국면일 뿐인지를 가늠하는 시금석이 될 수 있다. 미시사를 둘러싼—종종 그 진영 내부에서조차—이러한 인식론적 논쟁에서 어떤 입장을 갖고 있느냐 하는 점을 미시사 1세대와 2세대를 구별하는 중요한 지표로 삼을 수도 있다. 20세기에 출현한 어떤 실천 역사학도 미시사만큼 역사란 무엇인가라는 영속적 문제에 근본적인 의문을 던진 경우는 없었다. 물론 포스트모던적 역사에 대한 치열한 공방전—미시사 논쟁과 맞물려 있는—이 있었지만 그것은 어디까지나 메타역사적 국면이었을 뿐이다. 여전히 사회과학 모형을 통한 '진실'의 규명이 가능하다는 입장에서부터 이제 역사는 인과관계에 매달리는 '설명'이 아니라 역사 속에 삶이 지닌 '의미'를 '이해'하고 그것을 '묘사/기술'하는 쪽으로 나아가야 한다는 관점까지, 이 문제에 대한 접근의 폭은 넓고 다양하다(일상사나 문화사가 이 문제에 연루되는 것도 그것이 주로 미시사적 특징을 공유하고 있기 때문이다).

미시사의 출현 배경을 살펴볼 때, 그들에게 커다란 영향을 미쳤고 동시에 도전의 대상이 된 것은 프랑스 아날학파였다. 1970년대는 2세대인 페르낭 브로델의 선도 아래 아날학파의 구조기능주의적 방법론이 서양 역사학계를 풍미하고 있을 때였다. 그 연장선상에서 집단적 행동 양식과 가치관(망딸리떼) 같은 문화적 대상까지도 브로델이 주창한 '장기지속'적 구조의 관점에서 계량적으로 연구하려는 삐에르 쇼뉘와 프랑수아 퓌레류의 계열사가 등장하였다. 특히 퓌레는 민중들의 삶이 오직 "수와 익명성," 즉 인구통계학과 사회학을 수단으로 한 계량적 방법을 통해서만 가능할 뿐이라고 단언하였다. 좌파적·민중주의적이자 동시에 반교조적·급진적 세속주의자로서, 역사를 "실제의 삶에 관한 학문scienza del vissuto"으로 규정한 이탈리아 미시사가들이 이에 반발한 것은 어쩌면 당연한 일이었다. 그들은 수와 익명성의 표피를 쓴 희미한 모습의 민중이 아니라 실제 살아 숨쉬는 생생한 인간으로서의 민중을 원했고, 이야말로 미시사의 출발점이자 지향점이었다. 그들이 관찰 규모를 축소한 것도 바로 이러한 이유에서였다.

나는 앞서 미시사를 1세대와 2세대로 나누었다. 아직은 누구도 이런 구분을 제시하지는 않았지만, 이제 어느덧 40여 년을 넘긴 미시사의 연륜을 생각하면 세대를 나누는 것도 결코 놀랄 일은 아니다. 그 사이 미시사는 질적, 양적으로 다양한 변화를 경험해 왔기 때문이다. 아래에서는 1세대와 2세대 저작들을 간략히 소개하면서 양자가 지닌 공통점 및 차이점과 그러한 것들이 지닌 의미를 살펴보겠다. 또한 미시사의 잠재력이란 측면에서 최근 주목받고 있는 '새로운' 거대역사—횡단지역사 혹은 지구사—의 전망이 세밀한 미시적 내러티브와 결합되었을 때 어떤 결과가 나타나는지에 대한 흥미로운 문제도 일별해 보고자 한다. 아울러 1990년대 말 처음으로 미시사가 소개된 이후 한국에서는 이를 어떤 식으로 전유했는지 그 양상도 대략적이나마 짚어 보았으면 한다.

1. 1세대 미시사

1세대는 대략 1960년대 말에서 1980년대에 이르는 약 20여 년간 미시사가 새로이 출현한 시기였다. 그 효시는 16~7세기 프리울리 지방의 베난단띠 신앙에 대한 이단재판 기록을 통해 토착적인 농경제의가 어떻게 기독교의 인식틀 속에 편입되었는가를 당시로서는 대단히 새로운 방식으로 다룬 까를로 긴즈부르그의 《베난단띠》(1966)였지만, 독자들에게 미시사의 존재를 각인시킨 것은 역시 각각 프랑스와 이탈리아의 이단을 다룬 엠마뉘엘 르 로아 라뒤리의 《몽떼이유》(1975)와, 다시 긴즈부르그의 《치즈와 구더기》(1976)—뒤에 《밤의 이야기》(1989)가 나옴으로써 그의 미시사 3부작이 완성된다—였다. 뒤이어 80년대 초에 강력한 사건성과 내러티브를 내장한 16세기 프랑스의 '마르땡 게르' 재판이 장 클로드 카리에르가 시나리오를 쓰고 다니엘 비뉴가 감독한 영화 〈마르땡 게르의 귀향〉(1982)—미국 남북전쟁기를 무대로 존 아미엘이 리메이크한 헐리우드 판 《섬머스비》(1993)도 있다—과 내털리 제이먼 데이비스의 동명同名 저작(1982; 1983)으로 세상에 알려지면서 미시사적 스토리텔링이 영화에도 큰 강점을 지니고 있음을 증명하였다. 《몽떼이유》, 《치즈와 구더기》, 《마르땡 게르의 귀향》은 제1세대 저작 중에서도 일반 독자에게 가장 잘 알려져 있고 학자들 사이에서도 가장 높이 평가받는, 그래서 이제는 '고전'이 된 저작들이다.[2]

물론 미시사 1세대가 이 몇 편의 저작들로만 이루어진 것은 아니었다. 이탈리아 미시사의 원조 격인 조반니 레비는 《무형의 유산》(1985)에서 근대 국가와 시장 경제라는 거대 조류가 평범한 농민들에게 의미하는 바를 물었다. 에도아르도 그렌디는 '이례적 정상eccezionalmente normale'이란 개념을 통해 전통적인 실증주의에 내재한 엘리트적 속성을 비판함으로써 미시사의 이론적 근거를 마련하였다. 삐에뜨로 레돈디는 《이단자 갈릴레오》(1983)를 통해, 단지 한 저명한 과학자로서가 아니라 교황청과 깊이 연루된 한 문제 저술가로서의 갈릴레오를 복합적인 역사맥락 속에서 새롭게 조명함으로써 기존의 해석과 이미지를 뒤집는 미시사의 전복적 경향을 잘 보여주고 있다.[3]

이외에도 소품이지만 의학사적 사건을 소재로 근대 초 민중의 일상을 섬세하게 드러낸 카를로 치폴라의 《누가 몬테 루포의 방책을 부숴버렸나?》(1977), 18세기 독일 농촌 촌락의 다양한 민중문화적 전략들을 다룬 데이빗 세이빈의 《피로 얼룩진 권력》(1984), 르네상스기 피렌체의 사랑과 결혼을 둘러싼 중층적 맥락을 복원하려 한 진 브러커의

《조반니와 루산나》(1986), 그리고 역시 르네상스기 페샤의 한 수녀원에서 일어난 한 '레즈비언' 수녀의 이적異蹟을 둘러싼 사건의 전말을 추적한 주디스 브라운의《점잖지 못한 행위》(1986) 등이 1세대 언저리에서 기억할 만한 저작들 중 일부이다.[4] 메노키오, 베르뜨랑드와 아르노, 루산나, 베네데타 등은 그들에 관심을 가진 미시사가들 덕분에 다시 역사의 무대에 모습을 나타내게 되었고, 그들의 이름은 마치 유명한 소설의 주인공처럼 독자들의 뇌리에 각인되었다. 그리고, 무엇보다도, 바로 그들 덕분에 우리는 먼 과거의 민중과 그들이 살았던 삶에 대해 아직은 부족하지만 그래도 무언가 이해와 공감을 얻게 되었다.

2. 2세대 미시사

2세대는 시기상 대략 1990년대 이후의 저작들이라고 볼 수 있다. 이들의 특징은 우선 양적 팽창인데, 최근 20여 년간 적어도 수백 권에 이르는 수많은 미시사 저작들이 쏟아져 나왔다. 언어도 다양해져서 서양의 경우 1세대의 이탈리아어, 독일어, 영어, 프랑스어를 넘어 에스파냐어, 네덜란드어 등으로 쓰인 저작들이 나타나기 시작하였다(정확히 확인되지는 않았지만 서술 언어는 아마도 이보다 훨씬 더 다양할 것이다). 연구 대상이 되는 지역적 범위도 서유럽을 벗어나 미국, 중남미, 남·동·북유럽, 이슬람권, 그리고 한국, 중국, 일본 등 동아시아권으로까지 확대되었다. 연구 시기도 1세대의 주류였던 근대 초를 벗어나 20세기까지 확장되었다. 연구 주제와 방법도 다양해져서, 이례적 사건과 반복적 일상을 넘나들며 젠더, 가족, 몸, 경계인, 섹슈얼리티 등 다양한 문화적 요소로 그 관심사를 넓히고 있다. 지방사, 생활사, 여성사, 구술사, 풍속사, 문화사, 일상사 등도 종래와는 달리 관찰 규모가 미시적이고 서술이 이야기식이라는 점에서 그 성격상 미시사와 공유하는 점이 많다.

2세대와 1세대를 구별 짓는 가장 큰 차이는 무엇일까? 나는 핵심 개념이 '사회적인 것'에서 '문화적인 것'으로 변화한 것이라 생각한다. 원래 이탈리아(그리고 독일)의 미시사 1세대는 대개 사회과학의 유용성을 믿는 사회사가였다. 그들에게 역사란 적절한 사회과학적 모형을 이용하여 근대화와 같이 주요한 역사적 이행 과정을 큰 틀에서 '설명'하는 것을 의미했다. 이들 중 일부가 관찰 규모를 축소한 '미시적 분석'을 들고 나온 것은 기존의 모형이 일반 민중의 삶을 잘 설명해 주지 못한다고 생각했기 때문이다. 즉 그들은 사회과학적 인식론을 포기하려 한 것이 아니라 방법론을 바꾸어 봄으로써 좌파적 시각에서 민중의 세세한 삶을 더 잘 조명해 보고자 했을 뿐이었다(이런 '질적' 측면이 양적 역사를 신봉한 퓌레류의 아날 3세대와 크게 다른 점이었다). 특히 레비와 그렌디가 이러한 입장의 대표적 경우이다. 그들은 여전히 '큰 이론'과 '큰 이야기'가 역사의 궁극적 목표라고 믿었고, 누구나 동의할 만한 역사적 '진실'을 규명해 낼 수 있다고 확신했다. 역사인식론적 측면에서 그들은 기존의 사회사가 혹은 전통적 역사가와 별 차이가 없었던 것이다. 따라서 그들에게 역사가 문학의 특징을 공유하고 있다는 헤이든 화이트의 주장은 역사에는 진실이 없고 허구만 있을 뿐이라는 것으로 받아들여졌고, 데리다의 해체주의나 포스트모더니스트적 '상대주의'는 그저 호사가의 말장난 같은 것으로 치부되었을 따름이다. 이런 의미에서 그들의 미시사는 완전히 새로운 역사학이라기보다는 사회적 미시사 내지는 미시적 사회사라고 보는 편이 더 적절하다.[5]

하지만 1세대의 주역들 중에도 작지만 큰 틈새가 있었다. 긴즈부르그가 그 좋은 예이다. 그는 여러 측면에서 '사회'와 '문화'의 경계에 선 인물이다. 그는 확고한 좌파적 신념을 지닌 민중주의자로서, 민중의 역사적 '진실'을 써야 하고 또 쓸 수 있다는 믿음을 갖고 있다. 그는 누구보다도 문학적 필치로 이름 높은 역사가지만, 화이트류의 인식론에 동조하지 않을 뿐 아니라 포스트모더니즘류를 아예 "쓰레기"라고 치부할 만큼 모던적이다. 영미 문화사가 깊숙이 의존하고 있는 클리포드 기어츠의 상대주의적 해석학 역시 그의 관심 밖에 있다. 하지만 그의 유명한 '실마리 찾기'의 방법과 '가능성의 역사'는 근대 역사학이 어렵게 구축한 합리성보다는 이전의 직관성으로 돌아간 것이라는 격렬한 반발을 불러일으킨 바 있다(물론 긴즈부르그 자신은 이에 대해 단호히 반대했지만). 외면적 입장이 어떤 것이든 그의 주요 저작들을 읽을 때 우리는 그가 레비나 그렌디류의 사회적 미시사/미시적 사회사와는 확연히 다른 어떤 점들을 갖고 있음을 발견하게 된다. 그의 대표작 《치즈와 구더기》는 인과관계를 '설명'하고자 하는 사회과학적 틀에는 잘 맞지 않는다. 물론 그는 메노키오의 이단적 생각들이 먼 과거로부터 전해져 오는 민중적 농경문화의 흔적임을 밝히려 했지만, 양자 사이의 인과관계를 규명한다는 측면에서는 실패한 것이나 다름없다. 그에 대한 반론의 대부분은 바로 이런 점을 공격한 것이었다. 그의 접근 방식은 차라리 상징의 역사적 의미에 주목함으로써 민중문화의 실체에 다가가는 중요한 길을 개척했다는 데 큰 의의가 있는 것이다. 그덕분에 이제는 아무도 마녀재판을 특정한 한 시대의 특수한—그리고 합리적으로 설명하기 어려운—사건이라고만 여길 수 없게 되었다.[6]

긴즈부르그가 택한 길은 1세대 후반과 그들을 잇는 2세대 미시사가들에게 큰 영향을 주었다. 그들은 1세대 초반에 가열되었던 역사 인식론적 문제는 일단 제쳐놓고, '사회'보다는 '문화'를 키워드 삼아 후자를 각자의 방식대로 전유했다고 볼 수 있다. 연구자의 다양한 성향에 따라 좀더 기어츠 식 '해석'의 길로 나아간 경우가 있는가 하면(특히 문화사의 상징적 해석에서 나타나는 것처럼), 여전히 '설명'과 '이해'의 경계를 넘나들고 있는 경우도 있다. 또한 미시사적 지방사/지역사의 경우처럼 '사회'의 틀 내에 머물고 있는 경우도 여전히 존재한다. 하지만 현재의 대체적인 경향은 미시사를 더 이상 레비가 염두에 두었던 사회과학적 새로운 모형으로 간주하지는 않는다는 것이다. '문화'의 내용과 함의를 무엇이라 보든 간에 2세대 미시사는 넓은 의미에서 문화적 미시사/미시적 문화사의 길로 접어든 것이 아닌가 생각된다.

2세대의 대표적 저작 몇 가지를 살펴보자.[7] 로렐 대처 울리히의《한 산파의 이야기: 자술 일기에 근거한 마서 발라드의 생애, 1785~1812》(1990)는 거의 2세대 미시사의 '고전'이다.[8] 울리히는 여기서 18세기 말 19세기 초 미국 메인 주 케네벡 강가에 위치한 100가구 내외의 작은 마을 할로웰에 살았던 마서 발라드란 산파가 죽을 때까지 무려 30년 가까운 긴 세월에 걸쳐 쓴 비망록식 일기에 기초하여 그녀의 삶을 되짚어 가고 있다(이 책이 일기 자체는 아니기 때문에 한국어 역의 '산파일기'란 서명은 약간 오해의 소지가 있다). 그녀는 이 기간 동안 겨울에는 얼어붙고 봄에는 범람하는 위험한 강을 오가며 816번이나 주변 마을의 아기를 받았다.

마서의 일기는 지루할 정도로 반복되는 완고한 일상성으로 점철되어 있지만, 이러한 점이야말로 사료로서 일기가 갖는 단점인 동시에 장점이기도 하다. 우리는 마서의 일기를 장래의 역사가가 그 속에서 자신이 필요로 하는 어떤 부분만을 뽑아 쓰고 나머지는 버리는 그런 기록물로 보아서는 안 된다. 정확히 9,965일 동안의 일을 기록한 이 일기는 마서라는 한 평범한 농촌여인이 살아간 치열한 삶의 궤적 그 자체였다. 역사가들이 '사소한' 것으로 간주했던 그 일들이 마서—그리고 그녀와 같은 보통사람들—에게는 결코 사소하지 않았던, 아니 생을 위해서는 필수불가결한 것이었기 때문이다.

마서의 일기는 그녀 주변의 역시 평범한 사람들과의 관계망을 엿보게 해 주는 중요한 단서가 된다. 마서의 시대에 산파란 단순한 직업 이상의 것이었다. 그것은 한편으로 남편의 부족한 벌이를 보충하여 가족을 부양하는 방책이었지만 동시에 마음속 깊이 이웃과의 공감을 느끼게 하는 일종의 소명 같은 것이기도 했다. 그녀의 일기는 당시까지 대학에서 교육받은 (남성)의사가 아니라 (여성)산파가 출산에서 훨씬 더 중심 역할을 했다는 의료사의 중요한 사실도 깨우쳐 준다. 또한 통상적인 장부에는 나와 있지 않은 가계 경제의 이면들, 즉 아마씨를 언제 뿌리고 어떻게 키우고 언제 수확했는지, 그것으로 마서와 그녀의 딸들이 어떻게 실을 잣고 베를 짰는지도 세세히 얘기해 준다. 아메리카 동북부의 외진 마을에 살았던 마서와 그 주변 사람들은 이런 식으로 우리 기억의 일부가 되는 것이다. 이것이 미시사이다.

이제 1차 세계대전 직전, 제3공화국 시절 프랑스 파리로 옮겨가 보자. 에드워드 베렌슨이 쓴 《카요부인의 재판》(1992)이 다루고 있는 드라마의 주인공은 전직 총리이자 좌익 급진당 당수였던 조제프 카요의 부인 앙리에트이다.[9] 무대는 보수파 일간지 《르 피가로》의 편집장 가스통 칼메트의 사무실. 시간은 1914년 3월 16일 오후 6시경이다. 당시 칼메트는 근 석 달 동안 온갖 저열한 수단을 동원하여 조제프 카요를 비방하는 기사를 게재해 오고 있었다. 급기야 3월 13일에는 조제프가 정부情婦 베르트 게이당—뒤에 그의 첫째 아내가 된다. 앙리에트는 두 번째 아내였다—에게 보낸 비밀 사신私信까지 공개하면서 그 속에 담긴 그의 도덕적·정치적 위선을 만천하에 공개하기에 이른다. 그로부터 3일 뒤 가스통의 사무실을 찾은 앙리에트는 브라우닝 자동권총으로 그를 난사하여 절명케 한다. 재판에서 앙리에트는 자신의 행동이 격앙된 감정에서 나온 것이었으며 동시에 스스로의 명예에 돌이킬 수 없을 정도로 상처를 입은 한 여성으로서 어쩔 수 없는 선택이었다고 호소하였다. 7월 28일 저녁, 배심원단은 놀랍게도 그녀에게 무죄를 선고함으로써 이 희대의 사건은 일단 막을 내린다.

프랑스가 전쟁에 참전하기 3일 전까지도 거의 모든 신문의 첫머리를 장식할 정도로 뜨거운 관심의 대상이 되었던 이 재판은 이른바 '벨에포크'라 불린 세기말 프랑스의 거의 모든 문제점들이 함축되어 있는 상징적 사건이었다. 그것은 가족과 사랑, 도덕과 이데올로기, 여성성과 남성성, 섹슈얼리티와 정치에 대한 상반된 가치들이 첨예한 갈등을 빚고 있던 전쟁 직전 프랑스 사회의 단면들을 적나라하게 보여준다. 베렌슨은 미시사 저작답게 드라마의 주요 등장인물들을 각 장章의 주인공으로 삼아 집중 조명하는 독특한 구성과 서술 방식으로 선보이고 있다. 사건의 일차적 피해자는 아내를 내세워 정적을 제거하려 했다는 이유로 비겁자로 치부되고 나아가서는 위기의 프랑스를 적전 분열시킨 민족 배신자로 낙인찍힌 조제프 카요였지만, 그 직후 시작된 1차 세계대전으로 벨에포크적 가치가 완전히 휘발해 버린 사실을 생각하면 이 사건이 한 시대의 종언을 고하는 조종弔鐘 같은 것이었음을 알게 된다. 베렌슨은 그러한 결론 자체보다는 그것에 이르는 과정을 넓고 다양한 콘텍스트 속에서 매우 섬세한 필치로 그려 나간다.

무대는 다시 15세기 후반의 피렌체로 옮겨진다. 새로운 드라마는 로로 마틴즈 작作《사월의 유혈극: 피렌체와 반 메디치 음모》(2003)[10]이다. 이 역시 카요 재판처럼 살인사건을 다루고 있지만, 그 강도는 훨씬 더 끔찍하고 엽기적이다. 1478년 4월 26일, 일단의 자객들이 산타 마리아 델 피오레 성당으로 들어가던 메디치 가의 일명 대인大人 로렌초─한국어 번역과는 달리 '위대한 로렌초'가 아니다! 원래 그의 '위대한' 행적 때문에 붙은 이름이 아니기 때문이다─와 그의 동생 줄리아노를 습격한다. 당시 병색이 짙었던 줄리아노는 칼에 난자당해 죽었으나 로렌초는 운 좋게 달아난다. 이것이 이른바 '파치 음모'이다. 이는 신흥귀족 메디치 가에 밀려 서서히 힘을 잃어가고 있었던 명문 파치 가가 교황 식스투스 4세의 비호 아래 일대 반전을 노린 사건이었다. 하지만 곧 로렌초의 피비린내 나는 무자비한 복수극이 시작된다. 주모자들은 잡혀서 처참하게 살해되고 그 시체는 아이들의 놀잇감으로 또는 개의 먹잇감으로 던져진다. 심지어 정적의 시체의 일부를 먹는 '카니발리즘'의 제의가 행해지기까지 한다.

저자 마틴즈는 '파치 음모'에 대한 재검토를 통해 전통적인 공화주의 판도를 무력화하려는 메디치 가의 또 다른 '음모'를 보여주고자 한다. 이는 메디치 통치를 긍정적으로 평가하려는 최근 서구 학계의 대체적인 경향에 대한 반발이라고도 할 수 있다. 파당성이 강한 이탈리아 학계의 풍토에서 이러한 시도는 결코 쉬운 일은 아니다. 저자가 지금까지 이 사건을 정면으로 다룬 '진짜' 역사가는 없었다고 단언하는 것도 이 때문이다. 마틴즈는 이 사건을 하나의 창으로 삼아 당시 피렌체에서의 이념투쟁, 정략적 혼인정책, 정적을 말살하는 '창의적인' 갖가지 방법, 후원자에 의지하지 않을 수 없는 '자유'의 한계 등 다양한 사회적·문화적 층위들을 세세히 전해 주고 있다. 하지만 성벽으로 둘러싸인 최대 인구 7~8만의 당시 피렌체에서는 이 모든 측면이 모두 정치라는 용광로 속에 녹아들어 있었다는 것이 저자의 또 다른 주장이다. 정치적 미시사라고나 할까.

지금까지 살펴본 세 저작은 생활미시사, 문화미시사, 정치미시사적 일면들을 각자의 방식대로 흥미롭게 보여주고 있다. 이들의 공통점은 마서의 일기든, 카요의 재판이든, 혹은 파치의 음모든 간에, 모두가 그것을 하나의 창으로 삼아 그로부터 그것을 둘러싼 더 넓은 콘텍스트와 더 깊은 층위들을 판별하고자 한다는 점이다. 각자의 변용 방식은 다양하겠지만 이것이야말로 미시사를 가로지르는 가장 큰 특징이라 할 수 있겠다.

이 저작들 외에도, 19세기 중엽, 주인으로부터 성적으로 이용당한 뒤 결국 그를 살해한 어린 노예소녀의 이야기에서 당시의 노예제 사회가 감수해야 했던 도덕적 딜레마를 발견한 멜턴 맥로린의《첼리아》(1991), 18세기 말 비천한 출신으로 거부가 되어 하원의원까지 되었으나 고압적인 통치 방식으로 결국 몰락하고 한 미국 변방 젠틀맨과 그 아들―소설《개척자》로 유명한 제임스 페니모어 쿠퍼―의 이야기를 창慈으로 초기 아메리카 프런티어에서의 삶을 문학적으로 묘사한 앨런 테일러의《윌리엄 쿠퍼의 마을》(1995), 이집트 상인 이스마일 아부 타키야의 삶을 통해 토착 자본주의의 존재를 주장한 넬리 해너의 《1600년에 큰돈을 벌다》(1997), 일본 게이샤의 딸로서 17세기 네덜란드의 한 부유한 상속녀가 그녀의 재산을 노리는 바타비아 식민지 관리인 남편으로부터 빠져나오려는 끈질긴 투쟁을 추적하면서 동서양의 풍속 및 의식意識 간의 차이들을 세밀하게 그려 낸 린 레오나르드 블뤼세의 수작秀作《쓰디쓴 결합》(1997), 16세기 초 에스파냐 해적에 의해 붙잡혀 기독교로 강제 개종한 뒤 약 10년간 경계인으로 살아간 무슬림 지식인 알 와잔의 고뇌 어린 행적과 심리를 세세히 복원한 내털리 데이비스의《책략가의 여행》(2006), 자메이카, 영국, 북아프리카, 인도를 넘나든 한 18세기 여자모험가의 파란만장한 일생을 통해 당시의 세계를 조명하려 한 린다 콜리의《엘리자베스 마쉬의 시련》(2007) 등이 있으나, 이는 수많은 2세대 저작 중 일부일 뿐이다.[11]

3. 횡단지역적 혹은 지구적 미시사

미시사는 종종 오해되는 것과는 달리 '작은 것'을 연구하는 역사가 아니라 작은 것을 통해 큰 것을 연구하자는 것이다. 작은 것은 단지 더 크고 넓은 전망을 얻기 위한 하나의 창窓일 뿐이다. 미시사가들이 '잘 경계 지워진' 개인이나 소집단, 혹은 공동체를 연구하는 것도 이 때문이다. 이들을 창으로 삼아 그들을 둘러싼 인적, 물적 관계망의 씨줄날줄을 세세히 복원함으로써 훨씬 더 넓고 깊은 역사적 리얼리티를 인식하게 된다는 것이 미시사의 요체이다. 그런데 그러한 개인이나 집단이 한 군데 머물지 않고 옮겨다닌다면 어떻게 될까. 이러한 주제를 연구하는 흐름이 최근 주목을 받고 있는 횡단국가사 혹은 횡단민족사 transnational history이다.[12] 이는 국민국가를 역사학의 주요 분석 범주로 삼는 종래의 방식을 벗어나고 동시에 오랫동안 서양 역사서술의 특징이었던 자민족 중심주의를 회피하고자 하는 데서 비롯되었다. 그래서 횡단국가사는 국가의 경계를 넘나들었던 집단, 재화, 기술, 혹은 종족들의 이주에 대해 연구한다. 이민과 디아스포라가 주요한 주제로 등장한 것도 이 때문이다. 특히 20세기 이전에는 다양한 민족성을 가진 수많은 사람들이 살던 곳을 떠나 다른 곳으로 이주하였다. 또한 이러한 이주가 한 번으로 그친 것도 아니었고, 때로는 원래 살던 곳으로 되돌아오기도 했다. 이들이 언제, 왜 고향을 떠나게 되었는지, 그 여정은 어떠했는지, 낯선 땅에 도착해서는 어떻게 정착했는지(혹은 실패했는지), 그리고 그 과정에서 겪은 문화 충격은 어느 정도였는지에 대한 연구는 아직까지 본격적으로 이루어지고 있지 않다. 이러한 주제에는 각별히 인류학적 접근이 유용한데, 그 이유는 이들의 이주 경로를 세세히 복원하지 않으면 그 역사적 의미를 제대로 되살릴 수 없기 때문이다. 더 최근에는 '내셔널'이 지닌 함의상의 제약을 극복하자는 의미에서 횡단지역사translocal history라는 명칭이 제시되고 있다. 역시 최근의 추세 중 하나인 지구사global history도 협소한 민족과 국가의 경계를 넘어 전 지구적 전망을 추구한다는 점에서는 횡단국가사 혹은 횡단지역사와 유사하다.[13]

이러한 거대사big history의 문제 중 하나는 그것이 지향하는 넓은 전망을 어떤 식의 서사敍事, 즉 내러티브narrative로 채울 것이냐는 점이다. 이런 유의 역사가 시공간을 비약하는 거시서사macronarrative로 이루어진다면 사실 그 서술 방식에서는 전통적인 세계사와 다를 바가 없다. 민족과 국가를 넘어서자면 무언가 새로운 방식의 서술이 필요한 것이다. 나는 미시사의 특징인 촘촘한 이야기식의 미시서사micronarrative가 이런 측면에 기여할 수 있다고 본다. 만일 최근의 추세와 같이 거대사가들이 물건보다는 사람을 주체로 삼고자 한다면, 그리하여 거대사의 무대에 인간의 체취와 향기가 퍼져 나가기를 원한다면,

미시사의 미시적 서사야말로 '새로운' 거대사 서술에 좋은 대안 중 하나가 될 수 있다.

한 예를 들어보자.[14] 홀란드인 아버지와 게이샤인 일본인 어머니 사이에서 태어난 코르넬리아 판 니엔로데(1629~1692)는 1676년 바타비아(자카르타)의 법관인 요한 비터(1638~1714)와 결혼했다. 그는 두 번째 남편이었다. 그러나 그들은 곧 파경에 이르렀다. 남편 비터가 혼전 합의와는 달리 그녀 소유의 재산을 마음대로 처분하고 빼돌렸기 때문이다. 코르넬리아는 재력가인 첫 남편 피에터 크놀이 죽은 후 그로부터 물려받은 재산을 밑천 삼아 사업에 뛰어들어 상당한 성공을 거두었다. 법률가인 비터는, 결혼 관계는 죽을 때까지 지속되며 남편은 아내와 아내의 재산을 가진다는 가정들에 기초한 법적, 종교적 체계를 능수능란하게 이용하여 그녀의 재산을 가로채려 했던 것이다. 하지만 일본어, 홀란드어, 포르투갈어를 읽고 쓸 수 있을 정도로 교육받은 여성이었던 코르넬리아는 자신의 상식과 친구들에 의지하면서 비터의 술책에 맞서 끈질기게 투쟁하였다. 이혼 소송은 바타비아와 홀란드를 오가면서 무려 15년간이나 계속되었다. 홀란드 법체계에서는 남편이 아내의 재산에 대해 오히려 더 큰 권리를 갖고 있었고, 실제로 그곳 법정은 코르넬리아에게 그녀의 재산을 남편에게 넘겨주라고 판결하였다. 하지만 그녀의 재산 소재가 명확히 확인되지 않았기 때문에 이 문제는 1692년 그녀가 죽을 때까지도 해결되지 않은 채로 남아 있었다. 어떤 의미에서, 비록 사후이기는 하지만, 승소한 쪽은 그녀였다. 결국 재산을 상속받은 것은 비터가 아니라 첫 남편과의 사이에서 낳은 아이들의 혈손 중 살아남은 두 어린 손자들이었기 때문이다. 코르넬리아의 이야기는 네덜란드 동인도회사가 처한 당시의 상황들과, 네덜란드 및 그 식민지가 중국 및 일본과 맺은 법적 관계, 이런 식의 분쟁에 대한 교회의 입장, 그리고 체계적인 성적 불평등을 합리적인 것으로 받아들인 17세기 유럽법의 특징 등을 조망케 해 주는 창이 되었다. 암스테르담 국립미술관에는 지금도 홀란드 화가 야콥 코에만Jacob Jansz. Coeman이 그린 코르넬리아와 크놀의 가족 초상화가 걸려 있다.

블뤼세는 이 책을 통해 당시 식민지 사회의 큰 특징들을 진술하기보다는 홀란드인들이 본국과 동남아시아에서 영위한 삶의 모습, 아내에게 불리한 법체계, 파산과 사회적 일탈이 난무하던 식민지의 상황, 그리고 여러 문화가 교차하던 아시아 항구들의 모습 등을 다채롭게 그려 나가고 있다. 우리는 그의 이야기를 통해, 아시아 노예들과 그들의 주인들과 종교지도자들의 목소리를 들을 수 있다. 또한 중국인 사업가에게 돈을 빌려주는 유라시아 여인—코르넬리아처럼 유럽인과 아시아인 사이에서 출생한—들의 존재도 알게 된다. 그는 양자 간의 소송기록은 물론, 그녀의 편지 및 당시 홀란드 및 식민지에서의 도시 생활을 기록한 소묘와 그림들을 십분 활용하고, 코르넬리아의 출생지 및 그녀의 기념물이 있는 히라도 주이운 신사神社까지도 답사함으로써 이야기에 생기를 불어넣고 있다. 일본에서 자바를 거쳐 홀란드를 오가는 약 3백 년 전의 장거리 항해에서 일어나는 일들도 볼거리이다. 그는 작지만 치밀하고 세세한 서사를 지향함으로써, 일본, 바타비아, 홀란드라는, 매우 이질적으로 보이는 세 지역 간의 경제적, 정치적, 사회적 관계망 속에서 인종과 젠더와 계급이 어떻게 교차하고 있는가를 풍요롭게 묘사하는 데 성공하고 있다. 블뤼세의 저작은 미시적 서사가 거대사적 전망을 확보하도록 해 주는 새로운 대안이 될 수 있음을 잘 보여 주고 있다. 그리고 최근의 미시사 저작들 중 이처럼 여러 지역과 문화를 가로지르는 주제를 탐색하고 있는 경우가 적지 않다. 우리는 아마도 이러한 접근법을 횡단지역적 미시사translocal microhistory 혹은 지구적 미시사global microhistory라 불러도 좋을 것이다.[15]

4. 미시사의 한국적 전유

2000년을 전후하여 미시사가 한국에 소개된 이후, 이러한 접근법이 좁게는 한국의 역사학자 넓게는 인문/역사학 독자들의 역사관에 일정한 영향을 미쳤다는 것은 부인하기 힘든 사실이다.[16] 최근 약 10년 사이의 새로운 조류 중 하나가 한국사 혹은 한국문학을 미시사(혹은 미시문화사)의 관점—느슨하지만—에서 재해석 내지는 재조명하는 작업이라는 것이 그 한 예이다. 이러한 조류와 연관된 것으로 지방사, 생활사, 풍속사, 일상사, 구술사 등을 들 수 있겠다(알라딘에서는 생활사, 풍속사, 미시사, 문화사가 상호 연관되어 검색되고 있다). 문화론 내지는 문화론적 문학 연구도 역사학계의 새로운 경향과 공조하는 측면이 많다.

먼저 눈에 띄는 것이 한국문학 소장 연구자들의 '미시사적 전환'이다. 문학계 용어로 '문화론적 문학 연구'라고 지칭될 수 있는 이러한 경향은 1920년대 식민지 사회를 다룬 몇 편의 중요한 저작에서 잘 나타난다. 문학평론가 이경훈은 식민지적 근대를 상징하는 '옵바'를 키워드 삼아 식민지 풍속사를 통해 근대문학과 근대성 문제에 접근한다. 저자는 근대문학을 민족, 시장, 개인, 사랑 등에 관한 근대적 담론과 실천을 활성화하는 제도로 보고, 그런 의미에서 근대문학 자체를 전형적인 식민지라 간주한다. 이 책은 그러한 문학적 식민화의 장면들을 탐색하는 장場인 것이다. 식민지시대의 '모던뽀이'와 '모던걸'을 통해 근대의 풍속도를 세밀히 묘사한 신명직과 권보드래의 흥미로운 미시풍속사적 저작들은 이미 몇 년 전에 나왔던 김진송이 '딴스홀'에 비유한 한국 근·현대성 탐색의 계보를 잇고 있다. 특히 신여성에 대해서는 수유+너머 연구소가 근대잡지 《신여성》에 실린 기사들을 통해 당시의 다양한 풍속을 여성주의적 관점에서 재구성하고 있다. 이러한 흐름은 조선의 일본 유학 여학생들의 인생여정을 다룬 박선미와, 일제하에서 간행된 잡지에 보이는 여성들의 글에 그것에 대한 해설을 첨부한 서경석, 우미영의 책에서 계속된다.[17]

'근대의 책 읽기'에 대한 천정환의 저작은 앞의 책들과는 달리 연구서류에 속하지만, 1920, 30년대의 한국에서 책 읽기 문화가 성립하는 과정과 대중독자의 탄생, 그리고 근대문학과 책 읽기 문화와의 관계를 미시문화사 내지는 일상사적 시각에서 다루고 있다. 식민지시대 경성의 살인, 투기, 자살사건 등 일탈적 현상들을 다룬 전봉관의 연작들 역시 미시사적 식민지 풍속사의 연장선상에 있다.[18]

사회의 내면과 삶의 세절들을 미시문화사/일상사적 관점에서 촘촘히 묘사하고자 하는 경향은 일제시대뿐 아니라 조선시대 연구자들에게서도 뚜렷이 나타나고 있다. 우선 백승종은 20세기 중후반기의 대표적인 한국사학자 이기백의 부친이자 독립운동가 남강 이승훈의 종증손인 이찬갑이 일제하에서 《동아일보》 기사 스크랩에 대해 밝혀 놓은 그의 소감, 편지, 가족들의 증언 등 다양한 자료를 토대로 그의 평민주의 내지는 민족주의적 '내면세계'를 탐색하였다. 과연 '역사와 말'로 집약되는 이찬갑의 '세계관'이 좋은 미시사를 위한 '잘 경계지워진' 소재인지에 대해서는 모호한 측면이 있지만, 이 저작은 거의 한국 최초의 미시사라는 점에서 주목할 만하다. 또한 그는, 16세기 호남 유림 김인후의 유학儒學을 그와 저자 간의 가상토론이라는 기발한 방식으로 풀어내는가 하면, 한국의 예언문화라는 키워드 속에서 영·정조기 《남사고비결》과 《정감록》에 연루된 역모사건들과, 《도선비결》에서 다시 《정감록》에 이르는, 다양하지만 뿌리는 같은 조선의 예언서들에 얽힌 숨은 이야기들을 새로운 시각으로 그려 간다. 최근에 그는 1797년 선비 강이천의 유배사건을 계기로 증폭된 정조의 문체반정과 그에 저항하는 유학자들 사이의 문화투쟁을 섬세한 필치로 복원하면서 정조에 대한 재해석을 시도하고 있다.[19]

16세기 선비 유희춘이 자신의 관직생활과 가정사에서 일어난 세세한 사건들을 기록해 놓은 《미암일기》와 시집과 처가 모두에게서 쫓겨난 이혼녀 향랑의 자살사건을 각각 하나의 창窓으로 삼아 당시의 양반사회와 서민사회의 풍속과 가치관을 탐색한 정창권의 연작連作도 미시사적 관점에서 주목할 만하다. 전자에서 우리는 당시 통상적인 양반들이 어떤 식으로 자신의 일상생활을 영위해 갔는지, 특히 그들의 사소하지만 인간적인 고민들이 무엇이었는지, 보통의 역사서가 말해 주지 않는 시선과 풍경들을 살펴볼 수 있다. 후자는 남편이 죽은 후 자결함으로써 후일 열녀로 추앙된 향랑이 사실은 가정폭력과 수절강요에 시달리다 이에 대한 일종의 저항으로 죽음을 택했다는 점을 짚어냄으로써 17세기 후반 강고한 가부장제로 변해 갔던 조선 성리학 체제의 억압성을 여성의 관점에서 자세히 그려 내고 있다. 정창권은 각별히 그 동안 전혀 한국 역사학자들의 관심 밖이었던 전통시대의 사회적 약자들, 특히 장애인에 대한 책을 펴내고 있는데, 반가운 일이다. 한국사가 정치사 중심이다 보니 이런 주제는 아예 연구 대상으로 취급되지도 못한 점을 생각하면 저자의 시도는 매우 주목받을 만하다. 그는 야사류, 판소리, 일기, 시조, 가사 등 다양한 자료를 바탕으로 전통시대 장애인의 생활상, 그들에 대한 사회적 인식, 당시의 장애인 정책 등을 복원하여 마치 이야기하듯이 우리에게 들려준다.[20]

강명관이 쓴 일련의 미시풍속사적 저작들도 여기서 빼놓을 수 없다. 특히 그림을 자료로 그 속에 묘사된 풍속의 역사를 풀어내는 방식은 그만의 특징이기도 하다. 그는《혜원전신첩蕙園傳神帖》과《단원풍속도첩》, 그리고 19세기 말 20세기 초에 살았던 김준근의 풍속화 도록 등을 재료로 삼아 조선 후기에서 말기에 이르는 다양한 생활사적 풍경을 한 폭 한 폭 그려 나가고 있다. 또한 탕자, 왈짜, 도박꾼, 술집, 뒷골목의 의사, 도둑, 기생 등 '뒷골목 인생'의 삶을 특유의 말글로 묘사하는가 하면, 책을 화두로 조선의 책과 그 유통사를 종횡무진 그려내기도 한다. 특히《조선의 뒷골목 풍경》은 비록 본격적인 역사서는 아니지만, 저자의 시각이 주체적이고 다성적이라는 점에서 종래의 역사서와 큰 차이점이 있다. 이 저작은 글쓴이의 목소리를 숨기지 않고 가감 없이 드러낼 뿐 아니라, 동시에 민중과 보통사람들의 다양한 목소리들도 함께 들려준다. 어우동은 그녀와 관계한 양반 남자들의 시각이 아니라 그 자신의 입장, 혹은 조선 사회의 불평등한 성적 담론의 관점에서 조명된다. 이름 없는 민중의民衆醫들이 허준으로 표상되는 고급 의술 담론을 제치고 앞자리로 나선다. 과장科場에서 나타나는 양반들의 웃지 못할 작태는 고상한 선비 정신의 이면에 놓인 부글거리는 인간의 욕망을 적나라하게 드러낸다. 그래서 강명관이 보는 역사는 글 읽는 선비의 맑고 낭랑한 목소리만이 울려 퍼지는 조용하고 기품 있는 양반가보다는 이처럼 오만 가지 목소리로 시끄럽기 짝이 없는 장터에 더 가깝다. 저자가 사용하는 자료도 《조선왕조실록》과 같은 관찬사료는 물론이고 문집, 일기, 민요, 시, 소설, 그림, 신문, 지도, 심지어는 요리 제작법까지 활용함으로써 전통적인 사료의 위계를 깨뜨리고 있다. 민초들이 실제로 살아간 생생한 모습에 시선이 모여졌기 때문에 그 같은 잡류雜類 자료들이 어엿한 사료로 이용될 수 있었던 것이다. 강명관의 가장 큰 특징은 한마디로 전통적인 해석과 관행에 저항하는 '전복적 글쓰기'이다.[21]

최근 화족 출신이지만 문과 급제가 이어지지 못해 몰락한 19세기 양반 조병덕이 아들에게 보낸, 무려 1,700통의 편지가 발견되었다. 여기에는 공사公私 구별이 엄격한 조선에서 잘 파악하기 어려운 사적 측면들이 다수 포함되어 있다. 조선 고문서에 해박한 역사학자 하영휘는 1836년에서 1870년에 이르는 약 30여 년간의 사신私信을 분석하여 조병덕의 가계와 그가 속한 노론계의 장기적 생활상을 세세하게 복원하였다. 저자는 관혼상제, 과거, 농사, 교통통신, 서적, 문방구, 음식, 생활도구, 고리대, 질병과 처방 등에 관한 일들을 서얼, 노비, 첩, 토호, 아전 등 다채로운 잡류雜類 인간 군상들과 함께 생생한 모습으로 되살려 내고 있다. 이 저작은 사료의 동질성과 시간적 계열성 덕분에 조선 말기 양반이 영위한 사적 생활의 추이를 촘촘히 묘사하는 데 성공하였다. 일기는 언제나 미시사의 좋은 자료가 되는데, 조선시대가 남긴 수백 권의 일기 중에서도 특별한 것이 묵재 이문건이 무려 18년 동안 아이 기르는 과정을 기록해 놓은 《양아록養兒錄》이다. 국문학자 김찬웅은 이 일기를 토대로 유배 중 '가정주부'로 변신한 한 선비와 그 손자의 육아에 얽힌 풍속과 생활의 다양한 측면들을 흥미롭게 보여준다.[22] 전통시대를 다룬 것으로 이와 유사한 미시사적 저작들이

많지만 여기서는 지면상 더 이상 거론하지 않겠다.[23]

그 동안 주로 조선사에 집중되어 왔던 미시사적 접근을 최근 한국 현대사에 적용하여 새로운 성과를 도출한 좋은 예도 있다.[24] 김영미는 박정희시대를 상징하는 새마을운동을 연구하면서, 마치 인류학자처럼 '잘 경계지워진' 한 마을을 설정하고 그들의 사례를 면밀히 탐색하였다. 그녀는 이를 통해 새마을운동의 성공적인 사례로 꼽혀 왔던 이천의 아미리 마을이 이미 1930년대 일제가 전개한 농촌근대화운동, 즉 '농촌진흥운동'의 모범부락이었다는 것, 그리고 새마을운동 이전에도 주민들의 자치와 자율을 통해 유지되던 민간공동체였다는 것을 밝혀내었다. 그녀는 이 연구를 통해 새마을운동이 국가가 "무능한 농민"을 계몽하고 동원한 결과가 아니라, 오히려 상당한 정도로 이미 계몽된, 그리고 경제발전의 욕구로 충만한 농민들의 자발성에 기초하고 있다는 점을 새롭게 제시하였다. 김영미의 저작이 작은 규모에서 관찰된 새로운 근대화 모형—레비와 같은 1세대 미시사가들의 사회적 미시사—인지, 그렇다면 저자가 강조한 민중의 "생활세계와 경험세계"란 어떤 의미인지 아직은 명확치 않지만, 한국에서 미시사적 접근이 성공적으로 활용된 좋은 사례라는 것만은 분명하다.

미시사는 연구 주제, 사료의 종류, 서술 방식이라는 세 측면에서 종래의 역사와 큰 차이가 있다. 한국에서 나온 최근의 미시문화사적 저작들 역시 대체로 이와 유사한 특징을 가지고 있다. 이른바 문화론적 문학 연구에 속하는 저작들은 지금까지 다루어지지 않았던 1920년대의 식민지시대('일제강점기'라는 표현을 지양한 것도 의미심장하다) 문화를 풍속사라는 전혀 다른 각도에서 그려 냄으로써, 종래의 문학사 서술 방식을 일신시켰다. 조선시대를 다룬 저작들도 정치적 사건이나 사회제도 등 상투적인 주제보다는 당시 사람들—양반이든 서민이든 혹은 사회적 약자든—의 삶을 공감적으로 들여다보았고, 공적 생활의 뒤에 가려져 있던 사적 내면을 들추어냄으로써 그들의 인간적 목소리와 기억을 복원해 놓았다.

이 저작들이 사용한 사료의 경우도, 종래의 '정통적' 사료—문학작품 혹은 관찬 혹은 그에 준하는 사서史書보다는—물론 그것을 배제할 필요는 없다—당시 발행된 통속잡지, 신문기사, 사진, 일기, 편지 등 지금까지 사료로서 잘 활용되지 않았던 자료들을 망라하고 있다는 점을 주목해야 한다. 역사를 쓰는 데 사료와 비非사료의 절대적 구분은 없다. 어떤 문제를 던지느냐에 따라 그에 적절한 사료가 결정될 뿐이다. 정통적 사료와 비정통적 사료의 구분도 이제는 거의 무용지물이 되어 버렸다. 한때 더 객관적이라 간주되었던 관찬사료의 편향성은 이미 잘 알려진 얘기이고, 주관적이기 때문에 사료가 되기 힘들다고 보았던 일기류가 요즘은 더 각광받고 있다.

서술 방식도 미시사적 글쓰기에서 아주 중요한 요소이다. '사실 그 자체가 진실을 말해 준다'는 식의 낡은 역사 관념을 가지고 있었을 때는 글쓰기 방식이라는 것이 큰 의미가 없었다. 그냥 사료를 나열하고 그것이 '말해 주는 대로' 따라가면 되었기 때문이다. 하지만 다시 생각해 보면 우리의 사료라는 것이 서사敍事를 결정할 정도로 완전한 적이 있었던가. 특히 고대사로 가면 연구자들이 흔히 말하듯 '고대소설' 쓰기가 될 수밖에 없는 것이다. 따라서 미시사적 글쓰기 '전략'은 다름 아닌 사료의 불완전함을 독자에게 가감 없이 보여준다는 것 이상도 이하도 아니다. 실재를 가장한 다큐멘터리가 아니라 오히려 실재 복원의 불완전함을 인정하면서 동시에 최선의 가능성을 제시하겠다는 것이다. 즉 역사가와 사료 사이의 '대화' 그 자체가 서사의 일부로 변하는 것이다. 이러한 글쓰기는 특히 독자와의 소통을 위한 필수불가결한 장치이다. 이제 역사가가 이른바 '전지적' 관점에서 독자들을 계몽하는 시대는 지났다. 자신의 부족함을 보여주면서 필요하다면 독자도 사료의 각 대목들과 대화를 나눌 수 있는 글쓰기 방식이 필요해진 것이다. 정창권이든 강명관이든 그들이 역사학자가 아니라 국문학이나 한문학을 전공했다는 점이 오히려 새로운 역사쓰기를 창출해 내는 데 도움이 되었다는 것은 하나의 아이러니이다. 한국 역사학의 병폐인 '좁은 실증주의'에서 비교적 자유롭기 때문이다. 하지만 이제 새로운 세대의 한국 역사가들은 다양한 개념과 방법을 가진 '새로운' 역사를 본격적으로 전유할 수 있는 능력과 안목을 갖추기 시작했다고 보이므로, 앞으로는 역사와 문학이 서로 더욱 수렴하고, '역사적 상상력'이 단지 허황한 공상 정도의 관념이 아닌, 역사가의 독창적 재능으로 받아들여지는 때가 올 것이다. 미시사는 단지 그러한 단계로 나아가기 위한 한 중요한 계기일 따름이다(곽차섭).

12
미시사와 지방사

최근 한국 역사학계에서는 특히 각 지방의 학회들을 중심으로 지방사에 대한 관심이 커져가고 있다. 물론 '지방사적'인 연구나 관련 자료의 편찬 작업은 이미 오래전부터 해 오고 있었지만, 지방사를 단순히 국가사의 일부가 아니라 나름대로의 정체성을 지닌 일종의 특수한 역사로 보기 시작한 것은 대략 1980년대 경이 아닌가 추측된다. 1982년에 《대구사학》이 한국의 역사 관련 학회지로서는 처음으로 "지방사 연구의 동향"이란 제목 아래 한국, 일본, 중국의 지방사 연구 개황을 다룬 특집을 마련했고, 4년 뒤 이를 영국과 프랑스 등 외국의 경우까지 확대하였다. 한양대 한국학연구소의 《한국학논집》에서 역시 비슷한 시기에 향토사 연구의 동향과 실제를 다룬 논문들을 게재하였다.[1]

지방사에 대한 관심은 90년대 이후로 계속 이어져 호남향사회 연구자들이 아마추어 향토사학자를 위한 향토사 입문서(1992)를 내놓았고, 목포대 역사문화학회는 "지방사 연구, 어떻게 할 것인가"란 제목의 심포지엄(1998)을, 같은 해에 한국사연구회와 경기사학회는 '지방사 연구의 현황과 새로운 방법론의 모색'에 대한 학술대회를 각각 개최하였다. 2000년에는 역사학회와 국사편찬위원회가 공동으로 "지역사의 이념과 실제: 미시적 접근"이란 주제로 심포지엄을 열어 최근에 소개된 미시사와 지방사 연구의 접점을 찾아보고자 하였다. 이듬해에는 부산경남사학회가 학회 창립 기념으로 "지역사회와 지역학회 문제를 다시 생각한다"는 학술대회로 지역 기반이란 주제를 통해 지방사에 접근하였고, 2002년에는 한국사학회와 공동으로 "지역사와 생활사" 심포지엄을 통해 지방의 생활사적 측면을 살펴보고자 하였다.[2]

비록 피상적인 수준이지만 이상과 같이 지난 20여 년간의 한국 지방사 연구 동향을 훑어 보면, 몇 가지 점이 눈에 들어온다. 첫째, 지방사에 대한 관심이 지속적으로 증가하고 있다는 것. 둘째, 지방사란 무엇인지, 그 개념과 방법에 대한 모색이 시작되고 있다는 것. 셋째, 기존의 역사학자들과는 다른 '향토사' 연구자들의 저변을 넓히려는 노력이 꾸준히 계속되고 있다는 것(특히 호남지방). 넷째, 그럼에도 불구하고 아직은 지방사 연구를 표방하는 학자도 많지 않고, 방법론이나 개념에서도 합의점을 잘 찾지 못하고 있다는 것.

이 글에서는 이러한 점들을 염두에 두면서, 최근 서양에서 이른바 '새로운 역사학'의 일환으로 주목받고 있는 미시사가 한국의 지방사 연구에 일조할 여지가 있는지를 간략히 살펴보고자 한다. 지방사 연구는 그 성격상 작은 지역을 그 경계로 하지 않을 수 없는데, 미시사 역시 관찰의 규모와 척도를 축소시키는 특성이 있기 때문에, 양자가 서로 만날 소지가 있지 않은가 생각된다. 실제로 최근 들어 양자 사이의 접점을 마련하고자 하는 시도가 서양의 지방사 학계에서 일어나고 있기도 하다. 하지만 지방사 전공자도 아닌 필자가 본래의 이러한 의도를 충족시킨다는 것은 능력 밖의 일이다. 여기서는 단지 미시사의 특징을 지방사와 관련하여 간단히 설명하고, 미시사의 방법을 지방사에 적용시켜 호평을 받은 서양사의 한 저작을 소개하는 정도에서 그치고자 한다.

1. 지방사, 지역사, 향토사

지방사에 관한 문제를 논할 때, 우선 문제가 되는 것은 그 명칭을 어떻게 불러야 하는가이다.[3] 이는 사실 그 개념을 어떻게 정의할 것인가와 깊은 관련이 있다. 현재 학계에서는 지방사, 향토사, 지역사라는 세 용어가 유사한 의미로 사용되고 있다. 우선 '지방사'란 말은 말 그대로 지방의 역사라는 1차적 함의를 가지고 있다. 그런데, 한국에서 지방이란 중앙 혹은 서울과 반대편에 있는 개념으로, 특히 서울 중심주의가 팽배한 역사 속에서 은연중 부정적인 뜻으로 쓰일 때가 많다. 지금 편의상 '지방사'로 부르는 연구 분야가 어떤 의미에서든 어떤 '지방'의 특수성을 전제한다고 할 때, 지방사는 마치 국가사/민족사에 종속된 하위적 범주 같은 어감을 줄 수 있는 것이다.

그래서 등장한 것이 '지역사'란 용어이다. 서울이든 지방이든 모두가 하나의 '지역'이므로, 종래의 지방사란 말에 내재된 서울-지방 종속의 함의를 불식하고 좀더 중립적인 입장에서 바라볼 수 있는 이점이 있다는 것이 '지역사'란 말을 선호하는 쪽의 주장이다. 하지만 '지역'이란 용어는 역사학자에게는 사실 좀 낯선 말이다. 그것은 지리적인 어감을 가지고 있다. 또한 기존의 '지역 연구'란 분야와도 무언가 겹쳐 보이는 듯한 인상을 준다.

'향토사'는 세 용어 중에서 사실 가장 오래된 말이라고 할 수 있다. '지방사/지역사'가 영어의 'local history/regional history'에 대응되는 말로서, 그 용례가 그리 오래되지 않은 것으로 보이는 반면, '향토사'는 '향토'란 말과 함께 상당히 오랜 시간 전부터 써 오던 말이라고 생각된다. 물론 그에 대응되는 영어는 'community history' 정도가 되겠지만, 향토사는 이런 외국 개념을 접하기 전부터 사용된 그야말로 토속적인 말로 보인다. 하지만 '향토사'는 지나치게 애향적인 냄새를 풍기기 때문에, 종래에는 '향토'의 아마추어 역사가들이 쓰는 연대기류의 역사를 가리키는 것으로 간주되어 왔다.

세 용어 중에 어떤 쪽이 더 적절한가? 모두가 나름의 문제를 안고 있다. 중요한 것은 어느 한 용어를 고르는 것 그 자체보다 바람직한 지방사/지역사/향토사는 어떤 것인가를 생각해 보는 것이며, 그에 대한 합의에 이른다면 사실 셋 중 어떤 용어를 택해도 큰 문제가 없을 것이다. 이 글에서는 일단 지방사란 말을 사용하기로 한다.

2. 지방사의 지향점

그러면 지방사는 과연 어떤 목표를 지향해야 하는가? 가장 먼저 문제로 떠오르는 것이 지방사가 그 지역을 포함하는 국가사와 어떤 관계에 있는가 하는 점이다. 어떤 학자도 양자가 무관하다고 주장할 사람은 없다. 하지만 만일 지방사가 단지 국가사의 일부에 불과하고, 그 이상도 이하도 아니라면 굳이 지방사란 이름을 붙일 필요가 없을 것이다. 이해준에 따르면, 지방사가 나름의 정체성을 가지기 위해서는,

그 지방의 주민들을 주체로 하여 "그 시대에, 그 지역에서, 그들만이 만들어 낼 수 있었던 특수한 내용"이 무엇이었는가에 관심을 기울여야 한다. 바꿔 말해, 중앙의 지배문화를 보는 자尺로써 지방사를 보기보다는 지방민 스스로가 영위하면서 성숙시킨 특수한 삶의 방식을 살펴라는 것이다. 동시에 이런 특수성은 민족문화적 보편성의 기반 위에서 나타난 것이어야 하며, 그 양자의 비교 속에서 지역적 성격이 명쾌하게 설명되어야 존재 가치가 있다는 것이다.[4]

지역의 특수성이 국가적 보편성 위에 기반해야 한다는 것은 무엇을 말함인가? 이해준에게는 그것이 중앙의 시각으로 지방을 보지 않는다는 것을 의미한다(물론 과도한 애향심을 따르는 것도 아니다). 그렇다면 지방사는 그 자체로 독립적일 수 있는가? 그렇다고 할 수도 있다. 미국 뉴잉글랜드 지방에서 어떤 작은 타운이 생겨나고 발전하고 때로는 소멸해 간 역사도 그 자체로서 충분히 연구될 수 있다. 그럼에도 불구하고, 우리는 이 타운의 역사가 뉴잉글랜드의 발전 과정과 어떤 관련이 있는지, 어떤 의미를 지니는지 알고 싶은 유혹을 뿌리치기 힘들다. 역사가는 언제나 일반사를 지향하는 속성이 있기 때문이다.

지방사의 특수성과 국가사의 일반성을 연결시키는 데는 크게 보아 두 가지 방식이 존재하는 것 같다. 첫 번째는 지역의 독특한 특성을 인정하더라도 그것이 집적되면 결국 전체상 확립에 기여할 것이라는 입장이다. 일찍이 민두기 교수가 이런 견해를 표명한 것으로 보인다. 그는 지방사를 가리켜, "역사 현상의 이해를 어떤 구심점을 통하여 하지 않고 각 부분(각 지방)의 현상을 개별적으로 고찰하여 그것을 집적·종합하여 역사 현상의 전체상을 구조적으로 파악하려는 연구"라고 규정하면서, 풍속사, 종교, 경제 등 다양한 분야의 연구가 쌓여 결

국은 전체적 이해를 가능하게 하는 것이라고 말한 바 있다.[5]

그러나 이러한 견해에는 약간 더 해명되어야 할 부분이 있다. '전체상'이란 무언가 부분적인 것을 자꾸 모으면 자연히 생겨나는 것인가? 혹은 어떤 가설로서의 전체상이라는 것을 미리 염두에 두면서 그것을 입증할 만한 증거들을 모으는 것인가? 역사가들은 대체로 그 시대에 주류로 받아들여지는 학설을 증명하려는 욕구를 가지고 있다. 그래서 지방사가 이를테면 조선 후기 양반 신분이 안정적이었는가 아니었는가에 대한 일종의 '구조'를 '증명'하려는 시도의 일환으로 바뀌는 경우도 없지 않다. 이른바 '퍼즐 맞추기'로 전락할 위험성이 있는 것이다. 예컨대 이훈상이 지방을 "단순한 물리적 공간이 아닌 중앙의 헤게모니를 강화하고 합법화하기 위해 성립한 타자라는 인식" 아래서 한국의 지방사가 고찰되어야 한다고 말한 것도 이런 점을 경계한 것으로 보인다.[6]

지방사의 특수성이 전체상의 이해에 도움을 주는 다른 한 방식은 그것이 기존의 주류적 가설을 전복하는 것이다. 명청시대 사회경제사에서 선진 지역이던 강남 지방의 계급 관계를 중국 전체에 적용하려는 가설이 있다고 하자. 화북 지방은 지주제가 발달했던 강남보다는 소농민과 국가의 관계가 더 중요했다는 '지방사' 연구는 이 경우 주류적 가설을 전복하는 것으로 기능하게 된다.[7] 중앙 중심의 시각에 맞춘 주류적 관점에 대해 끊임없이 그 문제점을 지적해 내고, 때로는 그것을 전복함으로써 좀더 적절한 '역사의 진실'로 역사가를 인도하는 것. 이 역시 지방사 연구가 가질 수 있는 독특함이자 그 정당성의 이유가 아닐까. 최근에 나타난 미시사 또한 이러한 전복성을 중요한 특징으로 한다는 점에서 지방사와 만날 여지가 있다.

3. 지방사와 미시사의 접점

일반적으로 볼 때, 미시사와 지방사의 공통점은 양자 모두 지리적 범위가 비교적 작은 지역을 연구 대상으로 삼는다는 것이다.[8] 하지만 연구 대상의 크기를 더 가까이에서 비교해 보면, 미시사의 경우가 더 작은 것으로 보인다. 미시사의 대표적 연구로 꼽히는 엠마뉘엘 르 로아 라뒤리의 《몽떼이유》(1967) 마을은 14세기 초 주민이 200~250명에 불과하였다. 내털리 제이먼 데이비스의 《마르땡 게르의 귀향》(1982)이 무대로 삼고 있는 아르띠가 역시, 16세기 초 가계의 수가 6~70호, 즉 대략 2~300명에 지나지 않았다. 다른 미시사 연구들도 대체로 이와 비슷한 규모를 그 대상으로 한다. 반면 지방사의 경우는 적어도 이보다는 큰 규모의 지역을 연구 대상으로 삼는 것으로 생각된다. 예컨대, 김준형이 최근에 연구한 단성현 법물면은 1678~1861년 사이 마을의 수가 최소 11개에서 최대 22개, 호수가 최소 321개에서 최대 564개에 이른다.[9] 사실 이보다 훨씬 더 클 수도 있다.

미시사와 지방사가 통상적인 역사 연구에 비해 규모의 축소라는 공통점을 갖고 있음에도 불구하고, 그 안에서 또 이런 차이가 나는 것은 양자의 지향하는 목표가 다르기 때문이다. 미시사는 '잘 경계지워진' 지역 내에서 어떤 위기나 사건에 대처하는 그곳 사람들의 전략이나 가치관 등을 면밀히 탐색하고, 이를 통해 종종 거대 조류 속에 매몰되어 버리는 삶의 복잡다단한 리얼리티를 드러낸다는 목표를 가지고 있다. 이런 목표는 지역의 범위가 넓어지면 이룩되기 힘들다. 마을 주민 개개인과 그들이 연루된 사건을 세세히 관찰하려면 '잘 경계지워진' 지역을 대상으로 삼아야 하고, 이는 곧 몇 백 명의 규모를 넘지 않는 것으로 귀결된다.

반면, 지방사는 일종의 지역 종합사를 지향하는 것으로 보인다. 최근 한국정신문화원이 지역문화 체계라는 이름 아래 제시한 항목을 보면, 그 속에는 그 지역의 자연과 지리, 역사, 문화유산, 성씨와 인물, 정치 행정, 경제와 산업, 종교와 문화, 생활과 민속, 구비전승과 어문학 등, 지역에 관련된 '모든 것'이 들어 있다. 지방사 연구의 대표적 학자인 이해준이 지역사란—그는 지방사보다는 지역사란 말을 선호한다—"지역민을 주체로 하는 문화사, 종합사, 생활사"로서, 지역의 역사상, 혹은 지역적 특성을 종합적으로 설명하려는 시도라고 말한 것도 이와 같은 맥락으로 생각된다.[10]

지방사를 그 지역의 '종합사'라고 규정한 것은 일단 지방사의 독립적 위치를 확보하려는 생각에서 연유한 것 같다. 어떤 지역 내의 사람들이 살아간 이력, 그들이 터한 자연환경, 그들이 남긴 흔적들, 이 모든 생활의 모습들을 복원해 보겠다는 의지가 담겨 있다. 중앙이나 서울 중심의 관점이 아닌, 한 지방 주민의 '주체적' 시각에서 스스로의 삶을 되살리겠다는 것이다. 이는 분명히 '지방'을 국가의 일부분으로만 보아 온 종래의 경향에서 진일보한 것으로 보아도 좋을 것이다.

하지만 자세히 뜯어 보면, 이러한 발상에도 여전히 풀어야 할 문제점은 남아 있다. '종합사'로서의 지방사가 과연 그 지역의 '사람들'이 살아간 '진정한' 모습을 보여주게 되는지, 무언가 명쾌하지 않은 구석이 있다. 지방민을 '주체'로 한다는 것은 무엇을 의미할까? 바꾸어 말해서 주체가 되는 지방민이란 누구일까? 그 지역을 다스리던 관리인가. 혹은 그 지방의 양반 토호인가. 아니면 상인이나 농민들인가. 여성이 주체가 될 수는 없는가 등등 '주체'의 계급적·성적 범주에 대한 의문이 제기될 수 있다.[11] 때로 한 지방민의 주체성은 다른 지방 주민이나 중앙권력 같은 외부자와의 알력 관계를 통해 드러날 수도 있다. 요컨대, 지방사를 '종합사'로 파악하는 것은 독립성 확보라는 이점을 가져다 주기는 하지만, 동시에 진정한 주체 없는 주체성으로 흐를 위험성도 안고 있다. 역사에서의 주체적 관점이란 절대적이라기보다는 상대적인 의미를 함축하고 있을 때가 많다. 지방사와 미시사의 접점도 바로 이런 데서 찾아야 한다고 생각된다.

미시사는 브로델류의 아날학파 역사서술이 지나치게 구조·계량적으로 흐르는 데 대한 반발로 일어났다. 이를 처음 시도한 이들은 까를로 긴즈부르그나 조반니 레비 같은 이탈리아의 좌파 역사가들이었다. 그들은 자신들의 이념적 성향 때문에, 처음부터 민중적 삶의 복원을 지향하였다. 민중, 즉 보통사람들이 역사 속에서 살아간 실제의 생생한 모습을 되살려 내려면 어떻게 해야 하는가? 아날 이전의 전통적인 역사학은 정치사적·영웅사관적 굴레에 갇혀 있었다. 아날학파는 이를 깨뜨렸다. 그들은 종래의 문헌사료를 넘어서서 지리학, 심리학, 사회학 등 인접 학문의 이점을 흡수하여 역사학을 하나의 '과학'으로 변신시켰다. 하지만 브로델에 와서 아날의 역사서술은 계량적 방법을 사용한 사회 '구조'의 탐색에 몰입했다. 프랑수아 퓌레가 민중의 삶은 어쩔 수 없이 '수와 익명성', 즉 인구통계학과 사회학을 수단으로 한 계량적 연구(계열사)를 통해서만 가능할 뿐이라고 단언한 것도 바로 이러한 분위기 속에서였다.[12]

E. P. 톰슨이 선도한 영국 마르크스주의 역사학에 힘입어 '아래로부터의 역사'를 통해 잊혔던 민중의 존재를 부각시킨 것은 아날학파의 공헌이었으나, 바로 이러한 측면이 미시사의 도전에 빌미를 주었다.

그들은 계량적으로 파악된 사회 '구조' 속에서 희미한 무채색의 군상으로 남아 있는 민중의 모습에는 만족할 수 없었던 것이다. 그들은 생생히 살아 숨쉬고 움직이는 사람들과 만나고 싶어 했다. 미시사가 관찰의 척도와 규모를 축소함으로써, 개개인의 이름과 그들간의 관계를 추적하고(실명적·집단전기적 역사), 엘리트적 문화 권력이 내재된 전통적인 '실증주의'보다는 '이례적 정상'의 개념 아래 더 넓은 함의의 입증 방식을 포용하며(가능성의 역사), '객관성'이란 이름 아래 저자의 목소리를 감추는 익명적 글쓰기보다는 사회를 구성하는 다양한 행위자들의 목소리를 드러내려는(다성적 글쓰기로서의 역사)[13] 이유도 여기에 있다.

　다시 미시사와 지방사의 관계로 돌아가 보자. 필자는 미시사의 위와 같은 특징이 지역사의 주체성과 독립성을 살리는 데 기여할 수 있다고 믿는다. 지금까지 한국의 역사가들은 좌파적 냄새를 약간 풍기는(그렇다고 완전히 맑스주의적 사회경제사는 아닌) 이른바 '사회사'의 이론과 방법에 입각하여 연구해 온 경향이 있었다(혹자는 사회사를 한국의 정통사학이라 간주하는 경우도 있는 것 같은데, 이 역시 1980년대를 즈음하여 프랑스의 브로델류 아날학파와 독일의 사회구조사학 등이 소개되면서 '수입된' 것임을 부언하고 싶다). 사회사는 사회과학적 방법을 원용하여 사회의 구조적 흐름을 역사적으로 추적해 보고자 하는 방법론이다. 사회사는 그간 방법론이 미진한 한국 역사학계에 지대한 영향을 미쳤고 여러 측면에서 큰 성과를 거두었다. 하지만 적어도 지방사의 경우 그러한 거대 구조를 논하기에는 규모가 너무 작다. 따라서 자칫하면 지방사 연구가 사회사적 '구조'를 '입증'하는 사례 정도로 치부될 개연성이 높다.

필자는 여기서 지방사 연구에 사회사보다 미시사의 방법이 더 좋다고 주장하려는 것은 아니다. 그것은 지방사의 실제에 문외한인 필자의 능력을 넘어서는 문제이다. 다만 일별할 때, 미시사 방법론이 지방사에 기여할 점이 많아 보인다는 것, 적어도 사회사의 취약점을 보완하는 한 방법일 수 있다는 것을 말하고 싶을 따름이다. 사회사는 사회학과 상통하는 문제의식과 방법을 사용하는 반면, 미시사는 인류학과 많이 닮았다. 마치 인류학자가 현지조사를 하듯이, 미시사가는 과거의 다양한 문헌, 구전자료를 바탕으로, 때로는 현지 인터뷰 기법을 사용하여 어떤 문제를 심층적으로 파고든다. 이해준이 주도한《향토사: 이론과 실제》(1992)나 국사편찬위원회 간刊《지역사 연구의 이론과 실제》(2001)에 실린 특집 "한국 지역사 서술체계의 새로운 모색"의 논문들을 보면, 문화사, 생활사에 관한 강조는 해놓았지만 실제로는 유물·유적이나 풍속, 구전 설화, 민요류를 수집·개관해 놓은 데 지나지 않는다. 이렇게 되는 이유는 '향촌사회사'란 이름 아래 지역사의 전체 골격을 잡아 놓고, 그 주변에 생활사, 사건사, 문화 예술, 구전설화, 역사 유적 등의 '영역'을 배치해 놓는 형식을 가지고 있기 때문이다.[14] 문화를 사회나 경제와 따로 떨어진 부문으로 보는 시각으로는 지방민의 삶을 '생생하게' 보여주기 어렵다. 인간의 물리적·정신적 행위의 의미를 사회적·문화적 관계망 속에서 파악하고자 하는 시도(그것을 문화적 사회사로 부르든 사회적 문화사로 부르든)가 요청되는 시점이다.

4. '미시사적 지방사'의 실제

최근 지방사 연구에 미시사적 방법을 적용한 연구가 영국에서 간행되었다. 베어리 레이의《미시사들: 영국 농촌의 인구통계학, 사회, 문화, 1800~1930》이 그것이다.[15] 이 저작은 관련 학계에서 미시사를 이용하여 기존의 학설들을 적절히 수정·보완함으로써 '새로운 농촌사'의 발전에 기여했다고 두루 호평을 받았다. 여기서는 지방사와 미시사의 접목이라는 맥락에서 그에 관계된 사항만을 간략히 소개하고자 한다.

이 저작은 자세한 지역적 콘텍스트에 대한 천착 없이는 사회와 문화도 이해할 수 없다는 가정을 가지고 출발한다. 저자인 레이가 미시사적 방법을 사용하여 조사한 지역은 영국 켄트 카운티의 블리언 지역 3개 농촌 교구이다. 그는 교구 등기부(우리로 말하면 호적)를 이용하여 당시의 가계를 재구성하는 기존의 확립된 방법을 기초로 하면서도, 다른 다양한 사료들, 예컨대 재판기록, 유언장, 신문, 센서스 자료, 학교 일지, 의료 보고서, 구전자료에 이르기까지 입수 가능한 거의 모든 자료를 활용하고 있다. 저자는 이를 바탕으로 그 지역의 인구 변동, 노동력 관계, 가계와 친족의 구조, 교육 수준, 계급의식의 인지 정도 등, 사회사의 주요 연구 사항들을 새로운 관점에서 검토하고 있다. 그는 우선 "장소와 사람들"이란 서장序章 격의 장에서 연구 대상이 된 3개 교구의 자연지리, 경제, 사회적·직업적 구조를 기술하고 있다. 본문은 '인구통계학', '사회', '문화들'이라고 이름 붙인 3부로 나뉘는데, 그 각각은 다시 다산성多産性과 건강, 사회경제(=노동) 및 계급과 가족, 성과 문자 해득력이라는 일곱 개 장으로 세분되어 있다.

베어리 레이는 이 책에서 기존의 통설에 도전하는 새로운 결과들을 제시하는데, 그 중 몇 가지를 살펴보면 다음과 같다. 첫째, 그는 계량통계학을 이용한 종래의 연구들이 평균적 수입을 가진 전업 성인 남성에만 초점을 맞추어 노동 관계를 이해하려 했다는 점을 비판한다.

노동에 대해 그들이 일반화한 테제들은 런던, 버밍엄, 맨체스터 같은 고도로 도시화된 지역을 연구한 결과일 뿐이라는 것이다. 레이는 대신에 이러한 성인 남성의 임금 수입을 여자와 어린아이들이 중요한 역할을 한 가족경제라는 콘텍스트 속에서 바라보고자 한다. 당시 그 지역의 일반 민중들의 경제 수준은 겨우 생계를 이어가는 정도였다. 이런 상황에서 그때그때 변통하며 살림을 꾸려나가는 것은 돈을 버는 것만큼이나 필수적인 일이었다. 그는 이런 측면을 다룰 때, 중요 자료로서 노동자의 생활에 관한 구술사적 자료를 적극 활용하고 있다.

둘째, 계급 문제에 있어 레이는 종래의 통설이 주로 북부 타운을 대상으로 한 도시 중심의 시각에서 논의되었음을 지적하면서, 남부 농촌의 입장에서 서서 이 문제를 구조와 문화의 양 측면에서 검토하고 있다. 그는 비록 어느 정도의 유보 조건을 걸기는 했으나, 이 지역 농촌노동자들을 자신의 땅을 소유하지 못하고 동족결혼을 관습으로 하며 언제나 동일한 생계 수준을 벗어나지 못하는 농촌 프롤레타리아 계급으로 규정하였다. 이는 계급class에서 민중people으로 옮겨가던 수정론적 경향에 반대하여 오히려 원래의 계급관념을 따르는 결과를 가져 왔다.

셋째, 하층민들의 성 문제에 대해서도 레이는 은연중 빅토리아 시대 중산계급 도덕주의자들의 관념을 따라왔던 전통 역사가들에 도전하고 있다. 종래 이러한 도덕주의적 성향의 문헌자료에 의존해 온 역사가들이 생각했던 것과는 달리, 그는 하층노동자 사회에서 사생아는 별로 사회적 지탄의 대상이 아니었다고 주장하였다. 그들은 혼전에 이미 성관계를 가지는 것이 다반사였고, 따라서 사생아는 흔했기 때문에 피터 라슬릿이 제기한 '사생아 하위사회sub-society of bastard bearer' 같은 것은 적어도 이 지역에서는 부적절한 규정이라는 것이다.

넷째, 레이는 문자 해득력이란 무엇인가에 대해서도 새로운 견해를 제시하고 있다. 종래는 서류에 자신의 이름을 서명할 수 있는지 없는지가 그 기준이 되어 왔다. 하지만 그는 문자 해득력이란 것도 문화적 층위가 다양하기 때문에 단일한 잣대로 규정하기 어려울 뿐만 아니라 그때까지도 여전히 구술 능력이 중시되었다는 사실을 감안할 때, 단지 서명 여부로 문자 해득력을 판별하려 하는 것은 전혀 받아들일 수 없는 주장이라는 것이다.

베어리 레이의 《미시사들》은 한마디로 계량적 자료를 어떻게 살아 있는 경험과 연결시킬 것인가에 대한 진지한 모색이라 할 수 있다. 표현을 바꾸자면, 이는 '구조'를 다루는 사회사와 '생생한 삶의 모습'을 찾고 싶어하는 미시사의 이점을 결합하고자 하는 시도이기도 하다. 미시사는 사회사와는 상이한 그 나름의 역사 인식론에 근거하고 있지만, 역사서술 실제에 있어서는 상호 보완적인 측면이 분명히 있다. 베어리 레이의 지방사 연구는 연구 대상의 주요 측면들을 모두 망라했다는 점에서 일종의 '종합사'이다. 하지만 현재 한국에서 말하는 '종합사'로서의 지역사와는 조금 다른 성격을 가지고 있다. 그의 저작 《미시사들》의 전체적인 성격을 평가한다면, 지방민의 관점에서 역사를 바라보고자 하면서도 동시에 그것이 더 일반적인 흐름과 어떤 관계를 갖는가를 되묻는 '미시사적 지방사'라고 할 수 있겠다(곽차섭).

13
생활사와 '새로운 역사학'

1—

최근 10여 년간 한국사학계에 나타난 새로운 연구 경향으로 아마도 생활사를 들 수 있을 것이다. 물론 생활이란 말 자체가 새삼스러운 것이 아니고 보니, 이미 이전에도 생활사란 표현을 쓴 경우가 있을 수는 있다. 하지만 비교적 뚜렷한 사학사적 인식 아래서 이를 연구하고자 한 것은 최근에 들어서야 시작된 듯 하다. 우인수는 최근의 서평 논문에서 생활사에 대한 관심이 증대된 요인으로 1) 기존의 정치사·경제사·사상사·사회사 등의 업적이 축적되면서 자연스럽게 생활사 쪽으로 연구 방향이 옮겨가게 되었다, 2) 아날학파나 독일 일상사 등 서양학계의 새로운 경향이 영향을 주었다, 3) 문화인류학, 민속학 등 인접학문의 자극이 있었다, 4) 북한학계의 생활풍습 연구가 영향을 미쳤다, 5) 과거의 생활상에 대한 일반인들의 관심이 고조되었다는 점을 들고 있다. 그는 이어서 조선시대의 가정생활, 의식주생활, 사회생활, 신앙생활, 여가생활, 언어생활, 의료생활, 노동생활이라는 8개 분야로 나누어 대략 150편 정도의 논문과 편·저서들의 내용 및 의의를 간략히 검토하고 있다.[1]

그런데, 우인수의 서평 논문에서 든 논문이나 저작들을 찬찬히 살펴보면, 생활에 대한 것이기는 하되, 정작 생활사라는 개념(그것이 어떤 것이든지 간에)을 염두에 두고 쓰인 경우는 그리 많지 않다는 생각을 하게 된다. 언뜻 보기에, 10여 년이라는 제한된 시간 내에, 그것도 주로 1990년대 중·후반에 집중된 극히 짧은 시간 동안 이 정도 숫자의 연구가 나왔다면, 한국사학계 내에서의 생활사 연구는 가히 폭발적이라고 볼 수도 있을 것이다. 하지만 이 서평 논문에서 언급되고 있는 대부분의 글이 민속학, 복식사, 제도사, 경제사, 사회사 등 기존의 학제와 전통 아래서 해 오던 방식을 따르고 있을 뿐이어서 과연 생활사라는 독립적인 분야 속에 담을 수 있을 것인지 다소 의심스럽다. 이는 물론 생활사에 관한 최초의(그리고 지금까지는 거의 유일한) 서평 논문이라 관련이 닿는 글들을 최대한 모아서 그 출발점을 제시해 보고자 하는 글쓴이의 특수한 사정에서 비롯된 것일 것이다. 그러나 만일 생활사가 그저 생활의 어떤 부분에 관한 주제들을 포괄하는 것에 불과하다면, 그것은 기존의 정치사나 경제사 혹은 사회사(현재 한국사학자들이 스스로의 입장을 표현하는 데 가장 많이 쓰고 있는 이 말의 의미 역시매우 모호한 형편이다) 속에서의 관련 부분을 모아 놓은 데 지나지 않을수도 있다. 문제는 생활사가 어떤 개념하에서 독립적인 분야가 될 수있으며, 나아가서는 단지 하나의 분과에 머물지 않고 역사 전체를 아우르는 새로운 패러다임이 될 가능성까지도 존재하는가를 물어보는 데 있다.

2—

이런 의미에서 주목해야 할 점은, 저자 스스로가 생활사라고 제목에 명시한 책들 대부분이 정작 자신의 생활사가 도대체 어떤 것인지에 대해서는 아무 말이 없거나, 있다 해도 극히 소박한 정도의 견해만을 피력하고 있다는 사실이다. 예를 들어서 살펴보자. 필자가 조사한 바로는, 비교적 최근에 나온 책들 중 생활사로 분류될 수도 있는 것으로 강만길의 《일제시대 빈민생활사 연구》(1987)와 이이화의 《우리 겨레의 전통생활》(1990)이 있다.[2] 이 둘은 이후 나온 생활사류 저작물들의 모형 같은 점을 보여주고 있는 것으로 보인다. 우선, 강만길의 저서는 제목에 '생활사'라고 명시해 놓고 있으나, 생활사가 무엇인지에 대해서는 말하고 있지 않다. 단지 식민지시대사 연구는 민중생활사를 밝히는 쪽에서 새로운 방향을 열어 갈 수 있다고 쓰고 있을 뿐이다. 하지만 이어서 "의식 있는 빈민의 존재야말로 바로 식민지시기의 사회 성격이나 시대 성격을 밝히는 중요한 근거가 될 것"이라고 함으로써, 그가 말하는 생활사란 일제의 식민지 수탈정책을 다루는 사회사적 시각을 빈민의 '생활'에 적용한 것임을 드러내고 있다(4쪽). 이이화는 자신의 책 서문에서 전통의 올바른 이해를 촉구하며, "우리의 전통이 우리 생활에 어떻게 작용하고 있는지"를 알아보려 한다고 저술의 취지를 밝히고 있다(1쪽). 그리고는 내용을 가족생활과 사회생활, 경제생활, 의식주와 생활문화, 전통과 현대의 조화라는 4부로 구성하고, 그 각각에 족보, 제사, 과거제, 계, 두레 등 비교적 '전통적'인 주제와 함께 금서禁書, 땡추, 수로水路, 금주령, 얼음, 가발, 부채 등 미시적이고 그리 잘 다루지 않는 주제들을 항목별로 배치해서 그것에 얽힌 이야기를 일반 독자에 알맞게 간략히 풀이하고 있다. 이 두 책은 생활사에 속할 만한 측면들을 다루면서도 생활사란 말 자체를 정의할 아무런 필요성을 느끼지 않고 있다는 점, 그리고 각각 사회사와 전통이라는 종래의 시각 안에서 서술하고 있다는 점에서 이후 일반 독자들 사이에서 이른바 '생활사 붐'을 주도한 한국역사연구소 간刊 '~어떻게 살았을까' 시리즈[3]에 선행하는 위치에 있다고 할 수 있다.

생활사의 개념이 불분명한 채로 생활사를 운위하는 상황은 극히 최근까지도 계속되고 있는 것으로 생각된다. 1996년 한국고문서학회에서 간행된 《조선시대 생활사》[4]는 분명하게 생활사를 표방하고 있다는 점, 대체로 '고문서'를 활용한 비교적 학술적 저술이라는 점 등에서 앞서의 경우와는 다른 면모를 보이고 있다. 서문에서 박병호는 "정확하고 객관적인 역사 인식을 위한 근본적 일차사료인 고문서를 통해서 우리 선인들의 생활사를 생생하게 그려보자는" 것(4쪽)이 이 책의 목적이라고 말하면서, 가정생활, 공동체생활, 신분별 생활상, 제도와 생활, 경제생활 등으로 나누어 고찰하고 있다. 내용이 더 풍부하고 짜임새가 있으며 사료적 뒷받침이 되어 있다는 점이 이 책의 강점이기는 하지만, 사실 생활사의 개념이나 내용 편제의 측면에서는 앞에 언급한 이이화의 대중용 저작과 별 차이가 없이 보인다. 그리고, 필자들에 따라 내용이나 수준 차이가 있기는 하지만, 대체로 자신이 해 오던 접근 방식을 고수하면서 물질생활상의 소재들을 이야기식으로 약간 덧칠한 정도에 그치고 있다는 인상을 주고 있다.

이러한 문제는 내부적으로도 감지되고 있었던 것 같다. 2000년에 같은 학회가 펴낸《조선시대 생활사 2》[5]의 서문에서 이수건은 생활사의 개념을 좀더 명확하게 밝히고 있다. 그에 따르면, 생활사가 학문적으로 독자성을 지니기 위해서는 "영웅호걸 중심이나 제도사적인 역사서술에서 벗어나 사회구성원 다수를 차지하는 일반인들의 살아가는 모습을 생생하게 복원하면서도 그 시대의 전체적인 시대상을 보여주는 '생활시대사'가 되어야 한다"는 것이다. 그는 이를 위해 2권에서는 1권과는 달리 철저히 구체적 연구와 케이스 스터디를 지향하되, 국가적 간섭이 적고 개인이 서로 접촉하면서 재화와 서비스를 교환하는 사적 생활 영역을 관찰하는 데 주력할 것임을 주장하고 있다(5~6쪽). 사실 1권과 2권은 각각이 다루는 주제나 사료의 성격에서 분명히 다른 점이 있다. 2권은 1권에 비해《주자가례》나《경국대전》같은 규범적 성향의 자료보다는《묵재일기黙齋日記》나《양아록養兒錄》등의 서술식 자료, 유서遺書, 나아가서는《춘몽전》같은 설화류나《빈상설》같은 신소설류 문학자료까지도 활용하고 있으며, 주제 면에서도 출산·육아·위생·부부생활·약국·질병 등 새로운 항목들이 많이 추가되고 있다(그러나, 제례, 풍속, 경제 등 여전히 상투적인 주제를 상투적인 방식으로 쓴 곳도 많다). 하지만 개념 규정에 있어서는, 사례 연구를 통해 위인 중심의 역사나 제도사에서 벗어나 개개인이 재화와 서비스를 교환하는 사적 생활 영역에 주목해야 한다는 진일보한 모습을 보이면서도 동시에 '생활시대사'란 모호한 용어를 사용함으로써 이해에 혼란을 주고 있다.

2001년에《일상으로 본 조선시대 이야기》를 펴낸 정연식은 보통사람들의 살아가는 모습이라는 상용적인 말을 '일상'이라는 키워드로 요약하였다.[6] 생활사에다 일상이라는 말을 접목시키는 것은 일견 간단한 일 같지만 사실 중요한 의미를 담고 있다. 그에 의하면, 대부분의 사람들은 매일매일 반복되는 자잘한 일상사 속에 파묻혀 살고 있는데, 이 "반복되는 사소한 것들의 역사"가 곧 생활사이다(6쪽). 거대한 변혁의 담론보다는 보통사람들의 일상적인 삶을 담는 것도 역사의 중요한 부분이라는 것이다. 그는 이러한 인식 아래, 새로운 주제를 발굴하고(아침 먹기, 신고식, 구경하기 등), 자료로서 일기류뿐만 아니라 도록, 문집, 잡기류까지도 두루 활용하고 있다. 하지만 대중을 의식해서인지 이야기가 지나치게 에피소드성으로 흘러 버리는 아쉬움도 남기고 있다.

물론 일상이란 말을 생활사와 연결한 것이 그가 처음은 아니다. 일찍이 신용하는 프랑스 아날학파와 독일 구조사학을 한국학계에 소개한 《사회사와 사회학》(1982) 내의 한 논문에서, 한국사회사의 중요 영역으로 '일상 사회생활의 역사'를 제시한 바 있다.[7] 종래의 역사는 국민의 일상 사회생활을 등한시하고 주로 중앙정치나 구조 등의 부문에 관심을 가져 왔으나 이는 "본질적으로 국민으로부터 유리된" 역사이기 때문에, "국민의 '다수'가 경험하고 '전형典型'을 나타내는 일상 사회생활의 역사"로 나아가야 한다고 역설한다('국민'이나 '사회생활'이라는 말이 현재의 감각으로는 좀 이상하게 들린다). 특히 그는 자신이 말하는 일상생활이란 장기 지속적 관점에서 의식주 등의 물질적 조건만을 고찰하는 브로델류의 일상생활의 구조가 아니라 단기 지속적인 '실생활'을 가리킨다고 명시하고 있다(573~575쪽). 하지만, 이러한 차별성 부여에도 불구하고, 그는 같은 글에서 사회사가 구조의 역사, 구조변동의 역사, 일상 사회생활의 역사를 모두 지향해야 한다고 말함으로써, 사론적 측면에서 볼 때 모호하고 실현 불가능한 주장을 펼치고 있는 것으로 보인다. 또한 이후 이러한 사론을 따르는 '일상 사회생활사'의 실제 작업이 진행되었다는 증거도 발견하기가 쉽지 않다.

앞서 서두에 소개한 우인수 역시 생활사란 "인간의 일상적인 생활모습과 생활양식 그리고 그 변화상을 추구하는 역사 연구의 한 분야"라고 간명하게 정의하면서 '일상'이란 말을 생활사에 직접적으로 연결시키고 있다. 그에 따르면, 생활모습이란 "겉으로 드러나는 생활의 구체적인 양태를 의미하고, 생활양식은 그 저변에 흐르는 일정한 방식을 의미한다." 또한 연구의 대상은 모든 사회구성원이 되어야 하겠지만, 기존의 연구에서 등한시되었던 보통사람, 여성, 어린이 등에 더 많은 관심을 기울이는 편이 바람직하다는 것이다(825쪽). 이 경우는 일상의 '표층'(생활모습)과 '구조'(생활양식) 양자를 모두 강조한다는 점에서 신용하와는 다른 견해를 피력하고 있는 것으로 보인다.

지금까지 몇몇 표본적인 저작물들을 중심으로 현재 한국사학계에서 논의되고 있는 생활사의 개념과 실제에 대해 살펴보았다. 사실 지나치게 간략하고도 인상적인 비평에 그치기는 했지만, 논의의 확대를 위해 이를 바탕으로 미진하나마 현재 한국사학자들이 생각하고 있는 생활사의 개념을 몇 가지로 간단히 요약해 보기로 하자. 1) 생활사는 보통사람들이 일상적으로 살아가는 모습을 '생생하게' 그려 내면서, 동시에 반복되는 일상의 저변에 존재하는 구조나 패턴까지도 연구 대상으로 삼는다. 2) 국가적·공적 측면보다는 개인의 사적 측면에 초점을 둔다. 3) 사례 연구를 지향한다. 4) 사료의 범위를 종래의 관찬자료나 규범적 성격의 자료를 넘어서서 일기, 문집, 잡기, 소설, 야사류 등 문학자료, 나아가서는 서화류까지도 망라하는 쪽으로 대폭 확대한다. 5) 분석적인 서술 방식보다는 이야기체를 지향한다. 물론 생활사와 관련하여 최근에 글을 쓴 학자들이 이 모두를 반영하고 있지도 않으며, 또 이러한 점들을 충분히 인식하고 있다고도 보이지는 않는다. 하지만 필자는 이상과 같이 정리한 사항들이 한국생활사의 실제에서 비록 단편적이지만 대략적으로 드러나는 경향이라 생각한다.

3——

그러면 앞으로 한국생활사는 어떤 방향으로 나아가는 것이 좋을까? 필자는 최근 서양사학계에서 논의되어 온 '새로운 역사학'(잠정적으로 이는 일상사, 문화사, 미시사를 아우르는 것으로 생각하자)의 관점에 기대어 이를 일상, 문화, 미시라는 세 가지 키워드로 접근해 보고자 한다. 일상에 대해 한국사학자들은 앞서 얘기한 대로 장기적·구조적 개념과 단기적·표층적 개념으로 나누어 생각하고는 있으나, 이에 대해서는 좀더 깊은 논의가 필요한 것으로 보인다.

먼저 일상이란 의식주처럼 가장 기본적인 물질생활의 형태로서, 매일 반복되며 특별한 성찰 없이 이루어지는 지속적 행위로 구성된다는 입장이 있을 수 있다. 이는 습관이라는 삶의 방식을 통해 긴장과 갈등을 해소하고 안정과 평온을 유지하는 세계이며, 새로운 것에 접함으로써 받는 충격을 완화시켜 주는 안정적인 삶의 장이기도 하다. 즉, 일상생활은 삶 속에서 일어나는 충격과 긴장 그리고 갈등을 반복되고 지속적인 생활의 틀 속으로 끌어들여 용해시키는 기능을 하고 있다는 것이다. 일상을 안정이 지배하는 정적인 영역으로 인식하는 이러한 일상 개념은, 예컨대 페르낭 브로델의 《물질문명·경제·자본주의》 (1979)와 독일의 보어샤이트가 일상사에 관해 쓴 1980년대의 글 등에

서 보이는데, 장기적·구조적·정적 일상이라고 규정지을 수 있겠다.[8]

하지만 최근에 들어 독일의 대표적인 일상사가인 뤼트케, 메딕, 카슈바 등은 일상을 유동적이고 역동적인 세계로 인식하기 시작하였다. 즉 일상은 결코 물질적 삶이 단순한 습관의 형태로 진행되는 폐쇄적 영역이 아니라는 것이다. 그것은 사람들 각자가 자신이 속한 계급이나 계층에 특수한 '문화적 생활방식'에 따라 삶의 현실을 끊임없이 경험하고 해석할 뿐만 아니라, 지속적으로 파생하는 긴장과 갈등 속에서도 부단히 변화를 모색하는 삶의 영역이다. 바꾸어 말해서, 일상이란 보통사람들이 문화적으로 형성된 삶의 실천 방식과 실천 전략을 통해 현실을 변화시키고 재구성하고자 하는 세계인 것이다.[9] 한국의 생활사는 대체로 정적인 개념에 머물고 있으므로, 일상의 역동성과 개인 혹은 소집단의 협상과 전략을 강조하는 이러한 측면에 더 큰 관심을 기울여야 한다고 생각된다.

이미 앞에서 '문화적 생활방식'이란 표현을 썼지만, 일상생활을 고찰하기 위해서는 무엇보다 그것을 '문화'란 프리즘을 통해 보는 것이 필요하다고 본다. 이때의 문화란 엘리트 계급이나 문명인이 향유한다고 생각하는 '고급한' 의미의 것이 아니라, 어떤 사회계층이든 나름대로 가지고 있는 특유한 삶의 방식을 지칭한다. 따라서 문화를 한국사에서 흔히 그리하듯이 정치, 사회, 경제와는 다른 어떤 한 부문 정도로 간주하는 것은 적절치 않다(사실, 생활사를 표방하는 한국사 저작들이 대개 그 편제를 사회생활, 경제생활 등으로 나누고 있는 것 자체가 상투적인 문화 개념에 젖어 있다는 증거이다). 최근의 '새로운 역사학'에 상당한 영향을 미치고 있는 기어츠류의 문화인류학적 관점에 의하면, 문화란 한 사회 속의 개인이나 집단이 다른 개인이나 집단, 혹은 근대국가나 시장경제와 같이 훨씬 거대한 세력에 대해 벌이는 협상과 전략의 방식들을 가리킨다. 그것이 종래의 정치든 경제든 어떤 '범주'에 속하든지 간에 나름대로의 삶을 위해 때로는 타협하고 때로는 저항하면서 스스로의 생활방식을 유지하거나 변화시켜 나가는 삶의 세밀한 그물망 같은 것을 문화라 일컫는 것이다. 이러한 의미에서의 '문화'는 총체적 범주로서의 개념이라기보다는 다기다양한 '문화들'이라고 보아야 할 것이다. 기어츠는 이러한 문화를 포착하는 방법으로 어떤 현상을 인과관계상에서 '설명'하는 것이 아니라 이른바 '촘촘한 묘사'를 통해 그 의미를 드러내는 편을 선호한다.[10]

'미시微視'라는 말은 본질적으로 관찰 규모를 축소하고, 문헌자료를 현미경적으로 세밀히 분석하는 연구 방식을 가리킨다. 따라서 미시사는 바로 이러한 방식을 채용하여 리얼리티에 접근하려는(나아가서 어떤 경우는 오직 이러한 방식으로만 리얼리티에 가까이 갈 수 있다고 생각하는) 역사 연구의 한 방식을 말하는 것이 된다. 왜 관찰의 척도를 축소해야 하는가? 사실 이는 일견 전혀 새로운 것이 아닌 것으로 보일 수도 있다. 이미 역사가들은 사례 연구라는 것을 해 왔기 때문이다. 하지만 '미시 분석'에 의거한 미시사가들이 행하는 방식은 종래의 사례 연구와는 확연히 다른 관점에 기초하고 있다. 기왕의 사례 연구는 어떤 일반적 개념을 예증하는 일례로서 기능하는 것이 보통이다. 이와 유사한 사례들이 많으면 그것이 입증한다고 생각하는 일반적 개념은 역사적 리얼리티에 더 접근한 것으로 간주된다. 이러한 종류의 사례는 비유하자면 큰 그림을 이루는 작은 조각 그림의 역할로서, 토마스 쿤 식으로 말하자면 '정상과학'을 유지하기 위한 퍼즐 맞추기의 일환이다(예컨대, 20세기 후반기 내내 한국사학계의 변함없는 화두였던 자본주의 맹아론을 '입증'하기 위한 다양한 사례 연구를 들 수 있겠다). 반면, 미시사가들의 사례 연구는 어떤 '잘 경계지워진' 개인이나 집단을 대상으로 그들의 제의나 행위들을 내적 네트워크의 시각에서 분석·기술함으로써 흔히 일반화의 과정에서 상실될 법한 그들만의 독특한 정체성을 발굴해 내고, 이에 바탕하여 그들이 보다 거대한 외부의 조류에 어떻게 반응했는지, 그리고 그 역사적 의미가 무엇인지를 세세히 밝혀내고자 하는 것이다. 따라서, 미시사는 역사의 거대 구조 속에 행위자를 묻어 버리기보다는 그들 개개인의 이름을 추적하는 실명적·집단전기학적 역사, 판박이 사례를 수집하는 계량적 분석보다는 독특한 한 사례에 담긴 삶의 세절細切을 드러내는 질적 분석, 엘리트적 사료관에 근거한 종래의 실증 방식을 지양하고 사료 역시 권력에서 자유로울 수 없다는 인식 아래 보다 폭넓은 입증 방식을 인정하는 가능성의 역사, 역사가 자신의 완결된 해석을 일방적으로 독자에게 제시하기보다는 사료를 분석해 가는 과정 자체를 글쓰기에 반영함으로써 해석에 이르는 다양한 경로들을 독자와 공유하고자 하는 다성적多聲的 목소리를 가진 이야기체의 역사가 된다.[11]

일상·문화·미시의 세 키워드는 원래 독일·미국·이탈리아에서 최근 약 30년간에 걸쳐 이루어진 '새로운 역사학'의 개념을 압축적으로 보여주는 단어들이지만, 이들은 차이점보다 공통점을 훨씬 더 많이 가지고 있다. 이 셋은 위인·남성·엘리트 위주의 정치적 사건사를 거부한다는 측면에서 모두가 일상사이며, 행위자로서의 인간을 고정적이고 불변적인 사회적 범주가 아니라 시공간적으로 끊임없이 변하는 역사적 존재로 본다는 점에서 모두가 문화사이며, 장기 지속적 구조와 거대한 역사적 흐름 속에 망각되어 온 개인과 소집단들을 역사의 무대에 불러내어 그들의 삶과 그 의미를 조명한다는 입장에서 모두가 미시사인 것이다. 뤼트케는 반정부적 편향의 사회민주주의 운동권에 속한 노동자 대부분이 1914년의 전쟁을 지지했다거나, 1933년의 노동자들이 나치 지지 일변도였다는 사실을 편지와 같은 사적 자료의 분석이나 심층면담의 방법을 이용하여 새로이 해석하였다. 즉, 군인이 된 노동자들이 노동계급으로서의 사회적 범주에 따라 움직이기보다는 전장에서 자신들이 처한 현실에 적응하는 과정을 통해 스스로를 변모시켰다는 점을 밝혀냄으로써 일상이 개인에게 어떻게 작용하는가에 대한 모범적 예를 보여주었다.[12] 데이비스는 평범한 16세기 프랑스의 한 여인 베르뜨랑드와 남편을 사칭한 아르노, 그리고 마지막 순간에 돌아온 진짜 남편 마르땡 게르를 둘러싼 특이한 재판사건을 베르뜨랑드의 관점에서 재해석하여, 전근대의 '무식한' 농민여성도 스스로의 삶에 대해 비록 제한된 테두리 안에서나마 나름의 전략을 가지고 때로는 저항하고 때로는 협상하면서 '자기 만들기'의 과정을 경험했다는 것을 보여줌으로써, 수동적 행위자로서의 개인이라는 이미지를 반전시키는 데 크게 기여하였다.[13] 긴즈부르그는 이탈리아 북동부의 한 마을에 살았던 메노키오라는 역시나 평범한 인물의 평범하지만은 않은 이력과 행적을 면밀히 추적하여, 그의 '이단적' 믿음이 사실은 시베리아 샤먼에까지 거슬러올라가는 풍농제의 흔적이라는 것을 입증하려고 시도함으로써 상징적 역사 해석과 민중문화사로의 길을 열었다.[14]

결국, '새로운 역사학'은 일찍이 아날의 창시자인 마르끄 블로끄가 제창했으나 아이러니컬하게도 아날을 제국화 한 브로델에 의해 뒤쪽으로 밀려나 버린 '인간의 얼굴을 한 역사'를 주창하는 것이라고 볼 수 있다(브로델이 그런 생각을 한 적이 없다는 일부의 사학사적 견해에 대해서는 잠시 논외로 하자). 사람의 냄새를 맡을 수 있는 역사, 사람의 흔적이 생생하게 살아있는 역사, 어떤 계층의 사람도 잊히지 않는 역사를 쓰기 위해서는 종래의 정치사, 경제사, 사상사, 사회사로는 부족하다는 것이다. 역사 속에는 정치적 사건과 물질적 조건과 사회적 범주라는 통로로는 파악하기 어려운 복잡다단한 리얼리티가 존재하며, 이는 일상사, 문화사, 미시사의 새로운 역사학으로 접근해야 한다는 것이다.

4—

다시 생활사에 대한 논의로 돌아가 보자. '새로운 역사학'은 한국생활사의 개념과 방향에 어떤 시사점을 던져 주고 있는가? 필자는 한국생활사가 보다 풍부한 성과를 얻기 위해서는 우선 개념·방법·이론이라는 측면에서 자기 성찰을 심화해 나가야 한다고 생각한다. 이 과정에서 서양의 경험이 우리가 주목해야 할 모형들 중 하나가 될 수도 있을 것이다. 이런 관점에서 약간 부언의 느낌이 있지만, 향후 한국생활사의 길을 몇 가지 구체적으로 요약해 보기로 하자.

첫째, 현재 생활사(때로는 미시사나 문화사)란 이름 아래 가장 많이 유행하고 있는 형식으로 '~의 역사'가 있다. 예컨대, 설탕의 역사는 적절한 의미에서의 생활사라 할 수 있을까? 만일 한국에 설탕이 언제 들어왔으며 얼마나 생산되었는지, 그 가격은 어떠했는지 등과 같은 물질적 조건만을 따진다면, 그것은 아마도 브로델류의 구조적 일상사에 머물고 말 것이다. 우리는 이를 넘어서서 설탕이 들어옴으로써 이 땅의 사람들의 입맛이 어떻게 바뀌어 갔는지, 좀더 일반적으로 말하자면 그것이 어떻게 기존의 일상으로 편입되면서 습관화되어 갔는지를 물어야 할 필요가 있다. 이 과정의 '이야기'가 다양한 형태로 제시된다면 금상첨화이리라. 물질(물건)의 역사가 생활사로 인정받으려면 이야기의 주체가 물건이 아닌 그것을 소비한 사람들이 되어야 한다는 것이다.

둘째, 일상은 반복적이지만 일상사로서의 생활사는 결코 반복되는 정적 구조만을 다루어서는 미흡하다고 본다. 일상 속의 미시적 생존 전략이라는 차원에서 접근할 필요가 있다. 이런 이유 때문에, 새로운 역사학이 종종 일견 특이하게 보이는 '사건'을 연구 주제로 삼는 것이다(데이비스의《마르땡 게르의 귀향》, 단턴의《고양이 대학살》 등을 볼 것). 하지만 궁극적 목적은 사건에 있는 것이 아니라 그것을 창으로 하여 바라보는 일상성의 의미를 찾는 데 있다. 이러한 측면에서 볼 때, 흔히 한국생활사의 실제에서 보듯이 백과사전의 항목과 같이 무슨 무슨 생활로 분류하고 그것에 관한 사항들을 집필하는 방식은 별로 바람직하지 않다고 생각한다.

셋째, 주제를 종래의 정치, 경제, 사회의 범주에서 선택하기보다는 모든 행위가 문화적 텍스트라는 관점에서 의례, 민속, 의료, 주술, 기생, 빈민, 노비, 집단심리 등 지금까지 주변적으로 간주되었던 대상들로 연구 대상을 넓혀 나가는 편이 좋다고 생각된다. 예컨대, 여성의 경우, 피임, 달거리, 임신, 성병 등 의료적 주제를 의식적으로 고를 필요가 있다.

넷째, 사료의 범위를 대폭 늘려야 할 필요가 있다. 사실 어떤 주제를 어떻게 탐색하는가에 따라 모든 것이 사료가 될 수 있다. 관찬자료나 유명 지식인의 역사서술 등이 더 중요하고 객관적이라는 전통적인 위계 개념은 더 이상 받아들여지지 않고 있다. 사료의 객관성이란 절대적인 기준에 의한 것이 아니다. 일기, 문집, 잡기, 야사, 서화 등도 사용하기에 따라서 얼마든지 훌륭한 사료가 될 수 있다. 특히 현대사의 경우, 구술자료가 결정적 역할을 할 수가 있다(한국에서 구술사의 중요성은 더욱 강조되어야 한다고 본다). 한국역사연구회의 '어떻게 살았을까' 시리즈나 정연식의 《일상으로 본 조선시대 이야기》 속의 글에는 각주가 붙어 있지 않은데, 이는 물론 일반 독자를 위한 배려에서 그렇게 한 것일 수 있겠지만, 혹시나 글쓰기에 참고한 자료들이 '학문적'인 기준에 미비하다고 느낀 데 그 이유의 일단이 있는 것은 아닌가 하는 의구심이 들기도 한다. 역설적인 얘기지만, 앞으로는 당당히 주를 단 생활사 서술이 나오기를 기대한다.

다섯째, 생활사에 대한 논의를 촉발시키기 위해, 예컨대 '일제하에서 과연 보통사람들은 일상적으로 어떤 삶을 영위해 갔느냐'는, 한국사에서는 매우 민감한 주제를 우선적으로 연구할 필요가 있다고 생각한다. 이는 친일파 문제와도 깊이 관련되기 때문에 한국사학계 전체를 논쟁의 장으로 끌어들이게 될 여지가 있다. 생활사의 개념을 확립하기 위해서는 많은 사람들이 관심을 가지는 큰 주제를 연구 대상으로 삼아 열띤 논전 속에서 그 가능성을 시험해 보는 '지적 모험'이 요구된다는 뜻이다.[15]

* ——

현재 한국에서 일고 있는 생활사에 대한 관심이 단지 서양풍을 따르는 일시적인 유행이라고만 보기는 어렵다. 필자에게는 이러한 경향이 이데올로기 투쟁으로 점철된 7~80년대로 한국현대사의 한 시대가 끝나고 그와는 성격이 다른 한 시대로 넘어가고 있는 징후로 보인다. 물론 과거의 모든 잔재와 흔적들이 말끔히 정리된 것은 아니다. 친일파며 파시즘의 문제 같은 암울한 역사의 그림자들이 우리 주위에 여전히 남아 있다. 하지만, 이제는 같은 문제에 대해서도 시각을 달리하여 볼 때라 생각한다. 시각을 달리하면 문제의 설정도 달라지고 또 다른 해결책이 나타날 수도 있다. 역사가 시대에 따라 다시 쓰이는 이유도 여기에 있다. 한국에서 생활사가 이러한 시대적 요청에 부응하는 한 가능성이 되기를 기대한다(곽차섭).

주

서설

1 이러한 경향에 대해 간략하지만 최초로 국내에 소개한 글로서는 다음이 있다. 임상우·조한
욱·곽차섭·조지형, 〈신문화사, 새로운 역사학인가〉, 이화사학연구소 제21회 학술강연회 발
표집(이화여대, 1996. 11. 5). 이 글들은 《이화사학연구》 23/24합집(1997): 7~38에 재수록되어
있다. 독일의 미시사적 접근방식에 대한 글로는 다음이 있다. 김기봉, 〈미시사—하나의 '포스
트모던적' 역사서술?〉《역사교육》 61집 (1997): 107~137. 독일 일상사와 영미·프랑스 문화사
를 소개한 것으로는 다음을 볼 것. 안병직 외, 《오늘의 역사학》(한겨레신문사, 1998). 문화사학
회, 《역사와 문화》 1(2000) 내의 다양한 글들도 볼 것.

2 Carlo Ginzburg, *Il formaggio e i vermi. Il cosmo di un mugnaio del'500* (Torino, 1976); Eng. tr.: *The Cheese and
the Worms: The Cosmos of a Sixteenth-Century Miller*, trs. John & Anne Tedeschi (Baltimore, 1980); 현재 문학
과지성사에서 우리말로 번역 중이다.

3 Paola Zambelli, "Uno, due, tre, mille Menocchio?" *Archivio storico italiano* 137 (1979): 51~90; Idem., "From
Menocchio to Piero della Francesca: The Work of Carlo Ginzburg," *Historical Journal* 28 (1985): 983~999 (이
글은 본서 6장에 번역해서 실었다).

4 Carlo Ginzburg, *I benandanti. Stregoneria e culti agrari tra Cinquecento e Seicento* (Torino, 1966; 2a ediz., Torino,
1972); Idem., *Storia notturna. Una decifrazione del sabba* (Torino, 1989). 긴즈부르그의 주요 저작들을 미
시사적 관점에서 비교적 자세히 분석한 최근의 연구로는 다음이 있다. 곽차섭, "까를로 긴즈
부르그와 미시사의 도전", 《부산사학》 34집 (1998): 227~257 (본서 7장).

5 Natalie Zemon Davis, *The Return of Martin Guerre* (Cambridge, Mass., 1983). 최근 국역이 나왔다. 내털리
제이먼 데이비스, 《마르탱 게르의 귀향》, 양희영 옮김(지식의 풍경, 2000). 영화 〈마르탱 게르의
귀향〉의 내용을 장-끌로드 까리에르와 다니엘 비뉴가 책으로 쓴 《마르땡 게르의 귀향》, 박인
철 옮김(영웅, 1992)도 참조하면 된다.

6 Robert Finlay, "The Refashioning of Martin Guerre," *American Historical Review* 93 (1988): 553~571 (본서 8
장에 번역·수록되어 있음).

7 N. Z. Davis, "On the Lame," *American Historical Review* 93 (1988): 572~603 (본서 9장에 번역·수록되어 있음).

8 N. Z. Davis, *Society and Culture in Early Modern France: Eight Essays by Natalie Zemon Davis* (Stanford, 1965); Idem., *Women on the Margins: Three Seventeenth-Century Lives* (Cambridge, Mass., 1995).

9 Giovanni Levi, *L'eredità immateriale. Carriera di un esorcista nel Piemonte del Seicento* (Torino, 1985); Eng. tr.: *Inheriting Power: The Story of an Exorcist*, tr. Lydia G. Cochrane (Chicago, 1988).

10 E. P. Thompson, "The Moral Economy of the Crowd," *Past & Present* 50 (1971): 76~136.

11 Pietro Redondi, *Galileo eretico* (Torino, 1983); Eng. tr.: *Galileo: Heretic*, tr. Raymond Rosenthal (Princeton, 1987).

12 V. Ferrone & M. Firpo, "Galileo tra inquisitori e microstorici," *Rivista storica italiana* 97 (1985): 177~238; Idem., "From Inquisitors to Microhistorians: A Critique of Pietro Redondi's *Galileo eretico*," *Journal of Modern History* 58 (1986): 485~524. 이에 대한 레돈디의 반론과 페로네-피르뽀의 재반론에 관해서는 다음을 볼 것. P. Redondi, "Galileo eretico: anatema," *Rivista storica italiana* 97 (1985): 934~956; V. Ferrone & M. Firpo, "Replica," *Rivista storica italiana* 97 (1985): 957~968.

13 여기 소개된 것 외에 통상 중요한 미시사적 연구 성과로 거론되는 것들 중에는 다음과 같은 저작들이 있다. Emmanuel Le Roy Ladurie, *Montaillou* (Paris, 1975); Fulvio Tomizza, *La finzione di Maria* (Milano, 1981); David Warren Sabean, *Power in the Blood: Popular Culture and Village Discourse in Early Modern Germany* (Cambridge, 1984); Judith Brown, *Immodest Acts* (Baltimore, 1985); Gene Brucker, *Giovanni and Lusanna: Love and Marriage in Renaissance Florence* (Berkeley, 1986).

14 Clifford Geertz, "Thick Description," in his *The Interpretation of Cultures* (New York, 1973). 최근 이 저작의 국역본 《문화의 해석》, 문옥표 옮김 (까치, 1998)이 나왔다. 하지만 미시사와 기어츠와의 관계에 대해서는 특히 이탈리아 학자 가운데 그의 상대주의적 입장을 비판하는 시각도 있다. 본서 2장의 조반니 레비의 글을 볼 것.

15 페르낭 브로델, 《물질문명과 자본주의》, 주경철 옮김, 전 6권 (까치, 1996~1997).

16 Lawrence Stone, "The Revival of Narrative: Reflections on a New Old History," *Past & Present* 85 (1979): 3~24.

17 C. Ginzburg, "Spie. Radici di un paradigma indiziario," in *Crisi della ragione*, a cura di A. Gargani (Torino, 1979), pp. 59~106 (본서 4장에 번역·수록되어 있음).

18 Edoardo Grendi, "Micro-analisi e storia sociale," *Quaderni storici* 35 (1977): 512.

19 백승종, 《한국사회사연구》 (일조각, 1996); 이 책에 대한 이해준의 서평, 《역사학보》 156집 (1997): 392~396; 이해준의 서평에 대한 백승종의 반론, 〈조선후기 사회사의 미시적 연구〉, 《역사학보》 157집 (1998): 289~295.

20 김윤심, 《부끄러운 건 우리가 아니고 너희다: 전 일본군 위안부 할머니의 수기》 (작은책, 1997); 《강제로 끌려간 조선인 군위안부들》 (한울, 1993); 《짓밟힌 인생의 외침》 (북한에서 간행). 변영주 감독의 다큐멘터리 〈낮은 목소리〉 3부작 역시 귀중한 자료이다.

21 최근 규장각 소재 검안을 모두 분류하여 본격적인 연구의 시금석으로 삼고자 한 연구가 나왔다. 김호, 〈규장각 소장 '검안'의 기초적 검토〉, 《조선시대사학보》 4집 (1998): 155~229. 검안

뿐 아니라 추안·국안 및 교안 역시 많이 남아 있다.

22 특히 범죄 관련 자료를 미시사적으로 연구한 논문들에 대해서는 다음이 참조된다. Edward Muir & Guido Ruggiero, eds., *History from Crime*, trs. C. B. Curry et al. (Baltimore, 1994).

23 Carlo Ginzburg & Carlo Poni, "The Name and the Game: Unequal Exchange and the Historiographic Market place," in *Microhistory and the Lost Peoples of Europe*, eds. Edward Muir & Guido Ruggiero (Baltimore, 1991), pp. 1~10 (본서 1장에 번역·수록되어 있음).

제1부 1장 이름과 시합

1 K. Pomian, "L'histoire de la science et l'histoire de l'histoire," *Annales: Economies, Sociétés, Civilisations* 30 (1975): 952.

2 F. Venturi, *Settecento riformatore. Da Muratori a Beccaria* (Torino, 1969), pp. xvii~xviii.

3 D. Herlihy & C. Klapisch-Zuber, *Les toscans et leurs familles* (Paris, 1978). 이 책은 다음의 제목으로 간추려 영역되었다. *Tuscans and Their Families: A Study of the Florentine Catasto of 1427* (New Haven, 1985). 엘리오 꼰띠는 이 글이 나온 이후에 *L'imposta diretta a Firenze nel Quattrocento (1427~1497)* (Roma, 1984)를 완성하였다.

4 S. E. Kaplan, *Bread, Politics and Political Economy in the Reign of Louis XV* (The Hague, 1976), pp. xx~xxi.

5 T. S. Kuhn, *The Structure of Scientific Revolutions*, 2nd ed. (Chicago, 1970).

6 J. Goody, *The Domestication of the Savage Mind* (Cambridge, 1977).

7 C. Lévi-Strauss, *Structural Anthropology* (Garden City, N.Y., 1967), p. 24.

8 L. Henry, *La population de Crulai, paroisse normande*, Travaux et documents de l'INED (Paris, 1958).

9 이 글에 언급된 연구 내용은 다음에 간략하게 요약되어 있다. C. Ginzburg & M. Ferrari, "La colombara ha aperto gli occhi," *Quaderni storici* 38 (Aug. 1978): 631~639.

10 L. Stone, "Prosopography," *Daedalus* 100 (1971): 46~79.

11 E. Grendi, "Micro-analisi e storia sociale," *Quaderni storici* 35 (May-August 1977): 512.

12 Stone, "Prosopography," p. 59.

13 다음을 볼 것. C. Ginzburg, "Spie. Radici di un paradigma scientifico," *Rivista di storia contemporanea* 7 (1978): 1~14. 보다 확장된 판은 다음을 볼 것. *Ombre rosse* 29 (1979): 80~107; A. Gargani, ed., *Crisi della ragione* (Torino, 1979), pp. 57~106; Ginzburg, *Miti, Emblemi, Spie. Morfologia e storia* (Torino, 1986), tr. as "Morelli, Freud and Sherlock Holmes: Clues and Scientific Method," *History Workshop* 9 (1980): 5~36. 마지막 글은 다음에도 수록되어 있다. *The Sign of Three: Dupin, Holmes, Peirce*, eds. Umberto Eco & Thomas A. Sebeok (Bloomington, Ind., 1983), pp. 81~118. 하지만 가장 훌륭한 영역은 다음의 글이다. "Clues: Roots of an Evidential Paradigm," in Ginzburg, *Clues, Myths, and the Historical Method*, trans. John Tedeschi & Anne C. Tedeschi (Baltimore, 1989), pp. 96~125. 다음도 볼 것. C. Poni, "Innovazione contadina e controllo padronale," presented to the Arbeitsprozesse colloquium, Göttingen (June 22~28, 1978).

1 그 작업은 두 종류의 간행물을 중심으로 이루어졌는데, 1981년부터 또리노의 에이나우디 출판사에서 간행된 《미시사Microstorie 총서》와, 볼로냐의 일 물리노 출판사가 간행하는 《역사잡지Quaderni Storici》가 그것이다.

2 L. Wittgenstein, *On Certainty* (Oxford, 1969), § 625.

3 따라서 나는 모든 전위적 역사 작업을 긍정적으로 보는 조앤 스캇 ('History in Crisis? The Others' Side of the Story," *American Historical Review* 94[1989]: 680~692)의 입장에는 반대한다. 다음에서 보는 것처럼 그녀의 논문은 어떤 특별한 전망 없이 새로운 국면을 시작하자고 요청하면서 끝난다. "만약 과거에 대해 서로 다른 역사적 경험에 기초한 여러 가지 서로 다른 이야기들이 정말로 화해할 수 없다면, 그럼에도 불구하고 과거에 대해 정연하고 체계적으로 사고할 수 있는 길이 있을까?…… 이 질문에 대답할 수는 있지만, 그것은 다만 역사학 자체가 변화하고 있는 학문이라는 생각이 받아들여질 때에만 그러하다" (pp. 691~692). 그러나 '창조적 탐구' 외에 어떤 답이 있을까?

4 F. Barth, ed., *Scale and Social Organization* (Oslo-Bergen-Tromso, 1978), p. 273.

5 F. Venturi, "Lumi di Venezia," *La stampa* (Torino, 27 gennaio 1990).

6 완전한 문장은 다음과 같다: "인류학자들은 마을 (부족, 도시, 인근지방……)에 관해서 연구하는 것이 아니라 마을 안에서 연구한다." C. Geertz, *The Interpretation of Cultures* (New York, 1973), p. 22를 볼 것.

7 G. Levi, "Un problema di scala," in *Dieci interventi di Storia Sociale* (Torino, 1981), pp. 75~81.

8 P. Redondi, *Galileo eretico* (Torino, 1983); Eng. tr.: *Galileo: Heretic*, tr. Raymond Rosenthal (Princeton, 1987).

9 C. Ginzburg, *Indagini su Piero: Il Battesimo, Il ciclo di Arezzo, la Flagellazione di Urbino* (Torino, 1981); Eng. tr.: *The Enigma of Piero: Piero della Francesca: The Baptism, the Arezzo Cycle, the Flagellation*, trs. Martin Ryle & Kate Soper (London, 1985).

10 R. Merzario, *Il paese stretto. Strategie matrimoniali nella diocesi di Como secoli XVI~XVIII* (Torino, 1981).

11 F. Ramella, *Terra e telai. Sistemi di parentela e manifattura nel Biellese dell' Ottocento* (Torino, 1984).

12 G. Levi, *L'eredità immateriale. Carriera di un esorcista nel Piemonte del Seicento* (Torino, 1985); Eng. tr.: *Inheriting Power: The Story of an Exorcist*, tr. Linda Cochrane (Chicago-London, 1988).

13 C. Geertz, "Thick Description: Toward an Interpretive Theory of Culture," in Geertz, *Interpretation of Cultures*, pp. 3~31.

14 J. Clifford, "On Ethnographic Authority," *Representations* I (1983): 122~139.

15 M. Heidegger, *Holzwege* (Frankfurt, 1950); Italian tr.: *Sentieri interotti* (Firenze, 1968).

16 G. Vattimo, *Introduzione a Heidegger* (Bari, 1985).

17 C. Geertz, "The Growth of Culture and the Evolution of Mind," in J. Scher, ed., *Theories of the Mind* (Glencoe, 1962), pp. 713~740; Geertz, *Interpretation of Cultures*, pp. 55~85에 재수록

18 C. Geertz, "Anti Anti-Relativism," *American Anthropologist* 86 (1984): 263~278.

19 M. Foucault, *Les Mots et les choses: archéologie des sciences humaines* (Paris, 1966)

20 P. Rabinow, *Reflections on Fieldwork in Morocco* (Berkeley-Los Angeles, 1977).

21 R. Darnton, *The Great Cat Massacre and Other Episodes in French Cultural History* (New York, 1984). 또한 그의 논문 "The Symbolic Element in History," *Journal of Modern History* 58 (1986): 218~234 그리고 R. Chartier, "Text, Symbols, and Frenchness," *Journal of Modern History* 57 (1985): 682~695와 아울러 G. Levi, "I pericoli del Geertzismo," *Quaderni storici* 20 (1985): 269~277을 볼 것.

22 C. Geertz, *Local Knowledge: Further Essays in Interpretive Anthropology* (New York, 1983), pp. 121~146.

23 C. Geertz, "Deep Play: Notes on the Balinese Cockfight," *Daedalus* 101 (1972): 1~37. Geertz, *Interpretation of Cultures*, pp. 412~454에 재수록.

24 L. Stone "The Revival of Narrative: Reflections on a New Old History," *Past & Present* 85 (1979): 3~24.

25 아르날도 모밀리아노 ("La retorica della storia e la storia della retorica. Suitropi di Hayden White," in Momigliano, *Sui fondamenti della storia antica*[Torino, 1984], pp. 464~476)와 헤이든 화이트 (*Metahistory* [Baltimore, 1973)] 사이의 논쟁이 생각난다. 그렇지만 이 논쟁에서 모밀리아노는 진실과 수사간의 대립을 지나치게 강조한다. 논쟁적인 이론의 문제들은 실제적인 역사서술에서 중요하며, 화이트가 주장한 바와 같이 사실주의적 태도와 반드시 양립할 수 없는 것은 아니다.

26 C. Ginzburg & A. Prosperi, *Giochi di pazienza. Un seminario sul 'Beneficio di Cristo'* (Torino, 1975).

27 H. James, *In the Cage* (London, 1898).

28 E. Gellner, "Concepts and Society," in B. R. Wilson, ed., *Rationality* (Oxford, 1970), pp. 18~49, 특히 p. 24.

29 Geertz, "Deep Play."

30 J. Revel, "L'histoire au ras du sol," introduction to G. Levi, *Le Pouvoir au village* (Paris, 1989), pp. i~xxxiii.

31 J. G. A. Pocock, *The Machiavellian Moment: Florentine Political Thought and the Atlantic Republican Tradition* (Princeton, 1975)과 *Virtue, Commerce, and History: Essays on Political Thought and History, Chiefly in the Eighteenth Century* (Cambridge, 1985) 참조. 또한 Q. Skinner, "Hermeneutics and the Role of History," *New Literary History* 7 (1975~1976): 209~232와 Skinner, *The Foundations of Modern Political Thought: The Renaissance* (Cambridge, 1978)를 참조.

32 R. Needham, *Reconnaissanace* (Toronto-Buffalo-London, 1980).

33 M. Gribaudi, *Mondo operaio e mito operaio. Spazi e percorsi sociali a Torino nel primo Novecento* (Torino, 1987).

34 Merzario, *Il paese stretto* (1981).

35 R. Ago, *Un feudo esemplare. Immobilismo padronale e astuzia contadina nel Lazio del' 700* (Roma, 1988).

36 E. Grendi, "Micro-analisi e storia sociale," *Quaderni Storici* 7 (1972): 506~520, 그리고 Polanyi. *Dall' antropologia economica alla microanalisi storica* (Milano, 1978).

37 C. Ginzburg, "Spie. Radici di un paradigma indiziario," in A. Gargani, ed., *Crisi della ragione* (Torino, 1979), pp. 59~106; repr. in Ginzburg, *Miti Emblemi Spie. Morfologia e storia* (Torino, 1986), pp. 158~209; Eng. tr.: *Clues, Myths, and the Historical Method*, trs. John & Anne Tedeschi (Baltimore, 1989), pp. 96~125 (본서 4장에 번역·수록되어 있음).

38 C. Ginzburg & C. Poni, "Il nome e il come: scambio ineguale e mercato storiografico," *Quaderni Storici* 14 (1979): 181~190 (본서 1장에 번역·수록되어 있음). 최초의 간략한 선언인데, 지금 읽으면 미시사의 실제 분야에서 뒤이어 작업을 하면서 크게 바뀐 듯한 느낌을 준다.

39 J. Revel, "L'histoire au ras du sol," in Levi, *Le pouvoir au village* (1989).

제1부 3장 미시사에 대하여 내가 알고 있는 두세 가지 것들

1 레비는 자신이 줄리오 에이나우디와 내가 함께 1974년, 1975년, 혹은 1976년에 그 시리즈에 대한 첫 토론을 했던 것으로 기억하고 있지만, 이는 잘못된 것이다. 나의 다음 글을 볼 것. "Il piccolo, il grande, il piccolo. Intervista a Giovanni Levi," *Meridiana* (Sept. 1990): 229.

2 이는 UCLA 도서관 목록을 컴퓨터 처리하는 프로그램인 ORION 덕분이었다.

3 다음을 볼 것. George R. Stewart, *Not So Rich as You Think* (Boston, 1968); *Man: An Autobiography* (New York, 1946); *The Year of the Oath: The Fight for Academic Freedom at the University of California* (1952; Berkeley, 1971). 맨 뒤의 책에서 거명되고 있지는 않지만, 우리는 칸토로위치의 존재를 쉽사리 알아볼 수 있다. 다음과 비교해 볼 것. Ernst Kantorowicz, *The Fundamental Issue: Documents and Marginal Notes on the University of California Loyalty Oath* (San Francisco, 1950): "여기서 나는 '서약의 해The Year of the Oath'의 역사를 쓰고자 하지는 않았다. 이는 스튜어트 교수가 훌륭하게 다룬 바 있다." (p. 1)

4 Stewart, *Names on the Land* (1945; New York, 1967) and *American Place-Names* (New York, 1970). 다음도 볼 것. Madison S. Beeler, "George R. Stewart, Toponymist," *Names* 24 (June 1976): 77~85; Joseph M. Backus, "Interview: George R. Stewart on Names of His Characters," *Names* 9 (Mar. 1961): 53~57; John Caldwell, *George R. Stewart* (Boise, Idaho, 1981).

5 Stewart, "The Regional Approach to Literature," *College English* 9 (Apr. 1948): 370~375.

6 Stewart, *Pickett's Charge: A Microhistory of the Final Charge at Gettysburg, July 3, 1863* (Boston, 1959), p. viii.

7 윗글, p. ix.

8 Luis González, *Pueblo en vilo: Microhistoria de San José de Gracia* (Guanajuato, Mexico, 1968): "La pequeñez, pero la pequeñez típica." (p. 2). 로이요에 관한 언급은 p. 16을 볼 것.

9 González, "El arte de la microhistoria," *Invitación a la microhistoria* (Mexico City, 1973), pp. 8~53; "Teoria de la microhistoria," *Nueva invitación a la microhistoria* (Mexico City, 1982), pp. 31~46. 최근 다른 멕시코 간행물에서 곤잘레스의 저서에 대해 뚜렷한 반향을 보이고 있는 예로는 다음이 있다. Luis Aboites, *La revolución mexicana en Espita, 1910~1940: Microhistoria de la formación del Estado de la revolución* (Tlalpan, 1982).

10 González, "El arte de la microhistoria," pp. 12, 14.

11 윗글, p. 13.

12 Fernand Braudel, "Histoire et sociologie," *Traité de sociologie*, ed. Georges Gurvitch, 2 vols. (Paris, 1958~1960), 1:86, 92; trans. Sarah Matthews, under the title "History and Sociology," in *On History* (Chicago, 1980), pp. 67, 74; Rept. in part in Braudel, "Hisroire et sociologie," *Écrits sur l'histoire* (Paris, 1969), pp. 97~122.

13 Braudel, "History and Sociology," pp. 74~75. 다음도 볼 것. Braudel, *Le Mediterranée et le monde mediterranéen à l'époque de Philippe II* (Paris, 1949); trans. Siân Reynolds, under the title *The Mediterranean and the Mediterranean World in the Age of Philip II* (New York, 1972).

14 Maria Pia Di Bella, Michel Bée, Raffaella Comaschi, Lucette Valensi, Michelle Perrot의 논문들이 수록된

"Fait divers, fait d'histoire"라는 제목의 장을 참조할 것 (*Annales: Économies, sociétés, civilisations* 38 [July~Aug. 1983]: 821~919). 이들 논문에 대한 서문에서 마르끄 페로는 '잡다한 사건fait divers'에 대한 분석을 미시사 저작들과 유사한 것으로 보고 서로 전도된 면이 있기는 하지만 동시에 상호보완적인 것으로 간주하고 있다. 페로는 같은 호에 실린 논문 ("Fait divers et histoire au XIXe siècle," p. 917)에서 앞서 인용된 브로델의 말을 언급하고 있다.

15 여전히 오늘날 그 용어는 냉소적인 의미를 담고 있다는 비판에서 벗어날 수 없다. 이 점은 다음에서 인용된 문장에도 나타나고 있다. 예를 들면 Georges Charachidzé, *La Mémoire indo-européene du Caucase* (Paris, 1987): "Ce que j'avais voulu appeler, par jeu, 'microhistoire'" (p. 131).

16 Raymond Queneau, *Les Fleurs bleues* (Paris, 1965), pp. 84~85. 만약 내가 잘못 이해하지 않았다면, 이 구절과 관련하여 로마노가 인용한 (Ruggiero Romano, "Un Mod§ le pour l'histoire,"in Raymond Queneau, ed., *Andrée Bergens* [Paris, 1975], p. 288) 브로델의 텍스트들에는 미시사보다 사건사라는 말이 더 적절하다.

17 González, *Les Barri res delaé solitude: Histoire universelle de San José de Gracia, village mexicain*, trans. Anny Meyer (Paris, 1977).

18 *Grande dizionario della lingua italiana*, ed. Salvatore Battaglia, 10 vols. (Torino, 1961~1978), 10:365는 'microstoria'라는 항목 ('전문 항목'으로 분류되어 있다) 아래 이 구절을 언급하고 있다. 여기서 제시되고 있는, "특히 간단명료한 역사이자 알맹이만 추린 요약 설명"이라는 정의는 매우 불만스럽다.

19 Primo Levi, *The Periodic Table*, trans. Raymond Rosenthal (1975: New York, 1984), p. 224.

20 Italo Calvino, *Il barone rampante* (Milano, 1985). Levi, *Opere*, 3 vols. (Torino, 1987~1990)의 서문 (1: xvii)에서 체사레 까세스는 이 같은 유사점을 놓치지 않고 있다. 견습작가인 레비에 관한 깔비노의 관심사에 대해서는 Calvino, *I libri degli altri: Lettere, 1947~1981*, ed. Giovanni Tesio (Torino, 1991), pp. 382~383과 (이와는 매우 다른 색조의) *Il sistema periodico*, p. 606에 나오는 책의 개정에 관한 편지를 볼 것. 또한 Severino Cesari, *Colloquio con Giulio Einaudi* (Roma, 1991), p. 173도 볼 것.

21 Queneau, *Piccola cosmogonia portatile*, trans. Sergio Solmi (Torino, 1982), p. 162. 여기에는 Calvino, "Piccola guida alla Piccola Cosmogonia"가 포함되어 있다. 또한 Levi, *L'altrui mestiere* (Torino, 1985), pp.150~154 (*Other People's Trades* [New York, 1989]라는 제목으로 로젠탈이 영역)와 Cesari, *Colloquio con Giulio Einaudi*, p. 172에 실린 까를로 까레나의 주장을 볼 것.

22 어쨌든 그것은 'microstoria'라는 용어가 어디에서 유래된 것인가?'라는 질문에 대한 무의식적 반향이었다. 조반니 레비는 (1991년 12월 29일의 사적인 대화 속에서) 자신은 단지 께노가 그 용어를 사용했었다는 것만 알고 있을 뿐이라고 말하였다. 위에서 언급한 께노 인용문의 마지막 부분은 라울 메르자리오의 책(Raul Merzario, *Il paese stretto. Strategie matrimoniali nella diocesi di Como secoli XIV~XVIII* [Torino, 1981])에서 권두어로 이용되었다. 이 책은 에이나우디 출판사가 간행하는 미시사 시리즈의 일환으로 나온 첫 몇 권 중 하나이다.

23 Edoardo Grendi, "Micro-analisi e storia sociale," *Quaderni storici* 35 (Aug. 1977): 506~520.

24 Richard Cobb, *Raymond Queneau* (Oxford, 1976).

25 Queneau, *Une Histoire modéle* (1942: Paris, 1966) and "Lectures pour un front," *Front national*, 5 Jan. 1945:

Repr. in *Bâtons, chiffres et lettres* (1950; Paris, 1965), pp. 170~172.

26 대신 꼐노의 책 (Queneau, *Segni, cifre e lettere e altri saggi* [Torino, 1981], esp. pp. xix~xx)에 대한 이딸로 깔비노의 훌륭한 서문을 볼 것. 이는 같은 제목의 프랑스판에 비해 다른 글들을 더 많이 모아 놓은 판본이다.

27 Cobb, *A Sense of Place* (London, 1975). 이 책에 대해서는 다음이 참조된다. Grendi, "Lo storico e la di dattica incosciente (Replica a una discussione)," *Quaderni storici* 46 (Apr. 1981): 338~346.

28 스스로 과학적임을 표방하는 역사서에 대한 불만은 곤잘레스의 한 연구에서 더 분명히 드러나는데, 그 제목부터가 니체의 두 번째 《예기치 않은 명상*Untimely Meditation*》을 생각나게 한다. 다음을 볼 것. González, "De la múltiple utilización de la historia," in *Historia ¿para qué?* ed. Carlos Pereyra (1980: Mexico, 1990), pp. 55~74.

29 Traian Stoianovich, *French Historical Method: The "Annales" Paradigm* (Ithaca, N.Y., 1976), 저자는 이전 두 개의 패러다임을 각각 '전형典型 모형exemplar'과 '발전 모형developmental'으로 규정짓고 있다 (p. 25). 미시사를 "맑스주의와 기능주의라는 거대 체계"의 위기에 대한 반응으로 보는 시각이 있는데, 이에 관해서는 다음을 볼 것. Giovanni Levi, "On Microhistory," in *New Perspectives on Historical Writing*, ed. Peter Burke (University Park, Pa., 1991), pp. 93~113, esp. pp. 93~94. 다음도 볼 것. Levi, *Inheriting Power: The Story of an Exorcist*, trans. Lydia G. Cochrane (Chicago, 1988).

30 Pierre Chaunu, "Un Nouveau Champ pour l'histoire sérielle: Le Quantitatif au troisiéme niveau."; François Furet & Jacques Le Goff, "Histoire et ethnologie," in *Méthodologie de l'histoire et des sciences humaines*, vol. 2 of *Mélanges en l'honneur de Fernand Braudel* (Toulouse, 1973), pp. 105~125, 227~243; 퓌레와 르 고프의 글은 'H'로 약기하였다. 이 글은 각각 "L'Histoire et l'homme sauvage'"와 "L'Histoiren et l'homme quotidien'"이라는 제목 아래 두 부분으로 나뉘어 있다. 앞 부분에서 퓌레는 글의 내용을 전체적으로 개관하고 있으며, 뒷 부분에서 르 고프는 중세연구 분야로부터 도출해 낸 예들을 가지고 연구 프로그램을 제안하고 있다. 비록 내가 여기서 두 글을 구별하고는 있지만, 그들도 밝혔듯이 서로간의 이견을 명시하고 있는 경우 외에 양자는 기본적으로 같은 입장이다. 쇼뉘와 르 고프에 관해서는 그들 자신의 자화상 격인 다음의 글들을 볼 것. "Le Fils de la morte"와 "L' Appétit de l'histoire'in *Essais d'ego-histoire*, ed. Pierre Nora (Paris, 1987).

31 Chaunu, "Un Nouveau Champ pour l'histoire sérielle," p. 109. 프랑스에서 민족학자ethnologue라는 말은 이와 동의어인 인류학자anthropologue란 말보다 더 널리 사용되고 있다.

32 Emmanuel Le Roy Ladurie, "L'Historien et l'ordinateur," (1968) in *Le Territoire de l'historien* (Paris, 1973), p. 14; Eng. ed.: "The Historian and the Computer," in *The Territory of the Historian*, trs. Ben Reynolds & Siân Reynolds (Chicago, 1979); Le Roy Ladurie, *Montaillou: The Promised Land of Error*, trans. Barbara Bray (New York, 1978).

33 나와는 약간 시각이 다르기는 하지만, 이 같은 역사서술 방식의 변화에 관해서는 다음을 볼 것. Jacques Revel, "L'Histoire au ras du sol," in Levi, *Le Pouvoir au village. Histoire d'un exorciste dans le Piémont du septième siècle*, trans. Monique Aymard (Paris, 1989), pp. i~xxxiii. 이를 좀더 발전시킨 것으로는 다음이 있다. "Micro-analyse et reconstitution du social," in *Ministère de la recherche et de la technologie: Colloque "anthropologie contemporaine et anthropologie historique,"* no. 2, pp. 24~37. 이 글은 같은 제목 아래, 1992년 9월 24일

부터 26일까지 개최되었던 마르세이유 콜로키움에서 발표된 것이다.

34 이에 대한 개관으로는 다음을 볼 것. *La Nouvelle Histoire*, eds. Le Goff, Roger Chartier, & Revel (Paris, 1978). 버크의 서론 격인 글도 참조된다. Peter Burke, "Overture: The New History, Its Past and Its Future," in *New Perspectives on Historical Writing*, pp. 1~23.

35 Georges Duby, *Le Dimanche de Bouvines, 27 juillet 1214* (1973; Paris, 1985), pp. 7~8. 이와 관련해서 매우 도움이 되는 연구로는 다음이 있다. Charles Rearick, *Beyond Enlightenment: Historians and Folklore in Nineteenth-Century France* (Bloomington, Ind., 1974).

36 Le Goff, "Les Mentalités: Une Histoire ambiguë," in *Faire de l'histoire*, eds. Le Goff & Nora, 3 vols. (Paris, 1974), 3: 76~94.

37 Philippe Ariès, "L'Histoire des mentalités," in *La Nouvelle Histoire*, p. 411.

38 Ariès & Michel Winock, *Un Historien du dimanche* (Paris, 1980).

39 *Alltagsgeschichte: Zur Reconstruktion historischer Erfahrungen und Lebensweisen*, ed. Alf Lüdtke (Frankfurt am Main, 1989), and Geoff Eley, "Labor History, Social History, *Alltagsgeschichte*: Experience, Culture, and the Politics of the Everyday-A New Direction for German Social History?" *Journal of Modern History* 61 (June 1989): 297~343.

40 "H," p. 230.

41 나는 이 주제를 다음에서 다루었다. "Clues: Roots of an Evidential Paradigm," in *Clues, Myths, and the Historical Method*, trans. John & Anne Tedeschi (Baltimore, 1989), pp. 96~125.

42 Ginzburg, *I benandanti* (Torino, 1966); Eng. ed.: *The Night Battles: Witchcraft and Agrarian Cults in the Sixteenth and Seventeenth Centuries*, trans. John & Anne Tedeschi (Baltimore, 1983), and *Storia notturna* (Torino, 1989); Eng. ed.: *Ecstasies: Deciphering the Witches' Sabbath*, trans. Rosenthal (New York, 1991).

43 Ginzburg, *Il formaggio e i vermi* (Torino, 1976); Eng. ed.: *The Cheese and the Worms: The Cosmos of a Sixteenth-Century Miller*, trans. John & Anne Tedeschi (Baltimore, 1980), p. xx. 나는 《베난단띠》 서문에서 이미 '집단적 망딸리떼'라는 획일적인 개념에 반대하여 각 개인이 가지고 있는 특수한 믿음들의 발전이 중요함을 강조한 바 있다.

44 Michel Vovelle, "Histoire sérielle ou 'case studies': Vrai ou faux dilemme en histoire des mentalités," in *Histoire sociale, sensibilités collectives, et mentalités: Mélanges Robert Mandrou* (Paris, 1985), pp. 39~49.

45 Chartier, "Intellectual History or Sociocultural History? The French Trajectories," in *Modern European Intellectual History: Reappraisals and New Perspectives*, eds. Dominick LaCapra & Steven L. Kaplan (Ithaca, N.Y., 1982), p. 32. 작은 따옴표로 강조된 부분은 필자가 덧붙인 것이다.

46 비록 명시적이지는 않으나 우리가 느낄 수 있는 동일시의 편견은 로렌스 스톤의 유명한 논문에서도 암암리에 나타나고 있다. Lawrence Stone, "The Revival of Narrative: Reflections on a New Old History," *Past & Present*, no. 85 (Nov. 1979): 3~24. 하지만 이러한 점이 후속 논의로 이어지지는 않았다.

47 여기서 나는 다음의 논문에서 제시된 몇몇 소견들을 좀더 발전시키고 있는 셈이다. "L'Autre moyenâge de Jacques Le Goff," trans. Revel, review of *Pour un autre moyenâge*, by Le Goff, *Critique*, no. 395 (Apr. 1980): 345~354.

48 리차드 콥 역시 비슷한 시기에 《문체연습》에 담긴 방법론적 의미들을 인식하고 있었다. 즉 "이 책은 패러디와 대화체 양자 모두에서 훌륭할 뿐 아니라, 서로 모순되거나 중첩적인 역사적 증거의 상대적 가치와 해석에 대한 글이라고 볼 수도 있을 것이다" (Cobb, *Raymond Queneau*, p. 7).

49 나는 절대적인 의미가 아니라 상대적인 의미에서 빈틈을 이야기하고 있다 (역사적 증거는 원래 항상 빈틈이 있는 법이다). 그러나 연구상의 새로운 의문들 역시 새로운 빈틈을 만들어 낸다.

50 메노키오의 침묵에 대해서는 다음을 볼 것. Ginzburg, *The Cheese and the Worms*, pp. 110~112. 이러한 취지의 말들은 나의 다음과 같은 글에서도 언급되고 있다. "The Inquisitor as Anthropologist," in *Clues, Myths, and the Historical Method*, pp. 156~164. '주요 문제들'로 규정된 '분석의 규모'와 '역사서술' 간의 관계는 익명의 편집자가 쓴 다음의 글에서 매우 통찰력 있게 제시되고 있다. "Histoire et sciences sociales: Un Tournant critique?" *Annales: Économies, sociétés, civilisations* 43 (Mar.~Apr. 1988): 292.

51 Isaiah Berlin, "The Hedgehog and the Fox: An Essay on Tolstoy's View of History," in *Russian Thinkers*, eds. Henry Hardy & Aileen Kelly (London, 1978), pp. 22~81.

52 톨스토이는 자신이 스땅달에게 영향받았음을 잘 알고 있었다. 다음을 볼 것. Paul Boyer, *Chez Tolsto: Entretiens à Iasnaïa Poliana* (Paris, 1950), p. 40 (I. Berlin, "The Hedgehog and the Fox," p. 56에서 재인용). Nicola Chiaromonte, *Credere o non credere* (Milano, 1971)를 참조할 것. 키아로몬떼의 책에 관해 알려 준 끌라우디오 포구에게 감사한다.

53 다음을 볼 것. Duby, *Le Dimanche de Bouvines*.

54 Otto Benesch, *Der Maler Albrecht Altdorfer* (Vienna, 1939): "거시세계와 미소세계가 하나가 되었다" (p. 31). 나는 일찍이 브뤼겔의 풍경화 〈어두운 날*Dark Day*〉과 로쎌리니의 영화 〈빠이자*Paisà*〉의 마지막 장면에서 묘사되고 있는 전투에 대해 얘기하는 글에서 이에 관해 말한 적이 있음을 알고 있다. 각각 다음을 볼 것. Ginzburg, *Spurensicherungen: Über verborgene Geschichte, Kunst und soziales Gedächtnis*, trans. Karl Friedrich Hauber (Berlin, 1983), p. 14; "Di tutti i doni che porto a Kaisar ... Leggere il film scrivere la storia," *Storie e storia* 5 (1983): 5~17. 또한 〈빠이자〉의 결말에 대해서는, 로쎌리니의 조감독으로 영화 작업에 종사한 페데리꼬 펠리니가 전하는 일화를 볼 것. Federico Fellini, *Comments on Films*, trans. Joseph Henry, & ed. Giovanni Grazzini (1983; Fresno, Calif., 1988), p. 66.

55 Siegfried Kracauer, *History: The Last Things before the Last* (New York, 1969), p. viii. 간접따옴표로 된 강조점은 필자의 것임. 특히 크라카우어가 미완성으로 남겨둔 5장 ("The Structure of the Historical Universe"), pp. 104~138을 볼 것.

56 윗글, p. 134.

57 사실 크라카우어의 책들은 별다른 반향을 얻지 못했다. 그러나 마틴 제이의 통찰력 있는 분석을 볼 것. "여러 가지 점에서 《역사》는 크라카우어의 가장 훌륭하고도 독창적인 저작들 중 하나이다. 그것은, 만약 누군가가 그의 용어를 빌려 쓰려 한다면, 부당한 망각의 상태로부터 '되살릴 만한' 가치가 있는 책이라는 것"을 마틴 제이는 매우 설득력있게 보여주고 있다. Martin Jay, "The Extraterritorial Life of Siegfried Kracauer," *Salmagundi*, nos. 31~32 (Fall 1975/Winter 1976): 87.

58 《작은 윤리》에 대해서는 Jay, "The Extraterritorial Life" p. 62를 볼 것. '총체성' 범주에 대한 크라카
우어의 소극적 태도에 대해서는 같은 책 p. 63을 볼 것. 크라카우어의 사상에서 '전체와 죽음'
간의 관계에 대해서는 p. 50을 볼 것. 다음도 볼 것. Jay, "Adorno and Kracauer: Notes on a Troubled
Friendship," *Salmagundi*, no. 40 (Winter 1978): 42~66; *Marxism and Totality: The Adventures of a Concept from
Lukács to Habermas* (Berkeley, 1984), pp. 245~246. 젊은 아도르노는 크라카우어의 지도 아래 칸트
를 읽었다. 다음을 볼 것. R. Bodei, "Introduction," to Theodor W. Adorno, *Il gergo dell' autenticità[Jargon
der Eigentlichkeit: Zur deutschen Ideologie]* (Torino, 1989), p. vii. 나는 다음의 책 서문에서 내가 《작은 윤
리》에 빚졌음을 밝힌 바 있다. Ginzburg, *Clues, Myths, and the Historical Method*, p. ix.

59 다음을 볼 것. Viktor Shklovskii, *Materiali e leggi di transformazione stilistica. Saggio su "Guerra e pace,"* trans.
Monica Guerrini (Parma, 1978).

60 Renato Serra, "Partenza di un gruppo di soldati per la Libia," *Scritti letterari, morali e politici*, ed. Mario Isnenghi
(Torino, 1974), pp. 278~288. 나는 여기서 내가 이미 다음의 글에서 했던 주장으로 되돌아가
고 있다. "Just One Witness," in *Probing the Limits of Representation: Nazism and the "Final Solution,"* ed. Saul
Friedlander (Cambridge, Mass., 1992), pp. 94~95.

61 세라가 1912년 10월 10일 베네데토 끄로체에게 보낸 편지 (*Epistolario di Renato Serra*, eds. Luigi Am
brosini, Giuseppe De Robertis, Alfredo Grilli[Firenze, 1934], pp. 453~454).

62 B. Croce, *Teoria e storia della storiografia* (Bari, 1915); Eng. ed.: *History: Its Theory and Practice*, trans. Douglas
Ainslie (New York, 1960), p. 55.

63 세라가 1912년 11월 11일자로 끄로체에게 보낸 편지 (*Epistolario di Renato Serra*, p. 459). 끄로체와
세라의 차이점은 가렝에 의해 지적되었다. Eugenio Garin, "Serra e Croce," in *Scritti in onore di Renato
Serra: Per il cinquantenario della morte* (Firenze, 1974), pp. 85~88.

64 Serra, "Partenza di un gruppo di soldati per la Libia," pp. 286~287.

65 Arsenio Frugoni, Arnaldo da Brescia nelle fonti del secolo XII (1954; Torino, 1989), and Ginzburg, "Proofs and
Possibilities: In the Margins of Natalie Zemon Davis' *The Return of Martin Guerre*," trans. Anthony Guneratne,
Yearbook of Comparative and General Literature 37 (1988): 114~227.

66 Calvino, "Ricordo di una battaglia," *La strada di San Giovanni* (Milano, 1990), pp. 75~85. 이후 "R"로 표시
함. 이 이야기는 해방기념일인 1974년 4월 25일 《일 꼬리에레 델라 세라》에 처음 실렸다. 이
스넹기의 에이나우디판은 1974년 2월 16일에야 인쇄를 마쳤다.

67 F. R. Ankersmit, "Historiography and Postmodernism," *History & Theory* 28, no. 2 (1989): 149; pp. 143,
150도 볼 것. 페레스 자고린의 논평 ("Historiography and Postmodernism: Reconsiderations," *History &
Theory* 29, no. 3 [1990]: 263~274)과 앙커슈미트의 답변 ("Reply to Professor Zagorin," pp. 275~296)에서
우리는 (오크쇼트, 골드스타인, 그리고 스탠포드와 같은 구성주의 역사이론가에 대한) 다음의 특징적인
진술을 보게 된다: "대체로 역사 텍스트의 복잡한 지시 대상으로서의 과거는 역사 토론에서
아무런 역할도 하지 못한다. 역사적 실천이라는 관점에서 볼 때, 지시 대상적 과거는 인식론
적으로 쓸모가 없는 개념이다.…… 텍스트란 현재 우리가 가지고 있는 것이고, 우리는 단지
텍스트와 텍스트를 비교할 수 있을 뿐이다" (p. 281).

68 "토인비는 한때 네이미어가 자신에게 했던 말을 다음과 같이 전하고 있다. '토인비 씨, 나는

개개의 나뭇잎을, 당신은 나무를 연구하고 있지요. 나머지 역사가들은 가지들을 연구하고 있는 셈입니다. 아울러 우리 둘은 모두 "그들이" 잘못하고 있다고 생각하지요."' (Kracauer, *History*, p. 110). 그러나 이와 함께 벌린이 인용한 톨스토이의 일기 속 구절들도 볼 것 ("The Hedgehog and the Fox,"p. 30). "개개의 나뭇잎" (하원의원들)을 연구하기 위한 네이미어의 조숙한 계획에 대해서는 다음을 참조할 것. L. B. Namier, "The Biography of Ordinary Men" (1928), in *Skyscrapers and Other Essays* (London, 1931), pp. 44~53.

69 G. Levi, "I pericoli del geertzismo," *Quaderni storici* 58 (Apr. 1985): 269~277; "On Microhistory"; C. Ginzburg, "Proofs and Possibilities"; "Veranschaulichung und Zitat: Die Wahrheit der Geschichte," in *Der Historiker als Menschenfresser: Über den Beruf des Geschichtsschreibers* (Berlin, 1990), pp. 85~102; "The Inquisitor as Anthropologist," in *Clues, Myths, and the Historical Method*, pp. 156~164; "Just One Witness," in *Probing the Limits of Representation*, pp. 82~96; "Checking the Evidence: The Judge and the Historian," *Critical Inquiry* 18 (Autumn 1991): 79~92.

70 피터 버크는 "새로운 역사"의 문화상대주의를 강조하고 있다 ("Overture," pp. 3~4).

71 Ginzburg, *Indagini su Piero. Il Battesimo, il ciclo di Arezzo, la Flagellazione* (Torino, 1981); Eng. ed.: *The Enigma of Piero della Francesca: The Baptism, the Arezzo Cycle, the Flagellation*, trans. Martin Ryle & Kate Soper (London, 1985); Pietro Redondi, *Galileo eretico* (Torino, 1983); Eng. ed.: *Galileo: Heretic*, trans. Rosenthal (Princeton, N. J., 1987); Franco Ramella, *Terra e telai. Sistemi di parentela e manifattura nel Biellese dell' Ottocento* (Torino, 1984); Osvaldo Raggio, *Faide e parentele: Lo stato genovese visto dalla Fontanabuona* (Torino, 1990). Alberto M. Banti, "Storie e microstorie: L'Histoire sociale contemporaine en Italie (1972~1989)," trans. Susanna Magri, *Genèses* 3 (Mar. 1991): 134~147. 알베르또 반띠는 특히 (p. 145) 이탈리아 미시사에 각각 사회구조의 분석과 문화적 함의들을 중요시하는 두 가지 경향이 있음을 강조한다. 그는 미시사적 패러다임 (앞의 두 경향 중, 첫번째의 진정한 미시사)이 결국 실패로 끝난 데는 나의 글 ("Clues")에 일단의 책임이 있다고 주장한다.

72 Grendi, "Micro-analisi e sociale," p. 512.

73 G. Levi, *L'eredità immateriale. Carriera di un esorcista nel Piemonte del Seicento*; Simona Cerutti, *La Ville et les métiers: Naissance d' un langage corporatif* (Torino, 17ᵉ-18ᵉ siècles) (Torino, 1992). 체루띠의 저작에 내포된 지적·정치적 함의들의 일부는 다음의 저작을 함께 읽음으로써 분명해질 수 있다. Vittorio Foa & Peitro Marcenaro, *Riprendere tempo. Un dialogo con postilla* (Torino, 1982). 이는 포아와 마르체나로의 대화록으로서, 역시 미시사 시리즈의 일환으로 간행되었다. 이 두 사람은 에드워드 뮈어가 다음 책의 서문에서 말한 바와는 달리 역사가가 아니다. Edward Muir & Guido Ruggiero, eds., *Microhistory and the Lost Peoples of Europe* (Baltimore, 1991), p. xxii, n. 7. 포아는 역사서라고 할 만한 책 하나를 쓰긴 했지만 (*La Gerusalemme rimandata. Domande di oggi agli Inglesi del primo Novecento* [Torino, 1985]), 원래는 정치가이자 노동조합 운동가이고, 마르체나로는 한동안 노동자로 일했으나 지금은 또다시 노동조합 운동가로 복귀해 있다.

74 다음과 비교해 볼 것. Revel, "L'Histoire au ras du sol," p. xxxii; "Microanalyse et reconstitution du social," pp. 34~35.

75 마틴 제이는 "Of Plots, Witnesses, and Judgements," in *Probing the Limits of Representation*, p. 103에서 크

라카우어를 인용하면서 이러한 난점을 강조하였다. 그윈 프린스는 '작은 규모'를 하나의 함정이라 부르면서 다음과 같이 주장하였다. "역사가들의 설명적 이론들이 추진력을 발휘할 곳은 그곳이 아니다"(Gwyn Prins, "Oral History," in *New Perspectives on Historical Writing*, p. 134).

76 Levi, "On Microhistory," p. 111. 그렌디가 시작한 이러한 작업과 관련된 다른 학자들의 견해도 들어보는 것이 좋을 것이다.

제1부 4장 징후들

1 나는 이 용어를 토머스 쿤의 《과학 혁명의 구조》(T. S. Kuhn, *The Structure of Scientific Revolutions* [Chicago, 1962])에서 제안했던 의미로 사용한다. 하지만 뒤에 이 저서의 두 번째 수정본 (Chicago, 1974)에서 쿤이 도입하였던 새로운 개념들(〈1969년 후기〉 174쪽 이하를 볼 것)은 무시하겠다.

2 모렐리에 대해서는 특히, E. Wind, *Art and Anarchy*, 3rd ed. (Evanston, 1985), pp. 32ff., 117ff.와 그 속의 참고문헌을 볼 것. 그의 이력에 대해서는 또한 다음을 볼 것. M. Ginoulhiac, "Giovanni Morelli, la vita," *Bergomum* 34, no. 2 (1940): 51~74. 모렐리의 방법에 대해 주목하고 있는 최근의 연구로는 다음이 있다. R. Wollheim, "Giovanni Morelli and the Origins of Scientific Connoisseurship," in *On Art and the Mind: Essays and Lectures* (London, 1973), pp. 177~201; H. Zerner, "Giovanni Morelli et la science de l'art," *Revue de l'art*, nos. 40~41 (1978): 209~215; G. Previtali, "A propos de Morelli," *Revue de l'art*, no. 42: 27~31. 다른 관련 연구들은 주 12에 인용되어 있다. 유감스럽게도 모렐리가 쓴 예술사 저작들은 물론이고, 그가 받은 교육, 독일 서클들과의 관계, 데 상띠스와의 친분, 정치활동 등에 관한 포괄적인 연구는 아직 나오지 않고 있다. 데 상띠스에 관해서는, 모렐리가 그를 취리히 공과대학의 이탈리아 문학강사로 추천한 편지 (F. De Sanctis, *Lettere dall'esilio*, 1853~1860, ed. B. Croce [Bari, 1938], pp. 34~38)와 데 상띠스의 《서간집*Epistolario*》, 4 vols. (Torino, 1956~1969)의 관련 항목들을 볼 것. 모렐리의 정치 활동에 대해서는 우선 스삐니의 짧은 비평을 참조할 수 있다 (G. Spini, *Risorgimento e Protestanti* [Napoli, 1956], pp. 114, 261, 335). 모렐리의 저작이 유럽에 미친 영향에 대해서는 그가 마르꼬 밍게띠에게 보낸 1882년 6월 22일자 편지 속의 다음과 같은 구절을 볼 것. "나는 어젯밤 노구의 야콥 부르크하르트를 만나러 갔는데, 그는 나를 더할 나위 없이 따뜻하게 환영해 주었고 저녁 내내 나와 시간을 보내고 싶어했다네. 그는 매우 독창적으로 생각하고 행동하는 인물이라, 자네도 곧 그를 좋아하게 될 것이네. 특히 우리 라우라 부인이 기뻐할 것 같구먼. 그는 마치 자신이 이미 염두에 두고 있었다는 듯이 러몰리에프의 책에 대해 말하면서 나에게 많은 질문을 해 왔고, 나 역시 허영심이 동했다네. 나는 오늘 아침 그를 다시 만날 예정이라네." Bologna, Biblioteca Comunale dell'Archiginnasio, Carte Minghetti, XXIII, 54.

3 롱기는 모렐리를 '위대한' 까발까셀레에 이어 " (그만큼) 위대하지는 않지만 그만큼은 유명하다"고 평가했다. 하지만 그는 곧, 모렐리가 갖고 있는 "유물론적……경향"이 그의 "방법을 주제넘을 뿐 아니라 미학적으로도 무용한 것"으로 만들어 버렸다고 말하였다. R. Longhi, "Cartella tizianesca," in *Saggi e ricerche, 1925~1928* (Firenze, 1967), p. 234. 롱기의 이러저러한 견해에 담긴 함

의에 관해서는 다음을 볼 것. G. Contini, "Longhi prosatore," in *Altri esercizi (1942~1971)* (Torino, 1972), p. 117. 모렐리를 까발까셸레보다 못하다고 비하하는 이런 식의 비교는 다음과 같은 예에서 되살아나고 있다. M. Fagiolo in G. C. Argan & M. Fagiolo, *Guida alla storia dell'arte* (Firenze, 1974), pp. 97, 101.

4 Wind, *Art and Anarchy*, pp. 40ff. 하지만 크로체는 "즉물적이고 맥락을 벗어난 세부사항들의 관능성"에 대해 말하고 있다. B. Croce, *La critica e la storia delle arti figurative. Questioni di metodo* (Bari, 1946), p. 15.

5 롱기에 따르면, "모렐리에게…… 질적인 것의 의미"는 "단순히 감정가인 척하는 그의 오만함 때문에 거의 발전되지 못했으며 종종 왜곡되는 경우까지 있었다"는 것이다. 곧 이어 그는 실제로 모렐리를 "고를라우 출신의 슬프고도 평범한 비평가"라고 부른다 (고를라우란 모렐리[러몰리에프]가 살았던 베르가모 부근의 고를레를 러시아식으로 지칭한 말이다). Longhi, *Saggi*, p. 321.

6 Wind, *Art and Anarchy*, p. 38.

7 E. Castelnuovo, "Attribution," in *Encyclopaedia universalis* 2 (1968): 782. 하우저는 더 일반적 견지에서 프로이트식 탐색의 기술을 모렐리의 방법과 비교하고 있다. A. Hauser, *The Philosophy of Art History* (New York, 1959), pp. 109~110.

8 A. Conan Doyle, "The Cardboard Box," in *The Complete Sherlock Holmes Short Stories* (London, 1976), p. 932.

9 윗글, pp. 937~938. 처음에 〈판지 상자〉는 《스트랜드 매거진*Strand Magazine*》 5 (1893): 61~73에 실렸다. 《주석본 셜록 홈즈*Annotated Sherlock Holmes*》의 편집자인 배링-굴드는 몇 달 후 같은 잡지에 각기 다른 형태의 인간의 귀에 대한 한 익명의 논문 ("Ears: A Chapter on," *Strand Magazine* 6[1893]: 388~391, 525~527)이 실렸다고 적고 있다. 굴드에 따르면, 그 논문의 저자는 코난 도일 자신일 가능성이 많은데, 그 이유는 그가 작품 속에서 홈즈로 하여금 《인류학 잡지》 (이는 실존하는 학회지인 *Journal of Anthropology*를 본뜬 것이다)에 글을 기고하게 하는 것으로 이야기를 엮어나가고 있기 때문이다. 그러나 이는 근거 없는 가정일 뿐이다. 귀에 관한 논문이 나오기 전에 이미, Beckles Willson이란 이름으로 "Hands"라는 제목의 논문이 《스트랜드 매거진》 5 (1893): 119~123, 295~301에 실린 바 있었다. 어쨌든 《스트랜드 매거진》의 귀 그림이 담긴 그 논문은 모렐리의 저술에도 나타나 있는 비슷한 그림들을 생각나게 만든다. 이러한 사실은 당시에 이러한 종류의 주제가 유행했었다는 점을 확인시켜 준다.

10 그러나 이것이 단순한 유사성에 그치지 않는다는 점을 지적하지 않을 수 없다. 코난 도일의 삼촌으로 화가이자 예술비평가였던 헨리 도일은 1869년 국립미술관의 관장이 되었다 (P. Nordon, *Sir Arthur Conan Doyle: L'homme et l'oeuvre* [Paris, 1964], p. 9). 모렐리는 1887년에 헨리 도일을 만났고, 이 사실을 친구인 헨리 레이야드 경에게 보낸 프랑스어 편지에 다음과 같이 적어놓았다. "더블린미술관에 대해 자네가 나에게 말해 준 사실은 참으로 흥미로웠네. 특히 내가 런던에서 저 훌륭한 도일 씨를 개인적으로 만날 기회가 있어 더욱 그랬다네. 그는 대단히 깊은 인상을 주는 인물이었네.…… 생각해 보게나. 도일 씨와 같은 사람이 아니고서 누가 우리 유럽의 박물관들이 되어가는 방향을 그렇게 소상히 알고 있겠나?" British Library, Add. MS. 38965, Layard Papers, vol. 35, fol. 120v. 헨리 도일이 모렐리의 방법 (당시의 예술사가들에게 빤한 것이었던)을 알고 있었다는 사실은 《아일랜드 국립미술관 작품목록*Catalogue of the Works of Art in the*

National Gallery of Ireland》(Dublin, 1890)을 통해 입증된다. 도일은 그 책자를 편집하면서, 쿠글러의 편람을 사용하고 있는데 (예를 들어 p. 87쪽을 볼 것). 그것은 1887년 모렐리의 지도로 레이야드가 완전히 수정했던 판본이었다. 모렐리의 저술은 1883년에 첫 영역본이 나왔다 (다음의 책 속에 실려 있는 참고문헌을 볼 것. *Italienische Malerei der Renaissance im Briefwechsel von Giovanni Morelli und Jean Paul Richter, 1876~1891*, eds. J. & G. Richter[Baden-Baden, 1960]). 홈즈 시리즈의 첫 작품인 《진홍빛 A Study in Scarlet》은 1887년에 출판되었다. 이 모든 점으로 미루어볼 때, 코난 도일이 그의 삼촌 덕분에 모렐리의 방법에 대해 잘 알고 있었을 가능성이 높다. 그러나 이러한 가정이 반드시 필수불가결한 것은 아니다. 왜냐하면, 내가 여기서 규명하려고 하는 생각들이 비단 모렐리의 저작에만 그 근거를 두고 있지는 않기 때문이다.

11 Wind, *Art nd Anarchy*, p. 38.

12 하우저 (*The Philosophy of Art History*, pp. 109~110)의 정확한 언급과 더불어 다음을 볼 것. J. J. Spector, "The Method of Morelli and Its Relation to Freudian Psychoanalysis," *Diogenes* 66 (1969): 63~83; H. Damisch, "La partie et le tout," *Revue d'esthétique* 2 (1970): 168~188; Idem, "Le gardien de l'interprétation," *Tel Quel* 44 (1971): 70~96; R. Wollheim, "Freud and the Understanding of Art," in *On Art and the Mind*, pp. 209~210.

13 S. Freud, "The Moses of Michelangelo," in his *Collected Papers* (New York, 1959), 4: 270~271. 브레머는 모렐리에 대한 아무런 언급도 없이 《모세》에서 제시된 프로이트의 해석을 논하고 있다 (R. Bremer, "Freud and Mechelangelo's Moses," *American Imago* 33 [1976]: 60~75). 다음의 글은 아직 읽지 못했다. K. Victorius, "Der 'Moses des Michelangelo' von Sigmund Freud," in *Entfaltung der Psychoanalyse*, ed. A. Mitscherlich (Stuttgart, 1956), pp. 1~10.

14 S. Kofman, *L'enfance de l'art: Une interprétation de l'esthétique freudienne* (Paris, 1975), pp. 19, 27; Damisch, "Le gardien," pp. 70ff.; Wollheim, "Freud and the Understanding of Art," p. 210.

15 스펙터의 뛰어난 논문은 예외에 속하는 경우이다. 그러나 그것 역시 프로이트와 모렐리의 방법들 사이에 실제적인 관계가 있었다는 사실은 부정하고 있다 (Spector, "The Method of Morelli," pp. 68~69).

16 S. Freud, "The Interpretation of Dreams," in *The Basic Writings of Sigmund Freud*, trans. & ed. with an Introduction by A. A. Brill (New York, 1938), p. 339n.

17 M. Robert, *The Psychoanalytic Revolution: Sigmund Freud's Life and Achievement* (New York, 1966), p. 84.

18 E. H. Gombrich, "Freud's Aesthetics," *Encounter* 26, no. 1 (1966): 30. 이상한 일이지만, 이 글에서 곰브리치는 프로이트가 모렐리에 대해 한 말을 언급치 않고 있다.

19 I. Lermolieff, *Die Werke italienischer Meister in den Galerien von München, Dresden, und Berlin: Ein kritischer Versuch*, aus dem Russischen übersetzt von Dr. Johannes Schwarze (Leipzig, 1880).

20 G. Morelli (I. Lermolieff), *Italian Masters in German Galleries: A Critical Essay on the Itallian Pictures in the Galleries of Munich, Dresden, and Berlin*, translated from the German by L.M. Richter (London, 1883).

21 H. Trosman & R. D. Simmons, "The Freud Library," *Journal of the American Psychoanalytic Association* 21 (1973): 672. 이 글에 대해 알려준 삐에로 체자레 보리에게 감사한다.

22 E. Jones, *The Life and Work of Sigmund Freud*, 3 vols. (New York, 1962), 1: 335.

23 Robert, *The Psychoanalytic Revolution*, p. 180; Morelli (I. Lermolieff), *Della pittura italiana*, pp. 88~89 (시뇨렐리에 대해), 159 (볼뜨라피오에 대해).

24 Morelli (Lermolieff), *Della pittura italiana*, p. 4.

25 Vergil, *Aeneid*, 7.312 (Loeb Classical Library). 프로이트가 굳이 베르길리우스의 구절을 택한 데 대해서는 여러 해석이 있다. 다음을 볼 것. W. Schoenau, *Sigmund Freuds Prosa: Literarische Elemente seine Stil* (Stuttgart, 1968), pp. 61~73. 가장 설득력 있어 보이는 견해는 사이먼의 경우이다 (윗글, p. 72). 그에 따르면, 이 금언의 의미는 은폐되어 눈에 보이지 않는 부분 역시 리얼리티를 이해하는 데 가시적인 부분 못지않게 중요하다는 점이라는 것이다. 라쌀이 이미 사용한 바 있는 이 금언의 정치적 함의에 대해서는 다음의 훌륭한 논문을 볼 것. C. E. Schorske, "Politique et parricide dans L'interprétation des rêves de Freud," *Annales: E. S. C.* 28 (1973): 309~328, esp. 325ff.

26 Morelli (Lermolieff), *Della pittura italiana*, p. 71.

27 리히터가 쓴 다음과 같은 모렐리의 비명을 볼 것 (윗글, p. xviii). "(모렐리가 발견했던) 특이한 실마리들이야말로…… 그 같은 대가들이 습관상 거의 무의식적으로 그려내곤 하던 것이었다."

28 Steven Marcus, "Introduction," to A. Conan Doyle, *The Adventures of Sherlock Holmes: A Facsimile of the Stories as They Were First Published in the "Strand Magazine"* (New York, 1976), pp. x~xi. 다음 소설의 부록으로 달려 있는 참고문헌도 볼 것. *The Seven Percent Solution: Being a Reprint from the Reminiscences of John H. Watson, M. D., as Edited by Nicholas Meyer* (New York, 1974). 홈즈와 프로이트를 토대로 한 이 작품은 분에 넘치는 성공을 누렸다.

29 *The Wolf-Man by the Wolf-Man*, ed. M. Gardiner (New York, 1971), p. 146; T. Reik, *Ritual: Psycho-Analytic Studies* (London, 1931). 징후·증상과 실마리의 구별에 대해서는 다음을 볼 것. C. Segre, "La gerarchia dei segni," in *Psicanalisi e semiotica*, ed. A. Verdiglione (Milano, 1975), p. 33; T. A. Sebeok, *Contributions to the Doctrine of Signs* (Bloomington, 1976).

30 셜록 홈즈라는 작중인물을 만들어 내는 데 아이디어를 제공했던 의사 존 벨에 관해서는 다음을 볼 것. W. S. Baring-Gould, "Two Doctors and a Detective: Sir Arthur Conan Doyle, John A. Watson, M. D., and Mr. Sherlock Holmes of Baker Street," "Introduction" to *The Annotated Sherlock Holmes*, 1: 7ff. 다음의 글도 참조할 수 있다. A. Conan Doyle, *Memories and Adventures* (London, 1924), pp. 25~26, 74~75.

31 A. Wesselofsky, "Eine Märchengruppe," *Archiv für slavische Philologie* 9 (1886): 308~309. 여기에는 참고문헌이 달려 있다. 이 이야기가 어떻게 그리 널리 전승되었는지에 관해서는, 주 89, 90과 거기에 덧붙여진 텍스트를 볼 것.

32 A. Seppilli, *Poesia e magia* (Torino, 1962).

33 로만 야콥슨의 유명한 논문을 볼 것. R. Jakobson, "Two Aspects of Language and Two Types of Aphasic Disturbances," in *Roman Jakobson & Morris Halle, Fundamentals of Language* (The Hague-Paris, 1971), pp. 67~96.

34 E. Cazade & C. Thomas, "Alfabeto," in *Enciclopedia Einaudi* (Torino, 1977), 1: 289. Cf. Etiemble, *The Orion Book of the Written Word* (New York, 1961), pp. 23~24. 개괄적인 것으로는 다음을 볼 것. Walter Benjamin, "Über das mimetische Vermögen," in *Angelus Novus: Ausgewählte Schriften* 2 (Frankfurt a.M., 1966), pp. 96~99.

35 나는 여기서 보떼로의 빼어난 논문을 참조하였다. J. Bottéro, "Symptômes, signes, écritures," in *Divination et rationalité* (Paris, 1974), pp. 70~197.

36 윗글, pp. 154ff.

37 윗글, p. 157. 중국에서의 문자 기록과 점술의 연관성에 관해서는 다음을 볼 것. J. Gernet, "La Chine: Aspects et fonctions psychologiques de d'écriture," in *L'écriture et la psychologie des peuples* (Paris, 1963), esp. pp. 33~38.

38 이것이 바로 퍼스가 단순한 귀납추리와는 구별하여 'presumptive' 또는 'abductive'라고 부른 추론 방식이다. 다음을 볼 것. C. S. Peirce, "Deduction, Induction, and Hypothesis," in *Chance, Love, and Logic* (New York, 1956), pp. 131~153; "Abduction and Deduction," in *Philosophical Writings of Peirce*, ed. J. Buchler (New York, 1955), pp. 150~156. 반면 보떼로는 자신의 논문에서 줄곧 메소포타미아 점술의 '연역적' 특징 (그는 이 용어에 대해 "그보다 더 나은 말이 없기 때문에" 그렇게 부른다고 썼다)을 강조하고 있다 ("Symptômes," p. 89). 이는 지금까지 보떼로 스스로가 효과적으로 제시해 왔던 복잡다단한 궤적을 크게 단순화시키고 있을 뿐만 아니라 왜곡시키기까지 하는 정의이다 (윗글, pp. 168ff). 이러한 과도한 단순화는 '과학'에 대한 협소하고 일면적인 정의에서 기인하는 것으로 보이는 데 (p. 190), 이는 의학처럼 느슨한 연역의 학문분야가 어떤 점에서는 점술과 매우 흡사하다는 사실과도 배치되는 생각이다 (p. 132). 메소포타미아 문명의 두 경향과 쐐기문자의 혼합적 성격이 유사하다는 앞의 지적은 보떼로의 일부 관측들을 발전시킨 것이다 (pp. 154~157).

39 윗글, pp. 191~192.

40 윗글, pp. 89ff.

41 윗글, p. 172.

42 윗글, p. 192.

43 H. Diller, "ΟΨισ Αδηλων Τα Φαῖμε να," *Hermes* 67 (1932): 14~42, esp. 20ff. 여기서는 유추적 방법과 징후적 방법을 나란히 놓고 있는데, 후자를 유추의 '경험적인 사용'으로 해석한다면 이는 수정되어야 할 것이다. 다음을 볼 것. E. Melandri, *La linea e il circolo. Studio logico-filosofico sull'analogia* (Bologna, 1968), pp. 25ff. 베르낭은 "정치적, 역사적, 의학적, 철학적, 그리고 과학적 진보가 점술적 정신과의 결별을 전제로 한다."고 주장하는데 (J.-P. Vernant, "Parole et signes muets," in *Divination et rationalité*, p. 19), 이는 점술을 단지 신령에 의한 점술로만 좁혀본 결과로 보인다[그러나 베르낭 스스로가 (p. 11), 그리스에서도 신령에 의한 점술과 분석적인 점술의 두 가지 형태가 공존하고 있었다는, 풀리지 않는 문제에 관해 얘기하고 있음을 주목할 것]. 그는 히포크라테스의 징후학을 은근히 평가절하하고 있다 (p. 24). 그러나 다른 견해도 있다. 특히 주 45의 데띠엔느와 베르낭이 쓴 책을 볼 것.

44 히포크라테스의 《의학대전》에 베제띠가 쓴 서문을 볼 것 (*Opere* [Torino, 1965], pp. 22~23). 알크메온의 단편에 대해서는 다음을 볼 것. *Pitagorici. Testimonianze e frammenti*, ed. M. Timpanaro Cardini (Firenze, 1958), 1: 146ff.

45 여기에 대해서는 다음을 볼 것. M. Détienne & J.-P. Vernant, *Cunning Intelligence in Greek Culture and Society*, trans. Janet Lloyd (New York, 1978). 메티스의 점술적 속성들은 p. 104 이하에서 언급되고 있다. 하지만 지식의 형태들과 점술의 관계에 대해서는 pp. 145~149를 볼 것. 아울러 p.

270 이하도 볼 것. 의학에 관해서는 p. 297 이하를 볼 것. 히포크라테스와 투키디데스의 추종자들끼리의 관계에 대해서는 히포크라테스의 《의학대전》에 대한 베제띠의 서문 (p. 59)과, Diller, *Hermes* 67: 22~23을 볼 것. 의학과 역사학의 밀접한 관계는 반대의 관점에서도 연구되어야 한다. '해부'의 연구에 대해서는 다음을 볼 것. A. Momigliano, "Storiografia greca," *Rivista storica italiana* 87 (1975): 45. 메티스가 주도한 서클에 여성이 있었다는 것은 (Détienne & Vernant, *Cunning Intelligence*, pp. 20, 267) 내가 이 글의 수정본에서 다루고자 하는 문제를 제기하고 있다.

46 Hippocrates, *Opere*, pp. 143~144.

47 P. K. Feyerabend, *Probleme des Empirismus* (Braunschweig, 1981) (*I problemi dell'empirismo* [Milano, 1971], pp. 105ff.); Idem, *Against Method* (London-New York, 1978); P. Rossi, *Immagini della scienza* (Roma, 1977), pp. 149~150.

48 'coniector'는 점술가를 가리킨다. 나는 여기서 띰빠나로의 견해를 빌려왔으나, 그것을 원래와는 상이한 (때로는 정반대의) 맥락에서 사용하고 있다. 다음을 볼 것. S. Timpanaro, *Il lapsus freudiano. Psicanalisi e critica testuale* (Firenze, 1974) (English tr.: *The Freudian Slip: Psychoanalysis and Textual Criticism*[London, 1976; repr. ed., Shocken Books, 1985]). 간단히 말해서, 띰빠나로는 정신분석학이 마술과 밀접한 관련이 있다는 이유로 그것을 거부하고 있으나, 나는 이와는 달리, 정신분석학은 물론 이른바 인간과학 대부분이 점술적 인식 형태에서 연유한다는 점을 입증하고자 한다. 띰빠나로 자신도 이미, 의학과 문헌학 같은 두 인간과학 분야가 마술의 경우와 마찬가지로 개별화의 경향을 띠고 있다는 점을 시사한 바 있다 (Il lapsus, pp. 71~73).

49 마르끄 블로끄는 자신의 책에 역사적 지식의 '개연적' 성격에 대해 음미할 만한 구절들을 남겼다 (*The Historian's Craft* [New York, 1962]). 뽀미앙은 역사적 지식이 흔적에 근거한 간접적 성격을 가진다는 점을 강조하였다 (K. Pomian, "L'histoire de la science et l'histoire de l'histoire," *Annales: E. S. C.* 30[1975]: 935~952). 그는 또, 마우루스회가 발전시킨 비판적 방법의 중요성을 지적한 블로끄의 주장(*The Historian's Craft*, pp. 81ff.)을 암묵적으로 재검토하고 있다(pp. 949~950). 뽀미앙은 '역사'와 '과학'의 차이점을 간략히 언급하면서, 자신의 훌륭한 연구를 끝맺고 있다. 하지만 다양한 형태의 지식들이 개별화를 그 특성으로 하고 있다는 말은 하지 않았다. 의학과 역사적 지식의 관계에 대해서는 푸꼬(M. Foucault, *Microfisica del potere. Interventi politici*[Torino, 1977], p. 45)와 더불어 주 44에 언급된 내용을 볼 것. 그러나 다른 견해도 있다. G.-G. Granger, *Pensée formelle et sciences de l'homme* (Paris, 1967), pp. 206ff. 역사적 지식이 개별성의 특징을 가지고 있다는 주장을 의혹의 시선으로 보는 사람들도 있는데, 그도 그럴 것이 이는 대개가 감정적인 논조로 흐르거나 혹은 역사를 예술과 동일시하는 경향 등이 있기 때문이다. 나는 이 글이 이와는 전혀 다른 관점에서 쓰여졌다는 점을 명확히 하고자 한다.

50 문자의 발명이 가져온 충격에 대해서는 다음을 볼 것. J. Goody & I. Watt, "The Consequences of Literacy," *Comparative Studies in Society and History* 5 (1962~1963): 304~345; J. Goody, *The Domestication of the Savage Mind* (Cambridge, 1977). 다음도 볼 것. E. A. Havelock, *Preface to Plato* (Oxford, 1963). 인쇄술 발명 이후의 텍스트 비평사에 대해서는 다음을 참조할 것. E. J. Kenney, *The Classical Text: Aspects of Editing in the Age of Printed Books* (Berkeley, 1974).

51 끄로체는 'espressione'와 'estrinsecazione'를 구분함으로써 내가 여기서 개관코자 한 텍스트 개념의

역사적 단순화 과정을 (비록 신비화의 약점이 있기는 하지만) 예술가적 관점에서 파악하고 있다. 하지만 이러한 구분을 예술 일반으로까지 확장하는 것은 (끄로체는 분명히 그런 생각을 하고 있었 겠지만) 설득력이 없다.

52 S. Timpanaro, *La genesi del metodo Lachmann* (Firenze, 1963). 그는 책의 첫 페이지에서, 19세기 이전 까지 '에멘다티오emendatio', 즉 추정의 기술과 동일시되었기 때문에 '과학'이기보다는 '예술'로 생각되어 왔던 어떤 학문분야를 과학적인 것으로 만드는 요소로서 '레첸시오recensio'의 기초 를 제시하고 있다.

53 띰빠네로가 인용한(*Il lapsus*, p. 72) 비데의 경구를 볼 것.

54 G. Galilei, *Il Saggiatore*, ed. L. Sosio (Milano, 1965), p. 38. 다음을 참조할 것. E. Garin, "La nuova scienza e il simbolo del 'libro'," in *La cultura filosofica del Rinascimento italiano. Ricerche e documenti* (Firenze, 1961), pp. 451~465. 여기서 가렝은 이 구절을 포함한 갈릴레오의 주장들을 나와 비슷한 관점에서 해석 한 커티우스에 대해 논하고 있다.

55 Galilei, *Il Saggiatore*, p. 264. 이 점에 관해서는 다음을 볼 것. J. A. Martinez, "Galileo on Primary and Secondary Qualities," *Journal of the History of Behavioral Sciences* 10 (1974): 160~169.

56 체시와 참뽈리에 대해서는 본문 아래를 참조할 것. 파베르에 대해서는 G. Galilei, *Opere* (Firenze, 1935), 13: 207을 볼 것.

57 J. N. Eritreo [G. V. Rossi], *Pinacotheca imaginum illustrium, doctrinae vel ingenii laude, virorum* (Leipzig, 1692), 2: 79~82. 노데는 로씨와 마찬가지로 만치니를 "위대하고도 완전무결한 무신론자"라고 말하였 다. 다음을 볼 것. R. Pintard, *Le libertinage érudit dans la première moitié du XVII*ᵉ *siècle*, 2 vols. (Paris, 1943), I: 261~262.

58 G. Mancini, *Considerazioni sulla pittura*, ed. A. Marucchi, 2 vols. (Roma, 1956~1957). 마혼은 만치니 가 미술품 감정가로서 매우 중요한 인물임을 강조하고 있다(D. Mahon, *Studies in Seicento Art and Theory*[London, 1947], pp. 279ff.). 헤쎄의 책은 풍부한 정보를 담고 있기는 하지만, 너무 좁은 견 해를 보이는 단점도 있다. J. Hesse, "Note manciniane," *Münchener Jahrbuch der bildenden Kunst*, 3rd. ser., 19 (1968): 103~120.

59 F. Haskell, *Patrons and Painters: A Study in the Relations between Italian Art and Society in the Age of the Baroque* (New York, 1971), p. 126. 다음의 장도 볼 것" (The Private Patron," pp. 94ff.).

60 Mancini, *Considerazioni*, 1: 133ff.

61 Eritreo, *Pinacotheca*, pp. 80~81. 만치니가 병명을 제대로 진단한 또 다른 사례(환자는 우르바노 8세 였다)를 두고는 "신의 영감이거나 예언"이라는 찬사가 쏟아졌다(p. 82).

62 판화의 경우는 분명히 그림과는 다른 문제를 안고 있다. 오늘날에는 구상예술의 독특성을 무 시하는 경향이 일반적이지만, 그럼에도 불구하고 오히려 그 독특성을 확인하는 반대의 경향 도 있다(작품 그 자체 대신에, 바디 아트나 랜드스케이프 아트에서와 같은 퍼포먼스의 유일무이한 성격을 생각해 볼 것).

63 이 모든 것은 당연히 벤야민을 전제로 하고 있다. W. Benjamin, "The Work of Art in the Age of Mechanical Reproduction," in *Illuminations* (New York, 1973), pp. 217~251. 그러나, 그는 단지 회화적 예술작품에 대해서만 언급하고 있다. 질송은 그러한 작품들, 특히 그림의 유일무이성을 기

계적으로 제작된 문학 텍스트와 대비시키고 있다(E. Gilson, *Peinture et réalité* [Paris, 1958], p. 93, esp. pp. 95~96. 이 저작에 대해 말해준 레나또 뚜르치에게 감사한다). 그러나 내가 여기서 그 역사적 특징을 대비하려 한 반면, 질송은 양자의 내적 본질을 대비시키고 있다. 데 키리꼬가 스스로의 작품을 '모사'한 사건은, 예술작품의 절대적 유일무이성에 대한 근대적 개념이 실제로 화가 개개인의 생물학적 통일성을 무시해 버리는 경향이 있음을 보여준다.

64 L. Salerno in Mancini, *Considerazioni*, 2: xxiv, n. 55.

65 윗글, 1: 134. 인용구의 마지막 부분에서 나는 편의상 '그림'이라는 말을 '저작'이란 말로 바꾸었다.

66 알라치에 대한 최근 연구들은 다음에서 찾을 수 있다. J. Bignami-Odier, *La bibliothèque vaticane de Sixte IV à Pie XI* (Vatican City, 1973), pp. 128~131. 알라치의 고문서학적 개념들이 지닌 중요성에 대해서는 다음을 볼 것. E. Casamassima, 'Per una storia delle dottrine paleografiche dall' Umanesimo a Jean Mabillon," *Studi medievali*, 3ª ser., 5 (1964): 532, n. 9. 까사마씨나는 또한 알라치와 마비용이 서로 연관되어 있었으리라고 말하면서, 자신의 후속 논문에서 적절한 사료를 근거로 들겠다고 약속했으나, 유감스럽게도 그것은 아직까지 발표되지 않았다. 로마의 발리첼리도서관에 소장되어 있는 알라치의 서한 어디에서도 그와 마비용이 어떤 교류를 했다는 증거는 발견되지 않는다. 그러나, 둘 다 모두 로씨와 친구관계였던 사실에서도 나타나듯이(Pintard, *Le libertinage*, 1: 259), 그들은 같은 지적 모임의 일원이었음이 분명하다. 알라치와 교황 즉위 전의 마페오 바르베리니가 친분이 있었다는 것에 대해서는 다음을 볼 것. G. Mercati, *Note per la storia di alcune biblioteche romane nei secoli XVI-XIX* (Vatican City, 1952), p. 26, n. 1. 앞서 말했듯이, 만치니는 우르바노 8세의 주치의였다.

67 Mancini, *Considerazioni*, 1: 107; C. Baldi, *Trattato...* (Carpi, 1622), pp. 17ff.

68 Mancini, *Considerazioni*, 1: 134.

69 A. Averlino[Filarete], *Trattato di Architettura*, eds. A. M. Finoli & L. Grassi (Milano, 1972), 1:28 (전체적으로는 pp. 25~28을 볼 것). 마뉘노는 이 구절이 '모렐리식' 방법을 예견한 것이라고 말한다. J. Schlosser Magnino, *La letteratura artistica* (Firenze, 1977), p. 160.

70 M. Scalzini, *Il secretario* (Venezia, 1585), p. 20; G. F. Cresci, *L'idea* (Milano, 1622), p. 84.

71 Scalzini, *Il secretario*, pp. 77~78.

72 E. Casamassima, *Trattati di scrittura del Cinquecento italiano* (Milano, 1966), pp. 75~76.

73 이 구절의 인용과 그것에 대한 논의는 다음을 볼 것. E. Raimondi, *Il romanzo senza idillio. Saggio sui 'Promessi Sposi'* (Torino, 1974), pp. 23~24.

74 Averlino [Filarete], *Trattato*, pp. 26~27.

75 Bottéro, *Symptômes*, p. 101. 하지만 그는 점술에서 광물이나 식물, 또 어느 정도까지는 동물의 경우까지도 그 사용 빈도가 점점 더 낮아지는 이유를 점술이 인간중심적이라는 데서보다는 그것들의 "형태적 빈곤성"에서 찾고 있다.

76 *Rerum medicarum Novae Hispaniae Thesaurus seu plantarum animalium mineralium Mexicanorum Historia ex Francisci Hernandez novi orbis medici primarii relationibus in ipsa Mexicana urbe conscriptis a Nardo Antonio Reccho... collecta ac in ordinem digesta a Ioanne Terrentio Lynceo...notis illustrata* (Roma, 1651), pp. 599ff. 표지에는 그

렇게 나와 있지 않지만, 사실 이는 조반니 파베르가 쓴 절의 일부분이다. 이 책의 중요성에 대해서는 라이몬디의 날카로운 지적을 볼 것. Raimondi, *Il romanzo*, pp. 25ff.

77 Mancini, *Considerazioni*, 1: 107. 그는 프란체스꼬 준띠노가 쓴 글을 인용하면서, 뒤러의 천궁도天宮圖에 대해 넌지시 말하고 있다. 만치니의 책을 편집한 사람은 문제의 저작이 무엇인지 명확히 밝히지 않고 있다 (2: 60, n. 483). 하지만 다음을 참조할 것. F. Giuntino, *Speculum astrologiae* (Lyon, 1573), p. 269v.

78 *Rerum medicarum*, pp. 600~627. 이 그림들을 함께 넣어 책을 간행해야 한다고 고집한 사람은 바로 우르바노 8세 자신이었던(윗글, p. 599). 이 서클이 풍경화에 대해 보였던 관심에 대해서는 다음을 볼 것. A. Ottani Cavina, "On the Theme of Landscape, II: Elsheimer and Galileo," *Burlington Magazine* 118 (1976): 139~144.

79 Raimondi, "Towards Realism," in his *Romanzo*, pp. 3ff. 하지만 그는 화이트헤드를 따라 (pp. 18~19), 추상적·수학적 패러다임과 구체적·기술적 패러다임 간의 대립을 부당하게 축소하는 경향이 있다. 고대의 고전 과학과 베이컨적 과학 간의 차이에 대해서는 다음을 볼 것. T. S. Kuhn, "Tradition mathématique et tradition expérimentale dans le développement de la physique," *Annales*: E. S. C. 30 (1975): 975~998.

80 예컨대 다음을 볼 것. "Craig's Rules of Historical Evidence, 1699," *History & Theory*, Beiheft 4 (1964).

81 여기서는 거의 다루지 못한 이러한 주제에 관해서는 해킹의 중요한 저작을 볼 것(I. Hacking, *The Emergence of Probability: A Philosophical Study of Early Ideas about Probability, Induction, and Statistical Inference*[Cambridge, 1975]). 페리아니의 서평 논문 역시 중요하다. M. Ferriani, "Storia e 'preistoria' del concetto di probabilità nell'età moderna," *Rivista di filosofia* 10 (1978): 129~153.

82 P. J. G. Cabanis, *An Essay on the Certainty of Medicine* (Eng. tr.: Philadelphia, 1823).

83 이 주제에 대해서는 다음을 볼 것. M. Foucault, *The Birth of the Clinic: An Archeology of Medical Perception* (New York, 1973); Idem, *Microfisica*, pp. 192~193.

84 나의 다음 저작을 볼 것. *The Cheese and the Worms: The Cosmos of a Sixteenth-Century Miller* (Baltimore, 1980), pp. 58~60.

85 나는 여기서, 약간은 다른 입장에서이기는 하지만, 푸꼬가 제기했던 논점(*Microfisica*, pp. 167~169)으로 되돌아가고 있다.

86 빙켈만이 비안꼬니에게 보낸 1763년 4월 30일자 편지(*Winckelmann's Briefe*, eds., H. Diepolder & W. Rehm[Berlin, 1954]), 2: 316 & 498 n].

87 '작은 통찰력'에 대한 암시는 그의 서간집에서 발견된다. *Briefe* (Berlin, 1952) 1: 391.

88 이는 특히 '성장소설'에서 두드러진다. 이러한 관점에서 볼 때, 소설은 진정 민담의 후예이다. 다음을 볼 것. V. I. Propp, *Le radici storiche dei racconti di fate* (Torino, 1949).

89 E. Cerulli, "Una raccolta persiana di novelle tradotte a Venezia nel 1557," *Atti dell'Accademia Nazionale dei Lincei*, Memorie della classe di scienze morali, 8ª ser., 18 (1975). 세르깜비에 대해서는 윗글, pp. 347 이하를 볼 것. 《방랑 이야기》의 기원과 확산 문제를 다룬 체룰리의 글은, 이 이야기가 동양에 기원을 두고 있다는 점에 관한 한, 앞의 주 31에서 든 문헌들 및 《자딕》을 통해 추리소설(아래에 나오는 관련 문헌을 볼 것)이 우회적으로 번성했다는 사실 등과 연결지어 고찰해야 마땅하다.

90 체룰리("Una raccolta")는 독역본, 불역본, 영역본과 화란어역본 (둘 다 불역본으로부터 중역), 덴마크어역본 (독역본으로부터 중역) 등 많은 역본들을 언급하고 있다. 나는 보지 못했으나, 다음의 저작도 다양한 판본과 역본들을 열거하고 있다. T. G. Remer, *Serendipity and the Three Princes: From the Peregrinaggio of 1557* (Norman, Okla., 1965), pp. 184~190. 다음을 참조할 것. W. S. Heckscher, "Petites perceptions: An Account of Sortes Warburgianae," *Journal of Medieval and Renaissance Studies* 4 (1974): 131, n. 46.

91 Heckscher, "Petites perceptions," pp. 130~131. 여기서 헥셔는 앞서 자신이 제기한 주장("The Genesis of Iconology," in *Stil und Ueberlieferung in der Kunst des Abendlandes*, Akten des XXI Internationalen Kongresses für Kunstgeschichte in Bonn, 1964[Berlin, 1967], 3:245, n. 11)을 발전시키고 있다. 아이디어와 참고문헌 양면 모두에서 매우 풍부한 내용을 담고 있는 헥셔의 이 두 편의 글은 일부이긴 하지만 아비 바르부르크의 방법이 어떻게 탄생했는가를 이 글과 비슷한 시각에서 검토하고 있다. 나는 앞으로 수정본에서 헥셔가 제시한 라이프니쯔식 접근법에 대해 고찰하고자 한다.

92 Voltaire, "Zadig," in *Voltaire's "Candide", "Zadig", and Selected Short Stories*, ed. D.M. Frame (Bloomington, 1966), pp. 110~111.

93 이 문제에 대한 개관으로는 다음을 볼 것. R. Méssac, *Le "detective novel", et l'influence de la pensée scientifique* (Paris, 1929). 이 저작은 비록 일부 낡은 것이 되기는 했으나 내용이 탁월하다.《방랑 이야기》와《자딕》의 관계에 대해서는 윗글, p. 17 이하와 pp. 211~212를 볼 것.

94 윗글, pp. 34~35 (G. Cuvier, *Recherches sur les ossements fossiles* [Paris, 1834], 1:185에서 되따옴).

95 T. Huxley, "On the Method of Zadig: Retrospective Prophecy as a Function of Science," in *Science and Culture* (London, 1881), pp. 128~148 (이는 원래 출판 한 해 전에 있었던 강연 원고이다. 메삭[Le "detective novel," p. 37]은 이 글에 대한 관심을 재차 환기시키고 있다). 헉슬리는 (p. 132) 다음과 같이 말한다. "'점술'이라는 제한적 의미에서조차도, 예언적 행위의 본질은 시간을 앞뒤로 거슬러오르내리는 데 있는 것이 아니라 직접적인 지식의 영역을 넘어서는 것에 대한 이해, 즉 보는 자의 자연적 감각으로는 보이지 않는 것을 보는 데 있다는 사실은 분명하다." 다음의 것도 참조할 것. E. H. Gombrich, "The Evidence of Images," in *Interpretation*, ed. C. S. Singleton (Baltimore, 1969), pp. 35ff.

96 [J.-B. Dubos], *Réflexions critiques sur la poësie et sur la peinture* (Paris, 1729), 2: 362~365(일부는 Zerner, "Giovanni Morelli," p. 215 n.에서 되따옴).

97 E. Gaboriau, *Monsieur Lecoq, I: L'enquête* (Paris, 1877), p. 44. 가보리오는 외양에만 주목한 나머지 아무 것도 밝혀내지 못하는 "실증주의적 조사 방법의 옹호자" 제브롤 경관의 "케케묵은 관행"을 젊은 라꼬끄의 "최신 이론"과 대비시키고 있다(p. 25).

98 영국의 경우, 관상학이 민간에서 오랜 인기를 누렸던 사실(공식적 면모를 갖춘 과학 분야들이 그것을 경멸의 눈으로 바라보기 시작한 한참 뒤에까지도)에 대해서는 다음을 볼 것. D. De Giustino, *Conquest of Mind: Phrenology and Victorian Social Thought* (London, 1975).

99 "연구 결과, 나는……이 시민 사회에 대한 해부가……정치경제학 내에서 이루어져야만 한다는 결론을 내리게 되었다." Karl Marx, *A Contribution to the Critique of Political Economy* (London, 1971), p. 20. 이 어구는 1859년에 쓰여진 서문에서 인용한 것이다.

100 Morelli, *Della pittura*, p. 71. 제르너(Zerner, "Giovanni Morelli")는 이 구절을 근거로 모렐리가 다음과

같은 세 개의 층위를 구별하고 있다고 주장하였다. a) 한 학파의 일반적 특징 b) 손, 귀 등등의 부분에 나타나는 개별적 특징 c) 화가의 "의도성 없는" 습관들이 그것이다. 실제로 뒤의 두 경우는 서로 닮아 있다. 띠찌아노의 그림에서 작가가 "지나칠 정도로 크게 그린 남자의 손"은 모사가에게는 분명한 "실수"처럼 보여서 결코 그렇게 그리지 않을 만한 것의 한 예이다. 이에 대한 모렐리의 언급으로는 다음을 볼 것. *Le opere dei maestri italiani nelle gallerie di Monaco, Dresda e Berlino* (Bologna, 1886), p. 174.

101 모렐리는 다음의 책들을 통해 위에서 인용된 만치니의 글에 대한 반향들을 접했을 가능성이 있다. F. Baldinucci, *Lettera... nella quale risponde ad alcuni quesiti in materia di pittura* (Roma, 1681), pp. 7~8; L. Lanzi, *Storia pittorica dell' Italia*, ed. M. Capucci (Firenze, 1968). 내가 아는 한, 모렐리는 결코 만치니의 《고찰》을 인용한 적이 없다.

102 *L'identité: Séminaire interdisciplinaire dirigé par Claude Lévi-Strauss* (Paris, 1977).

103 A. Caldara, *L'indicazione dei connotati nei documenti papiracei dell' Egitto greco-romano* (Milano, 1924).

104 Lanzi, *Storia pittorica*, 1: 15.

105 E. P. Thompson, *Whigs and Hunters: The Origin of the Black Act* (London, 1975).

106 M. Foucault, *Discipline and Punish: The Birth of the Prison* (New York, 1977).

107 M. Perrot, "Délinquance et système pénitentiaire en France au XIXe siècle," *Annales: E. S. C.* 30 (1975): 67~91, esp. 68.

108 A. Bertillon, *L'identité des récidivistes et la loi de relégation* (Paris, 1883), p. 24 (repr. from *Annales de démographie internationale*); E. Locard, *L'identification des récidivistes* (Paris, 1909). 왈덱-루쏘 법이 입안된 것은 1885년이었다. 이에 따르면, 재범자에게는 감옥형을, '상습범'에게는 국외추방을 명하고 있다. 다음을 볼 것. Perrot, "*Délinquance*," p. 68.

109 프랑스에서 낙인찍기가 사라진 것은 1832년이었다. 《몽떼 끄리스또 백작》과 《삼총사》는 1844년에, 《레 미제라블》은 1869년에 쓰여졌다. 이 시대 프랑스 문학에 나타났던 전과자를 따지자면 보뜨랭 등을 포함하여 훨씬 더 많다. 이 문제에 대한 개괄적 접근을 위해서는 다음을 볼 것. L. Chevalier, *Laboring Classes and Dangerous Classes in Paris during the First Half of the Nineteenth Century* (London, 1973), esp. chs. 2~5.

110 베르띠용이 제기한 문제점을 참조할 것(Bertillon, *L'identité*, p. 10).

111 A. Lacassagne, *Alphonse Bertillon: L'homme, le savant, la pensée philosophique*; E. Locard, *L'oeuvre de Alphonse Bertillon* (Lyon, 1914), p. 28 (repr. from *Archives d'anthropoligie criminelle, de médicine légale, et de psychologie normale et pathologique*).

112 Locard, *L'oeuvre de Alphonse Bertillon*, p. 11.

113 A. Bertillon, *Identification anthropométrique: Instruction signalétiques*, new ed. (Melun, 1893), p. xlviii. Cf. Idem., *Album* (Melun, 1893), plate 60b(이는 앞의 저작과 합본으로 간행되어 있다). 베르띠용에 대한 셜록 홈즈의 칭찬에 관해서는 다음을 볼 것. F. Lacassin, *Mythologie du roman policier* (Paris, 1974), 1: 93 (저자는 또한 앞의 주 9)에서 인용한 귀에 대한 구절도 언급하고 있다).

114 Locard, *L'oeuvre de Alphonse Bertillon*, p. 27. 베르띠용은 필적 감정의 전문가로 이름이 있었기 때문에, 드레퓌스 사건에서 문제의 문서가 진짜인지 감정해 달라는 의뢰를 받았다. 베르띠용은

드레퓌스가 명백히 유죄라는 입장을 보였기 때문에, 전기작가들의 집중포화를 받으면서 경력에 큰 오점을 남겼다 (Lacassagne, *Alphonse Bertillon*, p. 4).

115 F. Galton, *Finger Prints* (London, 1892). 여기에는 이 책에 앞서 발표된 글들의 목록이 실려 있다.

116 J. E. Purkyn, *Opera selecta* (Prague, 1948), pp. 29~56.

117 윗글, pp. 30~32. 본문에서 아래에 이어지는 구절들은 여기에 의거하고 있다.

118 Galton, *Finger Prints*, pp. 24ff.

119 L. Vandermeersch, "De la tortue à l'achillée" in *Divination et rationalité*, pp. 29ff.; J. Gernet, "Petits écarts et grands écarts," ibid., pp. 52ff.

120 Galton, *Finger Prints*, pp. 27~28 (그리고 p. 4에 나오는 감사의 말도 볼 것). 앞서 갈턴은, 지문으로 중국인 구역의 사람들을 식별할 수 있다고 생각한 샌프란시스코의 한 사진작가 얘기를 하고 있으나, 이로부터 어떤 실제적인 결과를 끌어내지는 못했다(pp. 26~27).

121 윗글, pp. 17~18.

122 윗글, p. 169. 이어지는 이야기에 대해서는 다음을 볼 것. Foucault, *Microfisica*, p. 158.

123 여기서 나는 트라우베가 쓴 고문서의 역사를 염두에 두고 있다. L. Traube, "Geschichte der Paläographie," in *Zur Paläographie und Handschriftenkunde*, ed. P. Lehmann, vol. 1 (München, 1965). 이 판본은 1909년판을 영인한 것이다. 본문의 구절을 먼저 인용한 학자는 깜빠나이다(A. Campana, "Paleografia oggi. Rapporti, problemi, e prospettive di una 'coraggiosa disciplina'," *Studi urbinati* 41[1967], n. s. B, *Studi in onore di Arturo Massolo*, vol. 2, p. 1,028). 다음의 것들도 볼 것. A. Warburg, *Die Erneuerung der heidnischen Antike* (Leipzig-Berlin, 1932). 그의 첫 논문은 1893년에 쓰여졌다.; L. Spitzer, *Die Wortbildung als stilistisches Mittel exemplifiziert an Rabelais* (Halle, 1910); M. Bloch, *The Royal Touch: Sacred Monarchy and Scrofula in England and France* (London, 1973). 예는 더 들 수 있다. 다음을 볼 것. G. Agamben, "Aby Warburg e la scienza senza nome," *Settanta* (luglio-settembre 1975), p. 15 (저자는 바르부르크와 스피처를 언급하고 있다. p. 10쪽에서는 트라우베도 언급되었다).

124 Campanella, *Political Aphorism*(이는 원래 라틴어 역으로 *Realis philosophia* (*De politica in aphorismos digesta*)의 일부로 간행되었다); G. Canini, *Aforismi politici cavati dall' "Historia d' Italia" di M. Francesco Guicciardini* (Venezia, 1625). 까니니에 대해서는 다음을 볼 것. T. Bozza, *Scrittori politici italiani dal 1550 al 1650* (Roma, 1949), pp. 141~143, 151~152. 다음의 글도 참조할 것. "Aphorisme," in *Dictionnaire* (Littré).

125 물론 그 가장 오랜 기원은 법에서 찾을 수 있다. 이 용어의 변천사를 짤막하게 다룬 것으로는 다음을 볼 것. R. Koselleck, *Critique and Crisis: Enlightenment and the Pathogenesis of Modern Society* (Cambridge, Mass., 1988).

126 나는 이 글의 수정판에서 이 문제를 더욱 자세히 다루고자 한다.

127 스땅달은 이렇게 말하고 있다(Stendhal, *Memoirs of an Egoist*, ed. D. Ellis[London, 1975], p. 71). "빅토르 [자끄몽]는 나에게 대단히 우수한 인물로 보인다. 그것은 마치 감정가가 (나의 표현을 용서 바란다) 임신 4개월째지만 여전히 멋진 다리의 아름다운 말을 보고 있는 것과 같다." 스땅달은 자신이 'connoisseur'(감정가)처럼 원래는 프랑스어에서 나온 말을 영국식 의미로 쓰고 있는 데 대해 독자들의 양해를 구하고 있다. 오늘날에 와서 조차도 영어의 'connoisseurship'에 상응하는 프랑스어가 없음을 지적한 제르너의 말을 경청할 것(Zerner, "Giovanni Morelli," p. 215, n. 4).

128 무라의 풍부하고도 지각 있는 저작을 볼 것. Y. Mourad, *La physiognomonie arabe et la "Kitab Al-Firâsa", de Fakhr Al-Dîn Al-Râzi* (Paris, 1939), pp. 1~2.

129 알 샤피(기원후 9세기경)에 얽힌 이상한 일화를 볼 것(윗글, pp. 60~61). 이 이야기를 보노라면 마치 보르헤스의 작품을 읽는 느낌이 든다. 피라사와 세렌디쁘 왕의 아들들 이야기 간의 연관성에 대해서는 다음을 볼 것. Méssac, *Le "detective novel."*

130 Mourad, *La physiognomonie*, p. 29. 무라는 타쉬퀘프루 자데헤(1560년경)의 책 속에 분류되어 있는 관상학의 다양한 유형들을 다음과 같이 열거하고 있다. (1) 혹과 점에 대한 지식 (2) 수상술 (3) 견갑골로 보는 점술 (4) 족문으로 보는 점술 (5) 사지와 피부를 통해 보는 족보학적 지식 (6) 사막에서 길찾는 기술 (7) 샘을 찾는 기술 (8) 금속에 묻힌 장소를 찾는 기술 (9) 비를 예보하는 기술 (10) 과거와 현재의 사건들을 통해 미래를 예언하는 능력 (11) 인체의 무의식적 움직임을 통해 예언하는 능력. 또한 모라는 아라비아의 관상학을 심리학의 게슈탈트학파가 시도한 개별성의 인지에 대한 연구와 비교하고 있는데 (pp. 15ff), 이는 매우 흥미로운 착안으로서 더 연구해 볼 가치가 있다.

제2부 5장 마녀연회

1 H. R. Trevor-Roper, *The European Witch Craze of the 16th and 17th Centruries* (London, 1969), p. 41.

2 M. Murray, *The Witch-Cult in Western Europe* (1921; Oxford, 1962).

3 Norman Cohn, *Europe's Inner Demons: An Enquiry Inspired by the Great Witch-Hunt* (London, 1975), pp. 111~115.

4 다음을 참조할 것. Cohn, *Europe's Inner Demons*, pp. 18ff. 근친상간을 포함한 난교에 대한 비난은 바울파에 적대적인 사료들에서 여러 차례 나타나고 있다. 다음을 볼 것. Ch. Astruc et al., eds., "Les sources grècques pour l'histoire des Pauliciens d'Asie Mineure," in *Travaux et Memoires du Centre de Recherche d'Histoire et Civilisation Byzantine* 4 (1970): 92, 131, 201, 205ff. 구이아르가 편집한 장임. 나는 다른 유용한 조언들을 포함하여 이 문헌을 소개해 준 이블린 패틀라진에게 감사한다). 그러나 이 구절들에는 식인 의식이 거의 언급되지 않고 있다. 9세기 혹은 10세기 중엽의 것으로 짐작되는 유명한 저주의 공식에 보면, "제의용으로 음식에다 아기 탯줄을 태운 재를 섞었다"는 모호한 언급만이 한 번 나올 따름이다(윗글, pp. 188~189, 201). 근친상간과 식인의식이란 두 주제는 얀의 설교문에도 나온다. 다음을 볼 것. *Domini Johannis Philosophi Ozniensis Armeniorum Cathalici Opera*, ed. G. B Aucher (Venezia, 1834), pp. 85ff. 다음도 볼 것. N. G. Garsoïan, *The Paulician Heresy* (The Hague-Paris, 1967), pp. 94~95.

5 P. Gautier, "Le *De daemonibus* du Pseudo-Gellos," *Revue des études byzantines* 38 (1980): 105~194. 난교에 대한 구절은 같은 글 pp. 40~41을 볼 것. 저자는 이 대화집이 1250년 이후, 또는 그보다도 훨씬 뒤에 쓰여졌을 것이라고 조심스럽게 말하고 있다(p. 131).

6 예컨대 프라띠첼리에 대해 비온도가 한 유명한 말을 볼 것(F. Biondo, *Italia llustrata*[Verona, 1482], cc. E r-v). 이 구절의 마지막 부분은 분명히 오준의 얀이 한 말을 그대로 옮긴 것이다 (*Opera*, p. 87).

7 아직 이 사건에 대한 본격적인 연구는 없다. 지역별로 초점을 맞춘 연구들 중에는 다음과 같
은 것들이 있다. L. Guibert, "Les lépreux et les léproseries de Limoges", *Bulletin de la société archéologique et historique du Limousin*, 4 (1905): 5~146; Vincent, "Le complot de 1320 contre les lépreux et ses repercussions en Poitou," *Bulletin de la Société des Antiquaires de l'Ouest*, 3ª series, 7 (1927): 325~344; G. Lavergne, "La persecution et spoliation des lépreux à Perigueux en 1321," *Recueil de travaux offert à M. Clovis Brunel...* (Paris, 1955), 2: 107~113. 좀더 포괄적인 연구로는 다음이 있다. H. Chrétien, *Le prétendu complot des Juifs et lépreux en 1321* (Chàteauroux, 1887); J. M. Vidal, "La poursuite des lépreux en 1321 d'aprés des documents nouveaux," *Annales de Saint - Louis - des - Français* 4 (1900): 419~478; R. Anchel, *Les Juifs en France* (Paris, 1946): 79~91; V. R. Rivière-Chalan, *La marque infâme des lépreux et de christians sous l' Ancien Régime* (Paris, 1978). 다음과 같은 바버의 정확한 연구도 볼 것. M. Barber, "The Plot to Overthrow Christendom in 1321," *History* 66 (Feb. 1981): 1~17. 그는 위로부터의 음모 따윈 실제로 없었다고 주장한다. 이 점에서 나는 바버가 빠뜨렸다고 짐작되는 Rivière-Chalan의 해석을 따르고자 한다.

8 관련 연대기들은 비달의 다음 글에 실려 있다. Vidal, "La poursuite." 앙주에서 발견되어 앙주 왕 필립이 교황 조반니 22세에게 보낸 편지는 다음에 수록되어 있다. G. D. Mansi, *Sacrorum Conciliorum nova, et amplissima collectio* (Venezia, 1782), 25, coll. 569~572. 반유대주의 작가 뤼뻬르는 이를 신빙성 있다고 본 반면(L. Rupert, *L' Eglise et la synagogue*[Paris, 1859], pp. 172 ff.), 끄레띠앙은(이 때 그는 분명히 드레퓌스 사건을 염두에 두고 있었을 것이다) 그것이 유대인에 불리하게 날조한 위조 문서라고 주장하였다(Chrétien, *Le prétendu*, p. 17). 하지만 놀랍게도 그 뒤에 나온 관련 문헌들은 이 편지의 존재를 빠뜨리고 있다. 모슬렘의 왕들에게 보내어진 편지 두 통 역시 끄레띠앙의 같은 글을 통해 활자화되었고, 그 후 그것이 아직 간행되지 않은 줄 알았던 비달에 의해 다시 간행되었다(Vidal, "La poursuite", pp. 459-461). 일찍이 소발은 이 편지들이 가짜라고 단언한 바 있다. H. Sauval, *Histoire et recherches des antiquités de la ville de Paris* (Paris,1724), 2: 517~518.

9 Anchel, *Les Juifs*, pp. 86ff.; B. Blumenkranz, "A propos des Juifs en France sous Charles IV le Bel," *Archives juives* 6 (1969~1970): pp. 36~38과 비교하라. 블뤼망 끄란츠는 통상 추방 연도로 받아들여지던 1322년이 사실은 잘못임을 지적하고 있다.

10 J. Michelet, *Histoire de France* (livres V~IX), P. Viallaneix, ed., *Oeuvres complètes*, V (Paris, 1975), pp. 155~157; Vidal, "La poursuite"; J. Duvernoy, *Le registre d' Inquisition de Jacques Fournier (1318 - 1325)* (Paris, 1965), 2: 135~147. 특히 p. 135 n.을 볼 것. 아가싸 재판에 대한 다른 해석에 대해서는 르 로아 라뒤리의 다음 글을 볼 것. E. Le Roy Ladurie, *Montaillou, village occitan de 1294 à 1324* (Paris, 1975), pp. 17, 583 n. 1.

11 곧 출간될 책에서[역주: 현재 이 책은 다음 제목으로 간행되어 있다. *Storia notturna. Una decifrazione del sabba* (Torino, Einaudi, 1989)], 나는 1321년의 음모가 여러 경로를 통하여 이를 예비한 측면이 있는 다른 몇 가지 사건들(성당 기사단에 대한 재판, 카오르의 주교 위그 제로드가 교황 조반니 22세를 살해하려 했다는 풍문, 빠스뚜뢰 십자군 등등)과 어떻게 관련되어 있는지 살펴볼 작정이다.

12 U. Robert, *Les signes d' infamie au Moyen Age* (Paris, 1889), pp. 11, 90~91, 148; J.-C. Schmitt, "L' histoire des marginaux," in *La Nouvelle histoire*, ed. J. Le Goff (Paris, 1978), p. 355.

13 J. von Königshoven, *Die alteste Teutsche so wol Allgemeine als insonderheit Elsassische und Strassburgische Chronicke...*

(Strasbourg, 1698), pp. 1,029~1,048; *Urkundenbuch der Stadt Strassburg*, V, ed. H. Witte & G. Wolfram (Strasbourg, 1896), pp. 162~179. 전체 개요에 대해서는 다음을 볼 것. *The Jewish Encyclopedia*, s.v. "Black Death." 보다 상세한 설명을 위해서는 특히 다음이 유용하다. R. Hoeniger, *Der schwarze Tod in Deutschland* (Berlin, 1882); A. Lopez de Meneses, "Una consequencia de la Peste Negraen Catalu a: el pogromñde 1348," *Sefarad* 19 (1975): 92~131, 321~364; J. Schatzmiller, "Les Juifs de Provence pendant la Peste Noire," *Revue des études juives* 133 (1974): 457~480. 박해의 문화적 배경에 대해서는 다음을 참조할 것. S. Guerchberg, "La controverse sur les prétendus semeurs de la Peste Noire d'après les traités de peste de l'époque," *Revue des études juives* 108 (1948): 3~40.

14 L. Wadding, *Annales Minorum*, IX (Roma, 1734), pp. 327~329.

15 J. Nider, *Formicarius*, V. 4. 이 장章은 1437년에 쓰여진 것으로 보인다(K. Schieler, *Magister Johannes Nider aus dem Orden der Prediger-Brüder. Ein Beitrag zur Kirchengeschichte des fünfzehnten Jahrhunderts*[Mainz, 1885], p. 379, n. 5).

16 페터 폰 그라이어츠에 관해서는 다음을 볼 것. J. Hansen, *Quellen und Untersuchungen zur Geschichte des Hexenwahns und der Hexenverfolgung im Mittelalters* (Bonn, 1901), p. 91, n. 2. 어린아이를 게걸스럽게 먹는 마녀의 모습을 그린 구절은 다음에 나온다. *Formicarius*, V. 3.

17 Cohn, *Europe's Inner Demons*, pp. 145~146을 볼 것. 그러나 콘은 "이 문제를 염두에 둔 역사가들이 꼬모의 문서보관소를 샅샅이 뒤져보았지만, 후대의 그 어떤 작가도 문제의 문서가 있었다는 흔적을 찾지 못했다"고 하면서, 베르나르도의 증언을 무시하고 있다. 그러나 여기서 우리가 강조해야만 하는 사실은, 설령 관련 문서들이 몇 세기 내내 계속된 전쟁과 화재와 약탈을 피할 수 있었다고 가정하더라도, 지금까지 (콘에 의해 인용된 깐뚜를 비롯한) 어떤 학자도 이단 재판기록들이 보존되어 있을 법한 꼬모의 교회 문서보관소에 접근하지 못했다는 점이다(나 역시 이 문서보관소에 들어가 보려고 했으나, 결코 허락되지 않았다). 반면, 콘은 니더의 글을 다루면서 (*Europe's Inner Demons*, pp. 204~205), 식인 마녀에 관한 기술에 이어, 그가 관련 연도를 정확히 기록하고 있다는 사실 자체를 도외시하고 있다. …… 하지만 니더와 베르나르도 다 꼬모가 제시한 연도가 놀라울 만큼 비슷한 것으로 보아, 꼬모의 연도는 신빙성이 있다고 볼 수 있다.

18 Th. von Liebenau, ed., "Von den Hexen, so in Wallis verbrannt wurdent in den Tagen, do Cristofel von Silinen herr und richter was," *Anzeiger für schweizerische Geschichte*, n. s. 9 (1902~1905): 135~138; J. B. Bertrand, "Notes sur les procès d'hérésie et de sorcellerie en Valais," *Annales Valaisannes* 3 (August 1921): 166~167, 173ff.

19 C. Ginzburg, I benandanti (1966; 2ª ediz., Torino, 1972), pp. 7, 63~64; J Duvernoy, *Le registre*, 1: 139; Le Roy Ladurie, *Montaillou*, pp. 592ff.

20 J. Le Goff, *Pour un autre Moyen Age* (Paris, 1978), p. 314, n. 12.

21 케르스트니키: M. Bos∨kovic∨-Stulli, "Kresnik-Krsnik, ein Wesen aus der kroatischen und slovenischen Volks berlieferung," *Fabula* 3 (1959~1960): 275~298; 칼리칸차로이: J. C. Lawson, *Modern Greek Folklore and Ancient Greek Religion* (1910; New York, 1964, with an intro. A. N. Oikonomides), pp. 190ff.; P. P. Argenti & H. J. Rose, *The Folk·Lore of Chios* (Cambridge, 1949), pp. 21ff., 242ff; 칼루사리: O. Buhociu, "Le folklore roumain de printemps," (These, University of Paris, 1957); Gail Kligman, *Calus: Symbolic Transformation*

in Romanian Rituals (Chicago, 1981); 탈토스: G. Klaniczay, "Benandante-kresnik-zduhac-táltos," *Ethnographia* 84 (1983): 116~133 (나는 이 글을 저자가 친절하게도 직접 번역해 준 영역본으로 읽을 수 있었다); 부르쿠자우타: G. Dumzil, *Le problème des Centaures* (Paris, 1929), pp. 91~93. 초기의 보고에 대해서는 다음 논문을 볼 것. J. Klaproth, *Voyage au Mont Caucase et en Georgie* (Paris, 1823), 2: 255. 탈토스와 샤먼의 관련성에 대해서는 그 동안 되풀이해서 논의되어 왔다. 예컨대 다음을 볼 것. V. Dioszegi, ed., *Glaubenswelt und Folklore der Sibirischen Volker* (Budapest, 1963). 베난단띠와 샤만의 연관성에 대한 긴즈부르그의 가설 (Ginzburg, *I benandanti*, p. 3)은 뒤에 엘리아데에 의해 확인되었다. M. Eliade, "Some Observations on European Witchcraft," *History of Religions* 14 (1975): 153~158.

22 V. Propp, *Le radici storiche dei racconti di fate* (1946; Torino, 1949). 요정 이야기에 담긴 신화적 내용을 분석한 프로프의 글은 매우 설득력이 있다. 더욱이 그는 이 이야기에서 특정한 제의의 흔적을 해독하고자 했기 때문에 훨씬 더 큰 논쟁을 불러일으켰다. 이에 관해서는 엘리아데의 다음 연구를 볼 것. M. Eliade, *Aspects du mythe* (Paris, 1963), pp. 235~236. 주목해야 할 사실은, 프로프의 책이 비록 스탈린주의적 도그마에 물든 면이 없지는 않지만, 그럼에도 불구하고 여전히 탁월한 연구로 남아 있다는 점이다.

23 이 가설은, 비록 지금보다 훨씬 더 제한된 증거에 기초한 것이기는 하지만, 이미 내 책《베난단띠》(특히 pp. 30~35를 볼 것)에서 제시한 적이 있다. 나는 당시, 비록 의문부호가 붙어 있기는 하지만, 이와 비슷한 해석이 이미 이루어진 적이 있었다는 사실을 몰랐다. 다음을 볼 것. J. Grimm, *Deutsche Mythologie*, 4ᵃ ediz., ed. E. H. Meyer (Berlin, 1876), 2: 906 (*Teutonic Mythology*[London, 1883], 2: 1082).

24 Nider, *Formicarius*, V. 3; "Von den Hexen," p. 136. 다음도 볼 것. J. Sprenger & H. Institoris, *Malleus maleficarum, in Malleorum quorundam maleficarum, tam veterum quam recentium authorum, tomi duo* (Frankfurt, 1582), p. 13. 늑대인간 신앙의 해석에 관해서는 다음의 연구가 여전히 기본적인 것으로 남아 있다. W. H. Roscher, "Das von der 'Kynanthropie' handelnde Fragment des Marcellus von Side," *Abhandlungen der philologisch·historischen Classe der königlich Sächsischen Gesellschaft der Wissenschaften* 17 (1897).

제2부 6장 메노키오에서 삐에로 델라 프란체스까까지

1 *Il formaggio e i vermi. Il cosmo di un mugnaio del 500* (Torino, 1976). 영역본이 있다. *The Cheese and the Worms*, trs. John & Ann Tedeschi (Baltimore, 1980). 본문 중 괄호 안의 숫자는 이 영역본과《베난단띠》의 영역본인 *The Night Battles*(주 4를 볼 것)의 페이지 번호를 가리킨다. 이 영역본들의 번역은 탁월하지만, 나는 극소수의 철학 문제에서 필요할 때는 이탈리아 원문에 더 가깝도록 고쳤다.

2 자연발생론에 대해서는 연구가 별로 이루어지지 않았다(이는 아마도 그것이 분명 '저급한 유물론'의 영향을 받고 있다는 생각 때문일 것이다). 뒤엠과 가랭 및 그레고리의 중세연구 외에, 특히 르네상스에 대해서는 다음을 볼 것. B. Nardi, *Studi su Pomponazzi* (Firenze, 1968), pp. 305~319; F. Papi, *Antropologia e civiltànel pensiero di Giordano Bruno* (Firenze, 1968), pp. 3~10, 91ff., 221ff.

3 "Prove e possibilità," in Natalie Zemon Davis, *Il ritorno di Martin Guerre* (Torino, 1984), pp. 131~154.

4 *I Benandanti. Ricerche sulla stregoneria e sui culti agrari tra Cinquecento e Seicento* (Torino, 1966; 3ª ediz. con Post-scriptum, 1972). 다음과 같은 영역판이 있다. *The Night Battles*, trs. John & Ann Tedeschi (London, 1983). 다음의 서평을 볼 것. Antony Pagden, in *London Review of Books* (15 Feb. 1984): 6~8. 긴즈부르크의 특징인 역설의 실례는, 이를테면 "이탈리아 역사상 최후의 위대한 종교운동은 추기경 루포를 따르는 '무뢰배들'에 의해 이루어졌다"는 식의 말에서 찾아볼 수 있다("Folklore, magia, religione,"in *Storia d'Italia*, Vol 1, *I caratteri originali*[Torino, 1972], p. 663). 긴즈부르크의 교조적인 논조를 비판한 마르띠나의 논평을 참조할 것(G. Martina, in *Rivista di storia della Chiesa in Italia* 30[1976]: 150~153).

5 *The New York Review of Books* (June 1980)에 실린 존 엘리어트의 《치즈와 구더기》 서평 참조("과연 이 사람을[베네찌아 등지에서 책을 구입하고 있던 메노키오] 긴즈부르크가 표현하고자 한 16세기 농촌사회의 대표자로 볼 수 있을 것인가?").

6 긴즈부르크는 여기서 마녀사냥에 대한 머레이-마이어-루네베르크의 해석을 따르고 있다. 이 점은 《베난단띠》에 대한 노먼 콘의 다음 글에서 날카로운 비판을 받았다. Norman Cohn, *Europe's Inner Demons: An Inquiry Inspired by the Great Witch Hunt* (London, 1975), pp. 223~224: "16세기 고문서에서 긴즈부르크가 발견한 것은 사실 이전 수세기 동안 디아나, 헤로디아스, 또는 홀다의 추종자들이 흔히 경험하였던 것이 지역적으로 변형된 형태였다. 그것은 머레이와 그녀의 해석을 따르는 사람들이 설정했던 다산에 관한 '옛 신앙'과는 아무런 관계도 없다. 거듭 이야기하지만, 그것은 개개인의 의식뿐만 아니라 황홀경의 경험까지도 그들이 살고 있는 시대가 일반적으로 받아들이고 있는 믿음들에 의하여 크게 조건지워질 수 있다는 사실을 밝히고 있다." 긴즈부르크는 최근 다음의 글에서 콘의 주장에 대해 답하고자 하였다. 'Présomptions sur le sabbat,' *Annales*: E. S. C. 39 (1984): 341~354.

7 Ginzburg, "A proposito della raccolta dei saggi storici di Marc Bloch," *Studi medievali*, 3ª ser. VI (1965): 347~349. 그리고 블로끄의 이탈리아어 번역본(*I retaumaturghi*[Torino, 1973])에 붙인 긴즈부르크의 서문(p. xvii)도 참조.

8 긴즈부르크는 이미 《베난단띠》에서, 이들 전통과 신화가 '계몽된 세계와는 전혀 아무런 관계도 없을' 뿐 아니라(*The Night Battles*, p. 45), '초역사적·종교적 원형'도 아니라고 주장하였다(p. 89). 《베난단띠》의 문제와 《치즈와 구더기》의 문제 사이에는 분명한 연속성이 있는데, 그는 《치즈와 구더기》에서(p. 156) 앞으로 '샤머니즘'의 주제를 더 발전시켜 보겠다는 약속을 하면서 《베난단띠》도 함께 언급한 바 있다.

9 "Folklore, magia, religione," p. 603; M. Bakhtin, *L'Oeuvre de F. Rabelais et la culture populaire au Moyen Age et à la Renaissance* [1965], 불역판 (Paris, 1970).

10 E. Le Roy Ladurie, *Les Paysans de Languedoc* (Paris, 1966), I, pp. 395~399; idem, *Le Carnaval de Romans* (Paris, 1979). 긴즈부르크와 라뒤리에 관해서는 L. Stone, "The Revival of Narrative: Reflection on a New Old History," *Past & Present* 85 (1979): 3~24 참조. 여기서 스톤은 《치즈와 구더기》를 아마 저자라면 동의할 수 없을, 그런 식으로 규정하고 있다. 그가 보기에 긴즈부르크는 종교개혁 사상이 하층으로 내려감으로써 야기한 지적·심리적인 동요에 대해 기술하려 했다는 것이다. 다음을 참조할 것. E. J. Hobsbawm, "The Revival of Narrative: Some Comments," *Past & Present* 86 (1980): 3~8.

11 *Richerche di storia sociale e religiosa*, VI, n.s. XI (1977): 167~168, 175~176, 191(인용문 중 따옴표는 필자가 한 것임). 긴즈부르그는 "어떤 현상이 매우 광범위한 지역에서 오랜 기간에 걸쳐 변해 가는 과정을 재구성하는 데" 흥미가 있다고 말하였다. 그는 p. 126에서 한 주제를 제시하고 있는데, 나로서는 이것이 책의 주제를 제대로 규정하고 있는 것으로는 보이지 않는다. 그의 말은 이렇다. "민중계급의 문화와 지배계급 문화는 다양한 역사시대를 거치면서 복잡한 관계를 형성해 왔다. 이들간의 관계는, 일방적인 것이 아니라 르 고프가 주장한 것처럼 순환적이며, 나도 이 점을 내 책에서 보여주고자 하였다." 그러나 엘리어트가 자신의 서평에서 지적한 바와 같이(주 5를 볼 것), 긴즈부르그의 책 서문에서 제기된 원리("상호 영향을 통한 순환적 관계")와 "자율적인 농민 급진주의의 흐름"을 강조한 수많은 언급들 사이에는 모순이 있다.

12 엘리어트(주 5를 볼 것)는 자신의 훌륭한 서평에서, "치즈 제조와 연관지워 인간 창조 과정을 이해하고 설명한" 한 피레네 마을의 사례를 언급한 인류학자 오트의 연구를 소개하고 있다. 그가 지적하고 있듯이, 메노키오는 히말라야인들보다 피레네 사람에 훨씬 더 가까웠다. 오트는 아리스토텔레스의 《동물발생론*De generatione animalium*》(739^{b21-7})에 대해 언급하고 있는데, 이 부분이야말로 "끊임없이 되풀이되어 온 아리스토텔레스적 이미지"로서 "우유 응고제와 같은 역할을 하는" 정액에 대한 관념의 전거이다. 다음을 볼 것. D. Jacquart & C. Tomasset, "Albert le Grand et les problèmes de la sexualité," *History and Philosophy of the Life Science 3* (1981): 77. 이는 1503년과 1509년 사이 빠도바에서 있었던 뽐뽀나찌의 자연발생론 강의에서도 언급되고 있다(Napoli, Nat., Libr., MS VIII. D. 80, fo. 71v).

13 이 번역에서는 p. 991에 새로 시작되는 문단부터 p. 992 둘째 문단까지가 생략되었다. 기본적으로 이 논문이 매우 긴 데다가, 이 부분은 긴즈부르그에 대한 직접적인 언급이 없이 고대 창조론의 전통을 다소 현학적으로 설명하고 있어서, 생략하더라도 독자들이 논지를 파악하는 데 별 무리가 없으리라 판단되었기 때문이다. 다만 생략된 부분 속에는 주 13~17까지가 포함되어 있었고, 여기에다 본 각주가 새로이 들어갔으므로, 이하 본 번역의 주 14) 원래의 글에서 주 18에 해당되며, 이하 차례로 각주 번호가 밀리게 됨을 알린다.

14 "Noterelle libertine," *Rivista storica italiana* 88 (1976): 792~802.

15 나는 이것을 "I problemi metodologici del necromante A. Nifo," *Medioevo* 1 (1975): 137f에서 검토하였다. 메노키오가 아베로에스처럼 항상 종교를 '법률'이라 부르고 있으며, 아울러 종교의 가치가 상대적이라는 것을 믿고 있다는 점은 주목할 만하다.

16 C. Ginzburg & M. Ferrari, "La colombara ha aperto gli occhi," *Quaderni Storici* 38 (1978): 631~639. 이하 본문 중에 명시된 페이지는 이 글을 수록한 다음의 책에 따른 것이다. *Alfabetismo e culture scritta* (Perugia, 1978).

17 V. Santoli, "Tre osservazioni su Gramsci e il folklore," in his *I canti popolari italiani* (Firenze, 1968); L. M. Lombardi Satriani, *Antropologia culture e analisi della cultura subalterna* (Rimini, 1976), pp. 24~25. 케이스 토마스 (p. 141), 슈미트 (p. 11), 르벨 (p. 75)이 이 문제에 관해 얘기한 것들을 볼 것 (*Ricerche di storia sociale e religiosa*, VI, n.s. XI [1977]).

18 "Poche storie. Un'intervista fiume di A. Sofri con C. Ginzburg," *Lotta continua* (17 February, 1982). 예술의 방법과 역사에 관한 논문집의 독역본 (Ginzburg, *Spurensicherungen*[Berlin, 1983])과 그의 논문 "Vom

finstern Mittelalter bis zum Blackout von New York-und zurück," *Freibeuter* 18 (1983): 25~34를 참조할 것.

19 긴즈부르그의 저작들(*I costituti di don Pietro Manelfi*[Firenze-Chicago, 1970]; *Giochi di Pazienza. Un seminario sul 'Beneficio di Cristo'*, con A. Prosperi [Torino, 1975])은 물론 여기서 논의된 문제들과 밀접한 관련이 있기는 하지만, 그래도 비교적 민중주의적 주제들의 영향을 덜 받은 것이다.

20 *Il Nicodemismo* (Torino, 1970). 이에 대한 카에기의 서평을 참조할 것 (W. Kaegi, in *Schweizerische Zt. f. Geschichte* 20[1970]: 697).

21 P. Kalkoff, *W. Capito im Dienste Erzbischof Albrecht von Mainz* (1519~1523) (Berlin, 1970), pp. 2ff.: "까삐 또와 같이 외교적 능력이 매우 뛰어난 사람만이 다년간에 걸쳐 이처럼 외부로 드러난 지위 를 이용하여, 흔히 초기 단계에서 꺾이기 십상인 종교개혁 운동을 보호하고 장려하는 주도 면밀한 정책을 수행할 수 있었다." 긴즈부르그는 칼코프의 이 연구를 모르고 있으며, 이 편 지를 근거로 쾨펠이 니꼬데모주의를 택한 연도를 1540년 정도로 느지막하게 잡고 있다(*Il Nicodemismo*, pp. 139ff., 207~213).

22 1521년 2월 16일자 마인쯔 發로 온 이 편지는 뵈킹에 의해 간행되었다(E. B cking, in *Hutteni Operum Supplementum*, II, 2 [Leipzig, 1864], pp. 804~805). 긴즈부르그에 의해 부록으로 간행된 더 훗 날의 편지에 대해서는 다음을 참조할 것. P. Fraenkel, "Bucer's Memorandum of 1541 and a Lettera nicodemitica' of Capito," *Bibliothèque d'Humanisme et Renaissance* 36 (1974): 575~587. 비온디는 다른 관 점과 사료를 통해 긴즈부르그의 연구를 강력히 비판하였다. A. Biondi, "La giustificazione della simulazione nel Cinquecento," in *Eresia e riforma nell'Italia del Cinquecento* (Firenze-Chicago, 1974), pp. 5~68. 다음의 글도 참조할 것. C. M. N. Eire, "Calvin and Nicodemism: A Reappraisal," *Sixteenth-Century Journal* 10 (1979): 45~69. 하지만 나는 이 글을 통독하지는 못했다.

23 "High and Low: the Theme of Forbidden Knowledge in the XVIth and XVIIth Centuries," *Past & Present* 73 (1976). "깔끔한 양극 범주"의 이론을 전개하고 있는 이 글에서, 우리는 16세기 이단에 관한 긴 즈부르그의 연구와 바흐찐의 발자취를 따라가는 그의 접근 방법을 동시에 만날 수 있다. 그 는 이렇게 말한다. "물론 이들 범주는 생물학적 의미뿐만 아니라 문화적 혹은 상징적 의미까 지도 지니고 있다. 인류학자들은 그 일부의 가변적인 의미를 밝히기 시작했다. …… 그러나 이들 범주 중 어떤 것도 상층과 하층이라는 양극 범주만큼 보편적이지는 않다"(p. 31). 긴즈부 르그는 여기서 자신의 접근 방식을 어윈 파노프스키로부터 빌려 왔다고 주장하고 있지만, 그 보다는 바흐찐이 라블레 연구에서 보여준 상·하층 범주의 흔적이 더 뚜렷해 보인다. 다음을 볼 것. V. V. Ivanov, "Significato delle idee di Bachtin," in *M. Bachtin* (Bari, 1977), p. 97: "축제문화를 다 룬 바흐찐의 책은 기본 논제들의 구조를 분명히 보여주고 있는데, 그 주요 특징 중 하나를 들 자면, 그것이 사회적·계서적·공간적·물질적 등 여러 측면에 대해 동시적으로 양극 대비라는 기본적 분석방법을 적용하고 있다는 사실이다."

24 다음을 볼 것. M. Pogatschnig, "Costruzioni nella storia. Sul metodo di Carlo Ginzburg," *Aut Aut* 181 (1981): 3ff. 여기서 그는 같은 호에 실린 "상층과 하층"의 이탈리아어 역본에 대한 자신의 견해를 밝 히고 있으며(3ff쪽), 아울러 1980년 봄 밀라노에서 열린 '실마리'에 관한 토론(주 29를 볼 것)에 대해서도 얘기하고있다 "[Paradigma indiziario e conoscenza storica. Dibattito su 'Spie' di C. Ginzburg," *Quaderni di storia* 12 (1980)]. 다음의 글도 볼 것. C. Ginzburg & C. Poni, "Il nome e il come: scambio

ineguale e mercato storiografico," *Quaderni storici* 40 (1979): 188: "미시사와 일반적 의미의 역사를 '실제적 삶에 대한 과학'으로 정의할 것을 제안한다."

25 *History Workshop* 11 (1980): 5~29. 원래의 이탈리아어판은 분량이 더 짧다, "Spie. Radici di un paradigma indiziario," *Rivista di storia contemporanea* (1978): 1~14. 이는 조금 더 내용을 늘려 다음에 재수록되었다. Gargani, ed., *Crisi della ragione* (Torino, 1979).

26 F. Diaz, in *L'Espresso* (10 February 1980).

27 R. Romano, in *Alfabeta*, II, no. 11; A. Negri, "Riflessioni in margine a Ginzburg," *Alfabeta*, no. 11.

28 "La ragione e la spia," *Quaderni di storia* 6 (1980): 17.

29 "Ancora sul senso comune di E. Grendi. Microstoria e indizi senza esclusioni senza illusioni," *Quaderni storici* 45 (1980): 1121f.

30 *L'Espresso* (6 July 1980). 다음을 볼 것. G. Vattimo, "L'ombra del neorazionalismo," *Aut Aut* 175/176 (1980): 175~176(이 호에는 베제띠, 로바띠, 꼬몰리, 무라로가 긴즈부르그에 대해 제기한 다른 여러 논평들이 실려 있다). 베띠모는 긴즈부르그가 "적어도 20세기 초 이래 합리성에 대한 모든 논의에서 하나의 기준이 되었던 개념들 중 하나였던 '이해Verstehen'라는 용어의 분석, 즉 이해에 대한 분석"이 빠져 있다고 비난하였다. "……긴즈부르그의 접근 방법이 얼핏 보기에는 보다 개방적인 듯하지만, 이는 단지 그것이 제대로 정의되지 않고 있기 때문일 뿐이다. 문제가 심층적으로 다루어지지 않고 있으며, 그토록 조심스럽게 제시된 직관에 대한 암시조차도 단지 암시로만 그치고 있다는 사실은, 우리로 하여금 '실마리 패러다임'을 진정한 인식틀로 받아들이기 어렵게 만든다. …… 해석학을 무시하는 긴즈부르그식의 전망에는 분명한 한계가 있다.…… 프로이트 자체도 오로지 헤겔적으로만 해석되고 있다. …… 긴즈부르그의 글은, 물론 시사적인 측면이 없는 것이 아니지만, 그럼에도 불구하고 나에게는 여전히 '빠리식' 한계에 봉착한 것으로 보인다는 사실을 고백치 않을 수 없다"(pp. 23~24).

31 "Da A. Warburg a E. H. Gombrich," *Studi medievali*, 3ª ser. VII (1966): 1,015~1,065.

32 "In margine al motto Veritas filia temporis," *Rivista storica italiana* 78 (1965): 969~973.

33 "Tiziano, Ovidio e i codici della figurazione erotica del Cinquecento," *Paragone d'Arte* 29 (1978): 3~24.

34 R. Zorzi, in *Comunità* (1981): xvi.

35 M. Warnke, "Vorwort" to Ginzburg, *Erkundungen über Piero* (Berlin, 1981). 그러나, 그에 따르면, 긴즈부르그의 주요 관심은 오히려 일찍이 백산달이 그의 삐에로 연구에서 제시했던 '인식형cognitive style'에 있는 것으로 보인다는 것이다(p. 13).

36 "Dieci in Battesimo, quattro in Flagellazione," *L'Europeo* (22 June 1981). 다음을 볼 것. Cesare De Seta, "Manifesto per storici," *Il Mattino* (6 August 1982).

37 벨팅은 자신의 서평(*Zeitschrift für Kunstgeschichte* 45[1982]: 327)에서 다음과 같이 말하고 있다. 즉 우리가 긴즈부르그의 주장을 선뜻 받아들이기 어렵다고 해서, 무작정 그를 비난할 수만은 없다. 미술사들 또한 비난받을 만한 여지가 있기 때문이다. 따라서 긴즈부르그의 연구는 어떤 측면에서는 미술사라는 숲을 개간해서 성공을 거둔 결과이면서도, 동시에 여전히 가지치기를 통해 그것을 나름대로 가꾸어야 할 여지를 남기고 있다.

1 현재 학계에서는 최근의 새로운 역사 연구 경향을 비교적 포괄하는 용어로서 대체로 '미시사' microstoria/microhistory'와 '신문화사new cultural history'의 두 가지를 쓰고 있다. 이 말들은 각각 새로운 역사학의 핵심 개념인 '미시'와 '문화'를 표현하고 있다는 점에서 나름대로의 장점이 있다. 하지만 바로 다음에서 구분되고 있다시피, 이 용어들은 동시에 유럽권과 영미권의 연구 방향을 나타내는 말로 쓰이는 경향이 있다. 이러한 점을 감안하여, 필자는 이 두 표현의 핵심어를 합쳐 새로운 역사학을 넓게 지칭하는 말로 '미시문화사microcultural history'란 이름을 제안한다. 이는 '미시'와 '문화'라는 핵심 개념을 통해 그것이 거시적·경제적 측면을 강조하는 기존의 역사학에 도전하고 있음을 분명히 드러내 주면서, 그 밑에 미시사, 문화사, 일상사같이 각 지역의 특성을 보여주는 연구경향을 아우를 수 있다는 이점이 있다. 서양학계에서도 아직 이 점에서 명확히 자리를 잡은 용어는 없는 듯하다. 예컨대 가장 최근의 사학사 연구서에서도 미시사, (신)문화사, 일상사 등의 말들이 명확한 구별 없이 혼용되고 있다(조지 이거스, 《20세기 사학사: 포스트모더니즘의 도전, 역사학은 끝났는가?》, 임상우·김기봉 옮김 [푸른역사, 1999], 9장을 볼 것).

2 미시사의 전체적 특징을 개관한 글은 아직 많지 않다. 아마 그것의 정체성 자체가 여전히 형성 중일 뿐 아니라, 이론보다는 역사서술이 먼저 나타난 데에 그 이유가 있을 것이다. 이에 대한 주요 문헌을 몇 가지 들어보면 다음과 같다. Jacques Revel, "L'histoire au ras du sol," introduction to Giovanni Levi, *Le Pouvoir au village*, tr. M. Aymard (Paris, 1989), pp. i~xxxiii; Edward Muir, "Introduction: Observing Trifles," to *Microhistory and the Lost Peoples of Europe*, eds. Edward Muir & Guido Ruggiero, & trans. E. Branch (Baltimore, 1991), pp. vii~xxviii; Giovanni Levi, "On Microhistory," in *New Perspectives on Historical Writing*, ed. Peter Burke (University Park, Pa., 1992), pp. 93~113(본서 2장); Carlo Ginzburg, "Microhistory: Two or Three Things That I Know about It," *Critical Inquiry* 20 (Autumn 1993): 10~35(본서 3장); 조지 이거스, 《20세기 사학사》, 제3부; 곽차섭, 〈미시사: 줌렌즈로 당겨본 역사〉, 《역사비평》 46 (1999년 봄): 69~85. 이탈리아 미시사와는 공유점과 차이점을 동시에 가지는 독일의 일상사와 문화사의 흐름에 대해서는 다음을 참조할 것. 김기봉, 〈미시사-하나의 '포스트모던적' 역사서술?〉, 《역사교육》 61 (1997): 107~137; 안병직 외, 《오늘의 역사학》(한겨레신문사, 1998). 최근(2000. 3) 창간된 문화사학회의 《역사와 문화》 1 (2000) 내의 신문화사에 관한 글들도 볼 것.

3 긴즈부르그의 저작과 글들 중 가장 중요하다고 생각되는 것을 추리자면 다음과 같다. *I benandanti. Stregoneria e culti agrari tra Cinquecento e Seicento* (Torino, 1966; 2ª ediz. con un post-scriptum, 1972); *Il nicodemismo. Simulazione e dissimulazione religiosa nell'Europa del '500* (Torino, 1970); "Folklore, magia, religione," in *Storia d'Italia*, eds. R. Romano & C. Vivanti. Vol. I: *I caratteri originali* (Torino, 1972); *Il formaggio e i vermi. Il cosmo di un mugnaio del '500* (Torino, 1976); *Indagini su Piero. Il Battesimo, il ciclo di Arezzo, la Flagellazione di Urbino* (Torino, 1981; 3ª ediz. con una nuova prefazione, 1982); "The Witches' Sabbat: Popular Cult or Inquisitorial Stereotype?" in *Understanding Popular Culture: Europe from the Middle Ages to the 19th Century*, ed. Steven L. Kaplan (Berlin, 1984); "Prove e possibilità. In margine a '*Il ritorno di Martin Guerre*' di Natalie Zemon Davis." In appendix to *Il ritorno di Martin Guerre* (Torino, 1984), pp. 131~154; *Miti emblemi spie.*

Morfologia e storia (Torino, 1986); *Storia notturna. Una decifrazione del Sabba* (Torino, 1989); *Il giudice e lo storico.*
Considerazioni in margine al processo Sofri (Torino, 1991); "Checking the Evidence: The Judge and the Historian,"
Critical Inquiry 18 (Autumn 1991): 79~92; "Just One Witness," in *Probing the Limits of Representation:*
Nazism and the 'Final Solution,' ed. Saul Friedlander (Cambridge, Mass., 1992), pp. 82~96; "Microhistory:
Two or Three Things That I Know about It," *Critical Inquiry* 20 (Autumn 1993): 10~35; "Killing a Chinese
Mandarin: The Moral Implications of Distance," *Critical Inquiry* 21 (Autumn 1994): 46~60; *Occhiacci di legno.*
Nove riflessioni sulla distanza (Milano, 1998); *History, Rhetoric, and Proof* (Hanover, 1999).

4 긴즈부르그의 미시사 저술과 방법론을 다룬 글들로서 중요한 것은 다음이 있다. Anne Jacobson
Schutte, "Carlo Ginzburg," *Journal of Modern History* 48 (1976): 296~315; Paola Zambelli, "Uno, due,
tre, mille Menocchio?," *Archivio storico italiano* 137 (1979): 51~90; L. Canfora et al. "Paradigma indiziario
e conoscenza storica. Dibattito su *Spie* di Carlo Ginzburg," *Quaderni di storia* a. 6, n. 12 (1980): 3~54;
Paola Zambelli, "From Menocchio to Piero della Francesca: The Work of Carlo Ginzburg," *Historical Journal* 28
(1985): 983~999; Dominick LaCapra, *History and Criticism* (Ithaca, 1985), ch. 2 ("*The Cheese and the Worms*:
The Cosmos of a Twentieth-Century Historian"), pp. 45~69; Keith Luria, "The Paradoxical Carlo Ginzburg,"
Radical History Review 35 (1986): 80~87; John Martin, "Journeys to the World of the Dead: The Work of
Carlo Ginzburg," *Journal of Social History* 25 (Spring 1992): 613~626; Andrea Del Col, ed. *Domenico Scandella*
Known as Menocchio: His Trials before the Inquisition (1583~1599), trans. John & Anne Tedeschi (Binghamton,
1995). 우리말로 긴즈부르그의 미시사를 간략히 소개한 것으로는 다음이 있다. 곽차섭, 〈문화
사의 새로운 흐름: 까를로 긴즈부르그를 중심으로〉, 《신문화사, 새로운 역사학인가》, 이화사
학연구소 제21회 학술강연회 (이화여대 1996. 11. 5) 발표집, pp. 10~14. 이 글은 《이화사학연구》
23/24합집 (1997): 27~32에 재수록되어 있다.

5 마녀strega란 물론 남성형으로 쓰이는 마법사stregone의 여성형이다. 하지만 서양 말과는 달리
우리말은 단어의 성별을 잘 따지는 편이 아니며, '마녀사냥'의 예에서 보듯이 마녀란 말이 여
성만을 가리키지는 않으므로, 여기서는 성별에 관계없이 마녀로 통칭하겠다.

6 베난단띠benandanti란 'ben-andanti', 즉 선한 일을 하는 사람들이란 뜻을 가진 프리울리 농촌 지
역의 방언이다. 단수형은 베난단떼benandante이다. 여기서는 이 말의 특수성을 감안해 번역치
않고 소리만 옮겨 적는다.

7 *I benandanti*, 2ª ediz., p. 10.

8 *I benandanti*, 1, 2장, 특히 pp. 23~25, 55~56, 102~103 참조.

9 당시 엘리트 계급의 지식인들이 가졌던 사바의 전형적 이미지에 대해서는 Ginzburg, *Storia*
notturna. Una decifrazione del Sabba, "introduzione," p. xiii 을 참조할 것.

10 *I benandanti*, 3, 4장. 시온의 이야기는 pp. 152~161, 말란단떼malandante는 p. 143에 나온다.

11 M. Murray, *The Witch-Cult in Western Europe* (Oxford, 1921; 2nd ed., 1962). 머레이 테제를 둘러싼 학계
의 찬반양론은 다음에서 잘 정리되어 있다. *I benandanti*, "prefazione," pp. viii~xii; Storia notturna,
"introduzione," pp. xiv~xxiv.

12 이러한 주장은 특히 *I benandanti*, "prefazione," pp. xii~xiii에 잘 압축되어 있다. 하지만 노먼 콘
은 베난단띠 신앙이 디아나류의 고대 다산신앙제와는 무관하다고 비판하였으며, 이에 대해

긴즈부르그는 베난단떼의 역할이 다산신앙과 관련된 고대 샤먼과 비슷하다고 응답하였다. 이에 관해서는 다음을 참조할 것. Norman Cohn, *Europe's Inner Demons: An Inquiry Inspired by the Great Witch Hunt* (London, 1975); C. Ginzburg, "Présomptions sur le sabbat," *Annales: E.S.C* 39 (1984): 341~354; Ginzburg, "The Witches' Sabbat: Popular Cult or Inquisitional Stereotype?," in *Understanding Popular Culture: Europe from the Middle Ages to the 19th Century*, ed. Steven L. Kaplan, pp. 39~51.

13 *I benandanti*, pp. 87~88.

14 *I benandanti*, pp. 47~52.

15 *I benandanti*, p. 90.

16 여기서 한 가지 지적할 점은, 이단 신문기록을 사료로 삼아 피의자들의 주변부적 정신세계를 그려내려 한 최초의 예가 엠마뉘엘 르 로아 라뒤리의 《몽떼이유》(1975)라고 우리가 흔히 잘못 알고 있다는 사실이다. 긴즈부르그의 《베난단띠》는 이보다 9년 앞서 나왔다. 홉스봄 역시 이를 상기시키고 있다(《베난단띠》의 영역본인 *Night Battles*, trs. John & Anne Tedeschi[Penguin Books, 1985], "forward" p. x를 볼 것).

17 현재 이 저술을 우리말로 번역한 것으로는 필자의 남구사 세미나를 통한 대학원생들의 74쪽 짜리 미간행 축약번역본(1995)이 있다. 문학과지성사에서 이 책의 우리말 완역이 진행되고 있다.

18 *Il formaggio e i vermi*, pp. 8(우주생성론), 8~9, 15(인간으로서의 예수), 21(성직자의 권능 부정), 57~59(종교간의 동등성), 44(이웃 사랑), 13(성사 부정). 여기서 우리가 생각해 보아야 할 것은 외면상 매우 '근대적'으로 보이는 메노키오의 이러한 종교관을 어떻게 해석해야 하는가이다. 사실 그의 주장들은 17세기 자유사상가를 생각나게 하는 측면이 있다. 이와 관련하여 김기봉 교수는 최근의 논문에서 메노키오를 "근대 이전의……근대인"으로, 《치즈와 구더기》를 미시사가 "근대의 민중문화적 기원"을 발굴하는 데 기여한 예로 간주하고 있다(김기봉, 〈미시사─하나의 '포스트모던적' 역사서술?〉, 109, 121~122, 125, 129쪽). 그러나, 필자가 볼 때, 긴즈부르그의 진정한 의도는 민중문화의 근대성을 보여주는 것이 아니라, 과거는 현재와는 다른 과거만의 모습을 가지고 있으며, 베난단띠나 메노키오에서 나타나는 민중문화적 요소는 마녀신앙처럼 엘리트 문화의 압력 때문에 변질된 '근대적' 이미지를 통해서가 아니라 고대 샤먼처럼 더 과거로 소급되는 뿌리를 탐색함으로써 제모습을 찾을 수 있다는 점이다. 긴즈부르그가 이들 연구를 통해 우리에게 던지는 메시지가 있다면, 그것은 지금까지 주변부로 밀려나 잊혀져 왔던 민중들의 삶을 재조명함으로써 그들의 의연한 존재와 현 문명에 대한 성찰적 가치를 되새기겠다는 점일 것이다. 이러한 의미에서 그는 여전히 맑스의 체취를 강하게 풍기고 있다. 긴즈부르그의 이러한 지적 분위기에 대해서는 각별히 다음의 글이 참고가 된다. Keith Luria & Romulo Gandolfo, "Carlo Ginzburg: An Interview," *Radical History Review* 35 (1986): pp. 89~111. 특히 95~96, 104~106을 볼 것.

19 *Il formaggio e i vermi*, pp. 22~27. 그러나 델 콜은 메노키오의 주장들이 중세 말 카타르파의 변형이라고 규정한다(Andrea Del Col, ed. *Domenico Scandella Known as Menocchio*, 특히 pp. lx~lxxii를 참조할 것).

20 *Il formaggio e i vermi*, p. 33.

21 *Il formaggio e i vermi*, p. 34.

22 *Il formaggio e i vermi*, pp. 34~36.

23 *Il formaggio e i vermi*, p. 43.

24 *Il formaggio e i vermi*, pp. 61~64.

25 *Il formaggio e i vermi*, p. 67.

26 *Il formaggio e i vermi*, pp. 69~70. 특히 '창조적 오독'에 대해서는 K. Luria & R. Gandolfo, "Carlo Ginzburg: An Interview," p. 100을 참조.

27 *Il formaggio e i vermi*, "prefazione," p. xxii.

28 *Il formaggio e i vermi*, pp. 67~69.

29 *Il formaggio e i vermi*, "prefazione," pp. xii~xv.

30 긴즈부르그는 다음에서 자신의 이러한 심중을 밝히고 있다. C. Ginzburg, *Miti emblemi spie. Morfologia e storia*, "prefazione," pp. ix~xvi.

31 *Storia notturna*, "introduzione," p. xxiv.

32 *Storia notturna*, "introduzione," p. xxv.

33 *Storia notturna*, parte I. 특히 pp. 5, 8, 26~27, 36, 42~43, 44~47을 볼 것.

34 여기서 다시 한번 상기해야 할 사실은 15세기경 지배문화에 의해 정형화된 사바의 이미지조차도 그 전체가 이단신문관 등에 의해 단순히 조작된 것으로 보아서는 안 되며, 그 속에서 기독교적 개념의 악마론을 제거하면 고대 민중문화의 흔적을 발견할 수 있다는 점이다. 이는 물론 R. Kieckhefer나 Norman Cohn 등이 주장하듯이 사바는 민중문화와 무관하다는 마녀에 대한 주류적 관점을 거부하는 것이다. 이에 관해서는 다음을 참조. *Storia notturna*, "introduzione," pp. xx~xxi, xxiii.

35 이 점에서 그는 주로 러시아 형식주의자 블라디미르 프로프의 방법을 원용하고 있다. 특히 《민담형태론》, 유영대 역(새문사, 1987: 러시아어 원판, 1928)과 《민담의 역사적 기원》, 최애리 역(문학과지성사, 1990: 러시아어 원판, 1946)을 참조하면 된다.

36 *Storia notturna*, parte II. 특히 pp. 74~75의 지리적 분포도를 볼 것. 각각의 범주는 물론 다양한 변형들을 내포하고 있으며, 범주들간에도 상당한 공통점과 중복이 나타나고 있다.

37 긴즈부르그는 이 점에서 주로 미르샤 엘리아데의 연구에 의거하고 있다. 특히 다음을 볼 것. 《샤머니즘: 고대적 접신술》, 이윤기 역 (까치, 1992: 불어 원판, 1951), 《종교형태론》, 이은봉 역(한길사, 1996: 불어 원판, 1949). 베난단띠와 샤먼의 관련성은 이후 엘리아데도 확인하였다(M. Eliade, "Some Observations on European Witchcraft," *History of Religions* 14[1975]: 149~172).

38 *Storia notturna*, parte III, pp. 190~193.

39 *Storia notturna*, parte III, pp. 197~198. 이러한 의문은 미술사에서의 스타일의 문제와 같다. 긴즈부르그가 곰브리치에게 배웠다고 말하는 것도 바로 이 때문이다(Ginzburg, "Da a Warburg a E. H. Gombrich. Note su un problema di metodo," in *Miti emblemi spie*, pp. 29~106).

40 *Storia notturna*, parte III, pp. 226~227의 지리적 분포도를 볼 것. 이에 의하면 유사한 이야기가 유럽 지역뿐 아니라 중국과 동남아시아 지역에서도 나타난다. 긴즈부르그는 언급하고 있지 않지만, 우리 나라의 콩쥐팥쥐 이야기 역시 이와 같은 범주에 속하는 것으로 보인다.

41 *Storia notturna*, parte III, p. 193.

42 *Storia notturna*, parte III, pp. 221~222. 이 점에서 각별히 늑대인간을 주제로 프로이트와 융에 대해 논평한 글을 주목할 수 있다(Ginzburg, "Freud, l'uomo dei lupi e i lupi mannari," in *Miti emblemi spie*, pp. 239~251). 프로이트가 유아기에 흰 늑대가 호도나무 가지에 앉아 있는 꿈을 꾼 한 러시아 귀족청년의 경우를 '계통발생적 신경증(융의 집단무의식적 원형과 유사함)'으로 해석한 데 대해, 긴즈부르그는 그 청년이 대망막을 쓰고 태어났으며 그의 유모가 농민 출신이라는 점을 들어 그 꿈에 나타나는 샤머니즘적 요소를 강조하고 있다.

43 *Storia notturna*, parte III, pp. 223~224.

44 *Storia notturna*, parte III, p. 246.

45 *Il formaggio e i vermi*, pp. xii~xviii.

46 *Il formaggio e i vermi*, "prefazione," p. xv. 바흐찐의 라블레 분석에 대해서는 *Rabelais and His World*, tr. Helene Iswolsky (Cambridge, Mass., 1968)이나 *L'oeuvre de François Rabelais et la culture populaire au Moyen Age et sous la Renaissance* (Paris, 1970)를 참조할 것.

47 Carlo Ginzburg & Marco Ferrari, "The Dovecote Has Opened Its Eyes," in *Microhistory and the Lost Peoples of Europe*, eds. E. Muir & G. Ruggiero, & tr. E. Branch (Baltimore, 1991), pp. 11~19.

48 *Il formaggio e i vermi*, "prefazione," pp. xxii~xxiii[페브르의 우리말 번역으로는 《16세기 무신앙의 문제》, 김응종 역[문학과지성사, 1997] 참조). 이제 아날 내부에서도 페브르의 '전체주의적' 역사상에는 동조하고 있지 않은 것으로 보인다. 보벨의 글을 볼 것(Michel Vovelle, *Ideology and Mentalities*, tr. E. O' Flaherty[Chicago, 1990], p. 135). 긴즈부르그는 그의 망딸리떼 비판에서 시간의 흐름에 따라 미묘한 입장차를 보이고 있다. 1966년의 《베난단띠》 초판 서두에서 그는 이 책이 "16세기 말 ~17세기 중엽까지의 프리울리 농민사회에 퍼져 있던 종교적 태도와 더 넓게는 그 망딸리떼 la mentalità를 연구하고자 하는" 것임을 밝히고 있다. 하지만 바로 이어서 '집단적 망딸리떼' 또는 '집단심리'라는 용어가 지닌 일반적이고 모호한 성격을 비판하였다(*I benandanti*, "prefazione," p. vii). 하지만 그는 1972년 개정판 서문에서 위의 표현에 스스로 불만을 표시하며, 이 책 역시 "그 나름의 '집단적(단지 한 개인에 대한 것이 아니라는 의미에서)' 망딸리떼에 관한 연구"임을 인정하지만, 그래도 망딸리떼 개념은 비판의 여지가 많다고 말하고 있다(*I benandanti*, "Post-scriptum 1972," pp. xvii~xviii). 아마 그는 1966년 당시만 해도 깊이 생각하지 않고 망딸리떼란 말을 썼다가 모순점을 지적받자 이후 망딸리떼를 '문화'란 말로 바꾼 것으로 보인다.

49 K. Luria & R. Gandolfo, "Carlo Ginzburg: An Interview," p. 108.

50 *Il formaggio e i vermi*, "prefazione," p. xxiv.

51 그람시에 대한 긴즈부르그의 입장에 대해서는 K. Luria & R. Gandolfo, "Carlo Ginzburg: An Interview," p. 108를 참조할 것.

52 그러나 긴즈부르그에 대한 그람시의 영향은 그가 인정한 것 이상이라고 생각된다. 그람시에 의하면(*Quaderni del carcere* 27, sec. 1), 민속에 담긴 민중들의 세계관과 인생관이 체계적이고 명료하게 드러나지 못하고 다변적으로 보이는 이유는 그것이 다양하고도 서로 중첩되는 요소들로 구성되어 있으며, 같은 민중이라 하더라도 그 거친 정도가 상이한 층위들을 포함하고 있기 때문이지만, 그래도 크게 볼 때 엘리트 계급의 세계관에 저항하는 어떤 확정된 사회계층의 관념을 표현하고 있다(A. Gramsci, "Observations on Folklore: Giovanni Crocioni," in *Selections from*

Cultural Writings, eds., D. Forgacs & G. Nowell-Smith[Cambridge, Mass., 1985], pp. 188~191). 우리는 여기서 민속을 곧 민중문화의 구체물로 보며 시종일관 '민중주의populismo'가 존재했다고 외치는 긴즈부르그의 모습을 되새기지 않을 수 없다. 특히 19세기 초 어머니와 형제 자매를 죽인 삐에르 리비에르의 모습을 그릴 때 암울하지만 "그래도 역시 민중주의"라 부르는 대목이 생각난다(*Il formaggio e i vermi*, "prefazione," p. xvii).

53 Paola Zambelli, "Uno, due, tre, mille Menocchio?," pp. 59, 51~90 passim.; "From Menocchio to Piero della Francesca: The Work of Carlo Ginzburg," pp. 988~993(본서 제6장에 국역되어 있음).

54 J. H. Elliott, Review of Ginzburg, *The Cheese and the Worms*, in *New York Review of Books* (26 June 1980): 38~39.

55 *The Cheese and the Worms*, trs. John & Anne Tedeschi (Baltimore, 1980: Penguin Books, 1982), pp. 154~155, n. 58(긴즈부르그의 반론 부분은 1976년의 이탈리아 원판에는 없으며, 잠벨리의 1979년 논문에 대한 비판으로서 1980년의 영역본에 더해진 것이다. 잠벨리의 1985년 논문은 기본적으로 그의 1979년 논문에 근거하고 있다).

56 J. H. Elliott, Review of Ginzburg, *The Cheese and the Worms*, p. 39; A. D. Wright, Review of Ginzburg, *Il formaggio e i vermi*, in *English Historical Review* 92 (1977): 428; Keith Luria, "The Paradoxical Carlo Ginzburg," *Radical History Review* 35 (1986): 84; P. Zambelli, "From Menocchio to Piero della Francesca: The Work of Carlo Ginzburg," p. 984.

57 *Il formaggio e i vermi*, "prefazione," p. xx. 다음의 글도 참조하면 된다. C. Ginzburg, "Microhistory: Two or Three Things That I Know about It," p. 33.

58 E. Grendi, "Micro-analisi e storia sociale," *Quaderni storici* 35 (1977): 512.

59 Carlo Ginzburg & Carlo Poni, "The Name and the Game: Unequal Exchange and the Historiographic Marketplace," in *Microhistory and the Lost Peoples of Europe*, eds. E. Muir & G. Ruggiero, & tr. E. Branch (Baltimore, 1991), pp. 7~8[본서 1장].

60 L. Stone, "Prosopography," *Daedalus* 100 (Winter 1971): 59.

61 C. Ginzburg, "Just One Witness," in *Probing the Limits of Representation: Nazism and the 'Final Solution,'* ed. Saul Friedlander, p. 82.

62 F. Furet & J. Le Goff, "Histoire e ethnologie," in *Mélanges en l'honneur de Fernand Braudel* (Toulouse, 1973), vol. II: *Méthodologie de l'histoire et des sciences humaines*, p. 231. Ginzburg, "Microhistory: Two or Three Things," p. 21에서 재인용.

63 F. Furet, "Pour une définition des classes inférieures l'époque moderne," *Annales: E. S. C.* 18 (1963): 459~474. 특히 p. 459를 볼 것. Ginzburg, *Il formaggio e i vermi*, "Prefazione," p. xix에서 재인용.

64 C. Ginzburg, "Microhistory: Two or Three Things That I Know about It," p. 21. 다음의 글도 볼 것. *Il formaggio e i vermi*, "prefazione," pp. xix~xx; *The Cheese and the Worms*, p. 155, n. 58; K. Luria & R. Gandolfo, "Carlo Ginzburg: An Interview," p. 104. 물론 오늘날 내에서도 이제는 계열사의 장단점을 잘 인식하고 있는 것으로 보인다. M. Vovelle, *Ideologies and Mentalities*, ch. 12 ("Serial History or Case Studies"). 특히 pp. 243~244를 볼 것.

65 Ginzburg, "Spie: Radici di un paradima indiziario," in *Crisi della ragione*, a cura di A. Gargania (Torino, 1979),

pp. 59~106. 이는 뒤이어 다음과 같이 재수록되었다. Ginzburg, *Miti emblemi spie. Morfologia e storia* (Torino, 1986), pp. 158~209. 영역으로는 다음이 있다. "Clues: Morelli, Freud, and Sherlock Holmes," in *The Sign of Three: Dupin, Holmes, Peirce*, eds. Umberto Eco & Thomas A. Sebeok (Bloomington, 1988), pp. 81~118; "Clues: Roots of an Evidential Paradigm," in *Clues, Myths, and the Historical Method*, trs. John & Anne Tedeschi (Baltimore, 1989), pp. 96~125 (text), 200~214 (notes). 이 글은 1983년까지 6개 국어로 번역되었고, 많은 논쟁을 일으켰다. 한 예로서 다음이 참조된다. L. Canfora et al., "Paradigma indiziario e conoscenza storica. Dibattito di Spie di Carlo Ginzburg," *Quaderni di storia*, anno VI, n. 12 (1980): 3~54.

66 포스트모던적 입장에서 긴즈부르그를 비판한 예로서는 Dominick LaCapra, *History and Criticism*, ch. 2를 참조. 라카프라의 역사이론을 다룬 최근의 국내 논문으로는 다음이 있다. 조지형, 〈도미니크 라카프라의 텍스트 읽기와 포스트 모더니즘의 역사서술〉, 《미국사연구》 6 (1997): 1~26.

67 지면상 여기서 다루지는 못하지만, 미시사에서 질적 합리주의-추론적 패러다임-이야기식 문체간의 상관성은 매우 중요한 주제이다. 이에 대해서는 특히 다음의 글을 참조할 수 있다. Ginzburg, "Prove e possibilità. In margine a '*Il ritorno di Martin Guerre*' di Natalie Zemon Davis."

68 C. Ginzburg, "Checking the Evidence: The Judge and the Historian," pp. 83~84. 특히 아우슈비츠 사건과 관련시켜 화이트를 비판한 데 대해서는 "Just One Witness"가 참조된다. 이러한 관점은 이탈리아 미시사 그룹을 다른 포스트모던적 시각과 구별짓게 하는 중요한 잣대이기도 하다. 다음을 볼 것. Giovanni Levi, "On Microhistory," p. 25; Ginzburg, "Microhistory: Two or Three Things That I know about It," p. 32.

69 이러한 모형의 유용성을 옹호하는 최근의 연구로는 다음이 있다. Florike Egmond & Peter Mason, *The Mommoth and the Mouse: Microhistory and Morphology* (Baltimore, 1997). 하지만 이를 비판하는 시각도 있다. J. Martin, "Journeys to the World of the Dead: The Work of Carlo Ginzburg," p. 621.

70 여기서 반드시 지적되어야 할 점은 미시적 접근으로 얻은 결과가 결코 자동으로 거시적 영역에 이전되지 않으며, 그 역도 마찬가지라는 사실이다. 즉 어떤 사례나 인물 연구가 단순히 거시적 틀을 메우는 모자이크 조각이 아니며, 크라카우어의 말처럼 미시적 연구가 거시사에 의한 포괄적 비전을 수정할 수 있다는 것이다(Siegfried Kracauer, *History: The Last Things before the Last* [New York, 1969; Princeton, 1994], ch. 5). 긴즈부르그는 리얼리티의 본질을 불연속적이며 이질적으로 파악하는 이러한 인식이야말로 미시사의 최대 난점이자 동시에 최대의 잠재적 이점이라고 말한다 (Ginzburg, "Microhistory," p. 33).

제3부 8장 마르땡 게르 다시 만들기

1 Natalie Zemon Davis, *The Return of Martin Guerre* (Cambridge, Mass., 1983), pp. 1~2.

2 Emmanuel Le Roy Ladurie, *Montaillou: The Promised Land of Errorr*, trans. Barbara Bray (New York, 1978); Carlo Ginzburg, *The Cheese and Worms: The Cosmos of a Sixteenth-Century Miller*, trans. John & Anne Tedeschi (Baltimore, Md., 1980); Ginzburg, *The Night Battles: Witchcraft and Agrarian Cults in the Sixteenth and Seventeenth Centuries*, trans. John & Anne Tedeschi (Baltimore, Md., 1983).

3 본문에서 인용된 구절들은 각각 다음의 서평에서 따온 것이다. A. Lloyd Moote, *AHR* 90 (Oct. 1985): 943; Donald R. Kelly, *Renaissance Quarterly* 37 (1984): 252; Emmanuel Le Roy Ladurie, *New York Review of Books* 30 (22 Dec. 1983): 12~14. 다음의 서평들도 볼 것. William Monter, *Sixteenth-Century Journal* 14 (1983): 516; Edward Benson, *French Review* 57 (1984): 753~754; Michel Simonin, *Bibliothèque d'Humanisme et Renaissnace* 47 (1985): 286~287; R. J. Knecht, *History* 70 (1985): 121.

4 Davis, *Return of Martin Guerre*, pp. viii~ix, 5.

5 예컨대, 앞의 주 2에서 언급된 저작들을 볼 것.

6 또 다른 당대 작품으로는 귀욤 르 쉬외의 《경이로운 이야기》가 있는데, 이는 뉴스 보도 형식을 따른 팜플렛 판이다(Guillaume Le Sueur, *Admiranda historia de Pseudo Martino Tholosae*). 데이비스는 꼬라스의 《잊을 수 없는 판결》을 새롭게 읽어냄으로써 마르땡 게르 이야기를 재해석하고 있는데, 그녀는 더 짧고 단순한 르 쉬외의 이야기보다 꼬라스의 작품에 훨씬 더 무게를 두고 있다. Davis, *Return of Martin Guerre*, pp. 4~5. 104, 114~115, 153 n. 17.

7 Davis, *Return of Martin Guerre*, p. 111.

8 Davis, *Return of Martin Guerre*, pp. 57, 44, 50, 68~69.

9 Davis, *Return of Martin Guerre*, pp. 69, 86, 92.

10 Davis, *Return of Martin Guerre*, p. 113.

11 Davis, *Return of Martin Guerre*, p. 110.

12 데이비스는 마르땡 게르 이야기에 대한 두 "남성의 반응"에서 베르뜨랑드가 공범이라는 암시(혹은 저자의 표현에 따르자면 "베르뜨랑드가 '자기를 만들어 가는self-fashioning'" 과정에 대한 암시[Davis, *Return of Martin Guerre*, p. 118]를 발견했다고 말한다. 그러나 그녀가 인용하는 작가들은 베르뜨랑드를 결코 공범으로 여기지 않았다. 16세기 후반의 한 프랑스 시인은 단지 "속임을 당한 아내"에게 동정을 느낀다고 말한 반면, 몽떼뉴는 자신의 글 〈절름발이〉에서 베르뜨랑드나 아내의 역할에 대해서는 전혀 관심을 보이지 않은 채, 한 사기꾼에 대한 재판사건만 짧게 언급하고 있을 뿐이다(Davis, pp. 118~119). 자넷 루이스는 1941년에 쓴 소설에서, 베르뜨랑드가 수년간 그 사기꾼을 아무 말 없이 용인했으며, 상당한 시간이 흐른 후에야 비로소 자신의 행동이 무엇을 의미하는지 깨닫게 되었을 뿐이라고 말한다. 루이스는 훨씬 뒤에 꼬라스를 읽은 후, 베르뜨랑드가 삐에르 게르의 사주를 받고 있었다는 꼬라스의 지적을 미리 알았더라면, 자신의 이야기는 달라졌을 것이라고 썼다. Janet Lewis, "Sources of *The Wife of Martin Guerre*," *Triquarterly* 55 (Fall 1982): 104. 루이스의 소설에 대해 더 알고 싶으면, 주 73을 볼 것. 위 잡지의 같은 권 pp. 86~103을 보면, 꼬라스의 작품 《잊을 수 없는 판결》의 주요 부분이 번역·게재되어 있다.

13 Davis, *Return of Martin Guerre*, p. 4.

14 Davis, *Return of Martin Guerre*, pp. 31, 55, 60, 68.

15 A. Lloyd Moote, *AHR* 90 (Oct. 1985): 943.

16 Davis, *Return of Martin Guerre*, p. 118.

17 Davis, *Return of Martin Guerre*, p. 90. p. 90에서 데이비스는, 재판관들이 "감옥에 갇힌 여성 죄수" 베르뜨랑드를 "어떻게 해야 할지" 결정해야만 했다고 말한다. 데이비스의 이야기 중 바로 이 지점에서 우리가 잊기 쉬운 사실은, 베르뜨랑드가 사기나 중혼, 또는 간통이라는 혐의 때문

이 아니라, 자기 남편을 사기꾼이라 무고한 혐의로 투옥되었다는 점이다.

18 Davis, *Return of Martin Guerre*, pp. 43~44.

19 Davis, *Return of Martin Guerre*, pp. 19~21, 24.

20 Davis, *Return of Martin Guerre*, pp. 44, 61.

21 Davis, *Return of Martin Guerre*, pp. 42~43.

22 Jean de Coras, *Arrest Memorable* (Lyon, 1561), pp. 47, 52, 60~61, 67, 112. 데이비스에 따르면, 베르뜨랑드는 진짜 남편이 법정에 나타나자, "'당신 누이들이 너무나 쉽게 그를 믿어버렸어요. 당신 숙부도 그가 맞다고 했고요'라는 준비된 변명"을 했다는 것이다. Davis, *Return of Martin Guerre*, p. 86. 반면 "어느 누구보다도, 죄인이 오빠인 마르땡 게르라고 너무 쉽게 믿고 확신한 상기上記 마르땡의 누이들을 비난하면서"라고 쓴 꼬라스의 말에서 나타나듯이, 그는 베르뜨랑드가 비난했던 사람들에게 더욱 초점을 맞추고 있다. *Arrest Memorable*, p. 81.

23 "무릇 여자란 어두워지면 모두가 똑같다"고 한 플루타르코스의 말에 대해, 에라스무스는 자신의 《금언집 *Adages*》에서 다음과 같이 쓰고 있다. "Ego certe antequam Plutarchi locum adiissem, hujusce Graeci adagii sensum à Gallico edoctus eram adagio. De nuict tous chats son gris" (*Opera Omnia*[Leiden, 1703], 2: 821). 고양이, 성性 및 "밤중에 보는 고양이는 모두가 회색빛이다"라는 속담에 관해서는 다음을 볼 것. Robert Darnton, *The Great Cat Massacre and Other Episodes in French Cultural History* (New York, 1985), pp. 95~96. 농민의 성욕에 관해서는 다음을 참조하면 된다. Jean-Louis *Flandrin, Families in Former Times: Kinship, Household and Sexuality*, tr. Richard Southern (Cambridge, 1979); *Les Amours paysannes: Amour et sexualité dans les campagnes de l'ancienne France (XVIᵉ-XIXᵉ siècle)* (Paris, 1975). 몽떼뉴가 쓴 몇몇 글에 의하면, 근대 이전의 혼인생활에서 느끼는 성적 감정은 현대의 경우와 사뭇 달랐던 것으로 보인다. 다음을 볼 것. "On Some Verses of Virgil," in *The Complete Essays of Montaigne*, tr. Donald M. Frame (Stanford, Calif., 1965), pp. 646~647, 649. 다음도 볼 것. Philippe Ariès, "Love in Married Life," in *Western Sexuality: Practice and Precept in Past and Present Times*, eds. Philippe Ariès & André Béjin, and tr. Anthony Foster (Oxford, 1985), pp. 131, 136~138.

24 Davis, *Return of Martin Guerre*, p. 28.

25 Coras, *Arrest Memorable*, p. 33; Davis, *Return of Martin Guerre*, p. 28.

26 Davis, *Return of Martin Guerre*, pp. 60~61.

27 Davis, *Return of Martin Guerre*, pp. 68~69.

28 Davis, *Return of Martin Guerre*, pp. 75~76, 80.

29 Davis, *Return of Martin Guerre*, p. 85.

30 Davis, *Return of Martin Guerre*, pp. 68~69, 76.

31 Davis, *Return of Martin Guerre*, pp. 86, 90.

32 Davis, *Return of Martin Guerre*, p. 110. 데이비스는 이어서 다음과 같이 말한다. 꼬라스가(자신의 아내인) "자께뜨 드 뷔시를 대한 태도에서 보듯이, 여자란 쉽사리 속아넘어가는 존재라는 것이 꼬라스 부처의 일관된 믿음이라 보기는 힘들다"(Davis, p. 110). 이 말은, 꼬라스가 자기 아내의 총명함을 높이 평가했기 때문에, 베르뜨랑드 역시도 어느 정도는 사기꾼에게 속아 넘어가지 않았다고 보았음에 틀림없다는 뜻이다. 데이비스는 같은 논점을 주장하기 위해 다음에서

다시 한번 꼬라스의 아내를 끌어들이고 있다. "우리는 20세기에 이르기까지 그 이야기를 여성의 입장에서 생각하지 못했다. 자께뜨 드 뷔시가 남편이 선물한 책(《잊을 수 없는 판결》)을 읽었을 때, 어떤 반응을 보였는지는 기록되어 있지 않다. 그녀가 과연 베르뜨랑드 드 롤이 그렇게 오랫동안 속아왔다고 믿었을지 의심스럽다." Davis, p. 118. 데이비스의 말인즉, 자께뜨 드 뷔시는 남편이 《잊을 수 없는 판결》에서 베르뜨랑드에 관해 내린 추정적 결론을 통해 (진실을) 보았을 것이며, 그 이유는 아내 역시 여성이기 때문이라는 것이다.

33 Davis, *Return of Martin Guerre*, p. 86.

34 Davis, *Return of Martin Guerre*, pp. 86, 91.

35 인용구는 베르뜨랑드가 아르노를 남편으로 받아들인 이유를 꼬라스가 설명한 부분에서 따온 것이다. *Arrest Memorable*, p. 82.

36 Davis, *Return of Martin Guerre*, p. 27.

37 Davis, *Return of Martin Guerre*, pp. 34, 44.

38 Davis, *Return of Martin Guerre*, p. 46.

39 Davis, *Return of Martin Guerre*, p. 69.

40 Davis, *Return of Martin Guerre*, pp. 44~46.

41 Davis, *Return of Martin Guerre*, p. 44.

42 Davis, *Return of Martin Guerre*, pp. 47, 48, 50.

43 Davis, *Return of Martin Guerre*, pp. 48~49, 142 n. 10.

44 Davis, *Return of Martin Guerre*, p. 50.

45 Coras, *Arrest Memorable*, p. 45. 꼬라스의 말을 Davis, *Return of Martin Guerre*, p. 37과 비교해 볼 것. 데이비스는 마르땡 게르 사건을 다룬 꼬라스와 르 쉬외의 저술들이 간행된 데에는 어느 정도 프로테스탄트적 배경이 작용했다고 주장한다(p. 107). 하지만 그녀는, 가톨릭의 관용문구나 성자에 관한 언급이 없다는 사실이, 그 사기꾼이 프로테스탄티스트였다는 뜻이기보다는 오히려 연대기 작가의 편견에서 비롯된 결과일지 모른다는 생각은 전혀 하지 않고 있다.

46 Davis, *Return of Martin Guerre*, p. 56.

47 Davis, *Return of Martin Guerre*, p. 103. 데이비스가 '자기 만들기'란 용어를 빌려온 원래의 저술에서는 이 말이 엘리트로서 성공하기 위한 개인의 필수요건 이상의 것을 의미한다. 다음을 볼 것. Stephen Greenblatt, *Renaissance Self-Fashioning: From More to Shakespeare* (Chicago, 1980), pp. 1~9. 마르땡 게르 이야기에 관해서는 다음을 볼 것. Stephen Greenblatt, "Psychoanalysis and Renaissance Culture," in *Literary Theory / Renaissance Texts*, eds. Particia Parker & David Quint (Baltimore, 1986), pp. 210~224.

48 Davis, *Return of Martin Guerre*, pp. 4, 40~41.

49 Davis, *Return of Martin Guerre*, p. 4.

50 Davis, *Return of Martin Guerre*, pp. 60, 84.

51 Davis, *Return of Martin Guerre*, p. 91.

52 Davis, *Return of Martin Guerre*, p. 113.

53 Davis, *Return of Martin Guerre*, pp. 57, 50. 중심이 되는 장들에서 데이비스는 '빵세뜨'를 6번, '아르노'를 10번, '새로운 마르땡'을 45번 사용하고 있다. '마르땡'의 경우는 사기꾼을 가리키는

말로 6번 사용되고 있다(pp. 52, 54, 56, 57). 따라서 데이비스가 그 사기꾼을 가리키는 말로서 사용한 모든 호칭들 중에서 '새로운 마르땡' 혹은 '마르땡'이라는 말이 차지하는 비율은 전체의 4분의 3에 이르는 셈이다.

54 Davis, *Return of Martin Guerre*, pp. 118, 49.

55 Davis, *Return of Martin Guerre*, pp. 108, 91n. 데이비스에 따르면, 재판관들은 아르노의 권리 문제 (즉 자기 재산 및 베르뜨랑드와의 사이에서 낳은 자식)를 사려깊게 처리해 주고, 그를 고문하지 않았으며, 또한 재판부 앞에서 하게 되어 있는 공식 사죄를 취소함으로써(pp. 89~91), "위증을 통해 자신들을 혼란에 빠뜨린 그 남자를 여전히 존중하는 태도를 보여주었다는 것이다. 그러나 아르노에게 법정이 "존중심"을 표했다는 증거는 없다. 재판관들은 재산과 아이 문제를 다루면서 게르 가문의 이익에 관심을 두고 있었을 따름이다. 고문 역시 뚤루즈 법정에서 언제나 이루어진 것은 아니었다. 사죄의 건도 아르노가 그렇게 할 의사가 없었음이 명백해졌기 때문에 취소되었을 뿐이다. 그리고 이러한 아르노의 행동은 (데이비스가 암시하고 있는 바와는 달리) 베르뜨랑드가 공범으로 밝혀질까 두려웠기 때문은 결코 아니었다.

56 Davis, *Return of Martin Guerre*, pp. 102~103.

57 Davis, *Return of Martin Guerre*, pp. 108~109. 데이비스는 꼬라스가 '마르땡 게르 이야기를 프로테스탄트적 메시지의 전달'로 보았을 수도 있다고 말한다. 그러나 그녀는, "설사 꼬라스와 르쉬외가 그런 견해를 가졌더라도, 자신들 책에 그것을 표현하고 있지 않음이 분명하다"고 얘기한다(p. 107). 이렇게 되면 독자는 데이비스의 말처럼 꼬라스가 그의 작품에서 전달하려고 했다는 프로테스탄트적 메시지나 도덕이란 게 과연 어떤 것인지 알 수 없다.

58 Davis, *Return of Martin Guerre*, pp. 109, 108.

59 Coras, *Arrest Memorable*, p. 70. 데이비스는 또한 꼬라스가 "수개월 동안 베르뜨랑드와 삐에르가 수감되었던 사실을 언급치 않고 있다"고도 주장한다(Davis, *Return of Martin Guerre*, p. 108). 그러나 꼬라스는 "왜냐하면 그녀는 아직도 구류 상태에 있기 때문이다"라는 말을 했다. *Arrest Memorable*, p. 84.

60 Davis, *Return of Martin Guerre*, p. 109.

61 예컨대, 폭력이 아니라 기만에 의한 것이기는 하지만, 베르뜨랑드가 과연 어느 정도로 강간의 희생자였는지에 관해서는 다음을 볼 것. Coras, *Arrest Memorable*, p. 98.

62 Davis, *Return of Martin Guerre*, p. 109.

63 Coras, *Arrest Memorable*, p. 52. 불명예보다는 죽음이 낫다는 베르뜨랑드의 생각에 대해서는 같은 책 p. 84를 볼 것.

64 Davis, *Return of Martin Guerre*, p. 110.

65 Davis, *Return of Martin Guerre*, p. 111; Coras, *Arrest Memorable*, p. 86. 다음도 볼 것. Davis, *Return of Martin Guerre*, p. 85.

66 Davis, *Return of Martin Guerre*, pp. 103, 111.

67 Davis, *Return of Martin Guerre*, p. 112. "하층민들 사이의 비극"이란 구절은 꼬라스가 아니라 마떼오 반델로의 《비극 이야기》에 나오는 말이다(Matteo Bandello, *Histoire tragiques*). 이 작품은 "경이적인" 열정을 비극과 연관시키고 있지만, 마르땡 게르 이야기는 다루고 있지 않다 (Davis, *Return of*

Martin Guerre, p. 153, n. 16을 보라). 물론 꼬라스가 베르뜨랑드와 아르노의 "비극"에 관해 생각했다는 증거는 어디에도 없다.

68 Davis, *Return of Martin Guerre*, pp. 110, 120.

69 Davis, *Return of Martin Guerre*, pp. 112, 103.

70 Davis, *Return of Martin Guerre*, p. 112. 데이비스는 이 말에 뒤이어 꼬라스가 아내에게 자신의 "이상한 꿈" 이야기를 자세하게 적은 편지에서 한 구절을 인용하고 있다(p. 112). 이 편지는 아르노 재판 후 수년이 지나 쓰여진 것임에도 불구하고(Davis, p. 98), 데이비스는 이것이 어떻게 《잊을 수 없는 판결》에서 말하는 사실들을 입증할 수 있는지에 대해서는 한마디도 하고 있지 않다.

71 Davis, *Return of Martin Guerre*, p. ix; Montaigne, "Of Cripples," in his *Complete Essays of Montaigne*, p. 791. 역사 및 소설 비평들에 관해서는 다음을 볼 것. Carlo Ginzburg, "Prove e possibilità. In margine *a Il ritorno di Martin Guerre* di Nalalie Zemon Davis," in N. Z. Davis, *Il Ritorno di Martin Guerre* (Torino, 1984), pp. 131~154.

72 Davis, *Return of Martin Guerre*, p. 103.

73 이 글을 완성한 후, 나는 자넷 루이스의 역사소설을 읽었다(Janet Lewis, *The Wife of Martin Guerre*[1941; Repr. ed., Chicago, 1967]). 데이비스는 이렇게 말한다. 루이스의 소설은 "대부분 내 역사적 설명과 다르기는 하지만, 베르뜨랑드가 어리숙한 인물이 아니라 독립심이 강한 여성이라 생각하는 공통점이 있다"(Davis, p. 118 n.). 그러나, 루이스의 소설에서도, 베르뜨랑드가 가짜 마르땡이 사기꾼이 아닌가 처음 의심하기 시작한 시점이 서로 잠자리를 같이한 이후로 되어 있다(Lewis, p. 50). 그녀는 때때로 그를 "새로운 마르땡"으로 생각한다(Lewis, pp. 50, 55). 그러다가 그녀는 서서히 "사기꾼이라 생각되는 한 남자를 의식적으로 자신의 남편으로 받아들이고 있음"을 깨닫게 된다(pp. 57, 55~65). 죄의식과 분노를 느낀 그녀는 결국 그를 법정에 세운다. 비록 그때까지는 잠깐 동안이나마 재판관이 그를 자신의 남편이라 판결해 주기를 내심 바라고 있기는 했지만 말이다(p. 90). 아르노가 법정에서 보인 언행과 베르뜨랑드에 대한 따뜻한 감정으로 말미암아, 그녀는 정체성의 문제들을 숙고하게 된다(pp. 96~97). 집으로 돌아온 진짜 남편은 베르뜨랑드가 사기꾼과 공모했다고 비난한다. 아르노는 베르뜨랑드에게, 자신은 "당신의 아름다움과 우아함 덕분에" 정직한 한 인간으로 거듭 태어나게 되었다고 말한다(p. 107). 그는 베르뜨랑드에게 자신을 희생물로 바치는 것을 스스로의 운명으로 받아들이고, 베르뜨랑드는 "마르땡 게르의 귀향이 결코 아르노의 죽음을 보상치는 못하리라"는 것을 인정한다(p. 108). 루이스는 애정 어린 필치로 베르뜨랑드를 기민하면서도 열정적이고 동시에 명예심을 지닌 영웅이자, 사랑과 의무감 사이에서 괴로워하는 여성으로서 그려내고 있다(pp. 55, 57, 63~64, 95~96). 루이스의 소설 역시, 재판사건이 그 농민 부부에게는 비극적 드라마였다는 것, 그리고 로맨스와 자기 만들기의 주제들을 중심 테제로 삼고 있다. 데이비스판이 루이스판과 다른 점이 있다면, 그것은 단지 베르뜨랑드와 아르노의 공모 사실을 명시적으로 주장한 것, 공모에 관한 종교적 관점, 매정하게 묘사된 삐에르 게르의 모습 등일 뿐이다.

74 Davis, *Return of Martin Guerre*, p. 103.

75 이는 《잊을 수 없는 판결》의 주요 주제들 중 하나이다. pp. 10, 20~21, 33, 37, 54, 69, 80, 85,

98, 106, 109~112를 볼 것.

76 데이비스의 책에 대한 도널드 켈리의 서평을 볼 것. Donald R. Kelly, in *Renaissance Quarterly* 37 (1984): 254.

77 Natalie Zemon Davis, "Proverbial Wisdom and Popular Errors," in her *Society and Culture in Early Modern France* (Stanford, 1975), p. 266.

78 Davis, *Return of Martin Guerre*, p. 125.

제3부 9장 '절름발이에 대하여'

1 실제로 그 예는 《마르땡 게르의 귀향》 미국 초판이 간행되었을 당시 내가 알고 있었던 것보다 더 많다. 나는 이번 기회를 빌려 1900년 이전에 나온 관련 문헌들을 아래에 열거하고자 한다. [Jean de Coras], *Processo, et Arresto Ô sentenza data dal Parlamento di Tolosa sopra d'un fatto prodigioso et memorabile, tradotto di lingua francese nella favella toscana, per Mag. Gio. Batt^a Forteguerri Dott^{re} Pistorese, con cento annotationi ornate et aggiunte da lui*(이 글은 필사본으로, 포르떼궤리가 1591년 4월 또스까나 대공 부인에게 헌정한 것이다); *Waerachtighe History, Van een Wonderbaerlick bedroch* (Leyden, 1616). 꼬라스의 판본에 근거한 것; "The Case of Martin Guerre," a four-part serial in the *New London Gazette*, 4~8 (9 December 1763~6 January 1764). 꼬라스의 판본에 기초하여 미국에서 최초로 이 재판사건을 전한 글; Gottfried Wilhelm Leibniz, *Nouveaux essais sur l'entendement humain* (1765), Book 3, ch. 3, "Termes généraux." 이 글의 일곱 번째 문단에서는, 개인의 관념에 대한 논의의 한 부분으로 "가짜 마르땡 게르"와 그의 성공적인 사기 행각에 대해 언급하고 있다.; A. Fouquier, *Causes célèbres de tous les peuples* (Paris, 1865~1867), 7: cahier 33, pp. 1~10: "Le Faux Martin Guerre (1560)." 이 글은 꼬라스와 에스띠앙 빠스꿰에의 논의를 바탕으로 베르뜨랑드의 진심에 대해 논하고 있다. 이러한 문헌들의 일부를 나에게 보내준 크레이그 할린, 필립 햄버거, 바네싸 슈워츠에게 감사한다.

2 Natalie Zemon Davis, *The Return of Martin Guerre* (Cambridge, Mass., 1983), p. 125.

3 Davis, *Return of Martin Guerre*, p. 43.

4 Robert Finlay, *Politics in Renaissance Venice* (New Brunswick, N. J., 1980). Robert Finlay, "The Refashioning of Martin Guerre," *AHR* 93 (1988): 571, 562, 564.

5 Finlay, "Refashioning of Martin Guerre," p. 571.

6 Finlay, *Politics*, pp. 44~59.

7 Finlay, *Politics*, pp. 12, 256, 278, 235.

8 Finlay, *Politics*, pp. 10~12, 276~277. 장 드 꼬라스가 쓴 책의 초판 제목은 다음과 같다. *Arrest Memorable du Parlement de Tolose, Contenant une histoire prodigieuse, de nostre temps, avec cent belles, & doctes Annotations* (Lyon: Antoine Vincent, 1561). 내가 사용하고 있는 판본은 다음과 같은 2판 사본 중 하나이다. *Arrest Memorable du Parlement de Tholose, Contenant Une Histoire prodigieuse d'un supposé mary, advenüe de nostre temps: enrichie de cent et onze belles et doctes annotations* (Paris: Galliot du Pré, 1572).

9 Finlay, "Refashioning of Martin Guerre," p. 556. 마찬가지로, 나는 꼬라스가 재판이 끝난 지 7년 후 자신의 아내에게 보낸 한 통의 편지에 주목하고자 한다. 여기서 그는 한 편의 악몽, "이상한

꿈이 주는 가혹하고 위협적인 느낌"에 대해 얘기하고 있는데, 그 내용인즉 아내가 그를 배신하고 자신의 면전에서 다른 사람과 혼인하는 것으로 되어 있다. 꼬라스는 이 꿈을 통해, 아내와 똑같이 행동했음에도 불구하고 여전히 "명예로운" 사람으로 간주되었던 한 "아름다운" 농촌여인에 대한 자신의 느낌을 전달하고 있는 셈이다(Davis, *Return of Martin Guerre*, pp. 112~113, 120). 핀레이는 사건 뒤에 쓰여진 편지를 이용하는 것에 반대하고 있으며, 그 편지가 마르땡 게르 사건과는 아무런 관련이 없다고 보고 있다(Finlay, "Refashioning of Martin Guerre," p. 569, n. 70). 물론, 그는 "확증"을 요구하고 있다. 하지만 나는 나대로, 《잊을 수 없는 판결》에서 꼬라스가 보인 베르뜨랑드의 이미지와 그의 속내에 영향을 주었을 수도 있는 증거를 제시하고 있는 것이다.

10 [Guillaume Le Sueur], *Admiranda historia de Pseudo Martino Tholosae Damnato Idib. Septemb. Anno Domini MDLX* (Lyon: Jean de Tournes, 1561); *Histoire Admirable d'un Faux et Supposé Mary, advenue en Languedoc, l'an mil cinq cens soixante* (Paris: Vincent Sertenas, 1561).

11 역사적 지식을 일종의 추론적 지식conjectural knowledge으로, 역사가를 탐정으로 보는 시각에 대해서는 다음을 볼 것. R. G. Collingwood, "Epilegomena" to *The Idea of History* (New York, 1956), esp. pp. 231~302; Carlo Ginzburg, "Morelli, Freud and Sherlock Holmes: Clues and Scientific Method," *History Workshop* 9 (1980): 5~36; Robin Winks, ed., *The Historian as Detective: Essays on Evidence* (New York, 1969).

12 예컨대 다음을 볼 것. Davis, *Return of Martin Guerre*, p. 143 nn. 6, 11.

13 역사서술상의 다양한 수사적 스타일에 내재된 함의들에 대해서는 다음을 볼 것. Allan Megill & Donald N. McCloskey, "The Rhetoric of History," in John S. Nelson, Allan Megill, & Donald N. McCloskey, *The Rhetoric of the Human Sciences: Language and Argument in Scholarship and Public Affairs* (Madison, Wis., 1987), pp. 221~238.

14 Davis, *Return of Martin Guerre*, pp. 43~44.

15 이하 원문상 p. 567 셋째 문단에서부터 p. 584 위에서 둘째 줄까지 생략함. 데이비스는 이 부분에서 베르뜨랑드와 아르노의 공모에 대한 자신의 논증을 펼치고 있는데, 이 부분 자체가 상당한 분량인 데다가 이를 생략해도 독자들이 그녀의 논지를 이해하는 데 큰 문제가 없으리라고 판단되었다. 생략된 부분에는 각주도 다수 포함되어 있다(주 15~41). 따라서 이하 본 역문의 주 16은 원문의 주 42에 해당된다.

16 Finlay, "Refashioning of Martin Guerre," pp. 560, 559~561, 556, 562, 570.

17 Coras, *Arrest Memorable*, p. 46; Le Sueur, *Historia*, p. 11; *Histoire*, p. Cii^v.

18 Davis, *Return of Martin Guerre*, p. 28.

19 Coras, *Arrest Memorable*, pp. 40, 44; Le Sueur, *Historia*, p. 12; *Histoire*, p. Cii^v.

20 Davis, *Return of Martin Guerre*, p. 28.

21 Pierre Goubert, *Paysans français au XVIIᵉ siècle* (Paris, 1982), p. 92. 그에 따르면, 16세기 농촌여성들의 경우, 18~20세가 통상적인 혼인 적령기였다. 장-프랑수아는 삐레느 지역의 경우, 여성들이 20세 이전에 혼인하는 일은 "아주 드물었다"고 적고 있다. Jean-François, *La Vie quotidienne dans les Pyrénées sous l'Ancien Régime du XVIᵉ au XVIIIe siècle* (Paris, 1974), pp. 227~228.

22 Coras, *Arrest Memorable*, p. 2, Annotation 1. 르 쉬외는 베르뜨랑드의 증언에서 따온 것으로 생각되

는 다음과 같은 구절을 인용하고 있다. 즉 8년 뒤, "그녀가 임신하기를 체념하고 있을 때, 어떤 노파가 홀연히 하늘에서 나타나 그녀에게 방법을 가르쳐 주었다"는 것이다. *Historia*, p. 12.

23 Goubert, *Paysans français au XVIIᵉ siècle*, p. 182; Hilton Root, *Peasant and King in Burgundy* (Berkeley, 1987). '약삭빠름'과 '이해타산'의 측면에서 농민문화에 관해 개괄적으로 접근한 연구로는 다음을 볼 것. Eric Wolf, *Peasants* (New York, 1966), pp. 13~17.

24 Christine de Pizan, *The Book of the City of Ladies*, tr. Earl Jeffrey Richards (New York, 1982), Bk 1, ch. 43, pp. 87~89; Bk 2, ch. 66, p. 209; Charles Estienne, *Maison Rustique or the Countrey Farme*, tr. Richard Surflet (London, 1606), Bk 1, ch. 11, pp. 51~53 (1st French edn., 1564); *Proverbia communia noviter aucta, revisa et emendata* (Paris, 1513), a vᵛ; Nicholas Pasquier, *Les Lettres* in *Les Oeuvres d'Estienne Pasquier... et les Lettres de Nicolas Pasquier*, 2 vols. (Amsterdam, 1723), 2: 1235~1236, Bk 5, letter 9. 또한 《마르땡 게르의 귀향》에서 언급한 니꼴 까스땅의 논문을 볼 것(*Return of Martin Guerre*, p. 145 n. 7). 이 글은 부부가 흔히 자신들에 대한 처벌을 면하기 위해 무책임한 아내의 이미지를 어떻게 조작하는가에 대해 똘루즈 고등법원의 판례에서 찾아낸 증거들을 열거하고 있다.

25 Davis, *Return of Martin Guerre*, pp. 30~31.

26 Nancy L. Roelker, *Queen of Navarre: Jeanne d'Albret, 1,528~1,572* (Cambridge, Mass., 1968), pp. 54~55; *Marguerite de Valois, Mémoires et autres écrits de Marguerite de Valois, la Reine Margot*, ed. Yves Cazaux (Paris, 1971), p. 59. 바스끄 출신이었던 베르뜨랑드의 시어머니의 경우는(*Return of Martin Guerre*, p. 32) 당시 16세기 바스끄 여성들에 대해 전해지던 이야기를 뒷받침하는 한 독자적인 유형이라 생각된다.

27 Coras, *Arrest Memorable*, p. 40, Annotation 5 (sic for 22). 아르띠가 지역에서 여성의 명예가 관심사였다는 점에 대해서는 《마르땡 게르의 귀향》 p. 32에 인용된 사례를 볼 것. 그리고 이 문제를 농촌여성 전반의 입장에서 살핀 것으로는 다음이 있다. Natalie Zemon Davis, *Fiction in the Archives: Peasant Tales and Their Tellers in Sixteenth-Century France* (Stanford, 1987), pp. 95~101.

28 Davis, *Return of Martin Guerre*, p. 44.

29 Le Sueur, *Historia*, p. 7; *Histoire*, p. Biiᵛ. Coras, *Arrest Memorable*, pp. 25, 149, 68.

30 Coras, *Arrest Memorable*, p. 100; Le Sueur, *Historia*, p. 16; *Histoire*, p. Diiᵛ. 꼬라스는 그녀가 달려와 그를 포옹했다고 말한다. 그리고 르 쉬외는 그녀가 쓰러지듯 그의 발 아래로 몸을 던졌다고 묘사했다. Finlay, "Refashioning of Martin Guerre," p. 560.

31 Coras, *Arrest Memorable*, pp. 102, 105.

32 Le Sueur, *Historia*, p. 16.

33 Finlay, "Refashioning of Martin Guerre," p. 564.

34 Coras, *Arrest Memorable*, pp. 77~78, 죄수가 어째서 진짜 마르땡 게르일 가능성이 있는지에 대해서는 다음을 볼 것(물론, 마르땡 게르가 그의 아버지한테서 곡식을 "훔쳤기" 때문에 집을 떠났었다는 점을 기억할 필요가 있다). Le Sueur, *Historia*, p. 7; *Histoire*, p. Bii.

35 Le Sueur, Historia, p. 18; *Histoire*, p. Divᵛ; Coras, *Arrest Memorable*, p. 128, Annotation 90.

36 이에 대해서는 내 책에서 언급한 매매계약서 및 르 로아 라뒤리의 랑그독 연구를 볼 것. *Return of Martin Guerre*, p. 142 n. 2.

37 Coras, *Arrest Memorable*, p. 126.

38 Le Sueur, *Historia*, pp. 11~12; *Histoire*, p. Ciii^r; Coras, *Arrest Memorable*, p. 66; Le Sueur, *Historia*, p. 21.

39 Davis, *Return of Martin Guerre*, pp. 103, 152 n. 6.

40 Michel de Montaigne, *Essais*, Bk 2, ch. 18: "Du Dementir," in *Oeuvres complètes*, eds. A. Thibaudet & M. Rat (Paris, 1962), p. 649 (cited in *Return of Martin Guerre*, p. 152 n. 15); English tr. by Donald Frame, *The Complete Works of Montaigne* (Stanford, 1948), p. 505.

41 Baldassare Castiglione, *The Book of the Courtier*, tr. Thomas Hoby (London, 1948), esp. Bk 1. 역자인 호비는 이탈리아 원문의 "formiamo un cortegian"을 "Let us fashion such a courtier"로 영역하고 있다(p. 16). 다음도 볼 것. Wayne A. Rebhorn, *Courtly Performances: Masking and Festivity in Castiglione's "Book of the Courtier"* (Detroit, 1978). 이 책의 연구 목표 중 하나는 "자아를 하나의 예술작품으로 본 까스띨리오네의 생각을 진지하게 받아들여, 르네상스 번성기에 발달했던 초상화 기법의 원리와 실제 속에서 《조신론》의 인물묘사를 이해할 수 있도록 해 주는 열쇠를 찾아내는 것"이다(p. 18). 《갈라떼오》의 판본들에 대해서는 다음을 참조할 것. Antonio Santosuosso, "Books, Readers, and Critics: The Case of Giovanni Della Casa, 1537~1975," *La Bibliofilia* 79 (1977): 101~186. 젊은이들이 베네찌아 체제의 예의바른 성원이 되도록 이끌고 설득하거나, 혹은 강제하는 과정에는 과연 '자기 만들기'의 방식이 존재하지 않은 것일까? 다음을 볼 것. Stanley Chojnacki, "Political Adulthood in Fifteenth-Century Venice," *AHR* 91 (1986): 791~810.

42 Guillaume de La Perrière, *Le Theatre des Bons Engins* (Lyon: Jean de Tournes, 1549), A8^r; Philibert de Vienne, *Le Philosophe de Court* (Lyon: Jean de Tournes, 1547), p. 63. 비엔은 빠리고등법원의 판사였다.

43 Coras, *Arrest Memorable*, p. 12, Annotation 5.

44 Vienne, *Le Philosophe de Court*, p. 63. '경이롭다prodigious'란 말의 16세기적 의미 역시 이와 유사하다. 다음을 볼 것. Davis, *Return of Martin Guerre*, p. 106; Jean Céard, *La Nature et les prodiges: L'Insolite au XVIe siècle en France* (Geneva, 1977).

45 로버트 핀레이는 이를 "비성사적 혼인관"이라 잘못 규정하고 있다("Refashioning of Martin Guerre," p. 563). 교회가 비밀혼약을 승인하지 않은 것은 사실이지만, 내가 《마르땡 게르의 귀향》에서 지적했듯이(p. 46), 그것은 누구도 "갈라놓을 수 없는 결합"으로서 유효하고 따라서 성사에 부합되는 것이었다. 단지 1563년의 교서에 의해 그것의 지위가 바뀌었을 뿐이다. p. 141의 주 7에 인용된 관련 자료 외에도 다음을 추가할 수 있다. Charles Donahue, Jr., "The Canon Law on the Formation of Marriage and Social Practice in the Later Middle Ages," *Journal of Family History* 8 (Summer 1983): 144~158.

46 Finlay, "Refashioning of Martin Guerre", p. 564.

47 Aldo Stella, "Atteggiamenti eterodossi di studenti francesi nell'università di Padova," in *Scambi culturali tra l'Italia e la Francia dal Medioevo all'età moderna* (Geneva, 1987), pp. 289~291. 1982년 아이오아대학의 랠프 기시 교수가 지도했던 한 대학원 세미나를 통해 길리안 그레멀스는 《잊을 수 없는 판결》에서 성서를 어떻게 이용하고 있는지에 대해 연구하였다. 그녀는 텍스트에서 칼빈주의적인 정서들을 발견했지만, 그가 사려깊은 성서학자가 아니라는 점과 제네바판 성서를 사용하고 있지는 않다는 점을 지적하였다. 하지만 그는 아마도 리용에서 출판된 속어판 성서 중 하나를 사용했을 가능성이 있는데, 그 판은 노골적인 개신교적 표현들을 애써 삼가고 있다(Bettye Thomas

Chambers, *Bibliography of French Bibles: Fifteenth- and Sixteenth-Century French-Language Editions of the Scriptures* (Geneva, 1983), p. 144 et *passim*.

48 Jean de Coras, *Arrest Memorable du Parlement de Tolose, Contenant Une histoire prodigieuse, de nostre temps, avec cent et onze belles, et doctes annotations: dont les onze ont esté nouvellement adioustees sur le procez de l'exectuion dudit Arrest* (Lyon: Antoine Vincent, 1565). 핀레이는 1561년판만을 인용하고 있을 뿐이며(n. 9), 1565년판이나 그 이후의 판본들은 참조하지 않았음이 분명하다.

49 Coras, *Arrest Memorable*, p. 160; Le Sueur, *Historia*, p. 21; *Histoire*, p. Eii^rv. 가톨릭 신조가 개신교의 경우와 다른 점은 무엇보다도 마리아와 자신의 수호 성인과 천궁낙원의 모든 성자들의 이름을 부르는 것이었다. 아르띠가와 그 주변지역에서 나온 유언장에도 그런 식으로 적혀 있다. 예컨대 다음을 볼 것. Archives départmentales de l'Ariège, 5E6219, will of 31 July 1530; 5E6859, will of 3 May 1541; 5E6653, 3^rv.

50 Finlay, "Refashioning of Martin Guerre," p. 564.

51 Finlay, Politics, pp. 122~123.

52 Archives départementales de la Haute Garonne, B, La Tournelle, 76, 12 September 1560.

53 Coras, *Arrest Memorable*, p. 135, Annotation 97; p. 138, Annotation 98. 핀레이의 말에 따르자면, "데이비스는 뚤루즈의 판사들이 베르뜨랑드에 대해 '격론을 벌인 끝에'" 그녀를 기소하지 않기로 결정했다는 "자신의 주장에 대해 아무런 증거도 제시하지 못하고 있다"(p. 557)는 것이다. 하지만 독자들도 이 인용구를 통해 사실은 내가 꼬라스의 말을 풀어쓰고 있음을 알 수 있을 것이다. 이는 핀레이가 꼬라스의 글에 주의를 기울이지 않았기 때문에 나의 생각이 "잘못 읽혀져 버린" 몇 군데의 예들 중 하나이다.

54 Coras, *Arrest Memorable*, p. 138, Annotation 98.

55 Coras, *Arrest Memorable*, p. 12, Annotation 5. 그는 이에 대한 보기로서, 로마에 사는 세르토리우스라는 사람의 아내와 볼드윈 백작의 딸인 잔을 들고 있다. 그는 잔이 그녀의 아버지임을 사칭한 사기꾼의 정체를 벗긴 이야기를 길게 늘어 놓고 있다(p. 117, Annotation 82). 그는 또 베르뜨랑드의 진실과 의도에 초점을 맞춘 의문들에 덧붙여서, 어쩌면 그것 때문에 단죄될 수도 있고, 의도의 문제를 약화시키거나 초점을 잃게 만들 수도 있다는 다른 두 가지 주장을 함께 제시하고 있다. 첫째는, 아우구스티누스 성인이 롯에게 죄가 있다 한 것은 그가 자신의 딸들과 관계를 맺어서가 아니라 지나치게 술고래가 되었기 때문이 아닌가 하는 것이고, 둘째는, 베르뜨랑드의 의도와는 상관없이, "그 행동이 너무나 기이하고도 나쁜 것이었기 때문에, 예컨대 간통이란 매우 사악한 행위이므로, 그 자체만으로도 죄를 물어야 하는 것이 아닌가?" 하는 것이다. 하지만 꼬라스는 결국 이 주장들을 밀쳐놓고 그러한 행위의 진실과 의도의 문제에 초점을 맞추고 있다(pp. 138~140, Annotation 98).

56 Coras, *Arrest Memorable*, p. 59, Annotation 38.

57 Coras, *Arrest Memorable*, p. 5, Annotation 2. 여기서 꼬라스는 그 주장의 다른 측면, 즉 베르뜨랑드의 사면 이유를 검토하면서, 다시 한번 p. 136, Annotation 97로 되돌아가고 있다. 즉 "설사 약간의 잘못이 있다 해도, 그것은 내가 앞서 아우구스티누스 성인을 좇아 말했던 바에 연유하여, 베르뜨랑드 드 롤이 아니라 오히려 그렇게도 오랫동안 소식을 전하지 않았던 마르땡 게

르의 탓으로 돌려야 마땅하다"는 것이다. 인용된 아우구스티누스의 원문은 그의 《간음론 De *Conjugiis Adulterinis ad Pollentium, Libri Duo*》인데, 여기서 그는 다음과 같은 마태복음 5장 32절에 대해 언급하고 있다. "누구든지 음행한 연고 없이 아내를 버리면 이는 저로 간음하게 함이다." Augustine, "Les Deux livres à Pollentius sur les mariages adultères," Bk 1, ch. 2; Bk 2, chs. 10, 17, in *Oeuvres complètes*, trs. Péronne, et al., 33 vols. (Paris, 1869~1878), 29: 591, 625, 634. 꼬라스가 인용하고 있는 교회법 원문은 1509년경 사망한 페트루스 라벤나스의 《알파베툼 아우레움*Alphabetum aureum*》이다.

58 Finlay, "Refashioning of Martin Guerre," p. 557.

59 Coras, *Arrest Memorable*, pp. 140~141, Annotation 98.

60 Coras, *Arrest Memorable*, p. 139, Annotation 98.

61 AN, X²ᴬ98, 31ᵛ-36ʳ. 빠리고등법원은 1546년 봄, 도메꾸르에 대한 사면장을 승인하여 그녀를 방면했으며, 노용의 주교에게 그 참사회원을 교회법정에 세우도록 요구하였다.

62 남자의 중혼죄에 대한 처벌은 다음을 참조할 것. Alfred Soman, "Les Procès de sorcellerie au Parlement de Paris (1565~1640)," *Annales: Economies, sociétés, civilisations* 32 (1977): 797, Fig. 4; 799. 중혼죄로 판결받은 여성들에 대한 미간행 자료를 보도록 해 준 소만 박사에게 감사드린다.

63 Coras, *Arrest Memorable*, pp. 70~71, Annotation 50; p. 59, Annotation 38.

64 Coras, *Arrest Memorable*, pp. 100~101, Annotation 75; pp. 139~141, Annotation 98. 16세기 프랑스에서의 사면에 대해서는 나의 책 《문서보관소 속의 허구*Fiction in the Archives*》를 참조할 것.

65 Le Sueur, *Historia*, p. 19; *Histoire*, p. Eir.

66 Davis, *Return of Martin Guerre*, p. 109.

67 '사칭' 죄에 대한 그의 긴 주석은 정황을 검토하고 사형 언도 여부를 결정하는 것이 법정의 재량에 맡겨져 있다는 말로 끝맺고 있다. 그는 이어서, "그러나 아르노 뒤 띨에 대한 본건의 경우, 여기에는 수많은 중요 범죄가 망라되어 있는데다 그 각각이 사형 언도를 받을 만한 것이어서, 이제 더 이상 유죄 여부를 의심할 이유가 없으므로, 이에 본 법정은 판결을 내린다"(*Arrest Memorable*, p. 118, Annotation 82). 로마법에 따르면, '유괴'는 그 유형에 관계없이 사형에 해당되는 죄이다. 다른 세 가지 범죄에 대해 꼬라스는 그것이 사형에 해당된다고 조목조목 지적하고 있다(pp. 125~27, Annotations 85~87). 핀레이는 《잊을 수 없는 판결》이 무엇보다도 로마법에 능통한 전문가가 쓴 법률 텍스트라는 점을 계속 망각하고 있다. 법학자로서의 꼬라스에 대해서는 다음을 참조할 것. A. London Sell, *Origins of Legislative Sovereignty and the Legislative State*, 3 vols. (Königstein-Cambridge, Mass., 1983~1987), esp. vol. 1, *Corasius and the Renaissance Systematization of the Roman Law*.

68 Coras, *Arrest Memorable*, p. 132, Annotation 94.

69 Davis, *Return of Martin Guerre*, ch. 10, esp. p. 96; Coras, *Arrest Memorable*, p. 90; Stella, "Atteggiamenti," pp. 290~291.

70 Finlay, "Refashioning of Martin Guerre," pp. 567~568. 꼬라스가 책의 새 판을 내면서 사기 행각에 대한 아르노 자신의 마지막 고백을 덧붙인 것은 "그에게 호의를 가진 사람들의 계속적인 탄원" 때문이었다(Advertissement de l'Imprimeur aux Lecteurs, *iiʳ, from the 1572 edn.). 1565년판 표지에

는 특별히 "사형집행 과정에 대한" 사실들을 덧붙였다고 되어 있다. 이는 판결문이 낭독되고 난 후 어떤 일이 일어났는지 꼬라스의 독자들이 긍금해했던 것처럼 들린다.

71 Montaigne, "Des Boyteux,"in *Essais*, Bk 3, ch. 11, in *Oeuvres*, p. 1,008, tr. John Florio, *The Essayes... of Lord Michael de Montaigne* (London, 1610), "Of the Lame or Cripple," p. 615.

72 Finlay, "Refashioning of Martin Guerre," p. 571.

73 Miranda Chaytor, "Tale of Two Suitors," *New Society* 67, no. 1219 (5 January 1984): 18~19.

74 Finlay, "Refashioning of Martin Guerre," pp. 564, 566.

75 베르뜨랑드의 눈물에 대해 마르땡이 어떤 반응을 보였는지에 대해서는 다음을 볼 것(*Arrest Memorable*, p. 106). '매정하다'는 말은 꼬라스가 한 것이다.

76 Coras, *Arrest Memorable*, p. 142, Annotation 99.

77 Davis, *Return of Martin Guerre*, pp. 47, 50, 59~61.

78 Montaigne, "Des Menteurs," in *Essais*, Bk 1, ch. 9, in *Oeuvres*, p. 37.

79 Montaigne, "Des Boyteux," in *Essais*, p. 1,010.

80 Davis, *Return of Martin Guerre*, p. 108.

81 Coras, *Arrest Memorable*, p. 106, Annotation 78; Le Sueur, *Historia*, p. 9; *Histoire*, p. Biv^r.

82 "Hawkeye Propositions on Martin Guerre," November-December 1982. 이 세미나에서 발표된 몇 편의 훌륭한 논문들 중에서도 공모설과 가장 관계가 있는 것은 키퍼의 글이다(Thomas A. Kiefer, "Family Law and the Case of Martin Guerre"). 이 글에서 미발간 자료들을 논하도록 허락해 준 랠프 기시 교수에게 감사드린다.

83 "Hawkeye Propositions on Martin Guerre," November-December 1982.

84 삐에르는 조카 며느리의 혈족, 즉 2등친等親과 혼인하고 있었다. 생각건대, 이 혼인은 아마도 특면장을 필요로 했을 것이다. 이 문제에 대해 조언해 준 리자 자딘과 찰스 도나휴 2세에 감사한다.

85 AN, X²ᴬ98, 32ᵛ-33ʳ.

86 내가 마을사람들의 법정증언에 대해 이러한 문제를 제기하면서, 고등법원 판사들은 주민들 간의 이러한 사건들을 다루는 데 이미 익숙해져 있기 때문에, 만약 마을사람들 모두가 공모에 연루되어 있다면 그들은 이 사실을 어렴풋하게나마 감지하고 있었을 것이라고 지적했을 때, 랠프 기시 교수의 '호크아이 세미나'가 제시코자 했던 대답이 바로 이러한 것이었다(Letter to Ralph Giesey of 14 November 1982). 랠프 기시는 다음과 같이 답변하였다. "우리는, 마을사람들이 반드시 공모에 노골적으로 연루되었다고 주장할 필요까지는 없으며, 그보다는 사태를 가족의 뜻대로 되도록 내버려두었다고 보는 것이 더 낫다는 데 동의합니다"(Letter of 20 December 1982).

87 피그먼은 1987년 12월 샌프란시스코에서 열린 현대언어학회MLA 연례 모임에서 글 한 편을 발표했는데, 여기서 그는 전공인 정신분석학과 문학의 입장에서 마르땡 게르 사건을 검토하였다. 그는 다른 사람 (먼 과거의 기억 속에 있는 사람뿐 아니라 지금 정신과 치료를 받고 있는 사람까지도 포함하여)의 경험에 대한 우리 지식이 얼마나 불분명한지를 명확히 지적하고 있다.

88 Stephen Greenblatt, "Psychoanalysis and Renaissance Culture," in Patricia Parker & David Quint, eds., *Literary*

Theory/Renaissance Texts (Baltimore, 1986), pp. 210~224.

89 나는 다음의 글을 통해 이 문제의 몇몇 측면들을 생각하였다. "Boundaries and the Sense of Self in Sixteenth-Century France," in Thomas Heller, Morton Sosna, & David E. Wellbery, eds., *Reconstructing Individualism: Autonomy, Individuality, and the Self in Western Thought* (Stanford, 1986), pp. 53~63, 332~336.

90 Davis, *Return of Martin Guerre*, p. 147 n. 2.

91 AN, JJ263ᵃ, 271ʳ-272ʳ.

제3부 10장 증거와 가능성

1 Michel de Montaigne, *Essais*, ed. Albert Thibaudet (Paris: Gallimard, 1950), III (xi): 1156. 내털리 제이먼 데이비스는 플로리오의 르네상스기 번역본을 약간 수정해서 썼다. 나는 1603년의 영인본 (Menston, England: Scholar Pr., 1969), p. 615을 보았다.

2 Montaigne, p. 1,159 (Florio, p. 616). 《잊을 수 없는 선고*La Sentenza memorabile*》(Palermo: Sellerio, 1982) 에서, 레오나르도 샤샤는 마르땡 게르 사건 때문에 일어난 다양한 후일담을 고찰하면서, 몽 떼뉴의 이 말을 자세히 부연 설명하는 것으로 글을 끝맺고 있다(p. 11).

3 Montaigne, p. 1,155 (Florio, p. 614).

4 그러나 《치유자 왕*I re taumaturghi* [Torino: Einaudi, 1973]》에 실린 나의 머리말에서 논의되고 있는 마르끄 블로끄의 견해들을 볼 것.

5 Ginzburg, *Clues, Myths and the Historical Method*, trans. John & Anne Tedeschi (Baltimore: Johns Hopkins Univ. Pr. 1989), pp. 116~117.

6 Georges Duby, *Le Dimanche de Bouvines* (Paris: Gallimard, 1973)을 참조할 것.

7 이른바 "4월 7일의 재판"에 대한 F. 페라졸리 글(Il Manifesto, Feb. 23 & 24, 1983; 특히 첫 부분을 볼 것)에는 매우 흥미진진한 논의들이 담겨 있다. 이 글이 다루고 있는 "법학적 역사서술"의 문제 는 깊이 연구할 가치가 있다.

8 Coras, *Arrest memorable* (Lyon, 1561)의 헌사를 볼 것.

9 데이비스가 언급하는 판본 외에도, 다른 판본 하나가 전해오는데(프랑스 국립도서관 소장의, Rés. Z. Fontanieu [171.12]라고 서명이 들어 있는 문헌을 볼 것), 그 판본에는 제목에 오식이 있다 (*Histoire* 가 아니라 *Histoite*라고 되어 있다). 데이비스가 언급하지 못한 후기의 한 판본 (*Recit veritable d'un faux et supposé mary arrivé à une Femme notable, au pays de Languedoc, en ces derniers troubles*, à Paris chez Jean Brunet, ruë neufve sainct Louys, à la Crosse d'Or, MDCXXXVI:BN.8⁰.Ln.²⁷.27815)의 경우, 소네트의 내용이 다르 게 되어 있다.

10 Coras, *Arrest memorable* (Paris 1572, arrest CIII). 출판업자(겔로 뒤 쁘레)가 이 판본에 첨부한 서언에서, 뒤 쁘레는 데이비스의 추론처럼 이 작품을 '희비극'이라 규정하는 대신, "우리 앞에 놓인 몇몇 다른 책들과 함께, 지금의 이 사본을 본서와 쉽게 구별하기 위해서 우리는 저자의 말을 전혀 바꾸고 싶지" 않다고 말하였다. 즉 "어떤 작가들은 아마디스식으로 글을 써서 사건의 진실을 전혀 엉뚱하게 전하곤 한다"는 것이다. 그가 여기서 무엇을 얘기하려 했는지는 명백하지가 않다. '사본'이란 말은 아마 신빙성이 좀 떨어지는 꼬라스의 앞선 판본을 가리키는 듯하다. 반

면, '아마디스식'이란 말은 마르땡 게르 이야기가 《갈리아의 아마디스*Amadis of Gaul*》 방식을 따라 다시 쓰여졌음을 암시한다. 두 번째 가정을 뒷받침하는 사실로서, 우리는 불역 《아마디스》의 첫 11권이 1550년에서 1560년 사이에 뱅상 세르떼나스와 에띠엔느 그루요에 의해 재발간되었다는 것, 그리고 세르떼나스야말로 일찍이 르 쉬외의 《경이로운 이야기》를 간행했던 바로 그 인물이었다는 것 등을 들 수 있다. 따라서, 우리는 아마도 위에서 말한 "사건의 진실을 전혀 엉뚱하게 전한" 인물을 세르떼나스와 동일인으로 볼 수도 있을 것이다.

11 Coras (1572), pp. 146, 149.

12 Guillaume Le Sueur, *Histoite* (!) *admirable* c. A IIr.

13 Coras (1572), p. 39.

14 토도로프의 책 《아메리카의 정복: 저자의 문제》가 바로 이러한 연구 유형을 취한 경우이다 (Tzvetan Todorov, *La conquête de l'Amérique: la question de l'autre*[Paris: Seuil, 1982]).

15 이 주제들에 대해 최근에 정리된 두 글로는 다음이 참조된다. *Theorie und Erzählung in der Geschichte*[Beiträge zur Historik 3], eds. Jürgen Kocka & Thomas Nipperday (München: Deutscher Taschenbuch-Verlag, 1979); Hayden White, "La questione della narrazione nella teoria contemporanea della storiografia,"in *La teoria della storiografia oggi*, ed. Pietro Rossi (Milano: Il Saggiatore, 1983), pp. 37~38. 지금까지는 뽈 리쾨르의 야심찬 저작 《시간과 이야기*Temps et Récit*》 첫 번째 권만 책으로 나와 있다.

16 Wolfang J. Mommsen & Jorn Rüsen, "La teoria della storiografia oggi,"(위의 인용을 보라), pp. 109, 200. 그렇지만 이 글에서 그들은 문제를 일반적으로 그것이 제기되는 방식으로 재구성하려 하지 않고 있다. 역사서술상의 이야기체 방식과 예비조사 간의 분명한 구분은 이미 끄로체의 패기 있는 글 〈예술의 일반 개념에 속하는 역사〉 ("La storia ridotta sotto il concetto generale dell'arte,"in *Primi saggi*[Bari, 1927], pp. 37~38 참조)에서 분명하게 밝혀졌는데, 화이트는 이 글을 자주 언급한다.

17 Lawrence Stone, "The Revival of Narrative: Reflections on a New Old History," *Past & Present* 85 (1979): 3~24; Eric Hobsbawm, "The Revival of Narrative: Some Comments," *ast & Present* 86 (1980): 3~8.

18 *The Life and Surprising Adventures of Robinson Crusoe of York, Mariner* (London, 1719), "Preface".

19 *The History of Tom Jones, a Foundling*, Everymen's Library edition (London, 1914), I: 51 (1.II, Ch. 1)에서 인용.

20) 클라런던의 《반란과 내전의 역사》 ("장엄한 작품이여")에 대한 언급은 제8권의 첫 번째 장 (p. 417)에서 가장 분명하게 나타난다. 연대기 및 서사시의 시간과 소설의 시간 사이의 관계를 개관한 것으로는 벤야민의 계몽적인 글을 볼 것. Walter Benjamin, "The Storyteller. Reflections on the Works of Nicolai Leskov," *Illuminations* (Harry Zohn 역, Hannah Arendt 편의 *Angelus novus* [New York: Harcourt, 1968] 내 발췌문, pp. 83~110을 볼 것. 이는 칼-하인쯔슈티를의 출발점이 되었다. Karl-Heinz Stierle, "Erfahrung und narrative Form," *Theorie und Erz hlung in der Geschichte*, p. 85). 주 15를 볼 것.

21 Ian Watt, *The Rise of the Novel* (London, 1967), p. 292.

22 Fielding, *The History of Tom Jones*, I: 516.

23 Fielding I: 417~418.

24 Leo Braudy, *Narrative Form in History and Fiction* (Princeton: Princeton Univ. Pr., 1970), p. 13에서 재인용.

25 Paris, 1951, p. 7. 인용문은 *Honor de Balzac in Twenty-five Volumes*, Vol. 1 (역자 미상), Introduction (불어판 "서문"을 번역한 것임) (New York, 1900), p. 15.

26 Balzac, pp. 12~13 참조 (*Balzac in Twentyfive Volumes*, p. 21).

27 《절벽 위의 매》 제3판 (Milano, 1831)의 이탈리아어 텍스트는 다음에서 볼 수 있다. *Documenti e prefazioni del romanzo italiano dell'Ottocento*, ed. Renato Bertacchini (Roma, 1969), pp. 32ff.

28 Alessandro Manzoni, *Opere*, ed. Riccardo Bacchelli (Milano, 1953), pp. 1,056, 1,068~1,069 참조. 여기서 사용된 영어 텍스트는 다음의 번역본을 약간 수정한 것이다. Manzoni, *On the Historical Novel*, tr. Sandra Berman (Lincoln, NB: Univ. of Nebraska Pr., 1984), pp. 63~64, 77.

29 Balzac, La *Comédie Humaine* I: 13. 영역은 다음을 볼 것. *Balzac in Twentyfive Volumes*, p. 21.

30 Hayden White, *Metahistory: The Historical Imagination in Nineteenth-Century Europe* (Baltimore: Johns Hopkins Univ. Pr. 1973).

31 François Hartog, *Le miroir d'Hérodote* (Paris, 1980), pp. 23f, 141~142.

32 White, *Metahistory*, p. 3 (각주 참조).

33 White, *Metahistory*, pp. 423~433 참조. 곰브리치와 '사실주의' 개념에 대한 언급은 책의 서두 (p. 33, n. 1) "이야기의 문제" 라는 글에 나오지만, 그 뒤로는 다른 방향으로 갈라져버린다.

34 Arnaldo Momigliano, "L'histoire dans l'âge des idéologies," *Le Débat* 23 (1983): 129~146; Momigliano, "Biblical Studies and Classical Studies. Simple Reflections upon Historical Method," *Annali della Scuola Normale Superiore di Pisa* (Pisa: Scuola Normale Superiore, 1981), section III, XI, pp. 25~32.

35 Momigliano, "Ancient History and the Antiquarian," *Journal of the Warburg and Courtauld Institutes* XIII (1950): 285f.

36 Edward Gibbon, *Storia della decadenza e caduta dell'impero romano*, trans. G. Frizzi, introduction by Arnaldo Momigliano, II (Torino, 1967), p. 1,166, n. 4). 특기할 것은 뻬가 번역을 하면서 두 번째 문장을 빠뜨리고 있다는 점이다([Torino, 1926], II, 1, p. 230, n. 178). 하지만 브로디는 비록 그 맥락은 다르지만 이 누락된 문장의 중요성을 지적한 바 있다 (p. 216, n. 24).

37 Manzoni, *Opere*, pp. 1,066~1,067을 볼 것. 영어 번역에서는 버먼(pp. 74~75)의 판본을 약간 수정했다.

38 Benedetto Croce, *La storia come pensiero e come azione* (Bari, 1938), pp. 122~128. 우리는 이미 이에 대한 암시를 다음의 글에서 볼 수 있다. *La Storia ridotta sotto il concetto generale dell'arte* (pp. 39~40).

39 P. Zerbi, "A proposito di tre recenti libri di storia. Riflessioni sopra alcuni problemi di metodo," *Aevum* XXXI (1957): 524, 주 17. 그는 여기서, 프루고니가 끄로체의 저술들에 진 빚을 의문형의 조심스러운 방식으로 표현하였다(볼로냐 대학에서 열린 세미나 과정에서 이 점에 대해 지적해 준 조반니 크랄에게 감사한다).

40 Arsenio Frugoni, *Arnaldo da Brescia nelle fonti del secolo XII* (Roma, 1954), p. ix.

41 Zerbi, p. 504.

42 예술사와 관련하여 특히 이 문제에 대한 논의는 나와 뻬넬리가 토론하면서 제시한 바 있다. *Quaderni Storici* 50 (1982): 682 이하.

43 Manzoni, *La "Lettre à M. Chauvet,"* ed. Natalino Sapegno (Roma, 1947), pp. 59~60. Manzoni, *I promessi sposi*, Ch. XIII.

44 에드워드 H. 카는 제인 오스틴의 소설(*Northanger Abbey*)에 나오는 한 구절을 자신의 저작 머리

말의 모토로 사용하고 있다(E. H. Car, *What is History?*[London, 1961]).

45 James, "The Art of Fiction," in *Critical Theory since Plato,* ed. Hazard Adams (New York: Harcourt, 1971), p. 662. 이 글은 1888년 판본을 재수록한 것으로, 1884년의 원판 (in *Longman's Magazine*)을 수정·대체한 것이다.

46 Fielding I: 418.

제4부 11장 2세대 미시사: '사회'에서 '문화'로

1 아래 몇 페이지에 걸쳐 나오는 미시사의 기원과 특징, 그리고 1세대라 이름 붙인 대표적 저작에 대한 해설은 다음의 책에서 발췌, 축약한 것이다. 곽차섭 엮음, 《미시사란 무엇인가》 (푸른역사, 2000). 특히 "서설"을 볼 것.

2 Carlo Ginzburg, *I benandanti. Stregoneria e culti agrari tra Cinquecento e Seicento* (Torino: Einaudi, 1966; 3a ediz. con un post-scriptum, 1972); 카를로 긴즈부르그, 조한욱 옮김, 《마녀와 베난단티의 밤의 전투》 (길, 2004); Emmanuel Le Roy Ladurie, *Montaillou, village occitan de 1294 à 1324* (Paris: Gallimard, 1975); 엠마뉘엘 르 로아 라뒤리, 유희수 옮김, 《몽타이유: 중세 말 남프랑스 어느 마을 사람들의 삶》 (길, 2006); Carlo Ginzburg, *Il formaggio e i vermi. Il cosmo di un mugnaio del '500* (Torino: Einaudi, 1976); 카를로 긴즈부르그, 김정하·유제분 옮김, 《치즈와 구더기: 16세기 한 방앗간 주인의 우주관》 (문학과지성사, 2001); Daniel Vigne & Jean-Claude Carriere, *Le retour de Martin Guerre* (1982), movie; Natalie Zemon Davis, *Le retour de Martin Guerre* (Paris: Robert Laffont, 1982); Id., *The Return of Martin Guerre* (Cambridge, Mass.: Harvard University Press, 1983); Jon Ariel, *Sommersby* (1993), movie; 나탈리 제먼 데이비스, 양희영 옮김, 《마르탱 게르의 귀향》 (지식의 풍경, 2000); Carlo Ginzburg, *Storia notturna. Una decifrazione del Sabba* (Torino: Einaudi, 1989).

3 Giovanni Levi, *L'eredità immateriale. Carriera di un esorcista nel Piemonte del Seicento* (Torino: Einaudi, 1985); Edoardo Grendi, "Micro-analisi e storia sociale," *Quaderni storici* 35 (1977), pp. 506~520, esp. 512; Pietro Redondi, *Galileo eretico* (Torino: Einaudi, 1983; Nuova edizione con Poscritto di 1985; Nuova edizione con 'Vent' anni dopo" di 2003).

4 Carlo M. Cipolla, *Chi ruppe i rastelli a Monte Lupo?* (Bologna: Il Mulino, 1977); Id., *Faith, Reason, and the Plague in Seventeenth-Century Tuscany,* trans. Muriel Kittel (New York: Norton, 1979); David W. Sabean, *Power in the Blood: Popular Culture & Village Discourse in Early Modern Germany* (Cambridge University Press, 1984); Gene Brucker, *Giovanni and Lusanna: Love and Marriage in Renaissance Florence* (Berkeley: University of California Press, 1986); Judith C. Brown, *Immodest Acts: The Life of a Lesbian Nun in Renaissance Italy* (New York: Oxford University Press, 1986); 주디스 브라운, 임병철 옮김, 《수녀원 스캔들: 르네상스 이탈리아의 한 레즈비언 수녀의 삶》 (푸른역사, 2011).

5 이러한 견해는 특히 이탈리아 미시사 2세대라 할 수 있는 잔나 포마타Gianna Pomata에게서 잘 나타난다. 다음을 볼 것. Sigurdur Gylfi Magnússon, "The Singularization of History: Social History and Microhistory within the Postmodern State of Knowledge," *Journal of Social History* 36.3 (Spring 2003), pp. 701~735, esp. 713~714. 미시사를 새로운 사회사 모형으로 생각했다는 레비의 관점은 다음

에서 알 수 있다. 조반니 레비, "근대국가의 기원과 미시사적 관점," 위르겐 슐룸봄 엮음, 백승종 외 옮김,《미시사와 거시사》(궁리, 2001), 83~125쪽.

6 곽차섭, "카를로 긴즈부르그와 미시사의 도전," 곽차섭 엮음,《미시사란 무엇인가》, 7장.

7 아래의 세 저작에 대한 소개는 주로 다음에서 가져 왔다. 곽차섭, "최근 미시사의 성과들,"《교수신문》(2008.11.10).

8 Laurel Thatcher Ulrich, *A Midwife's Tale: The Life of Martha Ballard Based on Her Diary, 1785~1812* (New York: Knopf, 1990); 로렐 대처 울리히, 윤길순 옮김,《산파일기》(동녘, 2008).

9 Edward Berenson, *The Trial of Madame Caillaux* (Los Angeles: University of California Press, 1992); 에드워드 베렌슨, 신성림 옮김,《카요부인의 재판》(동녘, 2007).

10 Lauro Martines, *April Blood: Florence and the Plot against the Medici* (Oxford: Oxford University Press, 2003); 라우로 마르티네스, 김기협 옮김,《메디치가 살인사건의 재구성》(푸른역사, 2008)

11 Melton A. McLaurin, *Celia: A Slave* (Athens: University of Georgia Press, 1991); Alan Taylor, *William Cooper's Town: Power and Persuasion on the Frontier of the Early American Republic* (New York: Vintage Books, 1995); Leonard Blussé, *Bitters bruid: een koloniaal huwelijksdrama in de Gouden Eeuw* (Amsterdam: Balans, 1997); Nelly Hanna, *Making Big Money in 1600: The Life and Times of Isma'il Abu Taqiyya, Egyptian Merchant* (Syracuse, NY: Syracuse University Press, 1997); Natalie Zemon Davis, *Trickster Travels: A Sixteenth-Century Muslim between Worlds* (New York: Hill and Wang, 2006); 내털리 제이먼 데이비스, 곽차섭 옮김,《책략가의 여행: 여러 세계를 넘나든 한 16세기 무슬림의 삶》(푸른역사, 2010); Linda Colley, *The Ordeal of Elizabeth Marsh: A Woman in World History* (New York: HarperCollins, 2007).

12 이에 대한 최근의 논의로는 다음이 참조된다. C. A. Bayly, Sven Beckert, Matthew Connelly, Isabel Hofmeyr, Wendy Kozol, & Patricia Seed, "AHR Conversation: On Transnational History," *American Historical Review* 111.5 (Dec. 2006), pp. 1441~1464.

13 다음을 볼 것. 조지형·김용우 엮음,《지구사의 도전: 어떻게 유럽중심주의를 넘어설 것인가》(서해문집, 2010); 파멜라 카일 크로슬리, 강선주 옮김,《글로벌 히스토리란 무엇인가: 세계사에서 지구사로, 역사학의 최전선》(휴머니스트, 2010).

14 Leonard Blussé, *Bitters bruid* (1997); Id., *Bitter Bonds: A Colonial Divorce Drama of the Seventeenth Century*, trans. Diane Webb (Princeton, NJ: Markus Wiener, 2002).

15 미시서사를 지구적 전망과 결합한다는 발상에 대한 한 예를 다음에서 찾을 수 있다. Tonio Andrade, "A Chinese Farmer, Two African Boys, and a Warlord: Toward a Global Microhistory," *Journal of World History* 21.4 (2010), pp. 573~591. 하지만 일반적으로 지구사가 지향하는 사회과학 모형을 문화적인 인간 드라마로 채우는 것이 무엇을 의미하는가에 대한 고찰은 여전히 필요하다.

16 이 장章은 주로 다음의 발표문에 의거하고 있다. 곽차섭, "미시사와 한국,"《세계의 생활사 연구 (III)》(경북대학교 영남문화연구원 2008년도 인문한국지원사업 제9, 10차 콜로키움자료집. 2008년 10월 17일).

17 이경훈,《오빠의 탄생: 한국 근대문학의 풍속사》(문학과지성사, 2003); 신명직,《모던뽀이 경성을 거닐다: 만문만화로 보는 근대의 얼굴》(현실문화연구, 2003); 권보드래,《연애의 시대: 1920년대 초반의 문화와 유행》(현실문화연구, 2003); 김진송,《서울에 딴스홀을 허하라: 현대성의

탐색》(현실문화연구, 1999); 박선미,《근대여성, 제국을 거쳐 조선으로 회유하다》(창비, 2007); 서경석, 우미영 엮음,《신여성, 길 위에 서다: 잃어버린 풍경 3, 1920~1940》(호미, 2007).

18 천정환,《근대의 책 읽기: 독자의 탄생과 한국 근대문학》(푸른역사, 2003); 전봉관,《경성기담: 근대 조선을 뒤흔든 살인 사건과 스캔들》(살림, 2006); 전봉관,《럭키경성: 근대 조선을 들썩인 투기 열풍과 노블레스 오블리쥬》(살림, 2007); 전봉관,《경성 자살 클럽》(살림, 2008)

19 백승종,《그 나라의 역사와 말: 일제 시기 한 평민 지식인의 세계관》(궁리, 2002); 백승종,《대 숲에 앉아 천명도를 그리네: 16세기 큰선비 하서 김인후를 만나다》(돌베개, 2003); 백승종,《한 국의 예언 문화사》(푸른역사, 2006); 백승종,《정감록 역모 사건의 진실게임》(푸른역사, 2006); 백승종,《예언가 우리 역사를 말하다》(푸른역사, 2007); 백승종,《정조와 불량선비 강이천: 18 세기 조선의 문화투쟁》(푸른역사, 2011).

20 정창권,《홀로 벼슬하며 그대를 생각하노라: 미암일기 1567~1577》(사계절, 2003); 정창권, 《향랑, 산유화로 지다: 향랑 사건으로 본 17세기 서민층 가족사》(풀빛, 2004); 정창권,《세상에 버릴 사람은 아무도 없다: 역사 속 장애인 이야기》(문학동네, 2005); 정창권,《역사 속 장애인 은 어떻게 살았을까: 사료와 함께 읽는 장애인사》(글항아리, 2011).

21 강명관,《조선 사람들, 혜원의 그림 밖으로 걸어나오다》(푸른역사, 2001); 강명관,《조선풍속사 1, 2, 3》(푸른역사, 2010); 강명관,《조선의 뒷골목 풍경》(푸른역사, 2003); 강명관,《책벌레들 조 선을 만들다》(푸른역사, 2007). 강명관,《열녀의 탄생》(돌베개, 2009). 역시 열녀를 유교 이데올 로기에 의해 착취 받는 존재로 그렸다는 점에서 그의 전복적 글쓰기를 잘 보여준다고 할 수 있다. 얼마 전에는《그림으로 읽는 조선 여성의 역사》(휴머니스트, 2012)를 내놓아 전통시대 여 성의 삶과 질곡에 대한 관심을 다시 한 번 보여주고 있다.

22 하영휘,《양반의 사생활: 조병덕의 편지 1,700통으로 19세기 조선을 엿보다》(푸른역사, 2008); 김찬웅,《선비의 육아일기를 읽다: 단맛 쓴맛 매운맛 더운맛 다 녹인 18년 사랑》(글항아리, 2008).

23 그 일부를 언급하자면 다음과 같다. 주영하, 김호, 김소현, 정창권,《19세기 조선, 생활과 사 유의 변화를 엿보다: '오주연문장전산고'를 통해 본 조선 후기 생활 문화》(돌베개, 2005); 유승 훈,《다산과 연암, 노름에 빠지다》(살림, 2006); 강신항 외,《이재난고로 보는 조선 지식인의 생활사》(한국학중앙연구원, 2007); 정창권,《거상 김만덕, 꽃으로 피기보다 새가 되어 날아가리》 (푸른숲, 2006); 임상혁,《나는 노비로소이다: 소송으로 보는 조선의 법과 사회》(너머북스, 2010); 손영옥,《조선의 그림 수집가들》(글항아리, 2010); 김인호,《조선의 9급 관원들: 하찮으나 존엄 한》(너머북스, 2012); 김정호,《조선의 탐식가들》(따비, 2012).

24 김영미,《그들의 새마을운동: 한 마을과 한 농촌운동가를 통해 본 민중들의 새마을운동 이야 기》(푸른역사, 2009).

제4부 12장 미시사와 지방사

1 대구사학회,《대구사학》20·21 합집 (1982. 12); 30집 (1986. 11); 한양대 인문학연구소,《인문 학논집》10권 1호 (1986); 12권 1호 (1987).

2 김정호·이해준 (편), 《향토사: 이론과 실제》 (광주: 향토문화진흥원출판부, 1992); 역사문화학회 (편), "지방사 연구, 어떻게 할 것인가" 《지방사와 지방문화》 (서울: 학연문화사, 1998); 한국사연구회 (편), 《한국지방사 연구의 현황과 과제》 (서울: 경인문화사, 2000); 한국사학회 (편), "지역사 연구의 이론과 실제" 《한국사론》 32 (서울: 국사편찬위원회, 2001); 부산경남사학회, 《역사와 경계》 42집 (2002. 3); 45집 (2003. 12).

3 용어에 대한 논의는 《대구사학》 30집 (1986) 내의 글들; 고석규, "지방사 연구의 새로운 모색" 《지방사와 지방문화》 1집 (1998); 권내현, "조선후기 지방사의 모색과 과제" 강만길 편, 《조선후기사 연구의 현황과 과제》 (창비, 2000) 내의 관련 부분을 참조할 것.

4 이해준, "한국 지역사 연구의 이론과 체계 시론" 《지역사 연구의 이론과 실제》, 204, 216쪽.

5 민두기, "중국사연구에 있어서의 지방사연구" 《대구사학》 30집 (1986), 4~5쪽.

6 이훈상, "他者로서의 '地方'과 中央의 헤게모니" 한국사연구회 (편), 《한국지방사 연구의 현황과 과제》 (서울: 경인문화사, 2000).

7 정병철, "중국사에서의 지방사 연구의 현황과 과제 I" 《중국사연구》 7집 (1999), 162~63쪽.

8 미시사의 이론과 실제에 대해서는 곽차섭 (편), 《미시사란 무엇인가》 (푸른역사, 2000)을 참조할 것.

9 김준형, "조선 후기 丹城縣 法勿面 지역 村落의 변화" 《지역사 연구의 이론과 실제》, 6~7쪽.

10 이해준, 《한국 지역사 연구의 이론과 체계 시론》, 204, 208~9쪽.

11 이러한 맥락에서 여성을 주체로 지방사를 살펴보고자 한 것으로는 다음이 있다. 윤택림, "지방·여성·역사: 여성주의적 시각에서 본 지방사 연구" 《한국여성학》 11집 (1995), 27~46쪽.

12 아날학파에 대해서는 다음을 참조할 것. 프랑수아 도스, 《조각난 역사》 김복래 역 (푸른역사, 1998); 김응종, 《아날학파의 역사세계》 (서울: 아르케, 2001). 긴즈부르그가 도전한 것은 브로델 류의 아날이었다는 점을 확실히 해 둘 필요가 있다. 미시사가 등장한 1970년대라는 시점이 그것을 말해 준다. 아날학파도 3세대부터는 질적 역사인류학으로 전환되는 모습을 보이기 시작한다.

13 곽차섭, "역사, 소설, 미시사의 글쓰기" 《역사와 문화》 6 (2003. 3), 217~228쪽. 이훈상은 이러한 개념을 한국사에서 적용한 바 있다. "미시사와 多聲性의 글쓰기" 《지역사 연구의 이론과 실제》, 69~103쪽 참조.

14 특히 김동수, "조선시대의 지역사 서술체계와 자료" 《지역사 연구의 이론과 실제》, 291쪽을 볼 것. 지역사와 향촌사회사의 관련성에 대해서는 권내현, "조선후기 지방사의 모색과 과제", 309~14쪽이 참조된다.

15 Barry Reay, *Microhistories: Demography, Society and Culture in Rural England, 1800~1930* (Cambridge University Press, 1996).

제4부 13장 생활사와 '새로운 역사학'

1 우인수, "조선시대 생활사 연구의 현황과 과제" 《역사교육논집》 23/24합집 (1999), 825~854쪽. 이해준, "생활사 연구의 역사 민속학적 모색" 《역사민속학》 13 (2001), 31~48쪽도 참고할 것.

2 강만길, 《일제시대 빈민생활사 연구》(창작사, 1987); 이이화, 《우리 겨레의 전통생활》(려강출판사, 1990). 이이화의 저서로 이보다 앞서 나온 《우리나라 역사: 민족사·민중사·생활사》(려강출판사, 1987)가 있으나 아직 보지 못했다.

3 예컨대 《조선시대 사람들은 어떻게 살았을까》 1·2 (청년사, 1996)부터 《우리는 지난 100년 동안 어떻게 살았을까》 1·2·3 (역사비평사, 1998~99)까지의 관련 도서를 볼 것.

4 한국고문서학회 (엮음), 《조선시대 생활사》(역사비평사, 1996).

5 한국고문서학회 (엮음), 《조선시대 생활사 2》(역사비평사, 2000).

6 정연식, 《일상으로 본 조선시대 이야기 1, 2》(청년사, 2001).

7 신용하, "한국사회사의 대상과 '이론'의 문제" 《사회사와 사회학》(창작과비평사, 1982), 561~585쪽.

8 안병직, "'일상의 역사'란 무엇인가", 안병직 외, 《오늘의 역사학》(한겨레신문사, 1998), 27~28쪽.

9 위의 논문, 28쪽.

10 문화인류학과 문화사에서 말하는 '문화'의 개념에 대해서는 각각 다음을 볼 것. 클리퍼드 기어츠, 《문화의 해석》 문옥표 역 (까치글방, 1998); 조한욱, 《문화로 보면 역사가 달라진다》(책세상, 2000).

11 곽차섭 편, 《미시사란 무엇인가》(푸른역사, 2000); 곽차섭, "역사, 소설, 미시사의 글쓰기" 《역사와 문화》 6 (2002) 참조.

12 Alf Lüdtke, "The Appeal of Exterminating 'Others': German Worker and the Limits of Resistance," *Journal of Modern History* 64 (1992), pp. 46~67.

13 내털리 제먼 데이비스, 《마르탱 게르의 귀향》 양희영 옮김 (지식의 풍경, 2000).

14 카를로 긴즈부르그, 《치즈와 구더기》 김정하·유제분 옮김 (문학과지성사, 2001).

15 전반적으로 '새로운 역사학'의 다양한 사론들을 잘 보여주는 최근의 저작으로서 김기봉 외, 《포스트모더니즘과 역사학》(푸른역사, 2002)이 있다.

미시사 관련 한국어 문헌

갈 퉁, 요한·소하일 이나야툴라(편)/노영숙 역. 《거시사의 세계》(우물이있는집, 2005).

강명관. 《조선 사람들, 혜원의 그림 밖으로 걸어나오다》(푸른역사, 2001).

강명관. 《조선의 뒷골목 풍경》(푸른역사, 2003).

_____. 《책벌레들 조선을 만들다》(푸른역사, 2007).

_____. 《조선풍속사》 3권 (푸른역사, 2010).

_____. 《열녀의 탄생: 가부장제와 조선 여성의 잔혹한 역사》(돌베개, 2010).

_____. 《그림으로 읽는 조선 여성의 역사》(휴머니스트, 2012).

_____. 《조선에 온 서양 물건들: 안경, 망원경, 자명종으로 살펴보는 조선의 서양 문물 수용사》(휴머니스트, 2015).

강명관. 《신태영의 이혼 소송 1704~1713》(휴머니스트, 2016).

강상희. "계몽과 해방의 미시사: 정비석의 《자유부인》." 《한국근대문학연구》 24 (2011).

강선주. "생활사 교육의 내력과 방향: 초등학교 사회과 교육과정 역사 영역의 내용 구성을 중심으로." 《역사교육》 95 (2005).

강성호. "1987년 이후 마르크스주의 역사학의 다원화와 과제." 《마르크스주의 연구》 4.1 (2007).

강신항 외. 《이재난고로 보는 조선 지식인의 생활사》(한국학중앙연구원, 2007).

강재형. "초기 방송 아나운서에 대한 미시사적 구술사 연구." (고려대학교 언론대학원 신문방송학과 방송전공 석사논문, 2009).

강정구·김정회. "종교문화적인 갈등으로 바라본 신천학살사건." 《외국문학연구》 42 (2011).

강준만·오두진. 《고종 스타벅스에 가다: 커피와 다방의 사회사》(인물과사상사, 2009).

강현구. "에듀픽션의 서사전략: 귄터 벤텔레의 《소설로 만나는 중세이야기》와 《소설로 만나는 근대이야기》를 중심으로." 《한국문예비평연구》 43 (2014).

고길섶 외. 《문화읽기: 뻬라에서 사이버문화까지》 (현실문화연구, 2000).

고미숙. 《로드클래식, 길 위에서 길 찾기》(북드라망, 2015).

고영진. "미시사와 한국사의 새로운 만남: 곽차섭, 《조선청년 안토니오 코레아, 루벤스를 만나다》(푸른역사, 2004)." 《역사와 경계》 51 (2004).

고원. "역사를 미분하기: 브로델과 미시사." 《서양사론》 85 (2005).

고유환. "북한연구 방법론의 현황과 과제." 《통일과 평화》 1.1 (2009).

_____. "북한연구에 있어 일상생활연구방법의 가능성과 과제." 《북한학연구》 7.1 (2011).

공준모. "소설 《양철북》에 나타난 역사의식과 서술기법." (서강대학교 대학원 독어독문학과 박사논문, 2001).

곽원일. "한국교회와 도시산업선교에 대한 구술사 연구: 1960~70년대 여성 노동운동을 중심으로."(한신대학교 대학원 신학과 교회사학 전공 석사논문, 2012).

곽차섭. "문화사의 새로운 흐름: 카를로 긴즈부르그의 미시사를 중심으로." 《신문화사, 새로운 역사학인가》(이화사학연구소 제21회 학술강연회. 이화여대, 1996. 11. 15); 《이화사학연구》 23/24 (1997).

_____. "카를로 긴즈부르그와 미시사의 도전." 《부산사학》 34 (1998).

_____. "미시사: 줌렌즈로 당겨본 역사." 《역사비평》 46 (1999).

_____. 《미시사란 무엇인가: 이론, 방법, 논쟁》(푸른역사, 2000).

_____. "서평: 리햐르트 반 뒬멘/최용찬 역, 《역사인류학이란 무엇인가》(푸른역사, 2001)." 《독일연구》 2 (2001).

_____. "'새로운 역사학'의 입장에서 본 생활사의 개념과 방향." 《역사와 경계》 45 (2002).

_____. "포스트모던 시대의 새로운 역사학을 위하여: 대화와 제언." 김기봉 외, 《포스트모더니즘과 역사학》(푸른역사, 2002).

_____. "루벤스의 《조선 남자》와 안토니오 코레아" 《역사와 문화》 7 (2003).

_____. "야사野史는 '잘못된' 역사인가?" 《세계의 문학》 110 (2003).

_____. "역사, 소설, 미시사의 글쓰기." 《역사와 문화》 6 (2003).

_____. "지역사와 미시사."(호서사학회 국제학술대회, "동아시아 지방 사학의 이론과 실제." 2003. 11. 29. 목원대학교 발표문).

_____. "서평: 카를로 긴즈부르그/조한욱 옮김, 《마녀와 베난단티의 밤의 전투》(길, 2004)." 《서양사론》 83 (2004).

_____. "미시사." 신동아 편집부, 《현대사상 키워드 60》(동아일보사, 2004).

_____. 《조선 청년 안토니오 코레아, 루벤스를 만나다》(푸른역사, 2004).

_____. "뮤즈들에 둘러싸인 클리오: 세기말 서양 역사학과 문학의 라프로쉬망." 《문학과 사회》 69 (2005).

_____. "2세대 미시사: '사회'에서 '문화'로." 《역사와 문화》 23 (2012).

_____. "마귀와 시인: 미셸 드 세르토, 《루됭의 마귀들림》(문학동네, 2013), 로버트 단턴, 《시인을 체포하라》(문학과지성사, 2013)." 《문학동네》 78 (2014).

_____. "미시사." 《역사용어사전》(서울대학교출판문화원, 2015).

구현애. "카를로 긴즈부르그의 미시사 방법론."(한국교원대학교 대학원 역사교육전공 석사논문, 2005).

권보드래. 《연애의 시대: 1920년대 초반의 문화와 유행》(현실문화연구, 2003).

권성우. "민생단 사건의 소설화 혹은 타자의 발견: 김연수의 《밤은 노래한다》론." 《한민족문화

연구》 28 (2009).

권은미. "《태백산맥》에 형상된 미시사와 대중성." 《한국문학논총》 59 (2011).

권형진. "저항과 일상에 대한 기억의 역사." 《통일인문학》 59 (2014).

기어츠, 클리퍼드/문옥표 역. 《문화의 해석》(까치글방, 1998).

긴즈부르그, 카를로/김정하·유제분 역. 《치즈와 구더기》(문학과지성사, 2001).

_____, 카를로/조한욱 역. 《마녀와 베난단티의 밤의 전투》(길, 2004), 《서양사론》 83 (2004).

_____, 카를로/김정하 역. 《실과 흔적》(천지인, 2011).

길윤형. 《나는 조선의 가미카제다: 일본군 자살특공대원으로 희생된 식민지 조선인》(서해문집, 2012).

김광언. 《뒷간》(기파랑, 2009).

김귀옥. 《구술사 연구: 방법과 실천》(한울, 2014).

김규남. "개인기록을 통한 국어생활사 연구: 체언 어간 말 설단자음의 변이와 변화를 중심으로." 《한국언어문학》 93 (2015).

_____. "아래로부터의 역사: 〈월파유고〉와 〈창평일기〉로 보는 전북 현대 미시사." 《열린 전북》 153 (2012).

김기봉. "미시사: 하나의 '포스트 모던적' 역사서술?" 《역사교육》 61 (1997).

_____. 《'역사란 무엇인가'를 넘어서》(푸른역사, 2000).

_____. "나는 왜 역사가가 되었나." "미시사와 거시사." 《출판저널》 312 (2001).

_____. "나노과학과 미시사가 만났을 때: '작은 것으로부터의 혁명'을 위하여." 《역사와 문화》 10 (2005).

_____. 《포스트모더니즘과 역사학》(푸른역사, 2002).

김대륜. "서평: 린다 콜리, 《엘리자베스 마쉬의 시련》(2007)." 《서양사론》 99 (2008).

김덕진. 《소쇄원 사람들: 소쇄원을 통해 본 16~17세기 호남의 역사》(다할미디어, 2007).

_____. 《대기근, 조선을 뒤덮다: 우리가 몰랐던 17세기의 또 다른 역사》(푸른역사, 2008).

김민주. 《커피 경제학: 일상을 지배하는 작은 경제 이야기》(지훈, 2008).

김병길. "역사소설, 창기創記의 경계를 횡단하다: 김영하의 역사소설 《검은 꽃》을 중심으로." 《비교한국학》 20.2 (2012).

김병희. "1920~1930년대 영화광고와 보도기사에 나타난 영화 마케팅 메시지 분석: 근대광고의 미시사." 《광고연구》 79 (2008).

김상보. 《(조선시대의) 음식문화: 음식문화를 통해 보는 조선시대·조선사람》(블루마운틴소프트, 2006).

김서령. 《여자전: 한국현대사를 온몸으로 헤쳐 온 여덟 인생》(푸른역사, 2007).

김석형, 이향규. 《나는 조선노동당원이오!》(선인, 2001).

김성윤. "조선시대 정치생활사 연구의 현황과 전망." 《영남학》 13 (2008).

김소연. "탈식민주의 담론으로 본 해방 전후 한국 건축가의 정체성."(부산대학교 건축공학과 박사논문, 2007).

_____. "《조선건축》에 나타난 해방직후 건축가의 혼종적 정체성." 《대한건축학회 논문집: 계획

계》 22.4 (2006).

김시덕. "일생의례 관련 속신의 종류와 기능."《실천민속학연구》 18 (2011).

김영미.《그들의 새마을운동》(푸른역사, 2009).

김욱동. "고태원의《곰바위》의 쓴 과일: 자서전과 문학과 역사."《탈경계인문학》 3 (2009).

김원.《여공 1970, 그녀들의 反역사》(이매진, 2006).

김유미. "서사의 방법과 역사극의 새로운 방향:《왕세자 실종사건》을 중심으로."《공연문화연구》 18 (2009).

김은정. "일제시기 지식인에 대한 미시사 연구: 백승종 저,《그 나라의 역사와 말 – 일제시기 한평민 지식인의 세계관》."《한국민족문화》 4 (2003).

김응종. "몽타이유 사람들의 일상생활: 엠마뉘엘 르 루아 라뒤리/유희수 옮김,《몽타이유: 중세말 남프랑스 어느 마을 사람들의 삶》(길, 2006)."《코기토》 61 (2007).

_____. "역사학과 인류학: 르 롸 라뒤리의《몽따이유》를 중심으로."《충남사학》 6 (1994).

김인호.《조선의 9급 관원들: 하찮으나 존엄한》(너머북스, 2012).

김일구. "질병과 문학: 문학속의 역병의 4가지 공간."《신영어영문학》 27? (2004).

김정숙. "일상성과 한국전쟁을 형상화하는 여성작가의 시선: 강신재의《청춘의 불문율》론."《비교한국학》 17.1 (2009).

김정은·서정임·정이삭.《The Seoul, 예술이 말하는 도시 미시사》(이안북스, 2017).

김정하, "미시사Microstoria의 기록관리학적 토대 연구: 카를로 긴즈부르그의《치즈와 구더기》를 중심으로."《EU연구》 19 (2006).

_____.《남유럽의 전통기록물 관리》(이담북, 2013).

김정한. "행위의 조합에 의한 사건화와 개인적 미시사의 의미화에 관한 연구: 본인의 작품을 중심으로."(서울대학교 대학원 서양화과 석사논문, 2001).

김정호.《조선의 탐식가들》(따비, 2012).

김주관. "생활사 아카이브 구축의 의미와 방법."《지방사와 지방문화》 8.1 (2005).

김준형.《지역사 연구의 이론과 실제》(국사편찬위원회, 2002).

김지원. "김연수 소설의 정치성 연구."(고려대학교 대학원 문예창작학과 석사논문, 2012).

김진송.《서울에 딴스홀을 허하라: 현대성의 탐색》(현실문화연구, 1999).

_____.《장미와 씨날코: 1959년 이기붕家의 선물 꾸러미》(푸른역사, 2006).

김찬웅.《선비의 육아일기를 읽다: 단맛 쓴맛 매운맛 더운맛 다 녹인 18년 사랑》(글항아리, 2008).

김창원. "왜, 다시 산수시조인가?"《시조학논총》 31 (2009).

김현식. "사람내 나는 역사학을 위하여: 곽차섭(편),《미시사란 무엇인가》(푸른역사, 2000); 조한욱,《문화로 보면 역사가 달라진다》(책세상, 2000)."《서양사론》 66.1 (2000).

김 호.《신주무원록: 원통함을 없게 하라》(사계절, 2003).

_____.《조선의 명의들》(살림, 2007).

김효진. "미시사로 읽어보는 산파일기: 로렐 대처 울리히/윤길순 역,《산파일기》(동녘, 2008)."《연세의사학》 11.2 (2008).

_____, "이미지에 드러난 북한체제의 정치커뮤니케이션: 1950~60년대 포스터를 중심으로."

《북한연구학회보》 19.2 (2015).

나영일·현주·안지호·신영진·진현주·성제훈. "북한의 체육 및 여가활동의 변화에 관한 연구: 단천 지역을 중심으로." 《체육사학회지》 18.2 (2013).

나혜석/서경석·우미영(편). 《신여성, 길 위에 서다: 잃어버린 풍경 3, 1920~1940》(호미, 2007).

단턴, 로버트/김지혜 역. 《시인을 체포하라: 14인 사건을 통해 보는 18세기 파리의 의사소통망》 (문학과지성사, 2013).

단턴, 로버트/조한욱 역. 《고양이 대학살: 프랑스 문화사 속의 다른 이야기들》(문학과지성사, 1996).

단턴, 로버트/김지혜 역. 《혁명 전야의 최면술사》(알마, 2016).

데이비스, 내털리 제이먼/곽차섭 역. 《책략가의 여행: 여러 세계를 넘나든 한 16세기 무슬림의 삶》(푸른역사, 2010).

데이비스, 내털리 제이먼/김복미 역. 《선물의 역사》(서해문집, 2004).

데이비스, 내털리 제이먼/김지혜·조한욱 역. 《주변부의 여성들: 17세기 세 여성의 삶》(길, 2014).

데이비스, 내털리 제이먼/양희영 역. 《마르탱 게르의 귀향》(지식의풍경, 2000).

뒬멘, 리하르트 반/최용찬 역. 《역사인류학이란 무엇인가》(푸른역사, 2001).

라뒤리, 엠마뉘엘 르루아/유희수 역, 《몽타이유: 중세 말 남프랑스 어느 마을 사람들의 삶》(길, 2006).

레드베터, 릴리·러니어 스콧 아이솜/이수경·김다 역. 《기나긴 승리: 골리앗과 투쟁한 한 여성 노동자의 이야기》(글항아리, 2014).

뢰크, 베른트/최용찬 역. 《살인자, 화가, 그리고 후원자: 르네쌍스 명화에 숨겨진 살인사건》(창비, 2011).

류한승. 《톡톡! 미술가에 말 걸기: 솔직하고 대담한 젊은 미술가들의 작업기》(메도라프레스, 2014).

마동훈·강재형·오원환. "커뮤니케이션 과학: 한국 방송의 초기 아나운서 연구: 미시사적 구술사를 중심으로." 《커뮤니케이션 과학》 27.2 (2010).

마르티네즈, 라우로/김기협 역 《메디치가 살인사건의 재구성》(푸른역사).

마정미. "한국광고사 연구방법에 관한 탐색적 연구." 《한국광고홍보학보》 88 (2009).

문영진. "에피파니적 글쓰기와 미시사회의 발견." 《현대소설연구》 12 (2000).

문지희. "헹크 판부르던의 《입 안 가득 유리 파편》에 나타난 중간자적 정체성과 역사의 재구성." 《외국문학연구》 38 (2010).

문현아. "판결문 내용분석을 통한 조선후기 아내 살해 사건의 재해석." 《진단학보》 113 (2011).

민가희. "다비드 포퍼의 《헝가리안 랩소디》에 관한 연구." (이화여자대학교 대학원 음악학부 석사논문, 2010).

박경용. "대구 북성로 한 철공鐵工 기술자의 삶에 대한 내러티브 탐색: 1937년생 K장인의 사례." 《내러티브와 교육연구》 2.2 (2014).

박민나. 《가시철망 위의 넝쿨장미: 여성노동운동가 8명의 이야기》(지식의날개, 2004).

박선미. 《근대여성, 제국을 거쳐 조선으로 회유하다》(창비, 2007).

박선아. "역사소설과 미시사의 조우: 마르그리뜨 유르스나르의 작품을 중심으로." 《불어불문학연구》 55.1 (2003).

박선아. "자서전, 역사소설, 미시사, 그 경계를 넘어서." 《불어불문학연구》 80 (2009).

박양식. "구술사로 본 한국 민주화 운동의 성격: 인문지리학적 시각의 공간 역사에 대한 시론적 모색." 《숭실사학》 30 (2013).

박유희. "서사매체와 역사 속 여성의 허구화: 2000년 이후 소설, 영화, TV드라마를 중심으로." 《한국고전여성문학연구》 15 (2007).

박인하. 《한국 현대 만화사: 1945~2010》(두보CMC, 2012).

박재금 외. 《고려 시대의 일상 문화》(이화여자대학교출판부, 2009).

박종성. "마이클 온다체의 《잉글리시 페이션트》에 나타난 탈영토화와 노마드적 상상력." 《영어영문학21》 29.2 (2016).

박종성. 《백정과 기생: 조선천민사의 두 얼굴》(서울대학교출판부, 2003).

박찬승. 《마을로 간 한국전쟁: 한국전쟁기 마을에서 벌어진 작은 전쟁들》(돌베개, 2010).

박훈탁. 《지마리아: 전 서울대 총장 부인의 가족사로 보는 해방 전후사》(선인, 2011).

방귀희·정창권·윤종선·김언지. 《한국장애인사》(솟대, 2014).

배민기. "청년 1인 가구에 관한 정보시각화: 디자인 리서치와 정보디자인 방법론을 중심으로." (서울대학교 대학원 디자인학부 디자인전공 박사논문, 2015).

배진하. "중등학교 향토사 현장교육의 이론과 방안: 부산지역을 중심으로." 《역사와 세계》 30 (2006).

백승종. 《그 나라의 역사와 말: 일제 시기 한 평민 지식인의 세계관》(궁리, 2002).

_____. 《대숲에 앉아 천명도를 그리네: 16세기 큰선비 하서 김인후를 만나다》(돌베개, 2003).

_____. 《정감록 역모 사건의 진실게임》(푸른역사, 2006).

_____. 《한국의 예언 문화사》(푸른역사, 2006).

_____. "한문학과 미시사의 풍요로운 만남." 《동양한문학연구》 24 (2007).

_____. 《예언가 우리 역사를 말하다》(푸른역사, 2007).

_____. 《정조와 불량선비 강이천: 18세기 조선의 문화투쟁》(푸른역사, 2011).

_____. 《정감록 미스터리》(푸른역사, 2012).

_____. 《역사의 새로운 발견, 미시사Microhistory 기행 1, 2: 사랑의 역사학을 읽는 세 가지 코드 I, II (비디오 녹화자료)》(아트앤스터디, 2013).

_____. 《역사의 새로운 발견, 미시사Microhistory 기행 3, 4: 미시사와 거시사의 충돌과 화해 I, II (비디오 녹화자료)》(아트앤스터디, 2013).

_____. 《역사의 새로운 발견, 미시사Microhistory 기행 5, 6: 노비 홍종과 홍룡 일가의 가족사 I, II (비디오 녹화자료)》(아트앤스터디, 2013).

_____. 《역사의 새로운 발견, 미시사Microhistory 기행 7, 8: 위조 족보의 역사 I, II (비디오 녹화자료)》(아트앤스터디, 2013).

_____. 《역사의 새로운 발견, 미시사Microhistory 기행 9: 김인후의 〈천명도〉 (비디오 녹화자료)》(아트앤스터디, 2013).

_____, 《역사의 새로운 발견, 미시사Microhistory 기행 10: 조광조와 김인후 (비디오 녹화자료)》(아트앤스터디, 2013).

_____, 《역사의 새로운 발견, 미시사Microhistory 기행 11, 12: 조선 사회경제적 변동설에 대한 비판 I, II (비디오 녹화자료)》(아트앤스터디, 2013).

_____, 《조선의 아버지들: 우리가 다시 찾아야 할 진정한 아버지다움》(사우, 2016).

베렌슨, 에드워드/신성림 역. 《카요부인의 재판》(동녘, 2007)

브라운, 주디스/임병철 역. 《수녀원 스캔들: 르네상스 이탈리아의 한 레즈비언 수녀의 삶》(푸른역사, 2011)

브뤼겔, 마르탱. "미시, 시장, 모델: 프랑스의 시험 사례." 《영남학》 19 (2011).

새면, 앤드류/박수현 역. 《마지막 한발》(시대정신, 2009).

서경석·우미영(편). 《신여성, 길 위에 서다: 잃어버린 풍경 3, 1920~1940》(호미, 2007).

서울대학교병원 병원역사문화센터(편). 《미시사, 100년 전 동아시아 의사들을 만나다》(태학사, 2009).

서정남. "영화《마르탱 게르의 귀향》주제 구현을 위한 서사전략 연구." 《프랑스문화연구》 20 (2010).

서정민. "언더우드家 이야기: 한국과 가장 깊은 인연을 맺은 서양인 가문》(살림, 2005).

서호철. "고문서로 엮어낸 미시사, 그리고 명탐정의 규칙." 《사회와 역사》 106 (2015).

설혜심. "미시사연구의 이론과 동향." 《의사학》 24.2 (2015).

_____. "역사학과 상상력은 어떻게 만나는가?" 《인문과학》 88 (2008).

_____. "트위터와 미시사." 《한국사학사학보》 21 (2010).

_____. 《역사, 어떻게 볼 것인가: 마녀사냥에서 트위터까지》(길, 2012).

성정혜. "포스트모던 미시사: 줄리안 반스와 김연수의 역사 쓰기." 《영미문화》 16.1 (2016).

세르토, 미셸 드/이충민 역. 《루됭의 마귀들림: 근대 초 악마 사건과 타자의 형상들》(문학동네, 2013).

소영현. 《부랑청년 전성시대: 근대 청년의 문화 풍경》(푸른역사, 2008).

손숙경. "사회사와 생활사의 조우." 《영남학》 15 (2009).

손영옥. 《조선의 그림 수집가들》(글항아리, 2010).

슐룸봄, 위르겐/백승종·장현숙·장석훈 역. 《미시사와 거시사: 역사를 바라보는 두 가지 관점》(궁리, 2002).

슐룸봄, 위르겐/백승종·장현숙 역. 《미시사의 즐거움: 17~19세기 유럽의 일상세계》(돌베개, 2003).

스펜스, 조너선 D./이준갑 역. 《반역의 책: 옹정제와 사상통제》(이산, 2004).

스펜스, 조너선 D./이재정 역. 《왕 여인의 죽음》(이산, 2002).

신규환. "미시사로 읽는 조선 사인의 의약생활." 《인문논총》 72.1 (2015).

신동원. "미시사 연구의 방법과 실제: 유학자 의사 이문건(1495~1567)의 일기." 《의사학》 24.2 (2015).

신명직. 《모던뽀이 경성을 거닐다: 만문만화로 보는 근대의 얼굴》(현실문화연구, 2003).

신지은. "셜록 홈즈의 관찰과 추리의 기술." 《문화와 사회》 17 (2014).

신혜승. "음악학: 새 길을 묻다; 음악사 서술의 미시적 접근: 계몽시기 여성작곡가, 두 명의 안나 아말리아." 《음악학》 16 (2008).

안동대학교 안동문화연구소(편), 《안동 가일 마을: 풍산들 가에 의연히 서다》(예문서원, 2006).

안희령. "한국현대소설에 나타난 아비투스 양상." (대전대학교 대학원 국어국문학과 석사논문, 2010).

야마모토 시치헤이/최용우 역. 《어느 하급장교가 바라본 일본제국의 육군》(글항아리, 2016).

양세욱. 《짜장면뎐: 시대를 풍미한 검은 중독의 문화사》(프로네시스, 2009).

양정호. "1692년 세일럼 마녀재판을 통해서 본 17세기 뉴잉글랜드의 종교문화." 《젠더와 문화》
8.2 (2015).

양해룡. "나탈리 데이비스 역사서술의 방법론적 의의." 《한국교원대학교 대학원 역사교육전공
석사논문, 2004).

여지연/임옥희 역. 《기지촌의 그늘을 넘어: 미국으로 건너간 한국인 군인아내들 이야기》(삼인,
2007).

연구공간 수유+너머 근대매체연구팀. 《신여성: 매체로 본 근대 여성풍속사》(한겨레, 2005).

연규홍. 《거울로서의 역사》(한신대학교 출판부, 2011).

연선영. "일본 역사교과서의 근대 '일상생활' 서술 분석: 고등학교 일본사B를 중심으로." (경희대
학교 교육대학원 역사교육전공 석사논문, 2010).

염미경. "역사학자가 밑으로부터 쓴 한국전쟁의 미시사." 《한국민족문화》 38 (2010).

에코, 움베르토/김주환·한은경 역. 《셜록 홈스, 기호학자를 만나다: 논리와 추리의 기호학》(이
마, 2016).

오세은. 《여성가족사 소설연구》(새미, 2002).

오혜진. "역사추리소설의 진원지에 대한 고찰: 이인화의 《영원한 제국》을 중심으로." 《어문논
집》 67 (2016).

우은진. "김원일의 《나는 누구인가》에 드러난 여성의 중층적 시선과 목소리" 《한국문학논총》 62
(2012).

우인수. "조선시대 생활사 연구의 현황과 과제." 《역사교육논집》 23/24 (1999),

울리히, 로렐 대처/윤길순 역. 《산파일기: 27년간 기록된 한 산파의 일기에서 탄생한 미시사의
걸작》(동녘, 2008).

유선영. "식민지의 할리우드 멜로드라마, 《동도東道》의 전복적 전유와 징후적 영화경험." 《미디
어, 젠더 & 문화》 26 (2013).

유승훈. 《다산과 연암, 노름에 빠지다》(살림, 2006).

_____. 《조선 궁궐 저주 사건》(글항아리, 2016).

_____. 《미궁에 빠진 조선- 누가 진짜 살인자인가》(글항아리, 2008).

유아름. 《치즈와 구더기》를 활용한 서양사 수업방안." (중앙대학교 교육대학원 교육학과 역사교육전
공 석사논문, 2015).

유지혜. "퓨전 사극의 블로거 역사 인식: 《쾌도 홍길동》과 《경성스캔들》을 중심으로." (숙명여자
대학교 교육대학원 역사교육전공 석사논문, 2009).

육영수. 《책과 독서의 문화사》(책세상, 2010).

윤용선. "1960~70년대 파독 인력송출의 미시사: 동원인가, 선택인가?" 《사총》 81 (2014).

윤택림. 《인류학자의 과거 여행: 한 빨갱이 마을의 역사를 찾아서》(역사비평사, 2003).

_____. 《구술사, 기억으로 쓰는 역사》(아르케, 2010).

_____. 《문화와 역사연구를 위한 질적 연구 방법론》. 개정판(아르케, 2013).

은난순. "1980년대 이후 한국 주거문화에 나타난 근대화의 재평가." 《한국가정관리학회지》 22.5 (2004).

이거스, 조지/임상우·김기봉 역. 《20세기 사학사》(푸른역사, 1998).

이경민. 《경성, 사진에 박히다: 사진으로 읽는 한국 근대 문화사》(산책자, 2008).

이경훈. 《오빠의 탄생: 한국 근대문학의 풍속사》(문학과지성사, 2003).

이광수. "김기찬의 '골목 안 풍경' 사진을 통해 본 골목 공동체 미시사의 가능성과 의미." 《역사 와 경계》 97 (2015).

이미원. "지역 여성운동사 연구와 여성주의 방법." 《인문과학》 16 (2002).

이병유·윤대중·이정국. "한국 수상스키의 도입과정: 청평호를 중심으로." 《스포츠인류학연구》 6.2 (2011).

이상길. "'새로운 커뮤니케이션사'를 위하여: 연구방법론에 관한 성찰을 중심으로." 《커뮤니케 이션 이론》 1.2 (2005).

이상우. "미시사, 근대적 일상, 그리고 한국연극." 《연극평론》 52 (2009).

이성주. 《(실록에서 찾아낸) 조선의 민낯》(애플북스 비전비엔피, 2015).

이소영. "포스트모던적 사유의 법학적 수용: 법사회사와 법문학의 영역을 중심으로." (고려대학 교 대학원 법학과 박사논문, 2010).

이순구. 《조선의 가족, 천개의 얼굴》(너머북스, 2011).

이승희. "18세기 말 한 런던 퀘이커 양조업자의 일상: 존 앨런의 일기를 중심으로." 《역사와 문 화》 15 (2008).

이영남. "1920~30년대 한 "모던 보이"의 삶." 《동아시아 문화연구》 46 (2009).

_____. "이제 비로소 미시사에도 하나의 문턱이 생겼다: 백승종 지음. 《정감록 역모사건의 진 실게임》(푸른역사, 2006)." 《역사와 문화》 13 (2007).

이영선. "역사동화 《서유당》 창작의 실제." (건국대학교 대학원 동화미디어창작학과 창작전공 석사논 문, 2008).

이영선. 《치즈와 구더기》의 미시사적 접근." 《서강교육》 1 (2003).

이욱정·KBS 누들로드 제작팀. 《누들로드》(예담, 2009).

이은애. "문화로 만나는 역사와 문학: 책과 독서의 역사를 중심으로." 《한국문예비평연구》 25 (2008).

이은애. "역사드라마의 "징후적 독해": 거대담론과 작은 이야기의 공존 가능성으로서의 역사 드 라마." 《한국문예비평연구》 30 (2009).

이익주. "묘지명 자료를 통해 본 고려후기 관인의 생애 : 김변(1248~1301)의 사례." 《한국사학보》 23 (2006).

이정아. "양성 평등 시각을 통한 역사 교육 개선방안에 관한 연구: 7차 교육과정 고등학교 세계 사 교과서의 '프랑스 혁명'을 중심으로." (성균관대학교 대학원 역사교육전공 석사논문, 2007).

이종묵. "지방화 시대 한문학 연구의 시각과 방향."《한민족어문학》45 (2004)..

이종숙. "한국 미디어 인식 지형의 변화와 인문학적 지평."《언론정보연구》53.2 (2016).

이태규. "그람시 문화정치의 재구성: 일상성, 대중문화의 주체를 중심으로." (서강대학교 대학원 정치외교학과 석사논문, 2001).

이해준. "생활사 연구의 역사 민속학적 모색."《역사 민속학》13(2001).

이화신. "이탈리아 미시사란 무엇인가: 공백 메우기인가 패러다임의 전환인가."《중앙사론》14 (2000).

이훈상. "미시사와 다성성多聲性의 글쓰기: 조선후기 향리집단과 이들을 둘러싼 시선들."《역사학보》167 (2000).

임상혁.《나는 노비로소이다: 소송으로 보는 조선의 법과 사회》(너머북스, 2010).

임정택.《소통기계와 네트워크 인문학》(연세대학교 출판부, 2011).

임홍배. "물질적 구체성과 직관적 구성의 변증법: 크라카우어의 비판적 문화이론."《독일어문화권연구》23 (2014).

장문석. "'치즈에서 구더기가 생기듯이': 16세기 이단자와 20세기 역사가."《서양사론》122 (2014).

전경목. "찌질이 탐정의 넋두리 혹은 자백."《사회와 역사》106 (2015).

전경옥.《한국여성 문화사》(숙명여자대학교 출판국, 2005).

전남일. "문명화이론을 통해 본 개항기의 주거와 그 근대성의 재조명."《가정관리학회지》21.5 (2003).

전남일. "여성의 지위와 주거공간: 전통 주거공간에서 현대 주거공간까지."《성평등연구》9 (2005).

전남일.《한국 주거의 미시사》(돌베개, 2009).

전봉관.《황금광시대: 식민지시대 한반도를 뒤흔든 투기와 욕망의 인간사》(살림, 2005).

_____.《경성기담: 근대 조선을 뒤흔든 살인 사건과 스캔들》(살림, 2006).

_____.《럭키경성: 근대 조선을 들썩인 투기 열풍과 노블레스 오블리주》(살림, 2007).

_____.《경성 자살 클럽: 근대 조선을 울린 충격적 자살사건》(살림, 2008).

_____.《경성 고민상담소: 독자 상담으로 본 근대의 성과 사랑》(민음사, 2014).

전성욱. "위화余華 소설의 한국 수용에 대하여."《중국현대문학》73 (2015).

정성일.《전라도와 일본: 조선시대 해난사고 분석》(경인문화사, 2013).

정성희.《조선의 섹슈얼리티: 조선의 욕망을 말하다》(가람기획, 2009).

정연식,《일상으로 본 조선시대 이야기 1, 2》(청년사, 2001).

정우락·백두현. "문화어문학: 어문학에 대한 문화론적 혁신."《어문논총》60 (2014).

정재왈.《세계 지식인 지도: 21세기 지식인은 어디에 서 있는가》(산처럼, 2002).

정창권.《홀로 벼슬하며 그대를 생각하노라: 미암일기 1567~1577》(사계절출판사, 2003).

_____.《향랑, 산유화로 지다: 향랑 사건으로 본 17세기 서민층 가족사》(풀빛, 2004).

_____.《세상에 버릴 사람은 아무도 없다: 역사 속 장애인 이야기》(문학동네, 2005).

_____.《거상 김만덕, 꽃으로 피기보다 새가 되어 날아가리》(푸른숲, 2006).

_____. 《역사 속 장애인은 어떻게 살았을까: 사료와 함께 읽는 장애인사》(글항아리, 2011).

_____. 《조선의 세계명작 완월회맹연》(월인, 2013).

_____. 《조선의 부부에게 사랑법을 묻다》(푸른역사, 2015).

조관연. "쾰쉬Kolsch 맥주의 지역 정체성 형성과정." 《국제지역연구》 8.4 (2004).

조승래. "역사학의 위기와 새로운 역사로서의 문화사." 《인문과학논집》 22 (2000).

조한욱. "미시사의 이론과 실제." 《역사학보》 167 (2000).

_____. 《문화로 보면 역사가 달라진다》(책세상, 2000).

조혜진. "일상에서 마주하는 사물에 대한 작품표현 연구." (이화여자대학교 대학원 조형예술학부 석사논문, 2015).

조흡. "식민시대 영화사 연구와 저항기억의 정치." 《영상예술연구》 10 (2007).

주명철. 《지옥에 간 작가들》(소나무, 1998).

_____. 《파리의 치마 밑》(소나무, 1998).

_____. 《다이아몬드 목걸이 사건과 마리앙투아네트 신화》(책세상, 2004).

주영하. 《그림 속의 음식, 음식 속의 역사》(사계절, 2005).

_____. 《밥상을 차리다: 한반도 음식 문화사》(보림, 2013).

_____. 《식탁 위의 한국사: 메뉴로 본 20세기 한국 음식문화사》(휴머니스트, 2013).

주영하·김호·김소현·정창권. 《19세기 조선, 생활과 사유의 변화를 엿보다: 《오주연문장전산고》를 통해 본 조선 후기 생활 문화》(돌베개, 2005).

주지영. "이청준 소설의 서사구조와 주제형성방식에 대한 연구." (서울대학교 대학원 국어국문학과 박사논문, 2012).

_____. "전쟁을 사유하는 세 가지 방식: 미 체험 세대를 중심으로." 《한국문예비평연구》 42 (2013).

진선영. "송계월 서사 연구." 《여성문학연구》 34 (2015).

채오병. "이행과 번역 : 한국 사회사의 역사사회학." 《한국사회학》 45.5 (2011).

천정환. 《근대의 책 읽기: 독자의 탄생과 한국 근대문학》(푸른역사, 2003).

_____. "새로운 문학연구와 글쓰기를 위한 시론." 《민족문학사연구》 26 (2004).

최기숙 외. 《역사, 길을 품다 – 풍찬노숙에 그려진 조선의 삶과 고뇌》(글항아리, 2007).

최민수. "영상회화: 개인적 미시사의 기록." (이화여자대학교 대학원 미술학부 회화, 판화전공 석사논문. 2002).

최병택, 예지숙. 《식민지 일상에서 오늘의 우리를 보다》(시공사, 2009).

최옥채. "사회복지사의 급여에 관한 미시사 연구." 《한국사회복지학》 59.4 (2007).

최용찬. "문화사 지향의 새로운 역사학." 《역사와 담론》 48 (2007).

최은주. "생활사의 시각에서 본 조선시대 한문학연구의 성과와 과제." 《영남학》 13 (2008).

최종렬. "사회학의 미시화" 《한국사회학》 48.5 (2014).

최주희. "구조사와 미시사의 간극 메우기." 《조선시대사학보》 69 (2014).

최지윤. "제6, 7차 고등학교 국사 교과서 문화사 단원 서술 분석." (숙명여자대학교 교육대학원 역사교육전공 석사논문, 2008).

최현숙. 《할배의 탄생: 어르신과 꼰대 사이, 가난한 남성성의 시원을 찾아서》(이매진, 2016).

최현정. "미시사의 방법론과 그 가능성." (서강대학교 대학원 사학과 서양사 석사논문, 1997).

치폴라, 카를로 마리아/김위선 역. 《중세 유럽의 상인들: 무법자에서 지식인으로》(길, 2013).

콜린스, 랜들/진수미 역. 《사회적 삶의 에너지: 상호작용 의례의 사슬》(한울, 2009).

크라카우어, 지그프리트/김정아 역. 《역사: 끝에서 두 번째 세계》(문학동네, 2012).

태영남. "김남천 소설 연구: 창작방법론과의 관계를 중심으로." (국민대학교 대학원 국어국문학과 국문학전공 석사논문, 2011).

터프스트라, 니콜라스/임병철 역. 《르네상스 뒷골목을 가다: 피렌체의 사라진 소녀들을 둘러싼 미스터리》(글항아리, 2015).

프루고니, 키아라/곽차섭 역. 《코앞에서 본 중세: 책, 안경, 단추, 그 밖의 중세 발명품들》(길, 2005).

하영휘. 《양반의 사생활》(푸른역사, 2008).

한국고문서학회(편). 《조선시대 생활사》. 1, 2 (역사비평사, 1996, 2000).

한국구술사연구회(편). 《구술사: 방법과 사례》(도서출판선인, 2005).

한국사학회. 《한국사 연구방법의 새로운 모색》(경인문화사, 2003).

한금윤. "여성의 반란과 '자기' 찾기: 이경자 소설론." 《연세여성연구》 7 (2001).

한달호. "한국 영화 제작의 다양성을 위한 팩션 콘텐츠 활용 연구." 《한국콘텐츠학회논문집》 9.2 (2009).

할라인, 크레이그/이영효 역. 《마가렛 수녀는 왜 모두의 적이 되었는가: 17세기 수녀원의 내밀한 역사》(책과함께, 2012).

함한희. 《부엌의 문화사》(살림, 2005).

함한희(편). 《미완의 기록, 새만금사업과 어민들》(아르케, 2013).

함한희·윤택림. 《새로운 역사 쓰기를 위한 구술사 연구방법론》(아르케, 2006).

허경진. 《조선의 르네상스인 중인(中人): 누추한 골목에서 시대의 큰길을 연 사람들의 곡진한 이야기》(랜덤하우스코리아, 2008).

허영란 외. 《일상사로 보는 한국근현대사: 한국과 독일 일상사의 새로운 만남》(책과함께, 2006).

헌트, 린/조한욱 역. 《문화로 본 새로운 역사》(소나무, 1996).

헌트, 린/조한욱 역. 《프랑스 혁명의 가족 로망스》(새물결, 1999).

홍사유. 《돌상다리에서 메이플타운까지: 홍사유 자서전》(토담미디어, 2015).

홍형옥. "근대 이후 한국주거의 미시사를 보는 다양한 관점." 《가정관리학회지》 23.5 (2005).

황상익 외. 《두 조선의 여성: 신체·언어·심성》(혜안, 2016).

글의 출전

서설 곽차섭, 〈미시사: 줌렌즈로 당겨본 역사〉, 《역사비평》 46(1999년 봄호): 69~85.

1장 Carlo Ginzburg & Carlo Poni, "Il nome e il come. Scambio ineguale e mercato storiografico," *Quaderni storici*, no. 40 (1979): 181~190; Eng. tr.: "The Name and the Game: Unequal Exchange and the Historiographic Marketplace," in *Microhistory and the Lost Peoples of Europe*, eds. Edward Muir & Guido Ruggiero, tr. E. Branch (Baltimore: The Johns Hopkins Univ. Pr., 1991), pp. 1~10.

2장 Giovanni Levi, "On Microhistory," in *New Perspectives on Historical Writing*, ed. Peter Burke (University Park, PA: Pennsylvania State Univ. Pr., 1992), pp. 93~113.

3장 Carlo Ginzburg, "Microhistory: Two or Three Things That I Know about It," *Critical Inquiry* 20 (Autumn 1993): 10~35.

4장 Carlo Ginzburg, "Spie. Radici di un paradigma indiziario," in *Crisi della ragione*, a cura di A. Gargani (Torino: Einaudi, 1979), pp. 59~106; Repr. ed.: Carlo Ginzburg, *Miti Emblemi Spie. Morfologia e storia*(Torino: Einaudi, 1986), pp. 158~209; Eng; tr.: "Clues: Morelli, Freud, and Sherlock Holmes," in *The Sign of Three: Dupin, Holmes, Peirce*, eds. Umberto Eco & Thomas A. Sebeok (Bloomington: Indiana Univ. Pr., 1988), pp. 81~118; "Clues: Roots of an Evidential Paradigm,"in *Clues, Myths, and the Historical Method*, trs. John & Anne Tedeschi (Baltimore: Johns Hopkins Univ. Pr., 1989), pp. 96~125(text), 200~214(notes).

5장 Carlo Ginzburg, "The Witches' Sabbat: Popular Culture or Inquisitorial Stereotype?" in *Europe from the Middle Ages to the Nineteenth Century*, ed. Steven L. Kaplan (Amsterdam: Mouton, 1984), pp. 39~51.

6장 Paola Zambelli, "From Menocchio to Piero della Francesca: The Work of Carlo Ginzburg," *Historical Journal* 28 (1985): 983~999. (pp. 991~992 생략).

7장 곽차섭, 〈까를로 긴즈부르그와 미시사의 도전〉, 《부산사학》 34 (1998): 227~257.

8장 Robert Finlay, "The Refashioning of Martin Guerre," *American Historical Review* 93 (1988): 553~571.

9장 Natalie Zemon Davis, 'On the Lame,' *American Historical Review* 93(1988): 572~613. (pp. 567~584 생략).

10장 Carlo Ginzburg, "Prove e possibilità In margine a Il ritorno di Martin Guerre di Natalie Zemon Davis." In appendix to the Italian Edition of Davis's *The Return of Martin Guerre* (Torino: Einaudi, 1984), pp. 131~154; Eng. tr.: "Proofs and Possibilities: In the Margins of Natalie Zemon Davis' *The Return of Martin Guerre*," tr.

Anthony Guneratne, in *Yearbook of Comparative and General Literature* 37 (1988): 113~127.

11장 곽차섭, 〈2세대 미시사: '사회'에서 '문화'〉, 《역사와 문화》 23 (2012.5): 3~27.

12장 곽차섭, 〈지역사와 미시사〉, 호서사학회 국제학술대회, "동아시아 지방 사학의 이론과 실제"(2003. 11. 29. 목원대학교). 일부 수정.

13장 곽차섭, 〈'새로운 역사학'의 입장에서 본 생활사의 개념과 방향〉, 《역사와 경계》 45 (2002): 161~173. 일부 수정.

찾아보기

다시, 미시사란 무엇인가

⊙ 2017년 4월 19일 초판 1쇄 인쇄
⊙ 2020년 4월 3일 초판 2쇄 발행
⊙ 엮은이   곽차섭
⊙ 펴낸이   박혜숙
⊙ 디자인   이보용
⊙ 펴낸곳   도서출판 푸른역사
  우) 03044 서울시 종로구 자하문로8길 13
  전화: 02) 720-8921(편집부) 02) 720-8920(영업부)
  팩스: 02) 720-9887
  전자우편: 2013history@naver.com
  등록: 1997년 2월 14일 제13-483호

ISBN   979-11-5612-091-9   93900

· 잘못 만들어진 책은 교환해드립니다.